Willy Michel
Ästhetische Hermeneutik und frühromantische Kritik

Willy Michel

Ästhetische Hermeneutik und frühromantische Kritik

Friedrich Schlegels fragmentarische Entwürfe, Rezensionen, Charakteristiken und Kritiken (1795–1801)

Vandenhoeck & Ruprecht
in Göttingen

CIP-Kurztitelaufnahme der Deutschen Bibliothek

Michel, Willy:
Ästhetische Hermeneutik und frühromantische Kritik: Friedrich Schlegels fragmentar. Entwürfe, Rezensionen, Charakteristiken u. Kritiken (1795-1801) / Willy Michel, Göttingen: Vandenhoeck und Ruprecht, 1982.

ISBN 3-525-20755-7

Gedruckt mit Unterstützung der Deutschen Forschungsgemeinschaft

Satz: LibroSatz, Kriftel/Ffm.
Schrift: 10/11 p Garamond auf der Lasercomp (Monotype)
Druck und Einband: Hubert & Co., Göttingen

Meinen Mannheimer Freunden

Inhalt

Vorwort

DIE vorliegende Arbeit markiert einen Ausschnitt aus einer langjährigen Bemühung um Fragen der ästhetischen Hermeneutik. Die Verklammerung der hier untersuchten Schlüsselphase sowohl mit Neuansätzen zu einer modernen Hermeneutik als auch mit der interpretatorischen Erschließung anderer historischer Vorstufen kann hier nur angedeutet werden. Da eine ästhetische Hermeneutik noch aussteht, viele Einzelansätze noch nicht auf der Höhe des ästhetisch-historischen Bewußtseins stehen, muß der Entwurfs- und Verstehensprozeß noch offengehalten werden.

Die hier gekürzte Arbeit wurde am 18. Juli 1979 von den Fakultäten für Sprach- und Literaturwissenschaft und für Philosophie, Psychologie und Erziehungswissenschaft der Universität Mannheim als Habilitationsschrift angenommen.

Für vielfältige persönliche und fachliche Hilfe danke ich Prof. Dr. Horst Meixner, Mannheim. Mit Prof. Dr. Hans Eichner, Toronto, der mir die Unterlagen für Bd. 16 der Kritischen Friedrich-Schlegel-Ausgabe zur Verfügung gestellt hat, konnte ich anregende Vorgespräche führen. Institutionelle Unterstützung und persönlichen Zuspruch erfuhr ich durch Prof. Dr. Horn, Mannheim, Prof. Dr. Michels, Paderborn, und Prof. Dr. Laufhütte, Passau. Für umfassende Hilfeleistungen danke ich insbesondere meinen Freunden Willi Kreutz, Renate Bläse, Sibylle Dornseiff, Thomas Grosser, Edith Metz, Christiane Türner sowie Dorothea von Mücke, Harry Loewen und Matthias Setzer.

I.

Einleitung

Ausgefallene und verdeckte Wirkungsgeschichte –
Forschungsgeschichte – Vorgliederung

Die deutsche Literaturkritik des 18. Jahrhunderts mußte ihre Urteilsbildung und ihre Verfahren von dem Zeitpunkt an selbst begründen, da offenkundig wurde, daß sie ihre Maßstäbe weder von einer Poetik noch von einer allgemeinen Ästhetik noch von einer allgemeinen oder speziellen Hermeneutik herleiten konnte. Dieser Bruch ist in dem Augenblick deutlich zu erkennen, da die literaturkritischen Urteile sich selbst als *historische* verstehen und ausweisen müssen, da sie sowohl den Zusammenhang zwischen Antike und Moderne als auch die jeweilige Gegenwartsorientierung mitzubedenken haben.

Je unhistorischer die poetischen, ästhetischen und hermeneutischen Regeln und Ableitungen wirkten, um so größer wurde das Bedürfnis, diese immanent mitzukritisieren und Neuansätze ebenso immanent zu entwickeln. So mußte die Literaturkritik nachweisen, daß sie neuen poetischen Verfahren entsprechen konnte, wollte sie wirklich eingreifen in die Literaturentwicklung. Solange sie aber eine relative Überlegenheit des Urteils bewahren, also nicht auf der Ebene einer Werkpoetik argumentieren mochte, mußte ihre Urteilsbildung sich selbst ästhetisch ausweisen. Ebenso ist zu erwarten, daß eine sich solchermaßen selbst begründende Literaturkritik Rechenschaft ablegt über ihre Verstehensweisen, über die Möglichkeiten der Deutung und schließlich der Anwendung des Verstandenen und Gedeuteten, daß sie also ebenso immanent eine Hermeneutik entwickelt.

Die Schwierigkeiten der literaturhistorischen Einteilung sind aber so deutlich an die ‹Gesichtspunkte› einer allgemeineren historischen Orientierung gebunden, daß es nicht verwunderlich erscheint, wenn eine solche Literaturkritik sich nunmehr auch selbst entgrenzt und nicht nur literaturhermeneutische Denkweisen ausbildet, sondern darüber hinaus auch geschichtshermeneutische Begründungen und Anwendungsmöglichkeiten sucht. Die Literaturkritik tendiert so dahin, ‹universalhermeneutische› Kritik zu werden, in der Art ihrer Urteilsbildung aber nach wie vor ästhetisch zu verfahren.

Diese Stufe in der Entwicklung der Literaturkritik des 18. Jahrhunderts läßt sich genau markieren: es ist der Übergang Friedrich Schlegels von einer an der Antike orientierten Theoriebildung zu einer historisch-kritischen Verstehensweise, der Übergang von seiner Arbeit «Über das Studium der griechischen Poesie» (1795) zu einer ganzen Folge von Kritiken, die bis 1798, dem Zeitpunkt der Veröffentlichung seiner Arbeit über Goethes ‹Wilhelm Meister›, reichen. Der Bogen läßt sich bis zum Jahre 1801 weiterspannen, da Friedrich Schlegel erstmals seine Phase als Kritiker zu überschauen sucht und eine Auswahl seiner ‹Charakteristiken und Kritiken› herausgibt.

In der Geschichte der Hermeneutik des 18. Jahrhunderts hatte sich keine literarische und ästhetische Spezialhermeneutik voll herausgebildet. Lediglich Vorstufen dazu findet man in der am weitesten entwickelten Regelhermeneutik des Chladenius (1742) [1]. Grundsätze solcher Aufklärungshermeneutiken wirkten wohl im Rezensionswesen nach, ohne daß man jeweils direkte Beeinflussung nachweisen kann. So war die Art, wie die ‹Absicht des Autors› erschlossen wurde, bis zu Friedrich Schlegels Neuansatz nicht problematisiert worden.

Allerdings machte es sich im Streit um Lessing bemerkbar, daß die Unterscheidung der ‹Absicht des Autors› von der ‹Absicht des Werkes›, die ja aufgrund des Fiktionscharakters literarischer Werke dringend geboten schien, noch nicht gelungen war. Wenn es im Streit zwischen Friedrich Heinrich Jacobi und Moses Mendelssohn darum ging, wer denn Lessing «ganz verstanden» habe[2], so sollten Belegstellen aus Lessings ‹Erziehung des Menschengeschlechts› lediglich beweisen, daß es gelungen sei, dessen Absicht eindeutig festzulegen[3], nicht aber, daß sich im Werk als Ganzem eine Absicht bekunde, die interpretatorisch zu ermitteln sei. Gerade die Tatsache, daß die an diesem Streit Beteiligten stets auf vertrauliche Selbstdeutungen und Absichtsbekundungen Lessings verwiesen, erklärt den notwendigen Neuansatz des Kritikers, der sich Lessing selbst zum Vorläufer und Vorbild erkor.

An diesem Beispiel des Streites um Lessing konnte Friedrich Schlegel auch das Bedürfnis nach einer historisch orientierten Verstehensweise stu-

1. Chladenius, EA, Vorrede b 3: «Es ist auch noch eine andere Art von Büchern, in der Auslege-Kunst in genauere Betrachtung zu ziehen, welche sinnreiche genennet werden, worunter die Poetischen die vornehmsten sind. Denn wie hierinne eine besondere Art zu gedencken herrschet, so daß sie eine besondere Vernunfft-Lehre in sich zu halten scheinen, also ist auch ihre Auslegung gantz anders eingerichtet, als bey gantz dogmatischen und blossen historischen Büchern.»

2. Jacobi, MB, 200.

3. Ebd., 248.

dieren, da er sich selbst erst den Weg zu dem durch die «Geschichte der Wirkungen» und die «im ganzen herrschende Meinung» verstellten Werk Lessings bahnen mußte[4].

Wesentliche Einsichten einer historisch ausgerichteten, aber im ästhetischen Bereich entwickelten Hermeneutik scheinen sich in dieser Weise und nicht im systematischen Anschluß an ausgeführte Auslegungslehren ausgebildet zu haben.

Dies erklärt aber auch die Tatsache, daß Friedrich Schlegel zwar als Kritiker ein hervorragender Platz in der Geschichte der Literaturkritik eingeräumt wurde, daß aber sein Versuch, das «Verstehen» selbst vom ästhetischen Bereich aus zu historisieren, lange Zeit verdeckt blieb und auch seine Aufforderung im Abschluß des Lessing-Aufsatzes, seine Kritiker möchten doch einmal anfangen, *«das Verstehen zu verstehen»*[5], tatsächlich unverstanden blieb.

Diese Tatsache aber läßt sich auch auf die Tradierung der Hermeneutik, auf ihre wirkungsgeschichtliche Linienbildung zurückführen, durch die der Anfang einer modernen Hermeneutik bei Fr. D. E. Schleiermacher und nicht bei dem zuvor frühromantisch mit diesem ‹symphilosophierenden› Friedrich Schlegel gesetzt wurde.

Die ‹hermeneutische Situation›, von der aus die Wirkungsgeschichte der Hermeneutik erinnert und jene historische Schlüsselphase neu erschlossen werden muß, ist hinsichtlich des Verhältnisses von Kritik und Hermeneutik immer noch durch eine tiefgehende Polarisierung bestimmt. Einerseits hat Hans-Georg Gadamer durch seinen fundamentalen Neuansatz die Hermeneutik soweit universalisiert, daß sie auch die möglichen Ergebnisse einer weitergetriebenen ästhetischen Kritik der Moderne vorweg einbeziehen will: *«Die Ästhetik muß in der Hermeneutik aufgehen»*[6]. Andererseits hat Theodor W. Adorno die essayistische, sich selbst begründende und auf ‹Ästhetische Theorie› hinauslaufende Kritik soweit von einer möglichen Hermeneutik der ästhetischen Moderne entfernt, daß eine dialektische Rückvermittlung in jenes Begründungsverhältnis von Kritik und Hermeneutik hinein ausgeschlossen zu sein scheint: – «Kunstwerke sind nicht von der Ästhetik als hermeneutische Objekte zu begreifen; zu begreifen wäre, auf dem gegenwärtigen Stand, ihre Unbegreiflichkeit»[7]. – Die Protagonisten des Gegensatzes von universalisierter Hermeneutik und universalisierter ästhetischer Kritik, die sich nicht aufeinander beziehen, markieren zugleich einen Gegen-

4. KA II, 103.
5. Ebd., 412.
6. Gadamer, ²1965, 157.
7. Adorno, 1970, 179; vgl. ebd., 184: «Verstehen selbst ist angesichts des Rätselcharakters eine problematische Kategorie. Wer Kunstwerke durch Immanenz des Bewußtseins in ihnen versteht, versteht sie auch gerade nicht».

satz in der wirkungsgeschichtlichen Erinnerung der frühromantischen Schlüsselphase. Theodor W. Adorno setzt, ursprünglich angeregt durch die essayistische Kritik des frühen Lukács und des frühen Benjamin[8], das frühromantische Teilprogramm einer sich selbst begründenden und sich selbst potenzierenden Kritik fort. Aber er schließt nicht deren hermeneutische Implikate auf, so daß in seinem Werk auch nicht der Prozeß der Universalisierung der Kritik genetisch rekonstruiert, damit historisch durchsichtig gemacht und relativiert würde. So schließt er punktuell und im Sinne einer *verdeckten Wirkungsgeschichte* an die Rezeption der Frühromantik durch Lukács und Benjamin an. Demgegenüber bleibt der hermeneutische und universalkritische Neuansatz Friedrich Schlegels bei Gadamer in anderer Weise ebenfalls verdeckt, da dieser sich im Sinne einer *linearen Wirkungsgeschichte* vornimmt, «den von Dilthey gebahnten Weg aufs neue zu gehen und dabei nach anderen Zielen auszuschauen»[9]. Gadamer hebt so zwar historisch die Vereinseitigung des psychologischen Verstehens auf der Linie Schleiermacher – Dilthey auf, aber er setzt die Schleiermachersche Hermeneutik insgesamt als *die* romantische Hermeneutik den Aufklärungshermeneutiken nach dem Muster einer «Um-Spiegelung»[10] entgegen. So kann er auch in der 2. Auflage von «Wahrheit und Methode» keinen Zugang mehr zu der in der Kunstkritik und in den Fragmentheften entwickelten, zugleich frühromantischen und neoaufklärerischen Hermeneutik bahnen[11], die ihrerseits bereits das psychologische Verstehen als Phasenmoment durchlaufen und überwunden hatte.

Die universalisierte Kritik Adornos und die ebenso universalisierte Hermeneutik Gadamers stellen dabei in unterschwelliger Gemeinsamkeit jeweils den Wahrheitsgehalt ästhetischer Erfahrung den methodenorientierten Wissenschaften entgegen[12] und kehren damit zugleich in der makrohistorischen Entwicklung der Stufen- und Stadiendialektiken zur frühidealistischen und frühromantischen Anfangsstufe zurück. Diese unterschiedlich erinnerte und unbezüglich bleibende Gemeinsamkeit der ästhetischen Wahrheitserfahrung aber richtet sich in der universalhistorischen Hermeneutik auf den Idealfall des ‹Klassischen› und in der ästhetisch-kritischen Theorie auf den des Modernen, wobei die Reichweite der Übertragung und Applikation auf eine ästhetische Interpretationstheorie hin in beiden Fällen verkürzt wird. Entwurfsoffenheit und Applikationsweite einer ästhetischen

8. Vgl. Michel, 1971, 1. Teil: Ästhetische Reflexion und ästhetische Erkenntnistheorie im Selbstprozeß der Essayistik; Kaiser, 1973, 275, 277 ff., Bolz, 1979a, 1 ff., 43 ff., 284 ff.; Hörisch, 1980, 400, 404 ff.

9. Gadamer, ²1965, 162.

10 Ebd., 258.

11. Ebd., 183 f., Anm. 4.

12. Ebd., 1 ff., 1. Teil: Freilegung der Wahrheitsfrage an der Erfahrung der Kunst; Adorno, 1970, 197: «Philosophie und Kunst konvergieren in deren Wahrheitsgehalt» – «genuine ästhetische Erfahrung muß Philosophie werden oder sie ist überhaupt nicht.»

Hermeneutik erscheinen aber angesichts dieser Polarisierung nur möglich, wenn das dialektische Begründungs- und Entwicklungsverhältnis von Kritik und Hermeneutik[13] nicht vereinseitigt wird. Verdeckte Wirkungsgeschichte führt ebenso zur Weiterpotenzierung und Hypostasierung fragmentarisch vorgebildeter Denkfiguren, wie die lineare Wirkungsgeschichte weiterhin diejenigen Denkfiguren ausschließt, deren Tradierung unterbrochen war. Für eine Typologie wirkungsgeschichtlicher Transformationen wäre der *Modus einer intermittierenden Erinnerung* dessen, was nicht kontinuierlich tradiert wurde, erst noch zu entwickeln. Ebenso wäre es eine genuin hermeneutische Aufgabe, über solche Polarisierung hinauszugelangen, indem die historischen Schlüsselphasen des Verstehens rekonstruiert und entwurfsoffen erinnert werden. Die Frage der wirkungsgeschichtlich bedingten und nur teilweise notwendigen ‹Vorurteile› müßte sich auch auf die wieder in Gang gesetzte Dialektik des Verstehens über verdeckte und lineare Wirkungsgeschichten hinaus beziehen, damit vereinseitigte und historisch fixierte Gegenpositionen sich nicht wiederum in ihrer eigenen Wirkungsgeschichte verfestigen.

Die Feststellung, daß Friedrich Schlegels Hermeneutik ohne kontinuierliche Wirkungsgeschichte blieb, wäre in anderem Rahmen zu ergänzen durch eine Untersuchung der partiellen und eingeengten Nachwirkung einzelner Denkfiguren, Fragmente und Kritiken Friedrich Schlegels in den verschiedenen Entwurfsphasen der Hermeneutiken Asts und Schleiermachers. Insbesondere ließe sich nachvollziehen, wie Ast die Entscheidungsfrage zwischen dem ‹Geist des Autors› und dem ‹Geist des Werkes› durch Hypostasierung des Geist-Begriffs umgeht. Dabei nimmt er die Geschichte des individuellen Geistes eines Schriftstellers in den hermeneutisch-historischen Idealfall des einheitlichen Altertums zurück, um schließlich eine zeitüberhobene, antihistorische Wendung zu vollziehen. Dies stellt eine genaue Einstülpung der Schlegelschen Hermeneutik dar[14]. Der reproduktionshermeneutische Ansatz steht ebenso wie das Moment des Divinatorischen[15] verhältnismäßig unoriginell zwischen Schlegelschen und Schleier-

13. Eine ähnliche dialektische Beziehung entwickelt Wiehl, 1979, 60 u. 51, von Schleiermacher her, um die «Spannung des Dualismus einer *philosophischen Hermeneutik* und einer *hermeneutischen Philologie*» zu erhalten. Wiehl geht allerdings nicht von der Entwicklung einer von der ästhetischen Kritik her universalisierten kritischen Reflexion aus, sondern von einem «ebenso universale[n] wie formale[n] Begriff der Kritik», um den «Zirkel unvollkommenen Verstehens» sowohl jeweils zu schließen als auch zu erweitern.

14. Vgl. Ast, GH, 197, 195, 168 f.; Gadamer (Hg.), 1976, 123, 124, 117, 113, 112. Die Einstülpung nimmt das in eine diffuse Einheit zurück, was Schlegel genetisch von den historischen Unterscheidungen des ‹Studium› über die Jacobi-Kritik («individuelle Geschichte seines Geistes», KA II, 69), über den Forster-Essay («Geist freier Fortschreitung», KA II, 81), den Lessing-Aufsatz («*Lessings Geist im ganzen zu charakterisieren*», KA II, 100) bis hin zur Werk-Kritik des Goetheschen ‹Wilhelm Meister› («der den MEISTER ganz versteht», KA II, 136) entwickelt hat. Vgl. auch Weimar, 1975, 114; Szondi, 1975, 152 ff.; Flashar, 1979, 22.

15. Ast, GH, 186, 187.

macherschen Denkfiguren. Der Anschluß Schleiermachers an Schlegel reicht von der bekannten Formel vom Besserverstehen über die Vorstellung vom ‹Keimentschluß›, die Lesetheorie, Ansätze der Talentvorstellung bis hin zu Spuren in der Divinationstheorie[16]. Selbst das Prinzip der «Oszillation» zwischen verschiedenen hermeneutischen Zugängen ist in Schlegels hermeneutischem Perspektivenwechsel und in dem Wechsel der Verstehensrollen des kritischen Mimus so weit ausgebildet, daß Schlegel den Begriff des «Oscilliren[s]» sogar abwerten muß, um die Gesetzmäßigkeit seines ironischen Verfahrens zu behaupten[17]. Von anderer Qualität sind die Übereinstimmungen mit Boeckhs ‹Encyklopädie›, die sich auf die philologischen Vorstufen im Verhältnis von Kritik und Hermeneutik beziehen und keine Nachwirkung der komplexen ästhetisch-kritischen Denkfiguren und ihrer hermeneutischen Implikate erkennen lassen[18].

Zu einer solchen Skizzierung ausgefallener, verengter und abgebrochener Wirkungsgeschichte gehörte ebenso eine Untersuchung, wie sich die Polemik Hegels gegen die Genielehre und das Ironie-Konzept Friedrich Schlegels in den «Vorlesungen über die Ästhetik», insbesondere was die verkehrende Umdeutung der pluralen Genialität in eine «Konzentration des Ich in sich» anbelangt[19], in der philosophie- und ästhetikgeschichtlichen Tradierung ausgewirkt hat. Schlegels dialektisches Verhältnis des Insichzurückgehens und Aussichherausgehens, der Wechsel von Selbsttätigkeit und Selbstentäußerung, die Subjekt – Objekt – Dialektik des kritischen Verstehens werden in der Hermeneutik der Hegelianer übersehen[20], da diese Denkfiguren an jenes Ironie-Modell rückgebunden waren. Die Folge der Kritiken und Charakteristiken wurde zuvor schon nicht prozessual und als Argumentationseinheit verstanden. Zudem widerstrebte die Kombinatorik der wenigen veröffentlichten Fragmente dem Systemdenken der Hegelianer. Dilthey zeichnet bei seiner Wiederaufarbeitung der Frühromantik zwar die Stationen der philosophiegeschichtlichen Diskreditierung Schlegels nach[21], aber gerade sein verengendes lebensphilosophisches Urteil geht von der Mög-

16. Schleiermacher, HKi, 165, 89, 55, 56, 87, 163 f.; HLü, I, 7, 17.

17. Schleiermacher, HKi, 56; vgl. Rodi, 1979, 81; KA XVIII, 77, Fr. 592: «*Ironie* ist gesetzl[icher] Wechsel, sie ist mehr als bloßes Oscilliren».

18. Vgl. die Zusammenstellung der Entsprechungen nach Körner bei Eichner, KA XVI, S. XVIII; zu Boeckh vgl. Strohschneider-Kohrs, 1979, 84 ff. Auch für Boeckh konstatiert Strohschneider-Kohrs, daß dessen Wirkungsgeschichte «abgerissen» sei (ebd., 87); vgl. Rodi, 1979, 68 ff.

19. Hegel, VÄ, I, 95; vgl. Behler, 1963 und 1972 b.

20. Vgl. Weimar, 1975, 135 ff.

21. Dilthey, XIII/1, 229 Anm. 1: «Das ganze irrige Bild seiner philosophischen Bestrebungen in dieser Epoche, wie es nicht nur bei Michelet, Geschichte der letzten Systeme der Philosophie in Deutschland II (1838) . . ., sondern leider auch bei Erdmann in seiner so wertvollen Geschichte der neueren Philosophie III (1848) . . . sich findet, geht zurück auf Hegel . . . Eine heftige gegenseitige Antipathie macht Hegel gereizt, so oft er Friedrich Schlegel berührt».

lichkeit eines «harmonischen Forscherleben[s] von reichem Ertrag» aus und muß so eine «strenge Umgrenzung seiner [F. Schlegels] Arbeiten» vermissen[22]. Dilthey scheint selbst an den Stellen die Weite gerade des lebensphilosophischen Grundzuges der Schlegelschen Hermeneutik verkannt zu haben, wo er ursprünglich Schlegelsche Denkfiguren aneinanderreiht[23]. Er reduziert denn auch den Einfluß Schlegels auf Schleiermacher auf den Ausgangsbereich einer «philologischen Kunst», ohne den «Plan einer Wissenschaft der Kritik» in den realisierten Formen der Kritik aufspüren zu können. Dabei durchmißt Dilthey das Wechselverhältnis von Kritik und Hermeneutik gelegentlich in ähnlicher Weise wie Schlegel, von den philologischen Stufen bis zu den ästhetischen[24]. Darüber hinaus finden sich Spuren der für die Hermeneutik wichtigen pluralen Personauffassung Schlegels und Novalis' bei Dilthey und bilden übrigens ein Bindeglied zur modernen Rollentheorie[25]. Aber sie werden schließlich von dem Versuch einer ‹psychologischen Grundlegung der Geisteswissenschaften› soweit überformt, daß Dilthey auch bei Schleiermacher das psychologische Verstehen überbetont. Diese Rückprojektion oder Rückverstärkung wird noch dadurch unterstrichen, daß Dilthey allein die Schleiermachersche für eine «wirkungskräftige Hermeneutik» hält. So vermag er das vom Systemdenken des frühen 19. Jahrhunderts her eingeschliffene Urteil über Schlegel nicht mehr zu revidieren[26].

Joachim Wach schließlich setzt in seiner hermeneutikgeschichtlichen Arbeit die Rangfolge zwischen Schlegel und Schleiermacher fest (1926)[27].

22. Ebd., 242; vgl. ebd., 230.

23. Vgl. Dilthey, V, 332: «Die Auslegung ist ein Werk der persönlichen Kunst, und ihre vollkommenste Handhabung ist durch die Genialität des Auslegers bedingt; und zwar beruht sie auf Verwandtschaft, gesteigert durch eingehendes Leben mit dem Autor, best⟨ändiges⟩ Studium . . . Hierauf beruht das Divinatorische in der Auslegung.» Dilthey verbindet so Momente der reflexiven Genielehre sowie die übertragene Idee einer ‹Symphilosophie› mit historisch entfernten Genies und ebenso das divinatorische Prinzip mit der lebensphilosophischen Fassung der Lesetheorie Schlegels; vgl. KA II, 102: «wenn ich eine Zeitlang ganz in Lessings Schriften gelebt hatte, und nun absichtlich oder zufällig wieder auf irgend etwas geriet . . .».

24. Dilthey, V, 328, 336.

25. Dilthey, I, 65, 87; VII, 134; XVIII, 66 (Diese Stellenhinweise verdanke ich meinem Freund Thomas Grosser). Vgl. dazu auch Gerhard, 1971, 23 ff.

26. Dilthey, V, 326; XIII, 230: «Friedrich Schlegel war einer der vorahnenden, vorbereitenden Geister; seine persönlichen Anregungen, seine Arbeiten bilden mit andern den fruchtbaren Boden, auf dem die großen spekulativen Systeme sowie die sprachphilosophischen, literarhistorischen, geschichtlichen Forschungen sich unter uns erhoben haben.» Als Zwischenbeleg für die Wirkung Diltheys auf die Schlegel-Forschung der frühen 1920er Jahre kann die Arbeit von Dietzel, 1922, angesehen werden.

27. Wach, 1926, I, 85 f.: «In Schleiermacher geriet zum erstenmal ein wirklicher systematischer Denker, ein *philosophischer* Kopf über die Hermeneutik» – «er war der erste, der aus dem Haufen von Regeln ein System baute, der aus einem inneren Zusammenhang eine umfassende Lehre vom Verstehen entwickelt hat.»

Josef Körner versuchte zwar schon wenig später (1928) mit der Herausgabe des Fragmentheftes zur ‹Philosophie der Philologie› der hermeneutikgeschichtlichen Kanonisierung entgegenzuwirken[28], aber er stellt noch keinen interpretationswirksamen Zusammenhang zwischen den hermeneutischen Reflexionen der ‹Charakteristiken und Kritiken› und diesen Fragmenten her.

Die Beziehungslosigkeit zwischen philosophiegeschichtlicher Tradierung der Hermeneutik und literaturwissenschaftlichen Arbeiten zur Geschichte der Kritik blieb weiterhin bestehen, so daß in Welleks dreibändiger Arbeit «A History of Modern Criticism» (1955) Schlegel auch als «Begründer der Hermeneutik» vorgestellt wird[29], wohingegen Emilio Betti in seinem umfassenden Werk «Teoria generale della interpretazione» (1955) und dann in der Schrift «Die Hermeneutik als allgemeine Methodik der Geisteswissenschaften» (1962) im wesentlichen den Wirkungsstrang über Schleiermacher und Dilthey hinaus fortsetzt[30].

Den Neubeginn der Friedrich-Schlegel-Forschung in den späten 1950er Jahren leiteten Ernst Behler[31], Hans Eichner und Jean-Jacques Anstett mit der Kritischen Gesamtausgabe ein. Wichtige und nachwirkende Impulse für die literaturwissenschaftliche Frühromantik-Forschung gingen von den Ar-

28. Im gleichen Zug wie er Schlegel aufwertet, sucht Körner, 1928, 8 nebst Anm. 4; 9, Schleiermachers «Unfähigkeit zu größeren philologischen Unternehmungen» nachzuweisen, wobei er sich insbesondere auf Briefstellen beruft, die bei Jonas-Dilthey abgedruckt sind, und in denen Schleiermacher sich bewundernd über Schlegels philologische Kompetenz äußert. Körner zieht aus der Tatsache, daß Schleiermacher bereits zwei Jahre später ohne nachweisbare Vorarbeiten ein exegetisches Kolleg hält, den etwas voreiligen Schluß: «Nichts liegt näher als die Annahme, daß er den alten Schlegelschen Entwurf (von dem er Abschrift, Auszüge oder eine gute Erinnerung besaß) seiner Vorlesung zugrundegelegt haben wird.» Körner spielt die zu Lebzeiten veröffentlichten Akademievorträge Schleiermachers herunter und erhärtet die These von Schlegels hermeneutischer Neuerung am Beispiel der Formel, daß man einen Autor besser verstehen könne und müsse, als er sich selber verstanden hat, die Schlegel tatsächlich in zahlreichen Variationen schon etliche Jahre vor Schleiermacher durchgespielt hat. Körner führt aber diese ästhetisch-hermeneutischen Gedankenspiele Schlegels nicht ganz überzeugend auf eine Stelle in Kants «Kritik der reinen Vernunft» zurück. Die Entwürfe Schleiermachers zur Hermeneutik aus dem Jahre 1805, die sich wirkungsgeschichtlich gerade eben noch mit Schlegels Fragmenten vergleichen lassen, konnte Körner damals nicht einsehen.

29. Wellek, 1959, 266: «Darüber hinaus stellte er über die Theorie der Kritik, der Textinterpretation und der Literaturgeschichte so fruchtbare Überlegungen an, daß er als Begründer der Hermeneutik, der Theorie des ‹Verstehens›, die Schleiermacher und Boeckh formulierten und damit die lange Reihe deutscher Theoretiker der Methodenlehre beeinflußte, gelten kann»; vgl. auch zu diesem Zeitpunkt Lange, 1955, 294.

30. Betti, 1967, 271 ff., 277 ff.; ders., 1962, 5, 9, 13.

31. Behler, 1957a, 253: «die philosophische Philologie, die Hermeneutik und die ‹ars combinatoria›, kann erst beginnen, wenn die philologische Philologie, die Restitution des Textes, den Boden bereitet hat.» Vgl. weiterhin Deubel, 1973.

beiten Ingrid Strohschneider-Kohrs (1960), Klaus Brieglebs (1962)[32], Karl Konrad Pohlheims (1966) und Helmut Schanzes (1966) aus. Die Frage des Epochenübergangs wurde von Helmut Schanze und Klaus Peter (1966), (vgl. 1973, 1978) ins Zentrum gerückt[33], so daß die aufklärerischen Züge im Frühwerk Schlegels dann in unterschiedlich aktualisierenden Interpretationsansätzen weiterverfolgt wurden[34]. Dabei wurde gelegentlich die verdeckte Wirkungsgeschichte jener universalisierten Kritik als aktualisierter kritischer Theorie mit forschungsgeschichtlichen Neuansätzen amalgamiert.

Unter den Vorzeichen der wirkungsgeschichtlichen Engführung in die psychologische Hermeneutik hinein standen zwangsläufig noch viele Arbeiten der 1950er und 1960er Jahre, so u. a. Mettler (1955), die zum Teil wiederum andersgerichtete Aktualisierungen zur ‹Kunst der Interpretation› hin versuchten. Fehleinschätzungen der Weite des hermeneutischen Ansatzes etwa im Vergleich zwischen Schlegel und Ast, Schlegel und Schleiermacher unterlaufen auch in Arbeiten, die sich – wie die von Nüsse (1962)[35] – ansonsten verdienstvoll auf hermeneutische Muster einlassen.

Hermann Patsch gebührt das Verdienst, bereits 1966 in einer theologischen Zeitschrift einen ersten genaueren Vergleich der Schlegelschen und Schleiermacherschen Fragmente angestrengt zu haben. Patsch strebte eine Revision jener falschen historischen Rang- und Reihenfolge an[36]. Allerdings

32. Briegleb, 1962, 19, behandelt noch nicht das Reflexionskontinuum der kritischen Versuche Schlegels, sondern sieht einen Zusammenhang von zufälliger Veranlassung und ethischer Urteilsbildung: «Dem formalen Gesetz der zufälligen Reihung steht also das sachliche Gesetz notwendiger Stellungnahme zur Seite, wir können deshalb Stil auch in dieser Tätigkeit vermuten.» Briegleb bringt insbesondere wieder Benjamins Dissertation «Der Begriff der Kunstkritik in der deutschen Romantik», 1920, in Erinnerung.

33. Schanze, 1966a, 163, sucht einen von der späteren Romantik deutlich abgehobenen Zusammenhang der Frühromantik mit der Aufklärung herauszustellen, wobei er die «Denkbewegung der ‹Philosophischen Lehrjahre›» deutlich von «restaurativen Tendenzen» abheben möchte. Peter, 1966, 10, erklärt den Dialektiker Schlegel «zum Exponenten einer äußersten Aufklärung». Die Schwierigkeit, homogene Zeiteinheiten herauszupräparieren, führt zwar noch nicht zur Analyse der geschichtshermeneutischen Reflexionen Schlegels, aber zur genauen Einsicht in die innere Ungleichzeitigkeit dieser Phase: «so sind die Jahre vor und nach 1800 in besonderer Weise gekennzeichnet durch das Ineinander der disparatesten Bewußtseinsformen, die schwerlich sich auf einen Nenner bringen lassen» (ebd., 9).

34. Vgl. Bänsch (Hg.), 1977; H. Schlaffer, 1974; Heiner, 1971.

35. Nüsse, 1962, 95; zur Denkfigur des Besserverstehens vgl. 93 ff.

36. Patsch, 1966, 434: «‹Die Geschichte der Hermeneutik hat ihre Wende bei Schleiermacher›, so steht in der Geschichtsschreibung der Hermeneutik fest.»Patsch bezieht sich auf einen vier Jahre zuvor in derselben Zeitschrift erschienenen Aufsatz des Herausgebers der Schleiermacherschen Handschriften, Kimmerle, 1962, 114–; «Der frühe Schleiermacher ist der Romantiker Schleiermacher, und so fragt es sich, ob man nicht einen Schritt weiter zurückgehen sollte als Kimmerle – zu dem Mann, durch den Schleiermacher ein ‹Romantiker› geworden ist: zu Friedrich Schlegel» (Patsch, 1966, 434). Patschs exakte Analyse jenes Fragmentheftes zur «Philosophie der Philologie», der ein Versuch «Zur Datierung der Hermeneutik-Entwürfe Schleiermachers» folgt, konnte sich allerdings noch nicht auf genügend Fragmente stützen.

muß er die wirkungsgeschichtliche Linienbildung für irreversibel halten, da er sich auf keine Forschungsrichtung berufen kann, die an jene unterbrochene Beziehung zur frühromantischen Hermeneutik wiederangeknüpft hätte[37].

Im Bereich der Germanistik hat Hans Eichner (1969) in einigen bedeutsamen Hinweisen die Schlegelschen Ansätze von 1797 in den hermeneutikgeschichtlichen Kontext zu rücken versucht[38]. Peter Szondi stellt den Nachholbedarf der Literaturwissenschaft in seiner 1975 publizierten Vorlesung von 1967/68 heraus, verfolgt aber die Geschichte der Hermeneutik noch in der herkömmlichen Fortsetzungslinie über Chladenius, Meier, Schleiermacher bis zu Ast[39]. Auf den modern anmutenden historischen Grundzug der Schlegelschen Hermeneutik weisen 1971 Hinrich C. Seeba (Wirkungsgeschichte)[40] und Willy Michel (Ästhetische und historische Hermeneutik) hin[41]. Ebenfalls 1971 erörtert Heinz Dieter Weber das Problem der Aktualisierbarkeit der frühromantischen Kritik. In seiner 1973 vorgelegten, historisch am weitesten zurückgreifenden Untersuchung zur Kunstkritik unterstreicht Weber dann, daß sich «hermeneutisch-historisches Sinnverstehen und Kritik nicht trennen» lassen: «Daß sie sich gegenseitig bedingen hat als erster Friedrich Schlegel ausgesprochen»[42]. Franz Norbert Mennemeier publiziert ebenfalls 1971 die wohl genaueste Interpretation der Schlegelschen Kritiken unter dem Leitaspekt des Poesiebegriffs. Er schirmt aber die

37. Ebd., 464 f.

38. Eichner, 1969, 18, 26: «Er hat als erster auf den hermeneutischen Zirkel hingewiesen, der vom Wort zum Satz, vom Satz zum Gesamtwerk und wieder zurück führt, und er hat schon 1797 sorgfältig zwischen der ‹historischen› Frage nach dem ‹wirklichen individuellen Sinn eines Autors› und der ‹logischen und grammatischen› Frage nach dem möglichen Sinn eines Textes unterschieden, also zwischen dem vom Autor beabsichtigten Sinn und dem, den der Kritiker aus dem bloßen Text erschließen kann.» Gerade diese Frage nach der Reichweite und Geltung der verschiedenen ‹Absichten› steht in einer langen Tradition, die wir wenigstens bis zu Chladenius zurückverfolgen müssen, um Schlegels hermeneutische Leistung richtig einschätzen zu können. Eichner betont zu Recht die innovatorische Leistung Schlegels im Vollzug des hermeneutischen Zirkels, auch wenn man die unterschwellige Tradierung, Gadamer, ²1965, 164, zufolge, bis in die antike Rhetorik zurückverfolgen kann. Vgl. demgegenüber Dierkes, 1980, 22, Anm. 32 u. 33. Die stillschweigende Applikation von Vorformen des hermeneutischen Zirkels reicht im 18. Jahrhundert sogar bis zur Physiognomik Lavaters; vgl. dazu Michel, 1981 b, 197 ff.

39. Szondi, 1975, 404: «Bei einem hermeneutischen Symposion sitzt neben dem Theologen und dem Juristen der Literaturwissenschaftler heute als armer Verwandter am Tisch.»

40. Seeba. 1971.

41. Michel, 1971, I, insbes. 153 ff.: «Symphilosophie mit dem Zeitalter: Ästhetische und historische Hermeneutik»; 225 ff.: «Formale Synthese: Die ästhetische Selbstkonstruktion der Kunstkritik»; 139 ff.: «Lebensunmittelbare Symphilosophie und die wirkungsgeschichtlich bewußten Synthesen der Essayistik». Diesen Parallelansatz übersieht Dierkes, 1980, 10, Anm. 51.

42. Weber, 1971 und 1973, 7. Weber verfolgt insbesondere die «Vermittlung von philosophischer Ästhetik und Gattungspoetik» bei Lessing, aber auch die «kunstimmanente Kritik» bei Karl Philipp Moritz, um dann vor allem den transzendentalpoetischen Aspekt der Schlegelschen Kritik genauer herauszuarbeiten.

bereits kanonisierte Deutung der bekannten Schlegelschen Schriften vor einer kombinatorischen Überformung durch die Vielzahl der neu veröffentlichten Fragmente ab, indem er jenen eine «wirkungsgeschichtliche Relevanz» zuspricht, diese aber «dem in der ‹privaten› Sphäre Zurückgehaltenen» zurechnet[43]. Die Rückverstärkung der eingeschliffenen Wirkungsgeschichte durch die Quellenauswahl und Quellenzuordnung beruht darauf, daß in der bisherigen Hermeneutik weder eine möglichkeitsdialektische Ergänzung zur real durchgesetzten Wirkungsgeschichte noch eine Vorstellung intermittierender Erinnerung, Anknüpfung und Transformation vorgesehen ist. Dies gilt auch für den von Jauß eingeleiteten ‹Paradigmenwechsel› (1969, 1970, 1975, 1977). Daß er – wie Seeba hervorhob – Friedrich Schlegels wirkungsgeschichtliche Konzeption verkennt und den Epochenübergang von der «Wirkungsästhetik der Aufklärung» her nicht neu bestimmt[44], geht wohl wiederum auf die hermeneutische Linienbildung zurück. Dies wirkt sich auch im Sinne jener verdeckten Wirkungsgeschichte auf seine Adorno-Kritik aus[45]. Sein Lösungsvorschlag einer «diachronischen Horizontverschmelzung» mit «synchronische[m] Korrelat»[46] wäre angesichts der Schlegelschen Vorstellung von der Ungleichzeitigkeit des Verstehens zu modifizieren. Ein Neuansatz der Konzeption zur Wirkungsgeschichte müßte einerseits jene Formen der verdeckten Wirkungsgeschichte bedenken. Andererseits wäre zu erklären, wie sich die innere Historizität und ungleichzeitige Ausrichtung von Kategorien und Verstehensmustern auf die einzelnen Applikationsweisen und auf das ‹Verstehen des Verstehens› (also auch auf das Verstehen von Rezeptionsgeschichten) auswirkt.

Szondis Bemühen um eine historische Skizze der literarischen Hermeneutik wird von Klaus Weimar (Publikation beider Arbeiten 1975) fortgesetzt und um etliche bedeutsame Kapitel erweitert[47].

Manfred Frank geht 1972 vom «Problem ‹Zeit› in der deutschen Romantik» aus, um dann 1977 in seiner aktualisierenden Schleiermacher-Interpretation, ebenfalls mit dem Ziel einer Konfliktüberwindung, existenzialhermeneutische und strukturalistische Ansätze zu vergleichen und zu vermitteln. Frank korrigiert dabei allerdings nicht die ‹Vorurteile› gegenüber der historischen Schlüsselphase der modernen Hermeneutik[48]. Dies wäre aber für jede Aktualisierung im Sinne einer mehrseitigen Dynamisierung des Zeitverstehens notwendig. Ähnliche Vermittlungsstrategien verfolgt Uwe Japp in seiner «Hermeneutik» vom Jahre 1977[49].

43. Mennemeier, 1971b, 18.

44. Jauß, 1975a, 381.

45. Jauß, 1977, 37 ff., 40, 41, 45.

46. Jauß, 1975a, 393.

47. Weimar, 1975; insbes. 66 ff.: Hamann und Herder, 89 ff.: Friedrich Schlegel, 111 ff.: Ast und Schleiermacher.

48. Frank, 1977, 358 ff.

49. Japp, 1977, 10, führt insbesondere die Unterscheidung einer «Hermeneutik der Reduktion» und einer «Hermeneutik der Entfaltung» durch.

Einzelprobleme der Schlegelschen Hermeneutik erörtern Willy Michel (1978, 1979)[50] und Norbert Bolz (1979)[51].

Den bereits historisierten hermeneutischen Zirkel sucht zuletzt Hans Dierkes in den literaturgeschichtlichen Arbeiten des mittleren Schlegel nachzuzeichnen. Von der thematischen Eingrenzung und der Quellenauswahl her vollzieht er so nicht in prozessualer Interpretation die Genese der Schlegelschen Hermeneutik nach[52]. Vielmehr sucht er durchgängig ein «organologisch konstruiertes System ontologisch-zirkulöser Vermittlung von Einzelwerk und absoluter Universalgeschichte» herauszuarbeiten und als «totum von imposanter Geschlossenheit» auszuweisen[53]. Die Entwurfsoffenheit der Schlegelschen Kritik wird so rückwärtsgewandt von einer «poeto- theo- logische[n] Sinngeschichte» her überformt, die wechselnden geschichtsphilosophischen Implikate werden homogenisiert und stillgestellt[54]. Das Verdienst der Arbeit beruht dennoch auf dem Versuch, im Rahmen der Hermeneutik eine neuerliche Verbindung von Früh- und Spätwerk anzubahnen. Aber auch das wäre wohl erst möglich, wenn die mo-

50. Michel, 1978a, 58 ff.: «‹Besserverstehen›, ‹innerer Plural› und die Ungleichzeitigkeit des Verstehens. Friedrich Schlegels hermeneutische Fragmente»; vgl. 20 ff.: «Antidogmatische Fiktionsbildung im geschichtsphilosophischen Verstehen. Lessings ‹Erziehung des Menschengeschlechts›»; vgl. ders., 1979 und 1981 c.

51. Bolz, 1979b, 79.

52. Dierkes, 1980, stützt sich insbesondere auf Seeba. Er läßt die Totalität und Dynamik des Verweisungsgeflechts zwischen den Kritiken und den frühen Fragmenten außer acht und greift nur gelegentlich von dem ganzheitslastig historisierten Zirkel aus auf das Frühwerk zurück (74, 111, 125, 167, 169, 178, 243, 312). Die Vielzahl verschiedener dialektischer Muster, die dem eng gefaßten triadischen widersprechen, sucht er nicht zuzuordnen, da er die ‹Literary Notebooks› nur als «Vorratskammer von Einfällen und Versuchen» (243, Anm. 52; vgl. 312) betrachtet. Ähnlich fallen die Bemerkungen zur «Philosophie der Charakteristik» aus (125). So läßt er den unterschwelligen Bezug auf die Aufklärungshermeneutik ebenso außer acht (323) wie die Entwicklung in der Frage nach den ‹Absichten› des Autors und des Werkes (178) oder die durchgeführte Auslegung eines Einzelwerkes, Goethes ‹Meister›, als Teil des hermeneutischen Prozesses (269) oder die im Bezug auf die Lessing-Aufsätze zu erschließende Lesetheorie (169).

53. Ebd., 316. Dierkes differenziert von diesem Gesamtkonzept her nur noch «Teilkreisläufe» (71). Er projiziert deutlich erkennbar Programmstichworte der 1970er Jahre, wenn er Schlegels Literaturgeschichtsschreibung als «Produkt einer wirkungs- und rezeptionshermeneutischen Historik» (146) bezeichnet. Problematisch ist es auch, wenn er, ohne Berücksichtigung der weiterführenden Ansätze, anläßlich der Erörterung des ‹Klassischen› feststellt: «sicher ist, daß Schlegel hier die Position Gadamers stärkt» (332; vgl. 155). In diesem Sinne vollzieht er eine unterschwellige ‹Horizontverschmelzung› auch in Verstehensmustern und Begriffen wie «Kehre zur Uroffenbarung» (287) oder «Bewährung» (171). Diese Mängel der im ganzen doch sehr verdienstvollen und auf hohem Niveau stehenden Arbeit sind darauf zurückzuführen, daß noch keine Kriterien für den Zeitsinn hermeneutischer Aktualisierungen, ihre öffnende, konfliktüberwindende, transformationswirksame, applikationsweite oder rückverstärkende Funktion entwickelt wurden. Dies wäre in einer historisch-hermeneutischen Transformationstheorie zu leisten.

54. Ebd., 164; so geht es nur noch darum, die «Anwendung der triplizitär-genetischen Gesetze auf literarische Werke» (165) in den verschiedensten Konstruktionsmustern nachzuzeichnen.

derne Hermeneutik weit genug entwickelt wäre, um die Dialektik von Kontinuität und Diskontinuität eines solchen Werkes wie des Schlegelschen zu umfassen und zugleich über die konträren, wirkungsgeschichtlich verfestigten Zugänge hinauszugelangen.

Die Entstehung des historisch-hermeneutischen und ästhetisch-hermeneutischen Denkens im Prozeß (kunst)kritischer Urteilsbildung zu rekonstruieren, kann angesichts des ästhetischen Formcharakters dieser Kritiken nicht auf eine nachträgliche Systematisierung hinauslaufen. Nicht weil man damit hermeneutisch gegen die erklärte ‹Absicht› eines dialektisch und esoterisch aussagenden Kritikers und Hermeneutikers verstieße, muß man darauf verzichten. Tatsächlich bietet sich kein systematisch hermeneutischer Rahmen des späten 18. oder des frühen 19. Jahrhunderts an, der nicht durch Inhalt und Reichweite des Schlegelschen Denkens gesprengt würde. Auch in der seit zwanzig Jahren erneuerten hermeneutischen Diskussion hat sich kein solcher Rahmen herausgebildet, auf den sich die Rekonstruktion historisch und systematisch beziehen ließe. Da die Wirkungsgeschichte jener dialektischen Beziehung von Kritik und Hermeneutik ausgefallen ist oder in der Vereinseitigung verdeckt blieb, würde jede ‹Horizontverschmelzung› eine bloße Ergänzung, Aktualisierung, Vor- oder Rückprojektion auf einen als homogen vorgestellten hermeneutischen Bewußtseins- oder Diskussionsstand *hin* oder von einem solchen Konstrukt *aus* bedeuten. Dem Schlegelschen Gedanken der Ungleichzeitigkeit des (ästhetisch-hermeneutischen) Verstehens kann man nur gerecht werden, wenn man zugesteht, daß auch der gegenwärtige Diskussionsstand ungleichzeitig ist. Dies gilt für die kategorialen und inhaltlichen Verstehensvoraussetzungen, die historischen Bezugsfelder, erst recht aber für die ästhetische Gegenstands- und Bewußtseinsausrichtung. Wenn überhaupt der Begriff der ‹Horizontverschmelzung› noch aufrechterhalten werden kann, so wäre zunächst die dialektische Entwurfsoffenheit angesichts vieler verdeckter und ausgefallener Wirkungsgeschichten jeweils wieder herzustellen. Darüber hinaus müßte der Zeitsinn des Verstehens komplexer gefaßt werden. Die innere Historizität insbesondere der ästhetischen Kategorienbildung müßte metakritisch untersucht und korrigiert werden. Die Denkfiguren der Schlegelschen Hermeneutik als transformationsfähige wieder einzubeziehen in die aktuelle Diskussion, setzt voraus, daß man die Wirkungsgeschichte der Hermeneutik nicht länger in der eingeschliffenen Linienbildung fortsetzt. Die Zirkelhaftigkeit im Verstehenszugang kann nicht bedeuten, daß man Verstehensmuster der aktuellen Diskussion in vielleicht komplexer angelegten Vorstufen wiederentdeckt. Auch kann es nicht heißen, daß man eben solche Verstehensmuster im einzelnen stillschweigend und ohne transformationelle Vermittlung dem defizitären Zustand einer modernen ästhetischen Hermeneutik oder einer allgemeinen Hermeneutik, die von ästhetischen Phänomenen ausgeht, entgegenhält. Bevor eine solche Transformation von einem entwurfsoffenen ästhetischen Problembewußtsein der Gegenwart aus möglich ist, gilt es die Rekonstruktion des quasiästhetischen Beziehungsgeflechts der Schlegelschen Kritiken soweit durchzuführen, daß die Entwicklungsrichtung, die dialektische Bewegung in ihnen erkennbar wird. Der prozessuale und textuelle interpretatorische Nachvollzug verfällt nicht der Illusion eines objektivistischen Verstehens, da bis in die vorsichtigsten Umschreibungen hinein die Möglichkeit der transformationellen Beziehung zur gegenwärtigen Diskussion erhalten bleibt. Aber diese Möglichkeit soll im ganzen nicht in schlecht aktualisierten einzelnen Verstehensmustern erinnert werden. So stehen kapillare philologische und historische Interpretation und ganzheitlich-prozessuale Erinnerung im Geltungsbereich des historisierten hermeneutischen Zirkels. Aber methodisch darf diese Einsicht die genetische Rekonstruktion und den interpretatorisch-prozessualen Nachvollzug nicht in allen Phasen gleichsinnig überformen, aufbrechen oder irritieren.

Das quasiästhetische Verweisungsgeflecht zwischen den Kritiken und vielen Fragmenten, das ja auch auf der Denkfigur der Potenzierung ästhetischer Aussageweisen beruht, bietet gerade in seiner antisystematischen Ausrichtung[55] eine Totalität, in der sich der Interpret bewegen kann, ohne an jeder einzelnen Stelle ‹problemgeschichtliche› Zwischenerörterungen einzuschalten. Aber diese Totalität ist die einer vielfach geschichteten, verklammerten, kunstvoll querverbundenen *Werkfolge* von Rezensionen, Charakteristiken und Kritiken, die von jeder Einzelarbeit aus im bewegten Übersichhinausweisen wie eine «Progreß.[ion] von Projekten» erscheint. Sie setzt sich noch fort in ganzen Kombinationswelten potenzierender, vervielfacht längs- und querverbundener Fragmente, in ein paradoxerweise so genanntes «System von Fragmenten» hinein[56]. Daß das durchgebildete Fragment selbst als «κρ [kritisches] *Phänomen*» [57] zugleich ästhetisch und ‹lebensphilosophisch› individuiert und individualisierend wirken soll[58] und auf der anderen Seite die «Charakteristik» als «kritisches Kunstwerk» gelten und als Form selbst *«genetisch»* angelegt und durchkonstruiert sein soll[59], führt zu komplexen interpretatorischen Schachtelungen statt einfachen wechselseitigen Ergänzungen. Wenn Schlegel die Vorläuferform der durchgebildeten ästhetischen Formen der Kritik, die Rezension, als *«angewandte Charakteristik»* bezeichnet[60], so weist er darauf hin, daß seine Werkfolge

55. KA XVIII, 12, Fr. 87. Der Kritiker bezeichnet sich im Akt der ironischen Selbstbegrenzung als Eklektiker: «Der Eklekt[iker] muß das System als Schranke hassen. Statt d[er] φ [philosophischen] Einheit wird er d[ie] aesthetische wählen.»

56. Ebd., 100, Fr. 857.

57. Ebd., 141, Fr. 224.

58. Ebd., 139, Fr. 204 – «Der Gegenstand des Fragments ist ein φ [philosophisches] Individuum, ein lebendiger Gedanke, conceptus»; vgl. KA II, 197, Fr. 206.

59. KA XVI, 138, Fr. 632 u. 629.

60. Ebd., 138, Fr. 633; dem Ungleichzeitigkeitsentwurf nach reagiert die Rezension auf die in sich heterogene, nicht auf der Höhe stehende Literatur («Rücksicht auf die vorhandene Litteratur») und intentional auf ein in der Geschmacksbildung abgestuftes Publikum.

auch nach dem Prinzip einer antizipatorischen Verklammerung zu verstehen ist. In der Applikation wird die kunstvoll durchgebildete Denkfigur schon vorweggenommen, zugleich projekthaft ausgedrückt und in den folgenden Großformen der Kritik eingelöst und fortgesetzt. Jedes Werk der Kritik muß aber zunächst in sich noch als multifungibel und entwurfsoffen betrachtet werden, als «*Abhandlung, Darstellung* und *Versuch*»[61].

Tatsächlich beruht diese antizipatorische Applikation nicht nur auf einer planvoll angelegten, in vielen eingestalteten Hinweisen verdichteten Werkfolge[62], sondern auf der hermeneutischen Übereinstimmung von Begründungsverhältnis und Zielvorstellung. In dieser Weise gilt einerseits der Satz: «κϱ [Kritik] entsteht durch *absolute Universalität*»[63]; andererseits ist die Universalisierung im Objektbezug und im Verstehensprozeß das Ziel dieser Kritik. Diese Beziehung gilt offenbar auch für die Art, wie der kritische Urteilsprozeß, der sich in der Werkfolge verdichtet, zugleich auf hermeneutischen Denkfiguren aufruht und, in der Totalisierung der Gegenstandsbezüge sowie dem Ausgreifen der Kombinatorik, auf ‹absolute Hermeneutik› hinauslaufen soll[64]. So ist es denn nicht verwunderlich, daß Schlegel das Begründungsverhältnis im Zusammenhang der Frage nach Wissenschafts- und Kunstcharakter erörtert und hinsichtlich der Werkfolge feststellt: «eine φλσ [Philosophie der Hermeneutik] müßte wohl vorangehn»[65]. Der Universalitätsanspruch der Kritik ist ebenso von Anfang an mit ihrem zugleich ästhetischen und wissenschaftlichen Charakter verknüpft und läßt sich nur durch Befolgung des von Schlegel sogenannten «hermeneutischen Imperativ[s]» durchsetzen[66].

Da Schlegel weder vorweg eine solche ‹Philosophie der Hermeneutik› schreiben konnte noch tatsächlich nach dem Durchlaufen des Prozesses der Kritik jene ‹absolute Hermeneutik› auf den Begriff gebracht hat, verbürgt allein die Konstruktion der Werkfolge, die Auseinanderfolge impliziter und expliziter hermeneutischer Denkfiguren den Universalitätsanspruch. In der Werkfolge sollte offenbar, wie in der durchgegliederten Charakteristik, das Verweisungsgeflecht «synthetische[r] Kunsturteil[e]»

61. KA XVIII, 204, Fr. 89 u. 88.

62. Ebd., 110, Fr. 975: «Jedes meiner Werke in d[er] φ [Philosophie] *Prolegomenon* des folgenden und *Epilegomenon* d.[es] vorigen.»

63. KA XVI, 141, Fr. 662 – für die Objektseite gilt entsprechend: «also absichtliche Isolazion eines dominirenden Bestandtheils kann nicht als κϱ [kritisches] Studium betrachtet werden».

64. Ebd. 132, Fr. 568: «*Kritische* IDEEN sind prakt[ische] Mathematik $\frac{\alpha\upsilon\lambda}{\circ}$ [absolute Analyse] und $\frac{\text{Hermeneut.}}{\circ}$ [absolute Hermeneutik]».

65. Ebd., 69, Fr. 93: «Dieß ist vielleicht eine *eigne Wissenschaft* so gut wie Grammatik. Ist es nicht vielmehr eine *Kunst*? – Ists Kunst, so ists auch Wissenschaft».

66. Ebd., 69, Fr. 95; vgl. ebd., Fr. 94: «Die *Kritik* muß also auch eine eigne Wissenschaft seyn! Jene Eintheilung ⟨in eth.[isch] log.[isch] poet.[isch] polit.[isch] histor.[isch]⟩ nicht einzig».

«nicht bloß genetisch dargestellt» werden, sondern auch «als nothwendig construirt» erscheinen[67].

Die Rekonstruktion dieses ästhetisch-dialektischen Prozesses von Kritik und Hermeneutik muß also die esoterisch mitbedachte, aber nicht explizierte Konstruktion Schlegels in ihrer scheinbar eigengesetzlichen Stringenz, d. h. in ihrer ästhetisch rückversicherten und zugleich auf Potenzierung beruhenden Verweisungstotalität aufdecken. Die Idee einer sich selbst konstruierenden Kritik ist nur in Analogie zum philosophischen Kritizismus gefaßt. Tatsächlich wollte Schlegel keine streng transzendentale Begründung leisten, sondern eine Historisierung des ‹Transcendentalen› unter ästhetischen Aussagebedingungen vollziehen[68]. Insofern die Kritik ‹historisch-transzendental› Bedingungen der Möglichkeit des ästhetischen Verstehens aufzeigt, bezieht sie sich als «*historische* Ganzheit» auf die Zeit. So kann sie als genetisch konstruierter Zusammenhang ihre Subjekt-Objekt-Dialektik als repräsentatives Verstehen ausgeben. Analog zum hermeneutischen ‹Geist› einer primären Werkfolge kann Schlegel vom *«Geist der Kritik»* sprechen[69]. Die Fortsetzbarkeit ist wie die nachträgliche Erschließungsmöglichkeit nur gewährleistet, weil die Dialektik von Kritik und Hermeneutik nicht in der historischen Situation aufgeht, sondern weil der ‹Geist› des Werkes sowohl ein totales Bestimmungsgeflecht darstellt als auch wirkungsgeschichtlich notwendiges Unbestimmtheitspotential enthält[70]. ‹Unbestimmtheit› meint dabei keine rezeptionsarbiträre hermeneutische Struktur. Vielmehr bleibt der Interpret an den ‹Geist› des Werkes und – genetisch – der Werkfolge quasiobjektiv rückgebunden, indem er sich zugleich in die esoterische Wirkungsgeschichte stellt. «*Einheit*» und «*Ganzheit*» können sowohl in historischer Perspektive aufeinander bezogen als auch, in der engeren Sicht auf die

67. Ebd., 93, Fr. 94.

68. KA XVIII, 92, Fr. 756: «Auch in d[er] φ [Philosophie] soll nur d[as] Classische kritisirt werden, das Transcendentale aber historisirt. Alle φ [Philosophie] als Kunst soll = κ [Kritik] sein . . .»; ebd., 294, Fr. 1182: «Die Princ[ipien] der κϱ [Kritik] müßten selbst κϱ [kritisch] seyn, so daß diese sich selbst construirte. – ⟨Auch die Poesie constituirt sich selbst . . .⟩»; KA XVI, 139, Fr. 647: «Meine $\frac{\kappa}{0}$ [absolute Kritik] für Class[isches] und Progr.[essives] so transc.[endental] als F[ichte]'s W[issenschafts]l[ehre]».

69. Vgl. die geplante «Vorrede» zu den Philosophischen Lehrjahren, KA XVIII, 119, Fr. 1068: «Also nur Lehrjahre statt Resultate, die Gesch.[ichte] der Entstehung d[es] Syst.[ems] statt d[es] Syst.[ems] selbst, chaotische Einzelheiten – – Einheit nun wohl drin»; ebd., 118, Fr. 1067: «Philosophische Lehrjahre oder *Geist der Kritik*. – Dieß letzte ist eigentl[ich] das *Objektive* darin»; zur universellen «*historische*[n] Ganzheit» vgl. KA XVI, 85, Fr. 7; vgl. ebenso KA II, 168/169, Fr. 22: «Ein Projekt ist der subjektive Keim eines werdenden Objekts. Ein vollkommnes Projekt müßte zugleich ganz subjektiv, und ganz objektiv . . . sein»; KA XVIII, 98, Fr. 832: «Ein rechtes συστ [System] von Fr[agmenten] müßte ZUGLEICH subjektiv und objektiv sein»; KA II, 169, Fr. 22: «so könnte man wohl sagen, der Sinn für Fragmente und Projekte sei der transzendentale Bestandteil des historischen Geistes».

70. KA XVI, 122, Fr. 443: «Der *Geist* eines Werks ist immer etwas *Unbestimmtes* also Unbedingtes. – *Geist* ist die bestimmte Einheit und Ganzheit einer unbestimmten Mehrheit von unbedingten Eigenheiten».

heterogenen Formen der Kritik, auseinandergehalten werden[71]. Die Frage nach der «*Absicht im Ganzen*» oder einer «Zentralabsicht des Ganzen» aber soll bei Werken mit zukunftsgerichtetem Wirkpotential (mit «Tendenz») nicht linear oder plan gestellt werden können[72].

Der Appell Schlegels an seine Leser im Abschluß des Lessing-Aufsatzes, «*das Verstehen zu verstehen*», stellt bereits einen Hinweis auf den hermeneutischen Prozeß der Werkfolge und die reflexive Struktur des kritischen Verstehens dar[73]. Aber er bezieht den zeitgenössischen Leser nur ironisch ein, insofern er es der «unbedingten Willkür» desselben überlassen will, seine Studien «für ein Ganzes» zu halten. Die «Einheit des Geistes» und die Entwicklungsrichtung, d. h. die «Tendenz» im vollen historisch-repräsentativen und zugleich im historisch-transzendentalen Sinn zu verstehen und zu deuten, behält er sich an dieser Stelle selbst vor[74]. Die Rekonstruktion des ‹genetisch Konstruierten› hält er offenbar erst für möglich im Prozeß einer wirkungsgeschichtlichen Erschließung[75]. Sein Hinweis im Aufsatz «Über die Unverständlichkeit» auf das 19. Jahrhundert, in dem es dann «Leser» geben werde, die «lesen können»[76], verbindet tatsächlich die in der Werkfolge zyklisch erweiterte Rezeptions- und Lesetheorie mit der Vorstellung einer esoterischen Wirkungsgeschichte. Diese ließe sich bei entsprechenden Veränderungen auf Seiten des Publikums exoterisch wenden.

Die Rekonstruktion einer solchermaßen ‹absichtsvoll› konstruierten kritischen Werkfolge brauchte sich nun nicht an die esoterischen Hinweise und Leserappelle Schlegels zu halten. Vielmehr wäre auch bei dieser komplexeren (Zeit)Struktur des Verstehens die Distanz zu wahren in historischer wie systematischer Hinsicht, wenn nicht die Gefahr bestünde, daß Schlegel auch das Ironie-Modell vom Einzelwerk der Kritik auf die Werkfolge übertragen hätte. Tatsächlich läßt sich nachweisen, daß Schlegel in der Auseinanderfolge, Parallelisierung und Verklammerung seiner Einzelkritiken *konstellative Formen der Ironie* geschaffen hat. So kann man den kritischen und hermeneutischen Prozeß nur nachvollziehen, wenn man sich auf das quasiästhetische Verweisungsgeflecht seiner Texte einläßt. Jeder Erschließungs-

71. Ebd., 89, Fr. 46: «Wo man die Bestandtheile nicht bloß *gleichartig* sondern auch verschiedenartig zu bilden strebt, da strebt man nach *Ganzheit* nicht bloß nach *Einheit*». Auf die Dialektik von Einheit und Ganzheit bezieht sich Schlegel auch, um im Rückblick auf seine Kritiken (1801) zum ‹Verstehen des Verstehens› anzuleiten – KA II, 410: «Aber werdet Ihr auch eine Reihe von Studien für ein Ganzes halten wollen, bloß deswegen, weil sie von Einem Geist beseelt, und in diesem nicht ohne Zusammenhang entstanden sind?» – «Jene Einheit des Geistes aber kann ich nachweisen; in der unverkennbaren Tendenz aller jener Versuche und in der unwandelbaren Maxime».

72. KA II, 413.

73. Ebd., 412.

74. Ebd., 410.

75. Vgl. ebd., 412, 410 in bezug auf den Vorläufer Lessing.

76. Ebd., 371.

versuch, der vorab systematisch und nicht prozessual interpretierend angelegt wäre, müßte sich in kontextuellen Abgrenzungsschwierigkeiten verfangen, die sich erst recht mit der Menge der hinzugezogenen und nicht mehr auszurichtenden Einzelfragmente vervielfachten. Stellt man sich interpretatorisch auf die quasiästhetische Struktur der Texte ein, so erscheint die Werkfolge als ein seine Genese reflektierendes und immer genauer konstruierendes dialektisches ‹System› esoterischer und exoterischer Aussagen.

Die Rekonstruktion bewegt sich hinsichtlich der Binnenkombinatorik und der Distanz zur vorgegebenen Werkfolge auf drei qualitativ verschiedenen Stufen. Die Auseinanderfolge der Rezensionen, Charakteristiken und Kritiken läßt sich auf zwei unterschiedliche Rahmen beziehen, die man einerseits aus der chronologischen *und* inhaltlichen Reihung dreier relativ konsistenter theoretischer Entwürfe bzw. Fragmenthefte erstellen[77] und andererseits aus den geschichtshermeneutischen und allgemeinhermeneutischen Gliederungen des ‹Studium›-Aufsatzes gewinnen kann. Von diesem sowohl künstlich erstellten wie inhaltlich erschlossenen Rahmen aus läßt sich die Aufeinanderfolge der kritischen Arbeiten deutlicher als Auseinanderfolge in einer primären, stärker ästhetisch orientierten Reihe und in einer chronologisch parallel angesetzten sekundären Reihe historisch-politischer und philosophisch-theologischer Arbeiten interpretieren. Auf einer dritten Stufe der Rekonstruktion werden jeweils Fortsetzungslinien in die unterschiedlichsten Fragmenthefte hinein skizziert. Methodisch läßt sich dies verantworten, weil die zyklische Argumentationsbewegung der kompakten Texte zuvor genau verfolgt wird. Das Modell für den hermeneutischen Anschluß späterer Fragmente hat Schlegel im Abschluß des Lessing-Aufsatzes vorgegeben, nämlich in der Ausrichtung der ‹Eisenfeile›.

Diese Rekonstruktion läßt sich sowohl mit der chronologischen Ermittlung der Entstehungsphasen, daraus folgend der möglichen Parallelisierungs-, Verklammerungs- und Fortsetzungsabsichten, als auch mit der inhaltlichen Bestimmung des Charakters der einzelnen Entwürfe vereinbaren. Das dritte Heft des Entwurfes «Von der Schönheit in der Dichtkunst», der Hauptteil des ‹Studium› und die ‹Condorcet›-Kritik markieren den auf 1795 datierbaren Übergang von einer Phase sowohl geschichtshermeneutisch fragwürdig werdender Arbeiten zur Antike als auch geschichtskritisch aufgebrochener theoretischer Ansätze zu entwurfsoffenen Formen der Kritik hin. In diesen gewinnt Schlegel eine Neuorientierung an der Moderne, um dann wieder in den beiden Abteilungen der sekundären Reihe auf neue Weise historisch-hermeneutisch zurückzugreifen. Die Kritiken dieser sekundären Reihe folgen tatsächlich jeweils in einer Dreieranordnung historisch-politischer und philosophisch-theologischer Arbeiten *aufeinander*, ob-

77. Schlegel, NPhS, 345 u. 2; Schlegel, BB, 252; Schlegel, FDS, 7 u. 11; Archiv für Literaturgeschichte XV, 1887, S. 432; vgl. Editionsbericht von Eichner zu KA XVI.

wohl sie inhaltlich jeweils in dieser Anordnung Parallelen bilden. Insgesamt aber verläuft die sekundäre Reihe der Entstehungszeit nach (1795–1797), mit Ausnahme des früheren Einsatzes der Condorcet-Kritik, parallel zu der primären Reihe der Rezensionen (insbesondere zu Herder und Schiller) und der drei großen Kritiken (zu Jacobi, Forster und Lessing)[78]. Die seit Ende 1797 projektierte Kritik des ‹Wilhelm Meister› steht nicht nur chronologisch am Schluß beider Reihen[79], sondern auch in der Applikation der hermeneutischen Denkbewegung.

Die zunächst herangezogenen drei Entwürfe sind abgestuft vom Charakter eines theoretischen Versuchs bis zu dem eines Begleit- und Nachfolgeheftes als einer Sammlung von Fragmenten. Die frühesten «Fragmente zur Litteratur und Poesie» sind seit Ende Juli 1797 entstanden[80] und rahmen in den hermeneutischen Reflexionen auch noch die applikativ angelegte Meister-Kritik mit ein. Diese drei Entwürfe lassen sich nach dem Dominantenschema so aufeinander beziehen, daß das Verhältnis von «Ästhetik» und «Kritik», älterer philologischer und dann erneuerter «Hermeneutik» und «Kritik» dialektisch auf das neue Verständnis der «Kritik» als einer ästhetischen und hermeneutischen «Wissenschaftskunst» hinausläuft. Der Prozeß der kritischen Formen, der zu einer impliziten Hermeneutik führt, läßt sich so vorweg skizzieren. Dabei wird insbesondere verständlich, warum Schlegel seinen «Historismus» des Verstehens nicht in einer theoretischen Abhandlung begründen konnte. Der Verdichtungsprozeß verläuft dabei immer deutlicher nach dem Muster einer «Cyklisazion» als einer «Totalisazion von unten herauf»[81].

Die Gesamtbewegung des kritischen und hermeneutischen Reflexionsprozesses verfolgt zunächst die «Tendenz» zur Universalisierung, um dann umzuschlagen und sich im Sinne einer applikativen Immanentisierung nur noch auf ein Werk zu beziehen. Die Tendenz zur Universalisierung läßt sich inhaltlich über die Jacobi-, die Forster- und die Lessing-Kritik verfolgen, wobei sowohl eine Vorläuferreihe der Kritik konstruiert wird als auch die Ausbildung einer kritischen Kompetenz gegenüber einer verfestigten «Geschichte der Wirkungen» vorbereitet wird. Parallel dazu geht Schlegel in der historisch-politischen und philosophisch-theologischen Reihe von einer engeren Kritik an ‹dogmatischen› Positionen aus, um zuletzt neue geschichtshermeneutische Fragestellungen an historisch entfernten Gegenständen zu erproben. Die jeweils mittleren Arbeiten beziehen sich insofern aufeinander,

78. Vgl. Eichners Editionsbericht, KA II, S. XII ff. u. S. XIV f., S. XVIII, S. XXVI, S. LXXII f.. Schlegel, BB, 222, 228, 237, 288, 302; Schlegel, FDS, 5; vgl. Behler, KA VII, S. XX f., S. XXI, S. XXV; Eichner, KA II, S. XIV u. S. XVI; Behler, KA VIII, S. CLIV f., S. CLVI, S. CLV.

79. Vgl. Eichner, KA II, S. LXXII f., S. LXXIII; Schlegel, BB, 302, 222, 237.

80. Vgl. Eichner, KA XVI, S. XX.

81. KA XVI, 68, Fr. 84.

als das Problem der ‹Mitteilung› politisch und historisch im Republikanismus-Aufsatz, die Gefahr des Mißverstehens bei unterschiedlichen Diffusionsprozessen in der Rezension des ‹Philosophischen Journals› und schließlich die öffentlich verbreiteten ‹Vorurteile› einem ‹modernen Klassiker› gegenüber in der Forster-Kritik abgehandelt werden.

Die Tendenz zur Universalisierung zielt im weitesten Radius einerseits auf einen hermeneutisch von der Moderne her bestimmten Neuzugang zur Antike (neues Vorwort zum ‹Studium›) und auf eine hermeneutisch begründete literaturkritische und literaturgeschichtliche Vermittlertätigkeit im europäischen Vergleichsrahmen (Herder-, Forster-, Lessing-Kritik).

Jeweils in den dritten Kritiken innerhalb der größeren Arbeiten der primären Reihe und in der Parallelfolge der sekundären Reihen (‹Lessing› I, ‹Caesar und Alexander›, ‹Stolberg›) werden Probleme des hermeneutischen ‹Maßstabes› und der wirkungsgeschichtlich beeinflußten Urteilsbildung bei unterschiedlich großen Zeitabständen besprochen. Der ‹Historismus› des Verstehens wird unterschwellig bis zum Problem der ‹Übersetzung› hin entwickelt.

Der erste Lessing-Aufsatz (als dritte der großen Arbeiten) umfaßt innerhalb der Reihenkonstruktion wiederum die horizontale Ebene der jeweils zweiten Kritiken, insofern die Freisetzung von einer durchgesetzten, im Publikumsinteresse verfestigten ‹Geschichte der Wirkungen› es ermöglicht, die Probleme der ‹Mitteilung›, der ‹Ausbreitung› und der ‹öffentlichen Meinung› in der historischen Tiefendimension anzugehen. Indem man die Steigerung, Erweiterung und Vertiefung hermeneutischer Urteilsformen innerhalb jeder Reihe nachvollzieht, werden auch die Parallelbildungen zwischen den Reihen, die Formen der horizontalen Ergänzung und Kontrastierung, der querverbundenen Zusammenführung von Argumentationssträngen deutlich. Schließlich lassen sich Formen des Umfassens, Übergreifens, Synthesierens sowohl von Kritiken nachfolgender Ebenen aus als auch von Rahmenfunktionen vorausgehender Fragmente aus erschließen. Diese *konstruierte Totalität hermeneutisch-kritischer Annäherungen, Urteile und Reflexionen* läuft darauf hinaus, daß der Kritiker, der die wachsende dialektische und kritische Kompetenz seiner Vorläufer (Herder, Forster, Lessing) bis hin zu deren ‹Selbstkenntnis› verfolgt hat, sich selbst in seinem Wirkungspotential verortet (Lessing II). Insofern es jenen Vorläufern aber in ihrer ‹Selbstkenntnis› noch an ‹historischem Geist› fehlte, kommt erst in dem ‹Historismus› des neuen Verstehens das Selbstverständnis des Kritikers voll zum Ausdruck.

Indem Schlegel im Abschluß des Lessing-Aufsatzes unterschiedlich ausrichtbare Fragmente auswählt und abdruckt, setzt er seine eigene Werkfolge auf neuer Ebene fort, betrachtet er seine Kritiker-Rollen hermeneutisch zugleich von innen und von außen, bereitet er die Verstehensvielfalt in einer möglichen späteren, esoterischen Wirkungsgeschichte vor. Zugleich aber zeigt sich, daß die Phase der sich zur Totalität zusammenschließenden hermeneutisch-kritischen Arbeiten abgeschlossen ist, daß für die Projekte einer «*Geschichte der Dichtkunst*» und einer «*Kritik der Philosophie*» andere Weisen des hermeneutischen Zugangs notwendig werden[82]. Die «Theorie der historischen Kritik»[83] mußte Projekt bleiben, je mehr Schlegel die Formen der Theoriebildung im Bereich der Ästhetik (Kant, Schiller) und der Geschichtswissenschaft (Condorcet) gerade durch seinen «Historismus» des Verstehens für überholt hielt. Auch die Verbindung moderner geschichtshermeneutischer Fragestellungen mit kritischen Ansätzen zur Geschichtsschreibung, die sich in dem Projekt einer «*Geschichte d[er] Historie*»[84] abzeichnete und im Sinne einer applikativen Fortsetzung auch folgerichtig gewesen wäre, wurde in der neuen Arbeitsphase nicht mehr vollzogen.

Die hermeneutische Thematik und das hermeneutische Problembewußtsein werden in dem Verweisungsgeflecht dieser Konstruktion entfaltet. Diese reichen vom Problem des psychologischen Verstehens, der Übereinstimmung zwischen der ‹Genese des Eindrucks› und dem ‹Werden des Werks›, über die ‹Absicht des Autors›, die Unterschiede zur ‹Absicht des Werkes› bis hin zu den wirkungsgeschichtlich verfestigten Rezeptions- und Verstehensweisen. Da an dieser Verfestigung und Kanonisierung sowohl die Urteile der Kritiker als auch die ‹Entscheidungen des Publikums› beteiligt sind, muß Schlegel seine hermeneutischen und kritischen Ansätze bis hin zur Vorstellung einer ‹öffentlichen alten Meinung› erweitern. In dem Maße, wie er die ‹Gemeinschaft des Geschmacks› in der Moderne auch generationell für aufgebrochen erklärt, muß er die Rezeptions- und Öffentlichkeitsmodelle in dem Sinne verändern, daß die tiefgehenden, historisch begründeten Ungleichzeitigkeiten des ästhetischen und politischen Verstehens in den Blick rücken.

Die ursprünglich eindrucksästhetisch orientierte Rezeptionstheorie wird zur Lesetheorie weitergebildet, wobei sowohl ‹cyclische› Verfahren als auch Momente des Tempowechsels die Vorstellungen vom hermeneutischen Zirkel modifizieren. Diese Lesetheorie wird schließlich durch lebensphilosophisch unterlegte Ansätze zu einem innovatorischen Verstehen erweitert. Die Steigerung der kritisch-hermeneutischen Kompetenz läuft auf den argumentativen Perspektivenwechsel des ‹kritischen Mimus›, das ironische Spiel in und mit Verstehensrollen hinaus. Schließlich läßt sich eine Verbindung zwischen Rezeptions-, Produktions-, Roman- und hermeneutischer Theorie herstellen in der Art, wie der ‹Pluralis von Genie› des Autors, das Verhältnis von Erzählerabsicht und Figurenkonstellation im Roman, die ganzheitliche oder partikulare Rezeptionsweise des Lesers und die Weite der Verstehensrollen des hermeneutischen Kritikers aufeinander bezogen werden. Darüber hinaus zeigt sich auch, wie Schlegel über die historischen

82. KA II, 409.
83. KA XVI, 36, Fr. 18.
84. KA XVIII, 115, Fr. 1032.

Vorstellungen vom ‹Sehepunkt› (Chladenius) und ‹Gesichtskreis› (Herder) hinausgehen muß, um in einem gleichsam gesetzmäßigen Wechsel der Verstehensrollen alle zeitgenössisch repräsentativen, aber innerlich ungleichzeitigen Strömungen in Beziehung zueinander zu setzen. Der Hermeneutiker gewinnt auf diese Weise ein Orientierungswissen inmitten der Gegensätze seiner Epoche. Insofern er auch ‹divinatorische› Fähigkeiten entwickelt, erweitert er den ‹Historismus› im Verstehen auf alle Zeitstufen. Er betreibt eine ‹Symphilosophie› mit mehreren Epochen. Dabei korrigiert er nicht nur wirkungsgeschichtliche Kanonisierungen, sondern er stellt sich auch vorweg spätere Wirkungsmöglichkeiten vor, ebenso hermeneutische Rückschlüsse von späteren Werken auf solche, die in ihrer Zeit noch nicht verstanden werden. So bereitet er, unterschwellig und ohne Benennung, die Unterscheidung von primärer und sekundärer Wirkungsgeschichte, ebenso von exoterischer und esoterischer Wirkungsgeschichte vor. Die paradigmatische Formel vom Besserverstehen kann in allen ihren Varianten tatsächlich nur in diesem breiten Spektrum hermeneutischer Vorstellungen gedeutet werden.

Schlegel impliziert sich selbst zuletzt rollenhaft in jene grundlegende Unterscheidung zwischen der ‹Absicht des Autors› und der ‹Absicht des Werks›, indem er die ‹Eisenfeile› absichtsvoll als mögliche Fortsetzungen seiner Werkfolge im Geiste seines Vorläufers Lessing auswählt. Tatsächlich überantwortet er es der hermeneutischen Kompetenz auch des künftigen Lesers, die Absicht dieses fragmentarischen Werkes im großen Zusammenhang der Vorläuferreihe zu erkennen. Der ‹Historismus› im Verstehen erlaubt es so auch noch, den zeitlich entfernten Leser, Kritiker und Hermeneutiker miteinzubeziehen in die ‹Symphilosophie› zwischen den Epochen.

Die Art, wie Schlegel in Wechselannihilationen aufklärerischer und genieästhetischer Verstehensmuster neoaufklärerisch und frühromantisch zugleich argumentiert, läßt den Epochenübergang in neuem Licht erscheinen. Auf die Grundströmung der Aufklärung bezieht er sich dabei gemäß seiner Bildungsidee einer ‹antithetischen Synthesis›. In der Denkfigur einer ‹Symphilosophie mit dem Zeitalter› aber deutet sich bereits die Historisierung des hermeneutischen Zirkels an. Schlegels ‹Historismus› im Verstehen bezieht alle Zeitstufen mit ein, verzeitlicht das Verstehen weit über das Maß der Strömung hinaus, die später so genannt wurde und die im Sinne einer verengten Wirkungsgeschichte auf die Romantik rückbezogen wurde.

II.

Entwürfe der Fragmenthefte

1. Ästhetik und Kritik

Friedrich Schlegels Versuch einer systematischen Herleitung des Verhältnisses in dem Entwurf «Von der Schönheit in der Dichtkunst» (1795/96)

Friedrich Schlegel geht in diesen Heften von der Möglichkeit einer strengen Begründung der «Wißenschaft von der Kunst» aus[1]. Die Einleitung und der sonst bei ihm ungewohnte deduktive Aufbau sowie die Einteilung nach Paragraphen lassen von Anfang an die Vermutung aufkommen, daß er diesen Entwurf gegen Kants «Kritik der Urteilskraft» (1790, ²1793) verfaßte. Tatsächlich ordnet er sich selbst aber zwischen Kant und Schiller ein, versteht er seinen Entwurf als eine mittlere Position, die er einnehmen könne, weil der kritische Ansatz zu einer Ästhetik noch nicht gefunden sei: «Die kritische Philosophie muß auch wenigstens den Keim zur wahren Methode der Aesthetik enthalten. Noch ist es nicht geschehn: denn Schiller hat aus denselben Principien, wie es scheint einen Dogmatism der Aesthetik hergeleitet, auf welche Kant den aesthetischen Skeptizismus gründete»[2]. Der ‹kritische› *Anlaß* scheint demnach doch eher bei Schiller zu liegen als bei Kant. Schlegel macht sich also anheischig, gegen Kants Kritizismus eine «Wissenschaft von der Kunst» zu begründen, die zugleich aber nicht «dogmatisch» sein soll, also auch offenbar nicht hinter Kant zurückgehen und an systematische Regelästhetiken anknüpfen soll.

Schlegels Versuch, die Möglichkeit einer «Wißenschaft von der Kunst» zu behaupten, richtet sich wohl gegen die Kantsche Bestimmung im § 44 der «Kritik der Urteilskraft»: «Es gibt weder eine Wissenschaft des Schönen, sondern nur Kritik, noch schöne Wissenschaft, sondern nur schöne Kunst»[3].

1. KA XVI, 17, Fr. 3. 2. Ebd., 11, Fr. 34. 3. Kant, KdU, 239.

Ebenso scheint sich die Formulierung der «Ansprüche auf Absonderung von andren Wißenschaften»[4] gegen die Kantsche Einordnung der «Kritik der Urteilskraft» «als einem Verbindungsmittel der zwei Teile der Philosophie zu einem Ganzen»[5] zu wenden. Schlegel möchte die Ästhetik hingegen zu einem «selbständigen Ganzen» erheben, zu einer Wissenschaft, die sich «von allen übrigen absondert»[6].

Aber bereits in § 1 bringt er den historischen Vorbehalt ein, wonach eine solche Theorie zwar eine Voraussetzung zur Beurteilung der bisherigen Geschichte der Ästhetik sei, daß sie selbst aber doch nur am Ende einer geschichtlichen Entwicklung stehen könne. Schlegel formuliert diesen Zirkel so aus, daß ein Scheitern des Begründungsversuchs der Ästhetik von Anfang an weniger als ein Ungenügen seines Vorgehens denn als wissenschaftsgeschichtliche Entwicklungsdefizienz erscheinen müßte: «Die Vollendung einer Wißenschaft ist der einzige Schlüßel zu ihrer Geschichte, und ihre Vollendung ist oft nichts als das philosophische Resultat ihrer Geschichte»[7]. Was in diesem Kontext die Funktion eines historischen Vorbehalts hat, könnte tatsächlich auf einer geschichtshermeneutischen Frage beruhen, die Schlegel sich zuvor gestellt hätte. Solange wir seiner Absicht folgen, einen systematischen Zusammenhang zu erstellen, dürfen wir aber diese Rückanbindung außer acht lassen.

Schlegel sucht den Bereich einer «reinen Aesthetik» abzustecken: «Das Objekt der *reinen* Aesthetik ist das Schöne, und eben dieß bestimmet ihre Grenzen»[8]. Insofern er den Zweck einer solchen Ästhetik in diesem Paragraphen als «Rechtfertigung und Berichtigung des Geschmacks» und als «Gesetzgebung und Kritik der Kunst» bestimmt, leitet er diesen zunächst unhistorisch aus dem Begriff der «Schönheit» her. Schlegel erkennt deutlich, daß er folglich im Bereich der «*reinen* Aesthetik» eine «ewige Norm für die Beurtheilung des Schönen»[9] annehmen muß. Aber er vermag den Begriff der Schönheit selbst nicht in der Weise zu definieren. Insofern geht er an dieser Stelle seiner Notizen hinter die Kantsche Kritik der Herleitung des Geschmacksurteils aus obersten Begriffen zurück: «Auf irgend einen Begriff muß sich das Geschmacksurteil beziehen; denn sonst könnte es schlechterdings nicht auf notwendige Gültigkeit für jedermann Anspruch machen. Aber *aus* einem Begriffe darf es darum eben nicht erweislich sein, weil ein Begriff entweder bestimmbar, oder auch an sich unbestimmt und zugleich unbestimmbar, sein kann» (Kant)[10]. Schlegel kann die Möglichkeit einer «reinen Aesthetik» nur aufrechterhalten, indem er die Fragen der «Anwendung», ja selbst die «Rechtfertigung der Möglichkeit dieser Anwendung» abtrennt und nun in einer «*angewandten* Aesthetik» behandeln möchte[11]. Damit aber widerspricht er einer zuvor bedachten Möglichkeit, die Wert-

4. KA XVI, 17, Fr. 1.
5. Kant, KdU, 84.
6. KA XVI, 17, Fr. 2.
7. Ebd., 17, Fr. 1.
8. Ebd., 23, Fr. 12.
9. Ebd.
10. Kant, KdU, 280.
11. KA XVI, 23, Fr. 12.

frage selbst wissenschaftlich, in einer «Wißenschaft von dem was Werth hat» anzugehen, ja, im Anschluß an die Erörterung des Zweckes der Ästhetik abzuhandeln: «Der Zweck der Aesthetik ist den Werth der Kunstwerke zu bestimmen»[12]. Das Dilemma besteht tatsächlich darin, daß Schlegel sowohl eine «ewige Norm für die Beurtheilung des Schönen» als gegeben behaupten will, als auch eine Entwicklung, einen Progreß im Bereich der Ästhetik (*und* dem der Poesie) annehmen möchte: «die Erkentniß der Natur der Kunst ist fortschreitend, zum Theil auch vollendet»[13].

Den Hintergrund dieses Dilemmas findet man in einigen noch nicht durchgegliederten und zugeordneten Notizen dieses Heftes, in denen Schlegel die Vorbildlichkeit der Antike mit dem ästhetischen Progreß der Moderne zu verbinden sucht. Gerade dabei aber fällt er, trotz seines Anspruchs ‹kritisch› vorzugehen, auf einen älteren Ansatz aus der Zeit seines ‹Studiums der Griechen und Römer› (1795) zurück: «Wer eine solche Untersuchung anstellen wollte, müßte kritisch zu Werke gehen, wer wenn sie günstig ausfiele, das Gebäude selbst aufführen wollte, müßte den Plan, die *Methode,* die Direktion von den Modernen nehmen, die *Materialien* von den Alten»[14]. Diese bloß materiale Vorbildlichkeit der Antike widerspricht ja gerade wieder der Annahme einer «ewige[n] Norm». Andererseits möchte Schlegel die «Direktion», die Entwicklungsrichtung der Moderne nicht aufheben. Insofern mußte er die Schillersche Lösung im Aufsatz «Über naive und sentimentalische Dichtung», den er zur Zeit der Abfassung dieses Teils seiner Arbeit gelesen haben dürfte, als «dogmatisch» empfinden – «Das Gefühl, von dem hier die Rede ist, ist also nicht das, was die Alten hatten; es ist vielmehr einerlei mit demjenigen, welches wir *für die Alten haben.* Sie empfanden natürlich; wir empfinden das Natürliche» (Schiller)[15]. Schiller hatte darin das ‹Sentimentalische› der Beziehung zur Antike durchsichtig gemacht und war insofern Schlegel gegenüber im Vorteil, aber andererseits mußte er jene «Direktion» der Moderne auf ein Bedürfnis nach dem «Natürliche[n]» zurückbiegen. Tatsächlich experimentiert Schlegel in der Fortsetzung jener Stelle mit den Begriffen «Stoff» und «Form» und deren jeweiliger «Einheit» in der Weise, daß man auch auf die Beschäftigung mit Schillers Briefen «Über die ästhetische Erziehung des Menschen» schließen darf[16]. Jedenfalls findet er hier noch keine befriedigende Lösung, die er Schiller hätte entgegenhalten können. Gerade diese Unsicherheit aber macht es ihm unmöglich, die ‹Wertfrage› im Bereich einer «reinen Ästhetik» abzuhandeln.

12. Ebd., 22, Fr. 10.

13. Ebd., 21, Fr. 10.

14. Ebd., 8, Fr. 13; Körner, in: Schlegel, NPhS, 389, Anm. 33, wies auf die Parallele zu Schlegels Aufsatz «Vom Wert des Studiums der Griechen und Römer» (1795) (in: Deutsche Nationalliteratur CXLIII, 265) hin: «... richtige Gesetze und Begriffe [müssen] durch richtige und vollständige Anschauungen *ausgefüllt* werden. Diese *Materialien* gibt uns die alte Geschichte, ihre *Richtung* lehrt uns die neuere».

15. Schiller, NsD, 711.

16. KA XVI, 10, Fr. 26.

So wird es denn auch verständlich, daß Schlegel an der Stelle des Notizheftes, wo er sich am meisten der Schillerschen Grundlage zur Einteilung der ‹Dichtungsweisen› nähert, den Begriff der «Kritik» benutzt: «Die Kritik könnte wohl am besten die Lehre von der Bildung des Geschmacks und des Genies abhandeln, die Naturgeschichte beyder; die Dichotomie in natürliche und künstliche Kunst»[17].

Dadurch brauchte er diese «Dichotomie», in der man unschwer Schillers Unterteilung in «naive» und «sentimentalische» Dichtung erkennt, nicht in den Bereich einer «reinen Aesthetik» zu übernehmen. Im Bereich einer solchermaßen angesetzten «Kritik» könnte die Unterteilung entwicklungsoffen bleiben, wohingegen Schiller mit dieser Einteilung über die historische Zuordnung hinaus den ganzen Bereich der möglichen «Dichtungsweisen» erschlossen zu haben glaubte: «Sie [die Dichter] werden entweder Natur *sein,* oder sie werden die verlorene *suchen*. Daraus entspringen zwei ganz verschiedene Dichtungsweisen, durch welche das ganze Gebiet der Poesie erschöpft und ausgemessen wird»[18]. Insofern Schiller bereits jetzt das «ganze Gebiet der Poesie» eingeteilt zu haben glaubte, meinte Schlegel diese Lösung als «Dogmatism» angreifen zu müssen[19]. Andererseits vermag er selbst noch keine inhaltlich darüber hinausweisende Vorstellung zu entwickeln.

Die Hauptschwierigkeit des Schlegelschen Ansatzes, wie er sich in den Heften «Von der Schönheit in der Dichtkunst» zeigt, scheint also nachvollziehbar in der Art, wie er die Bereiche «Ästhetik» und «Kritik» aufeinander bezieht. Wir dürfen bereits jetzt vermuten, daß Schlegel keine eindeutige Lösung finden kann, da er mit dem Anspruch, eine «reine Aesthetik» sei möglich, einerseits ungewollt hinter Kants Kritizismus *zurückgreifen* muß, andererseits aber in einer «Kritik» über die systematische *und* historische Einteilung Schillers *hinausgelangen* will.

Suchen wir die Zuordnung von «Ästhetik» und «Kritik» nun aus den Notizheften zu erschließen, so zeigen sich tatsächlich mehrere Variationen, die Schlegel alle nur bis zu einem bestimmten Punkt durchgespielt hat.

Die erste Zuordnung geht von der Möglichkeit einer wissenschaftlichen Ästhetik aus, in der eine «*Theorie des Schönen*» gegeben werde[20]. Diese Annahme richtet sich – wie wir gesehen haben – gegen Kants Feststellung: «Es gibt weder eine Wissenschaft des Schönen, sondern nur Kritik . . .»[21]. Diesen übergeordneten Begriff der «Kritik» im Sinne einer ‹transzendentalen Kritik› erkennt Schlegel nicht an. Vielmehr faßt er seinen Begriff nunmehr ganz eng im Sinne einer abgeleiteten, anwendenden, ganz unselbständigen Kunstkritik: «Die *Kritik* müßte entweder vor der Technik oder nach dersel-

17. Ebd., 13, Fr. 52.
18. Schiller, NsD, 712.
19. KA XVI, 11, Fr. 34.
20. Ebd., 5, Fr. 1.
21. Kant, KdU, 239.

ben kommen. Sie enthielte die Theorie der Beurtheilung des Schönen: suchte eine sichre *objektive* Methode oder *Regel* und Norm der Anwendung der objektiven Gesetze der Aesthetik auf einzelne *Fälle,* oder der *Beurtheilung*»[22]. Den Grad der Unselbständigkeit einer solchen bloß regelgerecht anwendenden Kritik kann man daran erkennen, daß Schlegel noch schwankt, ob sie im System vor oder nach der «Technik» zu stehen komme.

Im zweiten Ansatz erfährt die «Kritik» eine Aufwertung, insofern Schlegel offenbar die Teile der «Kritik der Urteilskraft», die Kant im § 38 – «Deduktion der Geschmacksurteile» – und im § 46 – «Schöne Kunst ist Kunst des Genies» – abgehandelt hatte[23], nicht mehr in die «Ästhetik» einordnen möchte: «Die Lehre vom Genie und vom Geschmack findet am besten in der Kritik ihren Platz»[24]. Je weiter er die dynamischen Elemente dieser Begriffe im Sinne einer ‹modernen Poesie› zu bedenken scheint, um so näher muß er die «Kritik» wieder an die «Ästhetik» heranrücken.

So widerspricht Friedrich Schlegel schließlich seiner ersten Annahme mit der Überlegung: «Vielleicht könnte aber auch die ganze Kritik mit der Aesthetik zusammengenommen werden». Es ist nicht auszumachen, wie Schlegel sich diesen Zusammenhang genauer vorgestellt hat. Jedenfalls wäre die ‹Kritik› dann wohl keine bloß nach Regeln anwendende Verfahrensweise mehr. Sie dürfte auch nicht im Kantschen Sinne «Kritik als Kunst» sein, die bloß nach «empirischen Regeln» verfährt; andererseits aber dürfte sie wohl auch nicht im Sinne einer «transzendentalen Kritik» die angenommenen Gesetze der «Ästhetik» in Frage stellen[25].

Schlegel sucht in der Folge nach neuen Unterteilungen, indem er seine historisch hier nicht genauer differenzierten Vorstellungen zur «Geschmacks»- und zur «Genie»-Lehre nach ihrem Stellenwert überprüft: «Oder die Lehre vom Genie wird in der Aesthetik, die Lehre vom Geschmack in der Kritik abgehandelt»[26]. Gründe für diese neuerlichen Unterteilungsvorschläge findet man an dieser Stelle nicht. Schlegel spielt nach dem Dominantenschema verschiedene Zuordnungen durch. So ist es angebracht, erst einmal die Kette dieser Alternativen weiterzuverfolgen und erst dann nach der Ursache zu forschen, warum Schlegel beispielsweise gerade die Lehre vom «Geschmack» nicht eindeutig einordnen kann und darüber in Schwierigkeiten mit seinen Vorannahmen gerät.

Je höherwertiger er die «Kritik» ansetzt, um so größer wird deren Möglichkeit, das «Kriterium des Schönen» selbst zu überprüfen[27]. Andererseits faßt er aber die Lehre vom «Genie» nun weniger dynamisch und überlegt, ob sie dann nicht auch «in der Technik» abgehandelt werden könne[28]. Auf diese

22. KA XVI, 5, Fr. 1.
23. Kant, KdU, 220 ff. u. 241 f.
24. KA XVI, 6, Fr. 3.
25. Kant, KdU, 216.
26. KA XVI, 6, Fr. 3.
27. Ebd., 6, Fr. 7.
28. Ebd.

Weise läßt sich eine gegenläufige Bewegung innerhalb eines Dominantenschemas ausmachen.

Schlegel treibt diese Widersprüche bis zu dem Punkt, da er eindeutig den Rahmen seiner Vorannahmen sprengt. Es läßt sich vermuten, daß er unterschwellig mit einer Eigendynamik der ‹modernen Poesie› rechnet, die nicht mehr durch eine wissenschaftlich vorformulierte Ästhetik auf den Begriff gebracht werden könnte. So findet man in diesem Notizheft die aufsprengende Formulierung: «Der Begriff des Schönen und der Kunst erschöpft ihre Natur nicht. Vollständig lernen wir diese nur aus der Geschichte und Beobachtung ihrer freyen Entwicklung kennen»[29]. Bestätigte sich diese Vermutung, so erhielte die Kritik gegenüber der Ästhetik nicht nur einen Funktionszuwachs, sondern sogar eine qualitative Vorrangstellung, da nur sie jene «freye Entwicklung» nachzeichnen könnte. Dieses Nachzeichnen aber wäre zugleich ein historisches Verstehen, da die ästhetische Begrifflichkeit die jeweils neuen poetischen Momente nicht mehr voll erfassen könnte. Aber Schlegel zieht diese Konsequenz hier noch nicht. Er entleert aber den Bereich der «Ästhetik» immer mehr: «Die Lehre vom Genie, vom Geschmack und vom Kriterium des Schönen findet vermuthlich in der Kritik am besten ihren Platz»[30] – heißt es nun wieder in der Folge jenes Zweifels am «Begriff des Schönen».

Der historische Vorbehalt, den wir eingangs erwähnten, scheint hier in neuer Qualität formuliert zu sein. Wenn der «Begriff des Schönen» durch die «freye Entwicklung» der Kunst aufgebrochen wird, so gilt es offenbar zunächst *die* Beurteilungsformen zu entwickeln, die auf der «Beobachtung» der historischen Entwicklung aufbauen.

Damit hat Schlegel vorübergehend und inmitten seines Versuchs einer systematischen Begründung der Ästhetik die historischen Voraussetzungen für eine höherwertige, aber keineswegs transzendentale Kritik ins Auge gefaßt. Und er setzt diese Notiz fort, indem er nunmehr die Bemühung um eine Begründung der Ästhetik auf den Anspruch des einzelnen Werkes überträgt: «Das Wesen, der substantielle Theil (das Herz seines Lebens) eines Kunstwerkes ist das, worauf alles andre hindeutet, woraus es entspringt, weshalb es da ist, der letzte Zweck und der erste Grund des Ganzen»[31]. Schlegel verwendet in Klammern bereits irrationalistische Bezeichnungen, um anzudeuten, daß die geniale Setzung eines Werkes nicht voll begriffen werden könne. Die Genielehre – das läßt sich nun einsehen – gehört insofern in den Bereich der Kritik, als diese über andere als streng begrifflich abgesicherte Beschreibungsverfahren verfügen darf. Bezeichnenderweise führt er jetzt auch den Ausdruck «Karakteristik» ein. Allerdings bezeichnet er deren Aufgaben noch ganz im Sinne einer rationalistischen Auslegungslehre. Sie habe «ein leichtes und korrektes Skelett» zu erstellen,

29. Ebd., 9, Fr. 20. 30. Ebd., 9, Fr. 22. 31. Ebd., 9, Fr. 24.

die «geistige und aesthetische *Architektonik* des Werks» nachzuzeichnen und schließlich die «*psychologische Genesis,* die Entstehung aus seiner Veranlaßung» aufzuspüren[32]. Schlegel selbst verfügt, soviel wird daran erkennbar, noch nicht über inhaltlich gefüllte Vorstellungen *und* Bezeichnungen, um die Aufgabe einer selbständigeren Kunstkritik zu bestimmen. Deshalb greift er selbst da, wo er die Unabhängigkeit eines genialen Werkes erfassen möchte, auf rationalistische Verfahren zurück.

An jener Stelle des Notizheftes hat Schlegel die äußerste Position gegen seine eigenen Vorannahmen formuliert. Nunmehr lenkt er wieder in den systematischen Zusammenhang zurück. Wenige Seiten später zieht er aber eine Konsequenz für die Anordnung und Reihenfolge. Er schlußfolgert nun eindeutig von der Möglichkeit einer größeren Produktivität in der Kunstentwicklung aus: «Die Kritik ist die Lehre von den ausübenden Mächten des Schönen, dem Genie und dem Geschmack: also eigentlich nur ein Anfang der Aesthetik, kein eigner Theil und eigne Wißenschaft der reinen Aesthetik»[33]. Damit hat er die erste Anordnung genau umgekehrt. An der Möglichkeit einer «reinen Ästhetik» hält er zunächt noch fest. Die Umstellung der Kritik an den «Anfang der Aesthetik» wird an dieser Stelle nicht historisch begründet; sie erscheint vielmehr bloß als eine Variante im Dominantenspiel. Ja, Schlegel setzt dieses Spiel nun in der Weise fort, daß er die Funktion der Kritik wieder herabmindert: «Die Kritik ist kein Anhang der Aesthetik allein sondern auch der Technik; sie ist keine eigne Wißenschaft, sondern nur ein Gemisch aus andern theoretis.[chen] und praktischen, reinen und empirischen: Ein Apparat und Anhang zu jenen beyden Wißenschaften»[34]. Aber der Bruch zwischen einer «reinen Aesthetik» und den Verstehensweisen, die der «freyen Entwicklung» der modernen Poesie und Kunst folgen können, läßt sich durch keine Veränderung der Systematik mehr überformen. Schlegel hat diese Einsicht aus dem Experiment dieses Notizheftes gezogen. Die Berechtigung einer «reinen Aesthetik» sieht er weniger durch Kants transzendentale Kritik gefährdet als durch die Kunstentwicklung selbst, die es immer unmöglicher erscheinen läßt, die Begriffe einer streng systematischen Wissenschaft der Ästhetik *anzuwenden*. Schlegel hält solange an einer solchen Ästhetik fest, wie er noch keine Konzeption für eine sich selbst begründende Kritik gefunden hat: «Das Hauptargument wieder die Aesthetik als Wißenschaft, ist nicht wieder ihre Möglichkeit sondern wieder ihre Anwendbarkeit . . .»[35]. Insgeheim hat Schlegel sich dieses Argument, gegen das er hier noch anzugehen sucht, – allerdings aus anderen Gründen – zu eigen gemacht.

In unserer Skizze des Dominantenwechsels zwischen Ästhetik und Kritik wurde deutlich, daß Schlegel Schwierigkeiten mit der Einordnung des «Geschmacks», des Geschmacksurteils hat. Er sucht offenbar nach einer

32. Ebd.
33. Ebd., 12, Fr. 45.
34. Ebd., 12/13, Fr. 47.
35. Ebd., 13, Fr. 55.

Lösung, die der Kantschen Bestimmung des «Geschmacksurteils» entspricht, nach der dieses zwar «nicht *eine logische* Allgemeinheit nach Begriffen, sondern *die* Allgemeinheit eines einzelnen Urteils . . .» darstelle[36]. Kant fand die Begründung des zunächst subjektiv erscheinenden Geschmacksurteils in dem mitbedachten «Anspruche auf *jedermanns* Beistimmung, als ob es objektiv wäre»[37] und rekurriert insofern auf eine «Art von sensus communis» als Grundlage für das Geschmacksurteil[38]. Schlegel möchte in der «Kritik» zunächst die «Wißenschaft von den subjektiven Bedingungen des Geschmacks» abhandeln und dann auf die nur im Stichwort notierte «Gemeinschaft des Geschmacks» zu sprechen kommen[39].

Zu den subjektiven Voraussetzungen zählt er die Möglichkeit, daß die Kunst «den ganzen Menschen» ergreife[40]. Dazu aber seien «Spontaneität, eigne Anstrengung, Selbstthätigkeit» erforderlich[41]. Diese aber seien als «nothwendige Bedingungen des empfangenden Subjekts überhaupt»[42] anzunehmen, nicht als Fähigkeiten nur einzelner Subjekte. Mit diesen Formulierungen bewegt er sich tatsächlich zwischen Kants Begründung des Geschmacksurteils und dem von Schiller angenommenen Zustand der «aktiven Bestimmbarkeit»[43] sowie der «*höchsten* Realität», in der die «Summe der Kräfte . . . gemeinschaftlich tätig» ist[44]. Allerdings formuliert Schlegel nun einen Einwand, der sich gegen beide Annahmen richtet. Die Tatsache der ungleichen Ausbildung der Subjekte und auch der Vermögen jedes Subjekts erschwert für ihn offenbar die Annahme einer «Gemeinschaft des Geschmacks». Schlegel formuliert also einen empirischen Einwand gegen die mitvollzogene transzendentale Annahme, und er scheint diesen Einwand historisch zu verstehen: «Das Wachsen des ganzen menschlichen Triebes und seiner einzelnen Theile ist überhaupt mit der Bildung und den Progreßen des Menschen nicht völlig gleich. Es offenbaren sich darin Anomalien, und Sprünge»[45].

Die Ungleichartigkeit in der Entwicklung der einzelnen Vermögen des Subjekts scheint ebenso die «*Konzentrirung* der gesamten Receptivität»[46] zu beeinträchtigen wie die Unterschiedlichkeit in der Geschmacksentwicklung aller die Annahme einer «Gemeinschaft des Geschmacks».

Die Entfaltung dieses Problems rechnet Schlegel offenbar zu den Hauptaufgaben der «Kritik». Aber er vermag sich eine ganz und gar historische Lösung nicht vorzustellen, da er keine Gesichtspunkte für ein gemeinschaftliches Verstehen, für eine geschichtshermeneutische Ausrichtung der Kritik formulieren kann. So gelangt er über die Dichotomie in diesen Notizheften nicht hinaus. Die Ästhetik scheint als Theorie nicht mehr zureichend, und die Kritik hat noch keine geschichtshermeneutische Begründung: «Die

36. Kant, KdU, 210.
37. Ebd.
38. Ebd., 224.
39. KA XVI, 8, Fr. 16.
40. Ebd., 25, Fr. 15.
41. Ebd., 26, Fr. 18.
42. Ebd., 27, Fr. 20.
43. Schiller, ÄE, 633, 20. Brief.
44. Ebd., 637, 22. Brief.
45. KA XVI, 8, Fr. 15.
46. Ebd., 31, Fr. 23.

Theorie allein wird zu *eng* seyn, und die Natur beschränken, die Geschichte allein giebt keine Bestimtheit, keine Einheit des Gesichtspunktes, und keine Einheit des Zusammenfaßens, Begrenzens und Unterscheidens»[47].

2. Hermeneutik und Kritik

Die Entwicklung der Beziehung in den Heften «Zur Philologie» (1797)

FRIEDRICH SCHLEGEL setzt in den Heften «Zur Philologie» unterschwellig die Erörterungen seines Entwurfs «Von der Schönheit in der Dichtkunst» fort, insofern er die Notwendigkeit einer weiterentwickelten Kritik nun aus der historischen Neueinschätzung des Verhältnisses von *philologischer Hermeneutik* und *philologischer Kritik* zu gewinnen sucht.

Bereits in den ersten Notizen dieser Hefte eröffnet er die gleiche ‹polemische› Konstellation wie in jenem Versuch zur Begründung einer «Ästhetik». Unterstellte er dort, daß der Kantsche «Skeptizismus» die Entwicklung einer «Wißenschaft von der Kunst» verhindere, so bestreitet er den Kantianern nun die Möglichkeit eines Zugangs zur Philologie: «Es fällt in die Augen, wie lächerlich es seyn würde, wenn ein eigentl.[icher] Kantianer s.[ich] über die Philolog.[ie] hermachen wollte»[1]. Aber Schlegel überträgt nun nicht seinen Anspruch, eine «Wißenschaft von der Kunst» zu begründen, auf die «Philologie». Vielmehr zieht er die Konsequenz aus diesem Versuch, der daran scheiterte, daß er die Kunst nicht zugleich «aus der Geschichte und Beobachtung ihrer freyen Entwicklung» verstand. Den historischen Vorbehalt substantiiert er nun von Anfang an: «Weit mehr muß insistirt werden auf den *Historismus,* der zur Philol.[ogie] nothwendig»[2]. Und er faßt diesen Anspruch gleich im Anschluß an diese Stelle in die hermeneutische Formel: «Auf *Geist,* gegen den Buchstaben. Das gehört mit zum Historismus . . .». Damit unterstellt er, daß der Zugang *zur* Philologie und der Zugang *der* Philologie zu ihrem Gegenstand selbst hermeneutisch reflektiert werden müsse. Diese hermeneutische Reflexion aber ist höher angesetzt als die Erörterung der philologisch-hermeneutischen Verfahren. Sie weist sich von Anfang an als geschichtshermeneutische aus. Somit müssen wir schon jetzt mit einer zumindest zweiseitigen Verwendung des Begriffs «Hermeneutik» rechnen. Einmal bespricht Schlegel die alten philologischen und – wie wir noch sehen werden – auch die exegetischen Verfahren. Zum anderen aber strebt er offenbar eine historisch reflektierte Hermeneutik an, ja, er urteilt bereits in der Perspektive einer solchen.

47. Ebd., 7, Fr. 8.

1. KA XVI, 35, Fr. 8.

2. Ebd.

Wie er in den Heften «Von der Schönheit in der Dichtkunst» sodann die «Ansprüche auf Absonderung von andren Wißenschaften» gegen Kant formuliert hatte, sucht er nun die Philologie gegen einen streng philosophischen Zugang abzuschirmen. Und auch dies formuliert er in hermeneutischer Weise: «Ueber die Anwendung einer *gegebnen* Philosophie. Dieß ist verwerfl.[ich] und schädlich. Der Philolog selbst muß Philosoph seyn»[3]. Schlegel erwartet also von der Philologie, daß sie den historischen Zugang zu ihrem Gegenstand sowie die Einschätzung und Übertragung ihrer Ergebnisse selbst philosophisch-hermeneutisch reflektiert. Diese Vorerörterung aber nimmt er zum Anlaß, um eine weiterführende Überlegung hermeneutischer Art zu projektieren. Er notiert am Ende dieses Abschnitts in der Art einer Überschrift: «Ueber *Anwendung*»[4]. Offenbar nimmt er sich vor, die Anwendungsmöglichkeiten bestimmter philosophischer Disziplinen selbst im Sinne einer hermeneutischen Applikationstheorie zu überprüfen, die zugleich historische Entwicklungen zu berücksichtigen hätte. Gegen Kants Kritizismus sucht er in dieser Weise einen «Historismus» zu entwickeln, der kritisch und hermeneutisch zugleich verfahren soll. Ja, er möchte der Philologie eine Theorie unterschieben, die gleichsam als Gegenstück zu Kants ‹Kritiken› aufgefaßt werden könnte: «Das wichtigste Stück zu einer Philosophie der Philologie ist also eine Theorie der historischen Kritik»[5].

Darin aber setzt er bereits eine einleitende Notiz fort, in der er sich ebenfalls projektiv auf das «Verhältniß der Philologie zur Kritik» bezog und daraus das «Ideal eines Philolog[en]»[6] gewinnen wollte. Dieses «Ideal» einer in einem neuen Sinne nicht nur quellenkritisch, sondern zugleich hermeneutisch-kritisch verfahrenden Philologie formuliert er aber nicht aus. Auch die weitergehende wissenschaftliche «Theorie», von der oben die Rede war, nimmt er ja nur als Projekt an, auf dessen Möglichkeit hin er argumentiert, das er aber auf diese Weise nicht vorzeichnet. Schlegels Darstellungsgang ist in dieser Weise perspektiviert: «Alles muß der Historie untergeordnet werden. Auf die Theorie der historischen Kritik muß die Aufmerksamkeit sehr gespannt; sie selbst aber nicht gegeben werden»[7]. Und nun zieht er die volle Konsequenz aus dem Scheitern seines Versuchs, eine ästhetische Theorie unabhängig von der historischen Erfahrung zu formulieren: «⟨Herrschaft des Philosophischen über das Historische würde der Philologie ein Ende machen wie die des Aesthetischen⟩»[8]. Er hat auch darüber Klarheit gewonnen, daß er die der Darstellungsweise nach scheinbar strenge Beweisführung aufgeben muß. So nähert er sich einer fragmentarischen Darstellungsweise, die selbst nicht mehr dem Buchstaben nach philosophisch zu sein vorgibt: «Art und Geist des Aufsatzes durchaus *philosophisch*. Die Behandlung so *lax*

3. Ebd.
4. Ebd.
5. Ebd., 35, Fr. 9.
6. Ebd., 35. Fr. 6.
7. Ebd., 36, Fr. 18.
8. Ebd.

wie möglich: aber nicht skizzirt. Dagegen *fragmentarisch*»[9]. Offenbar hält er es im Sinne seines «Historismus» für richtiger, selbst eine «Theorie der historischen Kritik» nur in der Form vorzukonzipieren, die dem Stand der historischen Erfahrung entspricht.

Aber Schlegel bestimmt dennoch, wie in der Arbeit «Von der Schönheit in der Dichtkunst» den «Zweck der Ästhetik», so nunmehr den der Philologie: *«Der Zweck der Philologie ist die Historie»*[10]. Aber diesen «Satz» schreibt er nicht mehr im Sinne einer Grundlegung einer dann systematisch darzustellenden Wissenschaft. Vielmehr zieht er die Konsequenz aus dem im Eingang der «Ästhetik» angebrachten Vorbehalt, daß eine wissenschaftliche Theorie erst am Ende der Entwicklung zu einer solchen Wissenschaft hin stehen könne. Schlegel ist sich der Tatsache voll bewußt, daß sein «Satz» – *«Der Zweck der Philologie ist die Historie»* – eine Neuerung darstellt, daß er kaum auf Vorarbeiten zurückgreifen kann. So notiert er ganz im Sinne seines historischen Vorbehalts aus der «Ästhetik»: «Dieß ist noch fast nirgends geschehn. Es giebt noch kaum Historie»[11]. Auf diese Weise schafft Schlegel sich einen Freiraum dafür, daß er das Verhältnis von Kritik und Hermeneutik als philologisch und exegetisch tradierter, aber ‹historisch› weiterzuentwickelnder Verfahren nunmehr vorläufig neu bestimmen kann.

In einer der einleitenden Notizen nimmt Schlegel eine Einteilung der philologischen Bereiche vor, die historisch begründet ist und aus der sich Schlußfolgerungen für die Weiterentwicklung der kritischen und hermeneutischen Denkweisen und Verfahren ergeben: «Ueber die sogenannte philologia *sacra*. Gründe warum die class.[ische] Alterthumskunde der Sitz und das Vaterland der Philologie. Ueber die neuere Philologie und Litteratur»[12]. An einer späteren Stelle des Notizheftes findet sich die Fortsetzung und Eingrenzung dieser Dreiteilung: «Unding der *philologia sacra*. Das Moderne ist nur Literatur, nicht eigentl.[ich] Philologie»[13].

In den Notizheften ist vereinzelt der Name Ernesti erwähnt. Schlegel scheint ihn auch als Philologen gekannt zu haben. Jedenfalls nimmt er sich vor, sich mit ihm auch in «Rücksicht auf die neuesten philologischen Schriften» zu beschäftigen[14]. Schlegel bestreitet, ohne Ernesti an jener Stelle zu erwähnen, offenbar die Möglichkeit einer «philologia sacra», weil durch die Übernahme philologischer Verfahren der «Grammatik» und der «Kritik» der Offenbarungscharakter der heiligen Schriften nicht mehr voll beachtet würde. Indirekt wendet er sich so auch gegen eine übergreifende Aufgabenbestimmung der Hermeneutik, wie Ernesti sie in seiner «Institutio Interpretis Novi Testamenti» vorgenommen hatte[15].

9. Ebd., 36, Fr. 19.
10. Ebd., 37, Fr. 27.
11. Ebd.
12. Ebd., 36, Fr. 12.
13. Ebd., 41, Fr. 82.
14. Ebd., 37, Fr. 28.
15. Ernesti, INT, 11, § 10: «*Hermeneutice* igitur est scientia, adducens ad subtilitatem tum intelligendi, tum explicandi auctoris cuiusque sententias, sive, tradens rationem sententiae quorumque verborum subtiliter et inveniendae et explicandae».

Im zweiten Teil des Fragments legt Schlegel sich Rechenschaft darüber ab, daß es noch keine philologischen Verfahren gibt, mit deren Hilfe man die neuere Literatur verstehen und auslegen könne. Zugleich deutet er an, daß er solche Verfahren und Verstehensweisen auch vorerst zum Bereich der «Litteratur» zählen würde. Insofern bahnt er schon jetzt einen Weg für die Auffassung, daß die literarische Kritik, die den Bereich der ‹Moderne› zu erschließen hat, nicht sogleich «Philologie» sei. Vielmehr werden die philologischen Fähigkeiten nach dem Dominantenschema nachgeordnet. Erst wenn man diesen Wechsel mitvollzieht, erscheint es nicht mehr bloß widersprüchlich, wenn Schlegel wenig später fordert: «Der poetische Kritiker muß gleichfalls Philolog seyn»[16]. Dieser Kritiker urteilt also im engen Kontakt zur Entwicklung der neueren Literatur. Dabei spielen aber philologische Verfahren zunächst eine untergeordnete Rolle. Erst wenn es in der Moderne Werke gibt, deren Geltung *als* ‹klassisch› angesehen werden kann, sollen philologische Verfahren auch in diesem Bereich wieder eine größere Rolle spielen – «Nur KLASSISCHE Werke sollen kritisirt und philologisirt werden»[17]. Schlegel stellt sich ja durchaus vor, daß man bei aller Progression mit der Möglichkeit einer Werkbildung rechnen müsse, die dann klassisch zu nennen sei, ja er setzt diese Zielvorstellung sogar in der Weise, als sei sie als geschichtsphilosophische aus der ‹Philosophie der Philologie› abzuleiten. So notiert er als «Postulat»: *«es soll kl.[assische] Werke geben.* Die ganze φσ [Philosophie] der Historie muß aus der φσ [Philosophie] der φλ [Philologie] postulirt und *deducirt* werden können»[18].

Friedrich Schlegel sieht also eine mögliche «neuere Philologie» noch so eng verflochten mit der «Litteratur», daß die philologischen Verfahren vorerst der literatur*kritischen* Urteilsbildung untergeordnet sein sollen. Andererseits setzt die Möglichkeit klassischer Werke in der «Moderne» ja auch einen erweiterten Begriff des Klassischen voraus, da die neuere Literatur ja insgesamt dem Begriff des «Progressiven»[19] zugerechnet wird. Schlegel gewinnt an dieser Stelle keine volle Klarheit über die Erweiterung des Begriffs des Klassischen. Vielmehr benutzt er ihn vorerst weiter zur Bezeichnung der Disziplin, die er «das Vaterland der Philologie» genannt hatte.

In den weiteren Ansätzen dieses Heftes spielt er dann wieder die Möglichkeit einer neueren Philologie in den Vordergrund, wobei er die *Unterscheidung des ‹Klassischen› und des ‹Progressiven›* zugrundelegt: «Es giebt eine *progressive* und eine klassische Philologie»[20]. Und genau an dieser Stelle scheint er Überlegungen angestellt zu haben, wie jene *«philologia sacra»* und jene um die «Moderne» bemühte Disziplin, die er dort noch als «nicht eigentlich[e] Philologie» angesehen hatte, zusammenhängen. Während er beide hinsichtlich der Anwendbarkeit philologisch-kritischer Verfahren der «klassischen

16. KA XVI, 45, Fr. 126. 17. Ebd., 46, Fr. 140. 18. Ebd., 47, Fr. 143.
19. Ebd., 36, Fr. 18. 20. Ebd., 43, Fr. 107.

Philologie» unterordnete, sieht er nun eine *historische Kontinuität* zwischen beiden Disziplinen hinsichtlich ihrer Angewiesenheit auf die *Hermeneutik*. Schlegel legt aber – im Unterschied zu Ernesti – keine allgemeine Hermeneutik zugrunde, sondern erkennt lediglich die historische Vorläuferschaft der «philologia sacra» an: «Zur Charakteristik der progressiven φλ [Philologie] ist die Geschichte der Kirchenväterischen, *Talmudischen* und endlich auch der Protestantischen *Hermeneutik* sehr wichtig. – Die progr.[essive] φλ [Philologie] hat, so scheint [es], mit Interpr.[etazion] heil[iger] Schrift[en] angefangen»[21]. Schlegel verfolgt aber dann doch diesen Säkularisationsvorgang nicht weiter. Immerhin scheint er schon zu dieser Zeit darüber nachgedacht zu haben, daß nicht nur die (alt)philologische Hermeneutik und Kritik die Muster für eine Weiterentwicklung bieten. Allerdings führt er seine Überlegungen nicht über den Punkt hinaus, daß der Offenbarungscharakter der «eigentlichen Philologie ein Ende» setze. Seine Grundbestimmung – *«Der Zweck der Philologie ist die Historie»* – verbietet es ihm noch.

Nachdem in dieser Weise die drei Bereiche der ‹klassischen Philologie›, der ‹philologia sacra› und einer möglichen ‹progressiven Philologie› vorläufig in Beziehung zueinander gesetzt sind, läßt sich das Verhältnis von ‹Kritik› und ‹Hermeneutik› von der ‹klassischen Philologie› her genauer einschätzen. An dieser Stelle der Interpretation der Notizhefte aber ist schon verständlich, daß es Schlegel gerade nicht um eine Abgrenzung der Teilbereiche von ‹Kritik› und ‹Hermeneutik› rein *im* Bereich der ‹klassischen Philologie› geht, sondern um eine Neubestimmung dieses Verhältnisses im Hinblick auf seinen Grundsatz «Der Zweck der Philologie ist die Historie».

Die Frage, warum die Philologie der «eigentliche Sitz der *Kritik*», einer so bereits universell gefaßten Kritik sei, beantwortet Schlegel zunächst nach Einschätzung der Quellen: «Nur im aesthetischen und historischen Gebiet 〈Im moralischen und politischen nicht〉 sind die Objekte der Kritik *bleibend, fix,* wie sie seyn müssen wenn d.[ie] Kritik *kunstmäßig* geübt werden soll»[22]. Er schließt also einen Zugang aus, der keine Festigkeit und Sicherheit an «kunstmäßig» bearbeiteten Quellen hat. Ein Verstehenszugang, der sich nicht auf solche «kunstmäßig» erschließbaren Quellen stützen kann, gilt vorab auch nicht als ‹kritisch›. An anderer Stelle dieses Notizheftes erwägt Schlegel eine Rückanwendung dieser Vorüberlegung in der Weise, daß ein rein moralischer oder politischer Verstehenszugang dem Verfahren nach und der Quellenlage nach nicht abzusichern sei: «Untersuchung ob es nicht Kenner der *polit.[ischen] Geschichte der Alten* giebt, die weiter nichts sind? Vieles können sie dann freyl.[ich] nicht recht verstehn!»[23]. Das Argument zielt also auf die Diskrepanz zwischen Anspruch und hermeneutischer Einlösungsmöglichkeit. Ein rein politisch-historischer Verstehenszugang verfehlte gerade die Weite des Verstehens.

21. Ebd., 43 f., Fr. 107. 22. Ebd., 62, Fr. 34. 23. Ebd., 75, Fr. 154.

So faßt Schlegel die Bestimmung des Arbeitsfeldes der Kritik als der zunächst «eigentlich philologischen Kritik» ganz eng im Sinne einer speziellen Quellenkritik: es sei zunächst ihre Aufgabe, die «*Aechtheit* der Urkunden im Ganzen oder in *ihren Theilen*» zu ermitteln[24]. Tatsächlich läuft diese unterschiedene quellenkritische Tätigkeit («oder») aber schon auf ein hermeneutisches Zirkelverfahren hinaus, demzufolge sich die «Aechtheit» einer ganzen Urkunde nur aus zusammenstimmenden Einzelhinweisen ermitteln läßt und die Zugehörigkeit von Teilen einer Urkunde nur aus der Einschätzung und dem Verstehen des «Ganzen» heraus beurteilt werden kann. Ergänzt man die Notiz in dieser Weise, so wird die kurz darauf geschriebene nach dem Dominantenschema verständlich. Ein hermeneutisches Verfahren jener Art wäre dem ‹kritischen› Zweck untergeordnet. Nun fragt Schlegel weiter: «Ist die Hermeneutik nicht auch eine Art der Kritik? oder giebt es nicht wenigstens auch eine *hermeneutische Kritik?*»[25]. Eine solchermaßen philologisch angesetzte Hermeneutik müßte auch andere zum Verständnis einer ‹fixierten› Urkunde herangezogene Quellen kunstvoll in den Verstehens- und Deutungsvorgang einbeziehen. Insofern sie aber in dieser Weise zur Urteilsbildung kommt, hat sie auch wieder eine andere kunstvoll-kritische Funktion: «Der Gebrauch der hermeneutisch[en] Materialien (histori[sche] Erläuterung[en]) und Organe . . . ist eine *Kunst,* nicht Wissenschaft, und zwar nicht eine Werke bildende sondern eine *urtheilende* Kunst, also Kritik»[26]. Diesem Verfahren und dieser Herleitung ihrer Funktion nach muß Schlegel die Hermeneutik schon im engeren Sinne als «Kunst» betrachten. Aber da die Hermeneutik sich auch auf andere Weisen der Quellenzuordnung und der historischen Einschätzung dieser Quellen verlassen muß, hat sie ebenso Anspruch auf wissenschaftliche Geltung: «Wie soll die Kenntniß der Geschichte Belesenheit als *hermeneutische Materialie,* nicht wissenschaftl[ich] heißen»[27].

Nun bezieht Schlegel den Begriff der «Kunst» genauer auf die Weise, wie Kritik und Hermeneutik in der Philologie zusammenwirken. Betrachtet man dieses Zusammenwirken, so hat es den Anschein, als habe die «φλ [Philologie] gar keine spezifisch verschiednen Bestandtheile». Vielmehr ist die «Eintheil.[ung] in Kritik und Hermeneutik» zunächst noch ganz zweckgebunden: *«Die Urkunden sollen berichtigt und erklärt werden»*[28]. Aber gerade indem Schlegel diese enge Zwecksetzung bedenkt, wird er sich dessen bewußt, daß darin eine *«Antinomie»* liege: «Sie sollen *erst* berichtigt und *dann erklärt werden und umgekehrt*». Tatsächlich erfolgt diese Tätigkeit also auch zirkelhaft. Insofern die im engeren Sinne kritische und hermeneutische Arbeit an den Urkunden nicht aufeinander folgt und mehr als Buchstabenverständnis beinhaltet, setzt der Vollzug des Zirkels eine besondere Kunst-

24. Ebd., 62, Fr. 34.
25. Ebd., 62, Fr. 35.
26. Ebd.
27. Ebd., 63, Fr. 38.
28. Ebd., 63, Fr. 39.

fertigkeit voraus und läßt sich ebenso zur «Kunst» vervollkommnen: «Beydes *zugleich* thun ist Sache des φλ [philologischen] GENIES»[29].

Erst von dieser späteren Stelle des Notizheftes aus, an der Schlegel die philologischen Verfahren konkreter benennt, wird die Ineinssetzung der philologischen Teilbereiche verständlich, wie Schlegel sie sehr früh vorgenommen hatte: «Die φλ [Philologie] ist selbst jeder ihrer Bestandtheile ganz, und umgekehrt (Hermeneutik und Kritik)» – oder wenig später – «Hermeneutik und Kritik sind *absolut* unzertrennlich dem Wesen nach; ob sie gleich in Ausübung, Darstellung getrennt werden können, und die Tendenz jeder φλ [Philologie] auf einer Seite gewöhnlich überwiegt»[30]. Damit aber hat Schlegel auch eine Voraussetzung freigelegt für eine Beurteilung der Philologen. Sofern sie nicht beide Verfahren kunstvoll «zugleich» ausüben können, gelten sie nicht als «philologische *Genies*». Schlegels mitnotierte Polemik gegen zeitgenössische Philologen erklärt sich aus diesem hohen Maßstab: «Heyne hält die φλ [Philologie] bloß für *Hermeneutik*»[31] – oder an anderer Stelle – «Voß ist weder durch Witz noch durch Kunstgefühl, noch durch Sentimentalität, sondern bloß durch *Solidität* und Genauigkeit zum *Buchstaben* des Alterthums gelangt»[32].

Friedrich Schlegel sieht also in der kunstvoll geübten Philologie den Zusammenhang von Kritik und Hermeneutik als «unzertrennlich» an. Aber dennoch entfaltet er ein Dominantenspiel der Zwecksetzungen. Hinsichtlich der «*restit.[utio]* des Textes» scheint die Kritik im engeren Sinne «den Vorzug vor der Hermeneutik» zu haben[33], obwohl wir gesehen haben, daß auch dabei bereits das Zusammenstimmen von Ganzem und Teilen hermeneutisch beurteilt werden muß. In der dann notierten Antithese faßt Schlegel die Zweckrelation schon im Sinne einer höherwertigen Hermeneutik auf: «Nein! Sie [Kritik und Hermeneutik] haben in jeder Rücksicht wenigstens in der *wissenschaftl.[ichen]* gleichen Rang. Was hilft mir der ächte Text, wenn ich ⟨ihn⟩ nicht verstehe»[34].

Aber diese Antithese richtet sich auch gegen eine noch früher notierte Annahme zum Stellenwert der Hermeneutik, die jetzt erst eingeordnet werden kann. Schlegel wollte bereits auf den ersten Seiten des I. Notizheftes nach dem Dominantenprinzip eine «höhere Kritik» als das «Höchste der isolirten Philologie» annehmen[35]. Demnach blieb für die Hermeneutik nur ein untergeordneter Rang: «Hermeneutik ist gleichsam das gewöhnl.[iche] Element, das beständige Geschäft»[36]. Wenig später zählt er als Tätigkeiten dieses «beständige[n] Geschäft[s]» auf: «Sammeln, Excerp.[iren], historische Recherchen, ächte Hypothesen. Lesen aller Schriftsteller»[37]. Demnach ge-

29. Ebd.
30. Ebd., 50, Fr. 178 u. Fr. 177.
31. Ebd.
32. Ebd., 70, Fr. 109.
33. Ebd., 50, Fr. 180.
34. Ebd., 50, Fr. 181.
35. Ebd., 38, Fr. 40.
36. Ebd.
37. Ebd., 38, Fr. 41.

hörte die Quellenerschließung, die Quellensammlung, die historische Zuordnung der Quellen bereits zur Hermeneutik. Damit hätten wir den einfachsten und der Rangfolge nach vorläufigsten Funktionsbereich der Hermeneutik erreicht. Insofern diese Arbeit an den Materialien aber bereits zu «ächte[n] Hypothesen» führt, zeigt sich, daß sie als vorläufige Verstehensleistung anzusehen ist.

Nun können wir das Dominantenspiel bis zu dem Punkt verfolgen, da der Zirkel nicht mehr nur in der Vervollständigung und im Verstehen *einer* ‹Urkunde›, sondern im Hinblick auf die historische Einordnung, Einschätzung und Gewichtung vieler Quellen vollzogen werden muß. Wir haben gesehen, daß jenes Erschließen und Sammeln der Quellen zum «beständige[n] Geschäft» des Philologen zählt. Die so gewonnenen Kenntnisse aber vermitteln jeweils nur einen Überblick und müssen wiederum quellenkritisch genau eingeschätzt und überprüft werden. Insofern begründen diese Kenntnisse noch kein historisches Urteilsvermögen. Erst nach quellenkritischer und quellenhermeneutischer Überprüfung verdichtet sich das Vorverständnis. Insofern gilt als erster Satz im Zirkel: «Die historische Kenntniß des Alterth.[ums] erfodert eigentlich, daß die Kritik schon vollendet sey und die Hermeneutik. Diese beyden Arten der Philologie sind also in Wechselwirkung»[38]. Andererseits bleibt die «Kritik» ja ständig auf das unmittelbar auch hermeneutisch genannte Vorverständnis angewiesen, das sich aus der ersten Arbeit mit historischen Quellen ergibt. Friedrich Schlegel geht es aber gerade darum, den Zirkel noch weiter zu schlagen. Die kritische und hermeneutische Tätigkeit läßt sich offenbar nicht ohne Heranziehen immer neuer historisch zuzuordnender Quellen absichern. Aber sie findet weder darin noch in der Genauigkeit ihrer Einzelprüfungen eine letzte Begründung. Vielmehr wird gerade bei diesem Erschließungsvorgang deutlich, daß diese Tätigkeit selbst jeweils schon historisch-hermeneutisch angelegt und ausgerichtet ist: «Kritik und Hermeneutik setzen schon einen historischen Zweck voraus, den man also um so weniger verkennen darf»[39]. Damit hat Schlegel den Punkt erreicht, an dem es erforderlich erscheint, die Philologie von einem neuen «Historismus» aus zu begründen.

Zugleich hat sich der Zirkel eines ersten Verstehens dieser Hefte geschlossen, insofern wir von der hermeneutischen Reflexion des historischen Zugangs zur Philologie und der Philologie zu ihrem Gegenstand ausgingen, sodann Schritt für Schritt bis zu den elementarsten Funktionen der philologischen Kritik und der philologischen Hermeneutik gelangten und deren Leistung wiederum in historischen Zwecksetzungen begründet sahen.

Selbst in der noch nicht ganz durchgegliederten und noch nicht veröffentlichungsreifen Anlage der Fragmenthefte erkennt man Schlegels Absicht, den Leser zu mehrmaligem Lesen und Nachvollziehen anzuregen. Er hat

38. Ebd., 38, Fr. 44.

39. Ebd., 39, Fr. 49.

dieses Verstehen nach einer «*cyklischen* Methode» selbst als wesentlichen Bestandteil einer «*Wissenschaftskunst*» angesehen[40]. Seine Absicht, über die Erörterung der philologischen Kritik und der philologischen Hermeneutik hinauszugelangen und historisch reflektierende Funktionen der Kritik und Hermeneutik zu ermitteln, wollte er offenbar selbst aussprechen. So weist er auf die Anlage zur «Potenzirung des Aufsatzes» hin; er nimmt sich eine «Dedukzion des eignen Verfahrens» vor[41]. Ja, in solchen eingestreuten Notizen bespricht er sogar die Möglichkeit jeweils doppelter Anschlußprojekte: «Am Schluß – Ankündigung der sämmt[lichen] Abhandlungen zur φσ [Philosophie] der φλ [Philologie]. – Immer zwey von Neuem anfangen. Nicht immer auf diese Weise»[42]. Diese ‹cyklische› Projektbildung sollte schließlich als «⟨Reflexion⟩» und «⟨Selbstanschauung⟩ der φλ [Philologie]» wirken[43].

Bedenkt man diese Anlage der Fragmenthefte, so stellt sich nun die Frage, ob Schlegel den klassisch-philologischen Verfahren relative Selbständigkeit zubilligt und somit eine erste Funktionsebene bedingt abschließt. Die erste, noch naive Erwartung gegenüber der Tätigkeit des Philologen richtet sich auf die Möglichkeit, innerhalb eines epochal und sachlich begrenzten Bereiches «vollständige Auskunft» zu erhalten[44]. Dahinter steht der Gedanke, daß sich die historischen Recherchen, die ja zu einer Wechselergänzung philologisch-kritischer und philologisch-hermeneutischer Verfahren führen, zu einer «⟨*Totalität von Notizen*⟩» verdichten lassen[45]. Wenige Abschnitte später widerspricht Schlegel dieser naiven Annahme: das «⟨Wesen der φλ [Philologie] besteht gar nicht in der Totalität der Notizen. Nicht einmahl ein Merkmahl der Alterthumskunde ist das⟩»[46]. Von daher wird nun die ironische Schmälerung der rein philologischen Tätigkeit verständlich, die vermeintlich einen Halt an der philologisch-hermeneutisch zustandekommenden «Totalität» gewinnt: «Sie ediren, interpretiren und kritisiren so, daß es dabey unmöglich scheint, den historischen Zweck zu erreichen»[47]. Und Schlegel schließt wenig später auch noch einen ironischen Hinweis an, der die poetologische und ästhetische Kompetenz der Philologen seiner Zeit betrifft: «Sich s.[ein] ganzes Leben mit *Poeten* z. B. beschäftigen ohne allen poetischen Sinn; das trifft die Philolog[en] sehr häufig»[48]. Man darf diese Äußerungen nicht als bloße Polemik mißverstehen. Vielmehr bewegen sie sich ganz in den Bahnen des Ironie-Modells, insofern die nächste Stufe des Verstehens erst erreicht werden kann, wenn die vorige «annihilirt» worden ist. So gilt schließlich die Behauptung einer ironischen Vollendung gegen die einer extensiven Totalisierung der Recherchen und Notizen: «Die vollendete, absolute Philologie würde aufhören Philologie zu

40. Ebd., 66, Fr. 65.
41. Ebd., 49, Fr. 170.
42. Ebd., 51, Fr. 184.
43. Ebd., 54, Fr. 224.
44. Ebd., 42, Fr. 92.
45. Ebd.
46. Ebd., 43, Fr. 103.
47. Ebd., 40, Fr. 65.
48. Ebd., 41, Fr. 73.

seyn. *Sie annihilirt sich selbst*. Die *Gesetze* der φλ [Philologie] sind sämmtl.[ich] entlehnt, *historisch*»[49]. Auf diese Weise soll die Möglichkeit einer Überformung und Potenzierung der philologischen Verfahren in Richtung auf einen allgemeinen «Historismus» eröffnet werden. Nun, nachdem diese ironische Aufhebung gelungen ist, darf man auch wieder die anerkennende Notiz erinnern, die den Philologen in seiner Tätigkeit bestätigt: «Wenn gleich die Philologie nicht Zweck an sich ist: so darf doch wohl jemand *bloß* Philolog seyn, ohne Historismus? – Ja es ist wohl in der Ordnung so»[50].

An anderer Stelle der Notizhefte findet man die Schlußmarke in diesem ironischen Spiel zwischen Anerkennung und ‹Annihilation›. Die historische Ganzheitsvorstellung läßt sich auch in der inneren Universalität der Betrachtungsweisen verwirklichen: «Es ist inconsequent und selbst vernichtend, wenn der Philolog nicht *alle* historischen Principien gelten läßt; die gesammte Bildungslehre, mit Inbegriff der Kunstlehre, Tugendlehre, Gesellschaftslehre pp.»[51]. Damit ist das Tätigkeitsfeld des Philologen in relativer Selbständigkeit belassen. Die ‹historische› ‹Annihilation› der philologischen Verfahren gilt nur zum einen Teil; sie gilt nicht im Sinne einer «selbst vernichtend[en]» Kritik, wenn der Philologe jene Universalisierung in den Grenzen seines Gebietes anstrebt.

Nachdem diese Abgrenzung gelungen ist, läßt sich das historische Verstehen über diesen Bereich hinaus erweitern. Der klassische Philologe, der den Grundsatz akzeptiert, daß der «Zweck der Philologie» die Historie sei, wird sich auch mit der modernen Geschichte und der neueren Literatur beschäftigen. Gerade weil er den Zugang zu seinen Gegenständen jeweils auf verschiedenen Ebenen hermeneutisch bedenkt, ja, bis in die Überprüfung seiner Quellen hinein Kritik und Hermeneutik im engeren Sinne anwendet, erkennt er die Notwendigkeit, neuere Entwicklungen geschichtlich und literarisch zu verfolgen. So will Schlegel bereits in den «Grundzüge[n] einer philolog.[ischen] Methodik» diesen Zusammenhang verankern: «Studium des Classischen als Grundlage» – «(Damit nothwendig vereint das Studium des Progressiven)»[52]. Gerade weil der klassische Philologe erkennt, daß er schon bei der kritischen Erschließung und (historischen) Einordnung seiner Quellen über die versuchte Epochenabgrenzung hinaus geschichtlich versteht, wird er dieses Verstehen mit der inneren Universalisierung seiner gegenstandsbezogenen Deutungsversuche in Einklang bringen wollen: «Auch die *kritische* φλ [Philologie] ist nothwendig *philosophisch* und *historisch*. Sie muß ZUGLEICH *progressiv* und *klassisch* seyn, und die welche das ist, ist auch zugleich φσ [philosophisch] und hist[orisch]»[53]. Aber Schlegel ist sich darüber im klaren, daß dieser Zusammenhang selbst erst von einer bestimm-

49. Ebd., 48, Fr. 158; vgl. 38, Fr. 38: «Anwendung des Begriffs der Annihilazion auf die Philologie».
50. Ebd., 37, Fr. 34.
51. Ebd., 41, Fr. 79.
52. Ebd., 37, Fr. 23.
53. Ebd., 51, Fr. 191.

ten Stufe der historischen Entwicklung an eingesehen werden kann, daß die Notwendigkeit, die neuere Literatur mitzuverstehen, sich erst eingestellt hat. So gilt es von Anfang des Aufsatzes an als Entschuldigung für die zeitgenössische Philologie, daß sie dies noch nicht ganz mitbedacht hat: «Der Unterschied des Klassischen und Progressiven ist *historischen* Ursprungs. Darum fehlt er den meisten Philologen»[54]. Trotz aller Anerkennung sieht Schlegel deshalb die Leistungen eines Philologen wie Friedrich August Wolf nur als vorläufig an: «Wolf ist der Physiolog der φλ [Philologie]»; «für Hist[orie] hat er nur *negativen Sinn*»[55]. Erst wenn der Philologe sich sowohl in die historische Epoche versetzt hat, deren Texte er zu verstehen sucht, als auch einen umfassenderen «Sinn» für dieses Verstehen *als* eines historischen entwickelt hat, gilt der Satz *«⟨Der φλ [Philolog] ist ein historisches Subjekt⟩»*[56]. Ja, Schlegel treibt diese Feststellung bis zu der Möglichkeit einer Umkehrung: «Der d.[en] histor.[ischen] Sinn kunstmäßig ausbildet ist φλ [Philolog]»[57]. Er unterlegt dabei die Vorstellung, daß ein nicht auf hermeneutische Weise kunstmäßig geübtes und kontrolliertes historisches Verstehen von anderer Art und Qualität sei.

Aber nicht nur die *Weisen* des an Texten gezeigten historischen Verstehens sind «kunstmäßig». Vielmehr geht Schlegel noch einen Schritt weiter und verlangt nunmehr außer dem «historischen Sinn» auch noch ästhetische Kompetenz. Und auch diese könne der Philologe, so unterstellt er, nicht ausschließlich in der Beschäftigung mit seinen Gegenständen und der entlegenen Epoche gewinnen. Erst wenn er auch darin die Betrachtung des «Klassischen» mit der des «Progressiven» verbinde, bilde er einen Sinn für das Ästhetische aus: «So manche φλ [Philologen] scheinen gleichsam ein *halbes* Kunstgefühl [zu haben]. Für das Moderne sind sie stumpf und null, und darum kennen sie auch das Antike nicht recht, für das man ihnen doch nicht allen Sinn absprechen kann»[58]. Diese ästhetische Kompetenz, die an der Literatur der Gegenwart wiederum hermeneutisch ausgebildet werden könne, sei erst recht dringend zu fordern, wenn ein Philologe ästhetische Werke übersetzen will.

Schlegel übertreibt und übersteigert die Forderung gelegentlich ins Paradoxe: «Wer vollkommen ins Moderne übersetzen will, muß desselben so mächtig seyn, daß er allenfalls *alles Moderne machen könnte;* zugleich aber das Antike so verstehen, daß ers nicht bloß nachmachen, sondern allenfalls wiederschaffen könnte»[59]. Darin formuliert Schlegel die höchstmögliche, aber nur denkmögliche Verbindung von universalhermeneutischer Kompetenz *und* poetischer Produktivität. In den Notizen, die die Hypostasierung des Poetischen vorbereiten – sie zeigt sich erst in der Zeit des Athenäum (seit

54. Ebd., 35, Fr. 1.
55. Ebd., 81, Fr. 222.
56. Ebd., 49, Fr. 165.
57. Ebd., 49, Fr. 166.
58. Ebd., 50, Fr. 176.
59. Ebd., 65, Fr. 56.

1798) voll – setzt Schlegel diese Forderungen fort: «⟨Muß der vollendete φλ [Philolog] nicht auch Poet seyn?⟩»[60].

Diesen Forderungen steht aber die ursprüngliche Annahme entgegen, daß ästhetische *und* kunstkritische Kompetenz nur an *«klassischen»* Schriften geübt werden könne[61], daß es in der Moderne aber noch keine klassischen Schriften gebe. Hier zeigt sich deutlich, daß Schlegel schon aus Gründen der Absicherung seines universalhermeneutischen Ansatzes nach modernen Klassikern Ausschau halten mußte. So wird es verständlich, daß er seiner Charakteristik Georg Forsters den Untertitel beifügte «Fragment einer Charakteristik der deutschen Klassiker»[62].

An der Spannweite der Einschätzung des Klassischen wird schließlich auch deutlich, daß der Begriff der ‹Kritik› über die in der Philologie so genannten Verfahren hinaus neu gefaßt werden muß. In der Vorstellung, daß es klassische Werke gab und wieder geben könne, verbindet sich ja historisches Sinnverstehen mit ästhetischem Wertbewußtsein. Insofern aber die für Schlegel immer noch andauernde Phase einer ‹progressiven› Kunst nicht einfach in einem Vergleich klassischer Werke der Antike mit ersten Ansätzen moderner klassischer Werke überwunden oder überbrückt werden darf, sind auch rein philologische Verfahren unzureichend. In der Moderne tritt die ‹Kritik› teilweise an die Stelle der Philologie, übernimmt die ‹Kritik› teilweise philologische Funktionen, ohne daß dadurch die Möglichkeit einer ‹progressiven Philologie› ausgeschlossen würde. Gerade in der geschichtlichen und ästhetischen Problematik des Klassischen wird so die Spannweite der Kritik bewußt: «In der Frage vom Klassischen läuft die *ganze* Kritik, die poetische und die über die Aechtheit zusammen»[63]. So scheint die moderne Kritik nunmehr in eine Vorrangstellung gegenüber der Philologie zu rücken. Sobald Schlegel sich auf den Standpunkt einer universalisierten modernen Kritik stellt, möchte er die Philologie auch einfach subsumieren: «Die gesammte φλ [Philologie] ist gewissermaßen nichts andres als *Kritik*. Die *Kritik* als Kunst kann nur an Schriften geübt werden, und zwar an *klassischen*»[64]. Ebenso möchte Schlegel diese Überformung auch für die «*Hermeneutik*» gelten lassen.

Nun müßte man nach dem ‹cyklischen› Verfahren die Verhältnisbestimmungen von «Kritik» und «Hermeneutik» nochmals von dem neuen Standort aus fassen. Nachdem feststeht, daß die ersten Überlegungen, die über die reine Philologie hinausführen, auf einen «Historismus» hinauslaufen – «Die Wissenschaft die aus der φλ [Philologie] entspringt heißt *Historie*»[65] – «*Das Ende der* φλ [Philologie] *ist Historie*»[66] – «Ueberall stößt man auf Fragen, die sich ohne φσ [Philosophie] der Historie nicht entscheiden lassen»[67] –, muß

60. Ebd., 49, Fr. 168.
61. Ebd., 47, Fr. 154.
62. KA II, 78.
63. KA XVI, 52, Fr. 204.
64. Ebd., 47, Fr. 154.
65. Ebd., 67, Fr. 75.
66. Ebd., 52, Fr. 203.
67. Ebd., 46, Fr. 136.

ja die Hermeneutik über ihre ursprünglichen Aufgaben hinaus das ganze Feld des geschichtlichen Verstehens übernehmen. Sie liefert einerseits die materialen historischen Unterlagen und somit das Vorverständnis für die modernen kunstkritischen Wertungen und Einschätzungen. Andererseits sichert sie das kunstkritische Verfahren ab. So gewinnt der Satz «Hermeneutik und Kritik sind *absolut* unzertrennlich dem Wesen nach»[68] auf dem Standpunkt der Moderne eine umfassendere Bedeutung. Andererseits aber könnte auch die Annahme, über den *«Primat der Kritik oder der Hermeneutik»* sei eine «wahre *Antinomie*» möglich[69], nach dem Darstellungsgrundsatz Schlegels, daß die «Cyklisazion . . . wie eine Totalisazion von unten herauf» wirken soll[70], die Grundlage für neue Abhandlungen bilden. Schlegel war sich darüber im klaren, daß dieses Darstellungsverfahren – und das verstehende Nachvollziehen dieses Verfahrens – ins Unendliche fortgesetzt werden könnte: «Ich muß doch einmahl *von so viel Punkten neu anfangen* . . .»[71].

Dennoch läßt sich der Rahmen angeben, in dem das Verhältnis von Hermeneutik und Kritik neu bestimmt werden sollte. So angewiesen die Kritik auch in ihren Frühphasen auf philologische und exegetische Verfahren war, angesichts der modernen Literaturentwicklung soll sie sich verselbständigen dürfen: «Die *Kritik* muß also auch eine eigne Wissenschaft seyn!»[72]. Andererseits aber bleibt sie auf die nunmehr ‹historisch› zu nennende Begründung durch eine reflektierte Hermeneutik angewiesen. So gilt schließlich Friedrich Schlegels Überlegung – «Auch eine φλσ [Philosophie] der Hermeneutik müßte wohl vorangehn»[73] – im weitesten Sinne einer Projektbildung.

Auch wenn ein solches Vorhaben einer ‹Philosophie der Hermeneutik› noch lange nicht realisiert werden kann, muß die Kunstkritik als eine sich universalisierende Kritik doch immer umfassendere Begründungen für ihr Verstehen anstreben. Insofern gilt die Feststellung: «Es giebt einen hermeneutischen Imperativ», die Schlegel offenbar auf die Unendlichkeit des «Lesen[s]» und «Cyklisiren[s]» anwenden wollte[74], wohl auch für die vorläufigen kritischen Versuche. Immer dann, wenn ein kunstkritisches Verstehen in einem Deutungsprozeß angewandt und mitgeteilt wird, ist das Verhältnis von Hermeneutik und Kritk schon mitthematisiert: «Was ist *Interpretazion* anders als mitgetheilte hermeneutische Kritik»[75].

Zuletzt muß man sich vergewissern, daß Schlegel eine solche ‹Philosophie der Hermeneutik›, die die Konsequenz aus den neu aufgeworfenen Problemen des «Historismus» ziehen müßte, zwar projektierte, daß er aber die Annihilation, die er der Philologie zumutete, doch auch auf sich anwenden

68. Ebd., 50, Fr. 178.
69. Ebd., 55, Fr. 236.
70. Ebd., 68, Fr. 84.
71. Ebd., 73, Fr. 139.
72. Ebd., 69, Fr. 94.
73. Ebd., 69, Fr. 93.
74. Ebd., 69, Fr. 95 u. Fr. 98.
75. Ebd., 76, Fr. 167.

wollte: «Ich bin mehr als φλ [Philolog] oder weniger: je nachdem man's nimmt»[76]. Den Fortschritt im Verstehen scheint er sich nicht ohne Ironie vorgestellt zu haben. Das gilt vorab wohl auch für die hermeneutische Formel, daß man einen Autor besser verstehen müsse als er sich selbst verstanden hat, die Schlegel im Kontext dieses Heftes in anderer Fassung auf die Philologen bezogen hat: «Die recht kritischen φλ [Philologen] lesen sehr φσ [philosophisch] ohne es zu wissen. Streben nach einem *absoluten* Verstehen»[77]. Gerade in diesem Streben aber mußte Schlegel auch über die Philologie hinausgehen, ohne deren Wert zu schmälern.

3. Kritik als ästhetische und hermeneutische ‹Wissenschaftskunst›

Die neue Bestimmung der Kritik in den «Fragmenten zur Litteratur und Poesie» (Heft V: 1797/98)

Nachdem der Versuch mißlungen war, die ‹Kritik› im Anschluß an eine systematische Ästhetik zu begründen, und ebensowenig eine Folge von Anschlußarbeiten an die «Philosophie der Philologie» zustandekam, hat Friedrich Schlegel endgültig nur noch die Form des begleitend zu den kritischen Versuchen geschriebenen Fragmentheftes gewählt, um seine kritischen Verfahren zu reflektieren.

Er zog damit die Konsequenz aus der Einsicht des Entwurfs «Von der Schönheit in der Dichtkunst», daß der «Begriff des Schönen und der Kunst» nicht umfassend genug bestimmt werden könne, um alle sich abzeichnenden geschichtlichen Möglichkeiten der Kunst zu erfassen: Die Kritik tritt an die Stelle einer systematischen Ästhetik, da sie allein dieser Entwicklungsoffenheit der Kunst und ihrem historischen Variationsreichtum entsprechen könne: «Vollständig lernen wir diese nur aus der Geschichte und Beobachtung ihrer freyen Entwicklung kennen»[1].

In den Notizheften «Zur Philologie» erweitert Schlegel diese Überlegung insofern, als er nun von Anfang an einen «Historismus» behauptet, der schon den «Zweck der Philologie» ausmache und erst recht das über die Philologie hinausgetriebene Wechselverhältnis von «Kritik» und «Hermeneutik» durchgreifend bestimme.

In den ‹Fragmenten zur Litteratur und Poesie› setzt er diese Tendenz zur historischen Begründung der Kritik zwar fort, aber zugleich immanentisiert er den Standort, von dem aus er urteilt: «Die Geschichte der progressiven Poesie ließe s.[ich] erst dann *vollständig* a priori construiren, wenn sie *vollendet* wäre; bis jezt kann man nur *Bestätigung* der progress.[iven] Idee in d[er]

76. Ebd., 54, Fr. 219.
77. Ebd., 71, Fr. 120.
1. KA XVI, 9, Fr. 20.

Gesch[ichte] d.[er] mod[ernen] π [Poesie] aufzeigen, und Vermuthung[en] daraus folgern»[2]. Damit verzichtet er auf jede strenge Zweckbestimmung und läßt nur noch die Annahme gelten, daß es eine Entwicklungsrichtung gebe. Die kritischen Urteile, die in Beachtung jener Entwicklungsrichtung ausgesprochen werden, haben als ‹historische› zunächst nur die Qualität von «Vermuthung[en]». Die Gliederungsvorschläge für eine «Geschichte der progressiven Poesie» lassen sich also weder von einem System der Ästhetik her noch von einer ‹historisch› weiterentwickelten Philologie her begründen.

Schlegel immanentisiert den Standort des Kritikers in diesem Fragmentheft aber noch weiter, indem er jedes Urteil über einen ästhetischen Gegenstand als zu dessen Geschichte gehörend ansieht und umgekehrt jede historische Einschätzung und Erläuterung, auf Grund derer dieser ästhetische Gegenstand verstanden wird, als «kritisch» bezeichnet. In dieser Wechselbestimmung schließt er so einerseits die Kritik eng an die Entwicklung der Kunst und Literatur an, andererseits macht er diese Entwicklung unter anderem auch von der ‹historistischen› Urteilskompetenz der Kritiker abhängig: «Alles Hist[orische] über ein Objekt gehört auch zu einer κϱ [Kritik] darüber, und alles κϱ [kritische] zu einer Hist[orie]»[3]. Zugleich wird deutlich, daß die ursprüngliche Funktion einer philologisch begrenzten Hermeneutik, «historische Recherchen» zum Verständnis hervorragender Urkunden anzustrengen und dabei «ächte Hypothesen» aufzustellen[4], nunmehr wenigstens so lange an die Kritik übergegangen zu sein scheint, bis eine umfassende «φλσ [Philosophie] der Hermeneutik»[5] möglich geworden ist.

Darüber hinaus entdeckt Schlegel aber auch eine Kongruenz zwischen seinen ‹cyklisch› dargestellten Verstehensversuchen und Begründungsversuchen einer universalisierten Kritik einerseits und ebensolchen ‹cyklischen› Entwicklungen in der Literaturgeschichte andererseits. Die Kritik scheint sich als ‹historistisch› immanente überhaupt nur universalisieren zu lassen, also von der Quellenkritik zur Literaturkritik, von der Literaturkritik zur Kunstkritik, von der Kunstkritik zur Kritik historischer Zusammenhänge ‹cyklisch› entwickeln zu lassen, weil auch die Literaturgeschichte in dieser Weise vorgestellt werden muß: «Der Gang d[er] modern[en] π [Poesie] muß cyklisch d. h. cyklisirend sein . . .»[6].

So kann Schlegel schließlich immer größere Übereinstimmungen in der umfassenden *Ausrichtung* von ‹Kritik› und ‹moderner Poesie› feststellen: «Die moderne κϱ [Kritik] muß eben so aufs Absolute tendenziren als die π [Poesie]»[7]. Ein ‹Absolutes› läßt sich aber nicht ohne Kenntnis der historischen Zusammenhänge in der ‹modernen Poesie› verstehen: das «Hist[ori-

2. Ebd., 93, Fr. 96.
3. Ebd., 146, Fr. 721.
4. Ebd., 38, Fr. 41.
5. Ebd., 69, Fr. 93.
6. Ebd., 130, Fr. 550.
7. Ebd., 104, Fr. 244.

sche] über ein Objekt gehört auch zu einer κρ [Kritik] darüber».[7a] Andererseits beruht ja die Kritik in all ihren Abstufungen bereits auf historischen Vororientierungen, die sie bei jedem Verstehensversuch ins Spiel bringt. Ja, ihre Voraussetzung selbst ist historisch: «Kritik und Hermeneutik setzen schon einen historischen Zweck voraus . . .»[8]. Soweit kann Schlegel die Thesen seiner Hefte «Zur Philologie» aufrechterhalten. Aber er hat darüber Klarheit gewonnen, daß er die dort projektierte «Theorie der historischen Kritik»[9] noch nicht schreiben kann, wenigstens nicht – wie er nun sagt – als «Theil eines Systems»[10]. So notiert er die scheinbar resignative Feststellung: «〈Es ist meistens noch zu früh zur Hist[orie]〉»[11]. Allerdings hat er in dieser Fassung ja selbst eine ‹historistische› Relativierung («meistens») angebracht. Es geht also bei den kritischen und literarhistorischen Urteilen tatsächlich immer um vorläufige Orientierungen. Insofern es noch keine Absicherung in einer «Theorie der historischen Kritik» gibt, muß in jedem kritischen Versuch das geschichtliche Verstehen reflektiert werden. Das geschichtliche Verstehen ist in jeder kritischen Arbeit als Orientierungsversuch immanent auszubringen. So enthält jede Kritik, auch die im engeren Sinne als Literaturkritik ausgewiesene, geschichtshermeneutische Elemente.

Es zeigt sich also eine klare Entwicklungslinie in der Folge der Hefte «Von der Schönheit in der Dichtkunst», «Zur Philologie» bis zu diesem frühen Teil der «Fragmente zur Litteratur und Poesie». Die theoretischen Voannahmen werden immer weiter historisiert und zugleich werden die historischen Verstehensweisen immer weiter immanentisiert. Die Kritik kann sich weder an einer allgemeinen Ästhetik orientieren, noch darf sie die Verstehensweisen der klassischen Philologie einfach fortsetzen und anwenden.

Die Konsequenzen aus dieser Entwicklung müssen sich nun allerdings in diesem Heft der «Fragmente zur Litteratur und Poesie» genauer nachweisen lassen. Es geht also zunächst darum, die Abgrenzung des neuen ›kritischen‹ Verstehens und Deutens gegenüber ästhetischen und herkömmlich philologischen Verstehensweisen zu verfolgen.

Schlegel hält zwar immer noch eine *«Revision von Kants Kritik d.[er] Urtheilskraft»*[12] für notwendig, aber er bezieht sich doch zumeist darauf, wie die kunstkritische Praxis, auch die, die sich auf Kant beruft, *trotz* dessen Kritizismus weiterwirkt. Den Anspruch des Kantschen «Geschmacksurteils», daß es gelte, «als ob es objektiv wäre»[13], will Schlegel nach wie vor nicht anerkennen: «Alle eigentl.[ichen] aesthet.[ischen] Urtheile s[ind] ihrer Natur nach *Machtsprüche* und können nichts andres sein»[14]. Bevor diese Urteile sich gemäß jenem «Historismus» als berechtigt erweisen, können sie

7a. Ebd., 146, Fr. 721.
8. Ebd., 39, Fr. 49.
9. Ebd., 36, Fr. 18.
10. Ebd., 146, Fr. 721.
11. Ebd., 146, Fr. 721.
12. Ebd., 142, Fr. 674.
13. Kant, KdU, 210.
14. KA XVI, 91, Fr. 71.

nur in der Kompetenz des Kritikers begründet werden: «Beweisen kann man sie nicht, legitimiren aber muß man s.[ich] dazu»[15]. Damit aber wird auf die Reihe der kritischen Versuche verwiesen, in denen der Kritiker sich in der Weise legitimiert, als ob die Urteile in der Folge der sich wechselseitig stützenden Formen objektiv würden.

Schlegel erkennt nach wie vor die Kantsche Unterscheidung von ‹transzendentaler Kritik› und ‹Kritik als Kunst›[16] nicht an. Kant hatte die anwendende Kunstkritik auf die historisch überkommenen Weisen des psychologischen Verstehens und des Verstehens nach Regeln verwiesen: «Die Kritik, als Kunst, sucht bloß die physiologischen (hier psychologischen), mithin empirischen Regeln, nach denen der Geschmack wirklich verfährt, (ohne über ihre Möglichkeit nachzudenken) auf die Beurteilung seiner Gegenstände anzuwenden . . .»[17]. Schlegel möchte gerade diese Verstehensweisen überwinden. Er meint, daß eine solchermaßen eingeengte Kritik allzu leicht auch auf die älteren inhaltlich bestimmten Ästhetiken zurückgreift: «Die moderne Aesthetik bestand lange Zeit bloß aus *psychologisch[er]* Erklärung *aesthetischer* Phänomene»[18]. Ja, Schlegel befürchtet auch einen Rückfall in die Regelpoetiken, oder vielmehr: er sieht, daß diese unterschwellig in der literaturkritischen Praxis fortgelten, weil sie durch Kants ‹transzendentale Kritik› nicht außer Kraft gesetzt worden seien: «Die Kritiker reden immer v.[on] *Regeln* aber wo sind denn die Regeln, die wirkl[ich] poetisch, . . . oder für alle Kunstwerke geltend wären?»[19]. Die Tatsache, daß solche «Regeln» nicht mehr für «alle Kunstwerke» seiner Zeit gelten, bedarf offenbar selbst einer historischen Erklärung. Die Voraussetzung eines «gemeinschaftlichen Sinnes» (Kant)[20] allein kann Schlegel nicht mehr für ausreichend halten.

Darüber hinaus aber ist es für ihn fragwürdig geworden, ob ein solchermaßen vororientierter Ästhetiker, ebenso wie ein Kritiker, noch die ganze heterogene Entwicklung der ‹modernen Poesie› so überblickt, daß er mit dem Anspruch auf mögliche ‹gemeinschaftliche› Geltung *und* mit dem Anspruch der Übertragbarkeit seiner Kriterien auf «alle Kunstwerke» urteilen könnte: «Welche Fehlgriffe thut nicht der κρ [Kritiker] so lange er nur einen Theil des π [poetischen] Gebiets kennt . . .»[21]. Andererseits aber hält er an der Forderung nach Universalität fest: «Nur aus absoluter Universalität entsteht φ [Philosophie] der π [Poesie]»[22].

Aber diese Universalität müßte sich aus der weiteren historischen Entwicklung des kunstkritischen Verstehens selbst ergeben.

Friedrich Schlegel setzt sich also nicht nur mit der Unterscheidung von ‹transzendentaler Kritik› und ‹Kritik als Kunst› auseinander, er sieht auch eine Notwendigkeit, seine kritischen Versuche von der weiterwirkenden Praxis der Kunst- und Literaturkritik abzugrenzen. Deren vermeintliches

15. Ebd.
16. Kant, KdU, 216.
17. Ebd.
18. KA XVI, 94, Fr. 110.
19. Ebd., 108, Fr. 286.
20. Kant, KdU, 227.
21. KA XVI, 91, Fr. 72.
22. Ebd., 106, Fr. 260.

Versagen gegenüber der ‹modernen Poesie› aber müßte sich ja auch in der Unangemessenheit ihrer Verfahren, nicht nur in vorgeblich veralteten Regeln und psychologischen Erklärungen zeigen. Nun unterstellt Schlegel aber, daß diese Kunstkritiker nicht mehr jeweils von dem Ganzen eines Werkes aus urteilen, weil sie dies von jenen Voraussetzungen her gar nicht mehr in den Blick bekommen könnten. Vielmehr seien sie gezwungen, einzelne Stellen herauszugreifen: «Gewöhnlich ists nicht κρ [Kritik] sondern nur deklamirender Enthusiasm der s.[ich] über die einzelnen Stellen vernehmen läßt und ignoranter Witz der polemisch über das Ganze herfällt»[23]. Gerade in dieser Beurteilung des Verfahrens jener Kritiker aber argumentiert Schlegel ausgesprochen hermeneutisch. Die «einzelnen Stellen» werden offenbar nicht mehr von einem Vorverständnis des ganzen Werkes aus eingeschätzt, und umgekehrt fügt sich die Deutung vieler solcher Stellen nicht mehr zu einem Ganzen zusammen. Vielmehr verlassen diese Kritiker den hermeneutischen Zirkel, indem sie über einzelne Stellen ‹deklamieren› und so das «Ganze» nur *von außen* betrachten. Diese Art der ‹polemischen› Betrachtung aber hat, so darf man ergänzen, nichts mit einer *im Vollzug* des hermeneutischen Zirkels angebrachten Polemik zu tun. Eine solche würde sich vielmehr selbst ‹annihilieren›. Statt mit ‹deklamirendem Enthusiasm› einzelne Stellen in ihrer Bedeutung zu isolieren und zu überhöhen, sollte der Kritiker den «Geist» des Werkes verstehen und *im* «Geist» des Werkes den «Buchstaben» deuten. Insofern kann Schlegel diese anspruchsvolle hermeneutische Aufgabe wiederum ironisch bescheiden unter jenen «Enthusiasm» stellen: «κ [Kritik] ist eigentl[ich] nichts als Vergleichung des Geistes und d.[es] Buchstabens eines Werks . . .»[24].

Nachdem Schlegel so den zuvor selbst erhobenen Anspruch einer Ästhetik an die Kritik abgelehnt hat und die weiterwirkende kunstkritische Praxis in ihren Verfahren skizziert hat, ergibt sich schon die Forderung, daß die neue Kritik selbst die ästhetischen Maßstäbe zu entwickeln und ihre Verfahren hermeneutisch abzusichern habe.

In welcher Weise entwickelt er nun aber diese zugleich hermeneutisch und ästhetisch kompetente Kritik über die Maßstäbe und Urteilsformen der Philologie hinaus? Nachdem er die Anschlußprojekte an die Hefte «Zur Philologie» nicht ausgeführt hat, verdeutlicht er sich nun in den ‹Fragmenten zur Litteratur und Poesie› die alte Konfliktlage. Er notiert zunächst unter der Überschrift *«Zur Grundlage der Kunstlehre»:* «Muß die Principien der progressiven und der class.[ischen] Kunst enthalten. – *Thesis.* Es soll Urbilder geben [.] *Antithesis.* Es soll keine geben; die Kunst soll ewig fortschreiten. Antinomie des Classischen und Progressiven»[25]. Tatsächlich hat Schlegel darin ja zwei Aspekte zusammengestellt: den Wertaspekt und den Zeitaspekt. Die Schwierigkeit besteht darin, wie die «Urbilder» histo-

23. Ebd., 104, Fr. 245. 24. Ebd., 168, Fr. 992. 25. Ebd., 100, Fr. 186.

risch weiterhin verstanden werden sollen, und wie der Wert einer unablässig fortschreitenden Kunst ‹kritisch› bestimmt und erfaßt werden könne. Die Gefahr, die er mit seinem Programm eines «Historismus» heraufbeschworen hat, zeigt sich doch darin, daß die vordem als «Urbilder» angesehenen Werke der Antike ebenso durch historische ‹Recherchen› wie durch den im I. Heft «Zur Philologie» betonten Gesichtspunkt der *«Anwendung»* relativiert werden könnten. Insofern beinhaltete die Möglichkeit, auf philologisch-hermeneutische Weise das historische Erklärungsumfeld eines Werkes zu erweitern, den einen Aspekt jenes Fragments, in dem die Wechselwirkung von ‹Kritik› und ‹Historie› dargestellt wurde: «Alles Hist[orische] über ein Objekt gehört auch zu einer κρ [Kritik] darüber». Der zweite Teil des Fragments ließe sich aber auf die auch in den modernen Deutungen weiterlaufende Wirkungsgeschichte des Werkes beziehen: «. . . und alles κρ [kritische] [gehört] zu einer Hist[orie]»[26].

Schlegel verschafft sich zunächst Klarheit darüber, daß der Wertaspekt und der Zeitaspekt in der Unterscheidung von Klassischem und Progressivem aufeinander bezogen sind: «〈*Classisch* und *Progressiv* sind *historische Ideen* und kritische *Anschauungen*. – Da kommen κ [Kritik] und Hist[orie] zusammen〉»[27]. Die Vorstellung des Klassischen läßt sich nicht einfach als ‹historische Idee› in stets gleicher Geltung aufrechterhalten. Nur wenn sie durch die ‹historistisch› angesetzte Kunstkritik aufgeschlossen und für die ‹moderne Kunstbetrachtung› fruchtbar gemacht wird, erfüllt sie auch den Wertaspekt.

Nun ließe sich dagegen einwenden, daß ein klassisches Werk der Antike ja ohne Berücksichtigung des Geltungsaspekts für die Moderne rein im Umfeld der Literatur jener Zeit verstanden werden könne. Schlegel greift diesen möglichen Einwand auf und argumentiert nun hermeneutisch auf die Möglichkeit hin, daß jene Epoche als in sich geschlossene und ihre Literatur als ganze zu verstehen sei: «Man kann die alte π [Poesie] nur im Ganzen kritisiren, nicht im Einzelnen, weil Geist und Buchstabe identisch sind»[28].

Damit scheint er es der modernen Kritik genauso zu verwehren, ein Werk der Antike herauszugreifen und als vorbildlich hinzustellen, wie er es den zeitgenössischen Kritikern untersagte, einzelne Stellen eines Werkes herauszuziehen und ‹enthusiastisch› zu überhöhen. Ja, er betrachtet die Literatur der Antike geradezu als ein Modell für die Möglichkeit, das Verstehen epochal und werkästhetisch zu totalisieren. Wenn «Geist» und «Buchstabe» nicht nur in einem Werk identisch sind, sondern in allen Werken dieser Epoche, dann lassen sie sich wechselseitig zur Erklärung und Deutung heranziehen. In dieser hermeneutischen Totalität ist es dann auch belanglos, nach der Absicht eines Autors zu fragen. Gerade diese Konsequenz sieht Schlegel ganz deutlich: «Die Alten habe ich immer als einen einzigen Autor

26. Ebd., 146, Fr. 721. 27. Ebd., 146, Fr. 718. 28. Ebd., 169, Fr. 1005.

gelesen»[29]. Damit aber schafft Schlegel eine wesentliche Voraussetzung dafür, daß an die Stelle der Absicht des einzelnen Autors ein historisches Erklärungsumfeld treten und daß schließlich die Absicht des einzelnen Werkes aus diesem Erklärungsumfeld erschlossen werden darf. Aber er sieht jenes Modell zunächst als historischen Idealfall an. Das hermeneutische Modell der Antike besteht in der Übereinstimmung von epochaler und werkästhetischer Ganzheit. Für die Moderne gilt dies nicht mehr. An die Stelle der epochalen Ganzheit, in der und aus deren Vorverständnis heraus das einzelne Werk gedeutet werden kann, läßt sich nicht einfach eine Totalität von Werken der ‹modernen Poesie› setzen. Aber Schlegel reduziert das Verstehen nun nicht auf das einzelne Werk und die dahinterstehende Absicht eines einzelnen Autors. Vielmehr gilt es, ein engeres Erklärungsumfeld um das Werk abzustecken: «Die Modernen nicht *in Masse* zu studiren, wie die Alten; sondern isolirt, und in ihrer nächsten Umgebung»[30]. In einigen Fragmenten scheint er aus dieser hermeneutischen Not eine ästhetische Tugend machen zu wollen, insofern nun gilt: «Sinn für poetisch[e] Individualität lernt man (erst) aus d[en] Modernen»[31]. Der ästhetische Individualismus der ‹modernen Poesie› hat also durchaus einen eigenen Wert gegenüber den klassischen Werken der Antike. Aber jener «Sinn für poetisch[e] Individualität», den der hermeneutisch und ästhetisch vorgehende Kritiker an modernen Werken ausbildet, soll mit dem Richtungssinn der ‹progressiven Poesie› verbunden werden, damit das Verstehen jenem «Historismus» entspricht. Die individuelle Absicht des Autors läßt sich nicht mehr in gleicher Weise als repräsentativ für eine Epoche ausgeben. Darin stimmt Schlegel mit Schillers Frageansatz aus den Briefen «Über die ästhetische Erziehung des Menschen» überein: «Warum qualifizierte sich der einzelne Grieche zum Repräsentanten seiner Zeit, und warum darf dies der einzelne Neuere nicht wagen?»[32]

Die vermeintliche oder tatsächliche Absicht des einzelnen Autors der Moderne läßt sich nicht mehr als Ausdruck des Richtungssinnes der ‹progressiven Poesie› deuten. Wir müssen also damit rechnen, daß es dem Autor unbewußte Momente in den einzelnen modernen Werken gibt, die zusammen dem historischen Richtungssinn entsprechen: «Nur in *Masse* haben d[ie] Modernen absoluten Instinct; ⟨im Einzelnen mehr oder minder⟩»[33].

Soweit scheint Schlegel die Antike als eine hermeneutische Totalität von der schwieriger zu erschließenden und zu deutenden Moderne abgegrenzt zu haben. Sobald aber der Wertaspekt des Klassischen in die Moderne hineingezogen wird, ändert sich auch die hermeneutische Einschätzung. Daß «Geist» und «Buchstabe» in der Totalität antiker Werke «identisch» seien, mag auf der Objektseite des hermeneutischen Modells richtig sein, aber ob

29. Ebd., 172, Fr. 1049. 30. Ebd., 186, Fr. 1226. 31. Ebd., 101, Fr. 199.
32. Schiller, ÄE, 583, 6. Brief. 33. KA XVI, 148, Fr. 732.

der unter den Bedingungen der Moderne Verstehende in adäquater Weise «Geist» und «Buchstaben» zu verbinden weiß, ist fraglich. Schlegel erkennt zwar die Notwendigkeit einer exakten historischen Quellenerschließung an, aber der hermeneutische Zugang von der Moderne her macht diese Erschließung problematisch: «Pedanterie mit d[em] Buchstaben d[es] Alterthums ist recht gut, wenn man auch d[en] Geist hat»[34]. Wir haben zwar schon bei der Interpretation der Hefte «Zur Philologie» gesehen, daß auch in der Quellenerschließung auf mehreren Ebenen hermeneutisches Vorverstehen und Zuordnen notwendig ist, aber hier geht es um die übergreifende hermeneutische Kompetenz, darum, daß jemand unter den historischen Bedingungen der Moderne *im* «Geist» eines antiken Werkes, das weiterhin als klassisch gelten soll, versteht. Ursprünglich waren wir ja mit Schlegel davon ausgegangen, daß es möglich sei, *in* der Totalität jener Epoche auch vollständig nach Geist und Buchstaben zu verstehen. Nun stellt sich diese Annahme als Trugschluß eines objektivistischen Verstehens heraus. Sobald der Wertaspekt des Klassischen ins Spiel kommt, wird Schlegel sich der historischen Standortproblematik des Verstehens in der Moderne bewußt. Gerade der «Kritiker» bemerkt, daß sein Verstehen ‹historistisch› gebrochen ist, daß er aufgrund seiner Voraussetzungen immer nur einige, vielleicht zuvor nicht gesehene Aspekte des klassischen Werkes versteht. Insofern wird die Erschließung der klassischen Werke nun selbst zur historisch andauernden Aufgabe. Der Faktor des ‹Progressiven› in der Moderne setzt sich in der Hermeneutik durch. Das einmal geleistete Verstehen klassischer Werke, sei es auf der Objektseite noch so umfassend, läßt sich nicht von den Nachfolgenden übernehmen oder einsinnig fortsetzen. Vielmehr müssen diese davon ausgehen, daß das vorige ebenso wie das eigene Verstehen historisch relativ ist. Soll aber der Wert des klassischen Werkes weiterhin gelten, so muß dieses immer wieder von neuem verstanden werden: «Alle class.[ischen] Schriften werden nie ganz verstanden, müssen daher ewig wieder kritisirt und interpretirt werden»[35]. Das Ganze des geschichtlichen Verstehensprozesses steht nun auf der Subjektseite der Hermeneutik.

Demgegenüber kann der Kritiker in der ‹modernen Poesie› zwar viele Tendenzen beobachten, aber er muß erst nach einem Werk Ausschau halten, das klassisch zu nennen wäre, das heißt nun aber, das selbst einen solchen andauernden Verstehensprozeß erforderlich machte und auslöste: «Alles in der deutschen Litt[eratur] voll wichtiger Tendenzen, aber wenig was dauern wird»[36]. So stellt sich Schlegel wenige Notizen später vor, ob nicht einige der besten Autoren wenigstens in der verstehenden Vorstellung «synthesirt werden» könnten[37]. Sobald aber ein modernes Werk als klassisch angesehen wird, macht es den gleichen historisch fortdauernden Verstehensprozeß erforderlich wie ein klassisches Werk der Antike. Aber nur eine «HÖHERE

34. Ebd., 93, Fr. 101.
35. Ebd., 141, Fr. 671.
36. Ebd., 176, Fr. 1111.
37. Ebd., 177, Fr. 1114.

Kritik» ist überhaupt fähig, ein Werk «nach d[em] Geist» zu deuten[38]. Diejenigen Kritiker, die ein klassisches Werk der Moderne nach «Regeln» zu verstehen suchten[39], verfehlten gerade das Neue und auf den künftigen Verstehensprozeß hin Angelegte daran.

Ein solches modernes Werk aber bliebe ja zugleich «individuell», aber eben nicht im Sinne einer dahinterstehenden partikularen Absicht des Autors. Es überragte als Besonderes die zeitgenössischen literarischen «Tendenzen», obwohl es auch zum Teil in diesem historischen Umfeld verstanden werden müßte. Aber andererseits würde es ja erst in den darauffolgenden Phasen und Epochen eingelöst und intensiver verstanden. So ergibt sich die hermeneutische Schlußfolgerung, daß ein solches Werk als individuelles zugleich – über das engere historische Umfeld hinaus – ‹absolut› gesetzt werden darf: «$\varkappa$ [Kritik] ist eigentl[ich] nichts als Vergleichung des Geistes und d.[es] Buchstabens eines Werks, welches als $\frac{1}{0}$ [Unendliches] als Absolutum und Individuum behandelt wird»[40]. Sobald sich aber der Verstehende in diesem absolut gesetzten Werk bewegt, im Geist dieses Werkes dessen Buchstaben zu deuten versucht, hat er eine gewisse hermeneutisch bedingte Überlegenheit gegenüber der bloß partikularen Absicht des Autors gewonnen. Und so ist es nun begreiflich, daß Schlegel jenes berühmt gewordene, aber zumeist Schleiermacher zugeschriebene Paradigma der Hermeneutik hier anschließt: «*Kritisiren* heißt einen Autor besser verstehn als er s.[ich] selbst verstanden hat»[41]. Dieses Besserverstehen gehört also zum Programm einer sich hermeneutisch begründenden, aber auch im Sinne eines «Historismus» fortentwickelnden, zugleich ästhetisch verabsolutierenden, obzwar über das Ästhetische hinausgreifenden Kritik.

Die Kritik läßt sich nur deshalb universalisieren, weil sie einige wenige Gegenstände hat, die über jene bloßen ‹Tendenzen› hinaus gelten. Sonst könnte sie sich nicht im Geist eines Werkes sicher bewegen und verfiele selbst den im Werk ausgedrückten Tendenzen oder den Tendenzen, denen sie selbst zeitlich ausgesetzt ist. Alle einseitig ausgerichtete Kunst überdauert nicht in der Weise wie ein ästhetisch totalisiertes Werk: «Es gibt eine η [ethische] πολ [politische] gesellsch.[aftliche] λογ [logische] ⟨Hist[orische]⟩ Kunst – aber nur im Aesthet[ischen] kann sie *Werke, bleibende* Werke bilden»[42]. Damit drückt Schlegel also keinen Anspruch auf ewig gleiche Geltung aus. Es geht nur um die Weise des Überdauerns. Weil diese ästhetische Totalität als Beziehung von Geist und Buchstaben hermeneutisch und historisch fortwirkend eingelöst werden kann, läßt sich ein solches Werk klassisch nennen.

Nun legt aber auch der später Verstehende noch Beziehungen im Werk frei, die von Anfang an zu dessen ‹Individualität› gehörten, die aber zuvor

38. Ebd., 160, Fr. 887. 39. Ebd., 108, Fr. 286. 40. Ebd., 168, Fr. 992.
41. Ebd. 42. Ebd., 97, Fr. 144.

nicht erkannt oder nicht verstanden wurden. Aber dies gelingt nur, weil er im «Geist» des Werkes deutet, sich also in der Wirkungsmöglichkeit des Werkes bewegt. Insofern ist das Werk nicht ganz und gar auf einen Geltungszeitraum fixiert. Jeder spätere Deutungsversuch erschließt neue Momente des angelegten Beziehungsgeflechts. Der Verstehende bestimmt also jeweils eine angelegte Möglichkeit des als Ganzheit organisierten Werkes. So erschließt sich erst voll die hermeneutische Absicht des grundlegenden Fragmentes zum Geist: «Der *Geist* eines Werks ist immer etwas *Unbestimmtes* also Unbedingtes. – *Geist* ist die bestimmte Einheit und Ganzheit einer unbestimmten Mehrheit von unbedingten Eigenheiten»[43].

Das Verstehen im Sinne einer «höheren Kritik» rechnet also mit historischer Wirkungskontinuität solcher Werke und beruht selbst auf dieser. Das Besserverstehen gilt aber nicht nur im Bezug auf den Autor und dessen Absichten, sondern auch im Sinne des «Historismus» für die Folge von Verstehensversuchen, die sich aufeinander beziehen, sowohl die des einzelnen Kritikers als auch für eine Nachfolgereihe von Kritikern. Insofern sich alle diese Verstehensversuche zwar im Geist jeweils eines solchen Werkes bewegen, aber dieses nicht als «Urbild» für neue Werke ansehen, stehen sie in einer besonderen Art von Wirkungsgeschichte, die man im Vergleich zur rein literarischen als sekundäre Wirkungsgeschichte ansehen könnte. Die Kritiker sind aber durchaus auch auf jene literarische, also primäre Wirkungsgeschichte von Werken angewiesen. Schlegel hat diese Orientierung durchaus im Blick, wenn er bedenkt, daß das «Verstehen und Werthschätzen mancher Dichter» oft erst «durch sehr späte Nachfolger klar» würde[44]. Der ‹höhere Kritiker› stellt also keineswegs nur eine direkte Beziehung zu dem Werk einer vergangenen Epoche her. Vielmehr verdeutlicht sich sein Verstehen oftmals erst, wenn er die Wirkung eines literarischen Werkes auf spätere Werke beachtet. So stellt er also auch eine Beziehung zwischen primärer und sekundärer Wirkungsgeschichte her.

Sobald ein unter den Bedingungen der Moderne Verstehender sich in die Wirkungskontinuität zu einem als klassisch geltenden Werk stellt, müßte er – diese Schlußfolgerung wäre zu ziehen – sich auch an der literarischen Wirkungsgeschichte bis hin zur Stelle der Gegenwartsliteratur orientieren. Sonst entgehen ihm die darin angelegten primären wirkungsgeschichtlichen Aufschlüsse.

Erst an dieser Stelle der Interpretation wird deutlich, welche hermeneutischen Implikate jene Notiz des Heftes «Zur Philologie» tatsächlich enthält, in der Schlegel unter «Grundzüge einer philolog.[ischen] Methodik» schreibt: «Studium des Classischen als Grundlage» – und in Klammern hinzufügt: «(Damit nothwendig vereint das Studium des Progressiven)»[45]. Diese Notiz wird auf der anderen Ebene der «Fragmente zur Litteratur und Poesie» fortgesetzt und ausgeführt.

43. Ebd., 122, Fr. 443. 44. Ebd., 105, Fr. 249. 45. Ebd., 37, Fr. 23.

In ähnlicher Weise werden die spärlichen Ansätze zu einer ‹Theorie› des Leseprozesses, die sich in den Heften «Zur Philologie» finden, nun aufgegriffen und weitergeführt. Schlegel hatte dort schon behauptet, daß ein klassisches Werk in einer besonderen Weise im Hinblick auf eine mögliche Verdichtung und Vervollkommnung des Verstehens gelesen werden müßte: «Alles kritische Lesen, alles Lesen mit Rücksicht auf Klassizität . . . ist *cyklisch*. (So habe ich immer gelesen. *Winkelmann*). *Studium* verdient nur das Lesen genannt zu werden, was cyklisch ist»[46]. Er beruft sich also auf seine persönliche Leseerfahrung im Sinne jenes Satzes, daß sich der Kritiker, der sich nicht mehr an Regeln hält, wenigstens selbst legitimieren müsse. Aber er erwähnt auch den einzigen Vorläufer, den er im Bereich der klassischen Studien voll anerkennt. Der Zusammenhang wird deutlich, wenn man den ersten Satz des I. Heftes «Zur Philologie» wieder heranzieht: «Der Unterschied des Klassischen und Progressiven ist *historischen* Ursprungs. Darum fehlt er den meisten Philologen. Mit Winkelmann fängt auch in dieser Rücksicht eine ganz neue Epoche an. ⟨Mein Meister.⟩ . . . Er ist eigentlich ohne Nachfolger geblieben»[47]. Das ‹cyklische Lesen› scheint also notwendig zu sein, wenn man unter den Bedingungen der Moderne dem Geltungsanspruch eines klassischen Werkes gerecht werden will, wenn man den historischen «Unterschied» sowohl bemerkt als auch hermeneutisch verdeutlicht. Das ‹cyklische Lesen› ist dem Vollzug nach selbst ‹progressiv›. Das Verstehen, das sich bei solchem Lesen einstellt, ist weder in einem vollständigen Eindruck gegenwärtig noch vervollständigt es sich im Sinne einer geradlinigen Ergänzung. Vielmehr verdichtet es sich in der Durchdringung eines Werkes und zugleich erweitert es sich in dem Sinne, daß immer neue «Bildungsarten» zum Verständnis des Textes miteinbezogen werden.

So jedenfalls hat Schlegel seine eigene Darstellung angelegt. Man versteht den Kritiker selbst nur, das wird von Schlegel unterstellt, wenn man ihn ‹cyklisch› liest und sein Abbrechen, seinen Fragmentarismus nicht plan auffaßt, auf der Ebene eines Interessenzugangs beurteilt. Insofern muß man seine Überlegung am Ende des II. Heftes zur Philologie als Aufforderung zur Universalisierung des Verstehens ansehen: «⟨Ich muß doch einmahl *von so viel Punkten neu anfangen* als Bildungsarten zur φλ [Philologie] gehören⟩»[48]. Nun wird aber auch deutlicher als zuvor, daß die von Schlegel geplante «Analyse und Dedukzion des eignen Verfahrens»[49] bereits in der Analyse des Leseprozesses vorweggenommen ist. Andererseits verhalten sich die «Fragmente zur Litteratur und Poesie» zu den Heften «Zur Philologie» nach der

46. Ebd., 67, Fr. 73.

47. Ebd., 35, Fr. 1; vgl. ebd., 37, Fr. 26: «Wolf fängt ein wenig an zu historisiren. Doch lange nicht genug».

48. Ebd., 73, Fr. 139.

49. Ebd., 49, Fr. 170.

Bestimmung – «Die Cyklisazion ist wie eine Totalisazion von unten herauf»[50].

Wenn Schlegel in dem II. Heft «Zur Philologie» die scheinbar naive Frage stellt: «Aber was ist denn überhaupt Lesen? Offenbar etwas *Philologisches*»[51], so lenkt er den «cyklisch» vorgehenden, bloß ideal vorgestellten Leser dieser Stelle auf die Notizen des Heftes, in denen er die Universalisierung des Verstehens projektiert. Tatsächlich führt Schlegel diese Ansätze erst in den ‹Fragmenten zur Litteratur und Poesie› weiter. Er expliziert das, was er in jenem Heft nur angedeutet hatte: «Verschiedene Art zu lesen eines φλ [Philologen], eines φσ [Philosophen], (λογ [logisch] rigor.[istisch]) und eines Hist.[orikers] (aesthet[isch] κϱ [kritisch]) politisch[e] und populäre Art zu lesen»[52]. Die verschiedenen Weisen und Interessenperspektiven des Lesens scheinen also für sich genommen zu einseitig, um ein klassisches Werk unter den Bedingungen der Moderne zu verstehen. Es gilt, im Sinne einer ‹Universalisierung› des Verstehens, diese miteinander zu verbinden. Allerdings kann der um ein ‹progressives› Verstehen Bemühte nicht mit einer dieser spezifischen und interessierten Weisen des Lesens beginnen. Vielmehr muß jeder, auch der ‹höhere Kritiker›, mit «absichtslose[m] Lesen» anfangen und sich darauf verlassen, daß dieses «nothwendig cyklisch wird»[53]. Nur so ist gewährleistet, daß er der Organisation des Textes und nicht vorab nur *einer* ‹Tendenz› folgt, die seinen spezifischen Interessen entspricht. Wie aber soll der Kritiker jenes ‹absichtslose Lesen› ‹cyklisieren› und ‹universalisieren›? Er *ist* ja nicht zugleich Philolog, Philosoph, Historiker usf. Aber er sollte es im Sinne jener ‹Universalität› des Verstehens sein können. Nun führt Schlegel einen Begriff ein, der für das Verfahren in allen Reihen seiner Kritiken bedeutsam ist: ein solcher ‹universell› Verstehender muß als «κμ [kritischer Mimus]»[54] auftreten. Er spielt also jene Rollen als im ‹cyklisch› weitergetriebenen Lese- und Verstehensprozeß notwendig werdende Verstehensrollen. Der Rollenbegriff bleibt also vorerst an die Theatermetapher gebunden. Schlegel verwendet durchgängig den Begriff des ‹kritischen Mimus›, während Novalis gelegentlich den Rollenbegriff benutzt[55].

50. Ebd., 68, Fr. 84.
51. Ebd., 67, Fr. 74.
52. Ebd., 87, Fr. 25.
53. Ebd., 139, Fr. 644.
54. Ebd., 139, Fr. 645, 638, 648; 140, Fr. 652.
55. Novalis benutzt den Rollenbegriff, um einen rhetorischen Perspektivismus zu erklären. Der Redner gestaltet viele mögliche Verstehensrollen ein, indem er selbst mehrere Rollen vorspielt: «In einer *wahren Rede* spielt man alle Rollen – geht durch alle Charactere durch – durch alle Zustände – nur um zu überraschen – um den Gegenstand von einer neuen Seite zu betrachten, um den Zuhörer plötzlich zu illudiren, oder auch zu überzeugen» – «bald spricht er [der Redner] mit Bauern, bald mit diesen, bald mit jenen, selbst mit leblosen Gegenständen. – Kurz, eine Rede ist ein monologes Drama» – «Der Redner muß jeden Ton annehmen können . . .». (III, 648/49, Fr. 547). Novalis kennt bereits eine poetische Konstruktion komplexer Rollenbündel in «Sonderbar vermischte[n] Situationen», ja, er experimentiert sogar mit Zusam-

Ein solcher ‹kritischer Mimus› kann also «am meisten Bildung u[nd] Reichthum» aufweisen. Er ahmt ja nicht eigentlich nach, sondern hat sich diese Fähigkeiten wirklich angeeignet. In seinem Bildungsprozeß hat der Kritiker zuvor tatsächlich die Kenntnisse der verschiedenen Disziplinen erworben. Insofern er nacheinander im Bereich der Ästhetik, der Philologie, der Historie usf. arbeitet, ist sein Bildungsgang selbst ‹cyklisch›. Aber nun geht es darum, daß er diese Rollen, die er ja wirklich einzeln ausfüllen könnte, als Verstehensrollen in einem wiederum ‹cyklisch› verdichteten Verfahren durchspielt und vorspielt. Die endgültige Verdichtung dieses kritisch-mimischen Verfahrens können wir aber erst von den geschlossenen Darstellungen der kritischen Formen erwarten. In diesem Fragmentheft bespricht Schlegel ja nur die Voraussetzungen dieser Verfahren.

Die Verstehensrollen des ‹kritischen Mimus› hat Schlegel sowohl auf verschiedene Ebenen des möglichen Publikumsinteresses hin als auch bis in die Unterteilung der Verstehensweisen einzelner Disziplinen hinein differenziert. Schon in dem bereits angeführten Fragment über die ‹Arten des Lesens› ließ sich erkennen, daß der ‹cyklisch› Verstehende, erst recht aber der ‹höhere Kritiker›, sich nicht nur in die Lesegewohnheiten verschiedener Fachleute versetzen soll, sondern auch eine «populäre Art zu lesen» mitbedenken und im Sinne von Verstehensrollen nachvollziehen soll. Andererseits aber müßte er sich auch in die unterschiedlichen Positionen, Lehrmeinungen, verabsolutierten Verstehensweisen der einzelnen Disziplinen versetzen können, um diese dann in einem kritischen Darstellungsgang nachstellen, nachahmen, vorspielen und möglicherweise ‹annihilieren› zu können: «Ein ϰμ [kritischer Mimus] kann dogmatisch oder skeptisch sein, so gut als φσ [Philosophie]; sollte beides sein, meistens überwiegt eins»[56]. Hier zeigt sich aber auch bereits die Schwierigkeit, daß der Kritiker diese Rollen nicht nur souverän spielt. Vielmehr läßt er sich offensichtlich zuvor so weit auf diese unterschiedlichen Positionen ein, daß es ihm schwerfällt, die jeweils gegensätzlichen Rollen gleichermaßen und ‹mimisch› ausgewogen spielen zu können.

menstellungen ursprünglich ungleichzeitiger Rollensegmente, um eine «Häufung mehrerer Rollen und Zustände auf Eine Person zu Einer Zeit» zu erzielen (III, 583, Fr. 206). Ebenso zählt er ganze Serien von Berufs,- Familien- und Altersrollen bis hin zu «*Nationalkaractere[n]*» auf, arbeitet Kontraste und Distanzen heraus («Menschen die mit ihrem Metier contrastiren, die sich nicht dazu passen», III, 583, Fr. 208), differenziert und stuft nach Situationen ab («Mannichfaltige Nüanzen jeder Rolle», ebd.). Darüber hinaus interessiert ihn in diesem Zusammenhang schon das, was heute in der sozialpsychologischen Rollentheorie einen Teilaspekt der ‹interpersonellen Wahrnehmung› und der Interaktionsformen ausmacht: «Aufmercksamkeit auf die sonderbaren Wirckungen von Menschen auf einander – in verschiedenen Zuständen», III, 583, Fr. 207. Natürlich muß man beachten, daß figuralistisch-poetische Beimengungen jede direkte Aktualisierung verbieten.

56. KA XVI, 139, Fr. 638.

Man darf sich die Rollenübernahme also doch nicht ganz und gar nach der Theatermetapher vorstellen. Vielmehr muß die ‹Universalität› nach verschiedenen ‹Bildungsarten› schon vorausgesetzt werden. Die ‹mimische› Darstellung steht erst am Ende eines Prozesses, in dem die neue Kritik entsteht: «κρ [Kritik] entsteht erst durch *absolute Universalität*»[57].

Verbindet man nun diese Differenzierungen der Verstehensrollen, also die nach der Bildungshöhe, die nach Disziplinen und die nach Positionen innerhalb der verschiedenen Disziplinen, so stellt sich der ‹kritische Mimus› jeweils sowohl das reale Publikum als auch ein möglicherweise ‹cyklisch› weiterverstehendes Publikum vor. Er spielt selbst beide Möglichkeiten vielfach durch und gestaltet beide Vorstellungen in seine Darstellungen mit ein. Hingegen kritisiert er diejenigen Autoren, die auf *einer* mittleren Anspruchsebene argumentieren: «Es ist eine schlechte Denkart an Autoren, das daseiende Publ.[icum] zu verachten und zu beschimpfen, und das idealische zu ignoriren»[58]. Das klingt zunächst sehr realistisch und vielseitig publikumsfreundlich. Allerdings erprobt Schlegel gerade in diesem Fragment schon sein ‹mimisches› Spiel. Anschließend stellt er nämlich im Sinne einer ‹Annihilation› schlichtweg fest: «Das Publ.[icum] existirt nicht»[59]. Indem er nun das Publikum als «Idee» auffaßt, verweist er indirekt auf den «Historismus» des Verstehens. Jenes «idealische» Publikum muß nicht das kompetenteste zeitgenössische sein. Vielmehr ist es gemäß jenem historisch weiterwirkenden cyklischen Verstehen möglich, daß erst das Publikum einer späteren Zeit das inhaltlich in der ‹Kritik› Ausgedrückte und das mimisch Vorgeführte vollständiger auffaßt.

Schlegel wendet dieses ironische Spiel mit Verstehenserwartungen und Verstehensrollen in mehreren Fragmenten an, die sich im Umkreis jenes angeführten über das Publikum finden. Zuvor hatte er bereits die Frage gestellt, die er nun im Darstellungsverfahren beantwortet: «Kann *Ironie* bloß aus d[er] Höhe *einer* Bildungsart entstehen, oder nur aus d[em] Conflux mehrerer?»[60].

Gehen wir zunächst auf ein Fragment in der unmittelbaren Nachbarschaft der Notiz über das Publikum zurück, dessen Bestimmung wir schon zitiert haben, daß der ‹kritische Mimus› «am meisten Bildung und Reichthum» besitze. Nachdem wir gesehen haben, daß Schlegel bereits jetzt Verstehensrollen erprobt und mit den Erwartungen eines nur mitgedachten, möglichen Lesers spielt, wird die kunstvoll paradoxe Anlage dieses Fragments deutlich: «Zu π und φ claß [classischer Poesie und Philosophie] gehört am meisten Erfindungskraft, zu κμ [kritischem Mimus] am meisten Bildung und Reichthum, zu Hist.[orie] vielleicht am meisten praktische Künstlerkraft»[61].

Im ersten Teil meint Schlegel, seinem Kürzel nach zu schließen, das philologische *und* philosophische Studium der klassischen Poesie und Philo-

57. Ebd., 141, Fr. 662.. 58. Ebd., 139, Fr. 641. 59. Ebd.
60. Ebd., 126, Fr. 505. 61. Ebd., 139, Fr. 639.

sophie. Dies entspricht auch dem Aufbau des Fragments, in dem Schlegel die verschiedenen Lesearten aufzählte[62]. Man erwartet ja zunächst eine Aufzählung der exakten quellenkritischen Verfahren. Statt dessen verlangt Schlegel nun die poetische Teilfähigkeit der «Erfindungskraft», wohingegen von dem Historiker, dessen ‹Materialien› ja im Sinne der philologischen Hermeneutik sowohl zum Vorverständnis als auch zur Einordnung der speziellen philologischen Quellen herangezogen werden müßten, die ergänzende poetische Teilfähigkeit der «praktische[n] Künstlerkraft» gefordert wird. Die Totalität der poetischen Vermögen wird also in Teilfunktionen zerlegt, deren Anwendung überrascht. Der ‹kritische Mimus› in der Mitte vereinigt offenbar alle diese Teilfunktionen. Sein poetisches Vermögen scheint aber inhaltlich auf umfassenden historisch-hermeneutischen Fähigkeiten zu beruhen.

An dieser Stelle der Interpretation wird die Notiz des II. Heftes «Zur Philologie» erst voll verständlich, die wir in jenem Kontext als überspitzt empfinden mußten. Schlegel hatte für die Übersetzungskunst die Verbindung von poetischem Vermögen und hermeneutischen Fähigkeiten gefordert: «Wer vollkommen ins Moderne übersetzen will, muß desselben so mächtig seyn, daß er allenfalls *alles Moderne machen könnte;* zugleich aber das Antike so verstehen, daß ers nicht bloß nachmachen, sondern allenfalls wiederschaffen könnte»[63]. Und in einem Zusatz notiert er die Verbindung nach dem Dominantenschema: «〈Das Verhältniß der Kritik zur φλ [Philologie] muß mitgenommen werden〉». Bei dieser Art von hochpotenzierter Fähigkeit des Übersetzens dominiert also das poetische Vermögen in ähnlicher Weise wie es in den paradoxen Formulierungen des dreiteiligen Satzes der «Fragmente zur Litteratur und Poesie» der Fall zu sein scheint. Insofern ist der ‹kritische Mimus› mit dem Übersetzer vergleichbar. Aber auch in der Notiz des Heftes «Zur Philologie» beruht diese poetische Fähigkeit auf hermeneutischer Kompetenz (‹das Antike verstehen; des Modernen mächtig sein›).

Aber der ‹kritische Mimus› versteht und überträgt nicht nur in positiver Weise bis zum Poetisch-Schöpferischen hin. Indem er sich in unterschiedliche, ja gegensätzliche Verstehensrollen hineinversetzt, schafft er günstige Voraussetzungen, um seinen Gegenstand auch polemisch anzugehen: «Jeder κμ [kritische Mimus] enthält auch eine polemische Ansicht des Gegenstandes»[64]. Aber auch darin spielt er eine breit abgestufte Skala von Fähigkeiten aus: «Der wahre Kritiker muß *alle* Arten von Witz haben»[65]. Auch alle

62. Ebd., 87, Fr. 25: «Verschiedene Art zu lesen eines φλ [Philologen], eines φσ [Philosophen] . . . und eines Hist.[orikers] . . .».

63. Ebd., 65, Fr. 56. 64. Ebd., 140, Fr. 652. 65. Ebd., 153, Fr. 785.

Formen der «Ironie» *und* «Parodie» gehören dazu[66], ohne daß wir die Schlegelschen Abstufungen alle aufzählen und bestimmen können[67].

Nachdem Schlegel als wesentliche Verstehensrollen des kritischen Mimus, die auch seinen Bildungsprozeß bestimmen, die des Philologen, des Philosophen und des Historikers vorgestellt hat, kann er an anderer Stelle dieses Spektrum noch erweitern. Er hält auch in der Aufeinanderfolge der breit aufgefächerten Notizen den Grundsatz der Universalisierung des Verstehens ein. So addiert er nun Fähigkeiten und Vorgehensweisen hinzu, die nur in Analogie zu den echten, vom Bildungsprozeß her durchdrungenen Verstehensrollen zu sehen sind: «Der gute Kritiker und Charakteristiker muß treu, gewissenhaft vielseitig beobachten wie der Physiker, scharf messen wie der Mathematiker, sorgfältig rubriciren wie der Botaniker, zergliedern wie d.[er] Anatom, scheiden wie der Chemiker, empfinden wie der Musiker, nachahmen wie ein Schauspieler, praktisch umfassen wie ein Liebender, überschauen wie ein φσ [Philosoph], cyclisch studiren wie ein Bildner, strenge wie ein Richter, religiös wie ein Antiquar, den Moment verstehn wie ein Politiker»[68]. Es gehört zu Schlegels Spiel mit Dominanten, daß er nun überraschenderweise das «cyklisch[e]» Vorgehen dem «Bildner» zuordnet, ohne eine nähere Erklärung zu geben. Ebenso reiht er den Philosophen, trotz dessen Fähigkeit zu «überschauen», einfach wieder in diesen Reigen ein. So breit und realistisch die Aufzählung des vorgestellten Rollenspektrums auch zu sein scheint, sie führt letztlich doch zu einer nur noch poetisch zusammenzuhaltenden Vielseitigkeit. Schlegel hat diese Konsequenz, die ja tatsächlich in den Jahren 1798 und 1799 zur vollen Ausbildung eines Konzepts der ‹Transzendentalpoesie› führt, zuletzt in folgender Notiz festgehalten: «Ein κμ [kritischer Mimus] muß romantisiren, ja fast Roman werden»[69].

Andererseits aber war Schlegel sich durchaus dessen bewußt, daß die unterschiedlichen Strömungen dieser Jahre nach 1795 sich besonders eigneten für ein ironisches Spiel mit und in Verstehensrollen. Es gehört ja mit zur hermeneutischen Zeitorientierung, wenn der Kritiker sich darüber Rechenschaft ablegt: «Der gegenwärtige polit.[ische] oder aesthet.[ische] Zustand als bester Stoff für $\frac{M}{o}$ [absolut Mimisches]»[70].

66. Ebd., 152, Fr. 783 u. 126, Fr. 507.

67. Ebd., 152, Fr. 783: In diesem Fragment sucht Schlegel den Zusammenhang von Ironie, Parodie und Witz zu bestimmen: Er stellt zunächst die Frage «Ironie = Selbstparodie?», ohne daß der Verwendungskontext klar wäre. Sodann definiert er: «*Parodie* ist der epische Witz». Darüber hinaus aber will er einen «*Prophetische*[n] Witz» als eine «eigne Gatt[un]g» ansehen. Schließlich spielt er folgende Unterscheidungen durch: «class.[ischer] und progr.[essiver] Witz, π [poetischer] Pros.[aischer], επ [epischer], λυϱ [lyrischer], δϱ [dramatischer] Rom.[antischer] Sat[irischer] Witz».

68. Ebd., 138, Fr. 635. 69. Ebd., 139, Fr. 645. 70. Ebd., 131, Fr. 557.

Wenn Schlegel nun die verschiedenen Formen der Kritik bespricht, so versteht er diese durchaus abgestuft nach der Anwendung ‹mimischer› Darstellungsweisen *und* nach der Direktheit des Gegenwartsbezuges.

Die «Recension» muß mit der ganzen Palette qualitativ sehr unterschiedlicher literarischer Erzeugnisse rechnen. Sie kann ihre Urteile hermeneutisch nicht sehr weit ausspannen, sondern soll in ihrem Verstehen «Rücksicht auf die vorhandene Litteratur» nehmen[71]. Allerdings sieht Schlegel diese Form durchaus in der Gefahr, daß sie sich an dem herkömmlichen Rezensionswesen ausrichtet, daß sie sich in ihren Darstellungsweisen nicht genug abhebt und deshalb vorübergehend herrschenden Strömungen eher verfällt als die höher entwickelten Formen: «Der Grundsatz: Es wird nun einmahl recensirt, also wollen wir (um uns in Vortheil zu setzen) mit recensiren damit es recht geschieht; ist wie bei einer Revoluzion mit zu morden»[72]. So hat er denn auch keine sehr hohe Meinung von der Mehrzahl der Rezensenten, die in Zeitungen und periodischen Journalen schreiben. Dementsprechend fallen die Rollenvergleiche aus, die man in Parallele zu den Rollenvergleichen für den ‹kritischen Mimus› sehen muß: «〈Die gewöhnl[ichen] Recensenten sind nur wie Markthelfer oder Buchbinder; andre Pasquillanten〉»[73]. Leider führt Schlegel keine Beispiele an, die man historisch genauer aufschlüsseln könnte.

Man darf ergänzen, daß Schlegel die ironischen, parodistischen und satirischen Ausfälle des ‹kritischen Mimus› in keiner Weise mit den Verfahren solcher Rezensenten verwechselt sehen möchte. Offenbar nimmt er für seine Rezensionen in Anspruch, daß sie Abstand halten zu den von ihm so eingeschätzten Oberflächenströmungen. Ja, er stellt jener Mehrzahl der «gewöhnl[ichen] Recensenten» eine mögliche «kritisch[e] Gesellschaft» gegenüber, die, gerade weil sie Abstand wahrte, «aus 〈lauter〉 politisch[en] Cynikern bestehn» könnte[74].

Schlegel hebt an der ‹Recension› sowohl das Vorläufige als auch das Moment hervor, daß sie mit gegenwärtigen Zuständen, Bedingungen und Strömungen rechnet. Insofern ist sie experimentell und taktisch berechnend angelegt. Schlegel hat dies nicht weiter ausgeführt, sondern nur in Stichworten notiert: «〈*Recension* als κρ [kritisches] Experiment, und κρ [kritischer] Calcül»[75]. Auf Grund dieser Bestimmungen wird auch klar, daß der Kritiker Rezensionen schreibt, um schneller auf Neuerscheinungen reagieren zu können, aber auch um seine hermeneutisch tiefer ansetzenden Formen vorzubereiten. Man muß also damit rechnen, daß es in den Rezensionen des ‹kritischen Mimus› Teile gibt, die im Sinne eines ‹Experiments› weiter ausgreifen und solche, die bloß auf eine Gelegenheit hin ‹kalkuliert› sind. Die experimentellen Anteile verweisen also jeweils auf Fortsetzungen in anderen kritischen Darstellungen. So wird die Definition Schlegels voll

71. Ebd., 138, Fr. 633.
72. Ebd., 95, Fr. 117.
73. Ebd., 95, Fr. 126.
74. Ebd.
75. Ebd., 179, Fr. 1145.

verständlich, mit der er die Kontinuität seiner Versuche sicherte: «Eine Recension ist eine *angewandte Charakteristik*»[76]. Hermeneutisch gesehen leistet die «Recension» also eine Anwendung, eine Applikation des über den Anlaß hinaus bereits kritisch Verstandenen. Insofern aber noch nicht der ganze Zusammenhang dessen, was da verstanden wurde, tatsächlich ausgedrückt und in einer größeren Form der Kritik entwickelt werden kann, ist jene Applikation vorläufig und ‹experimentell›.

Als weiter entwickelte Form der Kritik folgt auf die «Recension» die «Charakteristik». Schlegel hatte ja bereits in den Heften «Von der Schönheit in der Dichtkunst» die Möglichkeit einer solchen Form der Kritik ins Auge gefaßt, nachdem er zu dem Schluß gekommen war, daß die «Lehre vom Genie, vom Geschmack und vom Kriterium des Schönen» nicht mehr in der Ästhetik, sondern in der Kritik abzuhandeln sei[77]. Deshalb schloß er eine Vorerörterung der vorerst wichtigsten Form der Kritik an, die sich mit dem «substantielle[n] Theil . . . eines Kunstwerkes» befassen sollte[78]. In den ‹Fragmenten zur Litteratur und Poesie› geht er einen Schritt weiter und bestimmt schon in den ersten Notizen die «*Charakteristik*» als «Eigne Gattung»[79]. Bereits aus der Aufeinanderfolge seiner Versuche zur Ästhetik, zur philologischen Hermeneutik und Kritik und nunmehr zur Kritik als selbständiger, ästhetisch und hermeneutisch ausgerichteter Disziplin läßt sich die Vermutung ableiten, daß Schlegel die Zuordnung und Synthesierung der verschiedenen Bereiche, der Verfahren und der Fähigkeiten in dieser höher entwickelten Form verdichtet. Tatsächlich hat er ein Fragment so abgefaßt, daß man die bis zu dieser Stelle unserer Interpretation herausgestellten Zusammenhänge genau wiedererkennen kann: «In d[er] *Charakteristik* vereinigt sich die π [Poesie] die Hist[orie] di[e] φσ [Philosophie], die hermeneutisch[e], die φλ [philologische] Kritik»[80]. Bemerkenswert ist, daß er ‹Poesie› und ‹Philosophie› nicht mehr von der Philologie her versteht, sondern die ‹philologische Kritik› nachordnet. Die ‹hermeneutische Kritik› ist ebenfalls kein Hilfsinstrument der Philologie mehr, sondern ein integrativer Bestandteil der neuen Kritik. Überdenken wir die Schlegelsche Entdeckung des «Historismus» im Verstehen, so rückt die Weise, wie er die ‹Historie› einbezieht, in den Mittelpunkt des Interesses.

Die Möglichkeit, daß der «Historismus» im Verstehen durchgreifend auch die Form der Kritik bestimmte, könnte zu einem Zerfließen dieser Form führen, dazu, daß sie ihre Synthesierungsfähigkeit verlöre. Schlegel ist sich darüber im klaren, daß er das kritische Verstehen in der Form absichern muß, daß er die Ganzheit dieses Verstehens selbst als besondere ästhetische begründen und ausweisen muß. Insofern ist diese Ganzheit keine geschichtshermeneutische, sondern eine ästhetische Größe: «Die *Charakteristik* ist eine eigne specifisch verschiedne Gattung, deren Ganzheit nicht historisch son-

76. Ebd., 138, Fr. 633.
77. Ebd., 9, Fr. 22.
78. Ebd., 9, Fr. 24.
79. Ebd., 86, Fr. 14.
80. Ebd., 142, Fr. 676.

dern KRITISCH ist. ⟨Ein kritisches Kunstwerk⟩»[81]. Diese Qualität der Kritik, selbst als «Kunstwerk» organisiert zu sein und so zu wirken, leitet sich von ihrem Gegenstand her, dem originären Werk, das ja ein in sich geschlossenes Beziehungsgeflecht historischer Elemente enthält, und das wiederum eine höherwertige Geltungsdauer und Wirkungsgeschichte hat. Insofern die Kritik dies versteht, sieht sie die zum engeren Verständnis notwendigen historischen Erklärungen, die im Beziehungsgeflecht des Werkes enthaltenen historischen Elemente und die wirkungsgeschichtlichen Komponenten zusammen. So kommt Schlegel zu dem Schluß: «κρ [Kritik] ist also gleichsam Hist^2 [potenzirte Historie]»[82].

Eine bloß historische Erklärung einzelner Elemente des Werkes, die sich selbst wiederum nur als zufällige, transitorische, situationsabhängige Verstehensleistung auffaßte, müßte die ästhetische Ganzheit des poetischen Werkes zerstören, die ja bis zu einem gewissen Grade aus dem historischen Strom herausgehoben zu sein scheint. Insofern gilt nun wieder: «Die *Charakteristik* ist nicht Hist[orisch]; sie betrachtet ihr Objekt als ruhend, seiend, als Ein untheilbares Ganzes; die Hist[orie] als fließend, werdend, nach s.[einen] Theilen ohne das Ganze zusammenzufassen»[83]. Damit erhalten wir eine genauere Bestimmung über jene notwendigen historischen Erklärungen und Erläuterungen. Diese dürfen selbst nicht zu einem geschlossenen Geschichtsbild zusammengestellt werden oder aus einem geschlossenen Geschichtsverständnis heraus gegeben werden. So hat die Kritik eine paradox erscheinende Leistung zu vollbringen. Sie soll die historischen Elemente des poetischen Werkes so erklären, daß sie nach draußen «fließend» bleiben, in der Werkimmanenz aber als «ruhend» und geschlossen erscheinen.

Nimmt man die Behauptung ernst, daß die Charakteristik als höher entwickelte kritische Form selbst ein Werk sei, so muß sich jenes Paradox noch steigern. Die Kritik hat dann in ihrem *Aufbau* den Weg ihrer Urteilsbildung, die Vereinbarung ihrer historischen und ihrer ästhetischen Erläuterungen selbst wiederum *als* ästhetisch und historisch auszuweisen. So wird die Bestimmung Schlegels verständlich, daß die Charakteristik selbst «genetisch» sein und wirken müsse, daß sie aber in dieser Potenzierung eine der normalen «Historie» gegenüber höherwertige, eine poetisch und wirkungsgeschichtlich verdichtete Erfahrung ausdrücken soll: «sie muß grade das historisiren oder vielmehr poetisiren, was der gewöhnl[iche] Historiker gar nicht ahnt und auch der beste *nur* ahnen lassen darf»[84]. Die Verstehensweise des normalen Historikers bleibt an die Vielheit der Quellen gebunden, die sich nicht durchgängig synthesieren und verdichten lassen. Gerade wenn er quellenkritisch verfährt, so muß man die Andeutungen Schlegels aus den Heften «Zur Philologie» nun ergänzen, darf er seine Urteile nicht zu einer

81. Ebd., 138, Fr. 629.
82. Ebd., 138, Fr. 631.
83. Ebd.
84. Ebd., 138, Fr. 632.

‹Ganzheit› zusammenstellen und so ein geschlossenes Geschichtsbild entwerfen. Gerade unter den Vorzeichen einer ‹progressiven› Geschichtsperiode schreibt Schlegel den relativistischen Satz: «〈Es ist meistens noch zu früh zur Hist[orie]〉»[85].

Erinnern wir uns daran, daß Schlegel dem Historiker ja auch poetisches Teilvermögen zugesprochen hat, so führt er die in jenem Fragment nur der Form nach angedeutete Fähigkeit des ‹kritischen Mimus›, die poetischen Teilvermögen zu vereinigen, hier aus. Der Kritiker potenziert die historische Erfahrung des Poeten *und* des Historikers. Indem er das in der Interpretation seiner Gegenstände aussprechen darf, was der Historiker «*nur* ahnen lassen darf», hat er eine höhere Kompetenz als dieser gewonnen. Zugleich aber macht er bewußt, daß die historischen Erklärungen und Erläuterungen auf allen Ebenen ihrer unterschiedlich dichten Synthesierungsleistung nach poetische Elemente enthalten; er meint wohl, daß die Darstellungen der Historiker nicht frei sind von erzählerischen Formen.

Die Bestimmung, daß die «Charakteristik» «genetisch» sein solle, gilt zunächst für den Aufbau der Kritik, für die Herleitung und Entwicklung der Urteile. Andererseits aber zeichnet die Kritik ja in dem potenzierten Verstehen auch die Genese des originären Werkes *als* einer zugleich ästhetischen und historischen «Ganzheit» nach. In dem frühen Heft «Von der Schönheit in der Dichtkunst» hatte Schlegel noch als Aufgabe der dort nur projektierten «Karakteristik» den Aufweis der *«psychologische[n] Genesis»* des Kunstwerkes, der «Entstehung aus seiner Veranlaßung» bezeichnet[86]. In den ‹Fragmenten zur Litteratur und Poesie› scheint er sich darüber Klarheit zu verschaffen, daß diese psychologische Rekonstruktion des Schaffensvorgangs selbst nur als poetische Vorstellung betrachtet werden könnte. Andererseits geht es ihm jetzt darum, die Rekonstruktion auf die *historische* Genese des Werkes auszudehnen: «Das Hist[orische] in der κρ [Kritik] muß π [poetisch] sein – mit genialischer Vernunft nach d[en] Naturgesetzen erdichtete Geschichte d[es] Eindrucks z. B. des Werdens eines Werks, eines Ganzen pp»[87]. Gemeint ist wohl, daß der Eindruck, den das poetische Werk auf den Kritiker macht, selbst nur durch ‹cyklisches› Lesen zustandekommt. Der Kritiker faßt diese Folge von Erfahrungen, die er am Werk macht, als «Geschichte d[es] Eindrucks» auf. Wenn er nun diese Erfahrungsgeschichte darstellt, wird ihm genauso wie dem reinen Historiker bewußt, daß es poetische Beimengungen gibt, daß er eine vorgestellte ideale Konstruktion wiedergibt. Nun aber erfolgt der Rückschluß: die Genese des Eindrucks scheint die des Werkes auf höherer Ebene zu wiederholen. Die poetische Rekonstruktion der Geschichte des Eindrucks, die der Kritiker in seiner Darstellung gibt, um auch andere Leser ‹cyklisch› einzuführen, scheint der Rekonstruktion des originären Schaffensprozesses zu entsprechen. Das «Werden eines Werks» scheint sich in der «Geschichte d[es] Eindrucks» zu

85. Ebd., 146, Fr. 721. 86. Ebd., 9, Fr. 24. 87. Ebd., 138, Fr. 627.

spiegeln. Dies aber ist nur denkbar, wenn beim ‹cyklischen› Lesen tatsächlich auch die gewordene Struktur des Textes deutlich hervortritt. Darüber hinaus aber ist die Rekonstruktion der Eindrucksgeschichte, die der Kritiker in seine Darstellung einfügt, nur deswegen mit dem ‹Werden des Werks› in Einklang zu bringen, weil beiden Teilprozessen eine als gemeinsam erscheinende historische Erfahrung zugrunde liegt, weil der Kritiker über seine Verstehensbemühungen teilnimmt an der im Werk verdichteten historischen Erfahrung. Diese nunmehr im doppelten Sinne ‹genetische› Darstellung aber ist nur möglich in einer Form, die selbst Werkcharakter hat. So entspricht schließlich das ‹Werk› der Kritik als ‹Ganzes› dem ‹Ganzen› des originären poetischen Werks. Gemeinsame Grundlage und verbindendes Element aber ist die historische Erfahrung, auch wenn sie in der poetischen Verdichtung bzw. in der kritischen ‹Potenzierung› stillgestellt, angehalten oder aufgehoben zu werden scheint.

Die «Geschichte d[es] Eindrucks» enthält mehr als eine Wiedergabe der individuellen psychischen Empfindungen und Vorstellungen des Kritikers. Ebenso erschöpft sich das, was als Rekonstruktion des «Werdens eines Werks» aufgefaßt werden kann, nicht mehr – wie noch im Heft «Von der Schönheit in der Dichtkunst» vorgesehen – in psychologischen Erörterungen über die «Veranlaßung» eines poetischen Werkes.

Daß dies von Seiten des Kritikers mehr als die bloße Fähigkeit des Nachempfindens erfordert, ist klar. Jetzt verstehen wir aber auch, warum bereits in einem Heft «Von der Schönheit in der Dichtkunst» die Erörterung über die «Karakteristik» in einer um die «Lehre vom Genie» erweiterten Kritik abgehandelt werden sollte. Auch in der erwähnten Notiz aus den ‹Fragmenten zur Litteratur und Poesie› wird ja von dem Kritiker, der die «Geschichte d[es] Eindrucks» in Entsprechung zum ‹Werden des Werks› wiedergeben soll, verlangt, daß er «mit genialischer Vernunft» vorgeht.

Schlegel zieht also die Konsequenz aus seiner früher angebrachten Kritik an der Tatsache, daß die «moderne Aesthetik . . . lange Zeit bloß aus *psychologisch[er]* Erklärung *aesthetischer* Phänomene» bestand[88]. Gegenüber seinen Ansätzen in den Heften «Von der Schönheit in der Dichtkunst», die selbst noch stärker jener «Aesthetik» verpflichtet waren, nimmt er das vor, was er in den neuen «Fragmenten» gelegentlich «Selbstrevision» nennt[89].

Die Feststellung, «κρ [Kritik] ist also gleichsam Hist^2 [potenzirte Historie]»[90], ist also sowohl poetologisch als auch eindrucksästhetisch unterlegt. So muß man auch alle die Stellen, in denen Schlegel die hermeneutische Formel von ‹Geist und Buchstaben› verwendet, nunmehr im Sinne jener ‹potenzirten Historie› auffassen. Wer den Geist des Werkes verstehen will, muß historisch auch *im* Geist des Werkes verstehen, sonst verfehlt sein ‹genetisch› sich bildender ‹Eindruck› das ‹Werden des Werks›. In dieser Weise muß man auch die scheinbar einfachen Fragmente auffassen, in denen

88. Ebd., 94, Fr. 110.
89. Ebd., 102, Fr. 205.
90. Ebd., 138, Fr. 631.

Schlegel die ästhetische Kongruenz von kritischem Urteil und poetischem Werk behauptet: «Die ϰ [Kritik] eines Gedichtes soll enthalten 1) eine im Stoff π [poetische] Darstell[un]g des nothwendig[en] Eindrucks 2) eine in d[er] Form π [poetische] Darstell[un]g vom Geist und Buchstaben d.[es] Werks»[91]. Der ‹Eindruck› ist nicht subjektiv zufällig, sondern *wird* ‹notwendig›, weil der Verstehende nichts vorab in das Werk hineinliest. Er liest ‹absichtslos› und dennoch erfährt er, daß dieses Lesen «nothwendig cyklisch» wird[92]. Diese Notwendigkeit aber gilt nicht objektivistisch, ist *nicht nur* in der Struktur des Textes festzumachen, die immer gleich verstanden werden *müßte*. Vielmehr ist diese Notwendigkeit historisch unterlegt und *wirkt* nur als solche, wenn der Kritiker die ‹Genese› seines ‹Eindrucks› als ‹potenzirte Historie› darstellt.

Aber wir haben ja bereits gesehen, daß der Kritiker kein geschlossenes Geschichtsbild entwerfen darf. Die Darstellung der ‹potenzirten Historie› darf selbst nicht historiographisch ausfallen. Vielmehr muß der Kritiker auch in dieser Darstellung figurieren, also quasipoetisch auftreten. Wir hatten ja bereits gesehen, daß er sich als ‹kritischer Mimus› vorstellt. Erinnert man sich nun noch daran, daß Schlegel zuvor meinte, die moderne Poesie sei durchaus individualistisch und insofern nicht so leicht in große historische Zusammenhänge einzuordnen, so findet man auch einen Zugang zu scheinbar antithetisch angesetzten Fragmenten, also solchen, die jener These von der ‹potenzirten Historie› in der kritischen Darstellung zu widersprechen scheinen: «Alles was kritisirt werden soll, muß ein *Individuum* sein – aber die Individualität muß in der Char[akteristik] nicht Hist[orisch] sondern μιμ [mimisch] dargestellt sein»[93]. Nun gilt für eine ganze Folge von Fragmenten des Heftes die Bestimmung: «Die *Charakteristik* [ist] ein ϰρ[kritischer] Mimus . . .»[94].

Was bedeutet diese Bestimmung in hermeneutischer Hinsicht? Wir erhalten Aufschluß darüber in einem Fragment, in dem Schlegel diese neuerliche ‹Tendenz› zur Individualisierung bis zu dem Punkt treibt, wo nicht mehr nur das poetische Werk als Individuum aufgefaßt wird, sondern unmittelbar der Autor ‹charakterisiert› werden soll: «Man muß derselbe und doch ein andrer sein, um jemand charakterisiren zu können»[95]. Der Kritiker versetzt sich also nicht einfach in einen Autor hinein, um diesen zu verstehen. Er forscht auch nicht nach der individuellen Absicht des Autors in dessen Werk. Vielmehr muß er ‹mimisch› andere Verstehensrollen einnehmen können, um beide, den Autor und das Werk, angemessen zu verstehen. Schlegel stellt sich auf lebensphilosophische Weise eine Pluralität von Verstehensrollen vor, die der Kritiker nacheinander, in der Beschäftigung mit vielen Autoren ausbildet: «Viele Geister oscilliren, vibriren regelmäßig, Ebbe und Fluth, Pulsschlag d.[es] geistigen Daseins. Jedes Objekt einer

91. Ebd., 168, Fr. 999. 92. Ebd., 139, Fr. 644. 93. Ebd., 138, Fr. 634.
94. Ebd., 137, Fr. 624. 95. Ebd., 140, Fr. 654.

Charakt[eristik]»[96]. Er faßt die Autoren ebenso wie andere Individuen dabei aber schon als poetische Figuren auf. Ja, er überträgt die sowohl in der Textstruktur als auch in der Literaturgeschichte als auch im Verstehensprozeß beobachtete ‹cyklische› Anlage nun auch auf die so betrachteten Individuen: «Jedes Indiv.[iduum] hat endlich seine *Punkte, Linien* und *Cyklen;* diese sind als das *fließende* weit schwerer zu charakterisiren . . .»[97]. Bei denjenigen, die als Autoren oder Kritiker einen längeren Bildungsprozeß durchlebt haben, vergrößert sich dieser quasipoetische Figuralismus und damit die Verstehenskompetenz: «Jeder potenzirt gebildete Mensch umfaßt eine unendl[iche] Menge Cyklen liniirt nach allen Richtung[en], und alles ist Punkt für ihn»[98]. Der Verstehende, der einen solchen Bildungsprozeß durchlaufen hat, kann sich offenbar sowohl gegenwärtig als auch historisch, «nach allen Richtung[en]» vervielfachen. Er braucht nicht nur «ein andrer [zu] sein», also vervollkommnet er seine hermeneutische Erfahrung in der Weise einer poetischen Erfahrung.

Schlegel treibt die scheinbare individualistische Antithese gegen den «Historismus» genau bis zu dem Punkt, wo er die Geschichte selbst, wohl nach der alten Vorstellung des ‹theatrum mundi›, als ‹mimische› Pluralität auffaßt: «Die Hist[orie] muß zwar in jedem Moment κμ [kritischer Mimus] sein, aber nie auf ein Indiv.[iduum] absolut beschränkt; dieß wäre gegen ihre Würde»[99].

Nun hat Schlegel in der antithetischen Anlage den Punkt erreicht, an dem die Rückanwendung auf den einzelnen Gegenstand der Kritik gleichsam beliebig dem Autor und dem Werk gilt. Beidemale nimmt der Kritiker eine Pluralität von Verstehensrollen ein, um jeweils eine figurale Pluralität aufzufassen. Sowohl das Werk als auch der Autor scheinen eine solche in ‹cyklischer› Anordnung aufzuweisen. Insofern darf der Kritiker nun doch wieder nach der Absicht des Autors fragen, da er diese ja nicht eindeutig, einsinnig und endgültig festlegen will. Vielmehr rekonstruiert er nun dessen Bildungsprozeß auch *als* Durchgang durch verschiedene Verstehensrollen bis hin zu der Synthese im Selbstverständnis des Autors: «Bei einer Char[akteristik] ist die Aufmerksamkeit auf das *Practische* in einem Autor eine Hauptsache; d. h. was er will, was er lange behält, was er in andern auffaßt, wogeg[en] er angeht und warum das pp, ferner auch s.[eine] Potenz d. h. s.[eine] Selbstkentniß»[100].

Als ‹Mimus› verfolgt der Kritiker den Bildungsgang eines Autors. Wie ein Autor in seinen Dichtungen einen «Cyklus von Characteren»[101] darstellt, versteht auch der Kritiker in solchen Konstellationen. Vornehmlich aber dann, wenn er die poetische Form betrachtet, in der die ‹Charactere› ‹cyklisch›, auf unendliche Fortsetzbarkeit angelegt sind oder sein sollten, ver-

96. Ebd.
97. Ebd., 139, Fr. 649.
98. Ebd., 140, Fr. 651.
99. Ebd., 140, Fr. 650.
100. Ebd., 170, Fr. 1026.
101. Ebd., 90, Fr. 56.

dichtet sich seine Erfahrung wiederum zur historischen Synthese: «〈Die *Historie* ein επ [epischer] Mimus. Daher das Histor[ische] des *Romans*»[102].

Die Charakteristik als Form der Kritik kann erst abgelöst werden durch eine noch höhere Form, wenn es ein klassisches Werk der Moderne gibt. Ein solches Werk stünde ganz für sich und könnte auch ohne Rücksicht auf die ‹vorhandene Literatur› kritisiert werden: «〈Bis jezt hat es noch keine Gattung gegeben in d[er] mod[ernen] π [Poesie] und *jedes* CLASSISCHE *Werk* ist seine eigne Gattung›»[103]. Die Kritik eines modern klassischen Werkes müßte ganz und gar positiv sein. Die Maßstäbe wären durch das Werk selbst gesetzt, so daß die Kritik keine Differenz zwischen von außen herangetragenen Kriterien und der poetischen Realisation mehr feststellen könnte. So bliebe zuletzt nur ein gleichsam immanenter Vergleich übrig: «Die κρ [Kritik] vergleicht das Werk mit s.[einem] eignen Ideal»[104]. Der Kritiker könnte seine Verstehensversuche im Mittelpunkt des Werkes ansetzen und den hermeneutischen Zirkel beliebig weit schlagen. Die Frage der Absicht des Werkes ließe sich ganz im Werk selbst beantworten. Die unbewußten Teile des Werkes schließlich wären mit jener immanenten Absicht vereinbar: «Das C[en]t[rum] in einem Werk = Instinkt + Absicht»[105]. Das Verstehen *im* Geist des Werkes wäre identisch mit dem Verstehen des immanenten Verhältnisses von Geist und Buchstaben. Ebenso würden die *Voraussetzungen* des Werkes schon im immanenten Nachvollzug mitverstanden: «Das *Wesen* eines Werks ist gleichsam das *Transcendentale,* das *absolut Innre,* der condensirte und dann potenzirte Geist in *Eins* zusammen»[106].

Sobald diese letzte, höchstpotenzierte und zugleich scheinbar ganz im Werk aufgehende, rein positive Kritik möglich geworden ist, läßt sich auch schon die ‹Annihilation› der gesamten Formen der Kritik vorstellen. Der Übergang zu *poetisch* reflektierenden Formen der so endgültig rein werkimmanent ausgebrachten Kritik ist der zum romantischen Kunstwerk hin: «Jedes Rom.[antische] Kunstwerk = π^2 [Poesie der Poesie] = κπ [kritische Poesie] verwandt mit d[er] Charakteristik»[107]. Schlegel stellt sich also Werke vor, die ihre eigene Kritik enthalten und nun, in der Umkehrung des Dominantenschemas, mit den vorherigen Formen der Kritik verglichen werden können.

Nun verlagert Schlegel den ganzen kunstvollen Aufbau der Synthesierungen und Potenzierungen des kritischen Verstehens in die Poesie. Und zwar sollen die Eigenschaften, Fähigkeiten und Kompetenzen des Kritikers nach dem hermeneutischen Zirkelverfahren der romantischen ‹Universalpoesie› zugeschrieben werden: «In einem vollendeten Rom.[an] müßte nicht bloß d.[as] Einzelne sondern d.[as] Ganze φσ [philosophisch] sein»[108]. Ja, Schlegel scheint gelegentlich sogar eine philologische Selbsterläuterung des Ro-

102. Ebd., 90, Fr. 55. 103. Ebd. 183, Fr. 1197. 104. Ebd., 179, Fr. 1149.
105. Ebd., 174, Fr. 1074. 106. Ebd., 143, Fr. 695. 107. Ebd., 134, Fr. 583.
108. Ebd., 133, Fr. 575.

mans für möglich zu halten: «Muß der Roman auch φλ [philologische] Bestandtheile haben?»[109]. Diese «Vereinigung von π [Poesie] und ϰϱ [Kritik]» ermöglichte schließlich alle Arten von «ironisch[en] oder parodisch[en]» Einschüben der Selbstkritik und der Selbstanzeige eines Werkes[110]. Da ein solches Werk sich sowohl beliebig mit sich selbst beschäftigen dürfte als auch beliebig historisch ausgreifen dürfte, böte es unendlich viele Möglichkeiten der ‹Cyklisierung›, denn die «reale Transc[endental] π [poesie] ist theils *centripetal,* theils *centrifugal*»[111]. So würde zuletzt auch der «Historismus» ganz und gar poetisch nach innen schlagen: «Die Transc[endental] π [poesie] eigentl[ich] $\frac{\text{Hist.}}{\circ}$ π [absolut Historische Poesie]»[112].

Da diese angestrebte romantische Dichtung sich selbst nach Belieben erhöhen und auseinandernehmen dürfte, in ästhetischen Gliederungsmustern «unendlich potenzirt und unendlich analysirt»[113] würde, wäre ihr Selbstverständnis gleichzusetzen mit dem objektiv möglichen Verstehen ihrer Werke. Aber solange der Kritiker die gegenwärtigen Möglichkeiten und Entwicklungstendenzen der Literatur verfolgt, weiß er, daß jene Vorstellungen nur Ausdruck eines unendlichen Strebens sind: «So lang man noch $\frac{\pi}{\circ}$ [absolute Poesie] oder $\frac{\varphi\sigma}{\circ}$ [absolute Philosophie] oder $\frac{\varkappa\varrho}{\circ}$ [absolute Kritik] sucht, wird man durch kein Werk befriedigt»[114].

Damit sind die Entwicklungs‹cyklen› der Kritik ganz durchlaufen. Dieses Heft der «Fragmente zur Litteratur und Poesie», das über zwölfhundert Fragmente enthält, läßt zunächst keine Gliederung dieser Art erkennen. Erst aus der interpretatorischen Anbindung an die Hefte «Von der Schönheit in der Dichtkunst» und «Zur Philologie» ergibt sich ein erster Verstehenszugang. Allerdings treten die Dominantenmuster und die einzelnen Stufen, in denen und auf denen die ‹Kritik› gegenüber ihrer vorherigen Funktion in der ‹Ästhetik› und in der ‹Philologie› neu gefaßt wird, dann um so deutlicher hervor, wenn man der ‹cyklischen› Verstehensentwicklung folgt.

Die Aufeinanderfolge von Rezensionen, Charakteristiken und rein positiven Kritiken wird als Auseinanderfolge erkennbar. Schlegel stellte sich offenbar eine werdende ‹Ganzheit› vor. Wir hatten ja bereits vermutet, daß der Begriff der ‹Genese›, den Schlegel vielfach auf die höher entwickelten Formen der Kritik anwandte, auch für die ‹Ganzheit› seiner kritischen Versuche gelten sollte. Tatsächlich findet man einen Gliederungshinweis im Anschluß an das Fragment, in dem Schlegel die für die neue Kritik geltende Syntheseleistung spezieller für die ‹Charakteristik› behauptet: «In d[er] *Charakteristik* vereinigt sich die π [Poesie] die Hist[orie] di[e] φσ [Philosophie], die hermeneutisch[e], die φλ [philologische] Kritik». Kurz darauf bespricht er zwei Arten von Kombinationen: «⟨Die *Uebersicht* eine *Summe* von Char[akteristiken]. Die Parallele eine ϰϱ [kritische] Gruppe⟩»[115]. Offenbar soll

109. Ebd.
110. Ebd., 159, Fr. 878.
111. Ebd., 155, Fr. 819.
112. Ebd., 151, Fr. 772.
113. Ebd., 154, Fr. 804.
114. Ebd., 99, Fr. 181.
115. Ebd., 142, Fr. 676.

eine Reihe kritischer Arbeiten als «Parallele» zu einer höherwertiger angesetzten und intensiver verflochtenen Verbindung von ‹Charakteristiken› betrachtet werden. Aber auch die Kombination beider Reihen hat er sich im Sinne einer werdenden ‹Ganzheit› vorgestellt. Die «Verbind[un]g von beiden» soll für die moderne Poesie offenbar die Funktion haben, die für die Philologie der «del.[ectus] Class[icorum]» hat[116]. In einem anderen Fragment interessiert er sich noch genauer für die mögliche Grundlage eines solchen Vergleichs: «Der delect.[us] Class.[icorum] enthält und gründet sich auf ein System von Charakteristiken»[117].

Daß das im Sinne einer werdenden ›Ganzheit‹ angestrebte «System von Charakteristiken» nicht wirklich systematisch im strengen Sinn sein kann, geht aus Schlegels Einschätzung der ‹progressiven› Periode der Moderne hervor. Obwohl er eine solche «Summe» und «Parallele[n]» kritischer Arbeiten anstrebt, muß jede Kritik doch im Hinblick auf die literaturgeschichtliche Gesamtsituation der Moderne fragmentarisch bleiben. So ist auch der Untertitel der Charakteristik Georg Forsters zu verstehen: «Fragment einer Charakteristik der deutschen Klassiker»[118].

Daß Schlegel einen bloß werdenden «del.[ectus] Class[icorum]» vor Augen hatte, daß er in seinen Formen der Kritik aber einen ‹universellen› Zusammenhang des kritischen Verstehens erstellen wollte, geht auch daraus hervor, daß er in den letzten, im Jahre 1798, also nach Abschluß seiner wichtigsten Kritiken verfaßten Fragmenten Querverbindungen zwischen seinen Kritiken betrachtet. Und zwar bedenkt er diese als gegeben hingestellten Verbindungen offenbar im Hinblick darauf, daß sie sich für die nun angestrebte ‹Transzendentalpoesie› nutzen und weiter verdichten ließen: «⟨Meine κμ [kritische Mimik] des Lessing φσ [philosophisch] des Woldemar – η [ethisch] des Meister – π [poetisch]⟩»[119]. Ebenso stellt er sich in diesem letzten Teil des Heftes vor, ob nicht einzelne Autoren, wie zum Beispiel Jakobi und Forster, «synthesirt werden» müßten, damit eine mögliche dominante Forderung des Kritikers erfüllt werden könnte, in diesem Falle die nach einem «ordentlichen moralischen Autor»[120].

Die Tatsache, daß Schlegel in der einzelnen höherwertiger angesetzten Charakteristik nicht nur ein Werk eines Autors besprechen kann, sondern, in unterschiedlicher Deutlichkeit, die ‹Cyklen› eines Werkes auch aus der Folge von Werken dieses Autors erklärt, ist ebenfalls im ‹genetischen› Verstehen des Kritikers begründet: «Viele Romane eines Autors sind oft nur einer, (als System ⟨sich⟩ ergänzender Werke oder als Wiederholung eines und desselben)»[121]. Solange nicht ein Werk klassisch vollendet ist, muß die Werkfolge ‹genetisch› mitbetrachtet werden oder der Kritiker muß die bloße Wiederholung kenntlich machen. Erst in einem vollkommenen Werk

116. Ebd.
117. Ebd., 141, Fr. 667.
118. KA II, 78.
119. KA XVI, 178, Fr. 1135.
120. Ebd., 177, Fr. 1114.
121. Ebd., 122, Fr. 449.

dürfte sich der Kritiker immanent bewegen, ohne Entwicklungslinien aufzeigen zu müssen.

In etlichen Fragmenten dieses Heftes bezieht Schlegel sich auf einzelne seiner Rezensionen, Charakteristiken und Kritiken in der Weise, daß man den Rückbezug zwischen fragmentarischen Reflexionen und realisierten Darstellungen erkennt. Schlegel ist sich dabei sowohl bewußt, daß seine Verfahren neu sind als auch, daß sie leicht mißverstanden, zumindest aber nicht in ihrem ‹universell› angelegten Verstehenszusammenhang durchschaut werden. So meint er beispielweise, daß die «AESTHETISCHE *Polemik*», die er in seiner Kritik des Jacobischen «Woldemar» angewandt habe, «äußerst selten» sei, und – so darf man ergänzen – deshalb wohl leicht mißverstanden werden würde[122].

Die Charakteristik Forsters sollte einerseits exemplarisch die Universalität des modernen Verstehens aufzeigen – «Der moderne Autor hat auch immer mehr oder weniger vom Charakter des Weltbürgers und Politikers an sich»[123] –, andererseits aber die unterschätzte Bedeutung der ‹Prosa› für die moderne Literatur hervorheben. Insofern steht sie in Zusammenhang mit einer Gruppe von Notizen, die Schlegel unter die Überschrift *«Zur Theorie der Prosa»* stellte. Auch hier zeigt sich Schlegels Bewußtsein, eine neue Betrachtung ‹kritisch› angestrengt zu haben: «Was Prosa eigent.[lich] sei, hat noch niemand gesagt . . .»[124].

Auch die Tatsache, daß Schlegel in seinen Rezensionen, Charakteristiken und Kritiken eine *Vorläuferreihe* konstruieren wollte, läßt sich aus dem Fragmentheft ersehen. Es sollte vor allem eine Vorläuferreihe der Kritik sein: «〈In der φσ [Philosophie] habe ich *keinen* Meister, wie es in der κϱ [Kritik] *Lessing* . . . war〉»[125]. Auf ähnliche Weise konnte er sich in der Ausbildung einer «kritischen Prosa» an Forster anschließen: «Die kritische Prosa muß fließend und schwebend sein und geg[en] eine feste Terminologie kämpfen; 〈denn〉 dadurch bekäme sie ein illiberales Ansehn *als ob sie der* φσ [Philosophie] nur diente»[126]. In den projektierten Abstufungen der Prosa überdehnt Schlegel wieder seinen Ansatz; in einigen Unterarten hebt er «ἑϱμ [hermeneutische]» Elemente hervor[127].

In dem Fragmentheft ist die Vorrangstellung Lessings als Vorläufer erkennbar. Offenbar hat Schlegel auch seiner Charakteristik Lessings eine hervorragende Bedeutung zugemessen. An die Notiz «Zu κϱ [kritischen] Studien . . . (Lessing)» schließt er in Formeln folgende Verabsolutierungen an: «$\frac{\sigma\theta}{\circ} - \frac{\alpha\nu\lambda}{\circ} - \frac{\text{Polem}}{\circ} - \frac{\text{Hist.}}{\circ} - \frac{\varrho}{\circ} - \frac{\varphi\sigma}{\circ} - \frac{\varepsilon\nu\theta o\upsilon\sigma}{\circ} - \frac{\mu\iota\mu}{\circ}$ [absolute Synthese] – [absolute Analyse] – [absolute Polemik] – [absolute Historie] – [absolute Rheto-

122. Ebd., 126, Fr. 498.
123. Ebd., 142, Fr. 678; Forster wird kurz darauf (Fr. 680) erwähnt.
124. Ebd., 134, Fr. 588.
125. Ebd., 167, Fr. 990.
126. Ebd., 143, Fr. 689.
127. Ebd., 161, Fr. 889.

rik] – [absolute Philosophie] – [absoluter Enthusiasmus] – [absoluter Mimus]»[128].

Die Kritik des Goetheschen ‹Meister› gehört zwar als Abschluß zu der Hauptreihe der Kritiken, aber nicht mehr zu dieser *Vorläufer*reihe. Sie löst eine literaturgeschichtliche und geschichtsphilosophische Erwartung ein, die Schlegel in einem anderen Werk, dem ‹Studium der griechischen Poesie›, ausgesprochen hatte. Aber in diesem Heft der «Fragmente zur Litteratur und Poesie» steckt Schlegel immerhin den triadischen Rahmen der geschichtlichen Betrachtung ab, indem er Goethe an den «Anfang» eines «dritten Cyklus» der Literaturentwicklung stellt[129].

Wenn Schlegel in den Fragmenten dieses Heftes bereits über den Abschluß seiner kritischen Versuche hinausschreibt, so ermöglichte uns dies einen Einblick in den Zusammenhang von ‹universaler Kritik› und projektierter ‹Transzendentalpoesie›. Aber dies ist nicht der einzige denkbare, weil projektierte Übergang. Vielmehr hätte sich die in den «*Kritische*[n] IDEEN» als Teil enthaltene und die zugleich nur angestrebte « $\frac{\text{Hermeneut.}}{\circ}$ [absolute Hermeneutik]»[130] explizieren und darstellen lassen, nachdem Schlegel ja schon in dem II. Heft «Zur Philologie» eine «φλσ [Philosophie] der Hermeneutik»[131] als eine aus der Philologie heraus entwickelte Philosophie der Hermeneutik gefordert hatte. Allerdings sollte sie dort am Anfang stehen, wohingegen sie nun eigentlich aus dem Prozeß der kritischen Experimente erwachsen müßte. Solange eine solche Begründung des sich universalisierenden Verstehens in einer «φλσ [Philosophie] der Hermeneutik» aussteht, begreift sich die Kritik als eine hermeneutisch und ästhetisch verfahrende «Wissenschaftskunst»[132]. Schlegel sieht auch die «φλ [Philologie]» noch als «Wissenschaftskunst» an[133], die sich in einer zuletzt mit der modernen Poesie befaßten «progressiven φλ [Philologie]»[134] fortsetzen ließe. Deshalb würde jene aus der Philologie heraus entwickelte Philosophie der Hermeneutik, die ja aus dem Imperativ zu erklären ist: «*Der Philolog soll* (als solcher) *philosophiren*»[135], auch eine beide Bereiche, die Kritik und die ‹progressive Philologie›, umfassende Begründung leisten können.

Trotz aller Vorläufigkeit der kritischen Experimente und der kritischen Reflexionen verstand sich Friedrich Schlegel als Neuerer. Auch wenn er sich historisch in eine von ihm selbst konstruierte Vorläuferreihe einordnete, faßte er die Kritik doch so weit und schloß er so viele Disziplinen ein, daß er in dem Fragmentheft unter dem Titel *«Zur Kritik»* die Frage stellen konnte: «Gabs schon einen Kritiker?»[136]

128. Ebd., 141, Fr. 661.
129. Ebd., 158, Fr. 857.
130. Ebd., 132, Fr. 568.
131. Ebd., 69, Fr. 93.
132. Ebd., 137, Fr. 622.
133. Ebd.
134. Ebd., 43, Fr. 107; 46, Fr. 134.
135. Ebd., 42, Fr. 87.
136. Ebd., 137, Fr. 621.

III.

Historischer Rahmenentwurf und hermeneutische Vorüberlegungen in der Abhandlung «Über das Studium der griechischen Poesie» (1795)

Die Arbeit «Über das Studium der griechischen Poesie» schließt die Phase der klassischen Studien Friedrich Schlegels ab (1795) und ist großenteils sowohl vor den fragmentarischen Entwürfen als auch vor den Rezensionen, Charakteristiken und Kritiken zustandegekommen. Dennoch ist diese Arbeit mit den fragmentarischen Entwürfen und mit den Kritiken insofern verklammert, als Schlegel die Vorrede zu seiner während des ganzen Jahres 1796 beim Verleger liegenden Arbeit erst später (wohl Ende 1796) verfaßte. In dieser Vorrede konnte er also schon Querverbindungen zu den Vorarbeiten der Hefte «Zur Philologie» herstellen. Andererseits gehen die Vorerfahrungen des ‹Studium›, insbesondere was die Verbindung von ‹klassischer› und ‹moderner Poesie› anbelangt, in die Erörterung der philologischen Verfahren und der historischen Zweckvorstellungen ein. – Ebenso sind die Hefte «Von der Schönheit in der Dichtkunst» zum einen Teil in Parallele zum ‹Studium› und zum anderen Teil als eine Anschlußarbeit zu betrachten. In der ‹Vorrede› aber konnte Schlegel auch deren Ergebnisse schon für sich einbeziehen. Schließlich bleibt zu fragen, in welcher historischen Anschlußfunktion die Kritiken insgesamt zu dieser größeren literarhistorischen Arbeit stehen.

Die Arbeit «Über das Studium der griechischen Poesie» scheint also einen Rahmen zu bieten, aus dem man wohl nachträglich einige veranlassende Momente für die fragmentarischen Entwürfe erschließen kann; andererseits aber kann man auch rückwirkende Schlußfolgerungen von diesen aus auf die ‹Vorrede› ziehen. Aber es gilt auch die ausgesparten Stellen im Hauptteil des ‹Studium› ausfindig zu machen, die nicht durch eine ‹Theorie›, sondern nur durch eine Folge von ‹Kritiken› ausgefüllt werden konnten.

In der Vorrede sucht Friedrich Schlegel seine Arbeit *hinsichtlich Zweck, Standpunkt und Anwendbarkeit hermeneutisch zu rechtfertigen*. Er scheint zunächst darüber Klarheit gewonnen zu haben, daß der Aufbau der Arbeit für ungewöhnlich gehalten werden müßte, daß sein Einsetzen bei der modernen Dichtung und der daraus sich ergebende Zugang zur klassischen Poesie der Antike eine hermeneutische Zweckbestimmung erforderlich macht: «Indessen war es doch nur nach einer nicht ganz unvollständigen Charakteristik der modernen Poesie möglich, *das Verhältnis der antiken Poesie zur modernen*, und den Zweck des Studiums der klassischen Poesie überhaupt und für unser Zeitalter insbesondre zu bestimmen»[1]. Dieser Satz zieht bereits die Konsequenz aus der Entdeckung des «*Historismus*, der zur Philol.[ogie] nothwendig»[2], aus der Notiz im I. Heft «Zur Philologie»: *«Der Zweck der Philologie ist die Historie»*[3]. Im Sinne einer hermeneutischen Anwendung soll diese Zweckbestimmung «für unser Zeitalter», für das des Autors und seiner unmittelbaren Leser, präzisiert werden. Schlegel geht also nicht in der gewohnten Weise historisch vor, beginnend mit einer Analyse der griechischen Poesie, um dann eventuell einen Ausblick auf die Phasen der modernen Poesie zu bieten. Vielmehr richtet er sein Verstehen von einem Gesamteindruck der modernen Poesie aus auf die griechische. Dieser Rückstieg war bereits im Ansatz auf ‹moderne› Weise hermeneutisch. Schlegel muß dieses Vorgehen aber seinen Lesern gegenüber rechtfertigen. In dem I. Heft «Zur Philologie» kann er die Zweckbestimmung, die einem solchen Vorgehen ja schon zugrunde liegt, in voller Deutlichkeit als Neuerung ausgeben: «Dieß ist noch fast nirgends geschehn. Es giebt noch kaum Historie»[4].

Aber er muß noch einem weiteren Mißverständnis zuvorkommen, das sich aus dem Inhalt des ersten Hauptteils ergeben könnte. In der Vorrede wendet er sich zunächst an literarisch gebildete Leser, an «Freunde der modernen Poesie», die durch seine negativ ausgefallene Gesamteinschätzung der ‹modernen Poesie› abgeschreckt werden könnten. Schlegel möchte nicht, daß seine Leser diese Gesamteinschätzung als sein «Endurteil über die moderne Poesie mißdeuten»[5]. Er greift ein altes Argument der Hermeneutik auf, wenn er die Leser bittet, sie sollten sich in ihrem Verstehen «wenigstens nicht übereilen»[6]. Dies ist eine Warnung vor einem «praeiudicium praecipitantiae», vor einem Vorurteil, das aus übereiltem Verstehen resultiert.

Tatsächlich aber soll das Verstehen aus historischen Gründen nicht übereilt werden, weil das «Endurteil» einerseits wegen des Entwicklungsstandes der ‹modernen Poesie›, andererseits aber aufgrund dieser lediglich vorbereitenden Arbeiten des Verfassers noch nicht gefällt werden könne. Damit hat er also auch das «praeiudicium praecipitantiae» historisiert.

Im Anschluß an die Warnung vor diesem Vorurteil stellt Schlegel sich als gleichsam naiver Liebhaber der neueren Dichtung vor: «Ich meine es ehrlich

1. KA I, 207.
2. KA XVI, 35, Fr. 8.
3. Ebd., 37, Fr. 27.
4. Ebd.
5. KA I, 207.
6. Ebd.

mit der modernen Poesie, ich habe mehrere moderne Dichter von Jugend auf geliebt, viele studiert und ich glaube einige zu kennen»[7]. Diese ironische ‹Selbstbeschränkung› aber soll nur für ebensolche naiv urteilenden Leser gelten. Im nächsten Satz unterstellt Schlegel, daß diejenigen, die sein Vorgehen genauer zu beurteilen vermögen, auch die Urteilsperspektive seines Aufsatzes erkennen: «Geübte Denker werden leicht erraten, warum ich diesen Standpunkt wählen mußte»[8]. Nun könnte man ja erwarten, daß diese sein historisches Vorgehen durchschauen. Tatsächlich aber stellt er sich nur solche «Denker» vor, die von der Möglichkeit einer reinen, systematischen und gleichsam überhistorisch geltenden Ästhetik ausgehen: «Gibt es reine Gesetze der Schönheit und der Kunst, so müssen sie ohne Ausnahme gelten. Nimmt man aber diese reinen Gesetze, *ohne nähere Bestimmung und Richtschnur der Anwendung* zum Maßstab der Würdigung der modernen Poesie: so kann das Urteil nicht anders ausfallen, als daß die moderne Poesie, die jenen reinen Gesetzen fast durchgängig widerspricht, durchaus gar keinen Wert hat»[9]. Schlegel rechnet also noch nicht mit «Denker[n]», die auch seinen neuen «Standpunkt» ganz, also als ‹historischen› verstehen. Insofern impliziert die Rechtfertigung seines von dem «Standpunkt» der Vorrede aus veralteten Aufsatzes zugleich eine ironische Einordnung jener «Denker». Tatsächlich aber ist auch Selbstironie mit im Spiel, denn Schlegel war ja etliche Monate zuvor selbst bei dem Versuch gescheitert, eine solche reine und systematische Ästhetik in den Heften «Von der Schönheit in der Dichtkunst» zu entwerfen. Die Selbstkritik, die weder für unmittelbar zeitgenössische Leser noch für solche «Denker» als Selbstironie erkennbar sein konnte, steckt ja darin, daß der reine Ästhetiker die «Gesetze der Schönheit» «ohne nähere Bestimmung und Richtschnur der Anwendung» auf die moderne Dichtung bezogen habe. In den Heften «Von der Schönheit in der Dichtkunst» war Schlegel aber genau bis zu dem Punkt der Applikationsschwierigkeit gekommen, bevor er abbrach: «Das Hauptargument wieder die Aesthetik als Wißenschaft, ist nicht wieder ihre Möglichkeit sondern wieder ihre Anwendbarkeit . . .»[10]

Schlegel versetzt sich also in der Vorrede von einem bereits höheren Standpunkt in den inzwischen aufgegebenen der Arbeit und rechtfertigt diesen gegenüber einfachen Lesern und Sachverständigen der Ästhetik. Er weiß bereits, daß das in der Arbeit inhaltlich ausgedrückte Ergebnis im Bezug auf die moderne Poesie hermeneutisch nicht mehr aufrechterhalten werden kann. Dennoch hält er in dem Appell an jene «Denker», die die Urteilsperspektive verstehen könnten, die sich also selbst ganz und gar in den Aufsatz hineinversetzen, ja, die sich möglicherweise mit seinen Ergebnissen identifizieren könnten, den Aufsatz für eine Durchgangsstufe, die historisch und dem einzelnen Bildungsprozeß nach immer noch nötig oder

7. Ebd., 207/208.
8. Ebd., 208.
9. Ebd.
10. KA XVI, 13, Fr. 55.

wenigstens möglich sei. Schlegel selbst aber setzt sich in der Vorrede ironisch über seine Arbeit «Über das Studium der griechischen Poesie» und über seine Versuche zur Begründung einer «Wißenschaft»[11] von der Kunst hinweg. Wenn er annimmt, daß sich reine Ästhetiker in den «Standpunkt» der Arbeit versetzen könnten, so wäre dies gerade kein historisches, erst recht aber noch kein ‹historistisches› Sich-Versetzen.

Indem Schlegel, was die hermeneutische Applikation auf die Moderne anbelangt, von seinem Aufsatz abrückt, unterstellt er auch, daß jene «Denker», die weiterhin an einer reinen Ästhetik festhalten, oder auch nur als «Merkmal des *Schönen*» behaupteten, «daß das Wohlgefallen an demselben *uninteressiert* sei»[12], und damit wollte er wohl auch noch Kant miteinbeziehen, die «moderne Poesie» nicht verstehen könnten. Die Unterstellung hält er bis in die Schlußfolgerung durch: «Das Schöne ist also nicht das Ideal der modernen Poesie . . .»[13].

Schlegel entwickelt also in der Vorrede eine komplexe hermeneutische Beurteilung seines eigenen Aufsatzes, in die er «Freunde der modernen Poesie» und «Denker», also Leser verschiedener Kompetenzgrade einbezieht. Er rechtfertigt den ungewohnten hermeneutischen Zugang seiner Arbeit (den Rückstieg von der ‹modernen Poesie› aus), aber auch auf ironische Weise die ästhetische Urteilsperspektive. Wir können mithin bereits zwei – geschachtelte – hermeneutische Ansätze unterscheiden. Tatsächlich legt Schlegel aber auch noch die Schwierigkeiten eines dritten, noch weiter eingeschachtelten Ansatzes frei. Er erinnert an die philologisch-hermeneutische und philologisch-kritische Arbeit im engeren Sinne, die darin besteht, die «zerstreuten Bruchstücke» der Quellen zu ‹ordnen›, die «scheinbaren Rätsel», die für ein noch nicht historisch vollständigeres Verstehen von Fall zu Fall bestehen, zu ‹erklären› und schließlich das Verstehen in den Grenzen dieser Epoche zu universalisieren[14]. Genaugenommen verläuft diese Arbeit, die der Autor so in den Grenzen der klassischen Philologie beschreibt, also wiederum auf drei Ebenen. Und ebenso wie er bei der Einschätzung der Urteilsperspektive an jene «Denker» appellierte, beruft er sich nun auf philologische «Kenner», die wüßten, «wie viel Zeit und Anstrengung es oft kostet, nur eine falsche Zeitangabe zu berichtigen»[15]. In der Aufeinanderfolge der philologisch-hermeneutischen bzw. philologisch-kritischen Ebenen lassen sich schon die komplexeren ‹Wechselbestimmungen› der Hefte «Zur Philologie» erkennen. Die dort geforderte hermeneutische Universalität des Philologen bestimmt er hier so: «Und überhaupt ist die Griechische Bildung ein Ganzes, in welchem es unmöglich ist, einen einzelnen Teil stückweise vollkommen richtig zu erkennen»[16]. Insofern aber muß er seine eigene Arbeit «Über das Studium der griechischen Poesie» allein schon in den Grenzen der klassischen Philologie für fortsetzungsbe-

11. Ebd., 17, Fr. 1.
12. KA I, 213.
13. Ebd.
14. Ebd., 206.
15. Ebd.
16. Ebd.

dürftig erklären. Also projektiert er in dem letzten Satz der Vorrede eine mögliche Fortsetzung: «Diese Sammlung wird in der Folge auch die *politische Bildung* der klassischen Völker umfassen»[17]. Man erinnert sich sogleich an die Umkehrprobe zu diesem Projekt, die Schlegel in einem Heft «Zur Philologie», und zwar im letzten, sicherlich einige Monate nach der ‹Vorrede› geschriebenen Teil, anstellte: «Untersuchung ob es nicht Kenner der *polit.[ischen] Geschichte der Alten* giebt, die weiter nichts sind? Vieles können sie dann freyl.[ich] nicht recht verstehn!»[18]. Die Folge der Versuche, immer universeller zu verstehen, wäre also nicht umkehrbar; der rein politische Verstehenszugang ist ausgeschlossen.

Aber Schlegel hält die Arbeit, vom «Standpunkt» der Vorrede aus, nicht nur in jenen Grenzen, sondern von der inhaltlichen Bewertung der hermeneutischen Ausgangsebene der ‹modernen Poesie› her für fortsetzungsbedürftig. Nachdem er einerseits die «Majorität der Philosophen»[19], die sich mit Ästhetik beschäftigen, auf die Urteilsperspektive seiner eigenen Arbeit festgelegt hat, anderseits aber die «Kenner» der Philologie auf jene Universalisierung des Verstehens in den Grenzen der klassischen Epoche verwiesen hat, bleiben anscheinend nur noch die «Liebhaber» der Poesie übrig[20], um jenen neuen «Standpunkt», zugleich aber die antike und die moderne Poesie im Überblick zu verstehen. Schlegel bleibt nur die Zuflucht zu einem «ästhetische[n] Imperativ», um jene «Denker» und «Kenner» ebenso wie alle «Liebhaber» der Poesie an die Möglichkeit eines ästhetischen Fortschritts zu erinnern, daran, «daß auch durch die glücklichste natürliche Bildung, welche der Vervollkommnungsfähigkeit wie der Dauer nach notwendig *beschränkt* sein muß, der *ästhetische Imperativ* nicht vollkommen befriedigt werden kann»[21]. Zuvor aber hat er die Verstehensperspektive, die sich von einem neuen «Standpunkt» aus eröffnen könnte, schon so bezeichnet, daß eine positive Einlösung solcher Vorstudien in der modernen Poesie wahrscheinlich erscheint: «Dies ist der kürzeste Weg, den eigentlichen Charakter der modernen Poesie zu entdecken das Bedürfnis einer klassischen Poesie zu erklären, und endlich durch eine sehr glänzende Rechtfertigung der Modernen überrascht und belohnt zu werden»[22]. Damit glaubte Schlegel wohl jenes «Gefühl . . . welches wir *für die Alten haben*», von dem Schiller in seiner Theorie «Über naive und sentimentalische Dichtung» gesprochen hatte[23], historisch weiter objektiviert und in eine Folge von Verstehensprogressionen einbezogen zu haben. Der «ästhetische Imperativ» ist also von einer weit gefaßten Geschichtshermeneutik unterlegt. Aber eine solche Geschichtshermeneutik müßte, wenn sie formuliert werden sollte, zuvor *alle* Voraussetzungen, vom philologisch-quellenkritischen bis zum intensiven Verstehen

17. Ebd., 216.
18. KA XVI, 75, Fr. 154.
19. KA I, 213.
20. Ebd., 207.
21. Ebd., 214.
22. Ebd., 208.
23. Schiller, NsD, 711.

der ‹modernen Poesie› durchlaufen haben. Das Ziel des Verstehens aber wäre in einer «glänzende[n] Rechtfertigung der Modernen» erreicht.

Damit hat Schlegel die ursprünglich negative Einschätzung der ‹modernen Poesie› überformt, die Alternative des ersten Satzes seiner 1795 abgeschlossenen Arbeit entschieden: «Es springt in die Augen, daß *die moderne Poesie das Ziel, nach welchem sie strebt,* entweder *noch nicht erreicht hat;* oder daß ihr Streben überhaupt kein festes Ziel, ihre Bildung keine bestimmte Richtung, die Masse ihrer Geschichte keinen gesetzmäßigen Zusammenhang, das Ganze keine Einheit hat»[24]. Auch hier war unterschwellig die hermeneutische Frage mit im Spiel, wie man die ‹moderne Poesie› verstehen und deuten könne, wenn sie sich nicht als Ganzes, auch nicht in einem historischen Kontinuum betrachten lasse. Demgegenüber mußte die «Griechische Bildung» als «in sich vollendetes Ganzes» erscheinen[25], in dessen Grenzen auch der Moderne sein Verstehen universalisieren kann. Schlegel erklärt dieses ‹Ganze› aber nicht nur als «völligen Kreislauf»[26], sondern projiziert die Genievorstellung in die Antike und schreibt den «originellen Genies» in der Antike eine homogene Wirkungsgeschichte zu: der «Geist eines großen Meisters» verbreitete «seine wohltätigen Wirkungen durch viele Zeitalter»[27]. Dies lasse sich in einer Reihenbildung («eine lange Reihe von Künstlern») der Beeinflussungen feststellen, die durchaus *gerichtet* wirke (eine «eigentümlich bestimmte Richtung» aufweise)[28]. Gerade die Voraussetzung zu einer primären Wirkungsgeschichte sieht Schlegel im Jahre 1795 bei den Modernen nicht: «In einer aufeinanderfolgenden Reihe von Dichtern findet sich keine beharrliche Eigentümlichkeit»[29]. Wir können hier schon das Bedürfnis des künftigen Kritikers erkennen, für sich eine Reihe von Vorläufern zu konstruieren, um ein mögliches wirkungsgeschichtliches Kontinuum wenigstens in der Kritik und von der Kritik aus zu schaffen.

Schlegel erkennt aber nicht nur einen Mangel an wirkungsgeschichtlicher Kontinuität in der Moderne; vielmehr stellt er die Vergleichbarkeit von unmittelbar gleichzeitig entstandenen Werken in Frage. Die literaturgeschichtliche Betrachtung nach Epochen wird fragwürdig, wenn solche Werke inhaltlich tatsächlich in einem Verhältnis der Ungleichzeitigkeit zueinander stehen, wenn sie hermeneutisch nicht mehr verglichen und nach ‹Geist› und ‹Buchstaben› *zusammen* verstanden werden können: «in dem Geiste gleichzeitiger Werke gibt es keine gemeinschaftlichen Verhältnisse»[30]. Damit sind bereits von der literarischen Ebene her die Voraussetzungen zu einer «Gemeinschaft des Geschmacks» infrage gestellt, auf die Schlegel dann in dem Heft «Von der Schönheit in der Dichtkunst» abhob[31]. Jetzt läßt sich aber auch die Schwierigkeit ermessen, die er in jenem Heft mit

24. KA I, 217.
25. Ebd., 302.
26. Ebd.
27. Ebd., 304.
28. Ebd.
29. Ebd., 221.
30. Ebd., 221/222.
31. Ebd., KA XVI, 8, Fr. 16.

der Einordnung und Skizzierung einer «Theorie des Geschmacks» hatte. Nicht nur die «Anomalien» und «Sprünge», die er im «Wachsen des ganzen menschlichen Triebes» und in der «Bildung und den Progreßen des Menschen»[32] feststellte, erschweren es, eine «Gemeinschaft des Geschmacks» anzunehmen, sondern die innere Ungleichzeitigkeit der literarischen Werke, an denen sich die Geschmacksbildung ausrichten könnte. Die Beobachtung, daß es «keine gemeinschaftlichen Verhältnisse» in der Literatur der neueren Epochen gebe, scheint von Anfang an gegen die ästhetische Annahme einer «Gemeinschaft des Geschmacks» zu sprechen. Schlegel vermag Kants «Idee eines *gemeinschaftlichen* Sinnes»[33] nicht zu übernehmen, da er sowohl von der Literaturgeschichte als auch von der Entwicklung der Rezeptionsfähigkeit her mit historischen Brüchen rechnet. Schlegel versteht also ganz und gar von solchen *inhaltichen* und historisch eingeschätzten Voraussetzungen her. Deshalb läßt sich seine Vorstellung von Kritik nicht mit Kants transzendentaler Kritik vereinbaren, für die jene «Idee eines *gemeinschaftlichen* Sinnes» eine andere Funktion hat.

Schlegel bildet also in dem älteren Teil der Arbeit «Über das Studium der griechischen Poesie» hermeneutische Vorstellungen zur Homogenität und Ausrichtung einer literarischen Wirkungsgeschichte am Modell eines ‹in sich vollendeten Ganzen› aus. Die negativen Feststellungen zur Moderne erschweren dann in dem parallel zum letzten Teil des ‹Studium› begonnenen Heft «Von der Schönheit in der Dichtkunst» die Einordnung einer «Kritik oder . . . Theorie des Geschmacks»[34]. Immerhin kann man beobachten, wie Schlegel jenes ursprünglich nur in der Antike festgestellte Merkmal, daß eine wirkungsgeschichtliche Reihe eine «eigentümlich bestimmte Richtung» aufweise, in dem Heft auf die Moderne übertragen zu wollen scheint, wenn er der Kritik empfiehlt, die «Direktion von den Modernen» zu «nehmen»[35].

Jene «Gemeinschaft des Geschmacks» aber muß man von den historischen Voraussetzungen der Moderne aus verstehen. Und diese nimmt Schlegel in seiner Arbeit «Über das Studium der griechischen Poesie» in drei Hinsichten negativ an: in der Art, wie er durchgängig nach der «Absicht des Künstlers», nach den «Urteile[n] der Kenner» und nach den «Entscheidungen des Publikums»[36] fragt.

Für den Hermeneutiker, der sich durch die moderne Literatur hindurch einen Weg zum ‹Ganzen› der griechischen Poesie bahnt, scheinen gerade die ‹genialen› Dichter der Moderne vereinzelt dazustehen und aus dem geschichtlichen Zusammenhang herauszuragen: «Wir treffen in der neuen Kunstgeschichte hie und da auf Dichter, welche in der Mitte eines versunknen Zeitalters Fremdlinge aus einer höhern Welt zu sein scheinen»[37]. Dies schließt bereits die Vorstellung mit ein, daß diese Dichter sowohl lebensunmittelbar in ihrer Zeit nicht voll verstanden werden können, da sie wie

32. Ebd., 8, Fr. 15 u. 16.
33. Kant, KdU, 225.
34. KA XVI, 8, Fr. 16.
35. Ebd., 8, Fr. 13.
36. KA I, 218.
37. Ebd.

«Fremdlinge» auf ihre Zeitgenossen wirken, als auch nachträglich nicht ‹ganz› von diesem historischen Umfeld her gedeutet werden können.

Der Mangel an historischer Ganzheit sei auch nicht durch die «Wechselnachahmung im ganzen Gebiete der modernen Poesie» zu ersetzen gewesen, die sich in der neueren Geschichte auf den «Zusammenhang eines Völkersystems» erstreckte[38]. Man muß vielmehr die hermeneutisch negativen Annahmen Schlegels zur Moderne dahingehend ergänzen, daß jene mangelhaften Verstehensbedingungen, die durch nationale Besonderheiten noch verstärkt wurden, auf die Künstler selbst zurückwirkten: «Doch sind die wenigen gemeinsamen Züge sehr schwankend, und eigentlich existiert jeder Künstler für sich, ein *isolierter Egoist* in der Mitte seines Zeitalters und seines Volks»[39]. Gerade an dieser Stelle läßt sich deutlich der Unterschied der geschichtshermeneutisch negativen Annahmen Schlegels zu Schillers nahezu gleichzeitig in den Briefen «Über die ästhetische Erziehung des Menschen» angestrengtem Versuch erkennen, die historischen Voraussetzungen ins Positive zu wenden. Im neunten Brief sieht Schiller den «Künstler» zunächst noch als «Sohn seiner Zeit», um ihn dann aber gerade als Fremdling auf seine Zeit einwirken zu lassen: «Wenn er dann Mann geworden ist, so kehre er, eine fremde Gestalt, in sein Jahrhundert zurück; aber nicht, um es mit seiner Erscheinung zu erfreuen, sondern furchtbar wie Agamemnons Sohn, um es zu reinigen»[40]. Schlegel nimmt also offenbar eine negative Rückwirkung der historischen Bedingungen auf den Künstler an, wohingegen Schiller dieses Wirkungsverhältnis genau umkehrt.

Als «isolierter Egoist» scheint der Künstler, der unter den Bedingungen der Moderne arbeitet, aus jedem Zusammenhang herausgerissen zu sein. Schlegel betrachtet ihn im Kontrast zu jenen griechischen Künstlern, die aus einem gegebenen Zusammenhang heraus schaffen konnten. Und ebenso bildet er nun die Kontrastvorstellung aus, daß der moderne Künstler wirkungsgeschichtlich vor allem «die zahllose Legion der nachahmenden Echokünstler»[41] beeinflusse, wohingegen doch der «Geist eines großen Meisters» der Antike «seine wohltätigen Wirkungen durch viele Zeitalter» entfaltet habe. Gerade in solchen Kontrastvorstellungen wird deutlich, daß Schlegel nach einem *Modell der Wirkungsgeschichte* sucht.

Die «Absicht» des einzelnen Künstlers kann also unter solchen historischen Bedingungen nur mißverstanden werden. Aber es scheint überhaupt fragwürdig, nach der «Absicht» eines solchen ‹isolierten Egoisten› zu forschen und nicht vielmehr nach der «Absicht» des Werkes zu verstehen. Man muß Schlegels nur unvollständig entwickeltes hermeneutisches Modell nun weiter ergänzen, indem man unterstellt, daß derjenige, der nach der ‹Absicht des Werkes› zu verstehen sucht, sich in den Geist des historisch zuvor isolierten und unvergleichlichen Werkes versetzt und so dessen verkanntes,

38. Ebd., 239.
39. Ebd.
40. Schiller, ÄE, 593, 9. Brief.
41. KA I, 239.

wirkungsgeschichtlich nicht genutztes Wirkungspotenial wenigstens teilweise freilegen kann. Wer unter den Bedingungen der Moderne versteht, erkennt am Werk mehr als nur die vermeintliche «Absicht» des Künstlers. Schlegel treibt diese hermeneutische Unterscheidung bereits im Hauptteil seiner Arbeit «Über das Studium der griechischen Poesie» bis zu dem scheinbar paradoxen Nachweis, daß das Werk eine objektivierende Funktion gegenüber der «Absicht» des Autors haben könne: «Ja der Dichter selbst kann eine unsittliche Absicht haben, und sein Werk dennoch nicht unsittlich sein»[42]

Wer also, so darf man ergänzen, in größerem Rahmen von den nicht genutzten Wirkungsmöglichkeiten isolierter Werke her versteht, stellt künstlich, auf hermeneutische Weise, historische Zusammenhänge her und gleicht so den Mangel aus, daß es «in dem Geist gleichzeitiger Werke ... keine gemeinschaftlichen Verhältnisse» gibt. Eine solche hermeneutische Verbindungs- und Ergänzungsarbeit wäre also nicht mit dem bloßen Nachzeichnen literarhistorischer Entwicklungen zu verwechseln. Gerade der historische Ansatz einer solchen Hermeneutik erwiese sich zum Teil als künstlich konstruiert: «Die ganze Masse der modernen Poesie ist ein unvollendeter Anfang, dessen Zusammenhang nur in Gedanken zur Vollständigkeit ergänzt werden kann. Die Einheit dieses teils wahrgenommenen, teils gedachten Ganzen ist der künstliche Mechanismus eines durch menschlichen Fleiß hervorgebrachten Produkts»[43]. Eine solche Verstehensleistung aber wäre offenbar erst auf einem bestimmten «Standpunkt» der historischen Entwicklung möglich.

Wie verhält es sich demgegenüber aber mit den «Urteile[n] der Kenner»? Schlegel sieht auch in diesen keine Übereinstimmung, die es berechtigt erscheinen ließe, auf die Möglichkeit einer «Gemeinschaft des Geschmacks» zu schließen. Vielmehr meint Schlegel die gleiche «Anarchie» in der «ästhetischen Theorie, wie in der Praxis der Künstler»[44] auszumachen. Er sieht es offenbar als einen historischen Beweis gegen Kants Vorstellung eines «*gemeinschaftlichen* Sinnes» an, daß «die Anhänger der verschiedenen ästhetischen Systeme»[45] in keinem Punkt der Ästhetik und der Beurteilung von Kunstwerken übereinstimmten. Die transzendentale Annahme Kants, «daß man sein Urteil an anderer, nicht sowohl wirkliche, als vielmehr bloß mögliche Urteile hält, und sich in die Stelle jedes andern versetzt»[46], kann Schlegel so nicht mitvollziehen, weil er von dem historischen Mangel an Übereinstimmung nicht glaubt absehen zu dürfen.

Aber nicht nur den Mangel an Übereinstimmung zwischen den ästhetischen Theorien hält er für symptomatisch, sondern auch die Tatsache, daß diese bislang keine fruchtbare Rückwirkung gehabt hätten, daß sie «nicht den mindesten Einfluß auf die Bildung des Geschmacks und der Kunst»[47]

42. Ebd., 324.
43. Ebd., 305.
44. Ebd., 221.
45. Ebd.
46. Kant, KdU, 225.
47. KA I, 220.

ausgeübt hätten. Schlegel meint an dieser Stelle offenbar vorkantische Ästhetiken. Ebenso hält er die Regelpoetiken für Theorien, die nichts weiter als den «Geist der unglücklichen Geschichte» ausdrückten[48]. Auf diese Weise unterlegt er bereits eine Wirkungsvorstellung, die nur in einem neuen Programm der Kunstkritik erfüllt werden könnte.

Auch sein eigenes Scheitern in dem Versuch «Von der Schönheit in der Dichtkunst» scheint er vorausgesehen zu haben. So nimmt er über die bisherigen Ästhetiken hinaus an, daß jede «objektive ästhetische Theorie» *«leer»* bleiben müsse und «nur in Verbindung mit einer *vollkommnen Geschichte*»[49] zu Ergebnissen führen könne. Darin deutet sich *auch* schon die Historisierung der Verstehungsleistung an, die Schlegel zwar als Vorbehalt in seinem Entwurf «Von der Schönheit in der Dichtkunst» angemerkt hat, die er aber erst in den Heften «Zur Philologie» bis zum «Historismus» weitergetrieben hat.

Schlegel meint aber gegen die Möglichkeit einer «objektive[n] ästhetischen Theorie» auch das Argument der Vorurteilsbestimmtheit des ästhetischen Verstehens ins Feld führen zu müssen. Jede ästhetische Theorie beruhe auf ästhetischen Anschauungen, die wiederum historisch unterschiedlich weit reichten. So könne der Theoretiker «durch die Einflüsse einer verkehrten Erfahrung angesteckt» sein, ohne daß er bemerkt, welche «Vorurteile» er mitbringt[50]. Es wäre also möglich, daß die Urteile des Ästhetikers auf ungleichzeitigen, veralteten ästhetischen Anschauungen beruhen, daß die Feststellung: «in dem Geiste gleichzeitiger Werke gibt es keine gemeinschaftlichen Verhältnisse» auch auf theoretische Werke übertragen werden könnte.

Zu den ‹Kennern› rechnet Schlegel aber nicht nur die Theoretiker der Ästhetik, sondern auch die (aufklärerischen) Kunstkritiker. Diese behandelten, so muß man Schlegels Vorstellungen ergänzen, die gleichzeitigen Werke ebenfalls zumeist inadäquat. Als «Freunde der Korrektheit»[51] würden sie, dies unterlegt Schlegel, ohne es so auszudrücken, der ästhetischen Ganzheit des poetischen Werkes, die zugleich als historische verstanden werden müßte, nicht gerecht: «Wenn der kritische Anatom die schöne Organisation eines Kunstwerks erst zerstört, in elementarische Masse analysiert, und mit dieser dann mancherlei physische Versuche anstellt, aus denen er stolze Resultate zieht: so täuscht er sich selbst auf eine sehr handgreifliche Weise: denn das Kunstwerk existiert gar nicht mehr»[52]. Wenn der Kritiker in dieser Weise zuerst das Kunstwerk nicht als solches «wahrgenommen» und dann dessen «Organisation» zerstört hat[53], so ist dies nicht nur einem Mangel an ästhetischer, sondern auch einem Mangel an hermeneutischer Kompetenz zuzuschreiben. Insofern der Kritiker das Ganze des Werkes

48. Ebd.
49. Ebd., 273.
50. Ebd.
51. Ebd., 326.
52. Ebd.
53. Ebd., 324.

zerlegt, ohne die einzelnen Teile wiederum im ‹Geiste› eines vorgestellten Ganzen zu verstehen, verläßt er den hermeneutischen Zirkel.

Zuletzt weist Schlegel auch noch die Ungleichzeitigkeit des Verstehens in den «Entscheidungen des Publikums» nach. Der «öffentliche Geschmack»[54] sei in sich zerrissen. Ungleichartige literarische Erzeugnisse erfüllten die auf verschiedene Zeiten fixierten Fiktionswünsche des Publikums: «Griechisches Kostüm für antike Seelen, und Rittergedichte für heroische Zungen; ja sogar Nationalpoesie für die Dilettanten der Deutschheit»[55]. Aber nicht nur der Zeitfixierung nach, sondern auch der Anspruchshöhe nach scheint die Literatur so zerrissen, daß man sich jene «Gemeinschaft des Geschmacks», die Schlegel in dem Entwurf «Von der Schönheit in der Dichtkunst» hätte voraussetzen müssen, kaum noch vorstellen kann: «Wie in einem ästhetischen Kramladen steht ... Volkspoesie und Bontonpoesie beisammen, und selbst der Metaphysiker sucht sein eignes Sortiment nicht vergebens»[56]. Die Erwartungen des Publikums und die Verstehensvoraussetzungen sind also historisch in sich zerfallen. So kann Schlegel sich auch kein Publikum mehr vorstellen, das in der Konfrontation mit nur einem Werk auf die «Übereinstimmung der einzelnen Wirkungen zu einem vollendeten Ganzen» achten würde[57]. Die Zerrissenheit im Geschmack des zeitgenössischen Publikums hat also eine historisch-hermeneutische (die Zeitfixierung und die Tatsache, daß veraltete Vorstellungen mit im Spiele bleiben) und eine ästhetisch-hermeneutische Dimension (die Tatsache, daß das Ganze der Wirkungsmöglichkeit eines Werkes nicht verstanden wird, sondern nur heterogene Einzelwirkungen abgeleitet werden).

Nun stellt Schlegel eine Beziehung zwischen den historisch möglichen «Urteile[n] der Kenner» und den historisch möglichen «Entscheidungen des Publikums» her. Er unterstellt, daß selbst eine «allgemeingültig» formulierte Theorie angesichts jener Zerrissenheit und historischen Zerfallenheit des Publikumsgeschmacks nicht «allgemeingeltend werden» könne[58]. Schlegel fordert von einer «Theorie», was nur eine neue Kritik leisten könnte: jene unterschiedlichen historischen Voraussetzungen und Erwartungen zu verstehen und darüber hinaus eine breite Rückwirkung auf die Literatur und auf die Geschmacksbildung auszuüben und sich so «zum Range einer wirklichen öffentlichen Macht» zu erheben[59]. Das Vorbild für eine solche Geschmacksbildung findet Schlegel in der allgemeinen Geltung des Ästhetischen in der griechischen Bildung: «Die griechische Schönheit war ein Gemeingut des öffentlichen Geschmacks, *der Geist der ganzen Masse*»[60].

Bei dieser großrahmigen hermeneutischen Entgegensetzung der klassischen Zeit und der Moderne konnte Schlegel sich keinen allmählichen Übergang zu einer dritten Periode vorstellen. Die geschichtshermeneutische

54. Ebd., 219.
55. Ebd., 223.
56. Ebd., 222.
57. Ebd.
58. Ebd., 237.
59. Ebd.
60. Ebd., 282.

Anlage dieser Arbeit, die Schlegel ja durchaus als künstlich konstruiert empfunden hat, forderte die Vorstellung eines augenblicklich erfolgenden totalen Umschlags: «Der Augenblick scheint in der Tat für eine *ästhetische Revolution* reif zu sein, durch welche das Objektive in der ästhetischen Bildung der Modernen herrschend werden könnte»[61].

Aber Schlegel war sich dessen bewußt, daß ein solches geschichtsphilosophisches Konstrukt ähnliche Vorstellungszwänge schaffen könnte wie die aufklärerische «Theorie der Perfektibilität». Das eigentliche geschichtshermeneutische Problem liegt ebenso in der Applikation eines solchen Konstruktes wie das einer ästhetischen Wissenschaft: «die Anwendung auf die Geschichte kann die schlimmsten Mißverständnisse veranlassen, wenn der *Blick* fehlt, den eigentlichen Punkt zu treffen, den rechten Moment wahrzunehmen, das Ganze zu übersehn»[62]. Den Augenblick des ästhetischen Umschlags kann nur derjenige richtig einschätzen, der vom Ganzen der Literaturgeschichte *und* der allgemeinen Geschichte aus versteht, und umgekehrt versteht nur derjenige dieses Ganze, der vom letztmöglichen Entwicklungsstand aus ästhetisch urteilt. Aber die ästhetische Zeiterfahrung scheint auch die Zukunftsdimension miteinschließen zu können. Der ästhetisch Verstehende löst ja das «verworrne Gewebe der Erfahrung» nicht in einzelne «Fäden» auf. Und so scheint es ihm eher möglich zu sein als anderen, «die gegenwärtige Stufe der Bildung richtig zu würdigen» und zugleich «die nächstkommende glücklich zu erraten»[63].

Der geschichtshermeneutische Zweck einer Untersuchung wie der «Über das Studium der griechischen Poesie» scheint also erst in der Zusammenschau aller drei Zeitstufen erfüllt zu werden. Schlegel stellt dieses Ziel vor Augen: «Vielleicht gelingt es uns, aus dem Geist ihrer bisherigen Geschichte zugleich auch den *Sinn* ihres jetzigen Strebens, die *Richtung* ihrer fernern Laufbahn, und ihr künftiges Ziel aufzufinden«[64].

Nachdem Schlegel die geschichtsphilosophische Triade entwickelt hat, bleibt für ihn nur noch die Frage, wodurch der Umschwung, die «ästhetische Revolution» bewirkt werde: durch eine Veränderung des Geschmacks bei einem Teil des Publikums, durch eine neue ästhetische Theorie oder durch ein poetisches Werk? Zunächst scheint er mit punktuellen Veränderungen in allen drei Bereichen zu rechnen: «In der *dritten* [Periode] wird wenigstens in einzelnen Punkten der ganzen Masse das Objektive wirklich erreicht: objektive Theorie, objektive Nachahmung, objektive Kunst und objektiver Geschmack»[65]. Die vollständige Entwicklung des Geschmacks bei einem dann nach ‹Geist› und ‹Buchstaben› in allem gleichzeitig verstehenden Publikum bezeichnete die äußerste Grenze der geschichtshermeneutischen Vorstellung: «*Goldnes Zeitalter* heißt dieser Zustand, wenn er einer ganzen gleichzeitigen Masse zukommt»[66].

61. Ebd., 269.
62. Ebd., 263.
63. Ebd.
64. Ebd., 224.
65. Ebd., 355.
66. Ebd., 287.

Schlegel scheint sich zur Zeit der Abfassung des ‹Studium› den Durchbruch in eine neue Periode noch am ehesten von einer ästhetischen Theorie versprochen zu haben: «Die *ästhetische Theorie* hat den Punkt erreicht, von dem wenigstens ein *objektives Resultat*, es falle nun aus, wie es wolle, nicht weit mehr entfernt sein kann»[67]. So benennt er schließlich als Vorstufe zu einer solchen Theorie die Ästhetiken Baumgartens und Sulzers. Auf die zweite Stufe stellt er das «kritische System» Kants und «seine[r] Nachfolger»[68]. Die dritte Stufe bezeichnet er nicht näher. Statt dessen zählt er wiederum andere Vorläufer auf: Lessing und Herder. Die Einlösung der geschichtshermeneutischen Erwartung bliebe dem vorbehalten, der die «Manier der klassischen Kritik» Lessings wiederaufgreifen, fortsetzen und überbieten könnte. Aber diese Leerstelle füllt Schlegel hier noch nicht aus. Das Programm einer sich universalisierenden Kritik kann er noch nicht soweit projektieren, daß er auf den Versuch zur ebenfalls geschichtlich fortsetzenden Theoriebildung verzichten könnte.

Die Leerstelle in seiner Arbeit «Über das Studium der griechischen Poesie» konnte Schlegel nicht durch *einen* Entwurf füllen, – dies zeigte sich im Scheitern seiner Bemühung, eine «Wißenschaft von der Kunst» zu konzipieren –, sondern nur durch eine Folge von Kritiken. Tatsächlich lassen sich die wichtigsten Kritiken als Einlösungen der im ‹Studium› angelegten Forderungen verstehen. In der Charakteristik des Jacobischen «Woldemar» fragt Schlegel nach der «Absicht des Werks»[69]. Die «Entscheidungen des Publikums», dessen Geschmacksbildung ungleichzeitig sei, überprüft er am Beispiel der Forster-Rezeption. Zugleich aber erklärt er die Tatsache, daß es nur «einige» geben könne, die solche Werke wie die Forsterschen «durchforschen und verstehen» lernten[70]. Diese neuen «Kenner» wären also auch Hermeneutiker. In der Lessing-Kritik schließlich wird das, was Schlegel im ‹Studium› am ‹öffentlichen Geschmack› erkannte und zugleich das, was vermeintliche ‹Kenner› bewirkten, hinsichtlich der «allmählichen Entstehung und Ausbildung der herrschenden Meinung über Lessing» überprüft und angewandt[71].

Schließlich füllt Schlegel im Abschluß seiner kritischen Versuche mit seiner Kritik des Goetheschen ‹Meister› die letzte Leerstelle aus, allerdings ohne dies auch als Erfüllung seiner geschichtsphilosophischen Erwartungen anzusehen. Nachdem er nicht mehr mit einem totalen Umschwung im ‹öffentlichen Geschmack›, in den ‹Entscheidungen des Publikums› rechnet und auch eingesehen hat, daß weder eine ‹ästhetische Theorie› noch eine durchgreifende Veränderung in den ‹Urteilen der Kenner› zu einer ‹ästhetischen Revolution› führen, bleibt nur noch die Hoffnung auf ein gelungenes neues Werk.

67. Ebd., 357.
68. Ebd., 364.
69. KA II, 67.
70. Ebd., 79.
71. Ebd., 103.

Durch sein Programm einer neuen Kritik und durch die Folge der kritischen Versuche aber wollte Schlegel erreichen, was er im ‹Studium› nur angedeutet hatte: die «herrschende[n] Begriffe» austauschen, die «ästhetische[n] Vorurteile, welche weit tiefer gewurzelt» seien, als die oberflächlichen «Entscheidungen des Publikums» vermuten ließen, durch wirkungsgeschichtlich tiefer ansetzende Verstehensweisen zu erfassen und so schließlich die «einseitige[n] Meinungen», die den «öffentlichen Geschmack» beherrschten, zu korrigieren[72]. Das Vorgehen des Kritikers also mußte auf neue Weise historisch-hermeneutisch bestimmt sein, insofern es galt, einen neuen «Gesichtspunkt» zu finden, von dem aus «das Ganze» zu verstehen sei[73], und es mußte ästhetisch-hermeneutisch ausgerichtet sein, da es galt, der «ästhetischen Anarchie» entgegenzuwirken, die ästhetischen Maßstäbe im Verstehensprozeß zu überprüfen und so schließlich «den Despotismus der einseitigen Theorie zu desorganisieren»[74].

72. KA I, 263. 73. Ebd., 264. 74. Ebd.

IV.

Die primäre Reihe der Rezensionen, Charakteristiken und Kritiken

1. Der hermeneutische Zugang zur Literaturgeschichte

Die Rezension der Herderschen «Briefe zu Beförderung der Humanität» (1796)

Der neue Kritiker nimmt die Veröffentlichung der siebten und achten Sammlung der Herderschen «Briefe zu Beförderung der Humanität» (1796) zum Anlaß, um zu überprüfen, ob dieser Vorläufer in historischem Maßstab auf die Geschmacksbildung einwirken könne. Nachdem er jene «ästhetische Revolution» nicht mehr von einer umfassenden ästhetischen Theorie erwarten kann, muß er auch die globale Aussage zur «modernen Poesie», daß «die Masse ihrer Geschichte keinen gesetzmäßigen Zusammenhang, das Ganze keine Einheit» habe, durch Gliederungsvorschläge ersetzen, die einen neuen hermeneutischen Zugang zur modernen Literaturgeschichte ermöglichen. Darüber hinaus gilt es, einen Rahmen für eine europäische vergleichende Kritik und Literaturgeschichtsschreibung zu finden, in dem die Ungleichzeitigkeit der deutschen Geschmacksbildung historisch besser verstanden werden könnte. Die «Gemeinschaft des Geschmacks» wird so im unterschwelligen Anschluß an eine Stelle im ‹Studium› weiter problematisiert: «Die deutsche Poesie aber stellt ein beinahe vollständiges geographisches Naturalienkabinett aller Nationalcharaktere jedes Zeitalters und jeder Weltgegend dar: nur der Deutsche, sagt man, fehle»[1].

In der Einleitung vergewissert Schlegel sich, daß auch die Kritik seines Vorläufers fragmentarisch angelegt ist, daß er also statt einer historisch noch nicht möglichen zusammenhängenden Darstellung der modernen Poesie «*Fragmente über den Geist und Wert der modernen Poesie*» verfasse. Schlegel möchte schon im ersten Satz die Parallele zu seinen eigenen Absichten

1. KA I, 222.

herausstreichen, wenn er in Herders Sammlungen nicht nur «Bruchstücke eines unvollendeten Ganzen» sieht, sondern deren Form auch noch als «im einzelnen *fragmentarisch*» ansieht[2]. So weist der neue Kritiker auf indirekte Weise von vorneherein darauf hin, daß man auch bei ihm mit solchen möglicherweise in die Rezension eingestalteten Fragmenten rechnen muß, die dazu dienen, «einen Gedanken nur eben anzulegen»[3]. Wenn er dann allerdings Herder vorhält, dieser zähle gelegentlich auch Autoren und Werke in kompilatorischer Weise auf, «ohne Charakteristik und Würdigung», so soll dies als veraltetes literarhistorisches Verfahren abqualifiziert werden. Schlegel scheint außer der literaturkritischen Bewertung die historisch straffe Ausrichtung darin zu vermissen, das, was er in den Heften «Von der Schönheit in der Dichtkunst» mit dem Ausdruck «Direktion»[4] gemeint haben mag. Bei Herder vermutet er noch Reste einer nicht hermeneutisch durchdachten Ergänzungsabsicht. Auf der Ebene der modernen Literaturgeschichte zeigt sich so das gleiche, was Schlegel wenig später in einem Heft «Zur Philologie» nicht als «Wesen der φλ[Philologie]», ja nicht einmal als «Merkmahl der Alterthumskunde» anerkennen wollte, daß der Wissenschaftler nur eine «Totalität der Notizen» anlege[5]. Die Gegenvorstellung wäre die einer kritisch angestrebten, hermeneutisch reflektierten «Totalität», aus der eine höherwertige «Charakteristik und Würdigung» erwachsen könnte, das, was Schlegel in dem I. Heft «Zur Philologie» eine «⟨Interpret[azion] in der zweyten Potenz . . . – mit *Totalität*⟩»[6] genannt hat.

In der Anschlußstelle der Herder-Rezension zeigt sich dann deutlich, daß Schlegel jene «Direktion» vermißt, die im Sinne der kurz darauf angestrebten «Theorie der historischen Kritik»[7] erforderliche Ausrichtung: «Das Für und Wider in den Fragmenten gleicht dann und wann dem Gange eines Pilgrims, der erst drei Schritte vorwärts und dann wieder zwei rückwärts geht»[8].

Schlegel steht noch so deutlich unter dem Eindruck seines ‹Studium›, daß er Herders historisch vorsichtig relativierendes Verstehen nicht voll zu würdigen vermag. Die Erwartung, daß eine ästhetische Theorie zu einer «völligen Umgestaltung», einer «Revolution»[9] führen könne, überträgt er zum Teil noch auf die Literaturhistorie. Wenn es die Aufgabe einer solchen Theorie sein sollte, die *«herrschende[n] Begriffe»* durch neue zu ersetzen und so die *«ästhetische[n] Vorurteile»* zu bekämpfen[10], so hätte sie eben nicht zugleich Streitigkeiten im Bereich der Ästhetik oder der Kunstkritik schlichten können. Schlegel billigt so auch nicht die vereinbarende und ausgleichende Argumentationsweise Herders, da er sie offenbar für rückfallgefährdet, jedenfalls nicht für entschieden ‹kritisch› hält: «in den Nachschriften redet oft mehr ein milder Vater, der die streitenden Meinungen zum Frieden

2. KA II, 47.
3. Ebd.
4. KA XVI, 8, Fr. 13.
5. Ebd., 43, Fr. 103.
6. Ebd., 54, Fr. 216.
7. Ebd., 36, Fr. 18.
8. KA II, 47.
9. KA I, 270.
10. Ebd., 263.

und zum göttlichen Vergleich ermahnt, als ein strenger Richter, der ihre gegenseitigen Rechte scharf bestimmt»[11].

Erst wenn er selbst nachträglich «das Ganze in Gedanken mehr zusammendrängt», also im Sinne einer potenzierten Kritik erneut bedenke, könne er die «Fülle von Gedanken und Gedankenkeimen» des Vorläufers würdigen. Schlegel drückt also das Projekthafte in den Fragmenten des Vorläufers durchaus in dessen ‹Geist› organologisch aus und eignet es sich somit hermeneutisch an.

Trotz aller Vorbehalte Schlegels mußte Herder als Vorläufer im historischen Verstehen gelten. Friedrich Schlegel erkennt diese Vorläuferschaft für eine «Geschichte der Dichtkunst» an, obwohl er auch da Einschränkungen macht, da ihm Herders Verständnis der Literaturgeschichte einerseits nicht werkbezogen genug, andererseits aber auch zu gefühlsbetont zu sein scheint: «*Poesie* wird hier in einem weiten Verstande als *Kultur zum Schönen* genommen; Geschichte der Dichtkunst als eine Geschichte menschlicher Einbildungen, Leidenschaften und Empfindungen . . .»[12]. Friedrich Schlegel wollte dieser Literaturgeschichtsschreibung eine geschichtlich anders orientierte entgegensetzen. Er benutzt die Besprechung der «Humanitätsbriefe» als Anlaß, um ein solches Verfahren in der Frageform zu skizzieren. Zunächst aber kritisiert er die vermeintlich undifferenzierte irrationalistische Betrachtungsweise Herders: «Die *religiöse Farbe* aller menschlichen Handlungen und Leidenschaften, und die *Sentimentalität* . . . verhalten sich doch wohl nicht wie Ursache und Wirkung zueinander, sondern wie Merkmale derselben Eigenschaft. Daß es eine Sentimentalität der Stände war, wird nur eben berührt»[13].

Nun setzt er seinen eigenen, noch grobrastigen historischen Gliederungsvorschlag an, der durchaus die mangelhaften Unterscheidungen des ‹Studium›-Aufsatzes abzulösen geeignet schien: «Wie wichtig war nicht der Einfluß der verschiedenen Stände auf den Gang und Geist der modernen Poesie? – Die ständische Entwicklung des modernen Geistes zeigt sich auch in diesem Teile der Bildung. Man könnte von der modernen Poesie sagen; sie sei zuerst ein Werkzeug des geistlichen, dann ein Zeitvertreib des adlichen, ein Gewerbe des bürgerlichen, und endlich eine Wissenschaft und Kunst des gelehrten Standes gewesen»[14]. Diese Sätze stehen wie ein erratischer Block inmitten dieser sonst recht schlicht eingefädelten Rezension. Man kann sie selbst im Sinne eines ‹Projektes› und ‹Fragments› inmitten des Textes ansehen. Es geht hier um einen *neuen hermeneutischen Zugang* zu einer möglichen «Geschichte der Dichtkunst». Friedrich Schlegel appliziert denn auch die vorgeschlagene neue Betrachtungsweise nur auf wenige Beispiele, da der fragmentarische Entwurf den anlaßhaft betrachteten Gegenstand

11. KA II, 47.
12. Ebd., 48.
13. Ebd., 49.
14. Ebd., 49/50.

überragt. So greift er beispielsweise eine Herder-Stelle heraus, um ein mögliches Mißverständnis zu beleuchten, dem jemand erliegen könnte, der keine geschichtlichen Unterscheidungen dieser Art treffen kann. Zunächst zitiert er: «‹Die Kunst der Troubadoren hatte den Namen der *fröhlichen Wissenschaft*, so wie auch ihr entschiedner Zweck *fröhliche, angenehme Unterhaltung* war . . .›». Sodann erläutert er den möglichen Verständnisfehler: «Dieses könnte eine Mißdeutung veranlassen, und sollte wohl bestimmter *standesmäßiger Zeitvertreib* heißen, welcher von einem Bürgerfeste, und einem schönen Spiele durchaus verschieden ist, von dem man doch jenen Ausdruck verstehen könnte»[15]. Solche Erläuterungen sind also durchaus als hermeneutische Auslegung und Ergänzung im engeren Sinne und als Anwendung des neuen historisch-hermeneutischen Verstehens gemeint. Schlegel benutzt aber auch diese Kritik an einer mißverständlichen Stelle wiederum als (zweiten) Anlaß, um die Schillersche Spieltheorie in Frage zu stellen: «Beim Spiel kann die höchste Tätigkeit aller Seelenkräfte stattfinden, wenn diese Tätigkeit nur frei ist: Zeitvertreib hingegen setzt immer eine gewisse *Passivität* voraus, welche von den frühesten Zeiten der modernen Poesie bis jetzt das Verhältnis des Publikums zu ihr bezeichnet»[16]. Im ersten Teil des Satzes bestätigt er Schillers Abhandlung «Über die ästhetische Erziehung des Menschen», die ja 1795 erschienen war, und die Schlegel ebenso wie die zweite theoretische Hauptschrift Schillers «Über naive und sentimentalische Dichtung» in einer gewissen Konkurrenz zu seinem ‹Studium› sah. Schillers Definition des ‹ästhetischen Zustandes› als eines «der realen und aktiven Bestimmbarkeit»[17] war auf jenen Grundsatz bezogen, der «das ganze Gebäude der ästhetischen Kunst und der noch schwierigern Lebenskunst tragen» sollte: «der Mensch spielt nur, wo er in voller Bedeutung des Worts Mensch ist, und *er ist nur da ganz Mensch, wo er spielt*»[18]. Schiller hatte die mögliche Wirkung dieses Satzes als «paradox» bezeichnet. Schlegel möchte genau die reale Unterlage dieses Paradoxons beleuchten. Die «Tätigkeit» könne solange nicht «frei» genannt werden, wie sie im Rahmen eines ‹Zeitvertreibs› ablaufe, denn da sei eine «Passivität» vorausgesetzt. Dies aber könne – so wäre zu ergänzen – nicht die Voraussetzung für eine ganzheitlich aktive ‹Lebenskunst› und ebensowenig für eine ästhetische Selbstvergewisserung sein. Schlegel möchte offensichtlich die kritischen Ansätze Schillers in aufklärerischer Absicht weitertreiben. Sein in die Herder-Kritik eingestaltetes Fragment zum geschichtlichen Wandel soll offenbar einen größeren Rahmen für eine kunstgeschichtliche und kritische Betrachtung bieten als die Schillersche Feststellung: «wir sehen nicht bloß einzelne Subjekte, sondern ganze Klassen von Menschen nur einen Teil ihrer Anlagen entfalten, während daß die übrigen, wie bei verkrüppelten

15. Ebd., 50.
16. Ebd.
17. Schiller, ÄE, 633, 20. Brief.
18. Ebd., 618, 15. Brief.

Gewächsen, kaum mit matter Spur angedeutet sind»[19]. Schlegel wollte kunstgeschichtlich die «Stände» und nicht, wie Schiller, den ‹einzelnen› als ‹Repräsentanten der Zeit› ansehen. So jedenfalls wäre die implizite Kritik auszuführen, die man als Antwort auf Schillers Frage auffassen könnte: «Warum qualifizierte sich der einzelne Grieche zum Repräsentanten seiner Zeit, und warum darf dies der einzelne Neuere nicht wagen?»[20]. Durch solche eingestreuten Kritiken suchte Schlegel die Verstehensraster für eine Unterscheidung zwischen Antike und Moderne, die er ja mit dem Begriffspaar des ‹Objektiven› und des ‹Interessanten› in unglücklicher Parallele zu Schillers Unterscheidung des ‹Naiven› und des ‹Sentimentalischen› gesetzt hatte, neu auszufüllen und zu bestimmen. Da das Manuskript seines ‹Studium› ja noch beim Verleger war und erst im Januar 1797 veröffentlicht wurde, suchte Schlegel verstärkt nach unterscheidenden, ja fundamentalkritischen Ansätzen gegen Schiller.

Schlegels versteckte Schiller-Kritik zielt darauf, daß die Möglichkeit für eine ästhetisch ‹aktive Bestimmbarkeit›, wie es in Schillers 20. Brief heißt, noch nicht in der ganzen Breite gegeben sei. Der «Zustand *der höchsten* Realität . . . insofern man dabei auf die Abwesenheit aller Schranken und auf die Summe der Kräfte achtet, die in derselben gemeinschaftlich tätig sind» (22. Brief)[21] sei – so muß man ergänzen – nicht ohne weiteres herstellbar. Vielmehr verlaufe die ästhetische Rezeption immer noch in einer gewissen «Passivität». Dieses historisch überkommene Verhalten sei noch allgemeinverbreitet: «Noch jetzt suchen die Menschen, mit Ausnahme weniger echter Liebhaber, die Poesie nur als Zeitvertreib, *in fugam vacui,* aus Abscheu vor dem Nichts in ihrem Innern»[22]. Dies Verhalten aber könne man eben nur aus der «ständische[n] Entwicklung des modernen Geistes»[23] verstehen und erklären.

Die anlaßhaft angesetzte Herder-Kritik führt also zu jenem eingestalteten Fragment und von da direkt zu einer Schiller-Kritik. Zugleich aber knüpft Schlegel an einen Ansatz in einem Heft «Von der Schönheit in der Dichtkunst» an. Dort hatte er offenbar zunächst im Stillen die Schillersche Lösung bedacht und war zu dem Schluß gekommen, daß die ästhetische Erscheinung sich nicht nur an «Anschauung und Gefühl» wende, sondern den «ganzen Menschen» angehe[24]. Schlegel scheint anerkannt zu haben, daß die Schillersche Rezeptionstheorie einen Schritt über die materialen Ästhetiken hinaus bedeutete, denn in Klammern notiert er sich: «Dieß ist in der Baumgartenschen Theorie übersehen»[25]. Man erinnert sich an die Erwähnung Baumgartens als eines Repräsentanten der ersten Stufe der Theoriebildung im ‹Studium›. Aber schon drei Paragraphen weiter spitzt er seine Forderung zu: «Das *Auffassen* des Gegebnen erfodert Spontaneität, eigne

19. Ebd., 582/83, 6. Brief.
20. Ebd., 583, 6. Brief.
21. Ebd., 637, 22. Brief.
22. KA II, 50.
23. Ebd., 49.
24. KA XVI, 25, Fr. 15.
25. Ebd.

Anstrengung, Selbstthätigkeit»[26]. Diese Formulierung des Heftes, die Schlegel nach der Lektüre der Schillerschen Schriften notiert haben könnte, steht in genauer Parallele zu jener Definition des ‹ästhetischen Zustandes› als eines «der realen und aktiven Bestimmbarkeit». Aber Schlegel bringt den Zeitfaktor auch in der Erörterung der Rezeptivität stärker ins Spiel als Schiller. Die «Erhöhung aller Kräfte» sei selbst gerichtet, weise eine «Richtung auf einen Punkt in die Zukunft» auf[27]. Diese zeitliche Ausrichtung bedenkt Schlegel mit, wenn er eine neue Definition des rezeptiven Zustandes versucht: «Die Erhöhung der gesamten Kraft des Subjekts heißt am schicklichsten SPANNUNG»[28].

Der Zusammenhang der Rezeptionstheorie und der Erörterung der geschichtlichen Bedingungen läßt sich so rekonstruieren. Es wird deutlich, daß Schlegel in den Heften «Von der Schönheit in der Dichtkunst» die Rezeptivität zunächst ähnlich wie Schiller fassen wollte, daß er aber den Zeitfaktor verstärkt und so schließlich wieder auf die empirischen Bedingungen zurückverwiesen wird. In der Kritik an der Schillerschen Spieltheorie sucht er die Rezeptionstheorie mit der literaturgeschichtlichen Betrachtung zu verbinden, als deren Vorläufer er zuvor Herder hingestellt hatte.

Die «ständische Entwicklung des modernen Geistes» als Voraussetzung zum Verständnis der «modernen Poesie» nachzuzeichnen, widersprach ja gerade der klassischen Vorstellung Schillers von einer ästhetischen Theorie, «daß diese Materie weit weniger dem Bedürfnis als dem Geschmack des Zeitalters fremd ist, ja daß man, um jenes politische Problem in der Erfahrung zu lösen, durch das ästhetische den Weg nehmen muß . . .»[29].

Schiller hatte die historische Verstehenskonsequenz in dem Satz ausgedrückt: «Man ist ebensogut Zeitbürger, als man Staatsbürger ist»[30]. Somit hätte er –unterstellt Schlegel– die «ständische Entwicklung des modernen Geistes» gerade im Hinblick auf das Zeitproblem bedenken müssen. Schillers Lösung des Zeitproblems aber führte zur klassischen Stilisierung der Idylle: «der Spieltrieb also würde dahin gerichtet sein, die Zeit *in der Zeit* aufzuheben, Werden mit absolutem Sein, Veränderung mit Identität zu vereinbaren»[31]. Der ästhetische Zustand soll die Freiheit schaffen, daß man sich «wie aus der Zeit gerissen» fühle[32]. Schlegel bestätigt zunächst die Bedeutung der Spieltheorie, insofern der ‹ganze Mensch› im Spiel tätig sein könne, aber er macht die ‹Freiheit› zur Bedingung. Nur insofern man jenen geschichtlichen Verhaltensrahmen des ‹Zeitvertreibs› ändern könne, sei diese «höchste Tätigkeit» möglich: «Beim Spiel kann die höchste Tätigkeit aller Seelenkräfte stattfinden, wenn diese Tätigkeit nur frei ist: Zeitvertreib hingegen setzt immer eine gewisse *Passivität* voraus, welche von den frühe-

26. Ebd., 26, Fr. 18.
27. Ebd., 28, Fr. 20.
28. Ebd.
29. Schiller, ÄE, 573, 2. Brief.
30. Ebd., 572, 2. Brief.
31. Ebd., 612 f., 14. Brief.
32. Ebd., 637, 22. Brief.

sten Zeiten der modernen Poesie bis jetzt das Verhältnis des Publikums zu ihr bezeichnet»[33]. So bereitet er gegenüber seinem schon vor der Veröffentlichung ins Hintertreffen geratenen ‹Studium› einen Neuzugang zur Beurteilung der «modernen Poesie» vor. Zugleich setzt er versuchsweise und noch versteckt der klassischen Lösung Schillers eine neoaufklärerische Auffassung entgegen.

Zwischen jener in Konkurrenz zu Schillers Schriften bedachten Theorie der Rezeptivität und der literaturgeschichtlichen Vorstellung, daß mehrere aufeinanderfolgende ‹Stände› jeweils die empirische «Gemeinschaft des Geschmacks» darstellten, fehlt nun noch das Verbindungsstück. Dies aber kann man nur in einer Konzeption des Publikums finden, die weit abgestuft ist, also weder bloß mit transzendentalen Annahmen zum ‹ganzen Menschen› rechnet, noch die Unterlage des homogenen ästhetischen Geschmacks einer Gesellschaftsschicht außer acht läßt. Wir hatten bereits gesehen, daß Schlegel in ironischen Wendungen seiner «Fragmente zur Litteratur und Poesie» die Konsequenz aus jenen Vorüberlegungen zog, indem er forderte, Autoren dürften weder «das daseiende Publ.[icum] . . . verachten und . . . beschimpfen» noch «das idealische . . . ignoriren»[34]. Zur Zeit der Abfassung dieses Heftes der «Fragmente zur Litteratur und Poesie» hatte Schlegel sich das «idealische» Publikum durchaus schon ‹historisch›, als ein zeitlich später verstehendes, vorgestellt. Die Vorstufe zu dieser Historisierung des «idealischen» Publikums findet man tatsächlich bei Herder. Wir können dieses Zwischenstück, auf das Schlegel in der Rezension der ‹Humanitätsbriefe› nicht zu sprechen kommt, jetzt rekonstruieren.

In der fünften Sammlung der ‹Humanitätsbriefe›, die parallel zu Schlegels Schrift «Über das Studium der griechischen Poesie» im Jahre 1795 entstanden ist, hatte Herder die Frage gestellt: «Haben wir noch das Publicum und Vaterland der Alten?» Und er hatte in Beantwortung dieser Frage die spätere ‹historische› Unterscheidung vorbereitet: «Es giebt ein *reales* und *ideales Publicum;* jenes, das gegenwärtig um uns ist, und uns seine Stimme wo nicht zukommen läßt, so doch zukommen lassen kann; das ideale Publicum ist zuweilen so zerstreut, so verbreitet, daß kein Lüftchen uns aus der Entfernung oder aus der Nachwelt, den Laut seiner Gedanken zuführen mag»[35].

Schlegel scheint also Herder sehr viel intensiver als Vorläufer im historischen Verstehen gelesen zu haben als seine Rezension zunächst vermuten läßt. Andererseits führt er, ähnlich wie in seiner Schiller-Kritik, nicht alle Punkte aus, in denen seine Vorläufer bzw. Konkurrenten schon genauere Unterscheidungen getroffen hatten. So hatte Herder in jenem im Jahre 1795 veröffentlichten Teil der ‹Humanitätsbriefe› den Verstehenszugang von der Moderne her schon im Sinne eines engeren oder weiteren Horizontes bestimmt, in dem verstanden würde: «Wer sind nun die *Wir,* die sich mit diesen *Alten* vergleichen? Im Ganzen möchte man die jetzige Generation der

33. KA II, 50.   34. KA XVI, 139, Fr. 641.   35. Herder, BH, XVII, 284.

Menschen darunter verstehen. Da diese doch aber in einen Gesichtskreis oder gleichsam in einen großen Saal beschränkt werden muß, um Zuschauerin, Hörerin, Urtheilerin, Richterin zu werden: so wird dieser Kreis bald sehr weit, bald sehr enge genommen»[36]. Herder stellt diesen «Gesichtskreis» als eine Art ‹Verstehenshorizont› vor. Aber er faßt die darin angelegte hermeneutische Vorstellung in dem Beispiel vom «großen Saal» noch räumlich. Allerdings sieht Herder sehr deutlich, daß auch diejenigen, die in ihrem Verstehen einen sehr weiten «Gesichtskreis»[37] haben, doch die Prägemuster ihrer Geschmacksbildung in dieses Verstehen einbringen: «. . . vom weitesten Kreise, den unsre Einbildung kaum fassen mag, wird oft behauptet, was nur dem engesten, einem sehr auserlesenen Kreise gebühret»[38]. Herder wollte den «Mißverständnissen», die sich aus solchen Übertragungen ergäben, mit der Forderung entgegenwirken, daß der Deutende «jedesmal den Gesichtskreis zu bestimmen» habe, in dem er verstehe, und darüber hinaus «in Absicht jeder Frage» gegenstandsbezogene, historische und ethnische Unterscheidungen für sein «Publicum» treffen solle[39]. Schlegel nahm hingegen schon sehr früh, also schon auf der Ebene des ‹Studium›, an, daß das Publikum genauso wie die Mehrzahl der Autoren ihrer Geschmacksbildung nach auf verschiedene Zeiten fixiert seien, daß zumal die «Deutsche Poesie» ein «geographisches Naturalienkabinett aller Nationalcharaktere jedes Zeitalters» sei. Schlegel hat diese Zeitfixierungen auch in Beispielen angegeben[40]. Wir hatten dies als Ungleichzeitigkeit der Geschmacksbildung und des ästhetischen Verstehens bezeichnet. Der Unterschied zwischen Herders und Schlegels Auffassung besteht also darin, daß Herder die Geschmacksbildung zwar gesellschaftlich differenziert betrachtet («einen sehr auserlesenen Kreis»), aber die «jetzige Generation» nicht als historisch in sich zerfallene ‹Gemeinschaft des Geschmacks› auffaßt, wohingegen Schlegel jene Ungleichzeitigkeiten der Geschmacksbildung in Übereinstimmung damit sieht, daß es auch «in dem Geiste gleichzeitiger Werke . . . keine gemeinschaftlichen Verhältnisse» mehr gebe[41]. Beides gehört zur Annahme einer «ästhetischen Anarchie».

Herder hat sich in der neunten Sammlung seiner ‹Humanitätsbriefe› (1797) gegen die Konsequenz zur Wehr gesetzt, die auch in Schlegels Betrachtung einer «ständische[n] Entwicklung des modernen Geistes» angelegt war, daß Schriftsteller und Kritiker zuletzt tatsächlich nur noch für ein nach dem Muster der Gelehrtenrepublik vorgestelltes Publikum schreiben könnten: «Welcher Mann, ich will nicht sagen, von Stande, sondern nur von Achtung für seinen Namen wird sich in eine Gesellschaft mischen, die auf solche Art *für sich selbst* schreibet?»[42]. Demgegenüber betont Herder die Funktion der «obern Stände» als homogenes geschmacksbildendes Publi-

36. Ebd., 285.
37. Ebd.
38. Ebd.
39. Ebd.
40. KA I, 222.
41. Ebd., 221 f.
42. Herder, BH, XVIII, 205.

kum: «Es ist ein pöbelhafter Wahn, daß wir der obern Stände *nicht bedörfen*» – «Eben so falsch ist die andre Behauptung, daß es Deutschland vortheilhaft sei, wenn Schriftsteller *blos für Schriftsteller* schreiben. Der Koch kocht für Gäste, nicht für Köche». Herder befürchtet, daß sich solche Schriftsteller «in Deutschland zu Häuptern einer gelehrten Republik aufwerfen» könnten[43]. Schlegels Vorstellung vom Publikum hatte sich ja in diesem gleichen Jahr 1797 bis zu dem Punkt gewandelt, daß er es als gleichzeitig empfindendes ‹annihilierte›: «Das Publ.[icum] existirt nicht»[44]. Andererseits mußte er in dem gleichen Maße, wie er das mögliche Publikum als ein erst nachträglich verstehendes begreift, die Vorstellung eines esoterischen Kreises stellvertretend verstehender Schriftsteller und Kritiker ausbilden.

Damit haben wir sowohl die Voraussetzungen als auch die Fortsetzung der Herderschen Annahmen zum Publikum weit genug skizziert, um seine Vorläuferschaft zu Schlegel und auch seine Abweichung von der sich weiterentwickelnden frühromantischen Vorstellung zu verdeutlichen.

Darüber hinaus haben wir die Bereiche aufeinander bezogen, die zu einer *literaturgeschichtlichen Einschätzung der «Gemeinschaft des Geschmacks»* gehören. Durch die grobrastige geschichtliche Einteilung wollte Schlegel sowohl die Grenzen einer Theorie der Rezeptivität bestimmen, als auch eine neue ‹historisch› ausgerichtete hermeneutische Vorstellung von einem nachträglich immer mehr verstehenden ‹idealischen Publikum› vorbereiten.

Im letzten Teil der Rezension argumentiert Schlegel in Richtung auf eine mögliche vergleichende Kritik und europäische Literaturgeschichtsschreibung. Vergewissern wir uns nochmals, daß die hermeneutische Funktion einer solchen vergleichenden Betrachtung der Nationalliteraturen ja darin bestand, das weitestmögliche Ganze der Moderne kontrastiv zu dem Ganzen der griechischen Bildung in den Blick zu rücken. Das Bedürfnis nach einer vergleichenden Kritik und Literaturgeschichtsschreibung müßte ja in Deutschland besonders groß sein, unterstellt Schlegel, da die deutsche Literatur lange und intensiv auswärtigen Einflüssen nachgab, so daß sie zuletzt, wie wir gesehen haben, als «ein beinahe vollständiges geographisches Naturalienkabinett aller Nationalcharaktere jedes Zeitalters und jeder Weltgegend» gewirkt habe.

Schlegels Kritik an Herder muß man von dieser Voraussetzung des ‹Studium› her begreifen. Die vergleichende Betrachtung war auch notwendig, um in einer Rückanwendung, ganz im Sinne einer neuen hermeneutischen Applikation, die Ungleichzeitigkeiten der deutschen Literaturentwicklung und der deutschen Geschmacksbildung zu deuten. Allerdings stellte sich sofort die Schwierigkeit ein, nach welchen Kriterien man bei einer so umfassenden Betrachtung urteilen könne. Aus der *hermeneutischen Annahme dieses neuen Ganzen* ergibt sich also die Frage nach dem angemesse-

43. Ebd., 204.

44. KA XVI, 139, Fr. 641.

nen *kritischen ‹Maßstab›*. Herder hatte diese Wechselsteigerung von Kritik und Hermeneutik nicht vollzogen. Schlegel vermißte bei ihm zuletzt gerade die historische Ausweitung des Urteils im Sinne einer solchen Wechselsteigerung: «Das *Resultat* . . . leugnet, daß die Poesie verschiedner Zeiten und Völker verglichen werden könne, ja sogar, daß es einen *allgemeinen Maßstab* der Würdigung gebe. Aber ist dieses auch erwiesen?»[45].

Herder war in der siebten Sammlung der «Briefe zu Beförderung der Humanität» noch deutlicher als Schlegel im ‹Studium› von dem «Unterschied alter und neuer Zeiten d. i. der Griechen und Römer im Vergleich aller neueren Europäischen Völker»[46] ausgegangen. Aber er habe, Schlegel zufolge, aus dem Vergleich keine hermeneutischen und kritischen Konsequenzen gezogen. Vielmehr gelangt Herder sowohl für die Epochenbetrachtung als auch im Bezug auf die Nationalliteraturen zu einem historisch relativierenden Verstehen. Er möchte «jeder Nation und Zeit ihr Recht wiederfahren» lassen[47]. Schlegel hingegen will auf die «Direktion» achten, wie bei der Rezeptionstheorie die «Richtung auf einen Punkt in die Zukunft» beachten, oder, wie im ‹Studium›, den «rechten Moment» wahrnehmen, um «das Ganze zu übersehn»[48]. Herders Frage nach der Ungleichzeitigkeit ist nicht in diesem Sinne historisch ausgerichtet, sondern organologisch an der Möglichkeit von Blütezeiten und Verfallszeiten der Poesie orientiert: «Wie? kann man fragen, blühet diese schöne Blume der Humanität, *Poesie in Denkart, Sitten und Sprache* nicht überall und allezeit gleich glücklich? Und wenn zu ihrem Aufkommen ein besondrer Boden, eine eigene Pflege und Witterung gehöret; welches ist dieser Boden, diese Witterung und Pflege?»[49]. Während Schlegel großrahmige Kennzeichnungen braucht, um jeweils in historischen Ganzheiten verstehen zu können, lehnt Herder solche hermeneutischen Einschätzungen als undifferenziert ab: «Wie mir immer eine Furcht ankommt, wenn ich eine ganze Nation oder Zeitfolge durch einige Worte charakterisiren höre . . ., so verlegen werde ich, wenn ich von der *Poesie einer Nation* oder eines *Zeitalters* in allgemeinen Ausdrücken reden höre»[50].

Herder faßt die eigenwertige Betrachtung jeder epochalen Einheit selbst in ästhetischen Vorstellungsmustern: «jedes Zeitalter hat seinen Ton, seine Farbe; und es giebt ein eignes Vergnügen, diese im Gegensatz mit andern Zeiten treffend zu charakterisiren»[51]. Schlegel scheint sich genau auf diese Formulierungen in der siebten Sammlung der ‹Humanitätsbriefe› zu beziehen. Jene Bezeichnung «charakterisiren» konnte er im Sinne seiner ‹Kritik› nicht akzeptieren. Für ihn gehörten die geschichtshermeneutische Ausrichtung und die kritische «Würdigung» zusammen: «Die Methode . . ., jede Blume der Kunst, *ohne Würdigung*, nur nach Ort, Zeit und Art zu betrachten,

45. KA II, 54.
46. Herder, BH, XVIII, 5.
47. Ebd.
48. KA I, 263.
49. Herder, BH, XVIII, 5.
50. Ebd., 56 f.
51. Ebd., 58.

würde am Ende auf kein andres Resultat führen, als daß alles sein müßte, was es ist und war»[52]. Er fürchtet also offenbar als Folge eines solchen historischen und ästhetischen Verstehens einen Stillstand wenigstens in der Literaturentwicklung und wohl auch, daß jene Ungleichzeitigkeit in der deutschen Geschmacksbildung nicht behoben werden könne.

Im Sinne einer weitgesteckten Projektbildung hält er auch eine vergleichende literaturgeschichtliche Gliederung für möglich: «Wenn noch kein tadelloser Versuch, das Feld der Poesie einzuteilen vorhanden ist, muß diese Einteilung darum überhaupt unmöglich sein?»[53].

Schlegels Vorwurf der Maßstablosigkeit des historischen Verstehens scheint Herder mitbeeinflußt zu haben, schon in einer Überschrift im Inhaltsverzeichnis der zehnten Sammlung (1797) auf «Falsche Gesichtspunkte und Maasstäbe zu Schätzung der Nationen» hinzuweisen[54].

Um die Ansätze des Vorläufers auch für die vergleichende Betrachtung zu retten, hebt Schlegel ein Herder-Zitat hervor, aus dem sich wenigstens die Forderung wechselseitiger Beachtung der Kritik in den europäischen Ländern ableiten läßt: «‹Seit geraumer Zeit, sind wir mit den schätzbarsten Produkten des Auslandes selbst im Felde der Kritik sehr unbekannt geblieben›»[55]. Schlegel konnte so wenigstens die Gefahr einer ungleichzeitigen Entwicklung der Kritik als ein auch von Herder gesehenes Problem hinstellen.

Im Anschluß an diese scheinbare teilweise Bestätigung durch seinen Vorläufer Herder fädelt Schlegel das weitere Netz seiner Vorläufer ein und gibt so einen Ausblick auf seine weiteren kritischen Projekte. Im Sinne einer Kontinuierung der Reihe als einer sich anerkennender Kritiker zitiert er einen Satz Herders über Georg Forster: «‹Für die Bekanntschaft mit der engländischen Literatur ist uns mit *Georg Forster* viel gestorben›»[56]. Herder hatte in dieser achten Sammlung, im Anschluß an diese Stelle, der Kritik tatsächlich die hermeneutische Funktion zugeschrieben, ein nationales Publikum in einen universellen Verstehenshorizont zu versetzen: «Hierhin sollte die Kritik wirken! uns ins Universum sämmtlicher gebildeten Nationen versetzen, und auf unserm einsamen Gange von ihnen uns Licht und Hülfe zufördern»[57]. Die Verwendung der Lichtmetapher mußte beinahe schon wieder aufklärerisch wirken. Auch diese von Schlegel bewunderten Ansätze nimmt Herder im folgenden Jahr (1797), also nach Veröffentlichung eines Teiles der Schlegelschen Kritiken, teilweise zurück. In der neunten Sammlung schreibt er: «Noch sollte ich mich über den Vorwurf, als ob wir Deutsche die Engländer nicht gnug geehrt hätten, rechtfertigen; der aber widerlegt sich selbst. Mit den Britten stehen wir in reinerem Verhältniß; wir ehren sie aus Neigung *über Gebühr*, von ihnen keine Ehre erwartend»[58]. Herder vermißt also die Wechselbeeinflussung und wechselseitige Beach-

52. KA II, 54.
53. Ebd.
54. Herder, BH, XVIII, 219.
55. KA II, 54.
56. Ebd.
57. Herder, BH, XVIII, 132.
58. Ebd., 207

tung. Er sieht nur noch die Vorzüge des deutschen Publikumsgeschmacks: «Daher sind von den Engländern selbst ihre treflichsten Schriftsteller kaum mit so reger, treuer Wärme aufgenommen worden, als von uns . . .»[59].

Die Reihe der kritischen Vorläufer, die auch – in der Schachtelung – der Vorläufer Herder anerkannte, reicht über Forster hinaus bis auf Lessing zurück. Herder hatte in der achten Sammlung Lessing in ähnlicher Funktion als Übermittler und ‹Übersetzer› wie Forster angeführt: «Seit geraumer Zeit, wie unbekannt sind wir z. B. mit den schätzbarsten Produkten des Auslandes selbst im Felde der Kritik geblieben! *Lessing* übersetzte *Wartons Versuch über Pope* . . .»[60]. Herders Aufsatz über Lessing aus dem Jahre 1781 erschien gerade im Frühjahr 1796 in vierter Auflage[61]. Er mußte den Kritiker Schlegel in seinen eigenen Plänen bestärken, über diesen in weitesten Publikumskreisen anerkannten Vorläufer zu schreiben.

Das hermeneutische Problem der ‹Übersetzung› stellt also eine Anschlußmöglichkeit an diesen letzten Teil der Rezension dar. Dieses Problem hat Schlegel – wie wir gesehen haben – sowohl in den Heften «Zur Philologie» als auch in dem herangezogenen Heft der «Fragmente zur Litteratur und Poesie» weiterverfolgt.

Die Konstruktion der Vorläuferreihe aber ist in der Herder-Rezension bereits angelegt. Schlegel brauchte nur einen Satz Herders zu zitieren, der behauptete, daß das Verstehen im Bereich der Kritik selbst Genialität voraussetzt: «Auch die Kritik ist ohne Genius nichts. Nur ein Genie kann das Andre beurtheilen und lehren»[62]. So hat Schlegel sich selbst bereits indirekt, im Zitat, den Rang eines Kritikers zugeschrieben, dessen Verstehen auch Herdersche Ansätze einzubeziehen vermag, auch wenn er diese in den Notizheften der Jahre 1797–1799 nicht mehr so hoch einschätzte. Indem der neue Kritiker jene Ansätze des Vorläufers zum historischen Verstehen weiterbildete, stellt er sich selbst in dessen Wirkungsgeschichte. Aus diesem ‹Gesichtspunkt› einer vorgestellten Weiterentwicklung aber mußte er alle die Kritiker ablehnen, durch die Ideen des Vorläufers Herder unmittelbar angewandt und umgesetzt wurden. Schlegel scheint durchaus an eine unhistorische Applikation der Herderschen Literaturbetrachtung zu denken, wenn er in einer auf das Jahr 1797 datierbaren Notiz der «Fragmente zur Litteratur und Poesie» schreibt: «Manch[e] gutmeinend[e] Kritiker gehn in bewundert[en] Gedicht[en] gleichsam *botanisiren*»[63].

59. Ebd., 208. 60. Ebd., 131.
61. Vgl. Eichner, KA II, S. XXIX, und Anm. 5.
62. Herder, BH, XVIII, 131; KA II, 54.
63. KA XVI, 96, Fr. 135; in den Heften der ‹Philosophischen Lehrjahre› (KA XVIII, 219, Fr. 297) hebt Schlegel die Eignung von «*Herders* Sprache» für den «Essay» hervor, kritisiert aber wiederum die organologische Vorstellungsart: « $\frac{\chi\alpha}{0}$ [reines Chaos] von Keimen, Blumen, Früchten bei ihm». – In einem Heft des Jahres 1799 zeigt Schlegel sich verärgert über Herders ‹metakritische› Repliken: «*Herders* Metakr.[itik] ein Heringssalat von Ontol.[ogie] und γϱ [Grammatik] . . .» (KA XVIII, 251, Fr. 686).

2. Die Weiterentwicklung der ‹Ästhetischen Auslegungskunst› durch das ‹Kritische Genie›

Die Rezensionen von Schillers ‹Musenalmanach› für das Jahr ‹1796› und ‹1797› sowie von Schillers ‹Horen› (1796)

DIE sich universalisierende neue Kritik sollte nicht nur an die Stelle jener Theorie der Ästhetik in der eigenen Werkfolge Schlegels treten, sondern mußte sich auch unterschwellig oder offen mit den Ästhetiken und Theorien auseinandersetzen, die historisch sowohl auf der Vorstufe der Baumgartenschen als auch auf der Wirkungsebene Kants einzuordnen sind. Die Auseinandersetzung über ästhetische Fragen ist dabei nicht zu trennen von Deutungsmustern der im Rezensionswesen weiterwirkenden Regelhermeneutiken, die historisch auf jener ersten Theorie-Ebene liegen, und von Funktionsbestimmungen der «Kritik als Kunst», die nach Kant unter der Schwelle einer «transzendentalen Kritik» weitergelten sollten. Die Aufgabe dieser untergeordneten Kritik sollte es sein, «bloß die physiologischen (hier psychologischen), mithin empirischen Regeln, nach denen der Geschmack wirklich verfährt, (ohne über ihre Möglichkeit nachzudenken) auf die Beurteilung seiner Gegenstände anzuwenden»[1]. Schlegel wollte ja zunächst noch die psychologischen Erklärungen beibehalten, insofern die «Karakteristik» auch die «*psychologische Genesis*» eines Werkes im Sinne der «Entstehung aus seiner Veranlaßung» verfolgen sollte[2]. Darüber hinaus aber hatte er schon Verstehensmuster entgegengesetzter irrationalistischer Strömungen benutzt, insofern die Kritik den «substantielle[n] Theil (das Herz seines Lebens) eines Kunstwerkes»[3] zu verstehen habe. Da Schiller in seinem Bildungsprozeß sowohl die Aufklärungspsychologie als auch die Phase des Sturm und Drang durchlaufen hatte und schließlich Kantianer geworden war, konnte Schlegel seine kritisch synthesierten neuen Deutungsmuster und neuen ‹Maßstäbe› nun an ihm erproben. Als Herausgeber der «Horen» mußte Schiller Autoren der unterschiedlichsten Richtungen berücksichtigen, so daß sich Schlegels Annahme aus dem ‹Studium›, es gebe «in dem Geiste gleichzeitiger Werke . . . keine gemeinschaftlichen Verhältnisse» mehr, überprüfen und weiter ausdifferenzieren ließ. Folgerichtig angeschlossen zielt die Feststellung innerer Ungleichzeitigkeit dann darauf, ob diese Werke und Autoren noch nach einem einheitlichen ‹Maßstab› und aus dem gleichen ‹Gesichtspunkt› – etwa dem der Aufklärungshermeneutiken – beurteilt werden können. Darüber hinaus läßt sich auch die «Gemeinschaft des Geschmacks» einschätzen als Verstehensgemeinschaft eines lesenden Publikums, das nach Auskunft des ‹Studium› auf unterschiedliche historische Bezugsfelder fixiert sei und sich somit in der Geschmacksbildung

1. Kant, KdU, 216. 2. KA XVI, 9, Fr. 24. 3. Ebd.

ungleichzeitig zu möglichen neuen, vielleicht sogar klassischen Werken verhalte.

Friedrich Schlegel nutzt in seiner Besprechung des vierten Stücks der «Horen» den Anlaß einer selbst wiederum nur anlaßhaft angebrachten Auseinandersetzung seines Bruders August Wilhelm mit «kritischen Pfuscher[n]»[4], um sich tiefgehender mit den Unterschieden zwischen herkömmlichen Auslegungsweisen und den Möglichkeiten einer neuen Kunstkritik zu beschäftigen. In jener Schachtelung der Anlässe hebt er sich auch von den Ansichten ab, die «das gemeine Vorurteil» gegenüber den Möglichkeiten der Kritik ‹beschönigen›[5]. Im Vorurteil des Publikums werde die Kritik so aufgefaßt, «als störe sie den Genuß». Friedrich Schlegel möchte aber verhindern, daß die Kritik diesem Vorurteil nachgibt und sich nur noch auf herkömmliche hermeneutische Praktiken der Auslegung zurückzieht. So setzt er seine grundlegende Unterscheidung hier an: «Die Kritik ist weit mehr als eine bloße *ästhetische Auslegungskunst*, zu der sie hier herabgewürdigt wird; obgleich im edelsten Sinne des Worts, für die Kunst, den großen Sinn schöpferischer Werke rein und vollständig mit scharfer Bestimmtheit zu fassen und zu deuten: denn dieser Sinn ist oft tief verborgen, und bedarf eines Auslegers»[6]. Zunächst bezieht sich der Terminus «Auslegungskunst» ja auf die aufklärungshermeneutische Tradition, also etwa auf Johann Martin Chladenii «Einleitung zur richtigen Auslegung vernünfftiger Reden und Schriften», die schon 1742 erschienen war[7], oder auf die Weiterentwicklung dieser Hermeneutik durch Georg Friedrich Meier, der bis 1777 als Philosophieprofessor in Halle lehrte. Meier hatte 1757 einen «Versuch einer allgemeinen Auslegungskunst» veröffentlicht[8]. Er kann als Vermittler zwischen Hermeneutik und Ästhetik angesehen werden, da er als Schüler Alexander Gottlieb Baumgartens, der zwischen 1750 und 1758 die «Aesthetica» veröffentlicht hatte[9], selbst ein Werk über «Anfangsgründe aller schönen Künste und Wissenschaften» verfaßt hatte[10]. Jedenfalls entsprächen beide auf Seiten der Hermeneutik der Theorie-Ebene, die Schlegel im ‹Studium› und in den Heften «Von der Schönheit in der Dichtkunst» als erste historische Vorstufe angenommen hatte.

Friedrich Schlegel könnte an die Wirkungsgeschichte der Werke des Chladenius und Meiers gedacht haben, auch wenn er beide nicht erwähnt, denn diese hatten sich gerade um eine Abgrenzung und besondere Hervorhebung einer ‹ästhetischen Auslegungskunst› bemühen wollen. So schreibt schon Chladenius in seiner Einleitung: «Es ist auch noch eine andere Art von Büchern, in der Auslege-Kunst in genauere Betrachtung zu ziehen, welche sinnreiche genennet werden, worunter die Poetischen die vornehmsten sind.

4. KA II, 13.
5. Ebd.
6. Ebd., 14.
7. Chladenius, EA, auch VG und AG.
8. G. Fr. Meier, AA.
9. A. G. Baumgarten, Ae.
10. G. Fr. Meier, AKW.

Denn wie hierinne eine besondere Art zu gedencken herrschet, so daß sie eine besondere Vernunfft-Lehre in sich zu halten scheinen, also ist auch ihre Auslegung gantz anders eingerichtet, als bey gantz dogmatischen und blossen historischen Büchern»[11].

Wenn Schlegel es als Aufgabe bezeichnet, den «großen Sinn schöpferischer Werke rein und vollständig mit scharfer Bestimmtheit zu fassen und zu deuten», so leistet er selbst bereits eine Synthese neoaufklärerischer und genieästhetischer Forderungen, die sich insgesamt gegen die Wirkungsgeschichte der Aufklärungshermeneutik im Bereich der Kunstkritik richtet. Er erfüllt so in der Art des historischen Anschlußverfahrens schon sein späteres Programmstichwort von der «antithetische[n] Synthesis», das er in einem Heft von 1797 notiert hat[12]. Indem er sich gegen die Wirkungsgeschichte bestimmter historischer Vorstufen wendet, schafft er in seiner Darstellung, in seinen Deutungsmustern unerwartete, anders gerichtete Synthesen.

Mit der Wendung vom «großen Sinn schöpferischer Werke» hebt er die Besonderheit des ästhetischen Werkes gegenüber anderen Werken hervor, für die eine ‹allgemeine Auslegungskunst› ausreichend sein mochte. Weder die aufklärerische Unterscheidung von «buchstäbliche[m] Verstand» und «mystische[r] Bedeutung»[13], die auf das aus der Antike überkommene Muster vom «sensus litteralis» und «sensus spiritualis» zu beziehen ist, noch die aus der Scholastik herkommende Lehre vom vierfachen Schriftsinn (sensus litteralis, sensus allegoricus, sensus tropologicus, sensus anagogicus) war geeignet, dem genieästhetischen Verstehensbedürfnis für jenen «großen Sinn schöpferischer Werke» Genüge zu tun. Andererseits bemüht sich Schlegel um neoaufklärerische Anknüpfung von Begriffen und Vorstellungsmustern. Jener «große Sinn» müsse mit «scharfer Bestimmtheit» gedeutet werden. Aber dann nimmt er diese neoaufklärerische Tendenz wieder halb zurück: dieser «Sinn» sei «oft tief verborgen». So unterstellt er, daß die Fortsetzer jener Aufklärungshermeneutiken in der Kritik kaum in der Lage seien, einen solchen ästhetischen Sinn zu ergründen. Das «Vollkommen-Verstehen» nach Art der Aufklärungshermeneutiken sollte ja auf dem Wege begrifflicher Assoziationen ablaufen[14]: «Nemlich wir finden erstlich bey einer Stelle einen gewissen Begriff, der, wenn man mit der gehörigen Wissenschaft und Vorbereitung darzu kommt, durch die bloße Aufmercksamkeit aus einer Stelle entstehet. Diesen Begriff, der durch die blosse Aufmercksamkeit auf die Worte der Stelle, hervorgebracht wird, nennen die

11. Chladenius, EA, Vorrede b 3. 12. KA XVIII, 82, Fr. 637.

13. Chladenius, EA, 520, § 675: «Der buchstäbliche Verstand wird der mystischen Bedeutung entgegen gesetzet. Daher, wo kein mystischer Verstand ist, kan man auch nicht vom buchstäblichen Verstande reden. Nun hat der mystische Verstand nicht überall statt, folglich auch der buchstäbliche nicht. Hingegen der unmittelbare Verstand gehöret vor alle Stellen, sie mögen Namen und Beschaffenheiten haben, wie sie wollen».

14. Vgl. Szondi, 1975, 46 ff.

Lehrer der Auslege-Kunst den *unmittelbaren Verstand*. Sodann werden durch diesen unmittelbaren Verstand allerhand Begriffe veranlasset, welche durch verschiedene Kräffte der Seele, die bloße Einbildungs-Krafft ausgenommen, hervorgebracht werden» (Chladenius)[15]. Solch sukzessives begriffsvermitteltes Verstehen konnte nicht auf das ästhetische Verstehen übertragen werden. Schlegel setzt diesem das ganzheitliche Sinnverstehen der Genieästhetik entgegen. Er knüpft so an die Vorstufe ästhetischer Auseinandersetzungen mit der Aufklärung an, die im Sturm-und-Drang begründete Genieästhetik. Auf diese Weise bezieht er eine weitere Teilepoche der ästhetisch-kritischen Geschichte mit ein: «Es gibt nehmlich in den Werken des Genius eine Art von Unergründlichkeit, welche von der Verworrenheit kraftloser und ungeschickter Künstler durchaus verschieden ist, welche mit der größten Klarheit bestehen kann, und wie die Unergründlichkeit der Natur, bloß aus der Unerschöpflichkeit des innern eignen Lebens entspringt»[16]. Dem «kraftlosen Künstler» wird in der Vorstellung jenes ‹Kraftgenie› des Sturm-und-Drang entgegengesetzt.

Schlegel kann diese historische Reminiszenz um so eher anbringen, als es vom ‹Anlaß› her in dieser Besprechung auch um die literarische und kritische Shakespeare-Rezeption geht *(«Etwas über William Shakespeare bei Gelegenheit Wilhelm Meisters»)*[17], die ja im Sturm-und-Drang einen Höhepunkt erreicht hatte.

Die «Unergründlichkeit» eines Werkes konnte von einem Aufklärungshermeneutiker nicht zugestanden werden, da er wohl nach den «Ursachen der Dunckelheit» (Chladenius)[18] geforscht haben würde. Schlegel ist aber sogleich bemüht, den Aufklärern das Zugeständnis zu machen, daß dies nichts mit einer «Verworrenheit» zu tun haben dürfe, wie man sie bei «kraftlosen» (genieästhetisch) und «ungeschickten» (aufklärerisch) «Künstlern» fände. Er sucht die Synthesierungsabsicht bis in die einzelnen Begriffskombinationen hinein durchsichtig zu machen. Dabei schachtelt er immer mehr Teilsynthesen. So bezieht er gleich im Anschluß den umfassenderen Programmbegriff der Aufklärung ein: jene «Unergründlichkeit» könne durchaus «mit der größten Klarheit bestehen». Auch darin bahnt er sich fragmentarisch den Weg zu jener «antithetische[n] Synthesis».

In demselben Satz aber wehrt er auch noch den Verstehensanspruch der aufklärerischen Psychologie ab, indem er die «Unerschöpflichkeit des innern eignen Lebens» in Parallele zur «Unergründlichkeit der Natur» setzt. Ein Werk – so wird unterlegt – könne nicht dadurch verstanden werden, daß man den psychologischen Mechanismus der Figurenkonstellation herausfände, erst recht aber nicht dadurch, daß man die psychischen Veranlassungsmechanismen oder die bewirkenden Faktoren des Schaffensprozesses zu rekonstruieren oder ursächlich zu ergründen trachtete. Weiter unten

15. Chladenius, EA, 518 f.,, § 674.
16. KA II, 14.
17. Ebd., 13.
18. Chladenius, EA, Vorrede b 2.

benennt er dann ausdrücklich diese «Psychologen»[19]. Diese «Unerschöpflichkeit des innern eignen Lebens» bildet Schlegel später selbst weiter, indem er – wie wir noch sehen werden – sich einen ‹innern Plural› des Schaffenden und des Verstehenden vorstellt. An dieser Stelle aber beläßt er es bei der *Wechselnegation* aufklärerischer und genieästhetischer Voraussetzungen und bildet neoaufklärerische und genieästhetische Synthesen aus. Die Wechselnegation trifft ja natürlich auch die frühere Ästhetik des Sturm-und-Drang. Gerade in einer Schiller-Rezension muß man daran denken.

Der vorausliegenden Genieästhetik wird indirekt der Vorwurf gemacht, daß sie ihre «Art von Unergründlichkeit» eben nicht «mit der größten Klarheit» zu vereinbaren verstand, weshalb sie ebensowenig weiter gelten könne wie die Aufklärungshermeneutik. «Unergründlichkeit» und «größte Klarheit» aber seien in den «Werken des Genius» miteinander verbunden. Der «Ausleger» müsse gerade diese Verbindung durchsichtig machen. Dann könne es ihm gelingen, den «großen Sinn», nicht nur den Buchstaben «schöpferischer Werke rein und vollständig mit scharfer Bestimmtheit zu fassen und zu deuten».

Schlegel wehrt vor allem den Anspruch der Aufklärungspsychologie ab, die über die Wirkungsästhetik auch in der Literaturkritik eine Rolle spielte. Schlegel schlägt, um diesem weit verbreiteten Einfluß entgegenzuwirken, eine Trennung von Kritik und Psychologie vor, so daß letzterer die Erklärung ästhetischer Wirkungen zufiele: «Die Wirkungen aber der Kunstwerke zu erklären ist die Sache des Psychologen, und geht den Kritiker gar nichts an»[20]. Diese Trennung scheint der Tendenz zu widersprechen, daß die Kritik immer universeller werden, immer mehr Disziplinen miteinbeziehen soll. Tatsächlich überlegt Schlegel später, in den ‹Fragmenten zur Litteratur und Poesie›, ob es nicht einmal eine «synthetisch[e] Psychologie» geben könne, auf die er sich dann stützen würde, ja, die auch jedem «Künstler» als «Leitfaden der Experimente» dienen könne[21]. Zunächst einmal möchte er den Einfluß der tradierten Psychologie beschneiden, um das Verstehen und Deuten eines Kunstwerkes nicht auf eine unmittelbar anzuschließende psychologische Anwendung hinauslaufen zu lassen. Schlegels Abneigung gegen die Aufklärungspsychologie scheint also eine hermeneutische Grundlage zu haben, die auch historisch hinter die Wirkungsästhetik zurückreicht. Tatsächlich findet man auch hier die Erklärung in der Auslegungslehre des Chladenius. Die Art, wie Chladenius die Wirkungsweise eines Textes beschreibt, ist in der *Möglichkeit einer lebensunmittelbaren Applikation* begründet: «es fängt unsere Seele, durch das ihr beywohnende Vermögen gleich an, den aus denen Worten erhaltenen Begriff zu nutzen, und allerhand andere Sachen dabey zu gedencken; welche Gedancken, weil sie durch die Stelle veranlasset, und hervorgebracht werden, nach dem einmal eingeführten Gebrauch, mit zum Verstande der Stelle gerechnet werden. Die Würckun-

19. KA II, 14. 20. Ebd. 21. KA XVI, 92, Fr. 93.

gen, welche unsere Seele thun kan, weil wir ein gewisses Buch gelesen, und verstanden haben, heisset die Anwendung des Buches»[22]. Schlegel wollte aber jenen «einmal eingeführten Gebrauch» ändern, den er beispielsweise bei der Lessing-Rezeption eines breiten spätaufklärerisch orientierten Publikums beobachten konnte. Diese ‹veranlaßten› Gedanken sollten gerade nicht «zum Verstande der Stelle[n] gerechnet werden». Vielmehr müßte der «Ausleger» die «Unergründlichkeit» solcher Werke zuvor betonen und anerkennen, um einen Neuzugang zu diesen vermeintlich verstellten Werken bahnen zu können. Der rationalistisch zergliedernden und begriffsassoziativen Rezeptionspsychologie stellte er die Vorstellung der «Unerschöpflichkeit des innern eignen Lebens» entgegen. So sollte weder die eindeutige ‹Absicht› Lessings noch die endgültige ‹Absicht› eines seiner Werke festgestellt worden sein.

Die «Unergründlichkeit» des Kunstwerkes lasse selbst nur eine kongeniale Kritik und ein genieästhetisches Verstehen zu. So wird nun ersichtlich, warum Schlegel in der Rezension der ‹Humanitätsbriefe› den Satz Herders zitiert hat, der den genieästhetischen Anschluß der Kritik verbürgt: «Auch die Kritik ist ohne Genius nichts. Nur ein Genie kann das Andre beurtheilen . . .»[23]. Herder war gerade in der Fortsetzung dieser Stelle auf Lessing eingegangen. In der verstehenden Aneignung von Ansätzen beider Vorläufer ist jene Mischung genieästhetischer und aufklärerischer Gedanken vorgebildet.

Geht man von der «Unergründlichkeit» des literarischen Kunstwerkes aus, so dürfte auch die Hermeneutik sich nicht damit begnügen, das Werk in der Weise aufzufassen, wie es auf sein unmittelbares, zeitgenössisches Publikum gewirkt hat. Erst recht wäre der wirkungspsychologische Rückschluß auf das Verständnis einzelner Stellen des Werkes unzureichend und unangemessen. Darüber hinaus aber stellt sich jetzt schon die Frage, ob eine neue *auch* hermeneutisch verfahrende Kritik nicht die Aufgabe hätte, das eingeschliffene Verständnis bestimmter Texte zu ändern, die Rezeptionsgeschichte, die auf das erstmalige Verstehen durch ein zeitgenössisches Publikum zurückgeht, zu korrigieren. Gerade von der Lessing-Kritik Schlegels dürfen wir eine weiterführende Antwort auf diese Frage erwarten.

Es ist also eine Konsequenz, die sich aus dem «Historismus» des Verstehens ergibt, wenn Schlegel wenigstens für den Bereich der Literaturästhetik und der Literaturkritik jenen «einmal eingeführten Gebrauch» eines Textes berichtigen möchte, wenn er die ursprünglichen Deutungen nicht mehr «mit zum Verstande» der jeweiligen «Stelle[n]» rechnen möchte. Dieses Verstehen aber ist in der *geschichtlichen* – nicht unmittelbar empirischen – Wirkungs*möglichkeit* eines Werkes begründet. Auch wenn diese Möglichkeit erst sehr viel später als beabsichtigt eingelöst würde, hätte sich der «große Sinn» eines solchen Werkes doch noch bewahrheitet und im hermeneutischen Nachvoll-

22. Chladenius, EA, 308 f., § 425.

23. Herder, BH, XVIII, 131; KA II, 54.

zug bestätigt. Die Aufklärungshermeneutiken sahen eine solche geschichtliche Verstehenseinlösung nicht vor. Vielmehr ordneten sie die gewöhnliche, im allgemeinen Consens bestätigte Auffassung eines Werkes selbst schon der Bedeutungsschicht des Werkes zu. Statt der geschichtlich späteren Einlösung sahen sie für den Fall der nicht eindeutigen Erklärbarkeit und Auslegbarkeit nur eine erschlossene Wahrscheinlichkeitslösung vor: «Man kan nicht läugnen, daß, wo eine gewisse Auslegung nicht angehet, unterdessen doch eine wahrscheinliche statt finden könne; aber diese wird so schwer in Regeln zu bringen seyn, als wie die Vernunfft-Lehre des wahrscheinlichen, um deren Ausführung es noch sehr mißlich stehet» (Chladenius)[24]. Nun muß man allerdings stets bewußt halten, daß Chladenius der «sinnreiche[n]» ästhetischen «Auslege-Kunst» ja einen Sonderstatus zubilligte[25], den er allerdings nie genauer bestimmt hat, so daß wir uns nur auf seine allgemeine Hermeneutik beziehen können. Jedenfalls hätte er von allen Voraussetzungen her auch da nur ‹Regeln› angeben können, die zu ‹eindeutigen› oder wenigstens ergänzend ‹wahrscheinlichen› Deutungen hätten führen sollen.

Allerdings konnte Schlegel bei dem Versuch, dem genialen Kritiker, angesichts der «Unergründlichkeit» des Werkes und angesichts der «Unerschöpflichkeit des innern eignen Lebens» des Autors, eine große Urteilsunabhängigkeit zuzusprechen, doch an gewisse Ansätze der Aufklärungshermeneutiken anknüpfen. Es ist klar, daß für den genieästhetischen Teilansatz der Kritik die Frage nach der Absicht des Autors weniger relevant sein konnte. Jedenfalls gilt die «Unergründlichkeit» ja auch für die Absichten, aber auch für die Verstehens- und Deutungsversuche des Autors. Hier sei nur hervorgehoben, daß es gleichsam eine selbstverständliche Annahme eines genieästhetischen Konzepts der Kritik sein mußte, das Werk anders und in der kritischen Einlösung auch besser zu verstehen als es der Autor verstanden hat. Darin gab es zunächst keine Probleme für den neuen Kritiker. Er setzte sich zunächst wie selbstverständlich über die Bedenken der Aufklärungshermeneutik hinweg, eine solche hermeneutische Diskrepanz zwischen Autor und Werk gelten zu lassen. Diese Bedenken muß man sich aber schon vor Augen halten, um jene neoaufklärerisch-genieästhetische Synthese Schlegels einschätzen zu können. Chladenius führte sie so aus: «Es solte zwar an sich einerley seyn, eine Rede oder Schrifft vollkommen verstehen, und denjenigen, der da redet oder schreibt, vollkommen verstehen . . . Allein weil die Menschen nicht alles übersehen können, so können ihre Worte, Reden und Schrifften etwas bedeuten, was sie selbst nicht willens gewesen zu reden oder zu schreiben: und folglich kan man, indem man ihre Schrifften zu verstehen sucht, Dinge, und zwar mit Grund dabey gedencken, die denen Verfassern nicht in Sinn kommen sind»[26] Schlegel

24. Chladenius, EA, 99, § 179.
25. Ebd., Vorrede b 3.
26. Ebd., 86 f., § 156.

konnte nur deshalb diese Bedenken mit den Begriffen der «Unergründlichkeit» und der «Unerschöpflichkeit des innern eignen Lebens» zudecken, weil er diese als historische Übernahmen, als Traditionsanschlüsse an den frühen Hamann, den frühen Herder, ja die ganze Genieästhetik des Sturm-und-Drang setzen durfte. Sein fragmentarisches Programm ist bis zu dieser Stelle Wiederaufnahme und noch nicht durchdrungene Synthese.

Nachdem er unterschwellig die «ästhetische Auslegungskunst» kritisiert hat, die sich an die Aufklärungshermeneutiken anschließen konnte, sucht er die Rolle des Kritikers über die des «Auslegers» hinaus neu zu bestimmen. Er hatte ja bereits zu Beginn dieses eingestalteten Fragments behauptet: «Die Kritik ist weit mehr als eine bloße *ästhetische Auslegungskunst*». Nachdem er die genieästhetischen Formeln erinnert und eingeholt hat, kann er die Neubestimmung der Tätigkeit des Kritikers nun vornehmen: «Aber auch in diesem höheren Sinne ist die ästhetische Auslegungskunst nur ein einziger, und nicht der wichtigste auch nicht der seltenste (wiewohl an sich sehr seltne) Bestandteil des *kritischen Genies,* dessen einziges Geschäft es ist, den Wert oder Unwert poetischer Kunstwerke zu bestimmen»[27]. Damit wird also die alte Auslegungskunst zugleich kritisiert und vereinnahmt. Dabei legt sich Schlegel auch Rechenschaft darüber ab, daß die Hermeneutik ohnehin ‹sehr selten› kritisch auf ästhetische Gegenstände angewandt oder gar zu einer kritisch wirksamen «ästhetischen Auslegungskunst» weitergebildet wurde.

Für die Vielfalt der Verstehensweisen und Urteilskompetenzen, die Friedrich Schlegel dem ‹kritischen Genie› zugedacht hat, konnte selbst die weitergebildete, vom Regelkanon abgetrennte «ästhetische Auslegungskunst» nur ein Teilgebiet vorstellen. Er schränkt deren Geltungsreichweite in dreifacher Schachtelung ein. Zurückbleiben sollte ein unterer Teil, beinahe ein niederes Vermögen einer universalen kritisch-hermeneutischen Kompetenz. Aber gerade in dem Moment, da man eine genauere Erläuterung jener Universalisierung der Kritik erwartet, schränkt Schlegel den Tätigkeitsbereich scheinbar wieder ein – «dessen einziges Geschäft es ist, den Wert oder Unwert poetischer Kunstwerke zu bestimmen». Diesem Vorgehen liegt bereits das Ironie-Modell zugrunde.

Ziehen wir einmal das entstehungsgeschichtlich nicht allzu weit von der Horen-Rezension entfernte Lyceums-Fragment Nr. 28 heran, um diesen Zusammenhang zu verdeutlichen: «Sinn (für eine besondere Kunst, Wissenschaft, einen Menschen, usw.) ist dividierter Geist; Selbstbeschränkung, also ein Resultat von Selbstschöpfung und Selbstvernichtung»[28]. Der Kritiker in der Teilrolle des Rezipienten muß einen ‹geistigen› Gesamtzusammenhang aufdröseln, ‹dividieren›, um einen bestimmten ‹Sinn› für den zu verstehenden Bereich zu entwickeln. Dabei setzt er seine Verstehensrolle mit, die zugleich ein Stück Selbstrealisation bedeutet («Selbstschöpfung»). Zugleich

27. KA II, 14.

28. Ebd., 149, Fr. 28.

aber wird er dessen inne, daß er ja nur eine Teilrolle ausbringen kann *und* daß er sich an den Gegenstand entäußert hat. Diese Einsicht wendet der Verstehende ironisch gegen sich selbst («Selbstvernichtung»), wodurch er aber die Fähigkeit zurückgewinnt, andere Verstehensrollen auszubilden. Die Möglichkeit zur Universalisierung, neoaufklärerisch gesehen: zur Vervollkommnung von Verstehensrollen ist in dieser ironischen Wendung enthalten. In diesem Sinne gilt auch der erste Teil des frühen Athenäumsfragments: «Ironie ist klares Bewußtsein der ewigen Agilität»[29]. Aber zugleich sollte dieser Grundzug der Ausbildung eines universellen Verstehens ja in der Moderne verallgemeinert werden können. Schon 1797 notiert Schlegel in einem Heft seiner ‹Philosophischen Lehrjahre›: «Alle Modernen fodern wirklich Universalität von Jedermann; das ist Geist d[er] progreßiven Bildung»[30]. Für den modernen Kritiker gilt dieser Satz erst recht in zugespitzter Weise. Seine ‹Bildung› sollte eine «fortgehende Kette der ungeheuersten Revoluzionen» sein[31]. Jetzt wird auch die vorangestellte Definition noch verständlicher: «Bildung ist antithetische Synthesis, und Vollendung bis zur Ironie». Wer diese «Vollendung» erreicht hat, kann den Verstehensprozeß über vielerlei Teilrollen durchhalten. Der ironisch Gebildete und verstehend Ironisierende scheint fähig zu sein, sich immer wieder in neuen Verstehensrollen selbst zu ‹entwerfen›, sich selbst zu setzen und sich darin zugleich wieder einzuschränken, sich an das Verstandene zu verlieren und sich wieder in der Reflexion dieser Ironie der Möglichkeitsform nach zurückzugewinnen. Die Selbständigkeit eines Rezipienten und eines Kritikers bleibe nur dann gewahrt, wenn er sich nicht völlig an den Gegenstand entäußere. Nur wenn er die ‹Selbstbeschränkung›, ja ‹Selbstvernichtung› seiner Teilrollen selbstbewußt vornehme, gewinne er die Freiheit, die jener «ewigen Agilität» entspricht: «Alles was sich nicht selbst annihilirt, ist nicht frei und nichts werth» (1797)[32]. In diesem ironischen Bildungsprozeß bewegen sich viele Fragmente der ‹Philosophischen Lehrjahre›. Sie belegen aber nur den kritischen Verstehensprozeß, der zum Selbstbewußtsein des ‹kritischen Genies› führen sollte. Insofern zeigt sich in ihnen genau wie in jeder der Rezensionen, Charakteristiken und Kritiken jener «Sinn», der unter dem Gesichtswinkel der partiellen Verstehensrolle als «dividierter Geist» erscheint.

Zahlreiche dieser Fragmente der ‹Philosophischen Lehrjahre›, von denen wir hier nur einige herangezogen haben, um die ironische Bestimmung der kritischen Tätigkeit zu erläutern, sind etwa zur gleichen Zeit entstanden, da Schlegel in den ‹Fragmenten zur Litteratur und Poesie› jene bereits skizzierte Theorie des ‹kritischen Mimus› entwickelt hat.

Tatsächlich nimmt Schlegel also bereits in den frühen Rezensionen des Jahres 1796 sowohl inhaltlich als auch der Darstellungsweise nach jene Konzeptionen vorweg. Andererseits aber setzt er seine Bemühungen, die

29. Ebd., 263, Fr. 69.
30. KA XVIII, 82, Fr. 627.
31. Ebd., 83, Fr. 637.
32. Ebd., 82, Fr. 628.

Kritik von der ‹psychologischen Erklärung ästhetischer Phänomene› abzuhalten[33], in den ‹Fragmenten zur Litteratur und Poesie› fort und entwickelt jene Vorstellung einer ‹erdichteten Geschichte des Eindrucks›.

Ebenso wird nun die Parallele im Heft «Zur Philologie» deutlich. Das ‹kritische Genie› entspricht dem dort als Ideal hingestellten ‹philologischen Genie›; die ‹Kritik›, die die ‹ästhetische Auslegungskunst› vereinnahmt, entspricht der ‹hermeneutischen Kritik› in jenem Heft.

Die Rezension läßt sich also nach dem Grundsatz der antizipatorischen Verklammerung sowohl in die Reihe der Kritiken einordnen als auch auf den Entwicklungsrahmen der fragmentarischen Entwürfe beziehen, den wir im Anschluß an unsere Einleitung dargestellt haben.

Zuletzt stellt sich aber noch die Frage, ob es über die nur spärlich angedeuteten Anlässe hinaus einen Zusammenhang mit der im Hintergrund bleibenden Bezugsfigur dieser Rezension gibt. Schlegel scheint ja zunächst nur einen Anlaß *in* den von Schiller herausgegebenen ‹Horen› gesucht zu haben, um sich mit der ‹Auslegungskunst› auseinanderzusetzen. Tatsächlich findet man erst in den ‹Fragmenten zur Litteratur und Poesie› die Auflösung dieses Rätsels. In einer verhältnismäßig frühen Notiz vergleicht Schlegel Jacobi mit Schiller und meint, daß jener «mehr Tiefe u[nd] Wahrheit in d[en] sentimentalen Charakteren» seiner Werke zeige. Er wendet also den Programmbegriff aus Schillers theoretischer Schrift von 1795 positiv auf Jacobi an, um dann Schiller selbst abzuwerten: Schiller biete «mehr ψ [Psychologie] und Künstlichkeit» auf, «aber schiefe»[34]. Tatsächlich hat Schlegel seine beiden Kritiken vor Augen, die über Schillers ‹Horen› und die über Jacobis ‹Woldemar›. In dieser Art hatte er ja – wie wir gesehen haben – mehrere Fragmente in jenem Notizheft abgefaßt, um den Zusammenhang seiner Kritiken hervorzuheben. Schiller wird also genau der ‹Psychologie› zugerechnet, vor der Schlegel in seiner Rezension die Kritiker warnt. Er sieht also offenbar starke Elemente einer wirkungsorientierten Aufklärungspsychologie bei Schiller. Von hier aus läßt sich nun auch eine der ersten Notizen der «Fragmente zur Litteratur und Poesie» aufschlüsseln, in der Schlegel, ohne Schiller zu erwähnen, offenbar einen Vergleich zwischen den Leitvorstellungen seiner frühen Kritiken und auch noch seines ‹Studium› mit den theoretischen Hauptschriften Schillers anstrengt: «Nur durch absolute Progressivität . . . wird das Sentimentale sentimental und aesthetisch interessant. Sonst ist es bloß psychologisch d. h. physisch interessant oder moralisch als Theil einer würdigen Individualität»[35]. Der Begriff des «Interessanten» sollte im ‹Studium› die Wirkungsweise der ‹modernen Poesie› kennzeichnen[36]. Schillers Vorstellung des ‹Sentimentalischen› ist Schlegel zu wenig dynamisch ausgerichtet. Wir hatten dies ja bereits in einem Heft «Von der Schönheit in der Dichtkunst» bei der Erörterung der Rezeptivität

33. KA XVI, 94, Fr. 110.
34. Ebd., 109. Fr. 300.
35. Ebd., 85, Fr. 2.
36. KA I, 270; vgl. 242.

gesehen. Wenn das «Sentimentale» in der Darstellung aber vor allem «psychologisch» interessiere, läßt es sich auch eher von jener weitergeltenden aufklärerischen «Kritik, als Kunst» verstehen, von der Kant meinte, sie suche «bloß die physiologischen (hier psychologischen), mithin empirischen Regeln, nach denen der Geschmack wirklich verfährt»[37]. Schlegel scheint also dem Kantianer Schiller vorzuhalten, daß selbst die Vorstellung des ‹Sentimentalen› aufklärungspsychologisch von einer weitergeltenden regelorientierten Kritik aus verstanden werden könne. Insofern möchte er Schillers Vorstellungen die Aussicht auf eine dynamische Wirkungsgeschichte, auf eine weitreichende Bedeutung für die Moderne nehmen. Die Vermutung, daß Schlegel im Hinblick auf eine solche künftige Wirkungsmöglichkeit, im Sinne einer im voraus bedachten Wirkungsgeschichte urteilt, läßt sich erhärten. In einer frühen Notiz der «Fragmente zur Litteratur und Poesie» zieht er einen Vergleich, aus dem sich auch ersehen läßt, daß er Schiller in die Tradition der späten Aufklärung stellen möchte: «In 10 Jahren müssen Schillers φσμ [Philosopheme], allen die vorn an sind, vorkommen, wie (jezt) ⟨1797⟩ Garve's»[38]. Zugleich wendet Schlegel hier sein Modell der Ungleichzeitigkeit an, die Überlegung,daß zeitgenössische Werke keinen ‹gemeinschaftlichen› Bezugsrahmen hätten und – so läßt sich ergänzen – auf Grund ihrer historischen Anschlüsse auch unterschiedliche zeitliche Geltungsreichweiten hätten. Auch in den Notizen der ‹Philosophischen Lehrjahre› sucht Schlegel den Vergleich zwischen Garve und Schiller weiter durchzuzeichnen. An einer Stelle überträgt er sogar den Begriff des Rezensierens in der Wertung, wie er in den ‹Fragmenten zur Litteratur und Poesie› die Tätigkeit der herkömmlich verfahrenden Kritiker einschätzte, auf den prosaischen Stil, dessen Entwicklung ihn ja bis zu einer geplanten ‹Theorie der Prosa› hin interessierte: «Schillers Prosa hat viel Aehnlichkeit mit d[er] Garveschen. – Garve recensirt (in d.[er] gemeinen Bedeutung) die Objekte über die er philosophiren will»[39]. Hier haben wir auch die Rückbindung an die Schlegelsche Rezension der ‹Horen› vor Augen, in der die neue Kritik von der wirkungsästhetisch und psychologisch orientierten abgetrennt werden sollte.

Schlegel scheint solche Vergleiche angestrengt zu haben, weil ja in Schillers Bildungsgang die Synthese von Elementen der Aufklärung und des Sturm-und-Drang offenkundig war, die Schlegel im Jahre 1796 in seiner Darstellungs- und Argumentationsweise selbst, wenn auch zum Teil ironisch gebrochen, nachvollzieht bzw. ‹mimisch› nachstellt. In den theoretischen Hauptschriften von 1795, die Schlegel ja vor Abfassung dieser Rezensionen intensiv studierte, hatte Schiller den ästhetischen Zustand so charakterisiert, daß man auch noch den «mittleren Zustand» seines Aufsatzes «Was kann eine gute stehende Schaubühne eigentlich wirken» von 1784 darin

37. Kant, KdU, 216.

38. KA XVI, 94, Fr. 114.

39. KA XVIII, 219, Fr. 298.

erkennen konnte[40]. In diesem Aufsatz, der ja ursprünglich als Rede konzipiert war – sie wurde bei einer öffentlichen Sitzung der Kurfürstlichen deutschen Gesellschaft in Mannheim gehalten – hatte Schiller die «Schaubühne» ganz im Sinne der Aufklärungspsychologie als «Schule der praktischen Weisheit», als «Wegweiser durch das bürgerliche Leben» und schließlich auch als «unfehlbare[n] Schlüssel zu den geheimsten Zugängen der menschlichen Seele» bezeichnet[41]. Darin zeigte sich ja ein Ansatz, der eine vollständige aufklärungspsychologische Erhellung einer solchen Wirkung nachgerade zu fordern schien. Wenn Schiller von den Bühnen behauptet, daß sie «das geheime Räderwerk aufdeckten, nach welchem er [der Mensch] handelt»[42], so verwendet er wiederum eine mechanistische Metapher, die sich schon in der ‹Vorrede› zu den ‹Räubern› findet, wo er behauptete: «Das Laster wird hier mitsamt seinem ganzen innern Räderwerk entfaltet»[43]. Bis in die Briefe «Über die ästhetische Erziehung des Menschen» hinein hält Schiller an dieser Metapher fest[44], die von der Aufklärungspsychologie her zu verstehen ist.

Schlegel scheint also auf diese Kontinuität aufklärerischer Vorstellungen im Schillerschen Werk, die sich auch in dessen Sturm-und-Drang-Dramen zeigt, hinzudeuten, wenn er «mehr ψ [Psychologie]» bei ihm vermutet als bei andern zeitgenössischen Schriftstellern.

Darüber hinaus hatte Schiller sich in dem Aufsatz über die ‹Schaubühne› schon im Einleitungssatz auf Sulzer bezogen, den Schlegel ja in seinem ‹Studium› der ersten Vorstufe in einer Entwicklung der ästhetischen Theorie zurechnete[45]. Schlegels unterschwellige Kritik an Schiller läuft also darauf hinaus, daß Schiller weder als Theoretiker noch als Poet über die zweite Stufe hinausgelangen könne, die Schlegel im ‹Studium› angenommen hatte.

Die Art und Weise, wie Schlegel die neue Kritik in der Besprechung der ‹Horen› kennzeichnet, zeigt, daß er gegen die in der herkömmlichen Kritik weiterwirkende aufklärerische Hermeneutik eine neue, historisch orientierte setzen möchte, die sich ebenso in der neuen Kritik nur praktisch auswirken soll. Nun geht er aber davon aus, daß jene herkömmlichen Weisen der Kritik und der Auslegung auch weiterhin angewandt werden. Wenn er schon die Hoffnung auf eine allgemeingültige und allgemein anerkannte ‹ästhetische Theorie› aufgegeben hat, so geht er erst recht davon aus, daß die Kritik insgesamt keine einheitlichen Maßstäbe anlegt, daß sie auf mehreren Ebenen historische Vorstufen fortsetzt und weiterhin in ihren Urteilen zur Anwendung bringt. Diese Ungleichzeitigkeit des Urteilens gilt auch noch für Kritiken, die sich auf der zweiten historischen Stufe der Theoriebildung zu

40. Schiller, Sch, 821.
41. Ebd., 826.
42. Ebd., 828.
43. Schiller, Die Räuber, Vorrede zur 1. Auflage, 485.
44. Schiller, ÄE, 584, 6. Brief.
45. Schiller, Sch., 821.

bewegen scheinen. Schlegel hatte diesen Mangel an Übereinstimmung geradezu als ein wirkungsgeschichtliches Argument gegen die ansonsten gelegentlich positiv beurteilte Kantsche «Kritik der Urteilskraft» gewendet: «Die Ästhetiker selbst, welche gemeinschaftlich von den Resultaten der kritischen Philosophie ausgegangen sind, sind weder in den Prinzipien noch in der Methode unter sich einig»[46]. Im ‹Studium› ging Schlegel also davon aus, daß die ästhetische Theorie keine allgemeine Gültigkeit erreicht habe: «Aber nur wenn sie allgemeingültig wäre, könnte sie allgemeingeltend werden . . .»[47]. Insofern spiegele sie immer noch den «Geist der unglücklichen Geschichte»[48]. Bis in die Theoriebildung hinein zeige sich so, daß «das Ganze zerstört» sei. Infolgedessen aber sei auch «der Gesichtspunkt», von dem aus geurteilt werden könne, «verrückt» und nicht frei von *«ästhetische[n] Vorurteile[n]»*[49].

An diese Vorüberlegungen mußte Schlegel anknüpfen, wenn er die Ungleichzeitigkeit der ästhetischen Urteilsbildung in der Kritik an gegenwärtigen Beispielen aufzeigen wollte. Nachdem er auf einige historische Vorstufen der Theoriebildung angespielt hat und so nachgewiesen hat, daß er die Ungleichzeitigkeit des kritischen Urteilens *verstanden* hat, muß er nun auch an literarischen Beispielen der Gegenwart aufzeigen, daß gar kein einheitlicher Maßstab mehr *angewandt* werden könnte. Sobald die Kritik der Einsicht aus den Heften «Von der Schönheit in der Dichtkunst» folgt, daß jede ästhetische Theorie unzureichend bleibe und jede Erkenntnis über die Kunst nur aus der «Geschichte und Beobachtung ihrer freyen Entwicklung» zu gewinnen sei[50], muß jene Ungleichzeitigkeit des Urteilens auf die Ungleichzeitigkeiten der literarischen Entwicklung bezogen werden. Insofern erweist sich dieser Zusammenhang der Schlegelschen Kritiken durchaus als konsequente Schlußfolgerung, die man allerdings aus den einzelnen Arbeiten herauspräparieren muß.

Die Rezension des Schillerschen ‹Musenalmanach› für das Jahr 1796, die im zweiten Band des Journals «Deutschland» (1796) erschien, wird eingeleitet durch einen offenen Brief Schlegels «An den Herausgeber Deutschlands, Schillers Musen-Almanach betreffend»[51]. Darin bezieht Schlegel sich wiederum in der Art der Schachtelung des kritischen Anlasses auf eine zuvor in diesem Journal abgedruckte Rezension des Almanachs, die von eben dem Herausgeber J. F. Reichardt selbst verfaßt worden war. Schlegel geht davon aus, daß «vorzüglich über einen Almanach mehrere Stimmen reden können»[52]. Insofern die «aufmerksamen Kenner» nicht aus dem gleichen *«Gesichtspunkt»* urteilen und auch nicht nach dem gleichen «Maßstabe» werten, stelle eine zweite Kritik weder eine bloße Wiederholung noch eine auf einer anderen Meinung beruhende bloße Korrektur dar. Schlegel gibt aber zu

46. KA I, 357.
47. Ebd., 237.
48. Ebd., 220.
49. Ebd., 263/64.
50. KA XVI, 9, Fr. 20.
51. KA II, 3.
52. Ebd.

erkennen, daß der Kritiker selbst zuvor seine Urteilsperspektive angeben solle: «Zuvor muß ich Ihnen noch den *Gesichtspunkt* andeuten, aus dem ich urteilen werde»[53]. Aber damit meint er keineswegs eine subjektive ästhetische Ansicht, deren inhaltliche Besonderheit darzustellen wäre. Vielmehr ist die Unterschiedlichkeit der möglichen Gesichtspunkte in der Ungleichzeitigkeit der literarischen Werke und der ungleichen Ausrichtung der Autoren begründet. Schlegel hält es nicht mehr für möglich, «einen *Neuffer* oder *Hölderlin* und einen Schiller nach demselben Maßstabe zu würdigen»[54]. Nachdem wir gesehen haben, daß Schlegel bei einzelnen Autoren mit unterschiedlicher zeitlicher Wirkungsreichweite rechnet, daß er die Voraussetzungen der einzelnen hinsichtlich ihrer historischen Anschlüsse und Prägungen als sehr verschiedenartig ansieht, ist die Zusammenstellung jener drei Autoren weniger verwunderlich. Schiller wird an dieser Stelle nicht als Herausgeber, sondern als Autor behandelt, so wie Reichardt in dem Brief ebenfalls einmal als Herausgeber und dann auch indirekt als kritischer Autor angesprochen wird. Als Autor aber, so muß man die ironische Schachtelung auseinander legen, steht Schiller keineswegs souverän über den Arbeiten der anderen. Vielmehr unterstellt Schlegel, daß Neuffer oder Hölderlin, die er beide auf einer Ebene von Schiller absetzt, bereits einer anderen ästhetischen Welt angehören. Als «jüngere Künstler» veranlassen sie den neuen Kritiker zu «interessanten Vermutungen»[55]. Diese «Vermutungen» aber beziehen sich auf die mögliche Entwicklung der ‹modernen Poesie›, nicht nur auf die mögliche Entwicklung dieser Autoren. So muß man die Tatsache deuten, daß Schlegel sein Programmstichwort des «Interessanten» beifügt, das ja für die ‹progressive› Poesie gelten soll.

Wenn der neue Kritiker also «jüngere Künstler» wie Hölderlin oder Neuffer beurteilt, so erfüllt er auf neue Weise den Hinweis im ‹Studium›, wonach das ästhetische Verstehen auch Entwürfe für die künftige Geschmacksentwicklung leiste, «die gegenwärtige Stufe der Bildung richtig zu würdigen, die nächstkommende glücklich zu erraten» vermöchte[56]. Schlegel hält es im ‹Studium› für schwierig, «den eigentlichen Punkt zu treffen»[57], weil im triadischen Geschichtsmodell damit immer schon der Umschlagpunkt in die dritte Epoche mitbedacht werden mußte. Der ‹Gesichtspunkt›, von dem aus er nun urteilt, ist bereits relativistisch zu sehen. Er entspricht schon eher einem «Historismus» des Verstehens, bei dem der Kritiker sich *inmitten* jener Ungleichzeitigkeiten der literarischen Entwicklung und der Geschmacksbildung zurechtzufinden sucht. Dieser *«Gesichtspunkt»* markiert also entschieden eine historische Urteilsperspektive. Aber er bleibt beweglich, richtet sich nach der «freyen Entwicklung» der Kunst. Insofern beginnt die Kritik jene Schwierigkeiten zu überwinden, die noch die «ästhetische Theorie» mit der neueren geschichtlichen Entwicklung hatte: «Die Theorie

53. Ebd. 54. Ebd. 55. Ebd.
56. KA I, 263. 57. Ebd.

selbst scheint an einem *festen Punkt* in dem endlosen Wechsel völlig zu verzweifeln» (Studium)[58].

Zweifellos hat Schlegel mit diesem Versuch, Hölderlin in eine Konstellation der Ungleichzeitigkeit mit Schiller zu bringen, ‹Kennerschaft› und vorausahnende Urteilsfähigkeit bewiesen, denn Hölderlins Roman «Hyperion» erschien ja erst im darauffolgenden Jahr 1797, nachdem in Schillers ‹Neuer Thalia› im Jahre 1794 als erste Fassung ein «Fragment von Hyperion» abgedruckt worden war. Indem Schlegel Hölderlin und Schiller nach unterschiedlichen, nunmehr auch historisch zu nennenden ‹Maßstäben› beurteilen wollte, entzog er Schiller gleichsam die Urteilskompetenz über einen Autor wie Hölderlin.

Diese neue, ‹historistische› Bestimmung des ‹Gesichtspunktes›, von dem aus der Kritiker versteht und urteilt, stellt aber nicht nur in Schlegels Bildungsprozeß eine neue Stufe dar. Die Tatsache, daß er den Begriff *«Gesichtspunkt»* in einem offenen Anschreiben «An den Herausgeber Deutschlands» eigens hervorhebt, zeigt, daß Schlegel dies durchaus als Neuerung verstanden wissen wollte. Aber auch die Behauptung, man müsse ganz und gar verschiedene ‹Maßstäbe› an solche zeitgenössischen, aber ästhetisch ungleichzeitig empfindenden Autoren anlegen, widersprach ja allen Consensus-Vorstellungen.

Schlegel führt diesen neuen *«Gesichtspunkt»* und diese unterschiedlichen Maßstäbe anlaßhaft vor, gegen andere Kritiker, die immer noch nach einem und demselben Maßstab urteilen würden. Seine Neuerung wendet sich also wiederum nicht direkt gegen die Theorien, die dem Rezensionswesen zugrunde liegen. Also müssen wir auch hier die Vorstufen der Theoriebildung erschließen, um die ganze Tragweite der Schlegelschen Annahmen einschätzen zu können.

Die Vorüberlegungen zum historischen Verstehenszugang, die Herder im Jahre 1795 angestellt hatte, haben wir schon skizziert. An dieser Stelle unserer Interpretation aber läßt sich der Grad der Schlegelschen Neufassung des Problems noch verdeutlichen. Herder betrachtet noch 1795 den «Gesichtskreis», von dem aus verstanden werde, als geschlossen. Und er benannte auch die größtmögliche Gemeinschaft der in diesem «Gesichtskreis» Verstehenden: «Im Ganzen möchte man die jetzige Generation der Menschen darunter verstehen»[59]. Schlegel hingegen scheint Neuffer, Hölderlin und Schiller nicht mehr zu derselben Generation zu zählen. Als Kritiker versteht und urteilt er gerade von einem *«Gesichtspunkt»* aus, der sich nicht mehr ohne weiteres mit dem «Gesichtskreis» einer einzigen «jetzige[n] Generation der Menschen» vereinbaren läßt.

Aber die Absicht Herders, in der eine gewisse Relativierung schon angelegt war, «jedesmal den Gesichtskreis zu bestimmen»[60], übernimmt Schlegel,

58. KA I, 219.
59. Herder, BH, XVII, 285.
60. Ebd.

wenn er ankündigt: «Zuvor muß ich Ihnen noch den *Gesichtspunkt* andeuten, aus dem ich urteilen werde.»

Wir hatten auch darauf hingewiesen, daß Herder den «Gesichtskreis» noch in Raumvorstellungen bestimmt, so wenn er von einem «großen Saal» spricht, in den die ganze Generation trotz unterschiedlicher Rezeptions- und Verarbeitungsfunktionen als «Zuschauerin, Hörerin, Urtheilerin, Richterin» zusammengedrängt werde[61].

Gehen wir von hier aus wiederum auf die erste Stufe der neueren Theoriebildung, auf Chladenius zurück, so wird die Entwicklungslinie zwischen dessen Annahme eines «Sehe-Punckt[s]», Herders «Gesichtskreis» und Schlegels *«Gesichtspunkt»* deutlich. So ist es auch möglich, Schlegels Neuansatz im Rahmen einer Geschichte der Hermeneutik vorerst in diesem Punkt genauer einzuschätzen, da viele Abhandlungen zur Geschichte der neueren Hermeneutik von Chladenius ausgehen und dann allerdings den Bogen zu Schleiermacher und zur Historik schlagen. Dabei besteht Einigkeit darüber, daß Chladenius' Vorstellung vom «Sehe-Punckt» noch in keiner Weise ein historisches Verstehen beinhaltet. Gadamer lehnt insbesondere den Vergleich mit der «historischen Methodik» des 19. Jahrhunderts ab, allerdings ohne Schlegels Konzeption eines «Historismus» in den Blick zu rücken[62]. Peter Szondi betont, daß die «Standortgebundenheit der Erkenntnis», die sich in der Theorie des «Sehe-Punckt[s]» zeige, «zunächst rein äußerlich, topographisch» zu verstehen sei[63].

Der Begriff des «Sehe-Punckt[s]» wurde aus der «Optick» entnommen[64]. Chladenius bezeichnete damit «diejenigen Umstände unserer Seele, Leibes und unserer gantzen Person, welche machen, oder Ursach sind, daß wir uns eine Sache so, und nicht anders vorstellen»[65]. Chladenius bezieht diese Erklärung in ganz unmittelbarer, noch äußerlich bleibender Weise auf die Sehweise, aus der heraus ein Geschehen beurteilt wird. Er trennt dabei scharf die subjektiv auftretenden Widersprüche von der objektiven Eindeutigkeit der Sache: «in der Geschichte ist nichts widersprechendes, in der Vorstellung aber der Geschichte und in verschiedenen Vorstellungen derselben kan etwas widersprechendes vorkommen; in der Geschichte hat alles seinen zureichenden Grund, in der Vorstellung davon können Dinge vor-

61. Ebd.

62. Gadamer, ²1965, 171: «Allein, wie schon ein Blick auf den Titel seiner Schrift lehrt, wird Chladenius im Grunde in ein falsches Licht gestellt, wenn man in seiner Hermeneutik eine Vorform der historischen Methodik sieht. Nicht nur, daß der Fall der ‹Auslegung historischer Bücher› für ihn gar nicht der wichtigste Punkt ist –, sondern das ganze Problem der Auslegung stellt sich ihm im Grunde als ein pädagogisches und ist *okkasioneller* Natur».

63. Szondi, 1975, 80: «Die Standortgebundenheit der Erkenntnis, an die Chladenius denkt, ist ... zunächst rein äußerlich, topographisch zu verstehen, und es fragt sich, inwiefern dies nur Metapher ist für die Relativität der Erkenntnis – wie im heutigen wissenssoziologischen Sprachgebrach ‹Standort› metaphorisch verstanden wird».

64. Ebd., 81.

65. Chladenius, EA, 187, § 309.

kommen, die ohne zureichenden Grund geschehen zu seyn scheinen»[66]. Genau das aber erkennt Schlegel nach den Erfahrungen der frühen 1790er Jahre nicht mehr an. Er rechnet sowohl in der Rezeptivität als auch in der Geschichte mit Ungleichheiten in der «Bildung und den Progreßen» des Menschen bis hin zu «Anomalien» und «Sprünge[n]»[67]. Solche Brüche konnte Chladenius sich noch nicht vorstellen. Schon in den Notizheften des Jahres 1797 bestimmt Schlegel den «Geist»-Begriff, der ja sowohl das subjektive Moment als auch das objektive der Geschichte einschließt, als eine Einheit von Widersprüchen: «Geist besteht aus durchgängigen Widersprüchen»[68].

Wenn Schlegel seinen *«Gesichtspunkt»* angibt, von dem aus er versteht und urteilt, so orientiert er sich inmitten einer ungleichzeitig gewordenen, bereits in sich zerfallenen «Gemeinschaft des Geschmacks». Chladenius hält es für ein didaktisches Problem, den «Sehe-Punckt» mitanzugeben, da die Gemeinschaft des Verstehens dann ohne weiteres hergestellt werden könne: «Bey der historischen Erkäntniß des Verfassers, hat der Ausleger den Sehe-Punckt, wornach er sich die Geschichte vorgestellet hat, zu bemercken, und seinem Schüler beyzubringen»[69].

Dennoch hat Schlegel sich in der *Darstellungsweise* zum Teil wenigstens die Attitüde eines Aufklärers anverwandelt, so daß sein Satz «Zuvor muß ich Ihnen noch den Gesichtspunkt andeuten, aus dem ich urteilen werde» durchaus von vielen Lesern im Sinne eines solchen didaktischen Verstehenshinweises aufgefaßt werden konnte. In der Darstellungsweise scheint er das Spiel mit Verstehensmustern weiterzutreiben.

So bewegt er sich noch einige Passagen weit in der unterschwellig kritisierten aufklärerischen Attitüde, bevor er sie aufbricht und scheinbar in einen genieästhetischen Individualismus überführt. Als solcher muß die verschiedenartige Bewertung der Autoren zunächst der Darstellungsweise nach wirken. Die Übergangsvorstellung formuliert er in Anlehnung an die und in kritischer Ablehnung der Consensus-Bedingungen der Aufklärungshermeneutik: «Er [der Gesichtspunkt] wird Ihnen zugleich sagen: warum ich Ihrem wackern Rezensenten nicht beistimmen kann, wenn er die Epigramme, die er so treffend charakterisiert, aus einem Almanach verbannt wünscht». Er wendet sich hier gegen die aufklärerische Strenge Reichardts, der gegenüber er scheinbar einen Pluralismus des kritisch-ästhetischen Urteilens verwirklicht sehen möchte. Zugrunde gelegt ist aber die Vorstellung, daß es auch keinen eindeutigen Verstehens-Consensus des generationell und historisch ungleichzeitigen Publikums mehr geben könne, bezogen auf die Autoren Schiller und Hölderlin. Genau diesen Consensus aber hatten die aufklärerischen Kritiker ja noch wie Chladenius auf der einfachsten Ebene einer Übereinkunft zwischen Autoren und Lesern vorausgesetzt: «Der un-

66. Ebd., 195 f., § 318.
67. KA XVI, 8, Fr. 15.
68. KA XVIII, 36, Fr. 192.
69. Chladenius, EA, 555, § 707.

mittelbare Verstand ist dasjenige, worinnen der Verfasser der Stelle, mit allen seinen Lesern, die die Stelle verstehen, überein kommen muß»[70].

Schlegel wollte in der Art, wie er sich öffentlich an einen Herausgeber wandte, ja auch unterschwellig die Überlegung anregen, ob Schiller, den er als Autor in jene Konstellation der Ungleichzeitigkeit gebracht hatte, als Herausgeber diese Ungleichzeitigkeit historisch verstehen könne. Auch wenn er «die reiche Mannichfaltigkeit» der Auswahl hervorhebt, die Schiller getroffen habe[71], darf man nicht übersehen, daß Schlegel diesem immer noch einen gewissen «Dogmatism» unterstellen wollte. In den Heften «Von der Schönheit in der Dichtkunst» betrachtete er ihn ja als Kantianer, der die durchaus offeneren Ansätze in der «Kritik der Urteilskraft» nicht historisch weiterentwickelt, sondern eben in jenen «Dogmatism» verwandelt habe.

In der Darstellung zeigt sich, daß Schlegel auch diese zweite historische Stufe der Theoriebildung nicht direkt ansprechen will. Er unterlegt ja nur, daß Schiller jene ungleichzeitige Konstellation nicht überblicken und historisch verstehen könne.

Man muß also auch auf dieser Ebene rekonstruieren, wie Schlegel die hermeneutischen Vorstellungen jener zweiten Stufe der Theoriebildung einschätzte.

Schlegels Vorstellung vom ‹Gesichtspunkt› und von der historisch notwendigen Verschiedenheit der ‹Maßstäbe› sollte nicht als «Privaturteil» im Sinne Kants mißverstanden werden. Der Kritiker begreift sich ja durchaus nicht als *«isolierter Egoist»* (Studium)[72] und so trifft Kants Einschränkung auch nicht auf ihn zu: «Nun geht das Geschmacksurteil auf Gegenstände der Sinne, aber nicht um einen *Begriff* derselben für den Verstand zu bestimmen; denn es ist kein Erkenntnisurteil. Es ist daher, als auf das Gefühl der Lust bezogene anschauliche einzelne Vorstellung, nur ein Privaturteil: und sofern würde es seiner Gültigkeit nach auf das urteilende Individuum allein beschränkt sein»[73]. Selbst wenn ihm kein anderer Kritiker und auch kein Leser zustimmen könnte, so würde ein ästhetisches Urteil, wie Schlegel es sich vorstellte, nicht privat, aber auch nicht transzendental, sondern historisch gelten, da es später eingelöst werden könnte. Schlegel dehnt aber den Gültigkeitsanspruch auch von dem Objekt her historisch aus. Die Werke Neuffers oder Hölderlins könnten nicht so gedeutet werden, daß sie notwendig von jedem Zeitgenossen verstanden würden. Insofern gilt der weitergehende transzendentale Anspruch Kants nicht mehr: «Gleichwohl ist ohne Zweifel im Geschmacksurteile eine erweiterte Beziehung der Vorstellung des Objekts (zugleich auch des Subjekts) enthalten, worauf wir eine Ausdehnung dieser Art Urteile, als notwendig für jedermann, gründen»[74]. Schlegel sieht seine Urteile angesichts der Ungleichzeitigkeit der Werkbil-

70. Ebd., 522, § 677.
71. KA II, 4.
72. KA I, 239.
73. Kant, KdU, 280.
74. Ebd., 280 f.

dung und der Geschmacksbildung gerade nicht mehr als «notwendig für jedermann» an.

Noch in einem im Jahre 1796 begonnenen Heft der ‹Philosophischen Lehrjahre› formuliert Schlegel seinen Einwand gegen den Geltungsanspruch der Kantschen «Kritik der Urteilskraft» aus: «Die Unkentniß d[er] Historie und die Einsicht von d[er] Nothwendigkeit eines Mittelgliedes zwisch[en] der Θ [theoretischen] und πρφσ [praktischen Philosophie] hat großen Einfluß auf die Kantische Aesthetik gehabt»[75]. Die Formulierung «eines Mittelgliedes» zeigt, daß Schlegel durchaus auch an Schillers Einordnung des ‹ästhetischen Zustandes› gedacht haben könnte. In der Fortsetzung jenes Fragmentes bezieht er sich denn auch auf die Anhänger Kants und präzisiert seine Kritik genau in der Weise, wie wir es aus den Anspielungen der Rezensionen erschlossen haben: «Die unredliche Hermeneutik (d[er] Kantianer) ist antihistorisch»[76]. Es geht also bereits gar nicht mehr hauptsächlich um Fragen der Ästhetik, sondern um Probleme des historischen Verstehens, einer neuen Hermeneutik, durch die viele Lösungen der früheren Ästhetik und auch der «Kritik der Urteilskraft» hinfällig geworden seien.

Schlegel möchte in diesem Heft aber gelegentlich Kants Lösungsvorschläge gegenüber dessen Anhängern abschirmen. So argumentiert er auf ironische Weise hermeneutisch von Kant aus gegen die Kantianer: «Reinhold, der erste unter d[en] Kantisch[en] Sophist[en] hat eigent[lich] d[en] Kantianismus organisirt und auch das Mißversten gestiftet»[77]. Insgesamt aber nahm er von seinem *«Gesichtspunkt»* aus an, daß Kants transzendentale Kritiken den Möglichkeiten der gegenwärtigen Situation nicht entsprechen könnten. Schlegel führt das gerade auch auf einen Mangel an ästhetischer Kompetenz zurück: «Kant hat das *ethische Maximum* (heil[igen] Willen und Reich Gottes in s[einem] Sinne) verwechselt mit dem *praktischen,* aus Mangel an polit[ischem] und aesthet.[ischem] Sinn. Das formale Objekt der sittl[ichen] Handlung ist nicht das ethische sondern das praktische Maximum»[78]. Der Vorwurf unterlegt natürlich auch die Kritik an Schiller. Dieser hatte ja das ‹ethische Maximum› in seiner Theorie von 1795 auch angestrebt, und jenes bei Kant zur Systemvollendung dienende «Mittelglied» im «ästhetischen Zustand» neu begründet. Dies aber, so können wir Schlegels Unterstellungen weiter interpretieren, sei ebenfalls nur «aus Mangel an polit[ischem] und aesthet[ischem] Sinn» geschehen, denn es setze, wie bei allen ‹Kantianern›, nur eine «unredliche Hermeneutik» voraus, die im ganzen «antihistorisch» sei und wirke. Schillers triadisches Muster schien nicht geschichtlich bestimmt, sondern zugleich auf die Naturbewältigung bezogen: «Der Mensch in seinem *physischen* Zustand erleidet bloß die Macht der Natur; er entledigt sich dieser Macht in dem *ästhetischen* Zustand, und er

75. KA XVIII, 19, Fr. 10.
76. Ebd.
77. KA XVIII, 19, Fr. 5.
78. KA XVIII, 20, Fr. 24.

beherrscht sie in dem *moralischen*»[79]. Schillers «Zustand *der höchsten* Realität»[80] war so für Schlegel einer der größten Realitätsferne. Er unterstellte Schiller – wie allen ‹Kantianern› – einen «Mangel an polit[ischem] und aesthet[ischem] Sinn», da jener von seinem «ästhetischen Zustand» behauptete: «Hier allein fühlen wir uns wie aus der Zeit gerissen»[81].

Schließlich ‹charakterisiert› Schlegel in diesem Heft der ‹Philosophischen Lehrjahre› den Zugang Kants zu Fragen der Ästhetik, Geschichte und Politik nach seinem Muster der ‹Wechselannihilation›: «Kant *moralisirt* gewaltig in d[er] Politik, Aesthetik, und Historie. In d[er] Moral hingegen legalisirt d. h. politisirt er»[82].

In ähnlicher Weise wendet Schlegel die ‹Wechselannihilation› auf Schiller an. Es geht ihm ja darum, zu beweisen, daß Schiller völlig angewiesen sei auf Kants Philosophie: «Schiller ist d[em] Geist nach d[er] beste Kantianer . . .»[83]. Die ‹Wechselannihilation› bezieht er bei Schiller auf Poesie und Philosophie: «Poetisirt in einem gewissen Sinne hat Schiller die φ [Philosophie]; die φ [Philosophie] die eben da war, nicht die φ [Philosophie] überhaupt . . .»[84]. Umgekehrt lobt Schlegel in der Rezension des ‹Musenalmanachs für das Jahr 1796› zwar nach außen hin zunächst den ‹philosophischen Gehalt› von «Schillers Poesie», aber nur, um die poetische Fähigkeit dann infrage zu stellen: «Die einmal zerrüttete Gesundheit der Einbildungskraft ist unheilbar . . .»[85]. Man erkennt an dieser Art der Wechselannihilation die Parallele zu den Heften «Zur Philologie». So wie es dem Poeten Schiller verwehrt sein soll, «die φ [Philosophie] die eben da war» zu übernehmen, so soll es auch dem Philologen verwehrt sein, die «Anwendung einer *gegebnen* Philosophie» zu versuchen[86]. Statt dessen gilt: «Der Philolog selbst muß Philosoph seyn»[87]; ebenso, unterlegt Schlegel, hätte Schiller als Poet selbst Philosoph werden müssen. Er betrachtete, wie wir bei der Interpretation der Hefte «Zur Philologie» gesehen haben, die Übernahme einer *«gegebnen* Philosophie» als eine mißlungene hermeneutische *«Anwendung»*[88].

Schlegel bewegt sich durchaus in hermeneutischen Bahnen, wenn er glaubt, die Anhänger Kants, die er auf jene zweite historische Stufe der Theoriebildung gesetzt hatte, dadurch vom «Mißversten» Kants abbringen zu können, daß er selbst dessen Werk bewußt empirisch mißversteht, eben mit «polit[ischem] und ästhet[ischem] Sinn» beurteilt. Schlegel gesteht aber in jenem frühesten Heft der ‹Philosophischen Lehrjahre› von 1796 auch ein, daß seine Polemik durchaus nur dazu dienen sollte, die Schriften Kants «durch *mechanische* Behandlung [zu] entweihen»[89].

79. Schiller, ÄE, 646, 24. Brief.
80. Ebd., 637, 22. Brief.
81. Ebd.
82. KA XVIII, 20, Fr. 16.
83. Ebd., 63, Fr. 437.
84. Ebd., 129, Fr. 92.
85. KA II, 8.
86. KA XVI, 35, Fr. 8.
87. Ebd.
88. Ebd.
89. KA XVIII, 20, Fr. 15.

Durch solche *selbstkritischen* Bemerkungen zu seinem eigenen Verständnis und zu seiner Deutung Kants nimmt Schlegel jene Wechselnegation in das Ironie-Modell zurück, d. h. aber, er selbst ästhetisiert seine Kritik. So kann er zuletzt auch wiederum die Kantschen Ideen gelten lassen und auf andere, historisch perspektivierte Wirkungsmöglichkeiten und hermeneutische Anschlüsse hin positiv beurteilen; als «Fermenta cognitionis zur κρ φσ [kritischen Philosophie]»[90]. Schlegel hat im Zusammenhang mit seinen Projektvorstellungen zur ‹Übersetzung› und ‹Übertragung› im weitesten Sinne aber auch eine Konsequenz aus jenem «Mißversten» der Kantianer ziehen wollen, die man in Parallele zu der ironisch zugegebenen ‹Unverständlichkeit› seiner eigenen Werke sehen muß: «Man sollte Kant ins Deutsche übersetzen; vielleicht ginge da d[en] Schülern ein *Licht* auf»[91]. Die ironische Verwendung der Lichtmetapher verweist wiederum auf die neoaufklärerische Absicht einer solchen Kant-Deutung.

Man kann sowohl am Verfahren der Rezension des ‹Musenalmanach› als auch an diesen Notizen zu Kant schon deutlicher erkennen, in welche Richtung der kritische Bildungs- und Verstehensprozeß führen sollte. Schließen wir jetzt schon einen expliziten fragmentarischen Wegweiser an, den Schlegel im Jahre 1797 notiert hat: «κρ[Kritik] entspringt aus der Vereinigung von Polem[ik] und Mystik. Hermeneutik kann nur auf Kritik folgen»[92]. Zunächst formuliert er so den Eindruck, den viele Leser, erst recht aber die Betroffenen von seinen Kritiken haben mußten. Sie wirkten polemisch; zugleich aber mußten sie mystisch erscheinen, da Schlegel ja den Zusammenhang seiner kritischen Urteile nicht erklärte und darlegte. Dies aber nahm er sich offenbar im Sinne eines Projektes vor. Die «Hermeneutik» hätte, das liegt in der Konsequenz des kritischen Prozesses, zuletzt ausgeführt werden müssen.

Die nächste Frage an Schlegels Schiller-Rezension zielt darauf, ob durch Organe wie die ‹Horen› und den ‹Musenalmanach› nicht doch noch jene zuvor, bei dem Versuch einer systematischen Begründung der literarischen Ästhetik, vermißte «Gemeinschaft des Geschmacks» ermöglicht werde.

Schlegel scheint genau diese Leerstelle seiner vorherigen Versuche füllen zu wollen, wenn er von dem ‹Musenalmanach› behauptet: «Ein fruchtbarer Vereinigungspunkt für alle Freunde der Poesie»[93]. Zu diesen ‹Freunden der Poesie› zählen ja auch die Kritiker, sofern sie sich mit der Rolle als «Kenner» in einem ‹idealisch› vorgestellten Kreis bescheiden. Diesen schreibt Schlegel aber nun nicht die Aufgabe zu, die Werke bereits bekannter Autoren immer genauer auszulegen. Vielmehr sollen sie vor allem «jüngere Künstler» mit «interessanten Vermutungen» einzuschätzen versuchen. Mit dieser Wendung umschreibt Schlegel auf einfache Weise sein Programmstichwort der «Divinazion», das er auf die Entwicklungsrichtung der Moderne und die

90. Ebd., 22, Fr. 46.
91. Ebd., 21, Fr. 29.
92. Ebd., 83, Fr. 646.
93. KA II, 4.

daraus abgeleiteten Zeitvorstellungen bezogen hat. So notiert er in dem Heft «Zur Philologie» von 1797: «Ohne Kritik, ja ohne Divinazion keine Progreßion»[94]. Die Kritik muß also notwendigerweise die Möglichkeiten der künftigen ästhetischen Entwicklung mitbedenken. Sie darf sich nicht nach den Regeln einer ‹ästhetischen Auslegungskunst› allein auf Werke zurückziehen, die bereits durchgesetzt und allgemein anerkannt sind. Sie ist also auch nicht nur «Hist[orische] Kritik»[95]. Die ‹divinatorische› Aufgabe der Kritik hat Schlegel zunächst in der Weise bestimmt, daß sie realmögliche Entwicklungen der Literatur einschätzen soll. Erst zu Beginn der romantischen Phase (1798) hat er diese Aufgabe als «mythische» ausgegeben: «Die *mythische* Kritik ist d[ie] setzende, divinatorische d[ie] d[en] Werth bestimmt, oder d[ie] Ideen nach denen, und d[ie] Autoren welche kritisirt werden sollen»[96].

Aber jene Rolle, die Schlegel den ‹aufmerksamen Kennern› in dem Kreis der «Freunde der Poesie» zugedacht hat, steht noch in einem anderen Beziehungsgeflecht, in einer kunstvoll ausgedachten Konstellation, durch die die «poetische Ausstellung» eines «Musen-Almanachs» stellvertretend für jene nicht mehr oder noch nicht allgemeine «Gemeinschaft des Geschmacks» gelten soll. Der «erfahrne Meister» der Poesie werde in einer solchen Auswahl dazu bestimmt, sich «dem öffentlichen Urteile aller Liebhaber» zu unterwerfen. Er könne sich also nicht länger auf ein festes Publikum, auf eine «bestimmte Gesellschaft» beschränken[97]. Schlegel ordnet also die Rollen der «aufmerksamen Kenner», der «erfahrne[n] Meister», der «jüngere[n] Künstler» und der «Liebhaber» der Poesie überkreuz, nach Art eines Chiasmus an. Er möchte ebenso verhindern, daß sich die Kritiker vornehmlich mit den anerkannten Autoren beschäftigen, als auch, daß diese «erfahrne[n] Meister» sich auf ihr gesellschaftlich abgegrenztes Publikum allein stützen, ohne sich auch jüngeren ‹Liebhabern› der Poesie zu stellen. Damit aber hat er die Generationen wieder in Beziehung zueinander gebracht. Die neuen ‹Gesichtspunkte› des Geschmacksurteils sollen offenbar nicht auf eine Generation von Autoren fixiert bleiben. Die ‹Maßstäbe›, nach denen so verschiedenartige Werke beurteilt werden, sollen immer wieder auf eine neue mögliche Gemeinsamkeit hin überprüft werden. «Vereinigungspunkt» aber wäre jenes ideal vorgestellte Publikum, ein möglichst großer Kreis der «Freunde der Poesie».

Die Bestimmung dieses ‹fruchtbaren Vereinigungspunktes für alle Freunde der Poesie› aber steht in *dreifacher hermeneutischer Funktion.*

Einmal soll die Bildung von Verehrerzirkeln, die auf eine «bestimmte Gesellschaft eingeschränkt» wären, polemisch angegangen werden. Das Verstehen in den Grenzen einer solchen Gesellschaft entspricht nicht der Vorstellung, daß die «Gemeinschaft des Geschmacks» sich ausdehnen soll.

94. KA XVIII, 114, Fr. 1028.
95. Ebd., 126, Fr. 46.
96. Ebd.
97. KA II, 4.

Insofern teilt Schlegel die Kritik Herders, daß auch der scheinbar weitere Horizont des Verstehens oft noch die Prägemuster einer solchen ‹bestimmten Gesellschaft› verrate: «so wird dieser Kreis bald sehr weit, bald sehr enge genommen; ja vom weitesten Kreise, den unsre Einbildung kaum fassen mag, wird oft behauptet, was nur dem engesten, einem sehr auserlesenen Kreise gebühret»[98].

Sodann hat Schlegel offenbar auch die bloß formale Theorie des ‹Gemeinsinns› in der Ästhetik treffen wollen. Ihm mißfällt, daß die Kantsche Bestimmung des Geschmacksurteils nach einer möglichen «Gültigkeit für jedermann»[99] keine Rücksicht nehmen konnte auf die tatsächliche Zusammensetzung des Publikums. Wie wir gesehen haben, möchte Schlegel diese transzendentalen Bestimmungen auf einen «Mangel an polit[ischem] und aesthet[ischem] Sinn» bei Kant zurückführen. Zunächst hat er ja den ‹ästhetischen Sinn› einer historischen Kritik unterzogen. In der Besprechung des ‹Sechsten Stückes› der ‹Horen› aber bezieht er sich auch auf den ‹politischen Sinn›, den ein Philosoph aufbringen müsse. Dabei geht er wiederum, wie im ‹Studium›, von einem Vergleich zwischen Antike und Moderne aus. Bei den «Griechen» setzt er einen «unbedingte[n] Wert der Gemeinschaft» voraus, um dagegen die Aufgabe des Philosophen in der Moderne zu bestimmen: «Bei den Neuern hingegen, wo alles Gute von Wissenschaft und Aufklärung ausgeht, wo ihr unbedingter Wert wenigstens überwiegende, wenn auch noch nicht öffentliche Meinung ist, ist es eine heilige Pflicht des Philosophen, sich wenigstens in so weit unter den Haufen zu mischen, als es die Beförderung dieses großen Zwecks erfordert, und sobald sich nur eine Möglichkeit zeigt, daß das Gute in den Staaten die Oberhand behalten könne, darf und soll er auch politisch tätig sein, wenn es sonst schicklich ist»[100]. Schlegel glaubt allerdings zwei Schwierigkeiten zu erkennen, die eine solche Tätigkeit des Philosophen in Deutschland schwer vorstellbar machten. Zum einen müsse man mit einer «vernachlässigte[n] Mitteilungsfähigkeit der Deutschen» rechnen. Angesichts der «Höhe unsrer vereinzelten Bildung» dürfe nicht die Ungleichartigkeit und Ungleichzeitigkeit der Gemeinschaftsbildung übersehen werden[101]. Sodann rechnet Schlegel, wie sich ja schon an der Einordnung Schillers und Reinholds gezeigt hat, mit Formen der Schulebildung im Bereich der Philosophie, die der «Beförderung» jenes «großen Zwecks» entgegenstünden. Er sieht ein Problem der Verbreitung, der lebendigen ‹Übersetzung› und der freieren (hermeneutischen) Anwendung von Verstehensweisen. Anläßlich eines Hinweises auf Herder in der Rezension des Schillerschen ‹Musenalmanachs für das Jahr 1797› fordert Schlegel, nun wieder in der genieästhetischen Attitüde, «kühnere Wendungen gegen jene herzlosen Vernünftler, . . . welche dem Buchstaben unverbrüchlich treu, die heiligen Grenzen der Schule nie durch einen freien Blick

98. Herder, BH, XVII, 285.
99. Kant, KdU, 281.
100. KA II, 23.
101. Ebd., 9.

ins Leben verletzen»[102]. So bestreitet er also, daß die Philosophie, angesichts dieser historischen Gegebenheiten, allein die Aufgabe der Gemeinschaftsbildung übernehmen könne, aber auch, daß sie jene «Gemeinschaft des Geschmacks» historisch und theoretisch richtig einschätzen und beurteilen könne.

Schlegel scheint sich so auch auf die Vorstellungen zu beziehen, die Kant zur «wechselseitigen Mitteilung» und zur Geschmacksbildung entwickelt hat. In einem Rückblick gegen Schluß des ersten Teils der «Kritik der Urteilskraft» hatte Kant folgende historische Ergebnisse zusammengefaßt: «ein solches Zeitalter und ein solches Volk mußte die Kunst der wechselseitigen Mitteilung der Ideen des ausgebildetsten Teils mit dem roheren, die Abstimmung der Erweiterung und Verfeinerung der ersteren zur natürlichen Einfalt und Originalität der letzteren, und auf diese Art dasjenige Mittel zwischen der höheren Kultur und der genügsamen Natur zuerst erfinden, welches den richtigen, nach keinen allgemeinen Regeln anzugebenden Maßstab auch für den Geschmack, als allgemeinen Menschensinn, ausmacht»[103]. Schlegel vermag weder eine «öffentliche Meinung» zu erkennen noch eine «Gemeinschaft des Geschmacks», die eine solche Einschätzung oder Hoffnung vorerst rechtfertigten.

Aber auf der dritten Bedeutungsebene, die man in der Formel vom «fruchtbare[n] Vereinigungspunkt für alle Freunde der Poesie» erkennen kann, weist er selbst ja projektiv auf eine Gemeinschaftsbildung hin, die er zuvor ausgeschlossen zu haben schien. In einem ‹idealen Publikum› werde gewissermaßen jene «öffentliche Meinung» vorweggenommen. Die Gemeinschaft der «Freunde der Poesie» sehe ja in solchen Organen wie den ‹Horen› oder dem ‹Musenalmanach› jene von Kant behauptete «Kunst der wechselseitigen Mitteilung der Ideen» wirksam vor sich. Die Unterschiede in der Geschmacksbildung könnten so ausgeglichen werden.

Diese dritte Bedeutungsebene der Formel vom «fruchtbare[n] Vereinigungspunkt» weist aber auch schon projektiv auf die Gemeinschaftsbildung hin, die die frühromantischen Autoren kurze Zeit später unter den Begriffen der ‹Symphilosophie›, der ‹Sympoesie› und der ‹Sympraxis› faßten. Durch solche Formen der Gemeinschaftsbildung sollte die aufklärungsphilosophische Schulebildung abgelöst werden.

Tatsächlich beschließt Schlegel seine Rezension der ‹Horen› mit einer Applikation. Das Beispiel bietet eine anonyme Rezension in Briefform aus der Feder Chr. G. Körners.

Schlegel bescheinigt dem Rezensenten zwar, daß «einige sehr feine» Bemerkungen den «echten Kunstfreund» verrieten[104], aber die Qualität einer dem Gegenstand angemessenen Kritik werde nicht erreicht: «Für eine *Beurteilung* wäre allerdings vieles zu oberflächlich und unreif . . .». Nun aber eröffnet der Kritiker ein ‹mimisches Spiel›, indem er seinen eigenen Leitbe-

102. Ebd., 32. 103. Kant, KdU, 300. 104. KA II, 46.

griff der «Unergründlichkeit», den er in der Rezension des ‹vierten Stücks› eingeführt hatte, in einer solchen Anwendung für unangebracht hält: «wir wünschten nicht, daß man glaubte, wie man doch das Ende mißverstehen könnte, jenseits dieses Briefs sei im MEISTER alles unergründlich, tief und ewig geheim»[105]. Damit distanziert er sich von einer übertriebenen genieästhetischen Auslegung seiner Ausführungen, bezogen auf ein Werk wie den ‹Wilhelm Meister›. Die «Unergründlichkeit» eines Werkes dürfe nicht dazu führen, die Verstehensversuche frühzeitig abzubrechen. Unterschwellig aber betont Schlegel wiederum, daß solche Verstehensversuche dem *Werk* gelten sollten. Er lobt nämlich den Rezensenten dafür, daß dieser keinen «störenden Seitenblick» auf den Autor werfe. Dies aber, so darf man seine Ausführungen ergänzen, hätte man erwarten können, nachdem der Rezensent der gegenteiligen, einer aufklärerischen Kritikerattitüde verfallen sei: «durch einige pedantische Ausdrücke, und durch die Linnéisierende Zerlegung des lebendigen Ganzen»[106]. Schlegel geißelt so nicht nur zum wiederholten Male die aufklärerischen Weisen der Kunstkritik. Vielmehr spielt er mit jenem Lob, daß der Rezensent keinen «störenden Seitenblick» auf den Autor geworfen habe, auf eine historisch weiter zurückreichende Ansicht der aufklärerischen «Auslegungskunst» an. Und zwar meint er die weitgehende Übereinstimmung der ‹Absicht des Autors› und der ‹Absicht des Werkes›, die Vorstellung, daß man eine ‹unergründliche› Stelle des Werkes nach der erschlossenen ‹Absicht des Autors› deuten dürfe. Diese Regel wurde wiederum auf jener ersten historischen Stufe der Theoriebildung formuliert. Nach der frühsemiologischen Theorie, die Georg Friedrich Meier in seinem «Versuch einer allgemeinen Auslegungskunst» (1757) entwickelt hatte, stimmt die «hermeneutisch wahre Bedeutung» mit der «Absicht» überein, «um derentwillen der Urheber des Zeichens dasselbe braucht»[107].

In dem unterstellten Wechsel der Urteilsweisen ironisiert Schlegel zuletzt seine eigene Wechselannihilation, sein eigenes ‹mimisches› Spiel, seine eigenen zuvor gesetzten aufklärerischen und genieästhetischen Verstehensrollen.

Zugleich aber hat er in dem Begriff des «lebendigen Ganzen», das durch aufklärerische Weisen der «Zerlegung» mißachtet werde, eine hermeneutische Entsprechung zu Schillers Zentralbegriff der *«lebende[n] Gestalt»* gesetzt, die in den Briefen «Über die ästhetische Erziehung des Menschen» den «Gegenstand des Spieltriebes» darstellt[108].

Eine solche Rezension des ‹Wilhelm Meister› werde also dem Werk nicht gerecht. Das Werk scheint den herkömmlichen Weisen der Kritik überlegen zu sein. Genau das aber hatte Schlegel bereits in der Besprechung des ‹vierten Stücks› der ‹Horen› angedeutet. Und zwar hatte er da schon die

105. Ebd. 106. Ebd. 107. G. Fr. Meier, AA, 9, § 17.
108. Schiller, ÄE, 614, 15. Brief.

Formen der Schachtelung und der Potenzierung benutzt. In einem Beitrag der Horen habe bereits sein Bruder August Wilhelm die «Auslegung» Shakespeares *in* Goethes Werk selbst besser gefunden als die Deutung dieses Vorbildes durch die zeitgenössische Kritik. Diese ‹Kritik der Kritik› benutzt Friedrich Schlegel wiederum als Anlaß, um sich von der «aesthetischen Auslegungskunst» abzusetzen: «Bei der so gefällig dramatisierten Auslegung und Beurteilung des Shakespeare in WILHELM MEISTERS LEHRJAHREN erinnert sich der Verfasser an die vielen kritischen Pfuscher, welche sich so oft und so sehr an Shakespeare versündigt haben . . .»[109]. Bereits an dieser Stelle deutet Schlegel also die Möglichkeit an, daß Dichtung in der Dichtung selbst ausgelegt werden könne, die er aber erst in der romantischen Phase nach 1798 genauer ausführt.

Die Formen der geschachtelten und der potenzierten Betrachtung weisen darauf hin, daß Schlegel selbst sich vornehmen muß, an diesem Werk die Möglichkeiten der neuen Kritik aufzuzeigen, seine Hermeneutik zu erproben, die ja mehr beinhalten soll als «eine bloße ästhetische Auslegungskunst».

Schlegel benennt aber nicht nur sein letztes kritisches Projekt, sondern setzt an diesem Beispiel der Shakespeare-Auslegung auch seine unterschwellige Beschäftigung mit Lessing fort, der das Übersetzungsproblem vorausweisend behandelt habe[110].

Zugleich bestätigt Schlegel das Ergebnis seiner Herder-Rezension. Wenn die Deutschen, denen er vorerst nur ironisch eine «Allgemeinheit des Geschmacks» zutraut, sich als fähig erweisen sollten, «den Shakespeare zu verstehen», so dürfte man sie «ein *kritisches Volk*» nennen[111]. Aber die Voraussetzungen zu einer solchen Entwicklung muß der neue Kritiker noch in anderen Rezensionen und Charakteristiken besprechen: es ist die Frage, wie sich die neuen Verstehens- und Deutungsweisen samt deren ‹Anwendung› sowohl in der ‹öffentlichen Meinung› als auch in der ‹Geschichte der Wirkungen› durchsetzen. Schlegel behandelt dies in seinen Charakteristiken Forsters und Lessings.

So vervollständigt und verdichtet sich das Verweisungsgeflecht der Kritiken bis zu dem Punkt, an dem man die ‹genetische› Anlage erkennen kann.

Die Tatsache aber, daß dabei der kritische Gegenstand keine durchgängige Beachtung und Würdigung erfährt, daß er mehr und mehr zum bloßen Anlaß für die kritischen Reflexionen herabgedrückt wird, rechtfertigt Schlegel in doppelter Weise ironisch: «Ohnehin erlaubt uns der fast beispiellose Reichtum dieser Sammlung durchaus keine durchgängige Zergliederung»[112]. Eine solche «Zergliederung» hätten ja gerade die erwartet, die Schlegels teilweise und spielerisch eingenommene aufklärerische Verstehensrolle mißverstanden hätten. Schlegel benutzt diese Gelegenheit schließ-

109. KA II, 13.
110. Ebd., 17.
111. Ebd., 16.
112. Ebd., 31.

lich noch, um eine dritte ironische Parallele zur Philologie anzuschließen: «Eine Rezension braucht ja nicht stetig zu sein, wie ein Heynischer Kommentar»[113]. Damit hat er auch noch seine Projekte «Zur Philologie» in das Geflecht seiner Vorausdeutung einbezogen. Zugleich glaubt er sein sprunghaftes Verfahren gerechtfertigt zu haben. Nur der Prozeß der Kritik legt die hermeneutischen und ästhetischen Implikate frei, die in der einzelnen Rezension unverständlich bleiben, die sich aber auch dagegen sperren, als Teile eines Systems der Hermeneutik aufgefaßt zu werden.

3. Von der ‹Absicht des Autors› zur ‹Absicht des Werks›

Die Entwicklung des ‹Pluralis von Genie› in der Charakteristik des Jacobischen ‹Woldemar› (1796)

Es mußte eine vorbereitende Aufgabe der entstehenden Hermeneutik sein, ein zeitgenössisches Werk kritisch zu interpretieren, an dem sich die Unterschiedlichkeit und Ungleichzeitigkeit der wichtigsten zeitgenössischen Strömungen besonders deutlich vorführen ließ. Im Gegensatz zu der «vollständig zergliedernden schulgerechten Beurteilung»[1] und ebenso zu den wirkungspsychologischen und eindrucksästhetischen Deutungen, die darauf hinausliefen, «den Eindruck ins Verhör zu nehmen und zu protokollieren»[2], wollte Schlegel ein Werk in einem Spiel mit Verstehensrollen möglichst vielfältig erfassen. Der Gliederungsvorschlag des ‹Studium›, wonach die «Urteile der Kenner», die «Entscheidung des Publikums» und die «Absicht des Künstlers»[3] untersucht werden sollen, wird nun hermeneutisch erweitert. Zunächst gilt es, nach der ‹Absicht des Werks› zu forschen, und erst danach wird auf ‹genetische› und ‹historische› Weise der Bildungsgang des Autors miteinbezogen. Die neue hermeneutische Aufgabenstellung, die «Organisation»[4] eines Werkes zu bestimmen, müßte die Anweisung aus dem ‹Studium›, daß man «die gemischten Produkte der modernen Poesie erst analysieren muß, um ihr labyrinthisches Chaos völlig zu enträtseln»[5], erst vereinbaren mit der genieästhetisch behaupteten «Unergründlichkeit» eines gelungenen Werkes.

Die frühen Ansätze zur ‹Receptivität›, die den «ganzen Menschen» auf den «Inhalt» des Werkes beziehen[6], werden nun fortgesetzt bis zu der Frage, wie der Verstehende möglichst vielseitig auf die Figurenkonstellation eingeht. Diese Entsprechung führt über die ursprüngliche Annahme hinaus: «Die Einheit erscheint aber nur im Subjekt, denn dessen Selbstthätigkeit verrich-

113. Ebd.

1. KA II, 31.
2. Ebd.
3. KA I, 218.
4. Ebd., 324.
5. Ebd., 308.
6. KA XVI, 25, Fr. 15.

tet das Verknüpfen; wiewohl der *Grund* der Verknüpfung im Objekte liegt»[7]. Die «Innre Vollständigkeit»[8] wird sowohl im Werk als auch in den Verstehensvoraussetzungen des Rezipienten gesucht. Insofern das ‹kritische Genie› eine Vielzahl von Verstehensweisen universalisiert, vermag es diese Entsprechungen der Figurenkonstellation und eines ‹inneren Plurals› im Rezipienten zu durchschauen. Darüber hinaus hilft die vom Roman her entwickelte Rollenauffassung die im ‹Studium› angeführte «Genesis und Progression der menschlichen Bildung»[9] besser zu erklären. Die «Disharmonie» im Werk und im Rezipienten, die bei unhistorischer Betrachtungsweise lediglich den Eindruck der «Unvollkommenheit» und des «Unzusammenhangs» vermittelt[10], kann im Lichte des «Historismus» neu verstanden werden.

Die ‹Charakteristik› des Jacobischen ‹Woldemar› schließt sich zunächst unmittelbar an die Schiller-Rezension an, insofern als der philosophische Grundzug dieses Romans von Anfang an die «Absicht des Werks»[11] zu bestimmen scheint. Es eignete sich also in dieser Hinsicht als Beispiel, an dem der Kritiker seine ästhetisch-hermeneutische Kompetenz erproben konnte, da sich sofort die Frage nach der «Art von Einheit»[12] stellte, die diesen Roman dann zum vollgültigen Werk macht. Zunächst einmal spricht Schlegel allgemein, wohl unterschwellig an Schiller erinnernd, von «Werken, wo die Dichtung die Ideen nur wie eine leichte Hülle zu umschweben scheint, und den unsichtbaren Gott [Variante: Geist] allenthalben durchschimmern läßt»[13] Aber dann sucht er jene «Einheit» in einer Folge von Formeln zu ergründen, die alle nur Teilsynthesen beschreiben: So möchte er den ‹Woldemar› nacheinander als «*poetisches* Kunstwerk»[14], als «philosophisches Kunstwerk»[15] und schließlich als *«theologische[s] Kunstwerk»*[16] verstehen und deuten. Diese experimentellen Formeln des Kritikers dienen aber wiederum nur dazu, tiefergehende Probleme einer ästhetischen Hermeneutik fragmentarisch zu erörtern. Die gestellte Aufgabe heißt: den «WOLDEMAR [zu] verstehen»[17]. Schlegel gibt die Voraussetzungen an, unter denen man nach der tieferen «Einheit» des Werkes suchen kann: «Es gehört eine vertraute Bekanntschaft mit dem Buche dazu, um alle Widersprüche, um die Vermischung des Vortrefflichen mit dem Gefährlichen und Widrigen darin ganz einzusehn, obgleich von beidem auch auf den ersten Blick so manches auffällt»[18]. Insofern behandelt er es also tatsächlich in Anknüpfung an das ‹Studium› als ‹gemischtes› Produkt. Er fordert von dem, der mitverstehen und das Verstehen des Kritikers nachvollziehen will, daß er sich an die Widersprüche dieses Werks entäußert und nicht nur in der Rolle eines von

7. Ebd., 29, Fr. 21.
8. Ebd., 30, Fr. 22.
9. KA I, 229.
10. KA XVI, 22, Fr. 11.
11. KA II, 67.
12. Ebd., 68.
13. Ebd., 57.
14. Ebd., 61.
15. Ebd., 67.
16. Ebd., 77.
17. Ebd., 69.
18. Ebd., 60.

außen beobachtenden Lesers verharrt, der unmittelbar nach dem Leitfaden dessen versteht, was ihm «auffällt».

Dann warnt er vor dem nächsten Mißverstehen desjenigen, der da rein inhaltlich eine große «Absicht» und «Tendenz» zu erkennen glaubt und von diesem Eindruck her das Werk einschätzt, «denn mit dem bloßen Streben nach dem Unendlichen ist die Sache doch gar nicht getan. Ein Werk kann bei dieser hohen Tendenz dennoch durch und durch unlauter und verkehrt sein . . .»[19]. Schlegel karikiert in der so zugleich vorgestellten Haltung eines irrationalistischen Bewunderers eine allgemeine Fehleinstellung, die nicht zu einem hermeneutisch sinnvollen Verstehen führe. Aber er stellt sich unterschwellig sogleich die gegensätzliche Attitüde vor: einen in der Aufklärungshermeneutik geübten ‹Mikrologen›, wie es in der Terminologie des Lessing-Aufsatzes heißt[20], der in «Spott über den Unzusammenhang des Ganzen» ausbreche, tatsächlich aber nur «das Ungeschick im einzelnen» brandmarken könne[21]. Letzteres gilt sowohl objektiv, denn Schlegel unterstellt ja noch, daß es eine «Einheit» gebe, als auch subjektiv, denn ein ‹Mikrologe› vermag ja, nach Schlegels Ansicht, schon von seiner hermeneutischen Einstellung her keinen tieferen Zusammenhang zu erkennen. Er gehe nur formal auf die «Einheit» ein, tatsächlich urteile er aber aus der Aufzählung einzelner Kritikpunkte, wenn er «den Unzusammenhang des Ganzen» feststelle. Die aufklärerische Rezeptionspsychologie sah ja vor, daß eine Schrift dann «vollkommen» verstanden werde, «wenn man alles dasjenige dabey gedenckt, was die Worte nach der Vernunfft und denen Regeln unserer Seele in uns vor Gedancken erwecken können» (Chladenius)[22]. Sie war so zwangsläufig auf die Aufzählung von Einzeleindrücken ausgerichtet. Die Gegenformeln Schlegels – ‹das Werk aus der Nähe betrachten, und fest ins Auge zu fassen› – sind aber wiederum neoaufklärerisch an dem Brauchbaren jener im ganzen für falsch gehaltenen ‹Mikrologie› orientiert. Schlegel überhöht und überformt die aufklärerische Suche nach der gewöhnlichen «Absicht des Verfassers», an die sich der hermeneutisch unerfahrene Leser früher halten sollte, *bevor* er die ‹mittelbaren› Bedeutungen bedenken durfte: «so solte der Verfasser, wie er in Ansehung des unmittelbaren Verstandes mit seinen Lesern übereinkommt, also auch in dem mittelbaren Verstande übereinkommen. Dieses zu erhalten, hat man noch keine andere Regeln und Mittel angeben können, darnach sich sowol alle Leser, wenn sie ohne Ausleger sich an ein Buch machen, als der Ausleger selbst zu richten haben, als diese: daß man auf die Absicht des Verfassers sehen, und dieselbe nicht überschreiten solle» (Chladenius)[23]. Schlegel hält es hingegen für richtig, gleich nach der «höchste[n] Absicht», dem «endliche[n] Resultat des Ganzen» zu fragen, aber gerade damit stößt er – gegen alle Erwartungen des

19. Ebd.
20. Ebd., 110.
21. Ebd., 60.
22. Chladenius, EA, 86, § 155.
23. Ebd., 540, § 694.

Lesers – bei Jacobi auf Schwierigkeiten. Schlegel formuliert gerade die Suche nach der «höchste[n] Absicht» wiederum in eher rationalistisch gefärbten Begriffen. Der Verstehende müsse sich «strenge Rechenschaft geben»[24]; er dürfe also nichts hineingeheimnissen, nur weil das Werk inhaltlich leicht eine große Tendenz anzubieten scheine. Damit wollte Schlegel die Verstehensgewohnheiten der an der Genieästhetik, oder allgemeiner, an irrationalistischen Strömungen ausgerichteten Leser treffen und korrigieren. Schlegel möchte aber keineswegs die Möglichkeit einer ins Unendliche gehenden Bedeutungsfülle abschneiden, wie es die Aufklärungshermeneutik tun mußte, wenn sie die erste «Absicht des Verfassers» dahin bestimmte, «die Einschränckung» der Vorstellung erkennbar vorzunehmen (Chladenius)[25]. Schlegel möchte das «innigste Streben nach dem Unendlichen»[26] zwar auch für das Verstehen gelten lassen, aber zugleich jeden direkt auf eine inhaltliche Tendenz gehenden ‹Irrationalismus› vermeiden. So verdeutlicht er die Behauptung von der «Unergründlichkeit» genialer Werke, die er in der Schiller-Rezension aufgestellt hatte.

Schlegel müßte von der Annahme einer nur nachzuzeichnenden «Einheit» ausgehen, wenn er sich der alten ‹Auslegungskunst› anschlösse. Aber statt diese «Einheit» nur vorauszusetzen, erklärt er diese zugleich zum Ziel seiner Verstehensversuche, die wiederum über den ‹Woldemar› hinausgehen.

Die erste Vermutung, Annahme und Zielvorstellung ist die, daß es ein «poetisches Kunstwerk» sei. Aber Schlegel muß diese Annahme fallen lassen, weil es ja an einem «befriedigenden Schluß» fehle. Der Ironiker, der zwei Jahre später die größte Zerrissenheit zum Inbegriff romantischer Selbsterfahrung erklärt, beurteilt den ‹Woldemar› negativ, weil der Protagonist dieses Romans nicht vollkommen mit sich eins werde: «Die Erzählung endigt mit einer unaufgelösten Dissonanz. Woldemars Innres und Äußres ist unheilbar zerrüttet»[27]. Nun erwartet man vielleicht eine harmonistische Erklärung über die Geschlossenheit des Charakters *und* der Form, aber Schlegel sucht den Durchbruch zu einer entschieden neoaufklärerischen inhaltlichen Beurteilung eines solchen Charakters: «Nach einer *solchen* Reue kann er sich wohl zum Gehorsam eines guten Knechts, aber nie zur Würde eines freien Mannes erheben. Sein Verhältnis mit Henrietten ist eigentlich zerrissen»[28]. Friedrich Schlegel fordert nicht mehr nur den ‹ganzen Kerl›, wie noch die Stürmer und Dränger, sondern einen selbstbewußten, selbständigen Protagonisten, der andere Aussichten eröffnete als eine bloße ‹Zerrissenheit›. Gerade der spätere Theoretiker der ‹romantischen Liebe› betrachtet den Freundschaftskult Jacobis mit Skepsis. Einige Seiten weiter präzisiert er seine Kritik: «sein angeblich unerhörtes Ideal von Freundschaft wird nur zu oft in gemeinen Ehen realisiert; innigste Vereini-

24. KA II, 61.
25. Chladenius, EA, 541 f., § 695 f.
26. KA II, 57.
27. Ebd., 61.
28. Ebd.

gung auf Kosten der Selbständigkeit: man könnte es eine übertriebene Ehe nennen»[28a] Es geht also nicht nur um innere Zerrissenheit, sondern darum, daß sich diese Realisation nicht mehr poetisch ausdrücken lasse. ‹Selbständigkeit› und ‹Freiheit› werden als Voraussetzungen dafür angesehen, daß eine solche Figur als Protagonist eines ‹poetischen Kunstwerks› gelten darf. Nur so könnte er als ‹ganzer Mensch› auf ‹ganze Menschen› wirken. Von dieser Stelle aus wird wiederum der Eingang der ‹Kritik› verständlicher, in dem, ambivalent auf ‹Woldemar› und Jacobi beziehbar, der Zusammenhang zwischen Freiheitsdrang und den historischen Bedingungen erörtert wird. Unterschwellig setzt sich darin die Kritik an Schiller fort: «Wahr ist's, man kann niemand Freiheit eingießen, der den Keim dazu nicht in sich trägt. Aber der Keim bedarf des äußern Anstoßes, der ihn mächtig reize, seine Hülle zu zersprengen . . .»[29]. Schlegel schließt auch sogleich die Überlegung an, daß – entgegen der mitbedachten Schillerschen Fassung des ‹ästhetischen Zustandes› – das Werk diese Freisetzung, diesen Anstoß zur befreienden Selbstentfaltung geben könne, da es ja «das göttliche Prinzip des Menschen in lebendiger Wirksamkeit» vorführe[30].

Der Kritiker sieht seine ursprüngliche Annahme und Zielvorstellung enttäuscht: «Das *Poetische* ist im WOLDEMAR offenbar nur Mittel»; die Kritik scheint vernichtend, denn «Schönheit und Kunst» sind anscheinend «aufgeopfert»[31].

Nun kommt alles auf den «höhern Zweck» an. Der Kritiker bereitet so seine zweite Annahme vor: der ‹Woldemar› sei vielleicht ein «philosophisches Kunstwerk»; dann brauchte diese «Dissonanz am Schluß kein Tadel» zu sein. Ebensowenig gelten dann die *poetischen* Regeln der Wahrscheinlichkeit. So setzt der Kritiker selbst spielerisch den scheinbar noch selbstverständlichen Consensus über das Poetische außer kraft[32]. Schon bald darauf verstärkt er aber seine Anforderungen an die neue «Einheit», denn diese könne – in einer aufklärerischen Reprise – nur eine «vollständige» genannt werden, wenn ein «befriedigendes philosophisches Resultat» herauskomme. Nun wird die Ironie des Urteils vollends durchsichtig, wenn Schlegel in der Beantwortung dieser selbst aufgeworfenen und an das Werk herangetragenen Frage ganz und gar die hermeneutische Attitüde eines Aufklärers einnimmt: «Die große Ungleichheit des Werts der einzelnen philosophischen Stücke bestätigt die Vermutung, daß auch die Philosophie hier nur als *Mittel* gebraucht werde. Findet man in einem und demselben Werke neben Stellen, die des größten Denkers würdig wären, Mißverständnisse, Übereilungen, Verworrenheiten, die man einem gemeinen nur gesunden Kopfe nicht verzeihn würde»[33]. Schlegel meint hier mit «Übereilungen» das schon von Thomasius her bekannte ‹praeiudicium praecipitantiae›. Die «Verworrenheiten», die man bei Jacobi finde, so unterstellt er im Sinne der Aufklä-

28a. Ebd., 65. 29. Ebd., 57. 30. Ebd.
31. Ebd., 67. 32. Ebd. 33. Ebd., 68.

rungshermeneutik, ließen sich nicht durch eine Suche nach den «Ursachen der Dunckelheit» (Chladenius)[34] beheben.

Schlegel vollführt hier wiederum ein ironisches Spiel des dauernden Rollentauschs in den Urteilsattitüden, denn eingangs hatte er ja Jacobi scheinbar gegen die ‹Schulphilosophen› in Schutz genommen; Jacobi sei «kein Philosoph von Profession, sondern von *Charakter*»[35]. Sucht man nun nach dem Drehpunkt dieser entgegengesetzten Urteile, so findet man eine Stelle genau zwischen beiden, die den kritischen Relativismus Schlegels zu offenbaren scheint: «In dieser *polemischen* Rücksicht können Jacobis Schriften sehr günstig wirken, da die Natur ohnehin dafür gesorgt hat, daß sein Vernunfthaß in unserem Zeitalter wenigstens keine allgemeine Epidemie werden kann»[36]. Solange Jacobi ohne großen Anhang als Gegengewicht zur Grundtendenz der Epoche dienen könne, dürfe er beliebig irrationalistische Ideen ausbreiten. Die geschichtliche Tendenz wird ironisch der «Natur» angelastet, gleichsam als naturwüchsig verfestigte angesehen. Die Vernünftler – so unterstellt er – schwimmen mit einer Grundströmung mit und meinten immer noch, sie gingen selbstbewußt den Dingen auf den Grund. Auch diese Kritik ist nur im Sinne eines mitbedachten ‹Historismus› relativistisch zu nennen. Die Willkür in den Urteilsattitüden, die jene ironische ‹Wechselnegation› herbeiführt, ist insofern nicht nur kritizistisch, sondern *historisch* begründet. Dies ist der «elastische Punkt», den der Kritiker selber einnimmt, wenn er listig nach dem «elastische[n] Punkt, von dem Jacobis Philosophie ausging», fragt[37].

An dieser Stelle seiner hermeneutischen Erkundungen leuchtet dem Kritiker ein, daß es keinen Zweck mehr hat, so nach der «Einheit» des Werkes zu fragen, als ließe sich der «Schein des In sich vollendetseyns» noch wahren[38]. Er muß nach den Voraussetzungen dieser *«Einheit des Geistes und des Tons»* fragen, die ja durchaus als *«individuelle»* erscheinen[39]. Er wendet sich nun gegen die zunächst versuchte Methode, rein immanent vorzugehen und das Werk *«isoliert»* zu betrachten[40]: «Wer also den Geist des WOLDEMAR verstehen will, so weit dies möglich ist, muß Jacobis sämtliche Schriften, und in ihnen den individuellen Charakter, und die individuelle Geschichte seines Geistes studieren»[41]. Hier hat man also den Ansatz für die *‹genetische› Betrachtungsweise*. Schlegel möchte aber den biographistischen Kurzschluß oder das willkürliche Heranziehen einzelner Werke oder Aussagen des Autors von Anfang an unterbinden. Deshalb sollte eine Totalität der Werkfolge als hermeneutisch letzte Beziehungsebene angenommen werden. Nur im *Rahmen* einer solchen Totalität dürfe man «die individuelle Geschichte seines Geistes studieren».

34. Chladenius, EA, Vorrede b 2.
35. KA II, 57.
36. Ebd., 59.
37. Ebd., 69.
38. KA XVI, 31, Fr. 23.
39. KA II, 68.
40. Ebd., 69.
41. Ebd.

Die Annahme einer solchen Entwicklungs-Totalität bedeutet ja wiederum einen Schritt über die Aufklärungshermeneutik hinaus, insofern dort der «Ausleger» bei jedem einzelnen Werk «diejenige Bedeutung für hermeneutisch richtig halten [mußte], welche mit den Vollkommenheiten des Urhebers derselben am besten übereinstimt, bis das Gegentheil erhellet» (Georg Friedrich Meier)[42]. Dies wiederum ist gewissermaßen ein Säkularisat der Exegese, insofern die höchste voraussetzbare Vollkommenheit in Gott zu suchen sei; infolgedessen bezeige man nur «*hermeneutische Ehrerbietigkeit gegen GOTT* (referentia erga deum hermeneutica)»[43], wenn man die höchste Sinntotalität annehme.

Von dieser Totalität der Werkfolge her könne man dann durch Übertragung auf die «*Einheit der Tendenz* im Woldemar» schließen. Spätestens an dieser Stelle ist klar, daß es eigentlich schon lange nicht mehr um Jacobis Roman geht, sondern um die versteckte *Entwicklung* einer neuen hermeneutischen Theorie, die der kunstkritischen und darüber hinaus der universalkritischen Deutungspraxis zugrunde gelegt werden könnte.

Nun ist schon beinahe zu erwarten, daß auch diese endlich gefundene hermeneutische Methode bei Jacobi nicht zum Ziele führt. Schlegel hat jenen Satz auch mehr zur Selbstverständigung *und* als Mittel zur Verständigung mit einem ‹symphilosophisch› und ‹synkritisch› Mitverstehenden niedergeschrieben. Jacobi enttäusche auch diese Verstehenserwartung: «Zwar pflegen Jacobis Werke überhaupt, wenn sie den Uneingeweihten durch mancherlei Irrwege endlich bis an die Schwelle des Allerheiligsten geführt haben, sich gern in ein rätselhaftes Schweigen zu verlieren, oder einige in ein imposantes Dunkel gehüllte Worte hinzuwerfen»[44]. Nachdem er so seine und vieler anderer Leser Enttäuschung bekundet zu haben glaubt, versucht er doch noch eine ‹Rettung›. Er entdeckt den gesuchten Schlüssel wenigstens zum Vorverständnis da, wo er selbst auch den zu seinen eigenen Werken versteckt hat: «doch hat er einigemal, vorzüglich in polemischen Schriften, wenigstens mit mehr Klarheit und Umständlichkeit die letzten Resultate seiner Philosophie enthüllt . . .»[45]. Damit schließt sich der Kreis versteckter Verstehensanleitungen des Kritikers; den exoterischen Anlaß konnte er hinter sich lassen.

Andererseits aber hat er jetzt die Bedingungen zu einer reinen Polemik geschaffen, denn der zu kritisierende und zu charakterisierende Gegenstand hat der strengen hermeneutischen Prüfung nicht standgehalten. Nun darf er seinem Wortwitz freien Lauf lassen: «Der elastische Punkt, von dem Jacobis Philosophie ausging, war nicht ein objektiver Imperativ, sondern ein individueller Optativ»[46]. Damit ist der letzte Rest eines allgemeinen Geltungsanspruchs preisgegeben. Man brauche nicht mehr nach dem «individuellen

42. G. Fr. Meier, AA, 49, § 95.
43. Ebd., 20, § 39.
44. KA II, 69.
45. Ebd.
46. Ebd.

Charakter» *in* den Werken zu suchen; auch dieser entspringe der Setzung eines Wunschdenkens. Demgegenüber – so unterlegt Schlegel – sei Kants Imperativ ja entschieden ‹objektiv›.

Nun möchte der Kritiker aber auch eine Ausweglosigkeit und affektive Verursachung des Jacobischen Denkens aufdecken: «Jacobi mußte die philosophierende Vernunft hassen». Daß er sich tatsächlich nicht weiterzuentwickeln vermochte – und damit beantwortet der Kritiker die aufgegebene Frage nach der «individuelle[n] Geschichte seines Geistes» –, könne man daran erkennen, daß er den «kritische[n] Idealismus» ebenfalls eigenartig ‹verstanden oder mißverstanden› habe[47]. Nach dieser ‹Annihilation› kann der Kritiker wieder vorgeben, seine Figur retten zu wollen, indem er Zeitkritik übt: «er hat die Lücken, die Folgen, den Unzusammenhang nicht bloß dieses oder jenes Systems, sondern auch der *herrschenden Denkart des Zeitalters* mit kritischem Geist, und mit der hinreißenden Beredsamkeit des gerechten Unwillens aufgedeckt»[48]. Damit bestätigt der Kritiker endgültig sein früheres Urteil – «In dieser *polemischen* Rücksicht können Jacobis Schriften sehr günstig wirken . . .». Die Bedeutung ist nun überhaupt nicht mehr in einer objektiven Schicht mehrerer Werke zu befestigen: sie fällt ganz mit der relativen Wirkung Jacobis zusammen. Damit möchte der Kritiker auch die noch weiter zuvor ausgesprochene Belobigung positiv auf sich bezogen wissen: «Jacobis lebendige Philosophie ist ein reifes Resultat seiner individuellen Erfahrung und eine entschiedene Gegnerin jener toten Philosophie, welche nur mit Buchstaben, den ‹Gespenstern des ehemals Wirklichen› . . . ein Gewerbe treibt, eine Form, welche ihren Geist überlebt hat . . .»[49]. Diese Vorstellung bezieht der Kritiker auf seine projektierte ‹Lebensphilosophie›[49a]. Exoterisch aber bringt er selber einen «Optativ» aus. Die hermeneutische Formel von ‹Geist› und ‹Buchstaben› wird historisiert. Dabei kann er sogar noch ein Jacobi-Zitat einbeziehen, sich scheinbar deutend dahinter verstecken. Die tote, buchstabengetreu bewahrte und unproduktiv weiter ausgedeutete Philosophie drücke nur noch etwas aus, worin sich vergangene Wirklichkeit spiegeln lasse. Der Versuch, solche Philosophie aufrechtzuerhalten, bringe den Hermeneutiker in ein Verhältnis der Ungleichzeitigkeit zur eigenen gegenwärtigen Wirklichkeit. So weit läßt sich dieser Ansatz durchzeichnen.

Zuvor hat Schlegel, auch im Sinne einer Fortsetzung seiner Publikumskritik, den Grund angegeben, warum sich eine solche ‹tote› Verstehensweise so lange halten könne: «indem sie alle Mittelmäßigen zu einer unsichtbaren Kirche» vereinigte[50]. Auch darin findet sich eine Bestätigung dafür, daß Schlegel von einem großen Bildungsgefälle ausging, das von den ‹wenigen einzelnen› nicht so rasch ausgeglichen werden könnte.

47. Ebd., 71. 48. Ebd. 49. Ebd., 58.
49a. KA XVIII, 12, Fr. 88. 50. KA II, 58.

Gegen die «Majorität der Vernünftler», so viel sah er ein, bevor er endgültig sein romantisches Programm einer ‹Symphilosophie› einiger weniger verkündete, sei nicht viel auszurichten: «Sie leugneten, was über ihren Horizont war»[51]. Schlegel macht darin einen Grund für jene Polemik fest, die sich wenig später gegen die ‹Unverständlichkeit› insbesondere seiner Athenäumsfragmente richtete. Schlegels Spiel mit den verschiedensten Argumentations- und Verstehensattitüden mußte ja diejenigen Leser verwirren, deren Erwartung einsinnig auf die Programmstichworte einer Strömung ausgerichtet war. Aber in diesen Formen der Kritik beherrschte er das ebenso rhetorische wie ironische Versteckspiel in einer so eingängigen Weise, daß er jeden Leser in seine Darstellung hineinziehen konnte. Die «glückliche Vereinigung des Entgegengesetzten, ohne welche die größte, wie die kleinste Aufgabe der menschlichen Bestimmung nicht erfüllt werden kann»[52], sollte der ‹verstehende› Leser, erst recht ein ‹synkritischer› Kollege *ihm* bescheinigen, nicht dem kritisierten Jacobi.

Zuletzt braucht Schlegel die Lösung jenes Rätsels der tieferen «Einheit» des ‹Woldemar› nicht mehr zu begründen oder herzuleiten. Die Formel war nach dem triadischen Muster ‹ironisch› zu erwarten: der ‹Woldemar› sei ein «theologische[s] Kunstwerk». Es «endigt», sagt der Neoaufklärer zum Schluß, «wie alle moralischen Debauchen endigen, mit einem Salto mortale in den Abgrund der göttlichen Barmherzigkeit»[53]. Schlegel wollte mit dieser Fassung möglicherweise auch die Art treffen, wie Kant den ‹kategorischen Imperativ› im System seiner Kritiken setzte. Jedenfalls kann man diese Absicht aus den frühen Fragmentheften herauslesen: «Kants practische φσ [Philosophie] wenigstens eben so subjektiv als der Woldemar»[54]. An einer anderen, bekannteren Stelle hat er Jacobis Unselbständigkeit schärfer karikiert: «Wenn die Königsb[erger] Post umwirft, so sitzt Jak[obi] auf d[em] Trocknen»[55].

Schlegel war unermüdlich damit beschäftigt, ironische und zugleich witzige Metaphern für die ‹lebensphilosophischen› Unterschiede ‹dialektischer› Denkarten zu finden. Die Metapher vom ‹Salto mortale› hat er auch von der alten Metapher des «Sprungs» herleiten können: «Jak[obi]s φ [Philosophie] könnte man die φ [Philosophie] vom Sprunge nennen – *ich* φ [philosoph]ire ruckweise – *Kant* windet und krümmt [sich] – Fichte geht den Spartanischen ⟨?⟩ Schritt»[56]. Allerdings spielte er, wie wir noch sehen werden, mit dem Ausdruck ‹Salto mortale› auch direkt auf Jacobis Rolle im Streit mit Lessing an.

Das Spiel dieser Dialektik zwischen esoterischem Interesse und exoterischer Polemik hat ihn in den Fragmentheften der Jahre 1796 und 1797 beschäftigt. Hier konnte er die Mehrdeutigkeit seiner Entwürfe selber zugeben: «Ich will es andern zu überlegen überlassen, ob ich nach d[em]

51. Ebd. 52. Ebd., 76. 53. Ebd., 77.
54. KA XVIII, 22, Fr. 50. 55. Ebd., 21, Fr. 34. 56. Ebd., 56, Fr. 371.

Geist, nach d[em] Buchstaben oder etwa nach *beyden zugleich* interpretire»[57]. Angesichts dieser Entwurfsoffenheit seiner Hermeneutik, die ja auch geschichtlich-objektiv gemeint war, ist es nun verständlicher, warum er kurz davor den eindeutiger festlegbaren Jacobi einen ‹barbarischen Universalisten› und einen ‹regreßirenden Sentimentalisten› nannte[58].

Interessant ist gerade an diesem Fragmentheft, daß Schlegel die Vorwürfe, die man ihm selbst angesichts seines ironischen Hin-und-her-Schwankens und seiner rollenhaften ‹Selbstannihilationen› machen konnte, auf Jacobi projizierte: «Keins s.[einer] Bücher hat ein wahres Ende; *er muß ewig schwanken und sich selbst zerstören*. Zwischen Th[eorie] und πϱ [Praxis], zwischen My[stik] und Emp[irie]. Er dreht s.[ich] in allen s.[einen] Schr[iften] in dems.[elben] Cirkel herum. Er ist ein lehrreich warnendes Beispiel wohin Mangel an ϰ [Kritik] und unvollkommne Synthese führt. Eine polemische Beurtheilung thut ihm kein Unrecht, weil er selbst ABSOLUT polemisch ist. Seine Polem.[ik] ist Natur, *meine* Kunst und Freyheit. – Doch ist er gar nicht bloß schädlich sondern auch nützlich – aus d[em] liberalen histor.[ischen] Standpunkt; es ist so viel darin – *Bildung* – *Prosa* – *Polemik* – φ [philosophische] Incitamente pp»[59]. In dieser mehrfach gebrochenen ironischen Selbstbespiegelung faßt Schlegel noch einmal die Tendenz seiner veröffentlichten ‹Charakteristik› Jacobis zusammen. Der Versuch, dieses Fragment psychologisch zu ‹verstehen›, scheitert schon nach den ersten Sätzen. Jeder Deutungszugriff wird in der vielfachen Spiegelung der Form aufgehoben. Selbst dieser notierte Versuch einer Selbstverständigung endet ironisch und verläuft im «Cirkel».

Aber Schlegel benennt hier doch den «Gesichtspunkt», von dem aus er urteilt, den man aus der veröffentlichten Kritik erst erschließen muß: «aus d[em] liberalen histor.[ischen] Standpunkt». Es läßt sich also erkennen, daß Schlegel jene Formulierung zum «Gesichtspunkt» in der Schiller-Rezension und den «Historismus» aus den Vorarbeiten der Hefte «Zur Philologie» inzwischen aufeinander bezogen hat.

Darüber hinaus läßt sich erkennen, bis zu welchem Grade er auch Jacobi als Vorläufer anerkennen wollte. Im Bereich der «Polemik» habe er Jacobis Ansätze kunstvoll weitergetrieben. Nachdem er auch diesen Vorläufer übertroffen hat, kann er dessen Stehenbleiben anders erklären.

So durchbricht er dennoch jenen ‹Cirkel›, indem er nun den eingangs angeführten Satz – «Gegen Niemand ist er so polemisch wie gegen s.[ich] selbst» –, der durch die folgende Selbstbespiegelung des Kritikers seine Ausrichtung eingebüßt hat, ins Psychologische wendet: «*Angst* ist ein Hauptzug in s.[einem] Charakter, Weichlichkeit und absolute Eitelkeit; diese Dinge müssen doch beim Nahmen genannt werden»[60]. Schlegel wußte, daß er in den Formen der ‹Rezension›, der ‹Charakteristik› und der

57. Ebd., 56, Fr. 374.
58. Ebd., 55, Fr. 364.
59. Ebd., 55, Fr. 361.
60. Ebd.

‹Kritik› diese Spiele mit einer Vielzahl eingestalteter Verstehensrollen treiben konnte, ohne in seiner Polemik die Person treffen zu müssen. Vielmehr behandelt er Jacobi «aus d[em] liberalen histor.[ischen] Standpunkt» ja ebenfalls als eine Kunstfigur, als einen Rollenträger. Auch Jacobi war für ihn zu dieser Zeit nur eine Spielfigur, an der er seine Ironie erprobte *und* darüber hinaus seine hermeneutischen Überlegungen ‹lebensphilosophisch› vergewisserte. Jedenfalls glaubte er im Jahre 1796 schon über ihn hinausgelangt zu sein, wie die Fragmenthefte beweisen: «Jacobi ist ein empirischer Mystiker. Er hat ausgedient . . .»[61].

Wir haben in diesem ersten Verstehenszugang aber erst eine Einschätzung des Romans im ganzen erfahren. Wenn Schlegel nacheinander fragte, ob der ‹Woldemar› ein «poetisches Kunstwerk», ein «philosophisches Kunstwerk» oder ein «theologisches Kunstwerk» sei, so wollte er damit keine getrennten Dichtungsarten aufstellen. Vielmehr suchte er nach der Dominante. Er geht also vorerst immer noch von der Annahme einer möglichen Totalität aus. In den ‹Fragmenten zur Litteratur und Poesie› führt er dies genauer aus: «In jed[em] $\frac{R}{q}$ [unvollkommenen Roman] sind *alle* Bestandtheile; nur ist die Dominante verschieden»[62]. Aber er nimmt auch für den Fall der ‹Unvollkommenheit› noch eine Unterteilung vor, die es ermöglichen soll, die ästhetische Synthese im Roman zu bewerten: «Das Ueberwiegen Herrschen eines Elements kann entweder bloß *mechanisch* sein, oder dynamisch; im letzt[en] Fall heißt es Dominiren»[63]. Der ‹dynamische› Charakter dieser ausgerichteten Synthese aber zeigt den Grundzug dessen an, daß der Roman die ausgezeichnete Form der modernen Poesie ist. Die kritische Bewertung eines unvollkommenen Romans hat ihren historischen Maßstab daran, daß der «*Roman* als *progressive* Poesie zu betrachten» sei[64].

Nachdem feststeht, daß die Einheitsbildung des Jacobischen Romans weder nach einer poetischen noch nach einer philosophischen Dominante einzuschätzen ist, geht es nun darum, wie die ‹theologische› Dominante sich in der «Organisation» des Kunstwerkes zeigt. Es gilt also zu überprüfen, ob durch diese Dominante nicht «die Mischung zerstört wird»[65], wie Schlegel sich in dem frühen Heft der «Fragmente zur Litteratur und Poesie» ausdrückt.

Zunächst kritisierte Schlegel ja, daß sich die Hauptfigur nicht für eine ‹poetische› Synthese eigne. In dem erwähnten Fragmentheft stellt er den Maßstab auf, nach dem er jenes Urteil gefällt hat: «Was ein π [poetischer] *Charakter* heißen soll, darin müssen alle Theile durchgängig construent und construct sein»[66]. Ein solcher Charakter würde also von sich aus bereits die Konstruktion des Romans bestimmen und ausfüllen. Da das aber bei Jacobis ‹Woldemar› nicht der Fall zu sein scheint, geht es nun darum, wie der Autor von sich aus diese Mängel auszugleichen sucht, wie er seine «Absicht» im

61. Ebd., 3, Fr. 3.
62. KA XVI, 150, Fr. 754.
63. Ebd., 152, Fr. 778.
64. Ebd., 152, Fr. 779.
65. Ebd., 87, Fr. 20.
66. Ebd., 128, Fr. 528.

Werk durchdrücken will: «Eigentlich nimmt der Verfasser selbst Anteil an diesem Verzärteln: Woldemar ist auch sein Liebling, und der gemeinschaftliche Mittelpunkt, um den sich alles dreht, mehr als der Zusammenhang des Ganzen erfordern, oder auch nur erlauben dürfte. Alle übrigen scheinen nur um seinetwillen da zu sein; wenn sie nicht für ihn handeln oder leiden, so ratschlagen sie über sein Seelenheil»[67]. Schlegel stellt so bereits die Frage nach dem Erzähler-Autor, nach der Art, wie dieser selbst in das erzählte Geschehen eingreift, wie er seine Vorliebe für eine Figur bekundet. Aber diese Anteilnahme sei so übertrieben, daß man sie schon als ein «Verzärteln» ansehen müsse. Insofern unterstellt Schlegel, daß Jacobi zu viele rein subjektive Beimengungen in dem Erzählvorgang zur Erscheinung bringe. In den ‹Fragmenten zur Litteratur und Poesie› beurteilt Schlegel diese übertriebene, rein subjektive Anteilnahme des Erzählers noch entschiedener: «Der ψ [psychologische] R[oman] und φ [philosophische] R[oman] darf nie in eigner Person empfinden»[68]. Der Erzähler-Autor soll sich zwar zur Geltung bringen und deutlich figurieren dürfen, aber seine Subjektivität müßte in der Form aufgehoben werden. So wie der Leser im Idealfall als ‹ganzer Mensch› das Werk aufnehmen und verstehen soll, müßte auch der Erzähler-Autor *im* Werk bereits eine solche Ganzheit verkörpern. Insofern müßte die Theorie der «Receptivität», wie Schlegel sie in den Heften «Von der Schönheit in der Dichtkunst» anstrebte, eine Entsprechung in einer Theorie des Erzählens und des Erzählers finden. In einem Heft der ‹Philosophischen Lehrjahre› finden sich vereinzelt Ansätze zu dieser Entsprechung: «Im ERZÄHLEN soll d[er] ganze Mensch darstellen und dichten»[69].

Den Erzähler-Autor muß man sich also als erzählenden Rollenverteiler vorstellen, der nie den Überblick über die Gesamtheit der Figuren verlieren dürfe. Nur so gewährleiste er den «Zusammenhang des Ganzen». Insofern durch ihn die Form geschlossen erscheint, darf man ihn als ästhetisch-konstitutives Subjekt ansehen. Aber der «Zusammenhang des Ganzen» hängt auch von der Figurenkonstellation ab.

Wenn Schlegel dem Erzähler-Autor des ‹Woldemar› vorwirft, er kümmere sich nur um seinen Helden und vernachlässige die anderen Figuren, so nimmt er den Gedanken einer repräsentativen Figurenkonstellation ernst. In den ‹Fragmenten zur Litteratur und Poesie› führt er diesen Gedanken aus: «In einem vollkommnen Rom.[an] müßte auf Totalität *aller* Individuen gesehen werden»[70]. Natürlich sollten die Figuren unterschiedlich hervorgehoben und ‹potenziert› werden, denn nur aus einer solchen nicht planen, sondern auf ästhetische Weise hierarchisierten Konstellation könne sich eine welthafte Totalität ergeben. Die «Universalität» bilde sich also «in Rücksicht auf d[ie] Gradazion d[er] Individuen»[71].

67. KA II, 66. 68. KA XVI, 118, Fr. 399. 69. KA XVIII, 306, Fr. 1342.
70. KA XVI, 133, Fr. 578. 71. Ebd., 133, Fr. 580.

Schlegel hat auch für die Figurenkonstellation verschiedene Muster eines Dominantenspiels angenommen. Tatsächlich scheint es ihm auch darum zu gehen, daß nicht der Eindruck der ‹Passivität› einzelner Figuren entstehen dürfe. Auch darin können wir eine Entsprechung zu jener Theorie der ‹Receptivität› sehen, die wir schon mehrmals nach dem Entwurf der Hefte «Von der Schönheit in der Dichtkunst» herangezogen haben. In den ‹Fragmenten zur Litteratur und Poesie› führt Schlegel diesen ergänzenden Gedanken gerade für den ‹philosophischen Roman› aus. Als solchen hatte er ja auch probeweise den ‹Woldemar› ansehen wollen: «Im φ [philosophischen] R[oman] kein Held und keine gänzl[ich] passive Menschen; alle müssen die Helden sein. Sonst wäre das sehr illiberal»[72]. Schlegel urteilt so schon aus dem «liberalen histor.[ischen] Standpunkt», wie wir aus einem Heft der ‹Philosophischen Lehrjahre› ersehen konnten[73].

Im ‹Woldemar› scheint die Ausgewogenheit der Figurenkonstellation gestört zu sein. Schlegel vermutet nicht nur eine zu große ‹Passivität› einzelner Figuren, sondern kritisiert die Beziehung zwischen Hauptfigur und Nebenfiguren. Wenn der Kritiker in der ‹Charakteristik› des ‹Woldemar› schreibt: «Alle übrigen scheinen nur um seinetwillen da zu sein», so stellt er ja eine gestörte Zweck-Mittel-Beziehung fest, die scheinbar aus der «Lebenskunstlehre» übertragen wird, wie Schlegel in anderer Bedeutungsausrichtung als Schiller sagt[74]. Aber hier muß man den Unterschied zur Ethik genau bedenken, bevor man den Begriff der «Lebenskunstlehre» versteht. Der kategorische Imperativ scheint im gelungenen Roman ästhetisch realisiert zu sein, «wo alles zugleich Mittel und Zweck ist»[75]. Wenn aber nur eine Figur als «Zweck» der Darstellung angenommen werde und alle anderen bloß um diese herumgruppiert würden, ohne selbst mehr zu verkörpern oder über diese Funktion hinaus bedeutsam zu sein, so sei jener «Zusammenhang des Ganzen» fragwürdig geworden. Die hermeneutische Schlußfolgerung wäre die, daß man auch nicht mehr aus dem «Ganzen» des Romans heraus eine Einzelheit deuten könnte, sondern nur noch von der Zweckbestimmung einer Figur her. Darüber hinaus ließe sich das Beziehungsgeflecht der Figuren nicht mehr als «Universalität» verstehen.

Ein Beziehungsgeflecht, in dem «alles zugleich Mittel und Zweck ist», läßt sich vorerst nur im Bereich der Poesie vorstellen. In der Poesie werde also der Zustand vorweggenommen, der in der Ethik nur angestrebt werden könnte. So ist es auch nicht verwunderlich, daß Schlegel in einem Heft der «Fragmente zur Litteratur und Poesie» die «höchste Moral» in der Poesie aufgehen läßt. Er spannt dabei diese poetische Verwirklichung der Zweck-Mittel-Relation bereits auf romantische Weise in den triadischen Rahmen der Geschichtsphilosophie: «Poesie ist d[er] ursprüngl[iche] Zustand d.[es] Menschen und auch d[er] letzte . . . Die höchste Moral wird Poesie. Nur

72. Ebd., 117, Fr. 393.
73. KA XVIII, 55, Fr. 361.
74. KA XVI, 133, Fr. 580.
75. KA II, 131.

durch Poesie kann ein Mensch sein Dasein zum Dasein d[er] Menschheit erweitern. Nur in ihr sind Alle Mittel jedes Einen»[76]. Diese Ausgestaltung der «progressiven Universalpoesie» muß man auch als letzte Fassung einer ästhetizistischen Kant-Kritik und eines Versuchs zur Aufhebung des kategorischen Imperativs ansehen.

Wenn «Alle Mittel jedes Einen» sind, sei der höchste mögliche «Zusammenhang des Ganzen» als Beziehungsreichtum zwischen einzelnen Figuren verwirklicht. Der ‹ganze Mensch›, der in der Rezeptionstheorie gefordert wurde, findet in diesem poetischen Beziehungsreichtum den Gegenstand seines Verstehens. In diesem Verstehen könne er also auch «sein Dasein zum Dasein d[er] Menschheit erweitern».

Schlegel unterlegt bereits die Ansätze zu solchen Überlegungen seiner Kritik des ‹Woldemar›. Wenn er feststellt: «Alle übrigen scheinen nur um seinetwillen da zu sein . . .», so bedeutet das eine Verengung der Zweck-Mittel-Relation. Dann sind «Alle Mittel» nur des einzelnen, Woldemars. So lasse sich keine «Totalität *aller* Individuen» realisieren.

Schlegel faßt seine Kritik aber so ab, daß die Formulierungen über die Potenzierungsverhältnisse im Roman, die man in dem Heft der «Fragmente zur Litteratur und Poesie» findet, bereits in negativer Form vorweggenommen scheinen. Wenn er erklärt, Woldemar sei «der gemeinschaftliche Mittelpunkt» und dann die Vereinseitigung der Zweck-Mittel-Relation feststellt («Alle übrigen scheinen nur um seinetwillen da zu sein»), so entspricht dies der Fassung des frühen Heftes der «Fragmente zur Litteratur und Poesie» zum Problem der ‹absoluten ethischen Poesie›. Diese setzt Schlegel ganz als zeitrepräsentative Poesie an: «Das *Jezt* und *Hier* wesentl[iche] Merkmahle der $\frac{\eta\theta\pi}{\circ}$ [absoluten ethischen Poesie], in ganz bestimmtem R[aum] *und* Z[eit]. – Hier ist nicht bloß eine *Sphäre* sondern auch ein *Mittelpunkt* (d.[as] Subj.[ekt]) gegeben. ⟨Diesen absolut[en] Punkt thesirt d[er] Künstler.⟩»[77]. Vergleichen wir diese Fassung mit der Kritik des ‹Woldemar›, so finden wir zunächst heraus, daß die Art des ‹Thesirens› als «Verzärteln» bezeichnet wird. Schlegel verwendet also Formulierungen, die auf die ‹Empfindsamkeit› als irrationalistische Strömung hinweisen. Das ‹Subjekt› werde so aber nicht repräsentativ. Vielmehr bringt Schlegel ironische Formulierungen an, die nahelegen, daß auch die empfindsame Gemeinschaftsbildung nicht wirklich im Sinne jener «Universalität» im «Jezt» und «Hier» als repräsentativ gelten könne: «Kein Wunder, wenn der Patient zuletzt so gefährlich wird, daß die beratschlagende Familie sich stillschweigends permanent erklären muß, wie ein Senat, wenn das Vaterland in Gefahr ist»[78]. Die Bedeutsamkeit der Figur wird durch diese ‹Thesirung› ins Lächerliche gezogen. Die Hauptfigur scheint so nur noch eine rein «ψ [psychologische] Repräsentazionsfähigkeit»[79] zu haben. Schlegel unterlegt, daß Woldemar in seinen Reflexionen

76. KA XVI, 274, Fr. 252.
77. Ebd., 144/45, Fr. 704.
78. KA II, 66.
79. KA XVI, 91, Fr. 78.

so auch keinen «Zusammenhang des Ganzen» bedenken und herstellen könne. Er umschreibt diese Reflexionstätigkeit ebenfalls in Wendungen, die ironisch gegen die Empfindsamkeit gerichtet sind: «Dieses Grübeln ist das beste Mittel, einen ohnehin kranken Geist ganz zu schwächen und zu verderben, wie beständiges Medizinieren den Körper entnervt»[80]. Mit solchen Formulierungen nähert er sich auch bereits dem Konzept der «Parodie», das er in den ‹Fragmenten zur Litteratur und Poesie› anstrebt: «Parodie ist empir[ische] poetische Negazion»[81]. Schlegel entwickelt ja nicht einmal in Grundzügen eine Romantheorie, an der er den ‹Woldemar› als einen nicht ganz gelungenen Roman messen könnte. Aber in der ‹empirischen Negazion›, die der poetischen ähnelt, sind doch schon die Vorstellungen zur ‹Thesirung› und zur ‹Repräsentationsfähigkeit› enthalten.

Zusammenfassend läßt sich feststellen, daß Schlegel die Reflexionen des Erzähler-Autors, des Protagonisten und der Nebenfiguren nicht für geeignet hält, einen repräsentativen «Zusammenhang des Ganzen» zu erstellen.

Aber Schlegel versucht noch eine letzte Steigerung der Kritik, indem er, ganz im Sinne der Aufklärungshermeneutik, den ‹Sehe-Punckt› angibt, unter dem der «Zusammenhang des Ganzen» *im* Roman betrachtet werde, unter dem aber auch der Leser die tatsächliche «Organisation» des Werkes besser verstehen könne. Der ‹Sehe-Punckt› ist also einerseits der inhaltliche des Erzähler-Autors; andererseits aber wird dem Leser in didaktischer Absicht und in Zusammenfassung der bisherigen Kritik der ‹Sehe-Punckt› erklärt: «Das Pedantische dieser Szene würde recht anschaulich werden, wenn man eine Zeichnung dazu machen wollte: man nähme die Figuren und setzte sie um einen Tisch, wie im *Orbis pictus,* über den ein Auge im Dreieck schwebt. Vielleicht erläuterte dieses sogar manche Dunkelheiten»[82]. Schlegel faßt so das Ergebnis seiner Erzähler- und Figurendeutung zusammen. Noch bevor er den ‹Woldemar› endgültig als «theologisches Kunstwerk» hinstellt, scheint die genauere Analyse eine solche Annahme nahezulegen. Er möchte den Erzähler Jacobis als theologische Projektionsfigur hinstellen, als säkularisierte Gott-Vater-Position, wobei das Dreieck das Abhängigkeitsverhältnis Jacobi-Woldemar-Familie ausdrücken soll. Der *«Orbis pictus»* bezeichnet so die Gegenvorstellung zu jener «Totalität *aller* Individuen», die durch «Gradazion» von selbst eine «Universalität» verkörperten.

Der Kritiker urteilt hier selbst aus einem «Gesichtspunkt», der in ganz anderer Weise als das «Auge» des Erzähler-Autors Jacobi einen Überblick zu versprechen scheint. Der «Gesichtspunkt» des Kritikers verschiebt sich ständig, je nach historischer Zielsetzung. Einerseits hatte er ja Jacobis «lebendige Philosophie» als «Gegnerin jener toten Philosophie» der Aufklärung gerühmt. Andererseits urteilt er jetzt wiederum aus einer übernommenen aufklärerischen Verstehensrolle. Wie Chladenius meint er die Ursachen «manche[r] Dunkelheiten» aufgedeckt zu haben, nachdem er die «Organisa-

80. KA II, 66. 81. KA XVI, 145, Fr. 714. 82. KA II, 66.

tion» des Kunstwerkes im einzelnen untersucht hat: «Und so ist es denn auch in der Auslege-Kunst nöthig, alle Arten der Stellen, nach ihrem Inhalt betrachtet, durchzugehen, und was bey ieder vor Erkäntniß voraus gesetzt werde, anzuzeigen; daraus sich die Ursachen der Dunckelheit, die bey ieder Art Stellen vorkommen kan, wie auch die Art und Weise sie zu heben, hernach von selbst zu Tage legen» (Chladenius)[83].

Das «Auge im Dreieck» sollte die theologische Grundlage der Jacobischen *Erzählweise,* nicht nur seiner individuellen *Denkweise* kennzeichnen. Natürlich sind auch die um einen Tisch gruppierten «Figuren» Symbol einer christlichen Gemeinschaftsbildung. Jedenfalls setzt der Kritiker in einer bis zur Blasphemie gehenden Verwendung der christlichen Vorstellungsmuster seinen inhaltlich neoaufklärerisch gerichteten, im formalen Rollenwechsel allerdings ‹oszillierenden› Standpunkt durch.

Die Leser sollen bis zu solchen blasphemischen Vorstellungen hin in den Prozeß der Wechselnegation empfindsam-religiöser und aufklärerischer Verstehensweisen einbezogen werden, um schließlich die Historizität des kritischen Urteils zu erkennen.

Es läßt sich also deutlich ausmachen, daß Schlegel unterschwellig seine Theorie des «Gesichtspunkts» weiterverfolgt, daß er seinen «Historismus» des Verstehens sowohl vom ‹Sehe-Punckt› der Aufklärungshermeneutik als auch vom theologisch bestimmten «Auge im Dreieck» abheben möchte. Im Wechsel der Argumentationsrichtung aber scheint der Kritiker eher in der Mitte zu ‹schweben›, wenn er einmal durch die Jacobi-Interpretation hindurch die Aufklärer angreift und dann mit Hilfe aufklärerischer Verstehens- und Deutungsmuster Jacobi als Vertreter der Empfindsamkeit oder des Irrationalismus bekämpft.

In welchem Zusammenhang steht diese Kritikerrolle mit der Erzählerrolle? Man muß ja davon ausgehen, daß Schlegel eine Gegenvorstellung zu der Erzählerposition mitbedenkt, die er gerade kritisiert. Und diese alternative Erzählerrolle scheint wohl der Kritikerrolle sehr ähnlich zu sein. Schlegel kritisiert den ‹Woldemar› von einem möglichen Kunstwerk aus, bei dem der Erzähler-Autor nicht als Gottvater über seinen Figuren schwebt und seinen ‹Liebling› ‹verzärtelt›, sondern sich selbst hineinnimmt, sich in der Betrachtung auch auf der Figurenebene relativiert und dann doch den ironischen Überblick bewahrt: es gelte «zwischen dem Dargestellten und dem Darstellenden, frei von allem realen und idealen Interesse auf den Flügeln der poetischen Reflexion in der Mitte [zu] schweben, diese Reflexion immer wieder [zu] potenzieren und wie in einer endlosen Reihe von Spiegeln [zu] vervielfachen»[84]. Diese berühmt gewordene Formulierung im 116. Athenäumsfragment wird in neoaufklärerischer Weise in der Kritik vorbereitet und vorweggenommen. Der Kritiker potenziert und vervielfacht seine Reflexionen und scheint dabei in der Mitte zwischen den darge-

83. Chladenius, EA, Vorrede b 2.

84. KA II, 182, Fr. 116.

stellten Positionen zu schweben. Im Darstellungsgang selbst nimmt der Kritiker bereits eine Rolle ein, die der angestrebten Erzählerrolle entsprechen soll. Und so ist es auch nicht verwunderlich, daß er im «Athenäum» die neuen hermeneutischen Anweisungen, nach denen die Kritik verfahren sollte, auf den Roman überträgt: «Die Lehren welche ein Roman geben will, müssen solche sein, die sich nur im Ganzen mitteilen, nicht einzeln beweisen, und durch Zergliederung erschöpfen lassen»[85]. Man erkennt deutlich, daß die Polemik gegen die aufklärerischen Verfahren der Kritik, gegen die Weisen «einer vollständig zergliedernden schulgerechten Beurteilung»[86], nun romanpoetologisch umgesetzt wird.

Andererseits läßt sich die Kritik Schlegels von den ausformulierten Athenäumsfragmenten her ergänzen. So wie er in der Charakteristik des ‹Woldemar› feststellte, daß er die «Geschichte seines [Jacobis] Geistes» studieren müsse, um die «*Einheit der Tendenz* im WOLDEMAR» zu ermitteln, so findet er im Athenäum die Form des Romans als der «progressive[n] Universalpoesie» dazu geeignet, «den Geist des Autors vollständig auszudrücken»[87]. Der «Zusammenhang» des Jacobischen Romans scheint nur eine eingeschränkte historische Teilperspektive zu eröffnen und so tatsächlich keinen «Spiegel der ganzen umgebenden Welt, [k]ein Bild des Zeitalters» darzustellen[88]. Jacobi habe nur den *«Orbis pictus»* poetisch nachgebildet, aber nicht alle historisch wirksamen Strömungen berücksichtigt, die mit zu dem «Bild des Zeitalters» gehörten.

Schlegel hat den ‹Woldemar› nur ironisch als «theologisches Kunstwerk» bezeichnet. Offensichtlich hält er eine solche Dominante nicht für durchsetzbar. In den Unterteilungen des Romans, die er in den ‹Fragmenten zur Litteratur und Poesie› vornimmt, taucht die Bezeichnung nicht mehr auf. Allerdings gilt das, was er für die neuen extremen Unterarten des Romans ausführt, auch bereits für die Kritik am ‹Woldemar›: «alle diese Extreme sind fehlerhaft weil dadurch das Wesen des Romans selbst nämlich die Mischung zerstört wird«. Um die epochale Repräsentativität des Romans zu betonen, die Aufgabe, ein «Bild des Zeitalters» zu vermitteln, fügt er hinzu: «Dieß Übergewicht ist gegen die *politische* Totalität»[89].

Schlegel hat den «Gesichtspunkt» des Erzähler-Autors auch in den ‹Fragmenten zur Litteratur und Poesie› weiterverfolgt und nach immer neuen Bildern gesucht, um die unterschiedlichen Formen der Überlegenheit kritisch zu verdeutlichen. Dabei geht es ja um den Widerspruch zwischen der «Absicht» des Autors, sich im Werk durchzusetzen, eine bestimmte «Tendenz» durchzudrücken, und der Aufgabe des Werks, ein «Bild des Zeitalters» zu geben. Die «Absicht des Werks» steht insofern jener «Absicht des Autors» entgegen, als die Figurenkonstellation ja von sich aus dahin tendiert, einen «Zusammenhang des Ganzen» auszudrücken. Greift der Erzäh-

85. Ebd., 181, Fr. 111.
86. Ebd., 31.
87. Ebd., 182, Fr. 116.
88. Ebd.
89. KA XVI, 87, Fr. 20.

ler-Autor dennoch in allzu bestimmter «Absicht» ein, so leidet die repräsentative «Einheit» des Werkes darunter. Nur wenn der Erzähler-Autor sich in zahlreichen Reflexionen ‹selbst beschränkt›, sich in die Darstellung hineinrelativiert, bleibt der «Zusammenhang des Ganzen» als repräsentativer gewahrt.

In ähnlicher Weise wie Schlegel Jacobi unterstellt, er wache wie ein «Auge im Dreieck» über das Geschehen im Roman, wirft er in den Notizheften auch seinem Freund Tieck vor, eine zu große auktoriale Überlegenheit nicht *in* den Formen des Romans relativieren zu können: «In manch[em] Roman (wie im Lovell) ein Mann im Hintergrunde d.[er] mit allen ander[n] Schach spielt, und so groß an Geist ist, daß er nicht zur Thüre hereingeht»[90]. In einem Notizheft der ‹Philosophischen Lehrjahre› formuliert er den Anschlußgedanken zur «Absicht» Tiecks aus: «Tiecks Absichten sind hypostasirte Fragmente d.[es] Instincts, der Individualität»[91]. Kurz zuvor aber hatte er den Gegensatz einer scheinbar gänzlichen Absichtslosigkeit bei Jean Paul und bei Hippel beobachtet: «Die Confusion in Hippels und Richters Begebenheiten ist eigentl[ich] treues Bild d[es] Lebens; modificirt müßte sie werden, mehr aber auch nicht»[92]. So bleibt auch zwischen diesen Extremen die Möglichkeit eines kritischen ‹Schwebens›: die Vorstellung einer Erzähler-Position, die nur ironisch überlegen ist, die aber nicht das «Bild d[es] Lebens» verwischt.

Schlegel war sich darüber im klaren, daß die Einmischung des Erzählers auf englische Einflüsse, insbesondere auf Richardson und Sterne zurückgeht. Ebenso wie er im Bereich der Kritik die Übertragungsleistung Forsters und Lessings aus dem Englischen verfolgt, studiert er die Einflüsse der englischen Romanciers auf die zeitgenössischen deutschen Autoren. Aber ebenso wie das neue ‹kritische Genie› den englischen Vorbildern überlegen sein sollte, müßte auch der ironische Erzähler dem ‹abschweifenden› Erzähler der englischen Roman-Vorbilder überlegen sein. Dennoch erkennt er die Vorstufen zu einer *vielseitigen Erzählerreflexion* an: «Das Veraltete sehr auffallend am Sterne; die Geschwätzigkeit ist gut, weil sie aus d. [er] unendl[ichen] Mannichfaltigkeit der Selbstanschauung entspringt»[93].

Die Ähnlichkeit zwischen der Kritikerrolle, die Schlegel bereits im Jahre 1796 einnimmt, und der romantischen Erzählerrolle, die er im Jahre 1798 ausformuliert, läßt sich also bis in die Kritik des ‹Woldemar› zurückverfolgen. Das verbindende Element aber zwischen der neuen Kritikerrolle und der anvisierten Erzählerrolle ist in der *Genielehre* zu suchen.

Erst wenn man die Genielehre Schlegels als eine Verbindung ‹kritischer› und ‹poetischer› Elemente ansieht, findet man den tieferen Grund für die hermeneutische Anweisung, daß man, um den «Geist des WOLDEMAR

90. Ebd., 128, Fr. 526. 91. KA XVIII, 199, Fr. 22. 92. Ebd., 198, Fr. 21.
93. KA XVI, 206, Fr. 21; vgl. 206, Fr. 22: «Sterne ist sehr kokett; das bisch[en] Leichtigkeit was er vor R[ichter] voraus hat, sollte man nicht zu hoch anschlagen».

verstehen» zu können, «Jacobis sämtliche Schriften, und in ihnen den individuellen Charakter, und die individuelle Geschichte seines Geistes studieren» müsse[94]. Da es nicht möglich ist, die «Absicht des Werks» rein aus diesem selbst zu erkennen, da die «Absicht des Autors» das Werk überragt, muß der Kritiker nach den anderen Werken des Autors Ausschau halten. Er studiert auch dann keineswegs bloß subjektive Absichtserklärungen des Autors. Vielmehr möchte er auch die das einzelne Werk überragende «Absicht» nur wieder aus anderen Werken erschließen. Dabei geht es tatsächlich darum, den ‹inneren Plural› der Genialität des Autors kennenzulernen. Nachdem der Erzähler-Autor des ‹Woldemar› in der Figurenbehandlung und in der form-immanenten Reflexion keinen solchen ‹Plural› hat erkennen lassen, holt der Kritiker weiter aus, um nun die innere «Organisation» des Genies zu ermessen. Er stellt sich diese in Analogie zur poetisch-figuralen Gemeinschaftsbildung vor: «Denn was ist *Genie* anders, als die gesetzlich freie innige Gemeinschaft mehrerer Talente?»[95]. Was Schlegel erst in den Notizheften über die «Universalität» der Figurenkonstellation und über die Ausgewogenheit des Werkes im Sinne einer «politischen Totalität» ausführt, unterlegt er bereits in der Anwendung seiner Genielehre. Seine Kritik an Jacobi, die ja zunächst bei der Figurenbehandlung und der Erzählerreflexion ansetzte, zielt nun auf den ‹inneren Plural› des ‹Geistes›: «Aber freilich war die Verfassung seines Innern nicht echt republikanisch: darum ist er auch nur genialisch, kein Genie. Das theologische Talent herrschte mit unumschränktem Despotismus über das philosophische und poetische, die ihm Sklavendienste tun mußten, und konstituierte sich aus eigner Vollmacht zum allgemeinen Gesetzgeber, und Genie»[96]. Die ‹Mischung› der Talente sei also nicht gleichmäßig und nicht so angelegt, daß die ‹Dominanten› wechseln könnten. Insofern gilt für Jacobis Genialität das gleiche Prinzip wie für den «$\frac{R}{q}$[unvollkommenen Roman]»[97]. Schlegel unterlegt also, was er in den Notizheften vom ausgewogenen «φ[philosophischen] R[oman]» behauptete: «kein Held und keine gänzl[ich] passive Menschen; alle müssen die Helden sein. Sonst wäre das sehr illiberal»[98]. Tatsächlich hebt Schlegel in genauer Entsprechung dazu schon in einem philosophischen Fragmentheft von 1796 «Jacobis absolute Passivität» hervor[99]. Und im Anschluß notiert er: «Der *Geist des Zeitalters* hat auf den Mystiker *gar keinen Einfluß an Wesentlichem*»[100]. Schlegel unterstellt, daß Jacobi die «Universalität» der zeitmöglichen Verstehensweisen nicht ausgebildet habe und sich deshalb auch nicht dynamisch weiterentwickeln könne: «*Jakobis* Salto mortale ist nur ein blinder Lerm. Er bleibt immer da wo er ist, ob er gleich nie ruhig sein kann; in d[er] Klemme»[101]. Demgegenüber betont er die dynamische Entwicklungsfähigkeit des Kritikers, dessen ‹innerer Plural› so viele Verste-

94. KA II, 69.
95. Ebd., 73.
96. Ebd.
97. KA XVI, 150, Fr. 754.
98. Ebd., 117, Fr. 393.
99. KA XVIII, 506, Fr. 7.
100. Ebd., 506, Fr. 8.
101. Ebd., 116, Fr. 1049.

hensweisen umfasse, daß er auf spielerische Weise beliebig oft die ‹Dominanten› wechseln könne.

Schlegel behauptet schon in dem philosophischen Fragmentheft von 1796, einige Notizen von dem Vorwurf der «Passivität» gegen Jacobi entfernt, daß «die Freyheit des 〈Kritikers〉 auch *IN* dem kleinsten Bezirk unendlich ist, bey der Sicherheit *immer vorwärts* zu kommen»[102]. Beide Notizen darf man von der Entstehungszeit her als ein Ergebnis der Charakteristik des ‹Woldemar› ansehen.

Damit schließt sich der Kreis der Annahmen zum Erzähler-Autor und zum Kritiker zusammen. So wie jener auf die «Totalität *aller* Individuen» achten muß und sich in seinen Reflexionen ironisch zwischen den dargestellten Figuren und Positionen bewegen soll, breitet auch der Kritiker ein ganzes Beziehungsgeflecht von Vorläufern und zeitgenössischen Figuren aus und entfaltet ein ironisches Spiel mit Verstehensrollen zwischen allen. Insofern gilt: «Die wahre Kritik ein Autor in der 2t Potenz»[103]. Dem ‹kritischen Genie› wird eine ähnliche «Verfassung seines Innern» zugesprochen wie sie der genialische Autor habe: eine «innige Gemeinschaft mehrerer Talente», die nicht einander untergeordnet sein dürften, sondern «echt republikanisch» einander abwechseln sollten. Der ‹politischen Totalität› der im Roman dargestellten Figuren entspricht der ‹innere Plural› des Verstehenden. Insofern sind die Rezeptionstheorie, die Romantheorie und die Genielehre miteinander zu verbinden. Der geniale Kritiker steht ja stellvertretend für den Rezipienten. In der Vielzahl seiner Verstehensrollen bildet er sich zum «ganzen Menschen» aus. Insofern er diese ja in der Darstellung einnimmt und durchspielt, verbindet er das «empfangende Vermögen» und die «Selbstthätigkeit»[104].

Aber diese «Erhöhung aller Kräfte» hatte Schlegel ja bereits in den Heften «Von der Schönheit in der Dichtkunst» mit einer «Richtung auf einen Punkt in die Zukunft» vorgestellt[105]. Durch eine Ausrichtung auf die Zukunft würde die reine «Passivität», die er Jacobi ebenso wie Schiller vorwirft, verhindert. Der Kritiker entfaltet seinen Plural von Verstehensrollen im Sinne einer «fortgehende[n] Kette der ungeheuersten Revoluzionen»[106]. Insofern hat er wie der «energische Mensch eine Welt von Welten in s.[einem] Innern»[107].

Die Theorie der «Receptivität» läßt sich nun ergänzen. Nur an einem Werk, das eine «Totalität» ausgebildeter und nicht «passiver» Figuren in Wechselbeziehung enthält, wird die Summe der Fähigkeiten im Leser geweckt, wird der Rezipient zum «ganzen Menschen». Wo die Mehrzahl der Figuren selbst nur in untergeordneter Bedeutung vorgestellt wird, als bloßes «Mittel» dient, wird auch beim Rezipienten nicht der ‹innere Plural› der Verstehensmöglichkeiten angesprochen. Der Kritiker fordert also ganze

102. Ebd., 507, Fr. 15.
103. Ebd., 106, Fr. 927.
104. KA XVI, 25, Fr. 15.
105. Ebd., 28, Fr. 20.
106. KA XVIII, 83, Fr. 637.
107. Ebd., 126, Fr. 47.

Figuren, damit der «ganze Mensch» verstehe. Demgegenüber, behauptet er noch in den philosophischen Fragmentheften von 1798, stellten «Jakobi's Personen nur Seiten eines Charakters» dar[108].

Die Entsprechungen zwischen Rezeptionstheorie und Romantheorie sind damit schon soweit durchgezeichnet, daß Schlegel in den ‹Fragmenten zur Litteratur und Poesie› den ‹inneren Plural› dessen, der im Sinne der sich entwickelnden Moderne versteht, selbst schon als «Roman» ausgeben kann: «Jeder progressive Mensch trägt einen *nothwendigen Roman a priori* in s.[einem] Innern, welcher nichts als der *vollständigste Ausdruck seines ganzen* WESENS [ist]. Also eine nothwendige Organisazion, nicht eine zufällige Crystallisazion»[109]. Damit wendet er beide Bereiche wechselseitig aufeinander an. Er überformt so zugleich die rein psychologischen Erklärungen und sucht hermeneutisch nach den *Verstehensvoraussetzungen,* von denen aus die «Organisazion» eines Werkes erfaßt werden kann. Das Verstehen eines solchen «progressive[n] Mensch[en]» ist dabei zeitlich ausgerichtet und nicht passiv. Aber es dürfte auch nicht einem bloßen «Optativ» verfallen.

Die «innige Gemeinschaft mehrerer Talente» ist nicht nur ausgerichtet, sondern umfaßt, Schlegels Vorstellung zufolge, mehrere Zeitstufen. Die innere «Organisazion» der Genialität eines Autors scheint also selbst historisch bestimmt zu sein. Dies deutet der Kritiker zunächst nur an, wenn er mit Blick auf den Autor behauptet, er müsse die «Geschichte seines Geistes studieren», und im Ergebnis den «unumschränkten Despotismus» eines Talentes feststellt. In den Notizheften der ‹Philosophischen Lehrjahre› findet man die Fragmente, die diese Überlegungen der «Charakteristik» fortsetzen.

Jacobi wird dort zunächst als «barbarischer Universalist» eingeschätzt, das heißt, die «Gemeinschaft mehrerer Talente» wird zuerst qualitativ bewertet; dann nimmt Schlegel die zeitliche Bewertung dieses ‹inneren Plurals› vor, indem er ihn als «regreßirende[n] Sentimentalist[en]» bezeichnet[110]. Schlegel betrachtet ihn so als ein «bedingtes historisches Ganzes»[111]. Will der Kritiker einen Autor verstehen, so muß er die Zusammensetzung der Talente im Nachvollzug des Bildungsganges ermitteln. Aber darin zeige sich keineswegs nur eine individuelle Geschichte. Vielmehr verstehe derjenige, der den Autor in dieser Weise kennenlernt, immer schon auf historische Bezugspunkte hin und nach allgemeineren historischen Maßstäben: «Um d[ie] Bildung eines Menschen behandeln zu können, ists nicht genug, seine Elemente zu wissen; man muß auch seine Bewegungsart kennen. Man muß ihn nach allen historischen Kategorien kennen»[112]. Der Kritiker versteht seine ‹Figuren› also nicht rein psychologisch, sondern sieht von Anfang an einen Zusammenhang zwischen der «Chronologie d[es] Geistes» und der

108. Ebd., 127, Fr. 63. 109. KA XVI, 133, Fr. 576. 110. KA XVIII, 55, Fr. 364.
111. Ebd., 88, Fr. 704. 112. Ebd., 90, Fr. 734.

«Topographie d.[es] innern Menschen»[113]. Den «innern Menschen» aber stellt er sich ja auch figuralistisch vor, als einen ‹innern Plural› von Figuren, ja im Idealfall sogar nach Art der «Organisazion» eines Romans. Insofern kann er am Beispiel Jacobi ja auch vom ‹innern Plural› auf den Roman ‹Woldemar› schließen und so Ähnlichkeiten in der Hierarchie der Talente und in der Hierarchie der Romanfiguren feststellen. Schlegel beobachtet dabei zuletzt ein stillgestelltes Muster, keine «Bewegungsart» mehr. So nimmt er offenbar an, daß das «Verhältniß d[er] Bestandtheile» in der Genialität des Autors doch eher «mechanisch» sei[114], ebenso wie er die Dominante im Roman nicht für ‹dynamisch› hält. Diese Beziehung und Zusammensetzung der Talente führe bei Jacobi zu einer andauernden *«Dissonanz»*[115]. Ähnlich hatte er ja in der ‹Charakteristik› schon den Endzustand der Hauptfigur des Romans beurteilt. Bei einer solchen Anlage sei auch die Synthesierungsfähigkeit und die historische Reichweite geringer. Demgegenüber sei die «progreßive Bildung eben dasjenige wodurch *Einheit* in d.[ie] Geschichte» komme[116]. Schlegel hat diesen Satz zur Zeit der Abfassung der Charakteristik in ein Notizheft geschrieben und dabei gerade auch den «Mysticism» im Auge. Während aber Mystiker sich «in allen Zeiten» verstanden hätten und so wenigstens untereinander eine historisch übergreifende hermeneutische Leistung erbracht hätten, dürfe man Jacobi nur als einen *«mystischen Sophisten»* ansehen[117]. Offenbar möchte Schlegel ihm auch die historische Verstehenskompetenz für die Vorläuferreihe der Mystiker absprechen. Im Hintergrund steht dabei auch die Einschätzung, daß Jacobis ‹innerer Plural› nicht wandlungsfähig genug sei, ja bis zum «Despotismus» erstarrt sei.

Es ist also deutlich erkennbar, daß Schlegel die Kritik in hermeneutische Bahnen lenkt, getreu dem Satz, daß Hermeneutik auf Kritik folgen sollte. Dabei läßt sich ausmachen, daß Schlegel gerade in dem 1796 angelegten philosophischen Fragmentheft Jacobis hermeneutische Kompetenz nach zwei Richtungen als begrenzt ansieht. Zum einen habe er keinen wirklichen Anteil an der Geschichte des «Mysticism», der am «Anfang d[er] progreßiven Bildung» stehe[118]. Er wird so ausgeschlossen aus der Reihe, die auf besondere Weise historisch vorausliegende Erfahrungen vereint: «Sie lieben sich, verstehn sich, errathen sich in einem unbegreifl[ichen] Grade»[119]. Darin liege eine historische Synthesierungsfähigkeit, auf Grund derer der Mystiker nach dem Geist, nicht nach dem Buchstaben verstehe. Entscheidend aber ist, daß Schlegel diese hermeneutische Fähigkeit der Anlage nach für universalisierbar hält: «Der Mystiker hat Sinn für allen Geist, und haßt wie jeder Virtuose im Geist d[en] Buchstaben»[120]. Gerade diese Fähigkeit spricht er Jacobi ab. Wenige Notizen später greift er das zentrale Stichwort der

113. Ebd., 235, Fr. 502.
114. Ebd., 128, Fr. 67.
115. Ebd., 94, Fr. 782.
116. Ebd., 6, Fr. 23.
117. Ebd., 6, Fr. 26.
118. Ebd., 6, Fr. 23.
119. Ebd., 6, Fr. 25.
120. Ebd., 12, Fr. 90.

Rezeptionstheorie auf: Jacobi habe nur einen «*passive*[n] My[stizis]mus» ausgebildet[121]. Man sieht also deutlich, wie Schlegel die zentralen Stichworte über mehrere Stationen anwendet und so einen ‹genetischen› Zusammenhang schaffen möchte.

Einerseits zieht er Jacobi also aus der Kontinuität hermeneutisch untereinander verbundener Vorläufer heraus, andererseits aber unterstellt er ja, daß dieser im Horizont seiner Gegenwart keinen «Sinn für allen Geist» habe, daß sein «Vernunfthaß»[122] ihn daran hindere, in differenzierender Weise auf vorherrschende Strömungen einzugehen.

Schlegel beschäftigt sich mit dieser nach zwei Richtungen begrenzten hermeneutischen Kompetenz aber nur, um das universale Verstehen des Kritikers dagegen setzen zu können: «Die *Synthesen* sind Sache d[es] Kritikers»[123]. Da dieser offenbar alle Elemente der «progreßive[n] Bildung» ausbilden kann, darf man von ihm erwarten, daß er auf hermeneutische und kritische Weise «*Einheit* in d[ie] Geschichte» zu bringen versucht. Die Kritik bilde stärker als andere Disziplinen einen «Hist[orischen] Sinn» aus[124].

Nun ist deutlich erkennbar, daß Schlegel die hermeneutische Kompetenz des Kritikers nach eben den beiden Richtungen, auf einer vertikalen und horizontalen Achse, ausdehnt, die er bei Jacobi zuvor begrenzt hatte. Die ‹Einheit› und die historische Linienbildung des Verstehens sei im allgemeinen weder in der Philosophie noch in der Poesie herstellbar. Allein der Kritiker scheint soviel ‹historischen Sinn› aufzubringen, um solche ‹Einheiten› hermeneutisch zu schaffen: «Ein φ [Philosoph] versteht d[en] andern eben so wenig und viell.[eicht] noch weniger als ein π [Poet] d[en] andern. Nur der Historische ϰ [Kritiker] versteht beide»[125]. Die auf ein Gebiet begrenzte Genialität hat offenbar auch einen eingeengten hermeneutischen Horizont: «Große φσ [Philosophen], φλ [Philologen], π [Poeten], ηϑ [Ethiker] die nur das sind, verstehn sehr vieles absolut nicht, und wissen das oft, oft auch nicht»[126]. In der Frage der Bewußtheit dieser Begrenzung will Schlegel sich vorerst nicht festlegen. Aber soviel steht für ihn fest, daß die wirkungsgeschichtliche Linienbildung in den Grenzen einer Disziplin, die Deutung und Umdeutung der Vorläufer, zumeist nicht in einer hermeneutischen Kompetenz, in einem historisch umfassenden Verstehen begründet sei.

Der Kritiker scheint aber nicht nur in der historischen Linienbildung «Synthesen» zu schaffen, sondern auch in der Gegenwartsorientierung vieles, was getrennt und unvereinbar zu sein scheint, zusammensehen zu wollen. Er möchte in seinen Formen alle Strömungen seiner Gegenwart aufeinander beziehen und so eine «politische Formation eines φ [philosophischen] Stoffs»[127] herstellen. Insofern betrachtet er sich selbst ironisch als

121. Ebd., 13, Fr. 104.
122. KA II, 59.
123. KA XVIII, 13, Fr. 104.
124. Ebd., 66, Fr. 454.
125. Ebd., 112, Fr. 997.
126. Ebd., 114, Fr. 1026.
127. Ebd., 13, Fr. 104.

‹Eklektiker›. Die ‹Einheit› seiner Argumentation will tatsächlich nicht als philosophische verstanden werden. Vielmehr stellt er ja den Figurenreichtum des Romans nach: «Der Eklekt[iker] muß das System als Schranke hassen. Statt d[er] φ [philosophischen] Einheit wird er d[ie] aesthetische wählen»[128]. Schlegel schließt diesen zunächst ja nur vermuteten Gedanken tatsächlich in diesem Fragmentheft an: «Der *Roman* war von jeher das beste Organ d[er] besten Ekl.[ektischen] φ [Philosophen] d[er] Modernen»[129].

Nun können wir den Zusammenhang zwischen ‹innerem Plural› des Verstehens und der Figurenkonstellation in der ‹progressiven› Form der Moderne *als historischen* durchzeichnen. So wie im Roman die Hierarchie der Figuren nicht so angelegt sein soll, daß einzelne ‹passiv› bleiben, darf auch der ‹innere Plural› des Kritikers nicht hermeneutische Fähigkeiten in einigen Bereichen auf Kosten anderer ausbilden. Die Konstellation dieses ‹inneren Plurals› nimmt Schlegel genauso als historisch gerichtete an wie die der Romanfiguren: «so sollten *alle* Personen im Roman *fortschreitend* seyn; Max[imum] von Progreßivität ist sein Ideal». Und er fügt, wohl mit kritischem Blick auf die zeitgenössischen Romanautoren, hinzu: «Meistens sehr unvollkommen»[130]. Man sieht also deutlich den Anschluß an die Kritik des ‹Woldemar›. Nun sucht Schlegel aber auch den Dominantenwechsel zwischen den einzelnen Elementen der ‹progressiven Bildung› als historisch notwendig hinzustellen. Der Kritiker soll sich ja in vielen Disziplinen zugleich bewegen, um sein Verstehen zu universalisieren, aber er hat dabei zu berücksichtigen, daß jede dieser so ausgebildeten hermeneutischen Teilkompetenzen nur in bestimmten Momenten sinnvoll eingesetzt werden könne. Jede Bildungsart scheint aber nach ihrer inneren «Organisazion» schon selbst historische Dominanzpunkte zu haben, die der Kritiker kennen muß: «In d[er] progr[essiven] Bildung kann es schnell praeponderirende Bildungsarten geben. Die φσ [Philosophie], die η [Ethik], die πολ [Politik], ja auch die Aesthetik haben ihren progr[essiven] Gesichtspunkt, aus dem jede von ihnen d[ie] höchste ist; *jede* hat ihren Ort und Zeit und Styl, wo sie präponderiren soll»[131]. In diesem Notizheft, das Schlegel 1797 auf der Reise nach Berlin abgefaßt hat, greift er also seine Theorie vom «Gesichtspunkt» wieder auf. Nachdem er zunächst allgemein die historische Perspektivierung des kritischen Urteils darunter begriffen hat und dann die generationelle Ungleichzeitigkeit des Geschmacksurteils darunter faßte, sieht er jetzt den raschen Wechsel zwischen den «Bildungsarten» als ein Problem des historischen «Gesichtspunkt[es]» an. So begründet er zugleich seine kritischen Verfahren immer genauer.

Es ist also nicht nur eine Frage der Vielseitigkeit, wenn der Kritiker von einer Disziplin zur anderen wechselt. Vielmehr steht die historische Einsicht dahinter, daß es gilt, den jeweiligen «progr[essiven] Gesichtspunkt», der

128. Ebd., 12, Fr. 87.
129. Ebd., 12, Fr. 88.
130. Ebd., 23, Fr. 58.
131. Ebd., 29, Fr. 118.

sich aus der Verbindung der Bildungsart mit der historischen Situation ergibt, auch tatsächlich einzunehmen. Der Relativismus des Urteilens ist historisch und nicht in einem System dieser Disziplinen begründet. Hätte der Kritiker sich auf eine systematische Rangfolge oder Reihenfolge jener «Bildungsarten» festgelegt, so verlöre sein Urteil die Fähigkeit, historisch aufzutreffen, den ‹Punkt zu treffen›, wie es im ‹Studium› heißt.

Die Urteile der einzelnen Kritiken sollen also immer genauer die historische Situation treffen. Der ‹kritische Mimus› möchte seine Verstehensrollen immer situationsgerechter spielen. Von dieser inzwischen erreichten Position aus schaut er auf den Anfang seines Bildungsweges, den Ausgangspunkt seiner ‹individuellen Geschichte des Geistes› zurück: «Mein Stud.[ium] ein Abstr[akter] κμ [kritischer Mimus] als Einleitung zu $\frac{\text{Hist.}}{\circ}$ [absoluter Historie]»[132]. Inzwischen glaubt er schon eine konkretere, bestimmtere Ausrichtung seines Rollenspiels erreicht zu haben.

Die einzelnen «Bildungsarten» wendet der Kritiker aber auch aufeinander an, um die Verstehensrollen, die er jeweils in einer Disziplin eingenommen hat, zugleich von außen zu beleuchten. Den ‹inneren Plural› der Verstehensrollen hat Schlegel keineswegs als harmonische Vielseitigkeit einer Person aufgefaßt. Vielmehr meint er, daß der Kritiker aus sich herausgehe, sich selbst gleichsam aus dem Blickwinkel einer fremden Person betrachte, wenn er die Verstehensrollen der einzelnen «Bildungsarten» aufeinander beziehe: «*Niemand versteht sich selbst, in so fern er nur er selbst und nicht zugleich auch ein andrer ist*. Z. B. wer zugleich φλ [Philologe] und φσ [Philosoph] ist, versteht seine φσ[Philosophie] durch seine φλ[Philologie] und seine φλ [Philologie] durch seine φσ [Philosophie]»[133]. Diese *hermeneutische Wechselanwendung* findet so eine genaue Entsprechung zu jener spielerischen «Wechselvernichtung»[134] einseitiger Positionen in den Kritiken. Insofern ist der ‹innere Plural› des Verstehens in den Grenzen des Ironie-Modells als eine ‹Selbstschöpfung› des ‹kritischen Genies›, das Ausspielen verschiedener Positionen gegeneinander in eben den Grenzen als «Wechselvernichtung» anzusehen.

Nachdem wir so die Historizität und die Weite des ‹inneren Plurals› als Voraussetzung zu einem umfassenden kritischen Verstehen kennengelernt haben, ist es eher möglich zu begreifen, wie Schlegel die Reichweite eines Autors einschätzen zu können glaubt. Er muß auch den Autor sowohl von außen wie von innen betrachten, sowohl vom letztmöglichen historischen «Gesichtspunkt» aus beurteilen als auch dessen ‹geistesgeschichtliche› Ansatzpunkte, Tendenzen, Fixierungen einschätzen. Erst aus der Anwendung der realhistorischen Betrachtungsweisen ergibt sich ein tragfähiges Urteil: «Um ein Werk oder einen Autor charakterisiren zu können muß man das d. h. die Welt kennen. Sonst kann man d[ie] Tendenzen d. h. das Innre desselben nicht fassen; was es will und wo es hingehört»[135]. Schlegel scheint

132. Ebd., 74, Fr. 546.
133. Ebd., 84, Fr. 651.
134. Ebd., 3, Fr. 1.
135. Ebd., 98/99, Fr. 840.

also eine rein ‹geistesgeschichtliche› Betrachtung ausschließen zu wollen. Die Kenntnis der Realität, die er aus dem «Gesichtspunkt» anderer Disziplinen und im raschen Wechsel dieser Disziplinen gewinnen möchte, sollen das Urteil über ein Werk oder einen Autor fundieren.

Bei der Anwendung seines ‹inneren Plurals› von Verstehensrollen bemerkt der Kritiker, daß er selbst einen historischen Ausschnitt zustande bringt, aber auch, daß der kritisierte Autor einen mehr oder weniger ‹beweglichen› oder ‹passiven› ‹inneren Plural› hat. Bis zum Beginn der eigentlich romantischen Phase (1798) dehnt Schlegel jene vergleichende realhistorische und geistesgeschichtliche Betrachtungsweise immer weiter aus, bis er schließlich notiert: «Char[akteristik] ist Hist[orisches] Fr[agment]. Die Char[akteristik] des Indiv.[iduums] steht im Verhältniß mit der Char[akteristik] des Universums; jeder Mensch ein Mikrokosmus»[136].

Auf Grund dieser Überlegungen nimmt Schlegel an, daß jeder Autor und jedes Werk neben der äußeren Wirkungsgeschichte eine innere Wirkungsgeschichte habe. Beide machen sozusagen deren zukunftsbezogene Reichweite aus. Andererseits stehen Autoren und Werke aber auch in unterschiedlich weit zurückreichenden wirkungsgeschichtlichen Zusammenhängen. Der ‹innere Plural› und die Figurenkonstellation sind historisch unterschiedlich dimensioniert. Wir haben ja bereits bei der Interpretation der Schiller-Rezension gesehen, daß Schlegel sich bei einzelnen Autoren Zeitintervalle für das voraussichtliche Abbrechen der Wirkungsgeschichte vorstellt. Noch bis in die späten Hefte der ‹Philosophischen Lehrjahre› hinein überlegt er, ob man «Das noch Fortwirken der Autoren allein» zum «Princip d.[er] Classification» machen dürfe[137]. Er rechnet offenbar damit, daß einzelne Autoren noch eine Weile rezipiert werden, aber daß ihre wirkungsgeschichtliche Reichweite dennoch nach anderen ‹Gesichtspunkten› als begrenzt einzuschätzen sei. Offenbar hält er es für möglich, diese Reichweite nach der Historizität der figural vorgestellten Bildungselemente bestimmen zu können. Jedenfalls zieht er im Anschluß an die Aufzählung mehrerer zeitgenössischer Autoren die Konsequenz aus seiner Kritik an Jacobi, indem er schlicht feststellt: «*Jakobi* ist todt»[138].

Gerade die verbundene realhistorische und geistesgeschichtliche Betrachtung führt also dazu, daß der Kritiker die wirkungsgeschichtliche Reichweite eines Autors glaubt angeben zu können. Er urteilt ja in Kenntnis der inneren ‹Bewegung› der Bildungselemente, der verborgenen historischen Anschlüsse, der Möglichkeiten des Auftreffens auf Situationen und Resonanzböden. Insofern nimmt er keine feste historische Distanz zu seinen Gegenständen ein. Er hat keine genau angebbare historisch entfernte Aussensicht auf seine Objekte, sondern urteilt aus einer historischen Innensicht, die zugleich realhistorisch rückbezogen ist. Dabei ist der Kritiker sich darüber im klaren, daß er nicht von dem letztmöglichen «Gesichtspunkt»

136. Ebd., 69, Fr. 488. 137. Ebd., 478, Fr. 77. 138. Ebd.

absehen kann, daß er sich also nur scheinbar an der Zeitachse entlang bewegt. Der Kritiker meint gerade darin dem Historiker überlegen zu sein, daß er mit inneren Zeitverhältnissen rechnet und nicht aus einer vermeintlich gewissen Distanz urteilt. In einem bedeutsamen Fragment der ‹Philosophischen Lehrjahre›, das Schlegel im Jahre 1797, auf der Reise nach Berlin notierte, hält er diesen Unterschied fest: «Gewöhnl[ich] unrichtiger Gedanke, daß d[ie] Historiker die Begebenheiten aus einer gewissen *Entfernung* ansehn, und daß diese Entfernung das Wesen des histor.[ischen] Gesichtspunktes sei. – Es ist *Abstraction,* aber nicht diese übersichtige Allgemeinheit und Flachheit»[139]. Mit diesem Fragment setzt er also wiederum die unterschwellig bedachte hermeneutische Theorie des «Gesichtspunktes» fort. Schlegel hält die Vorstellung, daß der Historiker den Zeitenabstand brauche, um urteilen zu können, für falsch, weil dieser offenbar vom «Gesichtspunkt» des Verstehens aus in anderer Weise mit dem betrachteten Gegenstand verbunden sei, als er tatsächlich annehme. Betrachte er seinen Gegenstand in dem Bewußtsein einer solchen «Entfernung», so sei er sich offenbar nicht voll der inneren Historizität des eigenen «Gesichtspunktes», aber auch nicht der Wirkungsreichweite des Gegenstandes bewußt. Die angenommene «Entfernung» erweise sich bei genauerer Betrachtung als *«Abstraction»*. Die auch didaktisch angegebene Übersicht von einem vermeintlich nicht historisch bewegten ‹Sehe-Punckt› aus bezeichnet Schlegel als «übersichtige Allgemeinheit und Flachheit». Er urteilt so schon im vollen Bewußtsein eines «Historismus», obwohl er sich immer wieder vorhält, daß ein solches historisches Verstehen noch in den Anfängen steckt, noch bei weitem nicht auf den Begriff gebracht werden kann: «Wir sind alle noch Terzianer in der Hist[orie]»[140].

Die innere Historizität des Verstehenden zu beachten, unterschiedliche Wirkungsreichweiten der Werke zu berücksichtigen und die ‹Entfernung› zwischen beiden nicht als eine rein chronologische anzusehen, darin darf man die Ansätze zu einer neuen hermeneutischen Konzeption der Wirkungsgeschichte zusammenfassen. Schlegel wollte nicht die unmittelbare Wirkung im Sinne der Wirkungspsychologie allein beachten, sondern die mögliche Wirkungs*dauer* eines Werkes auf nachfolgende Autoren, auf spätere Leser und auf Kritiker, die jeweils von ihrem höchstmöglichen «Gesichtspunkt» aus verstehen.

Diese hermeneutisch gefaßte Wirkungsgeschichte ist also weiter gespannt als die Rezeptionsgeschichte, die weniger bedeutsam ist, weil Schlegel mit einem ungleichzeitig verstehenden Publikum rechnet. Dieses schätze auch Werke, die nicht oder nicht mehr ästhetisch ‹à la hauteur› sind. Das ‹noch Fortwirken der Autoren› läßt sich zum Teil auf diese ungleichzeitige Geschmacksbildung des Publikums zurückführen. Ein sicherer Hinweis für die Wirkungsreichweite eines Autors ist die Tatsache, daß er durch einen

139. Ebd., 24, Fr. 67.

140. Ebd., 48/49, Fr. 305.

anderen Autor ‹à la hauteur› fortgesetzt wird. Schlegel gibt im Rückblick des Jahres 1802 ein Beispiel aus dem Romantikerkreis: «*Wackenroder* lebt noch fort in s.[einem] Einfluß auf Tieck»[141].

Die Möglichkeit einer inneren Wirkungsgeschichte hält Schlegel für ein Kennzeichen der Moderne. Weil der ‹innere Plural› von Verstehensweisen und die im gelungenen Werk nach vorwärts weisende, dynamische Figurenkonstellation einander nicht nur unter den gleichen zeitgenössischen Bedingungen entsprechen, sondern auch im Verlauf der Zeit unterschiedlich in Beziehung zueinander gesetzt werden können, hält Schlegel einen Verstehenszuwachs für möglich. Gerade die Tatsache, daß es Werke gibt, die nicht sofort und in ihrer ganzen ‹Universalität› von einem zeitgenössischen Publikum verstanden werden können, macht ja eine solche wirkungsgeschichtliche Erklärung erforderlich. Schlegel rechnet auch mit der Möglichkeit, daß die innere ‹Verfassung› der Verstehenden zeitlich auseinandergezogen ist, daß sie in ihrem «*partiellen* 〈zerstückten〉 Ich» weit entfernt sind von ihrem «eigentl[ichen] ganzen Ich»[142]. Beide Bedingungen, die im modernen Werk angelegten und die des Verstehensplurals, machen den Unterschied zur unmittelbaren Geltung klassischer Werke *in* der Antike aus. So verbindet Schlegel schließlich den «Historismus» aus seinen Heften «Zur Philologie» mit diesen Vorannahmen zur Wirkungsgeschichte: «Da liegt doch aber d[er] ganze Unterschied; *wir* sollen nicht ewig *seyn,* wie jene [die Alten], sondern ewig wirken»[143]. Die verinnerlichte Wirkungsgeschichte gilt dann auch für das Verstehen klassischer Werke, da der ‹innere Plural› des modernen Rezipienten diese nie ganzheitlich erfassen könne. So gelten auch diese als «Werke, aus unserm Innersten, die ewig *wirken*»[144].

Schlegel nimmt sich nach diesen Vorüberlegungen zu der Frage, wie die inneren Voraussetzungen der im «*partiellen* 〈zerstückten〉 Ich» Lebenden eine Wirkung in der Zeit bedingen, ein Projekt vor, das die Theoriebildung in den Heften «Zur Philologie» ergänzen könnte: «Die Natur d[er] Selbstgeschichte wäre wichtig für die Theorie d[er] Historie»[145].

Die «Selbstgeschichte» und die Geschichte des Romans als der ausgezeichneten Form der Moderne stünden in genauer Beziehung. Wie jeder Roman eine historisch dimensionierte «Organisazion» von Figuren enthalte, so weise auch jeder «progressive Mensch» eine derartig gerichtete «Organisazion» auf. Der Verstehende, der immer mehr ‹Organisationen› dieser Art durchdringt, formt gleichsam einen inneren Figurenreichtum aus. Das ‹kritische Genie› aber bildet stellvertretend für viele ‹ideale› Rezipienten eine immer weiter potenzierte Verstehenskompetenz aus. Es sucht in seinen ‹genetisch› angelegten und durchdachten Formen eine besondere Art von «Selbstgeschichte» vorzuführen, die tatsächlich die Vorstufen zu einer «Theorie d[er] Historie» enthält. Die «Selbstgeschichte» wird so zugleich als

141. Ebd., 478, Fr. 77.
142. Ebd., 550, Fr. 24.
143. Ebd., 27, Fr. 97.
144. Ebd.
145. Ebd., 27, Fr. 98.

ein Erkenntnisprozeß vorgestellt, der zu einer solchen expliziten «Theorie» führen soll. Es soll also der Weg zu einer umfassenderen geschichtshermeneutischen Übersicht durch eine Reihe von Kritiken gebahnt werden, ohne daß schon vorweg eine historische Gesetzmäßigkeit behauptet werden dürfte. Dies entspricht genau der Notiz eines Heftes «Zur Philologie»: «Auf die Theorie der historischen Kritik muß die Aufmerksamkeit sehr gespannt; sie selbst aber nicht gegeben werden»[146].

In dieser «Selbstgeschichte» des Kritikers wird also nicht nur die ‹individuelle Geschichte eines Geistes› vorgeführt, sondern zugleich ein allgemeiner hermeneutischer Prozeß dargestellt. Der Kritiker bildet stellvertretend den historisch möglichen Figurenreichtum von Verstehensrollen aus. In der Art, wie er sich einzelnen Autoren und Vorläufern zuwendet, soll sich so keine partikulare Vorliebe ausdrücken. Vielmehr konstruiert das ‹kritische Genie› einen historisch gerichteten Zusammenhang, eine eigenartige Wirkungsgeschichte. Dennoch sieht es so aus, als treibe der Kritiker ein ironisches Spiel mit einzelnen Autoren, die er gemäß jener Entsprechung wie Romanfiguren behandelt. Darin scheinen sich Vorliebe und Abneigung zu spiegeln. Tatsächlich aber muß man sich diesen Wechsel nach dem Muster historisch «praeponderirender Bildungsarten» vorstellen, da jeder Autor und jede Figurenkonstellation im Roman ein einseitiges Muster verkörpern, das sich der Kritiker verstehend aneignet. Das ‹kritische Genie› bildet so eine historisch umfassende hermeneutische Kompetenz aus, indem es seine «Selbstgeschichte» figural ‹organisirt›: «jetzt in diesem, jetzt in jenem Individuum sein Eins und Alles suchen und finden, und alle übrigen absichtlich vergessen: das kann nur ein Geist, der gleichsam eine Mehrheit von Geistern, und ein ganzes System von Personen in sich enthält . . .»[147]. Dieses «System von Personen» stellt sich der Kritiker aber zugleich quasipoetisch vor, als einen verinnerlichten Roman. Dennoch fügt sich diese Anlage von figural geprägten *Verstehensmöglichkeiten* nicht harmonisch und endgültig zusammen. Der hermeneutische Kritiker geht immer wieder aus sich heraus, versetzt sich in Außenstandpunkte, nimmt fremd erscheinende Verstehensrollen ein, um immer mehr Autoren immer vielseitiger zu ‹charakterisieren›: «Man muß derselbe und doch ein andrer sein, um jemand charakterisiren zu können»[148].

Auch in dem beobachteten Attitüdenwechsel der Darstellung drückt sich diese Absicht des Kritikers aus, jeweils «ein andrer [zu] sein». Zugleich setzt er ja historisch repräsentative Strömungen in Beziehung. Die epochalen Strömungen des Irrationalismus und des Rationalismus sucht der Kritiker noch bis in die eigentlich romantische Phase hinein in «Wechselannihilation» zu setzen. Selbst nachdem er die inhaltlich neoaufklärerisch gerichtete Phase zurückgelegt hat, behält er den Attitüdenwechsel der frühen Kritiken bei, sobald es um hermeneutische Fragen geht. Dies läßt sich besonders gut an

146. KA XVI, 36, Fr. 18. 147. KA II, 185, Fr. 121. 148. KA XVI, 140, Fr. 654.

einer Stelle aus dem «Gespräch über die Poesie» erkennen, die zugleich geeignet ist, aufzuzeigen, wie das Ergebnis jenes figural vorgestellten «Historismus» des Verstehens romantisch überformt wird: «die Schönheit des Gedichts zu verstehen, sind wir fähig, weil auch ein Teil des Dichters, ein Funke seines schaffenden Geistes in uns lebt und tief unter der Asche der selbstgemachten Unvernunft mit heimlicher Gewalt zu glühen niemals aufhört»[149]. In einer Textvariante heißt es «ein Teil des Dichters, ein Funken des ewigen Dichters . . .». Dahinter steht die ursprünglich historisch gerichtete Vorstellung eines «System[s] von Personen», das jeder in unterschiedlicher Weite und Dichte habe. Weil es also partielle historische Entsprechungen zwischen dem ‹inneren Plural› des Rezipienten und dem des genialischen Autors gebe, sei das Verstehen möglich. Das «System von Personen» des Autors aber sei «progressiv» gerichtet, entspreche genau den «praeponderirenden Bildungsarten», wohingegen der ‹innere Plural› des einfachen Rezipienten in vielem zurückgeblieben, rückwärts orientiert sei oder auf eine bestimmte historische Formation fixiert sei: «Auch in der Bildung unsres Individui müssen wir oft regreßiren»[150]. Insofern teilt Schlegel nicht ganz die Vorstellung Schillers, der zwar ähnlich zu argumentieren scheint, aber dennoch nicht die Schlußfolgerung einer zeitlich auseinandergezogenen Rezeptions- und Wirkungsgeschichte zieht: «Dieser Weg, den die neueren Dichter gehen, ist übrigens derselbe, den der Mensch überhaupt sowohl im einzelnen als im ganzen einschlagen muß»[151].

In jenem Satz aus dem «Gespräch über die Poesie» verbindet Schlegel ja wiederum genieästhetische Vorstellungen und aufklärerische. Er spielt formelhaft auf Kants berühmte «Beantwortung der Frage: Was ist Aufklärung?» (1784) an – «Aufklärung ist der Ausgang des Menschen aus seiner selbst verschuldeten Unmündigkeit»[152]. In der Art, wie Schlegel diese Formel einbezieht, wird er zugleich den Vorläufern in der Genieästhetik gerecht, die – wie Hamann – nichts von dem «vermaledeyten adiecto oder Beywort *selbstverschuldet*» wissen wollten[153].

Die metaphorische Bezeichnung «tief unter der Asche» stellt eine romantische Überformung des neoaufklärerischen Gedankens dar, daß das Verstehen in der Moderne immer ungleichzeitiger werde. Dieser Gedanke berücksichtigte ja auch den Einwand jener frühen Theoretiker der Genieästhetik, daß die Aufklärer sich selbst «zu der Claße der Vormünder» zählten und sich «gegen unmündige Leser dadurch ein Ansehen geben» wollten (Hamann)[154]. Die «Vormünder» sind für den Kritiker genau wie die «unmündige[n] Leser» in einen historischen Prozeß des Verstehens einbezogen. Gegen den Kritizismus der Kantianer setzt er sich ja gerade zur Wehr, indem er ihnen Ahistorizität des Verstehens unterstellt: «Die unredliche Hermeneutik (d[er]

149. KA II, 285.
150. KA XVIII, 27, Fr. 102.
151. Schiller, NsD, 718.
152. Kant, BA, 53.
153. Hamann, Briefwechsel, Bd. 5, 289.
154. Ebd., 290.

Kantianer) ist antihistorisch»[155]. Der Kritiker fordert schließlich sogar die Kantianer dazu auf, den ‹genetischen› Grundsatz des Verstehens auf Kants Philosophie anzuwenden, zu fragen, «wie Kants φσ [Philosophie] *entstanden*», «wie es bei dieser Schöpfung hergegangen». Er möchte so zuletzt die Überlegenheit seiner Hermeneutik demonstrieren, indem er auch Kant in den «Gang d[er] nothwendigen Bildungsstufen» historisch einordnet[156].

Mit der Konzeption einer Hermeneutik, die auf eine historisch unterschiedliche Entsprechung zwischen dem «System von Personen» im Autor und im Rezipienten baut, glaubte Schlegel auch das Unverständnis gegenüber ungewöhnlichen Autoren erklären zu können. Er stellt sich die Ungleichzeitigkeit der Geschmacksbildung, den Zerfall einer «Gemeinschaft des Geschmacks» ja gerade von einem «Gesichtspunkt» ästhetischer ‹Progressivität› aus vor. Diesen notwendigen historischen «Gesichtspunkt» erläuterte er an dem Beispiel einer Beurteilung Schillers und Hölderlins. Die Unterschiede des Verstehens und des Maßstabes haben sich als historische erwiesen. Autoren, die in ihrer Gegenwart nur von wenigen verstanden würden, könnten dennoch nicht als ‹Fremdlinge› angesehen werden, da sie ja noch eine Wirkungsgeschichte haben könnten, in deren Verlauf sie immer ‹besser verstanden› würden. Diese Vorstellung der Fremdheit einzelner Autoren läuft deutlich den Schillerschen Theorien zuwider. Schiller sah ja gerade nicht in erster Linie den modernen Autor einer solchen historischen Verstehensschwierigkeit ausgesetzt, sondern den ‹naiven›: «Dichter von dieser naiven Gattung sind in einem künstlichen Weltalter nicht so recht mehr an ihrer Stelle. Auch sind sie in demselben kaum mehr möglich, wenigstens auf keine andere Weise möglich, als daß sie in ihrem Zeitalter *wild laufen* und durch ein günstiges Geschick vor dem verstümmelnden Einfluß desselben geborgen werden»[157]. Schiller rechnete nicht mit einer ungleichzeitigen Gesellschaft, der auch solche Autoren dennoch angehörten. Vielmehr stellt er ‹naive› Dichter als Glücksfälle der «Sozietät» gegenüber: «Aus der Sozietät selbst können sie nie und nimmer hervorgehen; aber außerhalb derselben erscheinen sie noch zuweilen, doch mehr als Fremdlinge, die man anstaunt»[158]. Man erkennt so deutlich, wie der Vorwurf der Ungeschichtlichkeit der Hermeneutik auch gegen den Kantianer Schiller gerichtet ist. Dies gilt auch für Schillers Theorie des ‹ästhetischen Zustandes›, mit der Schlegel sich ja schon in dem Heft «Von der Schönheit in der Dichtkunst» beschäftigt hatte. Den ‹ganzen Menschen› der ‹Receptivität› darf man sich nunmehr als einen historisch gerichteten ‹inneren Plural› vorstellen, der im Idealfall nach dem Muster jener rasch ‹«praeponderirenden Bildungsarten» immer mehr figurale Verstehenskompetenzen gewinnt. Insofern weist der ‹ganze Mensch›, aus einem ‹historistischen› ‹Gesichts-

155. KA XVIII, 19, Fr. 10.
156. Ebd., 79, Fr. 600.
157. Schiller, NsD, 715.
158. Ebd.

punkt› betrachtet, eine sich wandelnde ‹progressive› ‹Organisation› auf. Die ‹Selbsttätigkeit› des Rezipienten ist so in einem Dominantenmuster historisch gerichtet. Dies widerspricht der Schillerschen Fassung des ‹ästhetischen Zustandes›: «In dem ästhetischen Zustande ist der Mensch also *Null*, insofern man auf ein einzelnes Resultat, nicht auf das ganze Vermögen achtet und den Mangel jeder besondern Determination in ihm in Betrachtung zieht»[159]. Die «Summe der Kräfte» (Schiller)[160] ist für Schlegel eine figurale Konstellation von Verstehenskompetenzen. Der Rezipient faßt nicht «das Ganze der Menschheit» in einer «Gemütsstimmung» (Schiller)[161], sondern eine historisch bedingte Ganzheit.

Zusammenfassend läßt sich feststellen, daß Schlegel den Anlaß der Kritik des Jacobischen Romans nutzte, um eine Entsprechung zwischen der Figurenkonstellation des Romans und dem ‹inneren Plural› des Autors festzustellen. In der Darstellung beweist der Kritiker dann selbst, daß er eine historisch repräsentative Vielzahl von Verstehenskompetenzen zu entwickeln vermag. Diese Ansätze setzt er in den Fragmentheften fort. So schafft er einen weiteren Zugang zu der angestrebten neuen Hermeneutik. Zugleich treibt er das in den vorausgehenden Rezensionen angelegte Spiel mit aufklärerischen und irrationalistischen Verstehensrollen weiter. Dabei bleibt die Auseinandersetzung mit Schiller und Herder präsent. Darüber hinaus aber strebt der Kritiker immer deutlicher die tiefergehende Beschäftigung mit dem Vorläufer Lessing an. Insofern er sich so eine ganze Figurenkonstellation in einem historischen Umfeld schafft, wendet der Kritiker seine eigene Theorie auch schon an. Er behandelt die Autoren, mit denen er sich direkt oder indirekt beschäftigt, als Figuren, an denen er eine hermeneutische ‹Universalität› auszubilden sucht.

Insofern gilt es zuletzt noch den Stellenwert Jacobis, den wir ja schon in der Parallele zu Schiller (beide seien ‹regreßirende Sentimentalisten›) kennengelernt haben, auch im Blick auf Lessing genauer zu bestimmen. Gerade für die Frage der «Absicht des Autors» und der «Absicht des Werkes» müßte diese Beziehung Jacobis zu Lessing aufschlußreich sein.

Aus der Art, wie Schlegel in seiner Darstellungsweise dialektisch die zeitrepräsentativen Strömungen einbezog, darf man schon darauf schließen, daß ihm das Vorbild Lessings gegenwärtig war, daß er dessen Vorbildlichkeit geradezu demonstrieren wollte. Lessing hatte ja in seiner ‹Erziehung des Menschengeschlechts› mit Verstehensfiktionen gearbeitet, die antidogmatisch wirken sollten. Indem er exoterische Ansätze für die Vertreter entgegengesetzter Anschauungen anbot und darunter doch einen anderen esoterischen Leitfaden des Verstehens anlegte, suchte er Gegner von allen Seiten

159. Schiller, ÄE, 635, 21. Brief.
160. Ebd., 637, 22. Brief.
161. Ebd.

zu täuschen und dennoch in eine hermeneutische Argumentationsdialektik hineinzuziehen[162].

Schlegel spielt auf diese ‹bewegte› Darstellungsweise in der ‹Woldemar›-Kritik an, indem er Lessing als einen der Denker erwähnt, «welche jene Lebendigkeit alles Geistigen und Geistigkeit alles Lebendigen ... besaßen»[163]. Insofern Jacobi aber gerade in der Konstellation derjenigen eine Rolle gespielt hatte, die Lessing deuten und auslegen wollten, ist diese Erwähnung Lessings von besonderem Gewicht. Schlegel schließt in Anspielungen an einen hermeneutischen Streit an, der besonders geeignet schien, ältere Auslegungspraktiken von seiner angestrebten neuen Hermeneutik aus zu beleuchten. Er rechnet dabei mit dem eingeweihten ‹idealen› Leser, der diese Esoterik der Anspielungen versteht, wenn der Kritiker eine Theorie der «Absicht des Autors» zu entwickeln scheint.

Jacobi hatte in seiner Schrift «Wider Mendelssohns Beschuldigungen in dessen Schreiben an die Freunde Lessings» von der Verstehensposition eines eingeweihten Freundes aus geurteilt und sich so an Mendelssohn gewandt, der zusammen mit Nicolai und Karl Lessing ein Deutungsmonopol auf Lessing aufgerichtet und diesen so ganz für die Berliner Spätaufklärung reklamiert zu haben schien: «‹Unser Lessing›, schreiben Sie, ‹mußte allerdings bey der Nachwelt nicht anders erscheinen als er war; das heißt: Nicht als Deist, wenn wir wissen, daß er ein Spinozist war›»[164]. Jacobi markiert genau den Punkt, der Schlegel interessieren mußte, wenn er statt des argumentativen und hermeneutischen Rollenspiels bei Lessing eine eindeutige Identität der Absichten annimmt: «Er verhehlte ungern seine Meynungen. Wenn er eine Maske vorhielt, so war es nicht um sich unkenntlich zu machen, sondern bloß um sich damit zu schützen; und es ärgerte ihn eben so sehr, wenn man die Maske für sein Gesicht ansah ...»[165]. Es geht ausdrücklich um die auf solche biographistischen Einschätzungen aufbauende Wirkungsgeschichte, um das Bild Lessings und den Verstehensanschluß der «Nachwelt»[166]. Dieser Angriff Jacobis ist auch deshalb interessant, weil er gegen Mendelssohn mit dem Argument operiert, dieser passe sich mit seiner Lessing-Interpretation lediglich an eine veränderte geschichtliche Lage an: sein Lessing-Verständnis wird so als geschichtlich bedingte Umdeutung angeprangert: «So hat aber Mendelssohn vorher nicht gesprochen; und es ist sonderbar genug, daß seine Anfangs so heroische Philosophie nach und nach so zärtlich geworden ist, daß sie nun in alle Mäntel eines frommen Betrugs sich einwickelt, um von dem rauhen Winde der Wahrheit, oder der Zugluft der Geschichte nicht verschnupft zu werden»[167]. Dabei spielt auch die Überlegung eine Rolle, daß der Zeitenabstand des Verstehens die «Par-

162. Vgl. Michel, 1978 a, 20–33: Antidogmatische Fiktionsbildung im geschichtsphilosophischen Verstehen, Lessings ‹Erziehung des Menschengeschlechts›.

163. KA II, 73. 164. Jacobi, MB, 177. 165. Ebd., 177/78.

166. Ebd., 178. 167. Ebd., 178/79.

teylichkeit» verblassen ließe[168]. Jacobi scheint in seinem kritischen Versuch zu psychologisieren, wenn er Mendelssohn vorwirft, Lessing nur als Projektionsfigur benutzt zu haben[169]. Auch die Frage, ob und wie sich an Lessing eine Gruppierung schulebildend anschließen dürfe, wird mit Zitaten beantwortet (– «wir wollen ja keine Partey machen» – [170]). Jedenfalls hat Schlegel in dieser Schrift auch den Begriff des «Salto mortale», wie er im ‹Parteyenstreit› benutzt wurde, vorgefunden[171]. Gerade in diesem Streit ging es um den «philosophische[n] Dogmatismus und Parteygeist»[172], den Schlegel in seinen Rezensionen und Charakteristiken anprangerte. Das Spiel mit nicht durchschauten «esoterische[n] Hypothese[n]» und «exoterischen» Behauptungen[173], das er hier beobachten konnte, veranlaßte ihn mit zu jenen *relativistischen* Formeln der Jacobi-Kritik. Es hat ihm aber auch zu dem Selbstbewußtsein Anlaß gegeben, daß nur der wirklich überlegen sei, der eine neue Verstehenskompetenz entwickeln könne. Die Identitätsannahme – «Das ist mein esoterischer Charakter»[174] – wollte er gerade in seinen ‹Charakteristiken› kräftig und nachhaltig ironisch ‹annihilieren›. Der zwischen Mendelssohn und Jacobi stets schwebende Vorwurf der Charakterlosigkeit war an die Deutung der vielfach schillernden Lessingschen Positionen geknüpft: «‹. . . sondern hielt ihn vielmehr für einen Mann . . . von unstäten Grundsätzen, der bald dieses, bald jenes, heute den Theismus, morgen Atheisterey, und vielleicht Tages darauf Aberglauben, mit gleichem Scharfsinne zu behaupten das Talent hat›»[175]. Bei alledem ging es um das Problem, das beide in unterschiedlicher Weise an der Aufklärungshermeneutik orientierten Kontrahenten nicht lösen konnten, wer wohl «Lessing ganz verstanden» habe[176]. ‹Paradoxales Verstehen›[177] mußte dabei ausgeschlossen bleiben, da es ja selbstverständlich darum ging, den «Ursachen der Dunckelheit» (Chladenius)[178] auf den Grund zu gehen. Darin jedenfalls bestand bei dem Konflikt vorausgesetzte Einigkeit. Aber den spielerischen experimentellen Charakter eines Verstehensversuchs mußte Schlegel vermissen; Jacobi sprach den Ernst des Streites aus: «denn unser Bewußtseyn selbst, unser ganzes Daseyn scheint dabey Gefahr zu laufen»[179]. Beide schienen nicht imstande, Lessings «Methode»[180] auf ihr eigenes Verstehen anzuwenden. Schlegel konnte also die Notwendigkeit einer Weiterentwicklung der Lessingschen Ansätze genauestens studieren. Dies zeigt sich besonders deutlich an dem Versuch beider, einen zentralen Paragraphen der ‹Erziehung des Menschengeschlechts› zu interpretieren: «Mit noch mehr Nachdruck und

168. Ebd., 179.
169. Ebd., 180.
170. Ebd., 182.
171. Ebd., 189.
172. Ebd., 255.
173. Ebd., 206.
174. Ebd.
175. Ebd., 204.
176. Ebd., 200.
177. Ebd., 173.
178. Chladenius, EA, Vorrede b 2.
179. Jacobi, MB, 171.
180. Ebd., 250.

rührender, sagt Lessing in der Erziehung des Menschengeschlechts: ‹Hüte dich, Du fähigeres Individuum, der Du an dem letzten Blatte dieses Elementarbuches stampfest und glühest, hüte Dich, es Deine schwächeren Mitschüler merken zu lassen, was Du witterst, oder schon zu sehen beginnest›[181]. Aber Jacobi mißversteht die zeitliche Ausrichtung dieser hermeneutischen Attitüde, indem er jenes dargestellte Verhalten Lessing als «bescheidene[m] edle[m] Mann» hoch anrechnet, die Esoterik aber als konsequentes, *gradliniges* Verhalten mißdeutet: «*Stehen zu bleiben* auf halbem Wege, war Lessingen für sich unmöglich»[182]. Der latente Vorwurf Jacobis zielt auf diejenigen, die die Grenzen einer Disziplin in einer bestimmten Weise überschreiten. So deutet er ein Lessing-Zitat: «Oder ist es die nämliche Seichtigkeit des Geistes, welche macht, daß man eben so leicht in der Theologie, als in der Philosophie auf halbem Wege stehen bleibt?»[183]. Schlegel mußte sich geradezu herausgefordert fühlen, seine Idee der Wechselsteigerung und Wechselnegation, aber auch der ‹republikanischen› Organisation eines umfassenden Genies, insbesondere aber eines «kritischen Genies» auszubilden. An solchen Schriften konnte er seine ‹Lehrjahre› als Kritiker vorbereiten.

Schlegel läßt in vielen Fragmenten erkennen, daß er diesen Streit zwischen Jacobi und Mendelssohn studiert hat. In einem Heft, das er ‹Bei Gelegenheit der Fichteschen Religionshändel› abfaßte, fragt er im Sinne seiner wirkungsgeschichtlichen Theorie nach der Reichweite der an diesem Streit Beteiligten und legt so einen Vergleich mit der epochalen Bedeutung und der Weiterdeutung Lessings nahe: «Jakobi hat das Zeitalter behandelt wie Mendels.[sohn]; aber wer ist dann am Ende d[er] Betrogne? Wenn nun das was er am Ende will, durchaus platt und armselig ist?»[184]. So wertet Schlegel zuletzt beide ab. Zugleich aber weist er in diesem Heft darauf hin, daß derjenige, der, wie Lessing, esoterisch schreibe, mit Mißdeutungen rechnen müsse, daß dies aber doch besser sei als eine bloß exoterisch bekundete Absicht ohne historische Reichweite: «Ist falsche Tendenz nicht nothwendige Begleitung jedes schlechthin Esoterischen? – Das Exoterische falsche Tendenz und nichts mehr»[185].

Schlegel möchte die esoterische Darstellungsweise Lessings von dem Jacobi unterstellten «*passive*[n] My[stizis]mus»[186] unterscheiden. Andererseits spricht er Jacobi die hermeneutische Kompetenz ab, gerade weil dieser versucht hat, die ‹Absicht› eines Autors eindeutig festzulegen und so diesen Autor zu ‹charakterisieren›: «*Jakobi* geht wohl hie und da tief ein und blendet dadurch. Aber niemand ist ungeschickter, jemand zu *charakterisiren*»[187]. Schlegel sucht dagegen seine Charakteristiken selbst als esoterische Verstehensversuche abzufassen. Die ‹Absicht› Jacobis aber, ‹Lessing zu verstehen›,

181. Ebd., 248.
182. Ebd.
183. Ebd., 249.
184. KA XVIII, 248, Fr. 654.
185. Ebd., 249, Fr. 667.
186. Ebd., 13, Fr. 104.
187. Ebd., 91, Fr. 744.

möchte er in neuer Weise einlösen. So vervollständigt das ‹kritische Genie› das Verweisungsgeflecht seiner kritischen Versuche selbst auf esoterische Weise.

4. Die ‹Entscheidungen des Publikums› und das Verstehen der Werkfolge eines modernen Klassikers

Die Charakteristik Georg Forsters (1797)

Schlegel zielt über die altaufklärerische Vorstellung vom Vorurteil hinaus, wenn er den nicht nur mißverstandenen, sondern geschmähten und verachteten[1] Georg Forster schon im Untertitel als «Klassiker»[2] bezeichnet. Es geht darum, daß Vorurteile es zu verhindern vermögen, selbst einen ‹klassischen› Autor zu verstehen. Damit wendet er sich einem weiteren Punkt aus dem Rahmenentwurf zu, den «Entscheidungen des Publikums»[3], nachdem er zuvor Beispiele zur «Absicht des Künstlers» und zur «Absicht des Werkes» erörtert hatte.

Schlegel vermutet nicht in erster Linie «*ästhetische Vorurteile*»[4], sondern in der Öffentlichkeit verfestigte politische Vorurteile. Gemäß dem im ‹Studium› angedeuteten Projekt, «in der Folge auch die *politische Bildung*» zu untersuchen[5], und gemäß der weitgespannten Orientierungsabsicht, die «gegenwärtige Stufe der Bildung richtig zu würdigen»[6], wendet er sich nun nicht mehr an ein Publikum von Kennern und Liebhabern der Poesie, wie in den Schiller-Rezensionen, auch nicht an ein vornehmlich philosophisch interessiertes Publikum, wie in der Rezension des ‹Philosophischen Journals›[7], sondern an ein ‹vorweggenommenes› politisch denkendes Publikum. Er argumentiert, wie es in einem Fragmentheft von 1796 heißt, «vor dem Foro der *höhern ächten Politiker*»[8]. Insofern er seine Methode der ironischen «Wechselvernichtung» vorherrschender Denkweisen weiter anwendet, erfüllt er die fragmentarische Feststellung: «Der gegenwärtige polit.[ische] oder aesthet.[ische] Zustand als bester Stoff für $\frac{M}{\circ}$ [absolut Mimisches]»[9].

Der hermeneutische Maßstab der Jacobi-Kritik, daß es eine ‹Verfassung des Innern› geben müsse, die «echt republikanisch» sei, wird nun auf For-

1. Schlegel bezieht sich auf zwei Rezensionen zu Forster in der Jenaischen Allgemeinen Literaturzeitung; vgl. KA II, 86, Anm. 1 und 87, Anm. 1.
2. KA II, 78.
3. KA I, 218.
4. Ebd., 263.
5. Ebd., 216.
6. Ebd., 263.
7. KA VIII, 13.
8. KA XVIII, 11, Fr. 76: «Der ethische, aesthetische, politische Mensch hat als solcher Rechte gegen d[en] φ [Philosophen] und kann s.[eine] Freiheit behaupten. Dieß kann nur vor dem Foro der *höhern ächten Politiker* geschehen».
9. KA XVI, 131, Fr. 557.

sters «Universalität», auf den ‹innern Plural›, das «System von Personen» angewandt. Diese Figur eignet sich auch, die hermeneutischen Fähigkeiten der «Kenner»[10] zu überprüfen. Der aus einem neuen «Gesichtspunkt» urteilende Kritiker kann sich hier besonders deutlich von der Mehrzahl der «gewöhnl[ichen] Recensenten» und «Pasquillanten»[11] absetzen. Da von einer «vollständig zergliedernden schulgerechten Beurteilung»[12] her die Werkfolge Forsters überhaupt nicht erfaßt werden kann, muß der neue Kritiker die Erörterungen zum Lese- und Verstehensprozeß weiterentwickeln.

Die Ursache für das zentrale Vorurteil gegen Forster, der als Franzosenfreund galt, spricht Schlegel schon im ersten Satz an: «Über nichts wehklagt der Deutsche mehr als über Mangel an *Deutschheit*»[13]. Dieses ‹Wehklagen› steht also als Ersatz für eine nicht vorhandene öffentliche und allgemeine Kritik. Es gilt als negativer Ausdruck eines «Gemeingeist[es]»[14], gleichsam als politische Entsprechung zu jener «sentimentalen Poesie», von der Schlegel im ‹Studium› behauptete, daß sie nur ein «Interesse an der Realität des Ideals»[15] bekunde. Schlegel erläutert aber das Vorurteil nicht näher, sondern schiebt ein Forster-Zitat vor, das zeigen soll, daß dieser tatsächlich in einem genaueren Interesse an jene *«Deutschheit»* gedacht habe: «‹Wir haben siebentausend Schriftsteller, sagt Georg Forster . . . und noch gibt es in Deutschland keine öffentliche Meinung›»[16]. Nun stellt Schlegel ironisch die Überlegung an, wie jene «*Deutschheit*» verwirklicht werden könne, wenn man sozusagen von den historisch bekannten Formen der Gemeinschaftsbildung in Deutschland ausginge: Entweder müßte «allen Untertanen ein Nationalcharakter von Reichswegen befohlen» werden[17]; so verallgemeinert er seine Kritik am «Gehorsam eines guten Knechts», die er schon in der Charakteristik des ‹Woldemar› ausgesprochen hatte. Oder ein Vertreter der «Reinholdischen Schule» müßte versuchen, «die allgemeingültigen Prinzipien der Deutschheit allgemeingeltend zu machen»[18]; so schließt er an die Schmähung in der Schiller-Rezension an, daß es den «herzlosen Vernünftler[n]» doch kaum gelänge, «die heiligen Grenzen der Schule» zu verlassen[19]. Schließlich zeigt er deutlich, daß er nicht nur die «Hermeneutik» der Kantianer für «antihistorisch» hält[20], wie er sich zuvor in einem Notizheft ausgedrückt hatte: man müsse vermuten, daß jene Deutschheit noch «geraume Zeit» ein «gutherziges Postulat» oder ein «trotziger und verzagter Imperativ» bleibe[21]. Schlegel nutzt also die Gelegenheit dieser Charakteristik Forsters, um die Kritik an den Kantianern fortzusetzen und deren geschichtshermeneutische Kompetenz sowie deren ‹politischen Sinn› in Frage zu stellen.

10. KA I, 218.
11. KA XVI, 95, Fr. 126.
12. KA II, 31.
13. Ebd., 78.
14. KA I, 222.
15. Ebd., 212.
16. KA II, 78.
17. Ebd.
18. Ebd.
19. Ebd., 32.
20. KA XVIII, 19, Fr. 10.
21. KA II, 78.

Zugleich aber konnte er ja Forsters Kritik an der Schulebildung in der deutschen Philosophie fortsetzen. Schlegel scheint damit zu rechnen, daß solche Ausführungen Forsters einem Teil des Publikums noch in Erinnerung waren. So könnte dieser Angriff gegen die ‹Reinholdische Schule›, die Schlegel im Zusammenhang mit dem «Mangel an *Deutschheit*» sieht, an Forsters Arbeit über «Die Kunst und das Zeitalter» anschließen, die schon im Jahre 1789 im 9. Heft von Schillers «Thalia» abgedruckt worden war. So wird auch die Fortsetzung der Schiller-Rezensionen in diesem Punkt verständlicher. Forster geht dort auf die historische Entwicklung von Schulebildungen ein, indem er das hermeneutische Muster von ‹Geist› und ‹Buchstaben› verwendet: «Scholastisches Scheinwissen, unheilbarer als Unwissenheit, thronte in den Lehrstühlen; gekettet an den todten Buchstaben ..., indes der Weg der Anschauung und Erfahrung unbetreten blieb, und die Nacht der Vorurtheile ihren dichten Schleyer um die besten Köpfe zog»[22]. Forster sieht also einen Zusammenhang zwischen dieser Art der Gemeinschaftsbildung und der Ausbildung von Vorurteilen. Wenig später untersucht er die Ursache, warum jene ‹Deutschheit›, die Schlegel anspricht, historisch nicht früher hätte empfunden werden können: «Vaterlandsliebe konnte den nicht begeistern, der kein Vaterland hatte, sondern einen Herrn»[23]. Damit findet auch das von Schlegel zuerst betonte Motiv des ‹Gehorsams› einen Beleg bei Forster. So erweist sich bereits im ersten Abschnitt der Kritik, daß Schlegel Forster nicht nur charakterisieren, sondern auch fortsetzen möchte.

Im Aufbau schließt die Einleitung der Forster-Kritik streng an das Verweisungsgeflecht der vorausgehenden Kritiken an. Im zweiten Abschnitt werden die Gefahren beschworen, die aus der von Herder zunächst nur für die Literaturgeschichte aufgestellten These: «Wir Deutsche kamen zu spät»[24] abgeleitet werden könnten: «neidische Anfeindung der Nachbaren, kindisch erkünstelte Selbstvergötterung und eigensinnige Verbannung des Fremden»[25]. Dies aber, so muß man im Sinne der Herder-Kritik schlußfolgern, verhindere nur, daß die Deutschen sich «mit den schätzbarsten Produkten des Auslandes» nicht nur «im Felde der Kritik» und der Poesie vertraut machten[26]. Damit würde jene Ungleichzeitigkeit der ästhetischen und politischen Entwicklung nur vergrößert. Schlegel rechnet mit der Ausbildung solcher umfassender Vorurteile, gerade weil er davon ausgeht, daß der «Gemeingeist» in Deutschland nicht genügend ausgebildet sei. In einem Fragmentheft der ‹Philosophischen Lehrjahre› notiert er später: «*Dummheit* ist indirecte Verrückung; *Vorurtheile* sind Verrück[ungen] in Masse»[27].

Die Abwehr alles Fremden wird historisch verstanden, als Ausdruck jener verspäteten Entwicklung. Schlegel denkt offenbar an einen Vergleich meh-

22. Forster, KuZ, 132 f.
23. Ebd., 133.
24. KA II, 53.
25. Ebd., 78.
26. Ebd., 54.
27. KA XVIII, 370, Fr. 596.

rerer Bereiche, wenn er hervorhebt, daß Deutschland ohnehin nur im Bereich der «Bildung» konkurrieren könnte. Diese anderen nicht aufgeschlüsselten Bereiche seien noch weiter zurückgeblieben: «Was mit unsrer jetzigen Bildung, denn in dieser allein besteht doch unser eigentümlicher Wert, gar keinen Zusammenhang mehr hat, ist nicht bloß alt, sondern veraltet»[28]. Schlegel scheint sich an dieser Stelle an die Reisebeschreibungen Forsters zu erinnern, etwa die «Ansichten vom Niederrhein», in denen dieser kontrastiv die Entwicklung deutscher und niederländisch-belgischer Gebiete am Beispiel von Aachen und Lüttich/Seraing beschrieben hatte: «Es kommt mir vor, als wären wir durch den Schlag einer Zauberruthe in ein anderes Land versetzt; so unendlich verschieden ist alles, was ich hier um mich sehe, von demjenigen, was ich noch vor wenigen Stunden in Aachen verließ»[29]. Forster beschreibt vor allem den unterschiedlich ausgeprägten «Unternehmungsgeist»[30] und die Art, wie in der Gegend von Lüttich im Gegensatz zur deutschen Seite eine «erstaunliche Menge neuer Ideen im Umlauf» sei[31]. Genau an diese Vorstellung einer rascheren Diffusion von Neuerungen scheint Schlegel sich zu halten, wenn er nun weiter bedenkt, wie die Verbreitung von ‹Ideen› in Deutschland abgelaufen sei: «Alle echte, eigne und gemeinschaftliche *Bildung,* welche noch irgend in Deutschland gefunden wird, ist, wenn ich so sagen darf, von heute und gestern, und ward fast allein durch *Schriften* entwickelt, genährt, und unter den Mittelstand, den gesundesten Teil der Nation, verbreitet»[32]. Diese «gemeinschaftliche Bildung» habe also nicht, so darf man ergänzen, einen umfassenden «Gemeingeist» ausbilden können, weil sie sich nur literarisch verbreitete und auswirkte und nur eine gesellschaftliche Schicht erreicht habe. Damit schließt Schlegel an seine Herder-Rezension an, in der er ja die «ständische Entwicklung des modernen Geistes» untersucht hatte. Zugleich scheint er sich mit dieser Analyse noch genauer von Herders gesellschaftlichen Feststellungen abzuheben. Herder hatte ja gerade die ‹obern Stände› als Träger der Geschmacksbildung im Auge und distanzierte sich von dem Versuch, durch Verbreitung literarischer Produkte auch andere Schichten zu erreichen: «Glaube man nicht, daß die *untersten Stände* die obern ersetzt haben . . . Der größte Theil Deutscher Schriftsteller schreibt jetzt für *Lesegesellschaften,* und manche derselben scheinen sich an diesen das *Gesinde* der Deutschen Nation zu denken, für welches ihre *Producte* gewiß auch die unterhaltendsten sind. Dadurch bessern wir unsern Geschmack nicht . . .»[33]. Schlegel betrachtet nicht die ‹obern Stände›, sondern den «Mittelstand» als literarisch geschmacksbildende Schicht. Und in dieser sieht er auch den einzigen Resonanzboden für den Patriotismus: «Das allein ist Deutschheit; das ist die heilige Flamme . . .»[34]. Er möchte durch eine solche Analyse wiederum

28. KA II, 78.
29. Forster, AN, 497.
30. Ebd., 490.
31. Ebd., 500.
32. KA II, 78.
33. Herder, BH, XVIII, 205.
34. KA II, 78 f.

neoaufklärerisch gegen die Art vorgehen, wie irrationalistische Strömungen den Patriotismus entwickelten.

Gegen die gewissermaßen nur ‹ständisch› ausgebildete «Gemeinschaft des Geschmacks» führt er jetzt den öffentlichen, übergreifenden, patriotischen Geltungsanspruch eines klassischen Schriftstellers ins Feld. Er tauscht so die Rollenträger des Anspruchs aus: «Jeder klassische Schriftsteller ist ein Wohltäter seiner Nation, und hat gerechte Ansprüche auf ein öffentliches Ehrendenkmal»[35]. Rhetorisch möchte er damit dem Bedürfnis jenes ‹Mittelstandes› nach solcher Repräsentation zunächst entgegenkommen. Aber dann lenkt er auf die Kritik Forsters am Fehlen einer «öffentliche[n] Meinung» zurück: «Das schönste Denkmal für einen schriftstellerischen Künstler ist: daß sein eigentlicher Wert öffentlich anerkannt wird; daß alle einer allgemeinen Ausbildung Fähige immer wieder mit Liebe und Andacht von ihm lernen . . .»[36]. Damit stellt er sich ein ‹ideales› Publikum vor, das seine Grenzen nur am Grad der Bildungsfähigkeit finde. Die Ungleichzeitigkeit der deutschen Entwicklung könne dann, so unterlegt er, *historisch* behoben werden, wenn ein solches nicht ‹standesmäßig› festgelegtes, sondern sich immer weiter ausbreitendes Publikum einen solchen Autor, der mit den «schätzbarsten Produkten des Auslandes» bekannt war[37], wie einen Klassiker der Antike «immer wieder» lese. In solchen Leseprozessen würde gleichsam die historische Verstehensfähigkeit geschult und die Neigung zur Vorurteilsbildung abgebaut.

Ein solcher allgemeiner Bildungsprozeß folgte dem der Kritik. Er hätte die Tendenz zur ‹Universalisierung› und er hätte jene in den Heften «Von der Schönheit in der Dichtkunst» sogenannte «Direktion»: «Sollen nehmlich klassische Schriften es nicht bloß für diese oder jene Zunft; sollen sie *allgemeine Urbilder* sein: so muß die Bildung, welche sie mitteilen, nicht bloß eine echte, aber einseitige, und bei gewissen Grenzen schlechthin stillstehende, oder wohl gar umkehrende, sondern eine ganz allgemeine und fortschreitende sein»[38]. Damit wendet Schlegel sich wiederum gegen die Gefahr, zu ‹regreßiren›, die er bei Schiller und Jacobi festgestellt zu haben glaubte, aber auch dagegen, daß nur eine ‹Bildungsart praeponderire› und die vorübergehende Dominanz anderer – hier beispielsweise der politischen – ausgeschlossen würde, daß man eben «bei gewissen Grenzen» stehenbliebe.

Wie genau Schlegel die Vorüberlegungen seiner Rahmenentwürfe und seiner vorausgehenden Kritiken voraussetzt, läßt sich daran erkennen, daß er im Anschluß genau auf die Dichtungsart eingeht, die noch am ehesten jene allgemeine ‹Progression› und den Wechsel ‹praeponderirender Bildungsarten› auszudrücken fähig schien: den Roman. Aber nun wird diesem auch die Fähigkeit zugesprochen, die ‹ständisch› vorgegebenen Bildungs-

35. Ebd., 79.
36. Ebd.
37. Ebd., 54.
38. Ebd., 80.

schranken zu überwinden, im Laufe der Zeit auch auf die «große Mehrheit der Bildungslosen» einwirken zu können und dabei auch noch die verschiedenen Bildungsbereiche vereinbaren zu können: «der Roman geht darauf aus, die geistige, sittliche und gesellschaftliche Bildung wieder mit der künstlerischen zu vereinigen»[39]. Gerade wegen der Fähigkeit zur Überwindung gesellschaftlicher Rezeptionsschranken aber müsse man damit rechnen, daß etliche Romanarten auch einfachere Interessen und Bedürfnisse befriedigten und daß ihnen dann nicht eine lange Wirkungsgeschichte beschieden sein könnte: «der Roman ist in der Regel, wie ein lockrer Gesell, der unglaublich geschwind lebt, alt wird und stirbt»[40]. Der Kritiker erweitert also das gesellschaftliche Wirkungsspektrum eines Teils der modernen Formen auf Kosten der Wirkungsdauer. Das hindert ihn aber nicht daran, in den Notizheften wenig später gerade darüber nachzudenken, ob man die Erzählstruktur, insbesondere die «Mannichfaltigkeit der Selbstanschauung»[41] des Erzähler-Autors nicht so verändern könnte, daß eine unendliche Aktualität in einer andauernden Wirkungsgeschichte möglich würde: «Sollte es nicht möglich sein, jezt einen R[oman] zu schreiben, der nicht veralten könnte?»[42]. Der Roman als «progressive Universalpoesie» scheint sich also erst soweit entwickeln zu können, nachdem er die ‹ständischen› Rezeptionsschranken durchbrochen hat und seine Wirkung sich so gesellschaftlich und zeitlich entgrenzen konnte. Der Roman, dem eine solche unendliche Wirkungsdauer zugesprochen wird, gilt zuletzt nur noch für jenes ‹idealische Publikum›, das wir aus der Interpretation der «Fragmente zur Litteratur und Poesie» kennen. Solche esoterischen Überlegungen zeigen sich aber noch nicht in dieser Kritik, da es ja vorerst noch darum geht, Dichtarten zu finden, die jene ‹ständischen› Geschmacksgrenzen überwinden helfen. Darüber hinaus aber war es wichtig, dem Roman zugleich die ästhetische Anerkennung zu verschaffen, die ihm Schiller noch verweigert hatte, indem er den Romanschreiber nur als «Halbbruder» des Dichters[43] gelten lassen wollte.

Schlegel führt die Problematik der Anerkennung auf jene aus dem ‹Studium› bekannte Ungleichzeitigkeit der Geschmacksbildung zurück. Ja, er berücksichtigt auch die inzwischen, in der Schiller-Kritik, getroffene Beobachtung, daß gerade die neuesten poetischen Arbeiten nicht einmal von dem ganzen literarisch interessierten Publikum von dem richtigen «Gesichtspunkt» aus verstanden werden könnten. So zieht er jetzt die Schlußfolgerung aus beiden Beobachtungen: «eigentlich künstlerische Schriften sind wohl in unserm Zeitalter weit weniger geschickt, ein gemeinsames Eigentum aller gebildeten und bildungsfähigen Menschen zu sein»[44].

Diese Fähigkeit, ‹ständische› Rezeptionsschranken abzubauen und die darüber hinausgehende Fähigkeit, auch die Ungleichzeitigkeit zu überwin-

39. Ebd.
40. Ebd.
41. KA XVI, 206, Fr. 21.
42. Ebd.
43. Schiller, NsD, 741.
44. KA II, 80.

den, die durch neuere «eigentlich künstlerische Schriften» zusätzlich geschaffen worden sei, spricht Schlegel aber nicht nur dem Roman zu, sondern generell der *«Prosa»*[45]. Damit erweitert er das Spektrum der synthesierungsfähigen Darstellungsformen beträchtlich. Er lenkt das Interesse der Leser auf den Prosaisten Forster, aber auch darauf, daß die kritische Prosa und der Roman funktionelle Ähnlichkeiten aufweisen. Somit setzt er die Reihe der Übereinstimmungen fort, die wir zwischen dem ‹inneren Plural› des Kritikers und dem des Erzähler-Autors im Roman festgestellt haben, und bereitet die ‹Theorie der Prosa› vor, die er in den ‹Fragmenten zur Litteratur und Poesie› als wichtiges Projekt angibt.

Der Kritiker bedenkt also die Unterschiede in der «gesellschaftliche[n] Bildung», die sich im Lauf der Geschichte verschoben haben. Auch wenn er die ‹ständischen› Rezeptionsschranken einreißen möchte, um die «Gemeinschaft des Geschmacks» immer weiter auszudehnen, ist er sich darüber im klaren, daß dadurch die Notwendigkeit weitergehender gesellschaftlicher Differenzierung nicht aufgehoben werden kann. Ja, er möchte diese geradezu als Voraussetzung für jede Entwicklung anerkennen: «Überhaupt kann jede menschliche Kraft nur durch entschiedne Absonderung von allen übrigen zu echter Bildung gedeihen»[46]. Er möchte in diesem Kontext zeigen, daß er die Ausführungen Forsters zur Differenzierungsfähigkeit und zur gesellschaftlichen Entwicklung verstanden hat, die sich in den «Ansichten vom Niederrhein» vielfältig finden: «Sollte der Mensch inne werden, was es sei, das sich in ihm regt, so mußte sich in verschiedenen Einzelnen bald diese, bald jene Fähigkeit entwickeln, auf Kosten jener allzueinfachen Bestimmung, welche die Wohlthaten des geselligen Lebens nicht kennt, weil seine Bedürfnisse ihm fremd sind»[47]. Schlegel erkennt deutlich, daß diese Differenzierung nur von einem Teil der Gesellschaft geleistet werden könne: «jede solche Trennung des ganzen Menschen aber ist nicht für alle»[48]. Im Hinblick auf die Notwendigkeit, dennoch einen «Gemeinsinn» aufrechtzuerhalten, ja, diesen zur Bekundung einer «öffentliche[n] Meinung» zu bewegen, hält er jene Differenzierung für eine zweischneidige Sache: «sie erfordert mehr und leistet weniger, als zu einer allgemeinen Bildung notwendig ist»[49]. Also bedarf es bei fortschreitender Differenzierung um so stärkerer Klammern. Mit der Wendung vom «ganzen Menschen» benutzt Schlegel ja bereits ein Programmstichwort der ‹Receptivitäts›-Theorie. Es legt nahe, daß durch ästhetische Darstellungsformen jene «Trennung» immer wieder aufgehoben werden sollte. Je rollendifferenzierter die Figurenkonstellationen in den Darstellungen seien, und je weiter das «System von Personen» sei, aus dem heraus ein Autor wie ein Kritiker verstünden, um so eher müßte es gelingen, jene «Trennung des ganzen Menschen» zeitweise aufzuheben. Schlegel sieht also eine Entsprechung und Ergänzung zwischen

45. Ebd.
46. Ebd.
47. Forster, AN, 501.
48. KA II, 80 f.
49. Ebd., 81.

der gesellschaftlichen Differenzierung und der ästhetischen. Letztere leiste so von Stufe zu Stufe ihren Beitrag zum «Gemeinsinn» und zur «öffentliche[n] Meinung».

In diesem Ansatz zeigt sich so eine weitere unterschwellige Auseinandersetzung mit Schillers Theorie des ‹ästhetischen Zustands›. Nach den Briefen «Über die ästhetische Erziehung des Menschen» sollte die Kunst ja nicht die «öffentliche Meinung» mitbeeinflussen. Vielmehr sollte sie eine retardierende Erziehungsaufgabe leisten, durch die ebenfalls die «Trennung des ganzen Menschen» behoben würde: «Sind also die von mir aufgestellten Grundsätze richtig, und bestätigt die Erfahrung mein Gemälde der Gegenwart, so muß man jeden Versuch einer solchen Staatsveränderung so lange für unzeitig und jede darauf gegründete Hoffnung so lange für schimärisch erklären, bis die Trennung in dem innern Menschen wieder aufgehoben und seine Natur vollständig genug entwickelt ist, um selbst die Künstlerin zu sein und der politischen Schöpfung der Vernunft ihre Realität zu verbürgen»[50]. Schlegel nimmt zwar in der ‹Receptivitäts›-Theorie auch einen «ganzen Menschen» an, aber dieser sollte, darin schloß er sich eher Forster als Schiller an, auf Grund eines erweiterten ‹inneren Plurals› gerade an der «öffentliche[n] Meinung» teilhaben. Schlegel war wohl davon überzeugt, daß sein Konzept des Dominantenwechsels beweglicher und entwicklungsfähiger sei als das Schillersche. Die Forstersche Annahme, daß es nötig sei, «bald diese, bald jene Fähigkeit [zu] entwickeln», entsprach seiner Vorstellung historisch ‹praeponderirender Bildungsarten› und seiner Genielehre.

Schlegel setzt aber auch darauf, daß das ‹System der möglichen Dichtarten› noch nicht vollendet und auch noch nicht hermeneutisch erfaßt sei. Wenn es noch Unklarheiten in der bisherigen Poetologie gebe, so müßte man erst recht bei den prosaischen Formen davon ausgehen, daß sie sich ja erst voll entwickelten. Diese aber könnten stärker auf die «öffentliche Meinung» einwirken. Schlegel hat also ein offenes Konzept von historisch sich entwickelnden Dichtarten und möchte insofern auch mit einer hermeneutischen Erklärung zuwarten: «Es soll Philosophen geben, welche glauben: wir wüßten noch gar nicht, was Poesie eigentlich sei. Dann könnten wir auch durchaus gar nicht wissen, was *Prosa* ist: denn Prosa und Poesie sind so unzertrennliche Gegensätze, wie Leib und Seele. Vielleicht auch nicht, was *klassisch*. Und jenes unbesonnene Todesurteil über den Genius der deutschen Prosa wäre also um vieles zu voreilig»[51]. So empfiehlt Schlegel zwar keine politische Retardierung, wie Schiller, aber eine hermeneutische. Er möchte das Verständnis dessen, was «klassisch» genannt werden könne, offenbar durch eine neue Erklärung der Wirkungsgeschichte ändern. Aber die ‹Hermeneutik› sollte ja erst auf die Kritik folgen. Insofern möchte er auch das hermeneutische Vorurteil über die Bedeutung und die Formen der ‹Prosa› ebenso wie über die Bedeutung ‹klassischer› Werke verhindern. Das «Todes-

50. Schiller, ÄE, 589, 7. Brief.

51. KA II, 79.

urteil über den Genius der deutschen Prosa» wollte er aufheben. Mit dem hermeneutischen Vorurteil aber sollte auch das politische gegen Forster beseitigt werden.

Bevor der neue Kritiker die ‹innere Verfassung› der Forsterschen Genialität analysiert, die *«Vielseitigkeit»*[52] seiner Talente beschreibt, bestimmt er die Ausrichtung dieser Ganzheit: «Jeder Pulsschlag seines immer tätigen Wesens strebt *vorwärts*»[53]. Schlegel beschreibt also den Unterschied des Aufklärers Forster zu dem vermeintlich ‹regreßirenden› Irrationalisten Jacobi bereits wieder in ‹lebensphilosophischen› Wendungen und deutet damit schon den möglichen Perspektivenwechsel an. Die Feststellung verweist auf die Theorie der ‹Receptivität›, insofern die «Erhöhung aller Kräfte»[54] bei Forster schon lebensunmittelbar zu beobachten sei. Die ‹Progressivität› aller Bereiche seiner Genialität läuft auf das Muster jenes ‹progressiven› Romans hinaus, in dem es keine ‹passiven› Teile geben dürfe.

Aber Forsters ‹innerer Plural› wird insgesamt als ‹politische Formation› angesehen, für die Schlegel den Begriff des *«gesellschaftlichen Schriftstellers»*[55] prägt. Eine solche Gliederung und Ausrichtung der ‹inneren Verfassung› eines Autors sei in der Lage, «*alle* wesentlichen Anlagen des Menschen anzuregen»[56]. Schlegel legt seine Kritik so an, daß die Talente des Autors auf ein möglichst breites Spektrum der ‹Receptivität› aufzutreffen scheinen. Dies verspricht für diejenigen, die diesen Autor verstünden, die «*Wiedervereinigung* aller der Grundkräfte». Nun erklärt Schlegel mit deutlichem Seitenblick auf Schillers Theorie «Über die ästhetische Erziehung des Menschen», daß diese Kräfte in der Realität auch weiterhin «getrennt wirken» müßten, daß aber weder die eine noch die andere Funktionsweise *«aufgeschoben»* werden dürfe[57]. Die durch einen ‹gesellschaftlichen Schriftsteller› wie Forster angeregte ‹Ganzheit› im Rezipienten soll keineswegs die unmittelbare, eingreifende Wirkungsweise einzelner Fähigkeiten außer Kraft setzen.

Nun steigert Schlegel die Bestimmung der ‹Genialität› noch weiter. Wer Forster verstehe, könne diese *«Wiedervereinigung»* gleichsam «in weltbürgerlicher Rücksicht» erleben[58]. Die in der Herder-Rezension bedachte Möglichkeit einer vergleichenden Literaturbetrachtung scheint jetzt bereits in der einfachen Rezeption eines Autors in universeller Weise gegeben zu sein. Forsters ‹weltbürgerliche, gesellschaftliche Schriften› werden von dem neuen Kritiker als «unentbehrliches Mittel und Bedingnis der fortschreitenden Bildung» hingestellt[59]. Insofern ist Forster auch mehr als ein «eigentl[icher] *Uebersetzer*», der «das Ausländische» in seine «Heimath» verpflanze[60]. Die Fähigkeiten aller Kulturen, aus denen er übersetzt, seien gewissermaßen in der ‹inneren Verfassung› seiner Genialität bereits nach einem bestimmten

52. Ebd., 87.
53. Ebd., 81.
54. KA XVI, 28, Fr. 20.
55. KA II, 91.
56. Ebd.
57. Ebd.
58. Ebd.
59. Ebd.
60. KA XVI, 170, Fr. 1021.

Muster aufeinanderzugeordnet: «Forster bewies auch darin seine universelle Empfänglichkeit und Ausbildung, daß er französische Eleganz und Popularität des Vortrags, und engländische Gemeinnützigkeit, mit deutscher Tiefe des Gefühls und des Geistes vereinigte»[61]. Forsters Genialität wird gewissermaßen nach einem Muster national ‹praeponderirender Bildungsarten› beschrieben. Die Unterschiede und Ungleichzeitigkeiten der Entwicklungen jedes Landes würden in der hermeneutischen ‹Universalität› eines solchen Genies ausgeglichen. Forster wird so charakterisiert, als habe er die vorherrschenden Fähigkeiten jeder Nation nicht nur verstanden, sondern als könne er sie auch beliebig anwenden. In den Augen des Kritikers vermag er sich willkürlich in den hermeneutischen Standpunkt jeder solchen Konstellation von Werten zu versetzen. Insofern nimmt er keinen übernationalen, nur vorgestellt kosmopolitischen Standort ein. In einem philosophischen Fragmentheft notiert Schlegel kurze Zeit später als Entsprechung zu diesem Dominantenspiel: «Der prakt.[ische] Geist d[er] Franzosen ist πολ [Politik], der Engländer οικ [Ökonomie]». Versteht man das ‹Praeponderiren› in einem historischen Muster jener Art, so gilt: «Prejugès detruits»; der geistige Fortschritt («les progres de l'esprit humain») darf gewissermaßen nicht ausschließlich von einer Dominante aus verstanden und beurteilt werden[62]. Im Vergleich mit einem vielseitig angelegten Verstehen, das sich auf die historisch dominanten Fähigkeiten mehrerer Nationen bezöge, sei das universalhistorische Verstehen, das man gelegentlich in Deutschland betreibe, unzureichend. Schlegel notiert unmittelbar vor dem zitierten Fragment: «Die *Universalhistorie* (wie Kant sie sich denkt), ist eine Groteske . . .»[63]. In dieser Weise setzt er in den Notizheften die gegen die Kantianer (– er erwähnt ja die ‹Reinholdische Schule› –) vorgetragene Kritik fort. Dabei hat er offenbar stets seinen Haupteinwand in Erinnerung, daß die ‹Hermeneutik der Kantianer antihistorisch› sei.

Nachdem die ‹innere Verfassung› der Forsterschen Genialität soweit skizziert ist, wird verständlich, wie Schlegel dem eingangs unterlegten Vorurteil eines ‹Mangels an Deutschheit› rhetorisch begegnen wollte: «Alles ist aus Einem Stück in seinen Schriften, und hat deutsche Farbe»[64]. Damit lenkt er den Leser auf die Folge der Forsterschen Werke, die dieser erst alle kennen müsse, um jene Behauptung überprüfen zu können. Der Kritiker vertraut darauf, daß sich dann das Vorurteil gegen Forster von selbst auflöse. Er hält also gleichsam dem Leser, der sich darauf einläßt, zugute, daß es sich nur um ein Vorurteil der Übereilung, ein praeiudicium praecipitantiae handeln könne.

Schlegel stellt nun keineswegs rezensierend einzelne Werke Forsters vor. Vielmehr spielt er zunächst nur essayistisch auf einzelne Werke an. Tatsächlich aber liegt der essayistischen Behandlung die *Konstruktion einer Werkfolge*

61. KA II, 93 f.
62. KA XVIII, 57, Fr. 377.
63. Ebd., 57, Fr. 376.
64. KA II, 94.

zugrunde, an der *der Kritiker hermeneutische Probleme fortschreitend verdeutlicht*. Insofern gilt der Satz zur Essayistik: «Jedes *Werk* sollte *Abhandlung, Darstellung* und *Versuch* sein»[65].

Bezeichnenderweise geht Schlegel zuerst auf ein Werk Forsters ein, an dem er die Bedeutung der Vorurteilshaftigkeit aufzeigen konnte. Zunächst spielt er auf die Art Vorurteil an, die neben jenem praeiudicium praecipitantiae am häufigsten in den Aufklärungshermeneutiken behandelt wurde: das praeiudicium auctoritatis. Forster habe «gegen den gelehrten Zunftzwang und das Berufen auf das Wort des Meisters» angekämpft[66]. Aber nun befürchtet er auch das Gegenteil, daß der Kampf gegen Vorurteile zu einseitig geführt werde: «Auch das Vorurteil sollte nicht mit Gewalt bekämpft werden. Mit edlem, männlichem Eifer widersetzte er sich in der köstlichen Schrift *über Proselytenmacherei* der verfolgungssüchtigen Beschränktheit handwerksmäßiger Aufklärer, welche selbst in der Dämmerung tappen»[67]. Forster hatte in dieser Schrift «An die Herausgeber der Berlinischen Monatsschrift» das Problem der Konversion vom Protestantismus zum Katholizismus behandelt und vor allem die Frage angeschnitten, inwiefern auf Grund bestimmter exegetischer Traditionen der missionarische Bekehrungsauftrag für unverzichtbar gehalten werde: «Der Glaube, daß außer dem Schooße der Kirche keine Seligkeit zu hoffen sei, stände ja mit der Menschenliebe im Widerspruch, wenn er nicht an den Wunsch eine allgemeine Bekehrung zu bewirken innig gebunden wäre. Diese beiden Grundsätze stehen und fallen miteinander; und die Katholiken können nicht eher aufhören zu bekehren, bis sie aufhören zu verdammen»[68]. Dagegen stellt Forster den ‹aufgeklärten Protestanten›. Aber er brandmarkt den Versuch, jenen Bekehrungsauftrag wiederum aus einem zu engen «Gesichtspunkte» mißzuverstehen und zu verurteilen. Vielmehr müsse man sich in die Glaubensvorstellungen des anderen hineinversetzen: «Sie scheinen mir in diesem Falle von einem Katholiken protestantische Grundsätze zu forden, wenigstens seine Handlungen und Absichten nicht aus *seinem* Gesichtspunkte zu beurtheilen, und auf diese Weise zu jenen harten Ausdrükken gekommen zu sein . . .»[69]. Gerade in dieser Stelle fand Schlegel also sein zentrales hermeneutisches Stichwort des ‹Gesichtspunktes› wieder, ohne daß er dies schon in der Zitatauswahl zu erkennen gibt. Aber er lastet diese Art der Bekämpfung von Vorurteilen ganz der Aufklärung an, um zu zeigen, daß gerade diese Strömung, die darin ein Hauptziel sah, nicht frei sei von Vorurteilen. In seinem gleichzeitig angelegten Notizheft drückt er sich klarer aus: «Das französ.[ische] Schimpfen auf die Prejugés war selbst ein Prejugé»[70]. Es kommt also auf die Weite des Verstehens an und auf die Fähigkeit, sich im Sinne jenes «Historismus» in den fremden «Gesichtspunkt» zu versetzen. Schlegel wollte den Aufklärern weder die historische

65. KA XVIII, 204, 89.
66. KA II, 81.
67. Ebd.
68. Forster, ÜP, 95.
69. Ebd., 111.
70. KA XVIII, 117, Fr. 1066.

noch die hermeneutische Kompetenz zugestehen. Insofern könnten sie die Vorurteilsbestimmtheit ihres Urteilens nicht durchschauen. Ihre «Absichten», Vorurteile zu bekämpfen, seien also der Gefahr ausgesetzt, sich ins Gegenteil zu verkehren. Schlegel verfolgt diesen Widerspruch zwischen Absicht und Verwirklichung bis zu seiner Frankreichreise. So stellt er schließlich fest: «Die Franzosen sind noch mitten in d[en] Prejugés und revoluzion weit von einer *Constitution* d.[er] Wahrheit»[71]. In seinen wenig später (1802/03) mitgeteilten «Observations sur l'ouvrage de Ch. de Villers», die einen Versuch darstellen, rezensierend den kritischen Austausch zwischen Frankreich und Deutschland zu behandeln, wobei er sich selbst die Rolle des universalhermeneutischen Dolmetschers zugedacht hatte, schreibt er: «Mais combien d'obstacles n'y a-t-il pas encore à vaincre? – La force des prejugés est enorme. Et l'homme d'un jugement sain peut il esperer et vouloir exécuter à l'instant tout ce qu'est honnête de desirer?» – «‹Il faut que les progrés de la philosophie soient lent et bien modifié›»[72]. Der Zusammenhang mit der Forster-Beschäftigung tritt dann deutlich hervor: «Defions nous ⟨surtout⟩ de ceux qui sont les plus ardens a faire des proselytes. Ce sont precisement eux qui ne connaissent que la superficie et qui finissent toujours par fletrir les plus belles decouvertes de l'esprit humain».

Nachdem er diesen zentralen Gedanken der Aufklärungshermeneutiken infrage gestellt hat und sich daher auch noch auf jene Schrift Forsters «Über Proselytenmacherei» stützen konnte, ist klar, daß er Forster gerade gegen das vorherrschende politische Vorurteil nicht als bloß politischen Aufklärer verstehen möchte. Der neue Kritiker will auf das zentrale Bildungserlebnis Forsters zurücklenken, den Bildungsgang vom Ursprung her verstehen: «Für seinen Geist war die *Weltumseglung* vielleicht die wichtigste Hauptbegebenheit seines Lebens: dagegen die Trennung von Deutschland auf seine letzten Schriften keinen bedeutenden Einfluß gehabt; wohl aber, wider Recht und Billigkeit, auf die Beurteilung selbst der früheren»[73]. Schlegel möchte so darauf aufmerksam machen, daß Forsters Schriften nachträglich umgedeutet worden seien und daß gerade dies auf politischen Vorurteilen beruhe. Demgegenüber will er offenbar, wie in der Jacobi-Kritik, die «Geschichte seines [Forsters] Geistes studieren».

Er wirft die Frage nach dem zentralen Bildungserlebnis Forsters wiederum in einer Form auf, die hermeneutisch eher aus einer Gegenrichtung zur Aufklärung beeinflußt zu sein scheint: «War seine Reise mit Cook wirklich der Urkeim, aus welchem sich jenes freie Streben, jener weite Blick vielleicht erst später völlig entwickelte . . .»[74]. Schlegel scheint sich nunmehr in organologischen Vorstellungen zu bewegen. Er will zeigen, daß Forsters Bildungsgang sich mit antiaufklärerischen Verstehensmustern zunächst besser deuten läßt. Damit scheint er sich wieder auf Herdersche Positionen

71. Ebd., 444, Fr. 167.
72. KA XVIII, 546, Beilage VI.
73. KA II, 81 f.
74. Ebd., 82.

zurückbegeben zu wollen. In der Rezension der ‹Humanitätsbriefe› hatte er ja in ähnlicher Weise von «Gedankenkeimen» bei Herder gesprochen[75]. Bis in die philosophischen Notizhefte des Jahres 1799 hinein verfolgt Schlegel diesen organologischen Ansatz zu einer Hermeneutik, ja, hier expliziert er das, was er in der Charakteristik in erster Linie als taktische Verstehenshaltung vorgeführt hat: «Das Verstehen mit d[em] Sinn ist ein Aneignen d[es] Keims, ein Empfangen, Wachsen, Blühen»[76]. Jetzt geht es nicht mehr um den Erwerb von Erkenntnissen und Verstehenskompetenzen, sondern um die Anlage zu einem solchen «Verstehen». Schlegel schließt ganz im Sinne Herders[77] die Frage an: «Können alle Früchte auf jedem Boden wachsen? – Mit nichten! –»[78]. Dennoch soll auch ein solches organologisches Verstehen historisch ausgerichtet bleiben. In demselben Notizheft trifft Schlegel die fundamentale Unterscheidung zwischen dem ‹Begreifen› und dem ‹Verstehen› in der Weise, daß der Bereich der Geschichte sich nur hermeneutisch erschließen lasse: «*Begreifen* geht auf d[en] *Grund, Verstehen* hingegen auf d[en] *Zweck*. Daher ist die Historie die K[unst] und das Princip d[er] Verständlichkeit»[79].

Für Schlegel war das organologische Verstehen zur Zeit der Charakteristik Forsters ja nur *eine* Möglichkeit, die er seit seiner Beschäftigung mit Herder bedachte. Allerdings scheint er solche Entwurfsmöglichkeiten in seinen Heften auch ‹symphilosophisch› auf Novalis hin ausgerichtet zu haben. Dieser hat in seinen fragmentarisch angelegten «Poetizismen» die Voraussetzungen für eine ästhetische Hermeneutik, die nach dem ‹Urkeim› in jedem oder hinter jedem Werk sucht, angelegt. Novalis stellt sich die Möglichkeit vor, daß ein «Dichter» diesen Keim willkürlich setze: «Er begnügt sich mit der willkührlichen Wahl des ersten Moments und entwickelt nachher nur die Anlagen dieses Keims – bis zu seiner Auflösung. Jeder Keim ist eine *Dissonanz* – ein Mißverhältniß, was sich nach gerade ausgleichen soll»[80]. Der Hermeneutiker würde also genauer und umfassender, ‹genetischer› verstehen, sobald er diesen «Keim» aufgefunden hätte. Auch in der Genielehre geht Novalis von diesen organologischen Vorstellungen aus: «Der Keim des gebildeten Menschen ist der genialische Keim»[81]. Insofern ist es eine nicht eigens ausgesprochene hermeneutische Schlußfolgerung, daß derjenige, der die «Bildung des Genies»[82] zurückverfolgt, nach einem solchen «Urkeim» suche.

Schlegel ‹gestaltet› in seiner Charakteristik Forsters ein Verstehen, das alle diejenigen einbeziehen sollte, die organologisch dachten. Dabei mag er sich

75. Ebd., 48.
76. KA XVIII, 317, Fr. 1503.
77. Herder, BH, XVIII, 5: «Wie? kann man fragen, blühet diese schöne Blume der Humanität, *Poesie in Denkart, Sitten und Sprache* nicht überall und allezeit gleich glücklich? Und wenn zu ihrem Aufkommen ein besondrer Boden, eine eigene Pflege und Witterung gehöret . . .».
78. KA XVIII, 317, Fr. 1503.
79. Ebd., 316, Fr. 1484.
80. Novalis, II, 581, Fr. 242.
81. Ebd., III, 344, Fr. 480.
82. Ebd.

durchaus schon den ‹symphilosophierenden› Freund Novalis ebenso als ‹idealen› Leser vorgestellt haben wie die Anhänger Herders. Er hat die Möglichkeit zu einer solchen organologischen Hermeneutik also zunächst selbst nur in einer Verstehensrolle ausgebracht. Für Schlegel scheint dies ebenso nur ein transitorischer, wenn auch gelegentlich wieder aufgegriffener Ansatz auf seinem Weg zu einer umfassenden Hermeneutik gewesen zu sein wie jener Versuch in dem Heft «Von der Schönheit in der Dichtkunst», beim Verstehen eines Werkes die «*psychologische Genesis,* die Entstehung aus seiner Veranlaßung» zu verfolgen[83]. Diese Möglichkeit, von solchen veranlassenden Momenten her psychologisch zu verstehen, hatte Schlegel ja inzwischen ausgeschlossen.

Schlegel nutzt die Suche nach dem «Urkeim» des Forsterschen Bildungsganges, um einen Bildungsappell gegen die Schulebildung der deutschen Aufklärer auszubringen. Er hält so im Aufbau das alte Muster ein, wonach die ars applicandi auf die ars intelligendi und die ars explicandi zu folgen habe: «so möchte man wünschen, daß junge Wahrheitsfreunde, statt der Schule, häufiger eine Reise um die Welt wählen könnten»[84]. Nachdem er zunächst den Strömungen gegen die Aufklärung wieder zuzuneigen schien, schließt er nun aber eine Warnung an, mit der er sich wiederum von den ‹Wirkungen› des organologischen Denkens distanziert: «nicht etwa nur, um die Verzeichnisse der Pflanzen zu bereichern, sondern um sich selbst zur echten Lebensweisheit zu bilden»[85]. Mit einer ähnlichen Warnung vor einem einseitigen, letztlich unhistorischen und im weitesten Sinne unpolitischen Verstehen des Fremden hatte er ja auch schon seine Herder-Rezension abgeschlossen. So wie er, im Anschluß an diese Kritik, in den Heften die Hermeneutiker davon abhalten will, nur zu sammeln, zu sortieren und zu klassifizieren – «Manch[e] gutmeinend[e] Kritiker gehn in bewundert[en] Gedicht[en] gleichsam *botanisiren*»[86] –, so will er auch die jungen Naturforscher davon abbringen, nur die «Verzeichnisse der Pflanzen» zu vervollständigen.

Dieser Appell Schlegels scheint aber nicht nur allgemein gegen die Wirkungen des organologischen Denkens gerichtet zu sein. Gerade in einer Forster-Kritik mochte er sich gegen einen in Deutschland anzutreffenden Typus des Naturforschers wenden, dessen Verstehen ihm nicht universell genug zu sein scheint. Schlegel spielt offensichtlich auf den Typus des jüngeren Naturforschers an, wie er sich in Alexander von Humboldt bereits verkörperte. Dieser weilte zu eben dieser Zeit (1797) in Paris, wo er in der von Schlegel karikierten Weise mit französischen Botanikern zusammenarbeitete und seine Forschungsreisen vorbereitete. Die Anspielung im Forster-Essay erklärt sich daraus, daß Forster jahrelang den jüngeren Humboldt herangezogen und beispielsweise zu seinen Forschungsreisen nach London

83. KA XVI, 9, Fr. 24.
84. KA II, 82.
85. Ebd.
86. KA XVI, 96, Fr. 135.

mitgenommen hatte, wo er – wie Forster in einem Brief an Sophie von La Roche schreibt – «die Einsammlung von allerlei Materialien zu meinen schriftstellerischen Arbeiten, zumal im Fache der Natur- und Menschengeschichte»[87] mitverfolgen konnte und auch konkrete Anschauungen zu theoretischen Erwägungen im Gebiete der «Pithecologie mit Rücksicht auf die Verwandtschaft der Tiere mit dem Menschen» bei Besuchen in holländischen und englischen «Kabinetten» gewinnen konnte[88]. Alexander von Humboldt wurde auch in die feudale Gesellschaft eingeführt, lernte Prinzen und adlige Diplomaten kennen, die Forster außerdem nach ihren geschichtlichen und philosophischen Interessen charakterisierte und deren Beziehungen nach Deutschland er keineswegs nur als wissenschaftliche ansah[89]. Forster deutet in einigen Briefen durchaus kritisch an, daß Humboldt nicht ganz die kosmopolitische Weite in sich auszubilden vermöge, «weil die *logische* Erziehung der Herren Berliner seinen Kopf gar zu sehr mitgenommen hat»[90]. Das entspricht genau der Schlegelschen Kritik, die aber nicht zuletzt dem aufstrebenden Manne gelten könnte, der an Goethes Naturforschung regen Anteil nahm. Seit 1795 hatte A. v. Humboldt ja den Goetheschen Entwurf einer vergleichenden Knochenlehre, den dieser dem jüngeren Jacobi diktierte, entscheidend mit angeregt.

Im Vergleich mit einem solchen jüngeren Naturforscher wie Alexander von Humboldt hebt Schlegel an Forster das «freie Streben» und den «weite[n] Blick» hervor.

Nachdem Schlegel auf essayistische Art die unterschiedlichen Strömungen einbezogen hat, die sich immer ablehnender auf Forster bezogen, und so seine Leser auf verschiedenste Weise zur «Agilität» angeregt hat («Der Essay ist ein wechselseit[iger] Galvanism d[es] Autors und d[es] Lesers . . .»)[91], geht es jetzt darum, die entgegengesetzten Interessen zu vereinbaren. Aber diese Synthese faßt er wieder in den allgemeinen Formeln der Rezeptionstheorie: «Nie beschäftigt er die Einbildungskraft, das Gefühl oder die Vernunft allein: er interessiert den ganzen Menschen»[92]. Wenn ein Autor diese Bedingungen erfüllt, habe er die «Grundlage der *echten Popularität,*

87. Forster, Briefe, 593.
88. Ebd., 595.
89. Ebd., 604: «Ich bin auch noch nicht dazu gekommen, den Prinzen von Wales zu sehen . . . Neulich, bei Herrn Paradise, hatte ich die Freude, eine Gesellschaft von guten Köpfen mit Enthusiasmus von Ihnen sprechen zu hören. Unter andern the hon. Mr. Frederic North, einen jüngeren Sohn des Lord North, einen sehr gelehrten Griechen, der das Griechische mit Geläufigkeit spricht . . . Herr v. Humboldt und ich und Dornford frühstückten bei ihm. Er geht als Gesandtschaftssekretär nach Schweden und wünscht einmal durch Göttingen, um Ihrentwillen, zu kommen».
90. Ebd., 609.
91. KA XVIII, 221, Fr. 318: «〈Der Essay ist ein wechselseit.[iger] Galvanism d[es] Autors und d[es] Lesers und auch ein innrer für jeden allein; syst.[ematischer] Wechsel zwischen Lähmung und Zuckung. – Er soll Motion machen, gegen d.[ie] geistige Gicht ankämpfen, die Agilität befördern.〉»
92. KA II, 82.

welche nicht bloß in konsequenter Mittelmäßigkeit» bestehe[93], gelegt. Das heißt aber, daß er weiterhin ebenso von einem gebildeten Publikum anerkannt werden müsse wie zu der Zeit, da er die ‹Weltumseglung› beschrieben hatte.

Aus dieser Beschäftigung mit dem «Urkeim» der Forsterschen Schriftstellerei leitet Schlegel die hermeneutische Formel vom *«Nehmen aller Gegenstände im großen und ganzen»* ab[94]. Wer Forsters Schriften von dessen Bildungsgang her verstehen wolle, so wird nahegelegt, der müsse in dieser Weise verfahren.

Damit aber wollte Schlegel eine geschickte Überleitung zu Forsters politischen Schriften, insbesondere zu der *«Über die Beziehung der Staatskunst auf das Glück der Menschheit»*[95] schaffen. Er hoffte, daß derjenige, der jene Formel als hermeneutisch allgemeiner geltende anerkannte, nunmehr auch die Vorurteile oder einseitigen Beurteilungen Forsters politischem Denken gegenüber aufgeben müßte. Wer von jener einmal gegebenen ‹Popularität› als dem «eigentl[ichen] Princip d.[er] Autorschaft»[96] ausginge, dürfte Forster nicht nachträglich als vereinzelten politischen Denker betrachten, der keinen Anklang gefunden habe.

Die hermeneutische Hinführung zu dieser politischen Schrift Forsters benutzt Schlegel, um den Leser zu einer kritischen Prüfung wichtiger Begriffe anzuleiten, die in Deutschland im Schwange seien. Man dürfe überhaupt nicht nach solchen Leitbegriffen bei Forster suchen; vielmehr gelte es nach dem ‹Geist› zu verstehen: «Zwar strengere Begriffe zu haben, ist wohlfeil, wenn es bloß Begriffe sind . . . Wie in allen Stücken, so auch in diesem wird man Buchstaben und Namen ohne den Geist, in Forsters Schriften vergeblich suchen»[97]. So führt Schlegel die Begriffe des ‹Erhabnen›, der ‹Würde› und des ‹Glücks› ein[98], um Forsters Vorstellungen an dem zu messen, was seiner Ansicht nach in Deutschland darunter verstanden würde. Schon aus der Zusammenstellung läßt sich ersehen, daß Schlegel offenbar vornehmlich seine Kritik an Schiller fortsetzen möchte.

Forster gehe nicht von einem Staatseudämonismus aus, der vorsieht, daß es «einsichtsvollere Herrscher» geben könne, die für die «allgemeine Beglückung» sorgten[99]. Damit wollte Schlegel wohl nicht nur allgemein jenen weit verbreiteten aufklärerischen Eudämonismus treffen, sondern möglicherweise auch die Art, wie Schiller beispielsweise im Schaubühnen-Aufsatz sich rhetorisch in die Sehweise eines aufgeklärten Fürsten zu versetzen scheint, der die «Neigungen seines Volks . . . als Werkzeuge höherer Plane gebrauchen und in Quellen von Glückseligkeit zu verwandeln bemüht» sei[100]. Forsters Verstehensperspektive, von der aus er alles *«im großen und ganzen»* sehe, sei nicht die solcher «einsichtsvollere[n] Herrscher».

93. Ebd.
94. Ebd.
95. Ebd. 83
96. KA XVIII, 215, Fr. 244.
97. KA II, 82 f.
98. Ebd.
99. Ebd., 83.
100. Schiller, Sch, 821.

Schlegel scheint also die Verstehensperspektiven überprüfen und unterscheiden zu wollen, wenn er das *«Nehmen aller Gegenstände im großen und ganzen»* als universelle hermeneutische Formel ausgibt. Dabei scheint er Forsters Kritik am «Gemeinsinn» zu bedenken, wenn er mit diesem das «lügenhafte Bild des *Glücks*» nicht akzeptieren möchte[101]. Forster hatte in seiner Schrift «Über die Beziehung der Staatskunst auf das Glück der Menschheit» diesen Zentralbegriff des Eudämonismus so kritisiert: «Allein worin besteht das *Glück*, womit man dem Menschengeschlechte so geflissentlich andienen will? Der Gemeinsinn verbindet doch einen Begriff mit dem Worte, und ich weiß nicht, welches allgemeine Gefühl ihn in den Gegenstand des Strebens aller derer verwandelt, die mit uns Eines Ursprunges und ähnlicher Bildung sind»[102]. Dies entsprach durchaus auch Schlegels ästhetischen Überlegungen zum Publikum.

Schlegel sieht gerade in dem Versuch, die eingeschränkte Sehweise aufzugeben und alles *«im großen und ganzen»* zu betrachten, ein Moment des «Erhabne[n]»[103]. Im Vergleich mit dieser Sehweise ergingen sich andere Darstellungen des Erhabenen «in heroischen Phrasen». Ebenso sei Forster ein *«lebendiger Begriff von der Würde des Menschen»* zuzusprechen. Schlegel möchte offenbar die bloß bekundete ‹Absicht› deutscher Autoren zur «*echte[n] Sittlichkeit*» als unzureichend hinstellen: «Viele deutsche Schriften handeln von der Sittlichkeit: wenige sind sittlich»[104].

Es geht also auch bei der Erläuterung der politischen Werke Forsters vornehmlich um die hermeneutischen Probleme der Urteilsperspektive und der wirklichen ‹Absicht› von Autoren.

Bei der Besprechung des nächsten Werkes, das der Kritiker für seine hermeneutische Konstruktion auswählt, den «PARISISCHEN UMRISSE[N]» wendet er sein programmatisches hermeneutisches Stichwort an, um dem Einwand zu begegnen, daß Forsters essayistisch leichte Darstellung in Briefform sich nicht mit einem aus der Überschau geschriebenen historischen Werk messen könne, aber auch, um eine gleichsam dokumentarisch orientierte Einzelkritik abzuwehren: «In dem Wesentlichsten, dem *Gesichtspunkt*, sind also diese hingeworfnen Umrisse ungleich historischer, als manches berühmte und bändereiche Werk über die Französische Revolution»[105]. Der ganze Verweisungszusammenhang, in dem Schlegel seinen hermeneutisch neu gefaßten und im Sinne eines «Historismus» aufgewerteten Begriff sieht, wird erst aus einer von Schlegel nicht zitierten Briefstelle der ‹Parisischen Umrisse› verständlich. Forster verwendet den Begriff «Gesichtspunkt» zunächst in didaktischer Hinsicht, noch genau in der Art der Aufklärungshermeneutiken, wenn er am Ende des ersten Briefes schreibt: «Doch fürs erste sey dies genug zur Probe, genug, um Sie den Gesichtspunkt beurtheilen zu lassen, zu dem der Aufenthalt in Paris so leicht hinführen

101. KA II, 83.
102. Forster, BS, 699.
103. KA II, 82.
104. Ebd., 82 f.
105. Ebd., 88.

kann»[106]. Inhaltlich scheint, wie bei Chladenius, nur das topographische Umfeld eines «Sehe-Punckts» bezeichnet zu werden. Tatsächlich aber verweist Forster in diesem kunstvoll aufgebauten Einleitungsbrief auf den Ausgangspunkt der Beschreibung zurück, und dann gewinnt der Ausdruck «Gesichtspunkt» die historische Dimension hinzu: «... es bedarf nur eines kurzen Aufenthalts und eines flüchtigen Blicks, um hier inne zu werden, was man anderwärts in Jahrzehenden kaum ergrübelt, und nicht nur den *Geist der Gegenwart,* sondern auch die *Zeichen der Zukunft* zu enträthseln»[107]. Das letzte Moment entspricht dem historisch raffenden und zugleich antizipatorischen Verstehen im ‹Studium›. Allerdings bringt Schlegel diese historische Urteilsperspektive in einem Notizheft, das er ebenso wie die Charakteristik im Jahre 1797 angelegt hat, noch klarer auf die hermeneutische Formel: «für die Mitwelt im Geiste d[er] Nachwelt»[108]. In demselben Heft notiert er die Vorstellung, daß zur «constr[uktiven] Char.[akteristik]» unter anderem auch die Bestimmung des «Horizonts, des Punkts, des Moments» gehöre[109]. Schlegel überlegt also, wie er seine Formen kunstvoll anlegen könne, um sein hermeneutisches Vorgehen als ‹organisiert› erscheinen zu lassen. Daß er die esoterischen Interpretationen und ihr verborgenes Verweisungsgeflecht keineswegs selbst erklären wollte, daß er aber mit ‹entgegenwirkenden› Lesern rechnet, die die hermeneutische Anlage entdecken könnten, geht aus dem darauffolgenden Fragment hervor: «Ich will es andern zu überlegen überlassen, ob ich nach d[em] Geist, nach d[em] Buchstaben oder etwa nach *beyden zugleich* interpretire»[110].

Bei seiner Reise nach Paris stellt Schlegel das Forstersche Verstehensmuster der Zeitraffung in umgekehrter Ausrichtung nach, indem er sich darüber Klarheit verschafft, «daß die heterogenen Elemente der alten und der gegenwärtigen Zeit ... in unserm deutschen Leben so wunderlich und konfus durcheinander gemischt sind ...»[111]. Er scheint sich so auch wieder an jene Ansätze zu einer Theorie der Ungleichzeitigkeit in seinem ‹Studium› zu erinnern. Der Hermeneutiker sieht und erkennt also diese heterogenen Elemente; er vermag sie historisch einzustufen und durchschaut so verschiedene Vergangenheiten in derselben beobachteten Gegenwart. Insofern gilt für den Hermeneutiker nicht, daß er den Zeitenabstand braucht, um zu verstehen, daß er «was geschieht meistens erst hinterdrein versteht»[112]. Die allmählich sich entwickelnde Theorie des «Gesichtspunktes» hat also durch die Forster-Lektüre die Erweiterung erfahren, daß der Hermeneutiker, unter günstigen Vergleichsumständen, in geraffter Form an einem Gegenstand mehrere Zeitstufen auf einmal zu erfassen vermag.

Die Überschau, die Schlegel anstrebt, sollte also nicht die eines vorgestellten ‹Gipfelblicks› sein. Die «Beobachtung der Weltbegebenheiten *im großen*

106. Forster, PU, 735.
107. Ebd., 729.
108. KA XVIII, 57, Fr. 387.
109. Ebd., 56, Fr. 373.
110. Ebd., 56, Fr. 374.
111. KA VII, 72.
112. KA XVIII, 228, Fr. 407.

und ganzen»[113] will er an die Möglichkeit eines vergleichenden Perspektivenwechsels zwischen einigen Hermeneutikern jeder Nation rückbinden. Dazu hatte Forster die entscheidende Stelle bei dem Vorläufer der Kritik gefunden, auf den auch Schlegels ganzes Bemühen hinauslief. Aber auch diese Stelle aus Lessings «Ernst und Falk», die Forster vor der Bestimmung des «Gesichtspunkts» zitiert, scheint Schlegel absichtlich nicht zu erwähnen: «Ich wollte Ihnen mehr schreiben; denn wie manches hab' ich nicht auf diesem Herzen, das die große Nothwendigkeit fühlt, welche gerade im jetzigen Zeitpunkte, ‹Männer in jedem Staate fordert, die über die Vorurtheile der *Völkerschaft* hinweg wären . . .›»[114].

Schlegel wendet diese Vorstellung Lessings aber tatsächlich auf Forster an. Er möchte so zugleich die «Vorurtheile» derer bekämpfen, die Forster zum Verräter an jener «Deutschheit» machten. Wer die aufklärerische Theorie von der «Absicht des Autors» politisch und ästhetisch allzu rigide anwende, so muß man ergänzen, könne die Darstellungsperspektive des Forsterschen Werkes nicht verstehen, die Tatsache, daß dieser «absichtlich die Person und den Ton eines französischen Bürgers» annehme[115]. Schlegel unterlegt also Forster eine bewußt eingenommene Verstehensrolle. Dies sei zunächst ja nur eine «schriftstellerische Wendung»[116]. So beschreibt Schlegel den ästhetischen Charakter dieser Rolle. Aber auch Forsters Polemik stellt Schlegel ebenso als eine ästhetische Notwendigkeit hin: «Seine dramatisierende Einbildungskraft schuf sich gern Gegner, wenn er einen Gegenstand von mehr als einer Seite beleuchten wollte»[117].

Tatsächlich ist die Forstersche Darstellung nicht ganz so perspektiviert, wie Schlegel es hinstellen möchte. Forster spielt weitaus nüchterner auf seine Quellen an: «Ich lese zuweilen in den jenseitigen Darstellungen von dem was bei uns vorgeht . . .»[118]. Er zeigt Verständnis für diejenigen, die nicht die Vorteile seines Beobachterstandorts hätten: «Wie manches mag nicht bei Ihnen zusammen kommen, um die Gegenstände in einem falschen Lichte und durch allerlei Media zu zeigen, deren verschiedene Refraktion sie verzerren und verunstalten kann, ehe sie bis ins Auge gelangen!»[119] An dieser Stelle läßt sich deutlich erkennen, daß Forster mit Lesern rechnet, die die aus der «Optick» abgeleitete aufklärerische Vorstellung vom «Sehe-Punckt» kennen.

Schlegel bespricht in der Forster-Interpretation immer deutlicher sein eigenes Verfahren; er gibt dem Leser versteckte Verstehenshinweise für sein eigenes Vorgehen, für die Art, wie er ‹nach dem Geist und nach dem Buchstaben zugleich interpretiert›: «so muß man auch zugeben, daß ein redlicher Forscher solche Gegenstände absichtlich aus entgegengesetzten Standorten betrachten dürfe»[120]. Genau diesen Perspektivenwechsel hat

113. KA II, 89.
114. Forster, PU, 734.
115. KA II, 89.
116. Ebd.
117. Ebd.
118. Forster, PU, 729.
119. Ebd., 742.
120. KA II, 89.

Schlegel ja im ganzen Aufbau der Charakteristik durchgehalten, ja, weitaus kunstvoller als Forster bis zu einer wirklichen Konfiguration von Verstehensrollen und ‹dramatisierend› vorgestellten Gegenspielern weitergebildet. Schlegel stellt sich und dem Leser nicht nur die möglichen Kontrahenten vor, sondern hält auch die zuvor, in den anderen Kritiken dargestellten Vorläufer und ‹idealischen› Gegenfiguren ständig gegenwärtig. So läuft die ‹Charakteristik› Forsters zuletzt auf eine hermeneutische Selbstbesprechung des Kritikers hinaus. Dieser scheint bereits die ‹Vorurteile› auch gegen seine Darstellungsformen zu ahnen, die sich wenig später zum Vorwurf der «Unverständlichkeit» verdichten[121]. Dennoch möchte er seine Verfahren nicht in aufklärerischer Weise durchsichtig machen, da er «Statt d[er] φ [philosophischen] Einheit» in seinem Werk die «aesthetische» anstrebt. So muß er «das System als Schranke hassen»[122]. Indem er auch politische Vorurteile von allen Seiten berücksichtigt, scheint die ästhetische Konfiguration in seiner Darstellung auch das Aussehen und die Qualität einer «politische[n] Formation»[123] zu gewinnen.

Das nächste Werk Forsters, das der Kritiker beleuchtet, sind die ‹Kritischen Annalen der englischen Literatur›. Für Schlegel verdichtet sich die Folge der Werke nun, insofern er diese Annalen als «Erklärung und Rechtfertigung» der ‹Parisischen Umrisse› betrachtet[124]. Er ist sich dabei dessen bewußt, daß es «paradox» erscheinen könne, eine solche Folge literaturkritischer Arbeiten auf ein essayistisch-politisches Werk zu beziehen[125]. Der neue Kritiker möchte seine Leser darauf hinweisen, daß es esoterisch um den hermeneutischen Reflexionsanschluß geht. Die exoterische ‹Absicht› ist die, Forster als milden Literaturkritiker hinzustellen, nachdem man ihn im politischen Bereich für einen schärferen Kritiker zu halten schien.

Der neue hermeneutische Grundzug, der sich an den des politischen und ästhetischen Standortwechsels im Urteilsprozeß anschließt, besteht nun in einer *«alles zum Besten kehrende[n] im großen und ganzen nehmende[n] Art zu sehen und zu würdigen»*[126].

Schlegel faßt darin zunächst offenbar seine Lektüreerfahrungen zusammen. Forster hatte keineswegs von Anfang an die «gegenwärtige Brittische Litteratur» und die englischen «Recensenten»[127] so großzügig beurteilt. Vielmehr läßt sich in den aufeinanderfolgenden Kritiken der Jahre 1788 bis 1791 eine Entwicklung feststellen, die Schlegel nachgezeichnet zu haben scheint. So hatte Forster noch in der Kritik zum Jahre 1789 den «einseitigen Ton» der englischen Rezensenten bedauert. Auch hielt er ihnen vor, daß sie sich «an den Platz des Schriftstellers und in seinen Gesichtspunct versetzen» sollten, daß sie «den Neuerer» nicht nach den «Grundsätzen des Inquisi-

121. Ebd., 363 f.
122. KA XVIII, 12, Fr. 87.
123. Ebd., 13, Fr. 104.
124. KA II, 89.
125. Ebd.
126. Ebd.
127. Forster, EL, 199.

tionsgerichts» beurteilen sollten[128]. Im darauffolgenden Jahr 1790 fällt Forsters Urteil merklich milder aus. Bereits in der Einleitung führt er einen Begriff ein, der belegen soll, daß er mit mehr Überblick und in souveränem Abstand zu urteilen gedenkt: «Der Totaleindruck, den die litterarischen Beschäftigungen einer großen Nation im Gemüthe des Beobachters zurücklassen, muß in verschiedenen Jahren allerdings verschieden seyn . . .»[129]. Nach diesem Begriff des ‹Totaleindrucks› scheint Schlegel seine Formel von der *«im großen und ganzen nehmende[n] Art zu sehen und zu würdigen»* gebildet zu haben. An dieser Stelle der Forsterschen Literaturkritik konnte Schlegel auch die Parallele zu jenem zeitraffenden und antizipatorischen Verstehen der ‹Parisischen Umrisse› finden. Forster geht auf die Möglichkeiten der Kritik ein, «aus ähnlichen Ereignissen auf übereinstimmende Folgen zu schließen» und so «in die Zukunft mit vorwitzigem Blicke zu spähen»[130]. Schlegel fand so für den ersten Teil seiner hermeneutischen Formel – «*die alles zum Besten kehrende* . . . Art» – auch die ironische Unterlage bei Forster, der seine «Übersicht» in eine «Genealogie der Seherkunst» einbezogen weiß[131]. Von dieser neuen Warte aus fallen alle Urteile geschichtsbezogener und ironischer aus: «Es giebt kein Land, wo Neuerungen weniger zu befürchten sind, als in England, weil man nirgends gelassener, gründlicher und sorgfältiger jede Meinung prüft»[132]. Forster ordnet die Einzelpolemik immer deutlicher jenem «Totaleindruck» unter: «Allein im Ganzen genommen gründet sich der Despotismus der englischen Reviews wirklich auf ihre milde und gerechte Regierung»[133]. Nun findet Forster auch Beispiele für eine hermeneutische Praxis, die er zuvor vermißt hatte: der engliche Kritiker «versetzt sich gern in den fremden Gesichtspunkt, freut sich der neuen Ansichten, die ihm der Schriftsteller dort eröfnet, und tadelt nur die Incongruitäten . . .»[134]. Forster führt dieses hermeneutische Vorgehen gerade auch auf die Erwartungen des englischen «Publikum[s]» zurück, das von einem «umfassende[n] Blicke» aus unterrichtet werden wolle[135]. Gerade darin mußte Schlegel einen Ansatzpunkt für seine Einschätzungen der deutschen Publikumserwartungen finden. Er scheint sich an Forsters Vorbild zu orientieren, wenn er noch in den Fragmentheften darauf hinweist, daß «das Publikum eben so wohl recensirt werden [müßte] als die Autoren»[136].

Auch die Vorstufe für seine Polemik gegen die «bloße Mikrologie», die immer ‹unhistorischer›[137] vorgehende deutsche Kritik, konnte Schlegel in Forsters «Geschichte der Englischen Litteratur vom Jahre 1791» ausma-

128. Ebd.; Forster bezieht sich hier auf «Zwey Journale, the monthly and the critical Review».
129. Ebd., 297.
130. Ebd.
131. Ebd.
132. Ebd., 542.
133. Ebd., 543.
134. Ebd., 544.
135. Ebd., 545.
136. KA XVIII, 264, Fr. 838.
137. KA II, 89.

chen. Hier fand er auch das Stichwort von der «Richtung», die die literaturgeschichtliche Entwicklung «im Ganzen» nehme[138]. Forster ordnet seine durchaus historisch und politisch gemeinten Vorwürfe gegen die deutsche Kritik um die alte hermeneutische Zentralformel, wenn er dieser empfiehlt, «das Subjektive vom Materiellen, den Geist vom todten Buchstaben zu unterscheiden, im Buche den Menschen, nicht im Menschen das Buch aufzusuchen»[139]. Auch Schlegels Suche nach dem ‹Maßstab›, die wir bei der Interpretation der Schiller-Rezensionen nachgezeichnet haben, findet man in der Art vorgebildet, wie Forster bei deutschen Schriftstellern und Lesern den «Maaßstab» vermißt. Forster führt dies auf das Fehlen eines «allgemeine[n] Sinn[es]» zurück[140].

Die Anweisung Schlegels an den hermeneutisch reflektierenden Kritiker, alles *«im großen und ganzen»* zu betrachten, muß man zuletzt auch auf die vergleichende Literaturbetrachtung im europäischen Rahmen beziehen. Insofern wird die Schlußüberlegung der Herder-Rezension fortgesetzt. Die Art, wie Forster immer großzügiger und souveräner die Entwicklung der englischen Kritik und der englischen Literatur beurteilte, dabei aber stets den Vergleich mit deutschen und französischen Erscheinungen im Auge behielt, soll das Vorbild für jede künftige Kritik abgeben. Dieser Kritiker könnte sehr rasch nunmehr zwischen «entgegengesetzten Standorten» der einzelnen Nationen wechseln und jeweils die seiner Ansicht nach besten, zukunftsweisenden Tendenzen eines Landes in der «öffentlichen Meinung» der anderen Länder bekanntmachen. Er handelte so in der Rolle eines hermeneutischen ‹Übersetzers›, der nicht nur Texte überträgt, sondern jedes nationale Publikum mit den historischen Voraussetzungen und noch wirksamen Traditionen der Nachbarländer vertraut macht. Aber dieser Hermeneutiker würde ja nicht nur verstehen und verständlich machen; er wäre zugleich Kritiker und müßte diesen gesamten Austausch jeweils von einem nicht absolut gesetzten, sondern nach der historischen Situation und nach der ‹praeponderirenden Bildungsart› verschiedenen «Gesichtspunkt» aus bewerten. Eine zunächst wertungsfreie Aufgabe wäre es ja, diesen Austausch zu intensivieren. Aber dann müßte der Kritiker sich jeweils eine Perspektive zurechtlegen, einen Entwicklungsstrang auf einen möglichen Punkt in der Zukunft hin durchzeichnen, um *«alles zum Besten»* zu ‹kehren›.

Die wesentliche Aufgabe eines universalhermeneutischen Kritikers bestünde zuletzt darin, den Austausch zwischen den Ländern auf alle Bereiche auszudehnen und so die Ungleichzeitigkeiten der historischen Entwicklung im ganzen auszugleichen. Die Impulse aber sollten von dem jeweils historisch und zukunftsorientiert zugleich eingeschätzten «Neuen»[141] ausgehen. Dies aber beurteilt Schlegel vor allem nach literarischen Erzeugnissen aller Art. Insofern hält er es ja für «paradox», wenn er zur Erläuterung und

138. Forster, EL, 546.
139. Ebd.
140. Ebd.
141. Ebd., 298.

Rechtfertigung der politischen Vorstellungen Forsters dessen ‹Annalen der englischen Literatur› heranzieht. Er lenkt damit das Interesse des Lesers auf die Art, wie Forster sich den Diffusionsvorgang als ein Wechselverhältnis politischer Bedingungen und literarischer Interessen vorstellt. In der «Geschichte der Englischen Litteratur, vom Jahr 1789» hatte Forster diese Diffusion so bestimmt: «Die Bekanntschaft der heutigen Engländer mit auswärtiger, zumahl Deutscher Litteratur kommt ihnen ... wesentlich zu statten, und solchergestalt liegt doch in der genaueren Verbindung, worin jetzt die Europäischen Staaten in politischer Hinsicht miteinander stehen, ein Mittel zur gleichförmigen Ausbreitung und Mittheilung neuer Vorstellungsarten ...»[142]. Forster teilt aber auch historische Beispiele für die Diffusion bestimmter Kunstformen im europäischen Rahmen mit[143].

Schlegel hat diesen Forsterschen *«Standpunct zur vergleichenden Beurtheilung»*[144] in den Notizheften noch deutlicher eingenommen. Hier findet man die genaue Parallele zu dem Teil der Forsterschen ‹Annalen›, in dem wir gerade jene Diffusionsvorstellung ermittelt haben. So nimmt Schlegel sich vor, *«Annalen der deutsch[en] Litteratur von 1789»* zu skizzieren[145]. Und er sieht sich offenbar aus der Sicht eines solchen Vergleichs genötigt, eine Abhandlung *«Vom Witz»* anzuschließen, um die deutsche Situation kennzeichnen zu können. Andererseits aber muß er sich die Möglichkeit einer *«Theorie des Romans»* vorstellen, um nicht nur einen vergleichenden, sondern auch einen gattungstheoretischen ‹Maßstab› anlegen zu können[146].

Derjenige Kritiker und Hermeneutiker, der im europäischen Rahmen ‹vergleichend› urteilen wollte, müßte also vielseitig ironisch und ‹witzig› vorgehen: – «Auch Forster kennt die feinste Ironie»[147] – ‹Ironie› und ‹Witz› füllten gewissermaßen die Differenz aus zwischen der Vorstellung von Möglichkeiten, die in einem Land bereits gegeben seien, und dem tatsächlichen Zustand eines noch nicht so weit entwickelten Landes. Bis in den «Styl» der Darstellung hinein müßte sich also der Vergleich auswirken. Die ironisch betrachtete Situation würde gewissermaßen «dialektisch (negativ)» dargestellt, die Vergleichssituation des anderen Landes, von dem aus gedeutet würde, «*hermeneutisch* (positiv)»[148].

Solche Darstellungsweisen lassen sich am besten verbinden in einer ‹essayistischen› Gesamtanlage. In dieser könne die «Gymnastik d[es] Geistes» und der «⟨Witz⟩ des Buchstabens»[149] am besten geübt werden. Das Vorbild für solche «lebhafte, unterhaltende, zuweilen auch gründliche Abhandlungen» (Forster) fand der Kritiker Schlegel nicht nur in Forsters Darstellungen, sondern auch in dessen Hinweisen auf die englischen *«Essayists»*[150]. So

142. Ebd., 202.
143. Ebd., 140.
144. Ebd., 137.
145. KA XVI, 91, Fr. 74.
146. Ebd.
147. KA II, 90 f.
148. KA XVI, 155, Fr. 822.
149. KA XVIII, 263, Fr. 825.
150. Forster, EL, 205.

sah Schlegel nicht nur zwischen «Deutschen und Franzosen», seit den «Fr[agmentariern]» Lessing und Chamfort, sondern auch zwischen den Essayisten Englands und Deutschlands eine Beeinflussungsmöglichkeit, eine «Geistige Brüderschaft d[er] neuen Zeitgenossen»[151]. Diese Zeitgenossenschaft erhält also angesichts der historisch vorgegebenen Ungleichzeitigkeiten eine größere Bedeutung, sobald die Wechselbeeinflussung zwischen den einzelnen Ländern durch hermeneutische Kritiker verstärkt wird.

Schlegel ist sich aber der Schwierigkeiten bewußt, die entstehen, wenn eine solche Darstellungsweise und ein solcher hermeneutischer «Gesichtspunkt» auf deutsche Verhältnisse übertragen werden sollen. So formuliert er zuletzt nur das Desiderat: «Solche *kritische Annalen* in großem Stil und Gesichtspunkt, wären eins der dringendsten, aber schwerer zu befriedigenden Bedürfnisse *der deutschen Literatur*»[152].

Schlegel kommt schließlich zu «Forsters *Kunstlehre*» und formuliert einen neuen und zugleich weiteranwendenden Aspekt der hermeneutischen Theorie vom «Gesichtspunkt». Er nennt Forsters Kunstlehre «interessant», was so viel wie ‹das Moderne anregend› bedeutet; sie vermittele also noch nicht eine ‹progressive› Theorie *für* die Moderne, wie Schlegel sie projektierte: – «schon darum, weil sie so ganz eigen und selbst gefühlt ist; vornehmlich aber, weil sie ihren Gegenstand aus dem notwendigen Gesichtspunkt der gebildeten Gesellschaft betrachtet, welche es nie weit genug in der Kennerschaft bringen wird . . .»[153]. Schlegel wendet zuletzt noch seine Ironie gegen den Vorläufer, den er doch als ‹gesellschaftlichen Schriftsteller› vorgestellt hatte, indem er zugleich die Vorurteile dieser «gebildeten Gesellschaft» gegen Forster bekämpft. Dieser scheint zwar den «Geschmack des Publicums» ebenso wie den «Strom der heutigen Sitten» kritisiert zu haben; auch hat er sich offenbar vom *«Conventionelle[n]»* als dem «Gesetz» des modernen Kunstgeschmacks distanziert[154]. Aber Schlegel möchte ihn dennoch ästhetisch auf den Verstehenshorizont, auf den Herderschen «Gesichtskreis» einer bestimmten gesellschaftlichen Kunstauffassung festlegen. So unterstellt er, daß Forster doch keineswegs diesen Kreis verlassen habe, aus dem heraus er nun angefeindet werde.

Schlegel begrenzt so auf ironische Weise die hermeneutische Kompetenz Forsters in Fragen der Ästhetik. Aber er weist ausdrücklich auf dessen Schrift «Die Kunst und das Zeitalter» hin, offenbar auch, weil Forster gerade darin manche organologischen, ja gelegentlich bis ans Genieästhetische heranreichenden Verstehensmuster und Metaphern verwendet hatte. So setzt Schlegel noch in unterschwelligen Verweisen sein Wechselspiel fort. Schon die Einleitung des Forsterschen Aufsatzes beweist, daß dieser auch als «gesellschaftlicher Schriftseller» in ästhetischen Fragen durchaus ‹conventionell› schrieb: «Von allen zarten Blüthen, welche den Garten des geselligen

151. KA XVIII, 263, Fr. 830.
152. KA II, 90.
153. Ebd., 95.
154. Forster, EL, 139.

Lebens schmücken, von allen die zarteste, die schönste, die vergänglichste ist die *Blüthe der Kunst*»[155]. Schlegel möchte aber offenbar auch, daß die Leser seiner Charakteristik von sich aus den Forster entdecken, der antirationalistisch verstehen wollte, der behauptete, daß die «logische Definition des Schönen» nicht in der Lage sei, «jenes untheilbare, ihm immanente Wirken» zu erklären[156]. Gerade diese Wirkungsvorstellung scheint ja der politischen zu widersprechen. Forster wehrte sich gegen jede Art von weitreichender ästhetischer Theoriebildung, vor allem aber dagegen, daß «ein Dialektiker die Symbolik der Empfindungen bestimmte»[157]. Schlegel aber erwähnt diese Punkte nicht direkt, sondern schlägt sie von Anfang an der Abneigung Forsters gegen ein *«vollkommnes System»* zu[158].

In ähnlicher Weise relativiert Schlegel die Kenntnisse und Einsichten Forsters in der *«Ansicht der Griechen»*. Er sieht ihn auch dabei in einer allgemeinen Strömung: «Das Einzelne aber in jener Ansicht der Griechen sollte man ihm um so weniger strenge auf die Waage legen, da es ohnehin eine allgemeine Liebhaberei der deutschen Autoren ist, die Geschichte des Altertums zu erfinden»[159]. Schlegel nutzt diese Gelegenheit zu einem Seitenhieb auf Moritz[160]. Aber zugleich weist er auf eines seiner Projekte hin, wenn er für die «*Philologie* als strenge Wissenschaft und echte Kunst» eine «ganz eigene Organisation des Geistes» fordert[161]. Offenbar möchte Schlegel hier schon im Sinne einer neuen Genieauffassung Abstriche an den Fähigkeiten des Vorläufers vornehmen. Der Leser kann sich die Ergänzung vorstellen, die Schlegel in zahlreichen Fragmenten niedergeschrieben hat: wenn die Kritik unter anderem auch als «Vereinigung von φλ [Philologie] und φσ [Philosophie]»[162] aufgefaßt werden soll, wenn der Satz gelten soll – «In d[er] κϱ [Kritik] kömmt eben alles zusammen; Hist[orie] und φλ [Philologie], Archäol[ogie] – π [Poesie] und φσ [Philosophie]»[163] –, so müssen Forsters Genialität und Forsters hermeneutische Kompetenz doch gerade in historischen Fragen als begrenzt angesehen werden.

Aber der neue Kritiker nimmt anschließend doch auch eine «Selbstannihilation» vor, wenn er eingesteht, daß er Forsters naturwissenschaftliche Arbeiten der «Beurteilung der Kenner» überlassen müsse[164]. Aber noch in der Selbstbegrenzung will er zeigen, daß er die *Wirkungen* Forsters verstanden hat; ja, er wendet den bei Forster vorgefundenen Diffusionsgedanken an: dieser habe «die Naturwissenschaften in die gebildete Gesellschaft eingeführt»[165]. So wendet Schlegel den ursprünglich im Bereich der Ästhetik negativ gefaßten Verstehenszugang schließlich doch ins Positive und kon-

155. Forster, KuZ, 123.
156. Ebd., 125.
157. Ebd., 131.
158. KA II, 96.
159. Ebd.
160. Ebd., Anm. I.
161. Ebd., 97.
162. KA XVIII, 85, Fr. 671.
163. Ebd., 365/66, Fr. 534.
164. KA II, 97.
165. Ebd., 98.

struiert so zwischen Begrenzung und Ausweitung der *verstehenden und der verstandenen Genialität* eine Überkreuzstellung, einen Chiasmus des ironischen Urteils.

Nachdem der Leser so auch die kunstvolle Art der Selbstannihilation beobachten konnte, darf der Kritiker um so offener die Grenzen des Vorläufers in dessen eigenen Verstehensmustern aufzeigen. Er bildet insofern eine eigenartige Steigerung der hermeneutischen Ironie aus, eine Rückanwendung des Verstandenen auf den, von dem her dieses Verstehen gerade entwickelt wurde: «Ihm fehlte das Vermögen, sein Innres bestimmt zu trennen, und sein ganzes Wesen wiederum in eine Richtung zusammenzudrängen . . .»[166]. Insofern scheint Forster gerade ein Wesensmerkmal der modernen Differenzierungsfähigkeit zu fehlen. Aber tatsächlich wird ja schon eine Vorstellung unterlegt, die wiederum von Forsters Überlegungen zur gesellschaftlichen Differenzierung[167] abweicht: eine dynamische Form des ‹inneren Plurals›, des inneren ‹Systems von Personen›. Damit werden wir auf das Ergebnis der Jacobi-Kritik zurückverwiesen. Die Suche nach einer modernen, ästhetisch vorgestellten Genialität ist noch nicht beendet.

Friedrich Schlegel läßt die ‹Charakteristik› ironisch enden. Die Diffusion, jene «allgemeinere Verbreitung» alles dessen, was Forster durch «Verwebung und Verbindung der verschiedenartigsten Kenntnisse» vorbereitet habe, entspreche dem «eigentümlichsten Vorzug unsers Zeitalters» und sei «die schönste Frucht des Handels»[168]. Insofern betont Schlegel zuletzt die Seite der Genialität Forsters, die das Dominieren der englischen ‹Bildungsart› anzeigen soll[169]. Schlegel spielt offenbar darauf an, wie Forster beispielsweise in den «Ansichten vom Niederrhein» die Verbreitung kultureller und politischer Ideen auf den Handel zurückführt: «Das Phänomen des fortwährenden Austausches verschiedener Produkte der Natur und der Kunst gegen einander ist aber unstreitig desto wichtiger, weil die Ausbildung des Geistes so innig damit verbunden ist. Der Handel bleibt die Hauptursache von dem jetzigen Zustande unserer wissenschaftlichen und politischen Verfassungen»[170]. Angesichts des großrahmigen hermeneutischen Übersetzungs- und Übertragungsvorganges zwischen den Nationen, den Schlegel sich vorstellt, muß diese Forstersche Ansicht wiederum ironisch als eine ‹Beschränkung› aufgefaßt werden. Aber Schlegel hält den Verstehensprozeß hier an, läßt ihn in ein Bild münden, wie es in der Stadt- oder Landschaftsbeschreibung üblich war. Zugleich schließt sich so der Kreis der hermeneutischen Erkundungen, die bei den Forsterschen Reisebeschreibungen als dem ‹Urkeim› eines Bildungsgangs ansetzten: «In dem tätigen Gewühl einer großen See-

166. Ebd. 167. Vgl. Forster, AN, 501. 168. KA II, 99.

169. KA XVIII, 100, Fr. 853: «*Forster* οικ. [ökonomisch] im schönsten, edelsten, liebenswürdigsten Sinn und ohne alle Illiberalität»; vgl. 57, Fr. 377: «Der prakt.[ische] Geist d[er] Franzosen ist πολ [Politik], der Engländer οικ [Ökonomie]».

170. Forster, AN, 487.

stadt erblickt er ein Bild der friedlichen Vereinigung des Menschengeschlechtes zu gemeinsamen Zwecken des frohen, tätigen Lebensgenusses»[171]. In diesem Bild sind ‹passive› und ‹aktive› Elemente gemischt. So wird eine ideale Rezeption vorgeführt. Dann deutet er aber die gesehene, wenngleich nicht durchgezeichnete *Perspektive* an, den vom topographischen Bild, vom «Sehe-Punckt» abgehobenen geschichtlichen «Gesichtspunkt»: «Die Wiedervereinigung endlich aller wesentlich zusammenhangenden . . ., wenngleich jetzt getrennten und zerstückelten Wissenschaften . . . zu einem einzigen unteilbaren Ganzen, erscheint ihm als das erhabenste Ziel des Forschers»[172]. Damit schließt der neue Kritiker selbst in einer *«alles zum Besten kehrende[n]»* Art seine Ermittlungen. Auf diese Weise wird aber auch sinnfällig, daß Schlegel sich darüber im klaren war, inwiefern sein hermeneutischer Zentralbegriff des «Gesichtspunktes» den topographisch fixierten aufklärungshermeneutischen Begriff des «Sehe-Punckts» ablösen sollte. Die ästhetische Rückbindung dieser bildhaften Vorstellung interessiert ihn allerdings noch bis in die «Fragmente zur Litteratur und Poesie» hinein, wo er notiert: «*Gesichtspunkt* ein Begriff d[er] Perspektive»[173].

Die Stimmung, die Forster in solchen bildhaften Vorstellungen wie der einer Seestadt einfangen wollte, sieht Schlegel offenbar auch in den Formen, in der essayistischen ‹Prosa› dieses Vorläufers bewahrt. Insofern leuchtet zuletzt auch die Entsprechung von Form und Inhalt ein. Schlegel sieht in einer solchen Beziehung von Form und Inhalt die Möglichkeit einer freieren Kulturentwicklung begründet. In einem Fragmentheft von 1798 verfolgt er diesen Gedanken weiter: «Die Cultur umfaßt noch d[ie] Humanität, Liberalität, Urbanität. – Cultur d.[er] Humanität ist der Geist des Essays»[174]. Gerade in diesem Heft zeigt sich, daß Schlegel Anschlußgedanken an die Charakteristik Forsters formuliert. Die dort zuletzt ausgedrückte Tendenz zur «Wiedervereinigung» jetzt noch getrennter Wissenschaften scheint nun durch essayistische Darstellungsformen verstärkt zu werden: «Tendenz unsres Zeitalters, alle Wss [Wissenschaften] zu essayiren»[175]. Auch der bei Forster bewunderte Versuch, durch solche Darstellungsweisen «die Naturwissenschaften in die gebildete Gesellschaft» einzuführen[176], dient Schlegel als Vorbild für Experimente in den Notizheften. So überlegt er, was durch *«Elektrisiren d[es] Urkeims»*[177] in einem Bildungsprozeß bewirkt werden könne. Oder er sucht zu ergründen, wie es dem Essay gelinge, einen ‹wechselseitigen› «Galvanism d[es] Autors und d[es] Lesers»[178] herzustellen. Oder er bedenkt im Sinne seiner Behauptung, Forster sei ein ‹gesellschaftlicher Schriftsteller›, ob die *«Praecision»,* die von Darstellungen zu fordern sei, vor allem als «gesellschaftl[iche] Schärfe»[179] zu verstehen sei.

171. KA II, 99.
172. Ebd.
173. KA XVI, 213, Fr. 116.
174. KA XVIII, 221, Fr. 326.
175. Ebd., 220, Fr. 308.
176. KA II, 98.
177. KA XVIII, 221, Fr. 327.
178. Ebd., 221, Fr. 318.
179. Ebd., 216, Fr. 256.

Die Entwicklungsrichtung der Forsterschen Essayistik wollte Schlegel übernehmen, aber dennoch sollte seine Kritik die Vereinigung mehrerer wissenschaftlicher Verstehensweisen nach dem Muster «praeponderirender Bildungsarten» stärker vorantreiben. Zugleich aber sollte das Verstehen noch geschichtsbewußter werden; die Essayistik sollte «ins Hist[orisch] Hist[orische] der κϱ [Kritik]»[180] gesteigert werden.

In dem potenziert historischen Verstehen hat der neue Kritiker einen Standort eingenommen, der nicht von allen zeitgenössischen Kritikern erreicht werden kann. Schlegel ist sich dessen bewußt, daß sein Programm einer neuen Kritik nur von wenigen übernommen und verwirklicht werden könnte. Die universalhermeneutische Kompetenz, die Kenntnisse aus mehreren Wissenschaften einschließt, durfte er erst recht nicht von allen Rezensenten fordern. So bestimmt Schlegel in seiner Charakteristik des Autors, der selbst als ein vereinzelter Typus des vielseitigen Essayisten aufgefaßt wurde, die Vereinzelung der hermeneutisch Kompetenten gegenüber einem solchen Autor: es genüge schon, wenn «einige die Eigentümlichkeit seiner Geisteswerke bis auf die feinsten Züge durchforschen und verstehen lernen»[181]. Diese Vereinzelung erklärt sich daraus, daß der universalhermeneutische Kritiker sich zwar in allen Strömungen und Tendenzen muß bewegen können, (– «so ist Ironie die Meinung aller Meinungen» –)[182], daß er aber zugleich von den zeitbedingten und verbreiteten Vorurteilen Abstand gewinnen soll: «über d[ie] Vorurtheile d[er] Zeit sich ganz zu erheben, das vermag nur das Genie aber nicht der gesunde Verstand»[183]. Das bedeutet ja nach der Charakteristik Forsters, daß der neue Kritiker auch die nationalen Vorurteile überwinden muß, um die hermeneutische Übertragungsleistung des Vorläufers ganz würdigen zu können. Insofern muß er sich eine ideale Totalität dieser Nationalliteraturen vorstellen, wenn er historische Ungleichzeitigkeiten und dadurch bedingte Vorurteile einschätzen will. Deshalb darf er die übergreifende hermeneutische Hypothese aufstellen: «Die gesamte *neue* Litter[atur] der Engl.[änder] Franz[osen] und selbst Deutschen könnte auch als *Ein* Ganzes angesehn werden»[184]. Ebenso legt er sich in den ‹Fragmenten zur Poesie und Litteratur II› die hermeneutische Fiktion zurecht, daß man durch die nationalen «Masken» hindurch das Gemeinsame verstehen müsse: «Die *Masken* sind nur im Exoterischen national, das Esoterische in ihnen ist universell»[185].

Schlegel blieb allerdings skeptisch in der Einschätzung der nationalen Vorurteile des Publikums. Ebenso wie er auch künftig mit Klagen über den «Mangel an *Deutschheit*» rechnet, mißtraut er der Wirkung der politischen Aufklärung in Frankreich, solche Vorurteile abbauen zu können. In den philosophischen Fragmentheften notiert er schon zwei Jahre nach Abfas-

180. Ebd., 222, Fr. 331.
181. KA II, 79.
182. KA XVIII, 206, Fr. 114.
183. Ebd., 403, Fr. 988.
184. Ebd., 239, Fr. 547.
185. KA XVI, 268, Fr. 176.

sung der Charakteristik Forsters: «Die Franz[ösische] Rev.[olution] fing an mit d[er] Selbstvergötterung d[er] Nation und endigt auch wieder damit»[186]. Insofern war es eine Art «Divinazion» im «Verstehn»[187], wenn er nicht nur die Vereinzelung eines Schriftstellers wie Forster, sondern auch jedes vergleichenden hermeneutischen Kritikers annahm. Das Verstehen der wenigen «genialische[n] Menschen» von nationalen Vorurteilen und Zwängen freizusetzen, erklärt Schlegel zum Ziel seiner politischen Vorstellungen: «sie frei zu machen, ist d[as] Ziel d[er] wahren Republik»[188]. Insofern hat er auch einen Maßstab aufgerichtet, an dem er jede politische Neuerung messen wollte. Andererseits aber wußte er, daß er keine zeitentrückte Genielehre mehr aufstellen konnte. Er war ja durchaus von neoaufklärerischen Vorstellungen ausgegangen. So konnte er sich jene Vereinzelung nicht im Sinne einer Trennung von den wesentlichen Zeitbedingungen ausmalen. Noch während der romantischen Phase hielt er daran fest: «*Genie* ist gar nicht einzeln denkbar, sondern nur in Beziehung auf einen Geist d[es] Zeitalters»[189].

In der Charakteristik Forsters aber nutzt er diese Vorstellung einer zeitlichen Begrenztheit jedes Genies – «die Menschheit reicht weiter, als das Genie»[190] –, um den Maßstab einer ewig gleichen Geltung des Klassischen zu verändern: «der Himmel behüte uns vor ewigen Werken»[191]. Es geht ihm ja darum, den ‹Essayisten› und ‹Prosaisten› Forster als ‹Klassiker› vorzustellen. Insofern mußte er damit rechnen, daß er gegen die Wirkungsgeschichte *der* Theorien anzukämpfen hatte, die von der Nachahmung und ewigen Gültigkeit klassischer Werke ausgingen. Er konnte den Werken des Essayisten, der viele flüchtige Gelegenheiten, Stimmungen und momentan ausgebildete Vorstellungen einbezogen hatte, nicht die gleiche Wirkungsgeschichte zuschreiben wie *den* Werken eines Autors, die über dessen ‹Absicht› hinaus eine eigenartige Geltung beanspruchen könnten. So muß er sich paradox vorstellen, daß die eingreifende Wirkungsmöglichkeit solcher essayistischer Autoren in anderer Weise überdauert. Schlegel erklärt dies auf ‹lebensphilosophische› Art: «Der reine Wert jedes Einzelnen wirkt ewig mit fort: aber die Eigentümlichkeit auch des Größten verliert sich in dem Strome des Ganzen»[192].

Schlegel erweitert so das Spektrum dessen, was er hermeneutisch als Wirkungsgeschichte betrachten wollte, um eine relativistische Ansicht. Er blieb sich ja darüber im klaren, daß viele Essays bei allem zugebilligten Wert nur als «provisor.[ische] Abhandlung[en]»[193] anzusehen seien, daß nur in der *«Universalität»* eine «Entschuldigung und Erklärung» für eine gewisse

186. KA XVIII, 243, Fr. 595.
187. Ebd., 306, Fr. 1352.
188. Ebd., 315, Fr. 1473.
189. Ebd., 420, Fr. 1202.
190. KA II, 80.
191. Ebd., 79 f.
192. Ebd., 80.
193. KA XVIII, 370, Fr. 589.

«Oberflächlichkeit» gegeben sei[194]. So formuliert Schlegel schließlich die relativistische Ansicht, daß manche Schriften solange für ‹klassisch› gehalten werden dürften, wie sie «in irgendeiner nachahmungswürdigen Eigenschaft noch nicht übertroffen sind»[195].

Schlegel geht in der Charakteristik davon aus, daß Forster als historisch und politisch denkender Essayist noch nicht so bald übertroffen werden könne, weil eben ein solcher Typus zu selten in Erscheinung trete. Deshalb rechnet er aber auch nicht damit, daß Forster von vielen ganz verstanden werden könne: «Der Wert seiner treffendsten und feinsten Beobachtungen aber kann nur von wenigen erkannt werden, weil ihre Gegenstände zugleich sehr geistig und sehr umfassend sind»[196].

Insofern sah Schlegel die Notwendigkeit, gerade an einem solchen vielfach mißverstandenen, verkannten oder falsch gedeuteten Autor nicht nur seine hermeneutische Kompetenz zu erproben und zu beweisen, sondern auch zu zeigen, wie ein solcher Autor gelesen werden sollte. Ja, er kehrt die Erwartung der Klassizität nun geradezu gegen diejenigen, die sie aussprechen. Die Klage, daß es zu wenig klassische Schriftsteller gebe, solle man doch einmal auf die Frage hinauslaufen lassen, ob wir genug *«klassische Leser»* hätten[197]. Schlegel geht dabei schon von einer Geltungsrelation aus, nicht davon, daß ein Autor einfach als klassisch ausgegeben werden könne: «*Publicum* und *Werk* sind Correlata wie Autor und Leser»[198].

So führt der Kritiker nicht nur einen neuen Verstehenszugang zu Forster vor, sondern gibt auch eine hermeneutische Anleitung, wie zu lesen sei. Das richtige Lesen muß gewissermaßen als erste Tätigkeit in einem hermeneutischen Prozeß angesehen werden. Ja, auch das ästhetisch vollkommen durchgebildete Ergebnis des kritischen Verstehens soll noch an den Lesevorgang erinnern, soll gleichsam einen idealen Leseprozeß vorführen: «Die Charakt.[eristik] ist d[as] Produkt d[es] künstl[erischen] Lesens, ein Bericht davon»[199].

Die erste Aufgabe eines Rezipienten, der selbst *«klassische*[r] *Leser»* werden wolle, sei es, zu einem Werk zurückzukehren, sobald der «Reiz der Neuheit» vergangen sei[200]. So könnten alle zufälligen, oberflächlichen, nicht zusammenhängenden, nicht auf Dauer angelegten Wirkungselemente zurückgedrängt werden. Dann aber komme es darauf an, durch wiederholtes Lesen die Konturen des Eindrucks schärfer werden zu lassen. Schlegel stellt sich offenbar schon eine ‹cyklische› Bewegung des Lesenden vor. Jedenfalls sieht er eine Gefahr darin, daß diese Bewegung angehalten würde, daß der Wunsch, das Ganze des Werkes immer genauer zu erfassen, durch Irritatio-

194. Ebd., 240, Fr. 564.
195. KA II, 80.
196. Ebd., 88.
197. Ebd., 79.
198. KA XVIII, 243, Fr. 597.
199. Ebd., 307, Fr. 1359.
200. KA II, 79.

nen über einzelne Stellen unterbrochen würde. So solle man mit dem Autor nicht «über einzelne Worte . . . mäkeln»[201]. Der Leser, der den Text sofort «durchs Mikroskop»[202] betrachten wolle, könne so rasch keine Gesamtvorstellung entwerfen. Sein Lesen verlöre die hermeneutische Orientierung. Nun macht Schlegel einen interessanten Vorschlag, dem der hermeneutische Zirkel unterlegt ist, die Tatsache, daß die einzelne Stelle jeweils nur aus einer entworfenen Ganzheit verstanden werden kann und, umgekehrt, diese Ganzheit sich ja erst aus vielen Einzeleindrücken zusammensetzt. Schlegel schlägt für den Leseprozeß einen *Tempowechsel* vor, in dem dieser hermeneutische Zirkel sozusagen dauernd vollzogen würde: «Man sollte sich ordentlich kunstmäßig üben, eben sowohl äußerst langsam mit steter Zergliederung des Einzelnen, als auch schneller und in einem Zuge zur Übersicht des Ganzen lesen zu können»[203]. Nun wird auch deutlich, daß die schlechte Kritik, die «bloße Mikrologie»[204] auf einem falschen Lesen und auf einer mangelhaften hermeneutischen Orientierung beruhe. Dies aber sei bei der Beurteilung eines Essayisten noch klarer erkennbar als sonst, denn gerade bei solchen Essays dürfe man «kein Wort genauer nehmen . . . als wir es im raschen Gedränge des Lebens und im lebhaften Gespräch zu nehmen pflegen»[205].

In den Fragmentheften hat Schlegel in vielerlei Weise vor dem ‹mikrologischen› Lesen gewarnt. Er legt größten Wert darauf, daß das ganzheitliche Verstehen immer kritischer, die Einzelbetrachtung aber nicht zu früh zu genau werde: «Es giebt auch ein *bildendes* Lesen, wie ein solches Schriftstellen – im Ganzen so κϱ[kritisch] wie das der φλ[Philologie], im Einzelnen so lax wie das gemeine, aber doch mit π[poetischem] und φ[philosophischem] Geist»[206]. Die Rezipienten und die Kritiker, die sich zu sehr an Einzelheiten orientierten oder gar nur auf einzelne Worte achteten, verstießen gegen das hermeneutische Verhältnis von Geist und Buchstaben: «Buchstabe ist fixirter Geist. Lesen heißt, gebundnen Geist frei machen»[207]. Nur derjenige, der großzügig und im ganzen entwurfsoffen lese und verstehe, könne der «Totalität von Geist und Wort» gerecht werden[208]. Es kommt also darauf an, über den ‹Buchstaben› hinaus sich die jeweils erkennbare Totalität im Sinne eines jeweils möglichen Sinnentwurfs vorzustellen. Die Bedeutung einer Einzelstelle soll vor allem als Bewegungsmoment auf eine solche Totalität hin gesehen werden: «der Buchst.[abe] nur dadurch zu überwinden, daß er fließend gemacht wird»[209].

Wer in dieser Weise die «Lectüre als K[unst] und als Wss[Wissenschaft]»[210] betreibt, hat schon den weiteren Verstehensprozeß vorgegliedert.

201. Ebd., 84.
202. Ebd.
203. Ebd.
204. Ebd., 89.
205. Ebd., 87.
206. KA XVIII, 244, Fr. 611.
207. Ebd., 297, Fr. 1229.
208. Ebd., 330, Fr. 79.
209. Ebd., 344, Fr. 274.
210. Ebd., 266, Fr. 859.

Er wird auch im Ergebnis die Totalität des Verstandenen nicht allzu bestimmt und konkret fassen und fixieren wollen. Schlegel weist in seiner Charakteristik Forsters auch auf die zweite Gefahr neben der ‹Mikrologie› hin, daß man zu ergebnisorientiert lese und verstehe: «Die Gründlicheren hingegen lesen oft zu *kaufmännisch*. Sie sind unzufrieden mit einer Schrift, wenn sie nicht am Ende sagen können: *Valuta habe bar und richtig empfangen*»[211]. Gerade die ästhetischen Werte eines Werkes könnten so nicht aufgefaßt und verstanden werden. Schlegel beschreibt den Leseprozeß so, daß die Bewegung sich nicht in der Totalität eines Werkes erschöpft. Der Leser muß seine Verstehensabsicht auf immer umfassendere Totalitäten ausrichten. So erschließt er viele Bedeutungen eines Werkes erst aus der Folge aller Werke eines Autors. Und auch diese Werkfolge muß er nach Geist und Buchstaben immer wieder von neuem zu lesen und zu verstehen suchen: nur durch «wiederholtes Studium aller . . . aus und in einem Geist gebildeter Werke» sei es möglich, endlich den «eigentliche[n] Gesichtspunkt» für die dem Autor gemäße und zugleich historisch richtige Beurteilung zu finden[212].

So wird jeder Leseprozeß immer umfassender. Damit schließt sich der Kreis zwischen Schlegels Anweisungen zum Leseprozeß und seiner Interpretation Forsters. Der neue Kritiker hat in seiner Deutung einer Werkfolge des Vorläufers zugleich ein *Modell für einen Lese- und Verstehensprozeß entworfen,* dessen Stationen sich jetzt zusammenfassen lassen. Wer umfassend verstehen will, müsse

1. sich von Vorurteilen aller Art frei machen, auch von dem, daß er keine zu haben meint.
2. den «Urkeim» im Bildungsgang eines Autors nicht psychologisch aufsuchen, sondern in der Weite der erkennbaren ‹Welterfahrung› des Autors.
3. alle *«Gegenstände im großen und ganzen»* nehmen und einen Autor nicht wegen dessen politischer Anschauungen im einzelnen kritisieren oder seine Werke von dieser Einzelkritik aus umdeuten.
4. den Gegenstand möglichst vielseitig, ja sogar «absichtlich aus entgegengesetzten Standorten betrachten».
5. die Werkfolge eines bedeutenden Autors literaturgeschichtlich und allgemein geschichtlich in einer «alles zum Besten kehrende[n] im großen und ganzen nehmende[n] Art» würdigen und einordnen.
6. alle ‹Bildungsarten›, auch die bislang in der «gebildeten Gesellschaft» noch nicht durchgesetzten, aufeinander anwenden.

211. KA II, 92.

212. Ebd., 90.

5. Verfestigte Wirkungsgeschichte und ‹Öffentliche alte Meinung›

Schlegels Umdeutung der Rangfolge Lessingscher Werke in seiner ersten Charakteristik «Über Lessing» (1797)

In der Charakteristik Lessings erreicht der hermeneutische Reflexionsprozeß des ‹kritischen Genies› einen Höhepunkt. Die Hintergrundbeschäftigung mit Lessing war ebenso in allen Rezensionen und Charakteristiken gegenwärtig[1] wie im ‹Studium›, wo er als Repräsentant einer «klassischen Kritik» sogar über die «Vorgänger in England»[2] gestellt wurde. Lessing eignet sich von allen «*Universalischen* unter d[en] Autoren»[3] am besten, um hermeneutische Fragen in der historischen und in der europäisch-vergleichenden Dimension aufzuwerfen. Beobachtete Schlegel zunächst nur «Engländ.[ischen] Anstrich» an Lessings Kritik[4], so schreibt er ihm in der öffentlichkeitswirksamen Polemik schon synthesierende Kompetenzen zu: «Lessing hat engl.[isch] und franz.[ösisch] angefangen, aber Deutsch aufgehöhrt – in d.[er] Polemik»[5]. Dabei könne man ihn, angesichts einer durchgesetzten Wirkungsgeschichte fast schon als «einzige[n] Autor unter d[en] Deutschen»[6] bezeichnen, da die deutsche Gegenwartsliteratur zwar «voll wichtiger Tendenzen» sei, aber vermutlich nur wenige «dauern»[7] würden. Wenn Schlegel sich in einen rollenspezifischen inneren Wirkungsbezug zu diesem Vorläufer stellt – «〈In der φσ[Philosophie] habe ich *keinen* Meister, wie es in der κρ[Kritik] *Lessing* ...〉»[8] –, so darf man annehmen, daß er nun Verstehensrollen *im Geist des Vorläufers* spielt, daß er eine «κμ[kritische Mimik] des Lessing»[9] vorführt, um gegen die bisherige Verstehenstradition anzugehen. Wurden in der Forster-Kritik die vorurteilsbesetzten «Entscheidungen des Publikums» angeprangert, so wird nun eine bereits historisch verfestigte positive Voreingenommenheit kritisch betrachtet. Insofern die «Urteile der Kenner» die Wirkungsgeschichte Lessings gelenkt haben, zeichnet sich auch eine unterschwellige Verbindung zur Jacobi-Kritik ab, da dieser ja in jener Rolle im Streit um Lessing aufgetreten war.

Die Auslegung einer Werkfolge neu zu orientieren und – bei größerem Zeitenabstand – freizusetzen von vielfach kanonisierten Vorprägungen, heißt auch, den Lese- und Verstehensprozeß bewußter und genauer zu strukturieren.

Dem wegen eines «Mangel[s] an Deutschheit» nicht anerkannten und hinsichtlich seiner Wirkung auf die Zeitgenossen keineswegs repräsentativen Autor Forster stellt der Kritiker mit Lessing den «eigentliche[n] Autor

1. Vgl. KA II, 17, 73, 92.
2. KA I, 364.
3. KA XVI, 138, Fr. 627.
4. Ebd., 142, Fr. 675.
5. Ebd., 446, Fr. 255.
6. KA XVIII, 331, Fr. 86.
7. KA XVI, 176, Fr. 1111.
8. Ebd., 167, Fr. 990.
9. Ebd., 178, Fr. 1135.

der Nation und des Zeitalters»[10] gegenüber. Lessing werde also in zweifacher Weise für repräsentativ gehalten: national und epochal. Diese Bedeutung beruhte darauf, daß er «so vielseitig und so durchgreifend wirkte». Die Wirkung Lessings sucht Schlegel in drei Stufen nachzuweisen. Einmal sei Lessing durch ein breites Publikum rezipiert worden, so daß er schließlich als «glänzend für alle» gelten könne. Jene in den Heften «Von der Schönheit in der Dichtkunst» vermißte «Gemeinschaft des Geschmacks» scheint also wenigstens in der Anerkennung dieses Autors verwirklicht zu sein.

Über diese breite Anerkennung durch das Publikum hinaus, die sich ja bereits über mehrere Zeitstufen durchgehalten habe, sei die Wirkung Lessings «auf einige tief» gewesen. Schlegel scheint damit die von uns sogenannte primäre Wirkungsgeschichte zu meinen, die Wirkung Lessings auf andere Schriftsteller. Ein dritter Ansatz ist darin zu erkennen, daß auch diejenigen, die den Autor Lessing und dessen Werke zum «Gegenstand eigner beredter Aufsätze» wählten[11], ebenfalls unter dem Einfluß der gesamten Wirkungsgeschichte standen. Andererseits aber scheinen diese Autoren, die gleichsam eine eigene Linie bildeten, eine sekundäre Wirkungsgeschichte eröffnet hätten, jene Breitenwirkung Lessings mitbeeinflußt und inhaltlich gelenkt zu haben. Schlegel bezieht sich namentlich auf Lessings Bruder Karl, dessen Arbeit «G. E. Lessings Leben, nebst seinem noch übrigen litterarischen Nachlasse» seit dem Jahre 1795 vollständig vorlag[12]. Er kennzeichnet nun aber auch andere Arbeiten über Lessing, die zu dieser Zeit erschienen, in einer Weise, die nur von dem generationellen *«Gesichtspunkt»* aus verständlich ist, den Schlegel ja in dem offenen Brief *«An den Herausgeber Deutschlands»* verdeutlicht hatte[13]: solche Kritiker Lessings gehörten zu den «achtungswürdigsten Veteranen der deutschen Literatur»[14]. Damit hat Schlegel bereits angedeutet, daß er als neuer Kritiker aus einem anderen «Gesichtspunkt» urteilen muß, daß er sein Verhältnis zu der «Geschichte der Wirkungen»[15] überdenken und neu bestimmen will.

Schlegel steigert die Darstellung dieser dreifachen Wirkungsgeschichte aber noch, indem er, im Sinne eines ebenso kunstvollen wie esoterischen Anschlusses an seine Charakteristik Forsters, einen der hermeneutischen Leitaspekte als bereits angewandt vorstellt: Lessing sei von Autoren, die selbst zu den «geistvollsten oder zu den berühmtesten» gehörten, durchaus nicht einheitlich, von einem Standort aus gewürdigt worden, sondern von «entgegengesetzten Standpunkten» aus beurteilt worden[16]. Für diejenigen seiner Leser, die diesen hermeneutischen Ansatz Schlegels im Aufsatz über Forster mitvollzogen haben, ist damit schon eine Diskrepanz angelegt.

10. KA II, 100.
11. Ebd.
12. Vgl. KA II, 100; Karl Gotthelf Lessing, G. E. Lessings Leben, nebst seinem noch übrigen litterarischen Nachlasse, 3 Bde., Berlin 1793–1795.
13. Ebd., 3.
14. Ebd., 100.
15. Ebd., 103.
16. Ebd., 100.

Schlegel scheint im Sinne eines überschwenglichen Lobes den Ton der üblichen Lessing-Kritiken nachzuahmen und dabei seine hermeneutischen Vorstellungen so zu unterlegen, daß sie am Ende doch nicht von jenen Kritikern eingelöst werden können.

Schlegel arbeitet den Kontrast zu Forsters Wirkung immer deutlicher heraus. Er rechnet offenbar mit Lesern, die beide Charakteristiken kennen. Lessing scheint das ausgelöst zu haben, was Forster nur anstrebte: «die heftigsten Gärungen und gewaltigsten Erschütterungen». Wenigstens in einigen Bereichen habe Lessing eine «daurende Revolution allein hervorgebracht»[17]. Schlegel verwendet den Begriff der «Revolution» hier schon im Sinne einer ironischen ‹Übersetzung› von einer ‹Nation› auf die andere. Zunächst scheint ja wiederum die *«Deutschheit»* fragwürdig zu werden. Dann aber kehrt er die Ironie um: «Revolutionäre Gegenstände werden selten kritisch betrachtet»[18]. Nun treibt er als ironischer und geschichtshermeneutischer ‹Übersetzer› ein Doppelspiel mit den Lesern, die den Autor als nationalen Repräsentanten auffaßten. Es sei diesen auf Grund der einhelligen positiven Beurteilung und schließlich der Überhöhung Lessings nicht mehr möglich gewesen, diesen «Eindruck» «mit der geistigen Gegenwirkung aneignend aufzunehmen»[19]. Also scheint die ursprüngliche Annahme, Lessing sei aus «entgegengesetzten Standpunkten» beurteilt worden, jetzt nicht mehr ganz zutreffend. Man kann diese ironische Annihilation der ersten Annahme nur verstehen, wenn man den *«Gesichtspunkt»* eines hermeneutischen Übersetzers zwischen den Nationen erkennt. Schlegel unterlegt ja den Gedanken, daß das Bedürfnis nach nationaler Repräsentanz in der Literatur nicht nur ein Ersatz sei, sondern gerade auch zu einseitigem Verstehen führe. Die wirkliche epochale Repräsentanz erkenne nur der, der sich die ‹geistige Gegenwirkung› in allen Bereichen mit aneigne. So bekräftigt er zugleich sein eigenes Verfahren, die ‹Wechselannihilation› von Strömungen und Gegenströmungen nach dem Muster einer zeitbewußten hermeneutisch universalisierten Ironie.

Nach dieser Überleitung, die ja schon aus dem *«Gesichtspunkt»* eines ‹Übersetzers› abgefaßt ist, sucht Schlegel vollends die Angemessenheit der Wirkungsgeschichte an den Gegenstand infrage zu stellen. Der «Eindruck», den Lessings Werke gemacht hätten, sei nicht «reine Wirkung der Sache selbst, sondern gemeinschaftliches Resultat vieler mitwirkenden Einflüsse»[20]. Auf diese Weise warnt Schlegel davor, Wirkungsgeschichte als bloße Fortsetzung der Literaturgeschichte zu betrachten. Aber ebensowenig dürfe man aus der Wirkungsgeschichte auf die literarischen Gegenstände selbst zurückschließen. Vielmehr müsse der Hermeneutiker jene «mitwirkenden Einflüsse», die Ungleichzeitigkeit der Geschmacksbildung und an-

17. Ebd., 101.
18. Ebd.
19. Ebd.
20. Ebd.

dere historisch geprägte Rezeptionsbedingungen, mitbedenken. Schlegel mißtraut also den Eindrucksästhetiken der Zeit ebenso wie den Eindruckspsychologien. Aber er unterlegt auch bereits die Möglichkeit einer kritischen wirkungsgeschichtlichen Betrachtung. Dabei schließt er ganz aus, daß man in naiver Weise von der Wirkungsgeschichte absehen dürfe. Man könnte Lessing nicht dadurch verstehen, daß man sich den «erste[n] Eindruck» vorstellte, den seine Werke machten. Schlegel schließt die hermeneutische Möglichkeit vollends aus, daß der spätere ‹Kenner› sich in den ‹Standpunkt› eines mit Lessings Werken zeitgleichen Lesers versetzen sollte.

Schlegel führt nun vor, wie jene «Eindrücke» sich in einer eigenen Geschichte verdichten und bestätigen. Er verwendet dabei absichtlich Formeln aus dem politischen Bereich – «Der allgemeine Eindruck wird auch bald der herrschende» –, aber auch solche, die aus dem Streit der Aufklärung mit der Theologie stammen: «blinder Glaube» und «heilige Überlieferung» seien das Ergebnis einer solchen Wirkungsgeschichte[21]. So kann er schließlich im Endurteil einen Begriff aus dem ersten Teil seiner Arbeit über Forster aufgreifen und erweitern. Wenn es schon schwer sei, sich, wie im Falle Forster, den Vorurteilen einer durch bestimmte Ereignisse beeinflußten, also aktuell bestimmten ‹öffentlichen Meinung› zu entziehen, so sei dies noch schwieriger, wenn dahinter wirkungsgeschichtlich verfestigte Urteile stünden: «Die Macht einer öffentlichen und alten Meinung zeigt ihren Einfluß auch auf solche Männer, welche selbständig urteilen könnten»[22]. Damit aber hat er zugleich die hermeneutische Schwierigkeit jedes später Verstehenden ausgedrückt, sich den wirkungsgeschichtlich durchgesetzten Auffassungen zu entziehen. Diese besteht aber nicht nur darin, daß eine bestimmte Deutungstradition sich verfestigt hat. Vielmehr rechnet Schlegel auch mit einer öffentlichen Rückversicherung dieser Deutungstradition in anderen Bereichen. Die «Macht einer öffentlichen und alten Meinung» umfaßt Schlegels Ansicht zufolge viele historische Vorurteilszonen. Gerade bei einem Autor, der zum nationalen und epochalen Repräsentanten erkoren worden sei, müsse man damit rechnen, daß viele sachfremde Bedürfnisse und Erwartungen mit im Spiele seien.

Schlegel geht davon aus, daß die wirkungsgeschichtlich verfestigten Vorstellungen zumeist nicht bewußt werden, daß auch jene, denen er ein selbständiges Urteil zutraut, keine klare Einsicht in diese historische Kontinuierung gewinnen: «der Strom zieht auch sie mit fort, oft ohne daß sie es nur gewahr werden»[23]. Aber als neuer Kritiker, der die hermeneutischen Schwierigkeiten historisch bedenkt, stellt Schlegel sich auch vor, was denen widerfährt, die noch nicht über jenes Umbildungsmuster der ‹antithetischen Synthesis› verfügen: «wenn sie sich widersetzen, so geraten sie dann in das

21. Ebd., 102. 22. Ebd. 23. Ebd.

andere Extrem, alles unbedingt zu verwerfen»[24]. Auf diese Weise rückten sie an den Rand des historischen Wirkungsfeldes und verlören gleichsam die Möglichkeit und Fähigkeit zur Umbildung und Mitgestaltung. Eine ganz und gar antithetische Haltung gegenüber der Wirkungsgeschichte birgt eben die Gefahr in sich, daß zur Verteidigung der eigenen Position immer mehr Anschlußmöglichkeiten an den Autor, aber auch immer mehr sonstige historische Anschlüsse aufgegeben werden müßten. Derjenige, der von oszillierenden ‹Gesichtspunkten› aus urteilt, zieht auch dann noch Leser in seinen Bann, die ganz von einer bestimmten Wirkungsgeschichte beeinflußt sind, wenn er gerade die Absicht verfolgt, diese zu ändern.

Der historisch urteilende Hermeneutiker glaubt nicht daran, daß sich Vorurteile schon dadurch beseitigen ließen, daß sie aufgezeigt und widerlegt würden. Vielmehr rechnet er mit eigenartigen historischen Verfestigungen, die er am Beispiel der Wirkungsgeschichte eines national repräsentativen Autors studiert: «der Irrtum wird fest durch die Zeit und irrt immer weiter»[25]. Dem aufklärerischen Geschichtsoptimismus stellt er schließlich die Vorstellung einer Wirkungsgeschichte entgegen, die die Neigung zur Verfallsgeschichte in sich trage: «die Spuren des Besseren verschwinden, vieles und vielleicht das Wichtigste sinkt ganz in Vergessenheit»[26]. Damit gibt er indirekt zu verstehen, daß auch die Aufklärer, bei allem Bemühen, sich Vorurteilen aller Art zu entziehen, solchen wirkungsgeschichtlichen Verfestigungen erliegen könnten. Sie gehörten schließlich auch zu einem «Strom», der viele mit sich fortzöge.

Wenig später wird klar, daß Schlegel den Anschluß großer spätaufklärerisch gesonnener Teile des Publikums an Lessing und die Art, wie dieser von ebensolchen spätaufklärerischen Kritikern zum Vorbild erhoben wurde, treffen will: «Denn *Geckerei* darf es doch wohl zum Beispiel genannt werden, wenn man Lessing zum Ideal der goldnen Mittelmäßigkeit, zum Helden der seichten Aufklärung, die so wenig Licht als Kraft hat, erheben will»[27]. Es geht also darum, eine neue Art von Vorurteilsbildung gerade bei denen festzustellen, die gegen das ‹praeiudicium auctoritatis› gewappnet zu sein schienen: die Voreingenommenheit durch eine längere «Geschichte der Wirkungen». Die wirkungsgeschichtliche Vorurteilsbildung scheint von anderer Art zu sein als die, mit der die Aufklärer gerechnet hätten.

An dieser Stelle unserer Interpretation wird deutlich, daß Schlegel seine Vorstellung einer Wirkungsgeschichte gegenüber den bislang betrachteten Ansätzen erweitert. Den Begriff einer «Geschichte der Wirkungen» verwendet er erstmals in dieser Charakteristik. Aber zuvor hatte er sich ja bereits zurechtgelegt, daß einzelne Autoren unterschiedliche zeitliche Reichweiten hätten, daß man mit unterschiedlicher Wirkungsdauer zu rechnen habe.

24. Ebd.
25. Ebd.
26. Ebd.
27. Ebd., 110.

Dabei geht er ja von seiner Vorstellung der ungleichzeitigen Geltung aus, die besagt, daß Autoren noch ‹fortwirken› könnten, auch wenn sie längst nicht mehr ästhetisch ‹à la hauteur› seien, weil das Publikum in seiner Geschmacksbildung sich hinterherentwickle. Die Gegenvorstellung bestand dann darin, daß das «Verstehen und Werthschätzen» mancher anderer Autoren überhaupt erst durch ihre – primäre – Wirkungsgeschichte ermöglicht würde, insofern sie erst «durch sehr späte Nachfolger klar» würden[28]. Beide Vorstellungen ergeben sich aus jener geschichtsphilosophischen Annahme einer Ungleichzeitigkeit für die Moderne, die Schlegel im ‹Studium› zunächst allgemein ausgesprochen und in der Folge immer mehr differenziert hatte. Den dritten Ansatz fanden wir in einem philosophischen Fragmentheft von 1797. Schlegel hatte dort die Vorstellung der Wirkungsgeschichte gleichsam in einem psychohistorischen Sinne verinnerlicht und von der Geltung klassischer Kunstwerke *in* der Antike abgehoben. So stellte er sich in der Moderne «Werke» vor, «aus unserm Innersten, die ewig *wirken*»[29].

Gegenüber diesen drei bislang ermittelten Ansätzen zur Wirkungsgeschichte berücksichtigt Schlegel in der Charakteristik Lessings vor allem die «Macht einer öffentlichen und alten Meinung», also die breite *historische Unterlage* für eine nicht nur kurzlebige Wirkungsgeschichte. Das gesamte literaturkritische und literaturgeschichtliche Verstehen scheint durch diese «Geschichte der Wirkungen» andauernd beeinflußt zu werden. Nun stellt er sich aber die Frage, ob Lessing durch diese Wirkungsgeschichte hermeneutisch ‹ganz› erschlossen worden sei, ob seine Bewunderer und Kritiker ihn wirklich in jener *«alles zum Besten kehrende[n] im großen und ganzen nehmende[n] Art»* gesehen und gewürdigt haben; oder ob gerade bei dieser breiten und scheinbar alle einbeziehenden Wirkungsgeschichte nicht manches mißverstanden worden sei, was erst «durch sehr späte Nachfolger klar» würde.

Diese Diskrepanz zwischen einer exoterischen und einer esoterischen Wirkungsgeschichte, einer breiten Anerkennung und vorbildhaften Geltung eines Autors und einer nur von wenigen geleisteten späteren Fortsetzung seines Werkes, trägt Schlegel zunächst nicht offen aus. Man muß sie erst aus der weiteren kritischen Darstellung erschließen.

Allerdings hat er diese Diskrepanz in seinen genau zeitgleich mit der Charakteristik abgefaßten Notizheften in einer besonderen Art von Beziehungsironie zu seiner veröffentlichten Arbeit verdeutlicht. So studiert er die «φσ[philosophische] Form (transcendentale-sokratische Ironie)» Lessingscher Werke und stellt dabei fest, «daß sie niemand verstanden, ja niemand gemerkt hat»[30]. Und so schließt er im Sinne jener Vorstellung einer esoterischen Wirkungsgeschichte den genauen Widerspruch zu seiner veröffentlichten Kritik an: «Eigentl[ich] hat sie auch nichts gewirkt». Die esoterische

28. KA XVI, 105, Fr. 249.
29. KA XVIII, 27, Fr. 97.
30. Ebd., 79, Fr. 604.

Wirkungsgeschichte beruht also auf einer späteren hermeneutischen Erschließung, einer Entschlüsselung eines zuvor nicht angemessen oder gar nicht verstandenen Werkes. Nun leuchtet auch ein, warum Schlegel in den ‹Fragmenten zur Litteratur und Poesie› an seinen «Lessing» gedacht hat, als er sich einen «$\varkappa\mu \frac{\text{Sat}}{0}$ [absolut satirischen kritischen Mimus]» vorstellte[31]. Er setzt diese Bildung von Antithesen zu seiner eigenen Schrift fort, wenn er in einer Notiz behauptet: «Aechte Popularität haben Lessings Schriften doch nicht; nur für Kenner ist s.[eine] Prosa»[32]. Damit wird der Kreis derer, die Lessing überhaupt zu verstehen vermöchten, entschieden eingeengt. Aber die «Urteile» dieser «Kenner» scheinen mit denen, die er in der Charakteristik anführt, nichts zu tun zu haben. Es geht jetzt um die mögliche esoterische Wirkungsgeschichte Lessings in einer neuen Art von Kritik. So wird auch der Anschluß des Fragments verständlich, in dem Lessing, wohl unter dem Vorzeichen einer mitbedachten ‹Theorie der Prosa›, abgewertet wird: « . . . aber *Conversations*Prosa für Kenner, nicht große Kunstprosa»[33]. Schlegel setzt so den *«Gesichtspunkt»,* von dem aus er urteilt, in der esoterischen Argumentation immer höher an. Der Wunsch jener Anhänger der «Deutschheit», sich in bedeutenden Schriftstellern repräsentiert zu sehen, wird in den Fragmentheften zugespitzt auf Lessing bezogen, insofern dieser der «einzige Autor unter d[en] Deutschen» sei[34]. An anderer Stelle aber kehrt Schlegel diese Auszeichnung gegen die Anhänger der «Deutschheit» selber. In satirischer Weise scheint er die Vereinzelung solcher Autoren zu bestätigen und geißelt er zugleich das nationale Repräsentationsbedürfnis: «Die Deutsch[en] sind das erste Volk in der Welt, allein es giebt wenig Deutsche»[35]. Auf diese Weise löst er seine Feststellung zum «gegenwärtige[n] polit.[ischen] oder aesthet.[ischen] Zustand», der sich an der exoterischen Wirkungsgeschichte Lessings zu bestätigen scheint, ein: er nimmt ihn als «Stoff für $\frac{\text{M}}{0}$ [absolut Mimisches]»[36]. Das, was zunächst nach einer «unendlichen Polemik gegen sich selbst»[37] aussieht, entpuppt sich als eine Polemik gegen die «Macht einer öffentlichen und alten Meinung» *im Geiste* Lessings und im Sinne eines nicht ‹bloßen›, sondern esoterischen ‹Fortwirkens›[38] Lessings: es ist tatsächlich als «AntiGötze gegen d[en] Common Sense» angelegt[39]. Insofern diejenigen, die Lessing bloß mit ‹gesundem Menschenverstand› zu verstehen suchten, die Wirkungsgeschichte bestimmt hätten, scheint Schlegel mit der Kritik an dieser «herrschenden Meinung» das fortsetzen zu wollen, was er sich schon im Jahre 1796 als mögliches Projekt notiert hatte: die «Krankheitsgeschichte des gesunden Menschenverstandes»[40]. Den repräsentativen Schnitt derer, die Lessing aufklärerisch weiter-

31. KA XVI, 141, Fr. 661.
32. KA XVIII, 229, Fr. 419.
33. Ebd.
34. Ebd., 331, Fr. 86.
35. KA XVI, 106, Fr. 261.
36. Ebd., 131, Fr. 557.
37. KA XVIII, 283, Fr. 1049.
38. Ebd., 478, Fr. 77.
39. Ebd., 283, Fr. 1049.
40. Ebd., 15, Fr. 117.

gedeutet hätten, möchte Schlegel in seinen esoterischen Annahmen deutlich von den wenigen abheben, die ihn auch verstanden hätten. In den Fragmentheften setzt Schlegel sich immer wieder mit der epochalen Repräsentativität der Aufklärer selber auseinander, die ja Lessing unter diese Bedeutung gestellt hätten: «Der Ahriman d.[es] Zeitalters ist die Mediocrität; *Garve* und *Nicolai* dürften es wohl bis zur Religion darin gebracht haben»[41]. Solche Polemik wirkt überspitzt und scheint verletzend. Aber man muß bedenken, daß Schlegel so vor allem den Gedanken der Ungleichzeitigkeit in vielen Variationen durchspielt. Vom *«Gesichtspunkt»* des Kritikers aus, der nicht nur die neueste literarische Bewegung im Auge hat, sondern die mögliche Weiterentwicklung der Literatur bedenkt, sollten die Autoren, die sich in breiten Publikumsschichten durchgesetzt hatten, als veraltet erscheinen.

Schlegels Charakteristik Lessings muß man vor dem Hintergrund dieser genau entgegengesetzt formulierten Fragmente immer genauer interpretieren, um jene Dialektik zwischen exoterisch Ausgedrücktem und esoterisch Gemeintem zu erfassen. Schlegel sah sich darin selbst in der Wirkungsgeschichte Lessings. Insofern die «Kenner» Lessings vornehmlich nach der eindeutigen «Absicht» ihres Autors geforscht hätten, sei es ihnen nicht gelungen, jene Dialektik *im Geiste* Lessings zu verstehen: «Sein Esoterisch und Exoterisch hat Lessing sehr veredelt; das blinde Glück verfolgt ihn noch nach d[em] Tode»[42]. Auf diese Weise sieht Schlegel die Wirkungsgeschichte Lessings als Fortsetzung des lebensunmittelbaren, des zeitgenössischen Mißverstehens an. Selbst aus dem Zeitenabstand heraus, nachdem es möglich sein müßte, Lessing zu deuten, ohne aktuelle Verwicklungen zu befürchten, aber auch ohne einem voreiligen Urteil, einem ‹praeiudicium praecipitantiae› zu verfallen, würde seine Esoterik immer noch nicht verstanden.

Schlegel möchte in der Charakteristik den Eindruck vermeiden, daß es ihm um reine ‹Polemik› gegen die Aufklärer gehe. Tatsächlich formuliert er diese ja in den Fragmentheften um so schärfer aus, wobei man nicht ermitteln kann, welche Notizen er für eine spätere Veröffentlichung vorgesehen hatte. Im Aufbau der Charakteristik soll ja offenbar wie in der Kritik Forsters ein *hermeneutischer Prozeß* vorgeführt werden. Also nimmt Schlegel vorübergehend die wertneutrale Position eines Forschers ein, der die Genese dieser Wirkungsgeschichte zurückverfolgen möchte: «Es ist nicht uninteressant, der allmählichen Entstehung und Ausbildung der herrschenden Meinung über Lessing nachzuforschen, und sie bis in ihre kleinsten Nebenzweige zu verfolgen»[43]. Der *«Zweck»* einer solchen Untersuchung wäre, wie es in jenem Heft «Zur Philologie» heißt, *«die Historie»*[44]. Aber die Durchfüh-

41. Ebd., 228, Fr. 408.
42. Ebd., 49, Fr. 309.
43. KA II, 103.
44. KA XVI, 37, Fr. 27.

rung sollte offenbar mit philologischer Akribie alle Verästelungen erreichen. Schlegel rechnet offenbar damit, daß ein solches Unterfangen für abwegig, ja für paradox gehalten werde, weil dadurch ja offenbar nur das einseitige Verstehen oder gar das Mißverstehen verstanden würde und noch nichts von Lessings Werken. Schlegel scheint dies bewußt für «Kenner» formuliert zu haben, die nach den Regeln der Aufklärungshermeneutiken in erster Linie nach der ‹Absicht des Autors› zu fragen gewohnt waren. Aber der neue Kritiker möchte ja in allen Bereichen einen «Historismus» des Verstehens entwickeln. Also glaubt er nicht, daß das Mißverstehen unhistorisch, durch eine neue Beweisführung zur ‹Absicht des Autors›, außer Kraft gesetzt werden könne. Vielmehr nimmt er an, der Weg zu diesem Autor sei durch historisch verfestigte und real verankerte Deutungsmuster so verstellt, daß er durch eine solche Untersuchung erst wieder freigelegt werden müsse. Die angeblich ‹antihistorische› Verstehensweise der Aufklärer sollte selbst historisch verstanden und auf diese Weise entkräftet werden.

Zu dem «ganzen Umfange» einer solchen Arbeit gehörte dann auch die primäre Wirkungsgeschichte, «die Geschichte der Wirkungen, welche Lessings Schriften auf die deutsche Literatur gehabt haben»[45]. Schlegel skizziert auf diese Weise aber nur Projekte. Die Ausführung selbst machte eine «eigene Abhandlung» erforderlich. Damit entschuldigt er, daß er nun sozusagen vom vorweggenommenen «Resultat» einer solchen Abhandlung aus die Wirkungsgeschichte zu kritisieren versuche[46]. Aber er behalte dabei immer noch die Repräsentativität der berücksichtigten Vorstellungen im Auge; er wende die «Genauigkeit» an, wie er in ironischer Abmilderung seines Vorwurfs der zeitbedingten ‹Mediocrität› sagt, «die ein mittlerer Durchschnitt erlaubt»[47].

Das bereits historisch verfestigte Mißverstehen Lessings müßte der neue Kritiker, wenn er die ganze Anlage seiner bisherigen Kritiken fortsetzen wollte, an zwei Punkten aufzeigen: an der Einschätzung der Genialität des Autors, also des ‹inneren Plurals› der Fähigkeiten, und an der Gewichtung und Rangordnung der einzelnen Werke.

Schlegel stellt das Mißverstehen als einen consensus omnium dar. Er verkehrt so nicht nur die Vorstellung, daß das, worin alle vernünftig Urteilenden übereinstimmen, nicht falsch sein könne, sondern stellt auch den «Gemeinsinn», die «Gemeinschaft des Geschmacks», erneut in Frage. Das Mißverstehen zeige sich also darin, wie die ‹innere Verfassung› der Talente eingeschätzt worden sei: «Völlig ausgemacht ist es nach dem einmütigen Urteil aller, daß Lessing *ein sehr großer Dichter sei.* Seine dramatische Poesie hat man unter allen seinen Geistesprodukten am weitläufigsten und detailliertesten zergliedert . . .»[48]. Allein schon in der Art, wie Schlegel die

45. KA II, 103.
46. Ebd.
47. Ebd., 103; vgl. die Erwähnung der «poetischen Mediocristen» ebd., 102.
48. Ebd., 103 f.

Deutungsweise qualifiziert, wird bereits die Vermutung nahegelegt, daß Lessings Dichtung eben nicht ‹im ganzen› verstanden worden sei. Aber Schlegel regt dann einen Vergleich an, der bereits seine esoterisch unterlegte Rangfolge erkennen läßt: «Läse man nicht die Werke selbst, sondern nur was über sie gesagt worden ist: so dürfte man leicht verführt werden zu glauben, die ERZIEHUNG DES MENSCHENGESCHLECHTS und die FREIMAURERGESPRÄCHE stehen an Bedeutung, Wert, Kunst und Genialität der MISS SARA SAMPSON weit nach»[49].

Während also diese mutmaßliche Überbewertung der Dichtung Lessings dem «Gemeinsinn» angelastet wird, jedenfalls denen, die einhellig stellvertretend urteilen, wählt Schlegel bei der Beurteilung des nächsten Talents schon gewichtigere Gewährspersonen aus. In dem Urteil, daß Lessing ein *«vollkommener Kunstkenner der Poesie»* gewesen sei, scheinen die führenden Kritiker aus zwei bedeutsamen Bereichen mit dem «Gemeinsinn» übereinzustimmen: «So redet nicht bloß jedermann, so drückt sich auch ein *Kant,* ein *Wolf* aus; Häupter der philosophischen und der philologischen Kritik»[50]. Indem Schlegel selber gerade *das Vorläufige* in der Lessingschen Art der Literaturkritik und der Literaturtheorie hervorheben möchte, um das Bedürfnis nach Weiterentwicklung dringlich erscheinen zu lassen, stellt er die Anerkennung Lessings durch Kant und Wolf gleichsam als klassizistisch hin. Im Aufbau und in der Auseinanderfolge der Schlegelschen Entwürfe aber hat diese Polemik einen besonderen Stellenwert. Nachdem er in den Heften «Von der Schönheit in der Dichtkunst» den Kantschen Kritizismus in der Ästhetik abgelehnt hatte und nachdem er in dem Entwurf «Zur Philologie» auch die hermeneutisch-philologische Kritik Wolfs als unzureichend im Sinne jenes «Historismus» hingestellt hatte, blieb nur noch der Nachweis, daß die Lessingsche Kritik offen sei und deshalb weiterentwickelt werden könne. Der Mangel an «Historismus» des philologischen Verstehens und der ja bereits in einem Heft von 1796 bekräftigte Vorwurf gegen Kant und seine Anhänger, daß ihre «Hermeneutik» «antihistorisch» sei, stehen in genauem Entsprechungsverhältnis. Die Hauptvertreter beider Bereiche der Kritik, dahin zielt der Vorwurf, hätten Lessings Literaturkritik und Literaturtheorie als endgültig vorbildlich hingestellt, weil sie sich nicht an der tatsächlichen oder erst möglichen Weiterentwicklung der Literatur, an «der Geschichte und Beobachtung ihrer freyen Entwicklung»[51] orientiert hätten.

So wird das einzige, was die bisherigen Kritiker Lessings beklagten, die «böse Polemik» und die Tatsache, «daß der Mann sogar *fragmentarisch* schrieb»[52], zum wirklichen Vorzug, sobald der neue Kritiker die Arbeiten dieses Vorläufers fortzusetzen gedenkt, *im Geist* Lessings sich an den neuen Möglichkeiten der Literatur zu orientieren sucht.

49. Ebd., 104.
50. Ebd.
51. KA XVI, 9, Fr. 20.
52. KA II, 106.

Schlegel hält sich im weiteren Aufbau seiner Charakteristik genau an diese ‹Kritik der Kritik›. Im Vergleich mit seinen früheren Verfahren übt er eine neue, gesteigerte Form der ‹Wechselannihilation›, wenn er ausgerechnet «Lessings *Philosophie*», die im Vergleich mit den anderen Leistungen «am meisten Fragment geblieben» sei, und im Bereich der *«Philologie»* eine offenbar von ihm umgedeutete Weise der «Konjekturalkritik» hervorhebt[53]. Beide Bereiche, die nach vorherrschender Meinung bei Lessing unterentwickelt seien, setzt Schlegel gerade wegen ihres fragmentarischen Charakters gegen diejenigen, die ihrerseits eine vollendet erscheinende Kritik darin geschaffen zu haben scheinen. Mit dieser kunstvollen Proportion sucht er noch in der ‹Kritik der Kritik› das vorzuführen, was er in einem gleichzeitig angelegten Fragmentheft als «schöne poetische Form eines Kunsturtheils»[54] bezeichnet. Ja, er vergleicht diese «Demonstrativität» mit der «Legitimation» bestimmter hier nicht genannter philosophischer Aussagen und meint dann, daß beides subjektiv sei. Die hermeneutische Erkenntnis scheint erst dann ‹objektiv› werden zu können, wenn sie sich selbst als historisch notwendige darstellen läßt: «*Objektiv* ist nur die historische, construirende Darstellung d[ie] gar keiner demonstrativen Form mehr bedarf.» Schlegel scheint dabei an die historisch verstandene ‹Receptivität› zu denken. Offenbar nimmt er an, daß die kunstvoll proportionierte Darstellung ein Versuch sei, auf die ungleichzeitige Verstehensweise des Publikums einzugehen: «Die Demonstr[ation] gehört also mit zur Popularität»[55].

Es geht also zunächst darum, ob ein Autor auch in Bereichen der Theoriebildung sich fortsetzen läßt, ob seine Urteile sich auf jenen «Historismus» des Verstehens hin umbilden, ergänzen, aufheben lassen. Dabei setzt Schlegel in den Fragmentheften seine ‹Kritik der Kritik› in der Weise fort, daß er «Wolfs Proleg[omena]» im Bereich der Philologie noch für entwicklungsfähiger hält als Kants Kritizismus im Bereich der Ästhetik. Jedenfalls spricht er jenen einen gewissen experimentellen Charakter zu und schließt dann sogleich die Vorbildlichkeit Lessings an: «Alles was Lessing geschrieben ein Fr[agment]»[56].

Das Mißverstehen des fragmentarischen Charakters habe gerade zu wirkungs*geschichtlichen* Fehleinschätzungen geführt. Diejenigen, die Lessings ‹Absichten› in einer eindeutigen Richtung fortzusetzen und zu *vollenden* suchten, hätten gleichsam die fruchtbaren Ansätze zugedeckt: «Lessings Philosophie scheint man nur als Veranlassung der Jacobischen, oder gar nur als Anhang der Mendelssohnschen zu kennen»[57]. Tatsächlich möchte Schlegel die Rangfolge durch einen wirkungsgeschichtlichen Rückschluß umkehren. Er verweist – wie es in einem Fragmentheft von 1797 heißt – gleichsam auf die «veranlaßende[n] Punkte»[58] im Bildungsgang dieser Philosophen.

53. KA II, 107.
54. KA XVIII, 35, Fr. 174.
55. Ebd.
56. Ebd., 333, Fr. 118.
57. KA II, 107.
58. KA XVIII, 80, Fr. 609.

Damit sind sie hermeneutisch erfaßt. Da ihre Wirkungsreichweite aber geringer zu sein scheint als die Lessings, verkehrt sich die Bedeutung des zitierten Satzes. Nicht Lessing werde durch Jacobi und Mendelssohn mitverstanden, sondern diese durch den, der Lessing versteht.

Schlegel stellt im Aufbau seiner Darstellung der Lessingschen Genialität genau nach, wie Jacobi und Mendelssohn Lessing verstanden zu haben glaubten. So argumentiert er einen ganzen Abschnitt lang scheinbar lebensunmittelbar, um die Art zu parodieren, wie Jacobi sich nicht nur auf die ‹Absichten› Lessings bezog, sondern auch dessen ‹wahre Gesinnung› zu kennen vorgab – «Vor Gott, dem Heiligen, kann ich es beschwören, daß eben dieß auch die Gesinnungen Lessings waren»[59]. Schlegel hebt zunächst den *«großen freien Styl seines Lebens»* hervor und betont dann aber den «edeln vornehmen Zynismus» noch vor der «heiligen Liberalität» und einer «biedern Herzlichkeit»[60]. Er unterstellt, daß Jacobi und Mendelssohn diesen «Zynismus» nicht verstanden hätten. Tatsächlich schließt Schlegel aber bewußt aus der ‹Absicht der Werke› auf die ‹Absicht des Autors› und nicht umgekehrt. Den Schlüssel zum Verständnis dieser Stelle findet man nämlich in den letzten Abschnitten der Charakteristik, wo Schlegel vom *«Elementarbuch des höheren Zynismus»* spricht[61]. Er spielt damit auf die hermeneutische Bedeutung der biblischen «Elementarbücher» in Lessings ‹Erziehung des Menschengeschlechts› an[62]. Nun wird auch der Zusammenhang mit dem Bildungsprozeß deutlich. Jacobi und Mendelssohn scheinen wie die hermeneutisch zurückgebliebenen Schüler in der Lessingschen Schrift «die Worte zu stark pressen» zu müssen[63], um das herauszulesen, was ihrer lebensunmittelbaren Zielvorstellung entspricht.

In eben derselben Weise hebt Schlegel «Lessings Witz» hervor und legt einen Zusammenhang mit dessen «Prosa» nahe[64]. Noch in späteren Fragmentheften betont er die aufklärerische Funktion des Zusammenspiels von ‹Witz› und ‹Zynismus›, wie er sie bei Lessing vorgefunden hatte: «Es giebt auch einen *moralischen* Witz, dessen Tendenz ist cynisch, nämlich zur Vertilgung der Vorurtheile»[65].

Schlegel behandelt die Interpreten und Fortsetzer Lessings zugleich nach dem biblischen Exemplum als Jünger von Emaus und nach dem Lessingschen Muster der Metempsychose, wie es im Schluß der ‹Erziehung des Menschengeschlechts› verwandt wird[66]: «Auch er [Lessing] würde, wenn sein Geist in neuer Gestalt erschiene, von seinen eifrigsten Anhängern verkannt und verleugnet werden, und könnte ihnen gar leicht großes Ärger-

59. Jacobi, MB, 250.
60. KA II, 105.
61. Ebd., 124.
62. Lessing, EdM, 72, § 38.
63. Ebd., 74, § 51.
64. KA II, 104.
65. KA XVIII, 378, Fr. 696.
66. Lessing, EdM, 82, § 98: «Warum sollte ich nicht so oft wiederkommen, als ich neue Kenntnisse, neue Fertigkeiten zu erlangen geschickt bin?»

nis geben»[67]. Er will auf diese selbst ‹zynisch› gemeinte Weise unterstellen, daß die vermeintlichen Jünger Lessings diesen weder lebensunmittelbar noch im Geist seiner Werke verstanden hätten.

Damit hat der neue Kritiker die »hauptsächlichsten Gesichtspunkte und Rubriken» zusammengestellt, nach denen Lessing beurteilt wurde. Die hermeneutische Formel, unter der er seine ‹Kritik der Kritik› zusammenfaßt, zielt darauf, daß sowohl der Zusammenhang von Leben und Werk als auch die einzelnen Talente Lessings als auch die Folge der Werke nicht im ganzen verstanden worden seien, daß somit die hermeneutische Stimmigkeit von Ganzem und Teil verfehlt worden sei: die Interpreten Lessings hätten nicht verstanden, «welcher *gemeinsame Geist* alles beseelt, was er denn eigentlich *im ganzen* war, sein wollte, und werden mußte»[68]. Schlegel unterlegt in dieser Formel also die Forderung, daß eine ‹genetische› Totalität zu verstehen sei. Wer dies aus dem Auge verliere, verfehle auch den Teilaspekt.

Schlegel steigert seine Darstellung der Lessingschen Genialität darin, daß er das eigene zuvor geübte Verfahren negiert. Er stellt nicht die Teilbereiche der Genialität zusammen, sondern rühmt in ‹lebensphilosophischer› Weise die Ganzheit der Lessingschen Individualität: *«Er selbst war mehr wert, als alle seine Talente»*[69]. Auf diese Weise möchte er diejenigen Verehrer Lessings einbeziehen und interessieren, die zuvor nur biographistische Interessen zeigten, die nur «Nachrichten von seinen Gesprächen» begierig aufnahmen[70]. Aber Schlegel will in dieser Weise nur auf das Dialogische der Lessingschen Prosa hinführen. Es geht ihm darum, daß diese wie ein «lebendige[s] Gespräch» gelesen werde. In wenigen «Worten voll Kraft» würden die «dunkelsten Stellen ... im Gebiet des menschlichen Geistes» erhellt[71]. Schlegel stellt hier wieder eine irrationalistische Formel und ein zentrales Stichwort der Aufklärungshermeneutiken zusammen. Aber er sieht das, was beispielsweise Chladenius als «Ursachen der Dunckelheit» bezeichnet, ja nicht als textuelles Problem an, wie es «bey ieder Art Stellen vorkommen kan»[72], sondern als ein Problem des hermeneutischen Verstehens nach dem Geist. In der Art, wie er die Leser durch solche entgegengesetzten Formeln, die dann wieder in ihrer Bedeutung verändert werden, in seine Kritik hineinzieht, stellt er bereits ‹im Geiste› Lessings dar. In den Fragmentheften hat er sich Rechenschaft darüber abgelegt: «Ein guter Essay muß auch *taktisch* sein; Lessing ist dieß sehr»[73].

Ebenso erklärt er nicht «Lessings Philosophie» wie die anderer kritisierter Vorläufer, sondern spielt selbst in Form eingestalteter Fragmente auf zentrale Philosopheme Lessings an. Der Leser wird so gleichsam in eine philo-

67. KA II, 103.
68. Ebd., 108.
69. Ebd., 112.
70. Ebd.
71. Ebd.
72. Chladenius, EA, Vorrede b 2.
73. KA XVIII, 203, Fr. 71.

logische Verstehensrolle versetzt, wenn er aus einzelnen bekannten Stellen andere erschließen muß, die der Kritiker ausgelassen hat. So muß der Leser gleichsam im Sinne jener «Konjekturalkritik» Lessings vorgehen, um die Charakteristik ‹ganz› zu verstehen.

In einer solchen Weise hat Schlegel gerade auf die hermeneutischen Grundgedanken der geschichtsphilosophischen Hauptschrift «Die Erziehung des Menschengeschlechts» hingewiesen. Er sagt zunächst generell von Lessings Schriften: «Das Interessanteste und das Gründlichste in seinen Schriften sind Winke und Andeutungen, das Reifste und Vollendetste Bruchstücke von Bruchstücken»[74]. Tatsächlich stellt er so die Funktion der *«Anspielungen»* und *«Fingerzeige»* nach, die in den «Elementarbüchern» enthalten seien[75] und aus denen «die noch zurückgehaltenen Wahrheiten» hermeneutisch herauszudeuten seien. Lessing hat dies in den §§ 43 bis 47 der ‹Erziehung des Menschengeschlechts› dargestellt. Schlegel wendet so diese geschichtshermeneutische Fiktion Lessings auf Lessing selbst an und fordert die Leser auf, dessen Werke erneut auf solche bisher übersehenen «Winke und Andeutungen» hin zu durchforschen. Sie sollen die «Bruchstücke von Bruchstücken» als das ansehen, was Lessing selbst die «*negative* Vollkommenheit» des Elementarbuches nannte[76]. Das Werk wäre demnach entwurfsoffen zu deuten, nicht als in sich abgeschlossenes System zu verstehen, dessen ‹Absicht› endgültig erklärt und auf den Begriff gebracht werden könnte. In dieser Weise sollten alle Werke Lessings neu verstanden werden.

Diese hermeneutische Anweisung, Lessing auf Lessing selber anzuwenden, spricht Schlegel bei der Behandlung der kunstkritischen Teilaspekte der Genialität aus: «Man sollte doch nun auch einmal den Versuch wagen, Lessingen nach den Gesetzen zu kritisieren, die er selbst für die Beurteilung großer Dichter und Meister in der Kunst vorgeschrieben hat»[77]. Auf der Ebene einer ‹Kritik der Kritik› würde so der Grundsatz einer zunächst immanenten Werkbeurteilung nachgestellt, den Schlegel in den ‹Fragmenten zur Litteratur und Poesie› so formuliert: «Die κρ[Kritik] vergleicht das Werk mit s.[einem] eignen Ideal»[78]. Tatsächlich aber soll dadurch ja eine Weiterentwicklung des Ideals der Kritik ermöglicht werden. Schlegel verfährt dabei exoterisch ganz nach Art der herkömmlichen Hermeneutik: er verteidigt seine Kritik Lessings «durchgängig mit Autoritäten und entscheidend beweisenden Stellen»[79]. Nur wird Lessing dabei selbst als «Autorität» gegen diejenigen zitiert, die ihn in inhaltlich ungeschichtlicher Weise dazu erheben wollten: «‹Wenn ich Kunstrichter wäre . . . so würde meine Tonleiter diese sein. Gelinde und schmeichelnd gegen den Anfänger; *mit Bewunderung zweifelnd, mit Zweifel bewundernd* gegen den Meister; abschreckend und positiv gegen den Stümper . . .›»[80].

74. KA II, 112.
75. Lessing, EdM, 73, § 43.
76. Ebd., 73 f., § 47.
77. KA II, 108 f.
78. KA XVI, 179, Fr. 1149.
79. KA II, 113.
80. Ebd., 109.

Der neue Kritiker möchte sich selbst im ‹Geiste› Lessings dazu legitimieren, daß er den ‹Buchstaben› in dessen Werken kritisieren darf. So will er schließlich verhindern, daß ein weiterer Bereich, in dem Lessings Genialität Großes geleistet habe, als endgültig abgeschlossen betrachtet würde. Die «Mediocristen» hätten auch die «zur Poetik und Theorie der Dichtarten gehörigen Fragmente und Fermente, die er wohl selbst so nannte, fixiert, und zu heiligen Schriften und *symbolischen Büchern der Kunstlehre* erkieset»[81]. Schlegel möchte diese Schriften Lessings nur als Anregungen verstanden wissen, nicht als Regelwerke oder systematische Theorien. In einem Athenäumsfragment knüpft er an diese Auffassung der Charakteristik an. Hier läßt sich auch die historische Absicht genauer erkennen: Fragmente seien als «Lessingsches Salz gegen die geistige Fäulnis» zu betrachten. Ihre Wirkung sei historisch, weil sie offenbar auch ihre Entstehung aus einer bestimmten historischen Situation heraus nicht verleugneten, sondern zu erkennen gäben: man solle sie als «*fermenta cognitionis* zur kritischen Philosophie» lesen, als «Randglossen zu dem Text des Zeitalters»[82]. Es geht also darum, das Zeitalter zu verstehen und nicht nur den inneren Zusammenhang der Randglossen. So sollen auch Lessings «Poetik» und Lessings «Theorie der Dichtarten» im Hinblick auf den damaligen Entwicklungsstand der Literatur und im Hinblick auf den allgemeinen historischen Stand gelesen werden. Auf diese Weise möchte der Kritiker die hermeneutische Einstellung zu der sich abzeichnenden neuen literarischen Bewegung offenhalten, die nicht mehr mit Hilfe der Lessingschen Theorie beurteilt werden dürfte.

Schlegel sucht eine Umstellung der Rangfolge Lessingscher Werke dadurch zu erreichen, daß er die Genialität des Autors anders versteht, als sie im ‹Publikum› und bei den ‹Kennern› bislang eingeschätzt wurde. Gerade indem er die dichtungstheoretischen Schriften nicht zu den *«symbolischen Büchern»* rechnet, weist er mit der esoterischen Übernahme von Deutungsmustern der ‹Erziehung des Menschengeschlechts› darauf hin, daß er diese geschichtshermeneutische Schrift als ‹symbolisches Buch› anerkennen möchte. Schlegel gibt dem Leser ja zunächst nur einen ‹Wink›, wie diese Umwertung ablaufen soll, indem er die Einschätzung der ‹Erziehung des Menschengeschlechts› im Vergleich zu der ‹Miss Sara Sampson› als paradoxe Verkennung hinstellt[83]. In den Fragmentheften expliziert er des öfteren die Vorbildlichkeit dieser geschichtshermeneutischen Schrift Lessings. So überlegt er, wie in den Formen des «Studium», der «Char[akteristik]» und des «Fr[agments]» die «Erziehung des Menschengeschl.[echtes]» «fortgesezt oder potenzirt» werden könne[84]. Wenn Schlegel an «*Symbolische Bücher* für alle Gebildeten»[85] denkt, so hat er offenbar die Funktion jener «Elementarbücher» im Auge, an denen sich, Lessings Vorstellung zufolge, die hermeneutische Kompetenz in der ganzen Breite ausgebildet habe, «sollte es auch

81. Ebd., 107 f.
82. Ebd., 209, Fr. 259.
83. Ebd., 104.
84. KA XVIII, 353, Fr. 390.
85. Ebd., 292, Fr. 1159.

nur durch das Licht sein, welches der menschliche Verstand selbst hineintrug» (Lessing)[86]. Dieser ganz und gar hermeneutisch gerichtete Relativismus Lessings entsprach ja dem ironischen Abstand des neuen Kritikers zu allen dogmatischen Inhalten und Überzeugungen. So wie alle diejenigen, die mit klaren, aber einsinnigen Erwartungen Lessings Schrift zu deuten suchten, seien es Deisten, Spinozisten, Juden oder Protestanten gewesen, Ansätze für ihre Überzeugung darin finden konnten, ebenso wollte Schlegel die Anhänger der verschiedensten Richtungen in einen Verstehensprozeß seiner Formen hineinziehen. Er meinte so eine «διαλεκτ[ik] mit d[em] Publikum» zu treiben, ein Wechselspiel, das er in einem späteren, bei seiner Paris-Reise abgefaßten Fragment so bestimmte: «*nicht bloß rhetor[isch], nicht bloß polem[isch], gewissermassen dialektisch,* durchaus φσ[philosophisch] und PARADOX»[87]. Schlegel knüpft gerade bei dieser Reise an die wesentlichen Bildungselemente seiner Kritiken an. Dabei erinnert er sich genau an die Vorbildgeltung jenes Lessingschen Werkes. Ja, er scheint das Verfahren, entgegengesetzte Strömungen aufeinander zu beziehen und in ironischer Wechselannihilation auf neue Möglichkeiten hin zu orientieren, nun sogar auf ein neues Projekt übertragen zu wollen. So notiert er in eines seiner Hefte: «Ueber die *Bildung des Christenthums* wie Lessings Erziehung des Menschengeschlechts geschrieben – *Grundsätze der Deutschen Verfassung* – oder *Deutscher Fürstenspiegel*»[88]. Tatsächlich hält er so immer noch die Projektfolge ein, die er sich im ‹Studium› vorgenommen hatte[89]. Er wollte offenbar auch die politischen Strömungen in Deutschland ironisch und ‹historistisch› auf einen Nenner bringen. Ebenso hält er an der Möglichkeit eines nicht exegetischen, sondern zugleich historischen und hermeneutischen Zugangs zum Christentum offenbar gegen anders gerichtete aufklärerische Strömungen fest: «Das χϱ[Christentum] nur zu *verstehen* ist jetzt die große Aufgabe, und darin hat Lessing durch Wahrheitsliebe einen schönen Anfang gemacht»[90]. Wie schon in den Heften «Zur Philologie» wollte er jede «kritisch φλ[philologische] Exegesis» weiterhin «verwerfen»[91]. Soweit läßt sich die Wirkungsgeschichte der Lessingschen Schrift für den Bildungsgang Schlegels skizzieren, um zu zeigen, wie er die in seinem ersten Aufsatz über Lessing nur versteckt angelegte Neubewertung der Werkfolge dann ausführt und anwendet.

Dieses so vieldeutige Werk hält Schlegel für das wichtigste Lessingsche, gerade weil es auf Grund seiner inhaltlichen und formalen Anlage sich hermeneutisch fortsetzen ließ. Demgegenüber wollte er die ‹populäre› und ebenso bei Kunstkritikern beliebte Dichtung Lessings einer Kritik nach Lessingschen Maßstäben unterziehen. Allerdings ahmt er dabei ebenso formal wie inhaltlich die üblichen kunstkritischen Verfahren nach. Einer-

86. Lessing, EdM, 76, § 65.
87. KA XVIII, 464, Fr. 320.
88. KA XIX, 23, Fr. 206.
89. KA I, 216.
90. KA XIX, 180, Fr. 220.
91. Ebd., 236, Fr. 286.

seits reiht er Lessing-Zitate zu den Dichtungen aneinander, wohingegen er auf die Werke, die er für wichtiger hält, nur esoterisch anspielt oder bereits in deren Geist deutet. Andererseits fragt er scheinbar in der veralteten hermeneutischen Manier nach der Selbsteinschätzung Lessings, wenn es um die Dichtungen geht, wohingegen er dessen ‹Absicht› und Selbsteinschätzung im Bezug auf «Die Erziehung des Menschengeschlechts» nicht in dieser Weise zu ergründen sucht. So läßt er zunächst den Vorläufer selbst gegen dessen Verehrer auftreten: «‹Die ältesten von jenen Versuchen *sind in den Jahren hingeschrieben, in welchen man Lust und Tüchtigkeit so gern für Genie hält.* Was in den neuern *Erträgliches* ist, davon *bin ich mir sehr bewußt,* daß ich es *einzig und allein* der Kritik zu verdanken habe›»[92]. Diese Selbstrelativierung Lessings aber nutzt Schlegel nur als Auftakt und Anlaß zu einer neuen, die hermeneutische Reflexion weitertreibenden Frage. Er nimmt vorübergehend – «taktisch» – die Verstehensrolle eines Kritikers ein, der das Bild Lessings auch gegen dessen Selbsteinschätzung retten und damit die «Geschichte der Wirkungen» verteidigen möchte: «Zugegeben daß Lessing so über seine Poesie dachte, wie er sich äußert: ist es ausgemacht, könnte man einwenden, *daß er sich selbst gekannt habe?*»[93]. Auf diese Weise nimmt er aber tatsächlich eine doppeldeutige hermeneutische Position ein. Einerseits konnte er ja, im Sinne aller älteren Genie-Lehren, die unbewußten Zonen der Genialität ansprechen, vielleicht auch noch einen Bescheidenheitsgestus des Autors unterstreichen. Andererseits aber könnte er in ‹dialektischer› Verkehrung, aber dennoch ‹naiv› die Möglichkeit nahelegen, die er zu dieser Zeit in seinen Notizheften bereits als gewiß angenommen hat: «*Kritisiren* heißt einen Autor besser verstehn als er s.[ich] selbst verstanden hat»[94]. Schlegel gibt zunächst eine pädagogisch ausweichende Antwort, in der er aber wiederum auf einen wichtigeren Punkt hinweist, nämlich auf die Zeitstruktur des Selbstverständnisses: «Ganz und im strengsten Sinn kennt niemand sich selbst. Von dem Standpunkt der gegenwärtigen Bildungsstufe reflektiert man über die zunächst vorhergegangne, und ahnet die kommende: aber den Boden, auf dem man steht, sieht man nicht»[95]. Der Kritiker macht darauf aufmerksam, daß auch in der ‹Selbstgeschichte› die rein ‹genetische› Deutung unzureichend bleibt, daß immer Entwurfsmomente auf Zukünftiges hin mitverstanden werden. Tatsächlich stellt er so das allgemeine Zeitverstehen seines ‹Studium› nach. Dort sollte derjenige, der «die gegenwärtige Stufe der Bildung» richtig einschätzen wollte, auch die «nächstkommende . . . erraten». Dabei ging es aber gerade um die Gegenwartsorientierung, die die geschichtshermeneutische in dem ‹Ganzen› erst ermöglichen sollte: es gelte, «den eigentlichen Punkt zu treffen, den rechten Moment wahrzunehmen, das Ganze zu übersehn»[96].

92. KA II, 113.
93. Ebd., 115.
94. KA XVI, 168, Fr. 992.
95. KA II, 115.
96. KA I, 263.

Die Frage, warum Lessing den ‹Punkt› nicht zu ‹treffen› vermochte, bleibt zunächst offen. Der Leser soll erst die nächsten Stufen in der Analyse des Selbstverständnisses Lessings überblicken.

Schlegel bezieht nun die verschiedenen «Departement[s]»[97] der Lessingschen Genialität so aufeinander, daß ein immer übergreifender werdendes Verstehen möglich zu werden scheint: «Seine Poesie verstand er durch seine Kritik, die ebenso alt und mit jener schwesterlich aufgewachsen war». Damit wird die Selbsteinschätzung seiner Poesie als richtig hingestellt. Daraufhin erwartet man die nächste hermeneutisch übergreifende Bewegung: «Um seine Kritik so zu verstehen, hätte er früher philosophieren, oder später kritisieren müssen». Diese Zeitangaben irritieren zunächst, da man sich über die Rangfolge dieser «praeponderirenden Bildungsarten» nicht im klaren ist. Dann aber wertet Schlegel die Philosophie zugunsten einer weiterentwickelten Kritik ab: «Für die Philosophie war seine Anlage zu groß und zu weit . . .». Zuletzt kommt er aber auf den Punkt zu sprechen, in dem Lessings implizite Philosophie diesem hätte durchsichtig werden können. Schlegel findet darin sowohl den endgültigen Ansatz zu einer Kritik an Lessing wie auch, nach vorwärts weisend, zur notwendigen Weiterentwicklung des kritischen Verstehens: «Vielleicht hätte er aber auch noch außerdem etwas haben müssen, was ihm ganz fehlte, nämlich historischen Geist, um aus seiner Philosophie klug werden zu können, und sich seiner Ironie und seines Zynismus bewußt zu werden»[98].

In der Anlage der Charakteristik hat Schlegel bis zu diesem Punkt genau die Parallele zur Charakteristik Jacobis und Forsters eingehalten. Auch deren ‹Vielseitigkeit› hat er zunächst anerkannt, um dann die ‹innere Verfassung› der Genialität genauer zu untersuchen und schließlich das Fehlen eines wesentlichen Momentes festzustellen. Die Charakteristik der Genialität diente in allen Fällen aber nur dazu, den Fortschritt und die Steigerung im ‹Verstehen des Verstehens› als möglich erscheinen zu lassen. Insofern geht es nur scheinbar um eine abgestufte Polemik oder um eine Abwertung. Schlegel ist es so auch nicht um die ‹historistische› Frage zu tun, ob Lessing überhaupt schon «historischen Geist» hätte entwickeln können. Vielmehr soll *gezeigt* werden, daß derjenige, der gegen die verfestigte «Geschichte der Wirkungen» ‹bewußt ironisch› und ‹bewußt zynisch› im Geiste der impliziten Lessingschen Geschichtsphilosophie deutet, Lessing ‹besser verstanden› habe, als dieser sich selbst verstanden hat.

Zu diesem hemeneutischen Ergebnis aber gelangt man nur, wenn man die Entsprechungen und den formbewußt angelegten Reflexionsfortschritt von Kritik zu Kritik nachvollzieht und so immer mehr vom Einzelanlaß löst. Andererseits aber läßt sich das hermeneutische Ergebnis nicht aus dem Verweisungsgeflecht der Werke heraustrennen, auf die Schlegel nicht nur anspielt, sondern die er ja fortzusetzen meint. So bliebe der Begriff des

97. KA II, 115.

98. Ebd., 115 f.

«historischen Geistes» an dieser Stelle leer, wenn man nicht zuvor die Anspielungen auf die ‹Erziehung des Menschengeschlechts› aufgeschlüsselt hätte. Daß Schlegel damit eine immer übergreifender werdende hermeneutische Kompetenz anstrebt, wird ebenso erst klar, wenn man das Verhältnis von ‹esoterischen› und ‹exoterischen› Aussagen im Sinne der Lessingschen Geschichtshermeneutik mitbedenkt.

Bei Lessing vermisse man also das, was über die einzelnen Fähigkeiten hinausginge und was erst in einer neuen, übergreifenden Kritik erreicht werden könnte: «den Hist[orischen] Sinn»[99]. In den Fragmentheften stellt Schlegel weitaus polemischer fest, daß auch Lessing wie andere Philosophen in Fragen der «Hist[orie] . . . nur auf Curiositäten» geachtet habe[100]. In einem gleichzeitig mit der Charakteristik angelegten Heft beobachtet Schlegel die Mißverständnisse der Philosophen untereinander und der Schriftsteller untereinander. Es geht ihm dabei offenbar schon um bewußte wirkungsgeschichtliche Anknüpfungen neuer Art. Diese scheint nur ein neuer Kritiker vollziehen zu können: «Nur der Historische ϰ [Kritiker] versteht beide»[101]. Schlegel studiert das hermeneutische Zurückbleiben der Wirkungsgeschichte zu dieser Zeit gerade auch bei der Richtung, deren ‹Hermeneutik› er ja als ‹antihistorisch› angegriffen hatte. Man muß dabei durchaus die Parallele zur «Geschichte der Wirkungen» Lessings sehen. – «Bis jezt ist nur das aus der K[anti]schen φ [Philosophie] allgemein angenommen, was ohnehin schon Geist des Zeitalters war»[102]. Schlegel rechnet auch in diesem Fall mit Zeitverzögerungen in der *esoterischen* Wirkungsgeschichte. Der Zeitgeist hingegen scheint die exoterische «Geschichte der Wirkungen» stärker zu bestimmen, als es die Werke der Autoren vermögen

Schlegel wollte mit dieser Kritik an dem, was er in einem Heft der «Fragmente zur Litteratur und Poesie» die «Selbstkentniß»[103] des Autors nennt, auch zeigen, wo die Grenze der Untersuchungen liegt, die sich in erster Linie auf Selbstdeutungen der Autoren stützen. Darüber hinaus aber hat er den bahnbrechenden hermeneutischen Satz, daß man «einen Autor besser verstehn [könne] als er s.[ich] selbst verstanden hat», in jenem «historischen Geist» begründet, der Lessing noch fehlte.

Die Art, wie Schlegel trotzdem gerade die vorbereitende hermeneutische Leistung Lessings, unter Absehen von jenem «historischen Geist», anerkennen wollte, zeigt sich darin, daß er ihn mit Luther vergleicht. Schlegel suchte eigens ein Lessing-Zitat, in dem die hermeneutische Formel von Geist und Buchstaben im Sinne einer Vorstufe des wirkungsgeschichtlich bewußten Verstehens angewandt wird: «‹Der wahre Lutheraner will nicht bei Luthers *Schriften,* er will bei Luthers *Geist* geschützt sein usw.›»[104]. Schlegel scheint damit zunächst wie im Heft «Zur Philologie» die Vorläuferschaft der «Pro-

99. KA XVIII, 66, Fr. 454.
100. Ebd., 51, Fr. 334.
101. Ebd., 112, Fr. 997.
102. Ebd., 64, Fr. 444.
103. KA XVI, 170, Fr. 1026.
104. KA II, 109.

testantischen *Hermeneutik*» für eine «progr[essive] φλ [Philologie]»[105] anzuerkennen. Aber er annihiliert mit der hier vorgeschobenen Lessingschen «Autorität» indirekt auch das Schriftprinzip der «Protestantischen Hermeneutik», da dies ja ebenfalls nicht dem «historischen Geist» gerecht zu werden scheint.

Schlegel könnte die Darstellung der Genialität Lessings damit abschließen, daß er die Grenze des historischen Bewußtseins absteckte. Aber er beläßt es nicht bei dieser unvermittelt scheinenden Verbindung von «Selbstkentniß» und ‹historischem Geist›. Vielmehr muß er ja noch die Verbindung zu seiner hermeneutischen Genielehre herstellen. Die Erweiterung der ‹inneren Verfassung›, des ‹Systems von Personen›, des ‹inneren Plurals› scheint auch die Möglichkeit zu eröffnen, daß der Verstehende, erst recht das ‹kritische Genie› sich selbst nicht nur von außen zu betrachten und einzuschätzen, sondern sich in einer historischen Weise zu erkennen vermag. Gerade im Ironie-Modell scheint dies vorstellbar, daß die Selbstanschauung sich vervielfacht und die jeweils überlegenen Ich-Partikel die anderen sowohl von außen betrachten als auch in der Überschau historisch fixieren. So schließt Schlegel auch diese Steigerungsmöglichkeit an der Stelle über den «historischen Geist» an. Wer an diesem Anteil haben wolle, müsse «sich seiner Ironie und seines Zynismus bewußt . . . werden: denn niemand kennt sich, insofern er nur er selbst und nicht auch zugleich ein andrer ist. Je mehr Vielseitigkeit also, desto mehr Selbstkenntnis»[106]. Der ‹innere Plural› des Kritikers, der sich sowohl Verstehenselemente der unterschiedlichsten Zeitströmungen angeeignet hat, als auch immer mehr historische Vorläufer einbezieht und dabei deren ‹innere Verfassung› und deren realhistorisches Umfeld betrachtet, wird auf ironische Weise ‹repräsentativ›. Er führt dem Publikum auf dieser «Schaubühne» mehr als nur «den mittlern Durchschnitt seiner eignen Oberfläche» vor[107].

Nachdem Schlegel in dieser Darstellung der Genialität bereits die Rangfolge der Werke Lessings vorgezeichnet hat und dabei für den esoterisch mitvollziehenden und mitverstehenden Leser die ‹Erziehung des Menschengeschlechts› als wichtigstes Werk herausgestellt hat, braucht er nun in exoterischer Absicht nur noch auf die dichterischen Werke Lessings einzugehen. Er läßt dabei bewußt die «MISS SARA SAMPSON» aus und bezieht sich nur noch auf die «EMILIA GALOTTI» und auf den «NATHAN».

Schlegel ahmt zunächst die Wertschätzung der vermeintlichen Kenner und des Publikums nach, indem er die ‹Emilia Galotti› als das «eigentliche Hauptwerk» hinstellt[108]. Aber dann gibt er die für die Wertung bereits zweideutige Formel aus, daß man es als «ein großes Exempel der dramatischen Algebra» ansehen könne. Damit vereinseitigt sich die zunächst noch unterstrichene exemplarische Bedeutung. Schließlich will Schlegel das

105. KA XVI, 43/44, Fr. 107.
106. KA II, 116.
107. Ebd., 147, Fr. 2.
108. Ebd., 116.

Drama nur noch als «Meisterstück des reinen Verstandes» anerkennen[109]. Er bringt das Werk gleichsam auf eine abwärts führende Bahn, indem er es immer weiter infrage stellt. So scheint der Gattungscharakter problematisch zu werden, weil jener «Verstand» nur als *«prosaischer»* zu bestimmen sei. Die Charaktere scheinen nicht mehr in einer festen Konstellation aufeinander zugeordnet, was doch der Begriff der «dramatischen Algebra» zuvor als sicher hingestellt hatte. Vielmehr unterstellt der neue Kritiker zuletzt, daß sie «zwischen Allgemeinheit und Individualität in der Mitte schweben»[110]. So verwendet er hier schon die zentrale Formel des berühmten 116. Athenäumsfragments, die dort auf den «Geist des Autors» gemünzt ist, der im Roman «auf den Flügeln der poetischen Reflexion in der Mitte schweben» dürfe[111]. Wenn Schlegel von einer *«prosaische[n] Tragödie»* spricht[112], so scheint er zweierlei nahezulegen. Einmal meint er das vermeintliche Vorherrschen verstandesmäßiger Züge, dann aber scheint er in dem ‹Schweben› das nachzustellen, was Lessing in der ‹Hamburgischen Dramaturgie› als Schwierigkeit beschrieben hat, die beim Umschaffen einer «rührende[n] Erzählung in ein rührendes Drama» entstünde: daß der Autor «sich aus dem Gesichtspunkte des Erzählers in den wahren Standort einer jeden Person versetzen» müsse[113]. Die Figuren scheinen nicht «nach Maßgebung des einmal angenommenen Charakters», wie es in der ‹Hamburgischen Dramaturgie› heißt[114], in ihren ‹Leidenschaften› repräsentativ werden zu können. So ‹schwebten› sie ‹zwischen Allgemeinheit und Individualität›.

Aber Schlegel führt diese Kritik nicht weiter aus. Genau genommen ist es ihm nur darum zu tun, das Drama Lessings in der gleichen ironischen Weise abzuwerten wie den Jacobischen ‹Woldemar›. Es geht weniger um das Drama, als um eine neue *Form* der Polemik, durch die das Publikum auf eine neue ästhetische Wertorientierung aufmerksam gemacht werden soll. Schlegel hat in dem frühen Notizheft der «Fragmente zur Litteratur und Poesie» den Ausnahmecharakter dieser Art von Kritik so bezeichnet: «AESTHETISCHE *Polemik* wie in meiner Rec[ension] des Woldemar ist äußerst selten»[115]. Tatsächlich läuft der Vorwurf gegen das Lessingsche Drama in der Frage des poetischen Wertes auf das gleiche Ergebnis wie der gegen den Jacobischen Roman hinaus: «Gräbt man aber tiefer, so zerreißt und streitet alles, was auf der Oberfläche so vernünftig zusammenzuhängen schien»[116].

Die Formeln des 116. Athenäumsfragments scheinen auch in der Besprechung des ‹Nathan› weiter vorbereitet zu werden. In jenem Fragment geht es ja auch darum, in welcher Form es möglich sei, «den Geist des Autors vollständig auszudrücken»[117]. Schlegel begründet in genau dieser Weise die Steigerung seiner Laudatio in der Besprechung der Werkfolge: der ‹Nathan› sei das *«klassische»* Werk Lessings, «indem es Lessings Individualität aufs

109. Ebd.
110. Ebd., 117.
111. Ebd., 182, Fr. 116.
112. Ebd., 117.
113. Lessing, HD, 27.
114. Ebd., 31.
115. KA XVI, 126, Fr. 498.
116. KA II, 116 f.
117. Ebd., 182, Fr. 116.

tiefste und vollständigste, und doch mit vollendeter Popularität darstellt»[118]. Und Schlegel schließt noch das hermeneutische Versprechen an, das endgültig als Satire auf die Versuche anzusehen ist, Lessings ‹wahre Gesinnung› und Lessings eigentliche ‹Absicht› zu erkennen: «Wer den NATHAN recht versteht, kennt Lessing». Inzwischen, so nimmt Schlegel an, müßte der esoterisch verstehende Leser bemerkt haben, daß es nicht das Ziel sein kann, Lessings «Individualität» zu verstehen, sondern ‹im Geist› des Autors die Werke neu zu verstehen. Aber auf der exoterischen Ebene setzt Schlegel die dem ‹durchschnittlichen› Leser bekannte Verstehensweise fort.

Für diejenigen seiner Leser, die noch nicht bemerkt haben, daß unterschwellig die Rangfolge der Werke verändert werden soll, treibt er den Widerspruch in der Laudatio des «NATHAN» auf die Spitze: «es ist *Lessings Lessing,* das Werk *schlechthin* unter seinen Werken . . .; es ist *die Fortsetzung vom Anti-Götze, Numero Zwölf*»[119]. Damit ist klar, daß es nur *in* dieser neuen Folge richtig verstanden und in seinem vollen Gehalt hermeneutisch aufgeschlüsselt werden könne.

Nun möchte er, in genauer Entsprechung zur Kritik der ‹Emilia Galotti›, den Gattungscharakter des ‹Nathan› infrage stellen. Um der beliebten Manier entgegenzukommen, daß man zunächst die Selbstdeutung des Autors heranzieht, zitiert er eine Lessing-Stelle, in der es um die ‹höheren Absichten› des Genies geht: «aber wenn ein Genie *höherer Absichten* wegen, mehre derselben [Gattungen] in einem und demselben Werke zusammenfließen läßt, so vergesse man das Lehrbuch . . .»[120]. Diese ‹höheren Absichten› sollen ja tatsächlich nicht mehr so verstanden werden, als gelte es, in einem Werk die individuelle ‹Absicht des Autors› zu erkennen. Aber auch auf das Einhalten der Gattungsgrenzen braucht der nicht mehr zu achten, der in der neuen Werkfolge jene ‹höheren Absichten› erkannt hat. So scheint die nun folgende Polemik leichter hingenommen werden zu können. Schlegel annihiliert die ‹dramatische Form›, da sich die Zweck-Mittel-Relation ja verschoben zu haben scheint: «Die dramatische Form ist nur *Vehikel;* und *Recha, Sitta, Daja,* sind wohl eigentlich nur *Staffelei:* denn wie *ungalant* Lessing dachte, das übersteigt alle Begriffe»[121]. Wenn Schlegel gleich im Anschluß den «durchgängig *zynisierende[n] Ausdruck*» lobt, so weist er nachdrücklich auf sein eigenes Verfahren hin. In den Lyceums-Fragmenten zeigt sich, daß Schlegel den ‹Nathan› auch im Hinblick auf die Verschmelzung der Gattungen in einer ‹genialen› ‹Universalpoesie› betrachtet hat. Er behauptet, der ‹Nathan› habe «einen Anstrich vom Roman»[122].

Aber die vermeintliche Kritik an der ‹dramatischen Form› ist für das ‹kritische Genie› selbst nur ein *«Vehikel»,* um die hermeneutische Frage der Wirkungsgeschichte und der Wirkungsdauer weiterzutreiben. Wiederum leitet er diese Betrachtung mit einem Lessing-Zitat ein: «‹daß mein NA-

118. Ebd., 118. 119. Ebd. 120. Ebd., 119.
121. Ebd., 121. 122. Ebd., 156, Fr. 78.

THAN im ganzen wenig Wirkung tun würde, wenn er auf das Theater käme, *welches wohl nie geschehen wird. Genug, wenn* er sich mit Interesse nur lieset . . .›»[123]. Die eigentlich dramatische Wirkungsmöglichkeit scheint Lessing also selbst bezweifelt zu haben. Schlegel möchte aber auch die tatsächliche *«Popularität»* des Werkes bezweifeln, da Lessing selbst davon ausgegangen sei, daß *«unter tausend Lesern»* doch nur *«Einer»* eine Wirkung erkennen lassen könne[124]. Schlegel unterlegt offenbar im Sinne des «Historismus», daß die eigentliche Wirkung sich erst im Laufe der Zeit zeigen könne, daß das Werk auf Dauer angelegt sei, daß die esoterische Wirkungsgeschichte erst später beginne. Und nun macht er einen interessanten hermeneutischen Vorschlag, um die *«Popularität»* des Werkes zu erklären. Es würde exoterisch aufgenommen, weil es «den *allgemeinen Horizont* nie zu überschreiten *scheint*»[125]. Das Publikum wird also gleichsam in seinem gegenwärtigen Verstehenshorizont bestätigt und zufriedengestellt, obwohl die Wirkungsmöglichkeit des Werkes damit noch lange nicht eingelöst werde. Schlegel verwendet den Begriff des «allgemeinen Horizont[s]» hier in ähnlicher Weise wie Herder den Begriff des ‹Gesichtskreises› in den ‹Humanitätsbriefen›. Aber er unterlegt dabei doch schon eine Unterscheidung von exoterischer und esoterischer Wirkungsgeschichte, die für Herder nicht vorstellbar war. Die wenigen idealen Leser, die die Wirkungsmöglichkeit des ‹Nathan› einlösten, verstünden ja schon über jenen «allgemeinen Horizont» hinaus. Sie übernähmen hermeneutisch gleichsam die Funktion der «glücklichern Einige[n]» aus der ‹Erziehung des Menschengeschlechts›[126]. Schlegel geht davon aus, daß diejenigen, die die Esoterik des Werkes verstehen, nicht mit jener «öffentlichen und alten Meinung» übereinstimmen könnten, die den «allgemeinen Horizont» gezogen hätte. Er spricht die Warnung nicht direkt aus, daß die wenigen Interpreten, die das Werk besser verstanden hätten als jene ‹herrschende Meinung über den Schriftsteller› es zulasse, dies nicht exoterisch erklären sollten. Aber nach Schlegels Ironie-Vorstellung sollte der Interpret ja durchaus sein ‹Besserverstehen› eine Zeitlang hinter exoterischen Formeln verbergen. Dies entspricht der hermeneutischen Warnung Lessings in der ‹Erziehung des Menschengeschlechts›: «Hüte dich, du fähigeres Individuum, der du an dem letzten Blatte dieses Elementarbuches stampfest und glühest, hüte dich, es deine schwächere Mitschüler merken zu lassen, was du witterst, oder schon zu sehn beginnest»[127]. Schlegel scheint also durchaus diese hermeneutischen Vorstellungen Lessings einzuhalten und anzuwenden. Zugleich findet die Annahme aus dem Aufsatz über Forster, daß es ausreiche, wenn nur «einige die Eigentümlichkeit seiner Geisteswerke bis auf die feinsten Züge durchforschen und verstehen lernen»[128], jetzt eine Unterlage, eine auktoriale Bekräftigung in dieser Lessingschen Schrift.

123. Ebd., 121.
124. Ebd.
125. Ebd., 122.
126. Lessing, EdM, 67, § 21.
127. Ebd., 77, § 68.
128. KA II, 79.

Schlegel zitiert die Mutmaßungen Lessings über die Wirkungsmöglichkeit des ‹Nathan› so, daß man weniger an die Theatersituation als an die Ungleichzeitigkeit jener «Gemeinschaft des Geschmacks» zu denken gedrängt wird: «‹Noch kenne ich keinen Ort in Deutschland, wo dieses Stück schon jetzt aufgeführt werden könnte›» – «. . . ich will ihm den Weg nicht selbst verhauen, endlich doch einmal aufs Theater zu kommen, *wenn es auch erst nach hundert Jahren wäre*»[129]. Schlegel geht es dabei um die Wirkung in der Zeit. In den Fragmentheften verfolgt er diesen Gedanken in vielerlei Variationen: «ob unsre Ideen in einigen Jahrh.[underten] realisirt werden oder jezt, das ist für einen *universellen Geist* einerlei»[130]. Die ‹Universalität› des Genies scheint so bereits auf eine gewisse zeitliche Reichweite, auf eine mögliche esoterische Wirkungsgeschichte hin angelegt zu sein. Auch dieser Gedanke ist in Lessings ‹Erziehung des Menschengeschlechts› vorgebildet. Lessing läßt das hermeneutische Subjekt seiner Geschichtsbetrachtung im letzten Paragraphen die Frage stellen:« Oder, weil so zuviel Zeit für mich verloren gehen würde? – Verloren? – Und was habe ich denn zu versäumen? Ist nicht die ganze Ewigkeit mein?»[131]. Die wenigen im «historischen Geist» immer mehr, immer ‹besser› Verstehenden hätten nur Anteil an dem, was das hermeneutische Subjekt Lessings so formuliert. Lessing setzte für die Reihe der Besserverstehenden exoterisch die Vorstellung der Metempsychose ein[132].

In der gegenwärtigen Situation des Verstehens, in jenem «allgemeinen Horizont» aber hält Schlegel es schon für einen Fortschritt, wenn der ‹Nathan› nicht einsinnig festgelegt werde. Er führt zwei entgegengesetzte Beispiele für solches Verstehen an, das jeweils auf eine «am Ende ziemlich triviale Tendenz» hinausliefe. Ein Interpret halte das Werk für eine «dramatisierte Theodizee der Religionsgeschichte», ein anderer «Virtuose der Dialektik» wolle herauslesen, daß Lessing alle Offenbarung ablehne[133]. Damit benennt Schlegel ja die beiden extremen Deutungsmöglichkeiten, die aber jeweils nur durchgehalten werden können, wenn der Interpret nach der als eindeutig angenommenen «Absicht des Autors» oder gar nach der ‹Gesinnung› des Autors fragt. Nun sucht Schlegel diesen Streit zu schlichten, indem er auf die Ringparabel anspielt, die er bereits ganz im Sinne der Funktion eines Romanmärchens als *«Nathans Märchen von den drei Ringen»* auffaßt[134]. Er sucht das Mißverstehen jener Interpreten also ganz ‹im Geiste› Lessings zu vereinbaren und wendet so zugleich sein neues Verstehen in relativierender Absicht an: «Muß ein Werk nicht die Unsterblichkeit verdienen oder vielmehr schon haben, welches von allen bewundert und geliebt, von jedem aber anders genommen und erklärt wird?»[135]. Jeder beziehe sich,

129. Ebd., 117 und 120.
130. KA XVIII, 288, Fr. 1101.
131. Lessing, EdM, 83, § 100.
132. Ebd., 82, § 98.
133. KA II, 122.
134. Ebd.
135. Ebd.,123.

unterlegt Schlegel, auf die ‹Absicht› des Vorläufers Lessing wie die Söhne in der Ringparabel auf die Absicht des Vaters:

«Soll
Mich bloß entschuldigen, wenn ich die Ringe
Mir nicht getrau' zu unterscheiden, die
Der Vater in der Absicht machen ließ,
Damit sie nicht zu unterscheiden wären»[136]

Aber der Interpret, der jenen Satz vom scheinbar beliebigen ‹Andersverstehen› ausspricht, steht ja bereits insofern ironisch über diesem Streit, als er eine größere geschichtliche Verstehenskompetenz als der Vorläufer beansprucht. Schlegel unterstellt ja, daß es Lessing noch an ‹historischem Geist› fehlte. Insofern, so muß man nun ergänzen, dürfte der Satz aus dem Nathan, der sich auf die verschiedenen religiösen Deutungen bezieht,

«Denn gründen alle sich nicht auf Geschichte?
Geschrieben oder überliefert!»[137]

nicht im Sinne von andauernder Undurchsichtigkeit der Geschichte verstanden werden.

Derjenige Hermeneutiker, der ‹im Geiste Lessings› ironisch über diesen Streit hinausversteht und dabei eine immer umfassendere Einlösung des Werkes im Sinne eines sich *auswirkenden* Besserverstehens im Auge hat, verhält sich selbst bereits nach der Maxime des Forster-Aufsatzes: er verwirklicht *«die alles zum Besten kehrende im großen und ganzen nehmende Art zu sehen und zu würdigen»*. An dieser Stelle unserer Interpretation wird deutlich, daß Schlegel nacheinander alle Maximen und hermeneutischen Ergebnisse der vorausgehenden Charakteristik eingelöst und die Vorstufen bei Lessing entdeckt hat. Das Beziehungsgeflecht der Charakteristiken wird immer dichter. So leuchtet jetzt auch der Fortschritt im Verstehen dessen ein, der die «Gegenstände absichtlich aus entgegengesetzten Standorten» betrachtete[138]. Die schlechten Lessing-Interpreten hätten diesen «Gesichtspunkt» noch nicht erreicht. Erst der ironisch verfahrende neue Kritiker behandle Lessings Werke wie ein ‹Elementarbuch›, ja, er scheint es «durch die absichtliche Fortsetzung», wie es in einem Fragment heißt, überhaupt erst zu einem solchen «Buch» zu machen[139]. Damit aber wird auch der hermeneutische Fortschritt, der schon damit beginnt, daß sich die Vertreter verschiedener Richtungen mit denselben Werken beschäftigen, auch in der verdichtenden und alle jene Richtungen einbeziehenden Darstellungsweise der Kritik historisch durchsichtig. Das Vorbild für diese Beurteilung des hermeneuti-

136. Lessing, NW, 234.
137. Ebd.
138. KA II, 89.
139. KA XVIII, 257, Fr. 768.

schen Fortschritts konnte Schlegel inhaltlich und formal in der ‹Erziehung des Menschengeschlechts› finden. Lessing führt im § 66 den Fortschritt in der Bildung allgemein auf den hermeneutischen Fortschritt zurück, wenn er meint, allein die Tatsache habe dem «menschlichen Verstand . . . fortgeholfen», daß «so ganz ungleiche Denkungsarten sich mit diesem nämlichen Buche beschäftigten»[140].

Aber auch die Weiterentwicklung gegenüber der Forster-Kritik wird deutlich und verständlich. Schlegel handelt in der Lessing-Kritik nicht mehr alle bedeutenden Werke nacheinander ab, sondern er bezieht sich ausdrücklich – exoterisch – auf die bekannteren und deutet dabei – esoterisch – abgestuft ‹im Geist› der schwierigeren. So versteht er das, was er gleichzeitig in einem Heft der «Fragmente zur Litteratur und Poesie» als «System ⟨sich⟩ ergänzender Werke» bezeichnet[141], in hermeneutisch potenzierender und wechselanwendender Weise. Wenn er zuletzt den ‹Nathan› als «dramatisiertes *Elementarbuch des höheren Zynismus*»[142] bezeichnet, so wendet er das ‹Verstehen des Verstehens› ‹im Geiste› der hier gar nicht erwähnten Schrift «Die Erziehung des Menschengeschlechts» an. Zugleich wird der eigentliche poetische Wert des ‹Nathan› ja herabgemindert und das Interesse des esoterisch mitverstehenden Lesers auf jene für wichtiger gehaltene Schrift Lessings gelenkt.

Mit dieser Steigerung des hermeneutischen Verfahrens wollte Schlegel aber auch der jeweils ‹herrschenden Meinung› über beide Schriftsteller unterschiedlich entsprechen. Bei Forster schienen sich alle im Vorurteil über die ‹Absicht› des Autors einig zu sein, wohingegen bei Lessing mit genaueren Kenntnissen über die unterschiedlichen Deutungen seines Werkes zu rechnen war. Insofern durften die Anspielungen auch subtiler ausfallen, und so wendet Schlegel in seinen Darstellungsverfahren des jeweils zweiten Teils seiner beiden Charakteristiken die Ergebnisse des jeweils ersten Teils schon an.

In einem dritten thematisch abgrenzbaren Teil setzt Schlegel die Erörterung des Leseprozesses fort, wie er sie parallel in eben dem Teil des Essays über Forster angelegt hatte. Die Anschlußfrage in der Charakteristik Lessings, die der Verstehende jetzt stellen müßte, zielt darauf, wie dieser Autor gelesen werden soll, wenn man die historisch fest gewordenen Verstehensweisen und Deutungsmuster zu seinen Werken meiden oder überwinden will. Schlegel gibt aber keine allgemeinen Anweisungen, wie zu lesen sei, sondern verbirgt seine weiterführenden Überlegungen zum Leseprozeß in eingeschobenen Berichten über seinen Bildungsgang. Er stellt insofern bereits in ‹lebensphilosophischer› Weise seine Bildungserlebnisse dar. Dies entspricht aber in der ironischen Gestaltung ganz der Art, wie er auch, trotz

140. Lessing, EdM, 77, § 66.
141. KA XVI, 122, Fr. 449.
142. KA II, 124.

gegenteiliger ‹Absicht›, «Lessings Individualität» verstehen zu wollen vorgab[143]. Schlegel faßt die Erfahrung, wie er sich allmählich von herkömmlichen und üblichen Verstehensweisen absetzte, so zusammen: «Überraschung und Erstaunen waren, das muß ich gestehen, jedesmal meine Empfindungen, wenn ich eine Zeitlang ganz in Lessings Schriften gelebt hatte, und nun absichtlich oder zufällig wieder auf irgend etwas geriet, wobei ich mich alles dessen erinnerte, was ich etwa schon über die Art, wie man Lessing gewöhnlich bewundert und nachahmt, oder zu bewundern und nachzuahmen unterläßt, gesammelt und beobachtet hatte»[144]

Lesen wird so als ein Lebensvorgang dargestellt. Schlegel übersteigert die Weise, in der Lessing von allen gerühmt wurde, indem er sogar behauptet, man könne «ganz» in dessen Werk leben. Tatsächlich legt er dies ja nicht nur ironisch an, sondern auch als Hinweis auf seine eigene *«Lebensphilosophie»*[145], die er in zahlreichen Fragmenten vorbereitet hatte. Mit dem hermeneutischen Hinweis in dem Ausdruck «ganz» meint er, daß der Verstehende alle seine Fähigkeiten und seine besten Voraussetzungen daransetzen müsse, um einem solchen Werk gerecht zu werden. Die ‹Ganzheit› des Gegenstandes wird also auf die Totalität der beweglich vorgestellten Verstehensdispositionen übertragen. Aber in Werken ‹ganz› zu leben heißt ja auch, das Verstandene lebendig aufnehmen und in sich fortwirken lassen, nicht nur auf sich einwirken lassen. Schlegel weist so wiederum auf die Möglichkeit einer verinnerlichten Wirkungsgeschichte hin, darauf, daß es – nach jenem Fragment von 1797 – «Werke» geben könne, «aus unserm Innersten, die ewig *wirken,* wenn auch nicht *seyn* sollen»[146]. Im Falle Lessing trifft dies insofern zu, als dessen Werke angeblich ja noch nicht allgemein als das gelten, was sie sind.

Der Leseprozeß wird sowohl als ‹zufällig› wie als ‹absichtsvoll› gelenkt erklärt. Die Zufallsmomente sollen ausdrücken, daß der Leser sich an das Werk ‹entäußert›, sich nicht von einem bestimmten Interesse leiten läßt. Das zielgerichtete, ‹absichtliche› Lesen aber geht auf die Korrektur der wirkungsgeschichtlichen Voreingenommenheiten und der vorgeprägten Verstehensmuster. Ganz im Widerspruch zu dem ersten lebensphilosophischen Eindruck, den Schlegel vom Leseprozeß vermittelt, unterlegt er zuletzt, daß er Unterlagen und Belegstellen zu der bisherigen Lessing-Deutung ‹gesammelt› habe. Er kommt so scheinbar der ‹mikrologischen› Betrachtungsweise entgegen. Tatsächlich möchte er die Unterlagen aber gerade gegen diese Methoden der Kritik verwenden. Wir können an dieser Stelle also eine Ineinsbildung des ironischen Musters der aufgegriffenen Gegensätze und der Verkehrung der ‹Absichten› feststellen.

Schlegel faßt in diesem scheinbar leicht formulierten Satz aber auch die Ansätze zur primären Wirkungsgeschichte («wie man Lessing . . . nach-

143. Ebd., 118.
144. Ebd., 102.
145. KA XVIII, 12, Fr. 88.
146. Ebd., 27, Fr. 97.

ahmt») und die zur sekundären Wirkungsgeschichte («wie man Lessing ... bewundert») zusammen. Aber die Darstellung des neuen Verstehens, in dem er die bisherige Wirkungsgeschichte überwindet, wird noch nicht ausformuliert. Vielmehr zeigt Schlegel gewissermaßen nur das «Aneignen d[es] Keims», den Versuch, das «Verstehen mit d[em] Sinn» einzuleiten[147]. Er folgt in der Art seines Lesens gleichsam den ‹Fingerzeigen› Lessings in dessen Werken. Gerade die Vorstellung vom «Aneignen d[es] Keims» war ja im Sinne einer umfassenden Hermeneutik der ‹Elementarbücher› in jener programmatischen Schrift Lessings angelegt. So wird die historische Unterlage für jene Vorstellung erst in diesem esoterischen Beziehungsgeflecht deutlich: Lessing hatte den «Fingerzeig» so definiert: «Einen *Fingerzeig* nenne ich, was schon irgendeinen Keim enthält, aus welchem sich die noch zurückgehaltne Wahrheit entwickeln läßt»[148].

Nachdem so zunächst allgemein die Ansätze zu einem neuen Verstehen im Leseprozeß dargestellt worden sind, stellt sich die Frage, ob dieses Verstehen jederzeit möglich sei, oder ob der Verstehende nicht schon einen bestimmten Punkt im Bildungsgang erreicht haben muß, um sich von einer so übermächtigen Wirkungsgeschichte absetzen zu können. Schlegel beantwortet diese Frage so, daß er die ‹Ganzheit› des Verstehens wiederum von einem neuen «Gesichtspunkt» aus beleuchtet. Er erklärt das Neue seines Verstehens folgendermaßen: «daß mich Lessing erst spät und nicht eher anfing zu interessieren, als bis ich fest und selbständig genug war, um mein Augenmerk auf das Ganze richten, um mich mehr für ihn und den Geist seiner Behandlung als für die behandelten Gegenstände interessieren, und ihn *frei* betrachten zu können»[149]. Es geht also um die Bedingung, unter der der hermeneutisch notwendige Überblick möglich werde. Damit erklärt Schlegel aber auch den Stellenwert der Charakteristik Lessings in der Auseinanderfolge seiner Kritiken. Er glaubt erst jetzt ganz ‹im Geist› eines Autors deuten und das Verstandene zugleich in zahlreichen esoterischen Anspielungen darstellen zu können. Durch den Bericht zu seinem Bildungsgang möchte er auf diesen objektiven Stellenwert seines ‹Lessing› in seiner Werkfolge, im ‹System› seiner ‹sich ergänzenden Werke› hinweisen.

Schlegel stellt aber auch sein Mißverstehen dar, die Enttäuschung falscher Erwartungen in einem Leseprozeß. Er führt so selbst in der Schilderung seiner Lektüre des «Laokoon» ein negatives hermeneutisches Beispiel vor. Dieses Werk habe er in der Hoffnung gelesen, «die bare und blanke und felsenfeste Wissenschaft über die ersten und letzten Gründe der bildenden Kunst, und ihr Verhältnis zur Poesie» zu finden[150]. Tatsächlich reflektiert Schlegel an diesem Beispiel auch seinen gescheiterten Versuch, in den Heften «Von der Schönheit in der Dichtkunst» selbst eine wissenschaftliche Begründung des Ästhetischen zu leisten. Mit dem Beispiel will er zeigen, daß

147. Ebd., 317, Fr. 1503.
148. Lessing, EdM, 73, § 46.
149. KA II, 110.
150. Ebd., 111.

auch er sich nicht ganz und sofort von allen prägenden Momenten eines aus der Geschichte der Ästhetik überkommenen Verstehens freisetzen konnte. Dieser Hinweis lehnt sich aber wiederum an die theoriegeschichtlichen Stufen an, die Schlegel am Ende des ‹Studium› bezeichnet hatte. Die Erwartung entspricht der ersten historisch erinnerten Theoriestufe. Tatsächlich spielt Schlegel gleich im Anschluß an jene Stelle auf die zweite Stufe an, indem er seine hermeneutische Fehleinstellung jetzt so charakterisiert: «Mein Lesen war interessiert, und noch nicht *Studium,* d. h. uninteressierte, freie, durch kein bestimmtes Bedürfnis, durch keinen bestimmten Zweck beschränkte Betrachtung und Untersuchung, wodurch allein der *Geist* eines Autors ergriffen und ein *Urteil* über ihn hervorgebracht werden kann»[151]. Damit scheint Schlegel zunächst die These aus Kants ‹Kritik der Urteilskraft› aufzugreifen und zu wiederholen: «*Geschmack* ist das Beurteilungsvermögen eines Gegenstandes oder einer Vorstellungsart durch ein Wohlgefallen, oder Mißfallen, *ohne alles Interesse.* Der Gegenstand eines solchen Wohlgefallens heißt *schön*»[152]. Aber der ‹Gegenstand› ist ja nicht nur ein Werk Lessings, sondern es ist zugleich das kritisch-hermeneutische Verfahren Lessings, es ist der ‹Geist› des Vorläufers, an dem der moderne Kritiker doch gerade interessiert schien. Schlegel treibt den Leser seiner Kritik zu diesem paradoxen Ergebnis. Aber er möchte ja ausschließen, daß das eigene Bildungsinteresse isoliert gesehen wird. Sein Bildungsinteresse objektiviert sich gleichsam im kritischen *Darstellungs*gang. Der Kritiker annihiliert sich ebenso oft wie er zuvor ‹absichtlich› zu urteilen und sich darin durchzudrücken schien. Insofern in seiner Kritik sowohl das zugleich ‹Objektive› eines verstandenen ‹Geistes› wie das ‹Objektive› eines sich immer mehr (bis zur ‹Repräsentativität›) potenzierenden verstehenden ‹Geistes› zum Ausdruck kommt, ist sie ‹interesselos›. Der Punkt, worin er sich von Kant unterscheiden möchte, liegt in jenem schon bei Lessing vermißten ‹historischen Geist›. Tatsächlich scheint sein Studium ‹interesselos› gegenüber der ‹Absicht des Autors› zu werden, weil er immer klarer historisch versteht. Er weiß sich also historisch mit dem «Geist des Autors», nicht mit dessen subjektiver ‹Absicht› verbunden, wenn er dessen Werke in der hier vorgeführten Weise interpretiert.

Bei dem Bemühen, ‹uninteressiert› zu lesen, gibt der Kritiker seine bloß partikularen Vorstellungen auf. Er sucht sich aber auch der übernommenen Verstehensraster der Ästhetik zu entledigen. Dabei, so nimmt Schlegel an, werde sein Verstehen nicht voraussetzungsfrei, sondern auf neue Weise ‹historisch›.

Schlegel hat so in der Darstellung seiner Leseprozesse auch noch einmal unterschwellig die wesentlichen Bestimmungen einer Theorie der ‹Receptivität› zusammengefaßt: Ausgangspunkt des Verstehens sei «nicht die Individualität irgend eines bestimmten einzelnen empfangenden Subjekts», wie

151. Ebd.

152. Kant, KdU, 124.

es im Heft «Von der Schönheit in der Dichtkunst» heißt[153], sondern der ‹ganze Mensch›[154]. Diese ‹Ganzheit› des Rezipienten schließt ja ein, daß er «kein bestimmtes Bedürfnis» mehr isoliert zeigt. Aber diese Ganzheitsvorstellung erfährt nun eine Erweiterung dadurch, daß der Rezipient im ‹historischen Geist› versteht. Schlegel überträgt in späteren Fragmentheften diese Ganzheitsforderung aus der Theorie der ‹Receptivität› auf eine ideale Historiographie, wenn er formuliert: «Nur d[er] ganze Mensch kann ein Historiker seyn»[155]. An dieser Stelle spricht er dann auch die Begründung aus, die wir zuvor interpretatorisch erschlossen haben: «d[as] *Repräsentative* . . . ist Idee der Hist[orie]».

Schlegel treibt die ironische Umdeutung jener Theorie der Interesselosigkeit aber noch weiter. Er nimmt nun gleichsam die Verstehenshaltung eines ‹durchschnittlichen› Historikers ein, der meint, er könne aus dem Zeitenabstand heraus neutraler und ‹uninteressierter› urteilen: «Jene *Unbefangenheit* ward mir dadurch möglich, daß ich nicht Lessings Zeitgenosse war, und also weder mit noch wider den Strom der öffentlichen Meinung über ihn zu gehn brauchte»[156]. So entschuldigt er die ‹absichtsvoll› am Streit Beteiligten und ermuntert diejenigen, die seiner Generation angehören, sich aus dieser Wirkungsgeschichte zu lösen. Zugleich sucht er die in der herkömmlichen Weise historisch Verstehenden für seinen «Gesichtspunkt» einzunehmen. Zur selben Zeit formuliert er ja in einem Fragmentheft die klare Gegenvorstellung: «Gewöhnl[ich] unrichtiger Gedanke, daß d[ie] Historiker die Begebenheiten aus einer gewissen *Entfernung* ansehn, und daß diese Entfernung das Wesen des histor.[ischen] Gesichtspunktes sei»[157].

In der Charakteristik Lessings aber baut er die ironisch eingenommene Position noch aus, um das Mißverstehen in früheren Kritiken auch für diejenigen plausibel erscheinen zu lassen, die immer noch nach neuen positiven Anhaltspunkten suchten, um Lessings wirkliche ‹Absichten› zu ergründen: «so sind überdem erst seit kurzem die Akten vollständig geworden, nachdem man nun alles, was zur nähern Bekanntschaft mit dem großen Manne irgend nützlich sein mag, hat drucken lassen»[158]. Schlegel spielt so auf die Briefsammlungen an, da sich ja sowohl Jacobi als auch Mendelssohn gern auf persönliche Mitteilungen Lessings bezogen. Tatsächlich verspricht er sich ja einen hermeneutischen Fortschritt, einen Verstehenszuwachs erst davon, daß die Werke Lessings in dessen ‹Geist› verstanden würden, daß Kritiker auftreten, die Lessing in einer esoterischen Wirkungsgeschichte fortsetzen.

Nachdem wir in solchen eingestreuten Bemerkungen Schlegels auch den Zusammenhang von möglicher Forschungsgeschichte (die ‹Akten› seien vollständig) und allen Formen der Wirkungsgeschichte nachgezeichnet ha-

153. KA XVI, 27, Fr. 20.
154. Ebd., 25, Fr. 15.
155. KA XVIII, 350, Fr. 357.
156. KA II, 110.
157. KA XVIII, 24, Fr. 67.
158. KA II, 101.

ben, stellt sich nur noch die Frage, wie Schlegel den Fortschritt im Bildungsgang des einzelnen, stellvertretend verstehenden Lesers an den allgemeinen hermeneutischen Fortschritt rückbindet. Es gilt ja immer noch jenen neuen hermeneutischen Grundsatz des ‹Besserverstehens› auszuloten, die Behauptung Schlegels, daß man einen Autor besser verstehen könne, als er sich selbst verstanden hat, im Lichte seines «Historismus» zu betrachten. Vergewissern wir uns zunächst, daß die Aufklärungshermeneutiker nur ein sachliches Besserverstehen im einzelnen, noch kein historisches Besserverstehen im ganzen kannten. Chladenius formulierte dieses hermeneutische Problem folgendermaßen: «Wer mehr Einsicht hat als der Verfasser der Stelle, der überschreitet die Absicht des Verfassers, hingegen, wer weniger Einsicht hat, als der Verfasser, der erreichet die Absicht desselben nicht»[159].

Schlegel hat den Zusammenhang von einzelnem Bildungsprozeß und historisch-hermeneutischem Besserverstehen bereits im zweiten einleitenden Abschnitt seiner Charakteristik formuliert. Aber der Leser kann diesen Zusammenhang nicht sofort, beim ersten Lesen durchschauen und ‹ganz› verstehen. Er muß nach jener Anweisung des Heftes «Zur Philologie» ‹cyklisch› lesen und zuletzt zu dieser Stelle zurückkehren. Schlegel konnte diese Anlage eines Werkes, die ein solches Lesen erforderlich macht, gerade bei Lessing studieren. So ist es auch nicht verwunderlich, daß er im Anschluß an die bereits zitierte Stelle des Fragmentheftes, an der er seine Antithese zur «Popularität» Lessings aufstellte («Aechte Popularität haben Lessings Schriften doch nicht; nur für Kenner ist s.[eine] Prosa . . .») offenbar auch eine weiterführende Überlegung zum kunstvoll vollzogenen *und* dargestellten (hermeneutischen) Zirkel anstrengt: «Vielleicht geht d[er] Absol.[ute] Gedankengang nicht eben geradeaus wie eine *Linie,* sondern es ist wie ein *Winkel.* – σνστ [systematisch] wie jede *Curve,* nicht bloß d[er] Cirkel»[160]. Zugleich schließt Schlegel so an den § 91 der ‹Erziehung des Menschengeschlechts› an: «Es ist nicht wahr, daß die kürzeste Linie immer die gerade ist»[161]. Der hermeneutische Fortschritt läßt sich nicht nach dem linearen Progressionsschema bemessen.

Schlegel bezeichnet vorweg das ‹Ganze›, das aber erst nach mehrmaligem Durchlaufen des kritischen Prozesses verstanden werden kann: «So lange wir noch an Bildung wachsen, besteht ja ein Teil, und gewiß nicht der unwesentlichste, unsers Fortschreitens eben darin, daß wir immer wieder zu den alten Gegenständen, die es wert sind, zurückkehren, und alles Neue, was wir mehr sind oder mehr wissen, auf sie anwenden, die vorigen Gesichtspunkte und Resultate berichtigen, und uns neue Aussichten eröffnen»[162]. Der allgemeine Fortschritt und der Fortschritt im Bildungsgang des einzelnen werden an die hermeneutische Fähigkeit zur Weiterdeutung klassischer

159. Chladenius, EA, 543, § 697.
160. KA XVIII, 229, Fr. 421.
161. Lessing, EdM, 82, § 91.
162. KA II, 100 f.

‹Elementarbücher› rückgebunden. Das, was Lessing als «*Richtungsstoß* für die menschliche Vernunft» bezeichnet[163], kommt für Schlegel durch das Wiederanknüpfen an klassische Werke im Sinne einer esoterischen Wirkungsgeschichte zustande. Diese Fortsetzung und hermeneutische Neuerung vermögen aber nur ‹einige wenige› zu leisten. Lessing drückt dies in der Radmetapher aus: «daß das große langsame Rad, welches das Geschlecht seiner Vollkommenheit näher bringt, nur durch kleinere schnellere Räder in Bewegung gesetzt würde»[164]. Die hermeneutische Neuerung aber bezeichnet Schlegel jetzt schon genauer als Lessing, der ja nur mit der allgemeinen Lichtmetapher der Aufklärung den Offenbarungscharakter der ‹Elementarbücher› infrage stellen wollte: «. . . sollte es auch nur durch das Licht sein, welches der menschliche Verstand selbst hineintrug»[165]. Schlegel kehrt die hermeneutische Aufgabe der applicatio zunächst um: nicht das, was am klassischen Text verstanden wird, soll auf eine Lebenssituation angewandt werden, sondern der Erfahrungs- und Wissenszuwachs soll auf den Text angewandt werden. So kommt jeweils eine andere Synthese von im Text angelegten ‹Fingerzeigen› und Deutungsmustern zustande. Es entsteht eine immer wieder erneuerungsbedürftige Deutungstradition, die durch jene wenigen kompetenten Hermeneutiker getragen wird. Diese Reihe der wenigen, die die alten Texte immer wieder neu verstehen, ersetzt bei Schlegel das, was Lessing bewußt mit der Fiktion einer Metempsychose ausgedrückt hat: «Warum sollte ich nicht so oft wiederkommen, als ich neue Kenntnisse, neue Fertigkeiten zu erlangen geschickt bin?»[166].

Die Weiterdeutung unter Anwendung «alles Neue[n]» aber ist nur möglich, weil die Texte nicht endgültig fixierbar sind, weil sie eine historisch einzulösende Wirkungsreichweite haben. Diese Annahme entspricht genau dem, was Lessing die «*negative* Vollkommenheit» der Elementarbücher nennt[167]. Veraltet wäre ein klassisches Werk erst dann, wenn ein Mißverhältnis zwischen angelegten ‹Fingerzeigen› und jenem ‹Neuen› entstünde. Dann müßte man, Lessing zufolge, «mehr hineinlegen, als darin liegt; mehr hineintragen, als es fassen kann»[168].

Schlegel stellt sich den hermeneutischen Fortschritt aber nicht als eine zwangsläufige Folge der geschichtlichen Entwicklung vor. Vielmehr müßten die wenigen hermeneutisch Kompetenten nicht nur die Deutungsergebnisse («Resultate») der breiten zeitgenössischen und der vorausgegangenen Kritik berichtigen, sondern auch die hermeneutischen Grundlagen jeweils ändern und die Sehweise selbst neu ausrichten. Schlegel setzt dafür seinen zentralen Begriff des ‹Gesichtspunktes› ein. Die exoterisch durchgesetzte Wirkungsgeschichte soll also jeweils durch jene neuen Synthesen des Ver-

163. Lessing, EdM, 76, § 63.
164. Ebd., 82, § 92.
165. Ebd., 76, § 65.
166. Ebd., 82, § 98.
167. Ebd., 73/74, § 47.
168. Ebd., 74, § 51.

stehens aufgehoben werden. Dies entspricht dem Moment des absichtlichen Vergessens in der ‹Erziehung des Menschengeschlechts›[169].

Durch die Berichtigung der «vorigen Gesichtspunkte» aber werden alle Zeitstufen betroffen: der Text einer historisch abgelegenen Epoche wird anders erklärt, das «Neue» der Gegenwart wird so bewußt ‹angewandt›, daß der Blick für die gegenwärtige Wirklichkeit frei wird, und schließlich sollen durch die hermeneutische Leistung «neue Aussichten» eröffnet werden. Das Verstehen scheint so auf Zukünftiges hin perspektiviert zu werden. Schlegel erneuert so eindeutig und auf hermeneutische Weise das Zeitmodell seines ‹Studium›. Nur kann er jetzt eine Progression angeben, die nicht auf einen einmaligen und plötzlichen Umschlag, auf eine ‹ästhetische Revolution› ausgerichtet ist. Darin liegt der Fortschritt der auseinander folgenden Rezensionen, Charakteristiken und Kritiken gegenüber dem Rahmenentwurf des ‹Studium›. Die Bedingungen des ästhetischen Verstehens würden nicht mehr durch eine ‹ästhetische Theorie› total verändert, sondern lediglich durch eine ‹Hermeneutik› historisch bewußt gemacht, die ‹auf die Kritik folgen› könnte. Diese ‹Hermeneutik› bliebe selbst dem «historischen Geist» verpflichtet.

Schlegel glaubte mit diesem Ansatz die Geltung klassischer Werke hermeneutisch begründet zu haben. Die Berechtigung dazu, ein solches Werk immer wieder ‹neu› deuten zu wollen, liegt darin, daß es nicht auf einem Zeitpunkt ‹ganz› verstanden werden könne. In den ‹Fragmenten zur Litteratur und Poesie› hält Schlegel diesen Gedanken fest: «Alle class.[ischen] Schriften werden nie ganz verstanden, müssen daher ewig wieder kritisirt und interpretirt werden»[170]. Dieser Annahme scheint aber zunächst die These vom ‹Besserverstehen› entgegen zu stehen. Die Deutungsgeschichte soll ja nicht nur als eine Entfaltung des im klassischen Werk Angelegten erscheinen. Vielmehr billigt Schlegel ja den Hermeneutikern späterer Zeiten zu, daß sie dem Werk erst «durch die absichtliche Fortsetzung und Bejahung»[171] die klassische Wertgeltung verschaffen. Allerdings ist die Vereinbarung beider Ansätze erst denkbar, wenn die ‹Absicht des Werks› von der ‹Absicht des Autors› getrennt wird, wenn dem Werk eine andere historische Wirkungsreichweite zugebilligt wird und der später Verstehende nicht darauf festgelegt wird, die engere Absicht des Autors zu ermitteln. Diesen hermeneutischen Fortschritt konnte Schlegel gerade bei dem Versuch einer Neuanknüpfung an Lessing und einer Korrektur der Wirkungsgeschichte Lessings erzielen, da dessen Werke stets im Sinne der älteren Aufklärungshermeneutiken gedeutet wurden. Schlegel drückt diesen Fortschritt in einem Fragment präzise aus: «Die Frage was d[er] Verfasser will, läßt s.[ich] beendigen, die was das Werk sei, nicht»[172].

169. Ebd., 83, § 99: «Die Erinnerung meiner vorigen Zustände würde mir nur einen schlechten Gebrauch des gegenwärtigen zu machen erlauben».

170. KA XVI, 141, Fr. 671. 171. KA XVIII, 257, Fr. 768. 172. Ebd., 318, Fr. 1515.

6. Hermeneutische Weiterdeutung im ‹Geist› eines Autors und esoterische ‹Symphilosophie›

Der Abschluß des Lessing-Aufsatzes (1801)

Der Abschluß der Charakteristik Lessings, den Schlegel für die erste Sammelausgabe von «Charakteristiken und Kritiken» im Jahre 1801 vorbereitete, wurde häufig vom ersten Teil abgesondert[1]. Es boten sich die Alternativen einer oberflächlich genetischen Anordnung der Arbeiten, einer historischen Anordnung der Vorläuferreihe, bei der die erste Lessing-Arbeit hätte vorangestellt werden müssen, und einer hermeneutisch nachvollziehbaren Auseinanderfolge. In einem Brief an seinen Bruder August Wilhelm vom 16. 1. 1801 stellt Schlegel schließlich fest: «es ist mir sehr lieb, daß nicht der Lessing voranzustehen braucht, weil ich nun eine wahre Ordnung hineinbringen kann, und in dieser muß der Lessing gerade zuletzt stehn. Doch denke nicht, daß ich etwa für diesen nichts getan hätte. Umarbeiten konnte ich ihn nicht, so endigen auch nicht, ich werde mich also der Figur des Hyperbatons bedienen»[2]. In den Philosophischen Fragmentheften definiert er diese Figur als «Herausgehn aus d[er] ursprüngl[ichen] Absicht am Ende d[es] Werks», um im Modell der romantischen Ironie eine «echappèe de vue ins Unendliche» zu ermöglichen[3]. Es geht also nicht um ein Wiederaufgreifen der «ϱ [rhetorischen] Figuren d[er] Alten»[4] sondern um ein «Potenziren», eine «Verbindung des äußern ϱ [rhetorischen] Zwecks mit d[er] innern Constr.[uktion] eines Werks»[5]. Unterlegt ist dabei die hermeneutische Frage nach dem Verstehen der eigenen, zuvor in einem Werk ausgedrückten ‹Absicht›, um die ‹Selbstkenntniß› des Kritikers, der zuvor den Vorläufer Lessing daraufhin befragt hat, ob dieser «sich selbst gekannt habe».

Die «wahre Ordnung» der Schlegelschen Werkfolge bezieht sich aber auch darauf, wie er im Geist Lessings weiterversteht und so diesen kritisch fortsetzt und potenziert: «Die wahre Kritik ein Autor in der 2t Potenz»[6]. Er braucht so zuletzt immer weniger ‹buchstäblich› auf die Werke dieses Autors einzugehen. In dieser Weise wird auch der Plan des Jahres 1798 überboten, zu Lessings Schriften «Diaskeuasen» anzufertigen, bei denen «die Formen immer wiederhohlt» werden sollten, aber die Fortsetzungsrichtung innovatorisch bestimmbar bleiben sollte – «Kategorien Ideen pp aber immer in einem neuen Sinne»[7].

1. Schlegel, PJ.
2. Schlegel, BB, 454 f.; vgl. Eichner, KA II, S. XXXIV.
3. KA XVIII, 402, Fr. 983; Schlegel studierte diese Figur in den Werken Platons, vgl. KA XVIII, Beilage IV, 526 ff.
4. KA XVI, 217, Fr. 172.
5. KA XVIII, 402, Fr. 983.
6. Ebd., 106, Fr. 927.
7. Ebd., 267, Fr. 871.

Zuletzt konfrontiert also der Kritiker seine ‹ursprüngliche Absicht› mit der esoterisch weiterreichenden ‹Absicht seiner Werke› und seiner Projekte, indem er eine Auswahl seiner zwischenzeitlich geschriebenen Fragmente zusammenstellt, um die Fortsetzung seiner Werke «im Geiste» Lessings aufzuzeigen und seine geniale Vielseitigkeit zu demonstrieren. Indem er sich vergewissert, wie seine Kritiken in den «Urteilen der Kenner» mißverstanden wurden, eröffnet er die Möglichkeit einer metakritischen Betrachtung, einer neuerlichen Kritik an der ‹Kritik der Kritik›. Die behauptete ‹Unverständlichkeit› kann so als historisches, nicht als subjektives Problem betrachtet werden. Ebenso bezieht sich die fortgesetzte Reflexion zum Lese- und Verstehensprozeß nun darauf, daß Leser sein ‹Verstehen verstehen› lernen sollen.

Schlegel sucht aus der Distanz von vier Jahren seine Charakteristik nach der damals «vorläufigen Absicht» zu beurteilen. Er expliziert nun eindeutiger, was er in dem ersten Aufsatz esoterisch angestrebt hatte, ja, er deutet es gleichsam aus seinem eigenen Werk heraus: In der kritischen Gewichtung sollte Lessing aus den Bereichen der «Poesie» und der «poetischen Kritik» in den der «Philosophie» herübergezogen werden[8]. Diese interpretatorisch ermittelte ‹Absicht› zielte aber auch darauf, Lessing wegen der «FORM *der Philosophie*», wie Schlegel in einem Fragmentheft schreibt[9], den Philosophen als vorbildlich zu empfehlen. Es geht dabei um das Problem der hermeneutischen Wirkungsreichweite auch philosophischer Schriften, die, so unterlegt Schlegel, wie die ‹Elementarbücher› bei Lessing immer weiter ausgedeutet werden könnten. So bezieht er ein Athenäumsfragment in diese Fortsetzung ein, in dem er Kants ‹Kritik der reinen Vernunft› gleichsam in den Rang eines ‹Elementarbuches› erhoben hatte: «Welches Buch hätten die Philosophen . . . wohl schicklicher zu ihrer Bibel wählen können». Man sollte das Werk also nicht als vollendete philosophische Kritik betrachten, sondern dem Beispiel Lessings folgen und «Anspielungen, Fingerzeige, Vorübungen» darin suchen[10]. Die ironische Absicht Schlegels, die Bedeutung des Kantschen Werkes zu überhöhen und es zugleich *hermeneutisch* zu relativieren, wird aber erst voll durchsichtig, wenn man sich an jenen Haupteinwand gegen die ‹Kantianer› erinnert, daß deren ‹Hermeneutik› ‹antihistorisch› sei. Kant sollte also ebenso zum Ausgangspunkt für einen ‹Historismus› des Weiterverstehens und Weiterdeutens gewählt werden können wie Lessing. Schlegel deutet diese unterlegte Absicht dadurch an, daß er ein anderes Athenäumsfragment in der Auswahl der «Eisenfeile» in die Nähe jenes zitierten rückt. In diesem Fragment behauptet er nämlich ganz ‹im Geiste› der Fortsetzung seines ersten Lessing-Aufsatzes, die Philosophie habe «den Schlüssel ihrer eignen esoterischen Geschichte noch nicht finden können»[11]. Schlegel möchte die Parallele aufdrängen, daß es Kant ebenso wie Lessing noch an ‹historischem Geist› fehle.

8. KA II, 397.
9. KA XVIII, 464, Fr. 321.
10. KA II, 402, Fr. 39.
11. KA II, 403, Fr. 43.

Diese Ergänzung wird bestätigt in dem Abschnitt der Arbeit, der an die «Eisenfeile» anschließt. Dort bekundet Schlegel seine *neuen ‹Absichten›*, nachdem er den Lesern seiner früheren Arbeiten ein «kritisches Lebewohl» gesagt hat. Er möchte in Zukunft sein Augenmerk, seine in der Kunstkritik erworbene «Idiosynkrasie» auf zwei Gebiete richten: auf eine *«Geschichte der Dichtkunst»* und eine *«Kritik der Philosophie»*[12]. Schlegel versteht diese Kritik offenbar als *eine* Fortsetzungsmöglichkeit im Anschluß an seine früheren Arbeiten. In den nachgelassenen Heften seiner «Fragmente zur Poesie und Litteratur II» hat er Vorüberlegungen dazu angestrengt. Hier werden auch die Gegenläufigkeit jener neuen hermeneutischen Projekte und die Unterschiede der zeitlichen Ausrichtung deutlich: «Man sollte die φ [Philosophie] durchaus rückwärts studiren, nicht genetisch wie die Poesie, sondern *palingenetisch*»[13]. Schlegel möchte so den «Geist der histor[ischen] φσ [Philosophie]» verstehen lernen[14].

Zu dem anderen Projekt, der *«Geschichte der Dichtkunst»*, hatte er ja bereits im ‹Studium› und in der Herder-Rezension großrahmige Gliederungen versucht. Hier geht es um die Verbindung zwischen beiden Bereichen. Diese kann nur darin gesehen werden, daß der Kritiker die erworbene hermeneutische Kompetenz nunmehr in der historischen Dimension universalisieren möchte. Der ästhetische Kritiker, der zuvor hermeneutisch reflektieren lernte, möchte nun zum Geschichtshermeneutiker werden. In einem jener nachgelassenen Hefte gibt er sein neues Ziel an: «Ich für Historie, was Goethe und Fichte für π [Poesie] und φσ [Philosophie]»[15]. Und die Entwicklung der genialen Vielseitigkeit dieses Geschichtshermeneutikers knüpft er an das «Gesetz d[er] modernen *Historie* – Universalität und tiefer[e] Universalität»[16].

Aber dies alles sind Absichtsbekundungen, die er zum Teil offen ausspricht, zum anderen Teil aber in der Form des Fragmentes versteckt. Indem er eine Reihe der zuvor im ‹Lyceum› und im ‹Athenäum› abgedruckten Fragmente neu kombiniert, stellt er gleichsam neben die ‹Absicht des Autors› die ‹Absicht des Werkes›. Er setzt also das zuvor schon angedeutete, aber in der Charakteristik Jacobis entfaltete Thema bis in den Bereich der ‹Selbstkenntniß› des Hermeneutikers hinein fort. Er zitiert sich selbst in einer Fülle von Fragmenten und betrachtet sich von außen, um zu demonstrieren, daß die vielgestaltigen Absichten dieser Werkform weiterreichen als die unmittelbar ausgesprochene ‹Absicht des Autors›.

Schlegel macht auf dieses zentrale Thema der Hermeneutik schon dadurch aufmerksam, daß er den Begriff der ‹Absicht› mehrfach verwendet: nachdem er die Leitlinien seiner «vorläufigen Absicht» (im ersten Teil der Lessing-Arbeit) nachgezeichnet hat, zeigt er sich in der kritischen Überschau «zufrieden mit dieser Absicht»[17]. Beide Formeln stehen vor der Sammlung

12. Ebd., 409. 13. KA XVI, 294, Fr. 487. 14. Ebd.
15. Ebd., 323, Fr. 819. 16. Ebd., 323, Fr. 827. 17. KA II, 397.

der «Eisenfeile», also seiner Werkfolge. Unmittelbar daran schließt er die Warnung an, der Leser möge die so gegebenen «kombinatorischen Anregungen» ernstnehmen und keine falschen Schlüsse daraus ziehen, daß «vielleicht einiges mit Absicht so leicht sei»[18]. Hier verwendet Schlegel ja den Begriff wieder so, als habe der Autor für diese ironische Erleichterung gesorgt; aber die ‹Absicht des Werkes› sei doch ernsthafter.

Schließlich erweckt er den Eindruck, als hätten einige Leser, die zuvor, nach Art der Aufklärungshermeneutiken, direkt nach der ‹Absicht des Autors› fragten, inzwischen aus seinen Arbeiten gelernt, nach der *«Absicht im Ganzen»* zu fragen[19]. Nun zerstört er aber auch diesen Lernerfolg wieder, indem er die Erklärung anschließt, so könne man höchstens einen «Jacobi» verstehen. Er spielt also den Wert seiner eigenen Charakteristik nachträglich herunter. Jene *«Absicht im Ganzen»* schien ja zunächst eine zu sein, die sich in mehreren Werken objektiviert hat. Aber sobald man aus der «Komplexion der Nebenabsichten» nur eine einzige «Zentralabsicht» herausgefiltert habe[20], werde das Verstehen wieder auf bloß subjektive Veranlassungen zurückverwiesen.

Nun hat Schlegel den Punkt erreicht, an dem er seine hermeneutische Suche nach der ‹Absicht› bei Jacobi und bei Lessing vergleichen kann. Er bezieht also in der Überschau die Ergebnisse seiner Kritiken aufeinander, ohne dies ausdrücklich auszusprechen. Die ‹Absicht›, die sich in einer idealen Werkfolge ausdrücke, könne man nicht auf einen Nenner bringen. Schlegel rechnet mit so vielgestaltigen Anschlußmöglichkeiten einer esoterischen Wirkungsgeschichte, also mit so verschiedenartigen Verstehensansätzen, daß er keine eindeutige ‹Absicht der Werke› im ganzen glaubt angeben zu dürfen: «Da könnt Ihr in einzelnen Werken vielleicht Absichten sehr klar und rein ausgedrückt finden. Im Ganzen werdet Ihr aber nie eine Absicht nachweisen und begründen können als die, das, was ihre Tendenz ist, unbedingt darzustellen oder unbedingt mitzuteilen»[21]. Die partikulare Absicht solcher Autoren scheint also ganz in der Darstellung und im Werk aufzugehen.

Die Fortsetzbarkeit und die Ausdeutbarkeit scheinen also in einem Verhältnis der Wechselsteigerung zu stehen. Schlegel bringt das mit der ja bereits im ersten Teil gerühmten fragmentarischen Form solcher Werke in Zusammenhang. Wenn er nunmehr von der *«symbolischen Form»* Lessingscher Werke spricht[22], so möchte er natürlich zugleich auf seine Form der unendlich fortsetzbaren, kombinierbaren und vielgestaltig verstehbaren Fragmente aufmerksam machen. Die ‹Absicht dieser Werke›, das ist sein Wunsch, soll weiterreichen als seine damals gehegte ‹vorläufige› und seine jetzt ausgedrückte besondere und partikulare ‹Absicht›.

18. Ebd., 409.
19. Ebd., 413.
20. Ebd.
21. Ebd.
22. Ebd., 412.

In der Art, wie Schlegel auf wenigen Seiten dieses hermeneutische Thema der ‹Absicht des Autors› und der ‹Absicht des Werkes› variiert, führt er noch einmal ein Verwirrspiel vor, damit ja nicht ein «angehende[r] Kritiker»[23] auf die Idee komme, seine Absicht ‹im Ganzen› zusammenzufassen und seine Verfahren womöglich in Regeln zu formulieren. Er befürchtet, daß solche Fortsetzer dann ihn selbst nicht im Sinne des «Historismus» von einem fluktuierenden ‹Gesichtspunkt› aus verstehen, sondern gleichsam die einzeln festgemachten ‹Absichten› seiner Fragmente auf einen Nenner bringen wollten: «Übersichten des Ganzen, wie sie jetzt Mode sind, entstehen, wenn einer alles einzelne übersieht und dann summiert»[24]. Gegen solche Versuche glaubt er sich gefeit, da er überall seine «Absicht bis zur Ironie» vorangetrieben habe[25]. Er möchte sich Lessing gegenüber insofern als historisch überlegen erweisen, als er mit den ‹Absichten› noch absichtsvoll rechnet und spielt. Demgegenüber könne man von dem Vorläufer, in dessen Geist er weiterdenkt, sagen: «Lessings Ironie ist Instinkt»[26].

Schlegel weist zuletzt im Stichwort auf die Klage derer hin, die wohl bei ihm nach der ‹Absicht› forschten und nur *«Unverständlichkeit»* feststellen konnten[27]. Mit dieser Anspielung bezieht er auch noch seinen Aufsatz «Über die Unverständlichkeit» ein, den er im Jahre 1800 im Athenäum abdrucken ließ. In dieser Arbeit reagiert er auf die Verstehensgewohnheiten und die daraus resultierenden Ärgernisse vieler Kritiker. Dabei steckt er die ganze Spannweite der ‹Absichten› in zwei Formeln ab, die er offenbar bei Abfassung jenes Abschlusses der Lessing-Kritik wiederum vor Augen hatte. In der einen legt er sich ironisch auf die vorgeblich ironielos ausgedrückte ‹Absicht› *eines* Fragmentes fest: «Dieses Fragment schrieb ich in der redlichsten Absicht und fast ohne alle Ironie»[28]. Und dennoch sei es mißverstanden worden. Damit unterstellt Schlegel, daß die Absicht wohl eher in Projektionen der Verstehenden zu suchen sei. Tatsächlich aber geht es dabei um jenes berühmte Fragment über die drei «größten Tendenzen des Zeitalters». Der esoterisch Verstehende weiß also, daß jene beteuerte ‹redlichste Absicht› des Verfassers sich gar nicht mit dem decken könnte, was die historische Tragweite des Ausgedrückten ausmacht. Insofern läuft die Selbstinterpretation hier auf die Form der «Ironie der Ironie» hinaus[29]. – Die zweite Formel sucht die Möglichkeiten des späteren, durch verschiedene wirkungsgeschichtliche Stränge beeinflußten Verstehens im Hinblick auf die ironisch gestaltete, also im Werk verkapselte Absicht zu erörtern. Derjenige, der nur naiv davon ausgeht, daß ein geradliniges Besserverstehen möglich sei, daß der Leser aus dem Zeitenabstand heraus die ironischen Absichten erkennen und überschauen könne, verkenne oft die Reichweite dieser Absichten. Schlegel setzt so nur das hermeneutische Thema der Wirkungsgeschichte,

23. Ebd., 411.
24. Ebd., 400, Fr. 19.
25. Ebd., 217, Fr. 305.
26. Ebd., 160, Fr. 108.
27. Ebd., 412.
28. Ebd., 366.
29. Ebd., 369.

des Mißverstehens und der esoterischen Wirkungsreichweite fort: «Mit der Ironie ist durchaus nicht zu scherzen. Sie kann unglaublich lange nachwirken. Einige der absichtlichsten Künstler der vorigen Zeit habe ich in Verdacht, daß sie noch Jahrhunderte nach ihrem Tode mit ihren gläubigsten Verehrern und Anhängern Ironie treiben»[30]. Das esoterische Vorbild für diese Aussage war immer noch das wirkungsgeschichtliche Schicksal der Lessingschen Werke, die auch nach dem Tod des Autors noch auf dessen ‹Absicht› und dessen ‹Gesinnung› hin untersucht würden.

Darin lägen gewissermaßen die negativen Zukunftsmomente der Lessingschen Werke, die immer noch nicht als ‹Elementarbücher› voll eingelöst würden. Schlegel weiß aber auch, daß diese hermeneutische Fiktion der Elementarbücher auf eine geschichtsphilosophische Fiktion hinauslief: die Vollendung des triadischen Geschichtsverstehens, dessen, was Lessing als *«dreifaches Alter der Welt»* ansah[31], durch ein neues ‹Elementarbuch›. Die Zukunft wird also zunächst in einer hermeneutischen Erwartung vorgestellt, da jene «Zeit eines *neuen ewigen Evangeliums»*[32] in der ‹Erziehung des Menschengeschlechts› noch nicht inhaltlich vorgestellt wird. Aber Schlegel sah gerade in der Vieldeutigkeit einer solchen Erwartung, in der fiktiven Geltung eines triadischen Geschichtsmusters eine Möglichkeit, die am Streit um Lessing Beteiligten darauf aufmerksam zu machen, daß sie die Weite des Lessingschen Verstehens aus dem Auge verloren hätten.

Die Form, in der er jene Erwartung Lessings mitteilt, hat wiederum eine zweifache hermeneutische Ausrichtung. Er teilt in Gedichtform «Etwas das Lessing gesagt hat» mit[33]. Darin ahmt er die Weise nach, wie Lessing verehrt wurde, wie man in einzelnen Aussprüchen und in einzelnen Zitaten seine wahre ‹Absicht› ausgedrückt sah. Schlegel schließt sich in diesem Gedicht also scheinbar der Verehrung an. Er scheint dabei die Zukunftserwartung Lessings in den Vordergrund zu stellen. Tatsächlich stellt er sich aber mit diesem Gedicht in ein anderes hermeneutisches Beziehungsfeld, das er nur nicht exoterisch angeben will. Die ausgedrückte ‹Absicht des Autors› und die esoterisch zurückgehaltene ‹Absicht des Werkes› werden kunstvoll auseinandergetrieben:

«Etwas das Lessing gesagt hat.

Wenn kalte Zweifler selbst prophetisch sprechen,
Die klaren Augen nicht das Licht mehr scheuen,
Seltsam der Wahrheit Kraft in ihren Treuen
Sich zeigt, den Blitz umsonst die Wolken schwächen:

30. Ebd., 370.
31. Lessing, EdM, 81, § 88.
32. Ebd., 81, § 86.
33. KA II, 397.

Dann wahrlich muß die neue Zeit anbrechen,
Dann soll das Morgenrot uns doch erfreuen,
Dann dürfen auch die Künste sich erneuen,
Der Mensch die kleinen Fesseln all' zerbrechen.
«Es wird das neue Evangelium kommen.» –
So sagte Lessing, doch die blöde Rotte
Gewahrte nicht der aufgeschloßnen Pforte.
Und dennoch, was der Teure vorgenommen
Im Denken, Forschen, Streiten, Ernst und Spotte
Ist nicht so teuer wie die wen'gen Worte.»[34]

Tatsächlich läßt sich das Gedicht erst ganz verstehen, wenn man es nicht nur als poetische Vorstellung ‹im Geiste› Lessings auffaßt, sondern als ‹Sympoesie› und ‹Symphilosophie› mit Novalis, als Widmung und Entsprechung *«à la hauteur»*[35] mit den geschichtsphilosophischen Vorstellungen des Freundes. Schlegel löst das Versprechen «An Novalis» aus dem Athenäum ein: «Dein Geist stand mir am nächsten bei diesen Bildern der unbegriffenen Wahrheit. Was du gedacht hast, denke ich . . .»[36]. Diese Widmung schloß sich wiederum an die Aufforderung Schlegels an, daß jeder ‹aus seinem Standpunkt› die «Morgenröte» begrüßen, das heißt seine geschichtsphilosophischen Erwartungen aussprechen soll[37].

Das Gedicht ist sympoetisch und symphilosophisch genau in Parallele gerückt zu dem Gedicht, das Novalis für den zweiten, geplanten Teil des ‹Heinrich von Ofterdingen› vorgesehen hatte, und das von Tieck ins Zentrum des erinnernden Rückblicks gerückt wurde, da es «auf die leichteste Weise den innern Geist seiner Bücher» ausdrücke[38]. Schlegel setzt zugleich das Novalis-Gedicht in der Weise seiner früheren Kritiken fort. Was in den beiden ersten Zeilen als Brechung der Aufklärung nach dem Muster der Wechselsynthese erscheint, ist bei Novalis zunächst als epochale Ablösung der Aufklärung vorgestellt:

«Wenn nicht mehr Zahlen und Figuren
Sind Schlüssel aller Kreaturen»[39]

Aber Novalis hat in metaphorischer Weise ebenfalls die Wechselsynthese und Wechselnegation von Aufklärung und Irrationalismus einbezogen:

«Wenn dann sich wieder Licht und Schatten
Zu ächter Klarheit wieder gatten»

34. Ebd.
35. Ebd., 210, Fr. 264; 403, Fr. 42.
36. Ebd., 272, Fr. 156.
37. Ebd., 272, Fr. 155.
38. Novalis, I, 360, darin Nachbericht Tiecks.
39. Ebd., III, 675, Fr. 623.

Schlegel möchte mit Novalis die Spätaufklärer daran erinnern, daß sie erst dann ein geschichtliches Ziel finden, wenn sie ihr eignes Symbol, «das Licht», nicht mehr «scheuen». Die Erneuerung der «Künste» wird an die Veränderung der epochalen Bedingungen geknüpft; sie läßt sich erst von der «neue[n] Zeit» erwarten. Novalis spitzt die Erwartung der Weltenwende im Sinne seiner magischen ‹Logologie› poetisch zu:

«Dann fliegt vor einem geheimen Wort
Das ganze verkehrte Wesen fort.»

Das ‹verkehrte Wesen› ist im ersten Teil des ‹Ofterdingen› die Herrschaft des ‹Buchstabens›, nach dem Märchen des 9. Kapitels verkörpert in der Figur des ‹Schreibers›[40].

Schlegel hat jene Erwartung verändert. Es geht ihm darum, daß die neuen Worte in neuem Geist verstanden werden, also darum, daß die Ungleichzeitigkeit des Verstehens aufgehoben werde, an die er am Beispiel Lessing erinnert («. . . doch die blöde Rotte/Gewahrte nicht der aufgeschloßnen Pforte»). Schon in einem Athenäumsfragment findet man allerdings die hermeneutisch gemeinte Parallelstelle zu Novalis' magischer Vorstellung: «Man redet schon lange von einer Allmacht des Buchstabens, ohne recht zu wissen was man sagt. Es ist Zeit daß es Ernst damit werde, daß der Geist erwache und den verlornen Zauberstab wieder ergreife»[41]. Aber Schlegel will offenbar in der ‹Fortsetzung› des ‹Lessing› späteren Lesern, die diese esoterischen Entsprechungen nachzeichnen sollen, zeigen, daß er Novalis symphilosophisch verstanden hat. Insofern möchte er die hermeneutische Erwartung vorwegnehmen. Der Gedanke des ‹symphilosophischen› Verstehens ist durch und durch hermeneutisch geprägt. Schlegel wollte ihn zur Zeit des Athenäum auf alles Kunstverstehen ausdehnen: «Wer entsiegelt das Zauberbuch der Kunst und befreit den verschloßnen heiligen Geist? – Nur der verwandte Geist»[42]. Dabei stellte er sich auch in dieser Zeit keine wahlverwandtschaftliche, gleichsam enthistorisierte Übereinstimmung zwischen dem Verstehenden und dem Verstandenen vor. Vielmehr geht es ihm ja darum, seine Genielehre im Sinne des bei Lessing vermißten ‹historischen Geistes› weiterzuentwickeln. So spielt er in einem weiteren Athenäumsfragment an die Stelle seiner Lessing-Kritik an, wo er dessen ‹Selbstkenntnis› noch für unvollständig erklärte: «Es gibt keine Selbstkenntnis als die historische. Niemand weiß was er ist, wer nicht weiß was seine Genossen sind, vor allem der höchste Genosse des Bundes, der Meister der Meister, der Genius des Zeitalters»[43]. Er fordert also historische und gegenwärtige Orientierung. Auch die Möglichkeit, sich selbst zu verstehen, wird an diese Orientierung rückgebunden. Die erste Stufe aber zur Selbstverständigung

40. Novalis, I, 295 f.; III, 675, Fr. 623.
41. KA II, 262, Fr. 61.
42. Ebd., 271, Fr. 148.
43. Ebd., 270, Fr. 139.

bilde die ‹symphilosophische› Übereinstimmung einiger weniger. Andererseits erleichtert die Verständigung der – nach dem Forster-Aufsatz – *wenigen* hermeneutisch Kompetenten einer jeden Zeit wiederum die Orientierung in dieser Zeit.

Schlegel verbindet also in diesem Gedicht die historische ‹Symphilosophie› mit Lessing und die zeitgenössische ‹Symphilosophie› mit Novalis. Er versteht den einen ‹im Geist› des anderen. Erst wenn man diese Ergänzung vorgenommen hat, löst sich die ursprüngliche Diskrepanz auf, daß die offen bekundete ‹Absicht des Autors›, an Lessing zu erinnern, nicht übereinstimmte mit der im Werk ausgedrückten esoterischen ‹Absicht›.

Auch formal stimmt die Stellung dieses Gedichts in der Fortsetzung des Lessing-Aufsatzes mit der Funktion des Novalisschen Romangedichtes für eine geplante Fortsetzung des ‹Ofterdingen› überein. In den nachgelassenen Heften «Zur Poesie» aus den Jahren nach 1801 findet man etliche Stellen, aus denen hervorgeht, daß Schlegel die Fortsetzung des ‹Ofterdingen› zu verstehen suchte und als Vorbild für eigene Projekte ansah[44]. Aber er machte sich in diesen Heften auch bewußt, wo die Synthesierungsabsichten seines ‹sympoetischen› Verstehens sich von denen des Novalis unterscheiden: «Nov.[alis] wollte alle W[issenschaft] und K[unst] in Poesie auflösen – *universelle* Poesie – Meine ist *physisch* – selbst im Histor[ischen]»[45]. Das Verbindende blieb zwar der «Eckel an d[er] Aufklärung»[46], aber Schlegel konnte die inhaltlich neoaufklärerischen Züge seiner Kritiken nicht verleugnen. Seine epochale hermeneutische ‹Absicht› war die einer ‹antithetischen Synthesis› zur Aufklärung, dargestellt in den ständigen Versuchen, an Lessing gegen die spätaufklärerische «Geschichte der Wirkungen» neoaufklärerisch anzuknüpfen.

Schlegel wußte, daß nach seinen ‹Absichten› in eben der Weise gefragt wurde wie nach denen Lessings. Seine Kritiken wurden nicht verstanden oder mißverstanden. Jedenfalls fragte niemand in der von ihm vorgeführten hermeneutischen Weise nach der ‹Absicht seiner Werke›. Die ‹Entscheidungen des Publikums› zeigten, daß weder seine Kritiken noch seine Athenäumsfragmente als ‹Incitamente› gelesen wurden, obwohl er doch die Reizworte der verschiedensten Strömungen benutzt hatte, um die Leser in seine Texte hineinzuziehen. Auch in einer Notiz des ‹Athenäum› hatte er festgehalten, daß wer «ein Werk etwa aus einem Standpunkt, der noch nicht populär ist» betrachte, dennoch «an den populären» anknüpfen müsse[47].

44. KA XVI, 387, Fr. 192: «Die Aurora doch auch recht eigentl[ich] ein Roman. ⟨Also *sieben* R.[omane] wie Novalis.⟩»; ebd., 490, Fr. 307: «*Ofterdingen* nicht mehr Roman sondern *Mährchen.* – Der Roman ist nicht Mährchen aber er soll dahin führen»; ebd., 346, Fr. 39: «(Idee die Luc[inde] in mehr[eren] Theilen fortzusetzen . . .)»; ebd., 348, Fr. 57: «Bergh[eim] zugl[eich] Potenz.[irung] und Dodek[amerone] der ächt[en] neudeutsch[en] R[omane] (Meister, Werther, Ofterdingen) und Basis der Luc[inde]».

45. KA XVI, 389, Fr. 209. 46. Ebd., 198, Fr. 45. 47. KA II, 273.

Schlegel war sich darüber im klaren, daß er vor allem wegen seiner *«Unverständlichkeit»* bekannt geworden war[48]. Diese Einsicht möchte er offenbar dadurch bekräftigen, daß er ein Lyceumsfragment in den «Eisenfeilen» seines Fortsetzungsaufsatzes wieder abdruckt, in dem er alle Gründe für die Popularität deutscher Autoren angeführt und dabei schon die «Unverständlichkeit» rhetorisch wirkungsvoll und überraschend in die Mitte gestellt hatte: «Zur Popularität gelangen deutsche Schriftsteller durch einen großen Namen oder durch Persönlichkeiten, oder durch gute Bekanntschaft, oder durch Anstrengung, oder durch mäßige Unsittlichkeit, oder durch vollendete Unverständlichkeit, oder durch harmonische Plattheit, oder durch vielseitige Langweiligkeit, oder durch beständiges Streben nach dem Unbedingten»[49]. Auf diese Weise gesteht Schlegel sich ironisch ein, daß er inmitten jener ungleichzeitigen Geschmacksbildung des Publikums dennoch einen Platz zugewiesen bekam. Und das Paradoxe der Art, wie er vereinnahmt werde, liege dann gerade darin, daß derjenige, der sich um ein neues vielseitig anknüpfendes Verstehen bemühte, wegen seiner «Unverständlichkeit» bekannt würde. Aber er weiß auch, daß viele Vorurteile gegen seine Kritiken, Vorurteile im hermeneutischen Sinne verstanden als solche Voreingenommenheiten, die das Verstehen verhindern, aus der gleichen Richtung kommen, von der aus auch schon Forster wegen ‹Mangel an Deutschheit› verdammt wurde. Schlegel betrachtet dies keineswegs als ernsthaften Einwand. Vielmehr kehrt er den Vorwurf um und behandelt die ‹Unverständlichkeit› als wesentliche Voraussetzung der Gemeinschaftsbildung: «Aber ist denn die Unverständlichkeit etwas so durchaus Verwerfliches und Schlechtes? – Mich dünkt das Heil der Familien und der Nationen beruht auf ihr; wenn mich nicht alles trügt, Staaten und Systeme, die künstlichsten Werke der Menschen . . .»[50]. Er hält es also auch nicht für sinnvoll, daß der historische Zusammenhalt ganz und gar durchsichtig gemacht würde. Darin nimmt er wiederum den Urteilsstandpunkt des ‹fähigeren Individuums› aus Lessings ‹Erziehung des Menschengeschlechts› ein, das keine durchgängige Aufklärungsaufgabe übernehmen sollte, sondern nicht alles «merken» lassen durfte, was es «zu sehn» begann[51]. Die Aufklärung dürfe nicht den hermeneutischen Fehler der Übereilung zum geschichtlichen machen, indem sie, wie Lessing ausführte, die «Zeitgenossen» «mit eins» dazu bewegen wollte, eines «*dritten Zeitalters* würdig» zu werden[52].

Schlegel treibt die Ironie ‹im Geiste› Lessings noch weiter, indem er den aufklärerischen Fortschrittsgedanken mit dem Streben nach ‹Deutschheit› verbindet: «Zugleich hatte ich mit innigem Vergnügen die Progressen unsrer Nation bemerkt . . .»[53]. Tatsächlich rechnet er mit Übereinstimmung darin, daß solche Fortschritte nicht zu erkennen seien. In den nachgelasse-

48. Ebd., 412.
49. Ebd., 399, Fr. 12.
50. Ebd., 370.
51. Lessing, EdM, 77, § 68.
52. Ebd., 81, § 89.
53. KA II, 364.

nen Heften der «Ideen zu Gedichten» überlegt er gelegentlich, ob er nicht in einem projektierten Stück «*Masken* d[es] deutschen Nationalcharakters»[54] auftreten lassen soll.

Nun erwägt er, ob nicht wenigstens das «Zeitalter» im ganzen die Fortschritte gemacht habe, die man bei der «Nation» nicht bemerken könne. Es geht dabei nicht in erster Linie darum, den Geschichtsoptimismus der Aufklärung anzugreifen, sondern zu zeigen, daß diejenigen, die darin übereinstimmten, aber seine Kritik als ‹unverständlich› ablehnten, tatsächlich keine unabhängige Zeitkritik mehr zulassen wollten. Der Geschichtsoptimismus hätte sich, das unterlegt Schlegel, selbst zu einem vorurteilshaften Mißverstehen entwickelt. Die aufklärerische Kritik sei nicht mehr bereit, jene Übereinstimmung im Geschichtsverständnis infrage zu stellen: man könne im Ergebnis festhalten, «daß nun bald alles kritisiert sein wird, außer das Zeitalter selbst»[55]. Schlegel beobachtet daraufhin die Progression in dieser allgemeinen Kritik, die so weitgesteckte Ziele gehabt habe, und läßt diese dann in witziger Weise umschlagen in die bloße Hoffnung, daß erst einmal die elementarsten Voraussetzungen zu einem neuen Verstehen geschaffen würden: «. . . daß alles immer kritischer und kritischer wird, und die Künstler schon die gerechte Hoffnung hegen dürfen, die Menschheit werde sich endlich in Masse erheben und lesen lernen»[56]. Auf diese Weise verkehrt er die Revolutionserwartung in eine hermeneutische Erwartung. Auch darin ahmt er die Anweisungen der ‹Erziehung des Menschengeschlechts› nach, daß erst eine größere Fähigkeit im Ausdeuten der ‹Elementarbücher› erworben werden müsse und der «Ausbruch» einer neuen Epoche nicht zu früh angenommen werden dürfe[57]. Zugleich nimmt er als Kritiker in gespielter Bescheidenheit Abstand davon, daß die Kritik als allgemeine Einstellung zu ernst genommen werde, daß «alles immer kritischer und kritischer» werde. Er befürchtet, daß die hermeneutischen Einsichten noch nicht weit genug entwickelt seien, um einen Mißbrauch dieser allgemeinen Kritikfähigkeit zu verhindern. In diesem Sinne wählt er ein Athenäumsfragment für die «Eisenfeile» aus, in dem er die hermeneutische Formel von ‹Geist› und ‹Buchstaben› auf die vermeintlichen Progressisten angewandt hatte: «Wenn gemeine Menschen ohne Sinn für die Zukunft einmal von der Wut des Fortschreitens ergriffen werden, treiben sie's auch recht buchstäblich. Den Kopf voran und die Augen zu schreiten sie in alle Welt, als ob der Geist Arme und Beine hätte»[58].

Schlegel arbeitet auch durchgängig mit hermeneutischen Vorstellungsmustern, wenn er die Progression einiger weniger gegen diesen blinden Fortschrittsglauben stellt. Er hebt so im ‹Athenäum› die These des Forster-Aufsatzes, daß immer nur einige wenige eine umfassende hermeneutische

54. KA XVI, 197, Fr. 43.
55. KA II, 364.
56. Ebd., 364/65.
57. Lessing, EdM, 81, § 87; vgl. 77, § 69.
58. KA II, 405, Fr. 70.

Kompetenz erwerben könnten, auf eine neue Ebene. Das Fortschreiten dieser wenigen zeige sich darin, daß sie sich auch noch bemühten, problematische und nicht eindeutig von ihren Vorannahmen her erklärbare geschichtliche Entwicklungen zu verstehen: «Unter den Menschen, die mit der Zeit fortgehn, gibt es manche, welche, wie die fortlaufenden Kommentare, bei den schwierigen Stellen nicht still stehn wollen»[59].

Schlegel erwägt auch, im Sinne einer solchen angestrebten Theorie des Zeitverstehens, ob ein nationales Publikum, das «auf der Schaubühne auf den mittlern Durchschnitt seiner eignen Oberfläche» sehen wolle[60], überhaupt fähig wäre, ein Drama zu verstehen, dessen «Szene in die Zukunft» gesetzt wäre[61]. Er spielt dabei offensichtlich auf den beliebten dramaturgischen Kunstgriff an, Dramen mit aktueller Bedeutung in eine entlegene Epoche zu versetzen. Und er nutzt diese Gelegenheit, um auch denen, die nur im politischen Bereich eine «republikanische Verfassung» anstrebten, den Spiegel vorzuhalten: «Aber freilich müßte ein Volk, das die beschämenden Gestalten einer würdigen Darstellung der bessern Zukunft ertragen sollte, mehr als eine republikanische Verfassung, es müßte eine liberale Gesinnung haben»[62]. Also geht es in dem an die erste Stelle der «Eisenfeile» gerückten Fragment ja nicht nur um das Bedürfnis des nationalen Publikums, sich selbst repräsentiert zu sehen, sondern auch um ein falsches Zeitverstehen. Schlegel scheint daran erinnern zu wollen, daß auch bei der Beliebtheit der Lessingschen Dramen die Weiterbildung des Zeitverstehens außer acht gelassen werde, daß jene «Geschichte der Wirkungen» nicht dem zukunftsgerichteten ‹Geist› Lessings entspreche. So jedenfalls sollte das schon im einleitenden Gedicht allein herausgestellte Lessing-Zitat («Es wird das neue Evangelium kommen») wohl auf das erste Fragment der «Eisenfeile» bezogen werden.

Schlegel kehrt angesichts der überall noch verbreiteten Bedürfnisse und Erwartungen des Publikums den Vorwurf eines Mangels an ‹historischem Geist›, den er ursprünglich gegen Lessing gerichtet hatte, nun gegen dieses Publikum. Dabei hat er offenbar zugleich vor Augen, daß der ‹historische Geist› seiner Kritiken nicht verstanden wurde, daß die zeitliche Ausrichtung seines Verstehens nicht nachvollzogen wurde: «Vieles, was Dummheit scheint, ist Narrheit, die gemeiner ist, als man denkt. Narrheit ist absolute Verkehrtheit der Tendenz, gänzlicher Mangel an historischem Geist»[63].

Angesichts dieser Ungleichzeitigkeit in der vermeintlichen ‹Gemeinschaft des Geschmacks› fällt es dem auf seine Kritiken zurückblickenden Autor schwer zu glauben, daß ein größeres Publikum bereit sei, neue Literatur ebenso wie neue kritische ‹Gesichtspunkte› aufzunehmen. Er scheint sich an Herders Vorwürfe zu erinnern, wenn er in einem wiederaufgegriffenen Athenäumsfragment bemerkt: «Sie jammern immer, die deutschen Autoren

59. Ebd., 223, Fr. 332.
60. Ebd., 399, Fr. 1.
61. Ebd., 187, Fr. 138.
62. Ebd.
63. Ebd., 401, Fr. 27.

schrieben nur für einen so kleinen Kreis, ja oft nur für sich selbst untereinander»[64]. Herder hatte ja schon 1797 davor gewarnt, daß «Schriftsteller *blos für Schriftsteller* schreiben» und die «öffentliche Kritik» dazu anhalten wollen, diesen Zustand nicht noch zu befördern[65]. Schlegel beharrt auf der Vorstellung, daß ein neues Publikum herangebildet werden müsse. Ja, er setzt jener ‹öffentlichen alten Meinung›, die er im Streit um Lessing auch als geschmacksprägend kennengelernt hatte, ein werdendes Publikum entgegen, das sich in seinem Verstehen an die zunächst nur kleine ‹sympoetische› Gemeinschaft der Autoren anschließen könnte: «Dadurch wird die deutsche Literatur immer mehr Geist und Charakter bekommen. Und unterdessen kann vielleicht ein Publikum entstehen»[66]. Auf diese Weise schafft er auch einen Anschluß an die Publikumsvorstellung, die wir aus den ‹Fragmenten zur Litteratur und Poesie› kennengelernt haben.

Schlegel hält gegen die ‹Entscheidungen des Publikums›, das seine Kritik als eigenwillig und keineswegs als gesellschaftsfähig ansah, daran fest, daß gerade der «Witz», mit dem er auch die ernsthaftesten Fragen von verschiedenen Seiten behandelte, dazu geeignet sei, eine «Friktion freier Geselligkeit» zu bewirken[67]. Die in den ‹Receptivitäts›-Theorien immer nur angenommene ‹Gemeinschaft des Geschmacks› scheint gleichsam nur in den Momenten vorstellbar, da sich die entgegengesetzten Meinungen und Empfindungen ‹witzig› vereinbaren lassen. Aber er möchte das Bedürfnis nach einer solchen ‹Gemeinschaft des Geschmacks› auch nicht überschätzen. Vielmehr interpretiert er in dem Aufsatz «Über die Unverständlichkeit» seine Formen der Ironie so, daß das Publikum sich durchaus auch in den vermeintlichen Abstufungen des Geschmacks bestätigt finden sollte. So fordert er das Publikum in potenzierter Ironie dazu auf, sich selbst einzustufen, indem er behauptet, daß er oft «zwei Linien von Ironie parallel» laufen lasse: «eine fürs Parterre, die andre für die Logen, wobei noch kleine Funken in die Coulissen fahren können»[68]. So, glaubte er, würde wohl niemand zugeben wollen, daß er nur die Ironie «fürs Parterre» verstanden habe.

Die «Eisenfeile» enthalten aber auch noch ein Lyceumsfragment, in dem Schlegel die Frage der ‹Repräsentativität› kritisierter Autoren behandelt hatte. Schlegel erwog die Frage, ob er außer ‹klassischen› Autoren auch solche besprechen sollte, die weniger bedeutsam seien, aber, so muß man ergänzen, viel gelesen würden. So schafft er eine Möglichkeit, das verständnislose Publikum indirekt zu treffen. Der Kritiker, der in einem solchen Falle die Frage der Repräsentativität ja nicht aus einem ästhetischen ‹Gesichtspunkt› behandeln könne, müsse gleichsam «kraft der polemischen Fiktion» urteilen und solche Autoren zu «Repräsentanten der objektiven Dummheit und der objektiven Narrheit» stilisieren[69]. So sollte das Publikum

64. Ebd., 401, Fr. 25.
65. Herder, BH, XVIII, 204 f.
66. KA II, 401, Fr. 25.
67. Ebd., 407, Fr. 81.
68. Ebd., 369.
69. Ebd., 400, Fr. 13.

sich auch noch in der bloßen Fiktion einer solchen Fiktion getroffen fühlen, vorausgesetzt, daß es nicht nur die «Unverständlichkeit» des Kritikers, sondern auch noch diese ‹Fingerzeige› wahrnähme. Solche Fragmente sollten offenbar von denen verstanden werden, die sich um die «Komplexion der Nebenabsichten» in den Schlegelschen Kritiken bemühten[70].

Schlegel antwortet also auf die ‹Entscheidungen des Publikums› mit direkten Aussagen und mit zitierten Fragmenten, also in verschiedenerlei ‹Absichten›. Die ‹Urteile der Kenner› bezieht er nur indirekt mit ein, durch Anspielungen auf seinen Aufsatz «Über die Unverständlichkeit».

Die «angehende[n] Kritiker» sollten seine Arbeiten erst einmal lesen lernen[71]. Schlegel möchte offenbar unterstellen, daß er davon bei dem «Unverstand der Verständigen», also bei der Art, wie seine Kritiken kritisiert wurden, nicht ausgehen könne. In dem Aufsatz führt er aber ein Beispiel an, das zeigen soll, daß er sich auch nicht in einer ironielosen Weise belobigen oder verteidigen lassen möchte. So hat ein «scharfsinniger Kunstrichter» im ‹Berliner Archiv› das Fragment über die drei «größten Tendenzen des Zeitalters» interpretiert, ohne die ganze Tragweite der Schlegelschen Ironie zu verstehen. Schlegel übernimmt nun die naive Attitüde eines Nachahmers, der dadurch gelernt habe, sich verständlich zu machen und (sich selbst) auf einfache Weise zu interpretieren: «Gerade so muß man die Sache angreifen. Ich werde denselben Weg einschlagen . . .»[72].

In einem zweiten Beispiel für die ‹Urteile der Kenner› bezieht er sich ebenfalls auf einen Kritiker, der sich anheischig machte, Schlegels Werke nach dessen vermeintlich erkannter ‹Absicht› und ‹Gesinnung› politisch zu deuten. Auch diese Interpretation werde der Ironie nicht gerecht: «und doch ist es so sehr geschehen, daß ein bekannter Jakobiner, der Magister Dyk in Leipzig, sogar demokratische Gesinnungen darin hat finden wollen»[73]. Schlegel nimmt also an, daß solche Kritiker nur ihre eigenen politischen ‹Gesinnungen› bestätigt finden wollten und daher unfähig seien, sein universelles ‹Verstehen zu verstehen›.

Schlegel wehrt also nur die ‹Urteile der Kenner› ab, die ihn einsinnig didaktisierend oder politisierend auslegen und ihn für sich einspannen möchten. Auf die abfälligen Kritiken geht er gar nicht ein. So hält er auch noch in seiner ‹Kritik› an der ‹Kritik der Kritik› ironisch den Grundsatz der Positivität der Kritik ein, die Forderung, daß man gänzlich mißlungene Werke gar nicht berücksichtigen sollte.

Schlegel bezieht, in genauer formaler Entsprechung zu seinen großen Charakteristiken, eine Werkfolge mit ein, indem er 97 ausgewählte Fragmente, vornehmlich aus dem ‹Lyceum› und dem ‹Athenäum› zusammenstellt und so neu kombiniert. In der Bezeichnung dieser Werke als «Eisen-

70. Ebd., 413.
71. Ebd., 411.
72. Ebd., 366; vgl. 363.
73. Ebd., 366.

feile» bezieht Schlegel sich offenbar auf seine Überlegungen zum Magnetismus, die er insbesondere in den Jahren 1799 und 1800 angestrengt hatte. Dabei spielten naturphilosophische Spekulationen («Die Scala d[er] Erde geht viell.[eicht] vom Eisen zum Menschen»[74]) ebenso eine Rolle wie die Unterscheidung von menschlichen Fähigkeiten («Die praktischen Menschen sind ein Analogon d[es] Eisens»[75]). Die ‹symphilosophische› Ausrichtung auf Novalis bleibt dabei ebenso im Hintergrund wie die ‹sympoetische› bei dem vorangestellten Gedicht. Novalis hatte insbesondere Überlegungen an die «Inclination der Magnetnadel» geknüpft[76], aber auch anthropologisch auf Mängel hinweisen wollen («Warum wir wohl keinen, electrischen und magnetischen Sinn haben»[77]).

Schlegel bedachte aber offenbar darüber hinaus, daß solche «Eisenfeile» sich unterschiedlich ausrichten, sich auf einen jeweils angenommenen kritischen Pol beziehen lassen. So konnte er diese aus der Erinnerungsdistanz betrachteten Fragmente auch sich selbst nach fluktuierenden ‹Gesichtspunkten› in unterschiedlicher Anordnung vorstellen. Dies entsprach ja durch und durch seinen hermeneutischen Überlegungen. Er brauchte als sich selbst in der Werkfolge kritisierender Kritiker überhaupt keinen Kommentar hinzuzufügen, sondern nur nach seinem hermeneutischen Sinn ein magnetisches Kraftfeld vorzustellen, in dem diese Fragmente sich jeweils neu anordnen ließen. Er konnte so beinahe willkürlich von jeweils neuen ‹Gesichtspunkten› aus einen neuen Kontext herstellen. Als Kritiker seiner selbst verfügte er also über die höchstmögliche Machtvollkommenheit und konnte sich dennoch hinter der ‹Absicht seiner Werke› verstecken. Er erweiterte in diesem hermeneutischen Spiel einen Gedanken, den er sich in den Heften der «Fragmente zur Poesie und Litteratur II» zurechtgelegt hatte: «Viell[eicht] ist keine andre Recension einer φσ [philosophischen] Schrift möglich, wie ein Auszug – aber ein genetischer, der zugleich d[en] Standpunkt giebt, d[en] einzig möglich[en] – das C[en]t[rum] d[er] Schrift»[78]. Die Auswahl ist insofern ‹genetisch›, als Schlegel ja an eine «Reihe von Studien», die er als ein «Ganzes» betrachtet[79], Fragmente aus dem ‹Lyceum› und dem ‹Athenäum› anschließt, durch die gewissermaßen jene geschlossenen Formen der Kritik abgelöst wurden. Aber ein einziges ‹Zentrum› gibt er nicht an. Vielmehr lassen sich verschiedene Fragmente ins ‹Zentrum› rücken, je nach dem ‹Gesichtspunkt›, unter dem man die Sammlung betrachtet. Diese Werke lassen sich ebenso nach vielen Richtungen fortsetzen, ja, sie scheinen nur

74. KA XVIII, 159, Fr. 436; vgl. 160, Fr. 448: «die Skala d[er] Erde zwischen Luft und Eisen, der Mensch das höchste Mittlere»; ebd., 173, Fr. 572: «Daß alle Künste historisch werden und das Eisen wieder alleinherrschend wird, das Gold bloß ein heiliges Spiel, ist ein und dieselbe Revoluzion»; vgl. ebd., 177, Fr. 613; 177, Fr. 620; 180, Fr. 648; 192, Fr. 783.

75. KA XVIII, 162, Fr. 463.

76. Novalis, III, 171: «Sollte hier die Centripetalkraft an diesem sensiblen Instrumenete positiv und negativ zugleich erscheinen?»

77. Ebd., III, 660, Fr. 598. 78. KA XVI, 291, Fr. 468. 79. KA II, 410.

Punkte in einer weitergehenden Entwicklung zu markieren. Dieser Gedanke bildet ein mögliches Orientierungszentrum der Sammlung, das der doppelten ‹Absicht› Schlegels entspricht: Lessing immer mehr als fragmentarischen Vorläufer in der Philosophie zu betrachten und sich selbst künftig stärker mit einer *‹Kritik der Philosophie›* zu beschäftigen. Schlegel bestimmt in der Mitte der Sammlung zunächst die an die Werkform geknüpfte Entwicklungsvorstellung: «Die besten sind *echappées de vue* ins Unendliche»[80]. Wenig später wendet er den Entwicklungsgedanken auf seine und auf die bei Lessing vermutete Vorstellung von der Philosophie an: «Man kann nur Philosoph werden, nicht es sein. So bald man es zu sein glaubt, hört man auf es zu werden»[81].

Vorerst lassen sich also drei verschiedene ‹Absichten› dieser Auswahl feststellen: Schlegel möchte den ‹Fragmentaristen› Lessing fortsetzen («Alles was Lessing geschrieben ein Fr[agment]»[82]). Die abgedruckten Fragmente sollen als «ein gefälliges Totenopfer für den Unsterblichen» betrachtet werden[83]. Darüber hinaus setzt er in den ‹Eisenfeilen› esoterisch die ‹Symphilosophie› mit Novalis fort. Sodann soll die Sammlung ja als Fortsetzung der Kritiken gelesen werden. Schlegel verzeitlicht gewissermaßen seinen eigenen «Pluralis von Genie»[84], er betrachtet sich als Fortsetzer seiner selbst, als jemand, der sich nicht einfach in seine früheren Werke zurückversetzen kann, um sie dann zu vollenden: «Nur vollenden kann ich jetzt nicht auf die Art, wie ich damals angefangen habe»[85]. Eine vierte polemische ‹Nebenabsicht› aber schließt er noch an. Und zwar scheint er sich an die Polemik gegen die organologisch orientierten Kritiker und Kenner zu erinnern, der wir bei der Interpretation der Herder-Rezension begegnet waren. Deren «Methode . . ., jede Blume der Kunst, *ohne Würdigung* . . . zu betrachten»[86] unterzieht er einer erneuten Kritik; statt einer solchen nicht ausgerichteten bloßen Sammlung von «Blüten oder Früchte[n]» möchte er *«Eisenfeile»* anbieten[87], die sich in ein Kraftfeld einbeziehen lassen. Schlegel stellt sich immer noch vor, daß seine Fragmente, die er auch beinahe beliebig als Projekte auffassen konnte, stärker einzugreifen vermöchten als solche organologischen Betrachtungen. Er gibt so «unermeßlich viel[e] Projekte» an, die eine «wirkende, bestimmt nach außen wirkende Kraft» ausdrücken sollen[88].

Diese nunmehr vier ‹Absichten› bestimmen aber eben nicht den Inhalt der Sammlung. Vielmehr soll darin die «fragmentarische Genialität»[89] nicht beschränkt erscheinen. Schlegel bestimmt denn auch nicht seine eigene Genialität in der Weise, wie er es bei allen Vorläufern und kritisierten Hauptfiguren getan hat. Vielmehr bringt er in einem weiteren ‹Zentrum›

80. Ebd., 403, Fr. 49.
81. Ebd., 404, Fr. 53.
82. KA XVIII, 333, Fr. 118.
83. KA II, 398.
84. Ebd., 184, Fr. 119.
85. Ebd., 397.
86. Ebd., 54.
87. Ebd., 398.
88. Ebd., 234, Fr. 375.
89. Ebd., 148, Fr. 9.

seiner Sammlung ein Fragment an, das die Freiheit der Dominanz im «Pluralis von Genie» ausdrückt: «Ein recht freier und gebildeter Mensch müßte sich selbst nach Belieben philosophisch oder philologisch, kritisch oder poetisch, historisch oder rhetorisch, antik oder modern stimmen können; ganz willkürlich, wie man ein Instrument stimmt, zu jeder Zeit und in jedem Grade»[90]. Damit hat Schlegel die ‹innere Verfassung› seiner Genialität als veränderbare, als dynamische Universalität bestimmt. Er will sich selbst nicht festlegen in der Art, wie er Jacobis, Forsters und Lessings Genialität beschrieben hat. Vielmehr faßt er alle Verstehensrollen, die er an den Vorläufern und an den kritisierten Figuren erprobt hat, zu diesem beweglichen «Pluralis» zusammen. Alle Entwürfe und Kritiken, erst recht aber die Fragmente erscheinen als Ergebnis einer jeweils vorübergehend als dominant angenommenen Verstehensrolle. Schlegel beschreibt so zugleich eine ideale Voraussetzung der ‹Receptivität›, denn diese ‹innere Verfassung› vermag auf jedes Kunstwerk und auf jeden Gedanken ‹im Ganzen› und auch mit der richtigen, der angemessenen Dominante zu reagieren. Insofern ist es nichts anderes als eine neugefaßte Forderung der ‹Receptivitätstheorie›, nach der der ‹ganze Mensch› das Kunstwerk aufnehmen soll, wenn Schlegel das folgende Lyceumsfragment in die Nähe rückt: «Man soll von jedermann Genie fordern, aber ohne es zu erwarten»[91]. In der ursprünglichen Fassung sprach er, in ‹witziger› Anlehnung an Kant, vom «kategorischen Imperativ der Genialität»[92].

Nun wird aber auch deutlich, daß die Fähigkeit eines Autors, eine «Friktion freier Geselligkeit» zu bewirken[93], in dieser ‹inneren Verfassung› des Genies begründet ist. Schlegel hat sich diese «Mehrheit von Geistern» ja quasifigural als «System von Personen» vorgestellt[94]. So ist es kein weiter Schritt bis zu dem Punkt, wo er diese bewegte Ganzheit auch als «innre Geselligkeit» auffaßt[95]. Von diesen Überleitungen her läßt sich ein Zugang zu dem zentralen hermeneutischen Gedanken des ‹Besserverstehens› bahnen. Derjenige Kritiker oder ideale Leser, der über einen solchen «Pluralis» von Verstehensrollen verfügt, scheint jeden Autor hermeneutisch ganz erfassen zu können. Er müßte auch durch Wechselanwendung und Wechselbeziehung seiner Verstehensrollen eine vollkommene ‹Selbstkenntnis› erreichen können. Dadurch aber, daß Schlegel die Vorstellung einer ‹inneren Geselligkeit› ins Spiel bringt, relativiert er jene Fähigkeiten auf die Ebene dessen, was Personen in verschiedenen gesellschaftlichen Situationen voneinander wahrnehmen. Selbst bei einer «philosophischen Freundschaft» geht er davon aus, daß sich kein volles wechselseitiges Verstehen einstellt. Vielmehr meint er schon in einem ‹Blütenstaub-Fragment›, daß das Gespräch zwischen zwei solchen Personen «zwischen absolutem Verstehen und

90. Ebd., 406, Fr. 79.
91. Ebd., 407, Fr. 82.
92. Ebd., 148, Fr. 16.
93. Ebd., 407, Fr. 81.
94. Ebd., 185, Fr. 121.
95. Ebd., 225, Fr. 339.

absolutem Nichtverstehen abwechselt»[96]. Anschließend überträgt er dieses lebensunmittelbare hermeneutische Muster auf die ‹innere Verfassung› des einzelnen. Die «innere Symphilosophie»[97] führt nicht zu einer vollendeten ‹Selbstkenntnis›, sondern ebenfalls nur zu einem Wechsel von Momenten des ‹Verstehens› und des ‹Nichtverstehens›.

Die Überlegenheit auch des genialen Hermeneutikers kann also doch nie eine totale sein. Vielmehr ist auch seine Überlegenheit nur ein Moment im Verstehensprozeß, das abgelöst wird durch die Einsicht, daß er sein Gegenüber oder die betrachtete Figur doch nicht ganz verstanden hat, weil diese sich ihrerseits nicht in voller ‹Selbstkenntnis› mitzuteilen vermag. So rückt Schlegel ein weiteres Athenäumsfragment ins Zentrum dieser hermeneutischen Betrachtungen: «Um jemand zu verstehn, der sich selbst nur halb versteht, muß man ihn erst ganz und besser als er selbst, dann aber auch nur halb und grade so gut wie er selbst verstehn»[98]. Damit hat Schlegel die ursprünglich historisch gemeinte These, daß man einen Autor besser verstehen könne als er sich selber verstanden hat, auf der lebensunmittelbaren Ebene wieder eingeschränkt. Diese Einschränkung entspricht ganz und gar seinem Ironie-Modell, insofern der ironisch Überlegene einerseits das ‹Ganze› überschaut und sich andererseits auch wieder hineinrelativiert in dieses ‹Ganze›. Beide Fragmente zum ‹Besserverstehen› «widersprechen»[99] einander aber nur in der Weise, die Schlegel des öfteren praktiziert hat: das eine zielt auf die Überlegenheit des historisch-hermeneutischen Gesichtspunktes, das andere auf die Relativität des lebensunmittelbaren Verstehens. So hat Schlegel mit beiden Fassungen das angestrebt, was er im ‹Lyceum› als «Vereinigung von Lebenskunstsinn und wissenschaftlichem Geist» bezeichnete[100]. Wendet man aber beide Fragmente aufeinander an und berücksichtigt man dabei jenes Ironie-Modell, so ergibt sich die Möglichkeit, das historische ‹Besserverstehen› vom überlegenen ‹Gesichtspunkt› aus durch ein Verstehen zu ergänzen, bei dem sich der Hermeneutiker gleichsam auf eine lebensunmittelbare Vorstellungsebene zu dem Gegenstand begibt, bei dem er sich also in eine Situation hineinversetzt, die mit der lebensunmittelbaren Ähnlichkeiten hat. Das ‹Sich-Hineinversetzen› hat also nur fiktiven Charakter und es darf nicht ohne Ironie vorgenommen werden. Für den ‹Historismus› des Verstehens ist das ‹Sich-Hineinversetzen› nur ein Moment. Der Hermeneutiker bewegt sich nicht andauernd und nicht selbstvergessen in der abgelegenen Epoche.

Schlegel behandelt die Probleme eines hermeneutischen ‹Historismus› in den meisten zusammengestellten ‹Eisenfeilen› auf eine solche ‹lebensphilo-

96. Ebd., 164, Fr. 20. 97. Ebd. 98. Ebd., 402, Fr. 37.

99. Ebd., 164, Fr. 26: «Hat man nun einmal die Liebhaberei fürs Absolute und kann nicht davon lassen: so bleibt einem kein Ausweg, als sich selbst immer zu widersprechen, und entgegengesetzte Extreme zu verbinden. Um den Satz des Widerspruchs ist es doch unvermeidlich geschehen . . .».

100. KA II, 409, Fr. 96.

sophische› Weise. Das erleichterte zur Zeit des ‹Lyceum› auch den organologisch Orientierten das Verständnis. Aber auch die Aufklärer erkannten nicht sofort die versteckten Angriffe gegen die Vorstellung eines linearen Fortschritts. Der Ironiker hält sich an ein Muster, das scheinbar einen Lebenskreislauf beschreibt: «Wer nicht selbst ganz neu ist, der beurteilt das Neue wie alt; und das Alte wird einem immer wieder neu, bis man selbst alt wird»[101]. Tatsächlich verbirgt er darin seine hermeneutische Erklärung, daß das Verstehen gegenwärtiger Entwicklungen ebenso wie das historische Verstehen oftmals in sich ungleichzeitig ablaufe, ohne daß der Verstehende dies von seinem ‹Gesichtspunkt› aus bemerke. Es geht ihm aber gar nicht nur um das «Neue», das vielleicht oft nicht, zumal im Bereich des Ästhetischen, *«à la hauteur»*[102] verstanden würde, sondern ebensosehr um die Weiterdeutung dessen, was erinnernswert ist, um den Deutungsfortschritt, der am natürlichen Alterungsvorgang des Deutenden seine Grenze finde. Schlegel gibt also an dieser Stelle keine historischen Gründe für den zeitlichen Verzug an, in den das Verstehen geraten kann, sondern nur ‹lebensphilosophische›.

Das Thema der lebensunmittelbaren Weisen des Verstehens und des Mißverstehens verfolgt er auch noch in einem Fragment, das sich mit der «historischen Kritik» befaßt. Er unterstellt einer nicht genannten Anzahl von Historikern, daß sie von einem sehr engen ‹Gesichtskreis› aus Übertragungen vornähmen, die gerade zu einem unhistorischen Verstehen, zu einem bloß lebensmäßigen Bewerten historischer Ereignisse führten: «Die beiden Hauptgrundsätze der sogenannten historischen Kritik sind das Postulat der Gemeinheit und das Axiom der Gewöhnlichkeit. Postulat der Gemeinheit: Alles recht Große, Gute und Schöne ist unwahrscheinlich, denn es ist außerordentlich und zum mindesten verdächtig. Axiom der Gewöhnlichkeit: Wie es bei uns und um uns ist, so muß es überall gewesen sein, denn das ist ja so natürlich»[103]. Dieses Fragment soll offenbar in Verbindung mit dem verstanden werden, das die «von der Wut des Fortschreitens» Ergriffenen karikiert. Diese könnten doch keine Entwicklungen einschätzen und verstehen, weil sie alles zu «buchstäblich» nähmen[104]. Schlegel formuliert damit in hermeneutischen Formeln die Gegenposition zu dem ‹Geist freier Fortschreitung›, den er an Forster bewundert hatte. – So hat er das Mißverstehen auf zwei Zeitstufen, der Vergangenheit und der Zukunft, charakterisiert. Die Zeitstufe der Gegenwart aber wurde ja bereits in dem Bedürfnis eines breiten Publikums abgesteckt, auf der Bühne nur «den mittlern Durchschnitt seiner eignen Oberfläche» zu sehen[105]. Schlegel hält also offenbar auch im «Kunstchaos»[106] seiner Fragmente eine hermeneutische Gliederung ein, die man allerdings nur bemerken und nachvollziehen kann, wenn man die ‹Eisenfeile› als Fortsetzung der Kritiken liest, wenn

101. Ebd., 399, Fr. 9.
102. Ebd., 403, Fr. 42.
103. Ebd., 399, Fr. 11.
104. Ebd., 405, Fr. 70.
105. Ebd., 399, Fr. 1.
106. Ebd., 403, Fr. 43.

man Schlegels Hinweis ernst nimmt, daß das Ganze «nicht ohne Zusammenhang entstanden» sei[107].

Diese Weisen des Mißverstehens historischer Entwicklungen auf allen drei Zeitstufen beeinflussen natürlich auch entschieden die Wirkungsgeschichte ästhetischer Werke. Davon war Schlegel ja im ersten Teil seiner Lessing-Kritik ausgegangen. Solche Fehleinschätzungen und Fehldeutungen von Autoren und ihren Werken ließen sich also nicht allein durch eine ästhetische Neubewertung entkräften, sondern nur durch hermeneutisch und historisch reflektierte Formen des ästhetischen Urteils. In der zeitgenössischen Kritik aber fand Schlegel nur wenige Ansätze zu einem historischen Verstehen dieser Art. In den «Ideen zu Gedichten» macht er sich vielfach diesen Sachverhalt bewußt: «Historische Kunsturtheile d. h. Char[akteristiken] existiren fast nicht»[108].

Schlegel betrachtet das vielerorts aufkeimende Interesse für historische Gegenstände durchaus skeptisch, ja, er spricht auch denen, die Fertigkeiten in der alten philologischen Konjekturalkritik erworben hätten, um diesem Interesse zu frönen, die Fähigkeit zu wirklich historischem Verstehen ab. Damit möchte er offenbar alle diejenigen treffen, die einen ähnlichen wirkungsgeschichtlichen Anschluß an Winckelmann suchten wie jene Spätaufklärer an Lessing. Er bildet auf diese Weise Parallelreihen negativer Wirkungsgeschichten aus: «Über die Poesie und Philosophie der Alten glaubt jeder mitsprechen zu dürfen, der eine Konjektur oder einen Kommentar machen kann, oder etwa in Italien gewesen ist»[109]. Damit hat er neben der ‹historischen Kritik› auch noch die engere philologische Textkritik miteinbezogen. Er möchte aber offenbar auch die Mode der Bildungsreisen, insbesondere der Italienreisen, ins Lächerliche ziehen. In einem Athenäumsfragment, das er für die ‹Eisenfeile› ausgewählt hat, verweigert er denen, die ihre Interessen in jener Manier aufs «Reisebeschreiben» verlegten, «das Lob der Universalität»[110]. So führt er hier ein Gegenbeispiel für das an, was er an Forster gelobt hatte, denn jene Reiseschriftsteller suchten offenbar nicht das neu Gesehene mit dem in ihrem «Vaterlande» Beobachteten zu verbinden[111] und so – wie es im Forster-Aufsatz hieß – die ‹Weltbegebenheiten *im großen und ganzen*› zu betrachten und zugleich in einer ästhetisch anspruchsvollen Form darzustellen.

Schlegel geht es also auch in den ‹Eisenfeilen› um die Frage, ob ein ‹Gesichtspunkt› angenommen werden könne, von dem aus im europäischen Rahmen eine vergleichende Kritik und eine Hermeneutik der Übersetzung ganzer Bildungstraditionen möglich werde. Er verfolgt dieses Thema, das er erstmals in der Herder-Rezension abgehandelt hatte, aber nur in polemischen Anspielungen. Offenbar möchte er die Ablehnung der Dominanzver-

107. Ebd., 410. 108. KA XVI, 213, Fr. 126. 109. KA II, 401, Fr. 30.
110. Ebd., 405, Fr. 71. 111. Ebd.

hältnisse in anderen Ländern durch vermeintlich idealistische deutsche Kritiker anprangern: «Man glaubt Autoren oft durch Vergleichungen mit dem Fabrikwesen zu schmähen. Aber soll der wahre Autor nicht auch Fabrikant sein? Soll er nicht sein ganzes Leben dem Geschäft widmen, literarische Materien in Formen zu bilden, die auf eine große Art zweckmäßig und nützlich sind?»[112]. Damit wollte er anscheinend um Verständnis für den englischen Utilitarismus werben, den er ja durch Forster kennengelernt hatte. Zugleich möchte er durch ‹witzige› Wechselanwendung zweier Bereiche den Idealismus einer rein literarischen Bildung infrage stellen. In den nachgelassenen ‹Fragmenten zur Poesie und Litteratur II› hat er des öfteren einen solchen Standpunkt eingenommen. So notiert er im Jahre 1799: «Das Revoluzionäre d.[er] franz[ösischen] Litter.[atur] und die gute Manufactur der englisch[en] müssen wir uns zu eigen machen»[113]. Den Gedanken einer solchen hermeneutisch vorbereiteten Wechselbeeinflussung der Nationalliteraturen verfolgte er auch noch in den Notizheften, die er bei seiner Parisreise anlegte. An einigen Stellen möchte er offenbar die Wechselanwendung in der umgekehrten Richtung versuchen. Auch bei diesen Experimenten kommt er zu überraschenden hermeneutischen Einsichten: «Ganz neuer Gesichtspunkt für d.[ie] Engländ[ische] Litteratur – aus der Identität mit der Deutschen»[114]. Auf diese Weise kann man eine lange Linie von der Herder-Rezension über die Anschlußnotizen zur Jacobi-Kritik (der Einfluß Sternes auf Jean Paul), die Beachtung der Forsterschen ‹Annalen›, die ‹Eisenfeile› bis zu diesen relativ späten Notizen der Parisreise ziehen. Die ‹Eisenfeile› finden ihre Ausrichtung zwischen diesen Polen.

Schlegel erwartet von wenigen zeitgenössischen Lesern, daß sie seine «Reihe von Studien für ein Ganzes» halten[115] und also die ‹Eisenfeile› als Fortsetzung seiner Rezensionen, Charakteristiken und Kritiken ansehen. Als «synthetische[r] Schriftsteller», als der er sich im ‹Lyceum› vorgestellt hatte, sucht er keineswegs seine Leser zu berechnen. Er möchte keinen «Kalkül» anstellen, welchen «Effekt» seine Werke haben sollten[116]. Auch ist es nicht sein Bestreben, möglichst allen Lesern zu gefallen. Dies aber behauptet er vom «analytische[n] Schriftsteller»[117]. Bei diesen Überlegungen scheint Schlegel wiederum die Aufklärungshermeneutiken vor Augen zu haben. Während er nicht positiv vorausberechnen will, was die Mehrzahl der Leser für seine eindeutige Auffassung halten müsse und wie sie die Texte verstehen sollte, nimmt beispielsweise Chladenius noch an, daß der Schriftsteller auch das Verständnis der einzelnen Stellen noch vorausbedenkt: «Gleichwie ein Verfertiger eines historischen und dogmatischen Buches denen Lesern zu Gefallen schreibet; also hat er auch gemeiniglich dieselben bey Verfertigung seiner Schrifft in Gedancken, und gleichsam vor Augen, und siehet im voraus, was sie bey denen in seinem Buche enthaltenen Stellen

112. Ebd., 408, Fr. 92.
113. KA XVI, 291, Fr. 462.
114. Ebd., 466, Fr. 121.
115. KA II, 410.
116. Ebd., 161, Fr. 112.
117. Ebd.

gedencken werden»[118]. Chladenius läßt den Schriftsteller dieses Berechnungswissen gerade aus der Kenntnis der hermeneutischen Regeln beziehen: «Er kan solches aus den Regeln der Auslege-Kunst wissen, daß die Leser, vermittelst der Gedancken, die die Worte des Buches bey ihnen erwecken, die darinnen abgehandelten Historien oder allgemeinen Wahrheiten einsehen, auch wol dadurch zu einer Überzeugung davon gelangen werden»[119]. Die Leserrolle ist also auch bei Chladenius einbezogen, wenn auch nicht eingestaltet und entwurfsoffen angebracht. Schlegel stellt sich den ‹idealen Leser› als «lebendig und entgegenwirkend» vor[120], wohingegen er ja davon ausgeht, daß diejenigen, die nur das bedenken, was «die Worte des Buches bey ihnen erwecken», nur einen Part seines Spiels mit Verstehensrollen verstehen und also auf seine Ironie hereinfallen. Der ‹ideale Leser› müßte also wie der Kritiker Verstehensrollen entwerfen. Er dürfte sich nicht mit einzieligen Erwartungen auf ein Werk der Kritik einlassen. Vielmehr hätte dieser Leser selbst einen Verstehensprozeß nach dem Ironie-Modell einzufädeln. Gerade die ‹Eisenfeile› lassen ja zunächst keinen Zusammenhang erkennen und bieten nur eine Fülle von «kombinatorischen Anregungen»[121]. Der Leser müßte also selbst das leisten, was der Kritiker sich vorgenommen hatte: die Fragmente ‹ergänzen›, ‹potenzieren› und ‹charakterisieren›[122]. Indem er zunächst mehrere Möglichkeiten des Verstehens mit unterschiedlichen Kontexten durchspielte und sich dabei einen ‹genetischen› Zusammenhang zurechtlegte, ohne doch zu glauben, dies sei die Rekonstruktion der ‹Absicht des Autors›, stellte er das her, was Schlegel in den ‹Fragmenten zur Litteratur und Poesie› als «erdichtete Geschichte d[es] Eindrucks» bezeichnet hatte[123].

Während die Darstellung der Leseprozesse bislang auf das Ziel hinauslief, eine literarische Werkfolge «als System 〈sich〉 ergänzender Werke» zu verstehen[124], geht es jetzt darum, daß der Leser die Potenzierung dieses vom Kritiker vorweg geleisteten Verstehens begreift. Er wird also dazu aufgefordert, das, was der Kritiker jetzt ausdrücklich als «Kette» seiner Versuche ausgibt[125], hermeneutisch im ganzen und als Ganzes aufzufassen. Dies aber ist nur möglich, wenn er die «Kette» der Kritiken wiederum mehrmals durchläuft, gleichsam ‹cyklisch› liest und dabei nicht nur nach der Einheit des ‹Buchstabens› sondern nach der «Einheit des Geistes»[126] versteht.

Schlegel vergrößert die Schwierigkeiten des Lesens und des Vorverständnisses durch die Art, wie er die ‹Eisenfeile› anordnet, bevor er an den Leser diese Aufforderung richtet, die Kritiken und die ‹Eisenfeile› als Einheit zu verstehen und nach der «Einheit des Geistes» zu deuten. Er setzt so ein

118. Chladenius, EA, 572, § 723.
119. Ebd.
120. KA II, 161, Fr. 112.
121. Ebd., 409.
122. KA XVIII, 48, Fr. 298.
123. KA XVI, 138, Fr. 627.
124. Ebd., 122, Fr. 449.
125. KA II, 364.
126. Ebd., 410.

Spannungsmoment, durch das der Leser gezwungen wird aus seiner ‹Passivität› herauszutreten. Schlegel hält es schon gar nicht für wahrscheinlich, daß ein «bloß passive[r] Leser» bis zu dieser Stelle, die auf die ‹Eisenfeile› folgt, durchgedrungen sei[127]. Er möchte so seine ironische Bewußtheit bis auf den Punkt zuspitzen. Eine ähnliche Zuspitzung hatte er bereits in seiner Abhandlung «Über die Unverständlichkeit» versucht, wo er sich anschliessend sogar selbst interpretierte («Wenn man ohne Ironie von der Ironie redet, wie es soeben der Fall war . . .»[128]). Er verständigt sich also mit dem Leser über die gerade hergestellte Verstehenssituation. Dabei belobigt er ihn auch schon, indem er ihn als «reagierende[n] Leser» einschätzt, ja, sogar schon fast als «angehende[n] Kritiker» qualifiziert[129]. Durch diese Rollenzuschreibung bietet der auf seine Arbeiten zurückblickende Kritiker dem Leser, der soweit vorgedrungen ist, gleichsam das an, was er im ‹Lyceum› als das «heilige Verhältnis der innigsten Symphilosophie» zwischen Schriftsteller und Leser bezeichnet hatte[130]. Die Unterschiede zwischen dem Kritiker und einem vielseitig verstehenden Leser werden immer geringer. Schlegel hat diese Möglichkeit im ‹Lyceum› vorbereitet: «Ein Kritiker ist ein Leser der wiederkäut. Er sollte also mehr als einen Magen haben»[131].

Einerseits wird der Leser also auf den Gegenwartspunkt im Leseprozeß, auf die unmittelbare Verstehensleistung, die er zu erbringen hat, aufmerksam gemacht. Andererseits aber soll er ‹cyklisch› lesen und das heißt, sich nicht auf die einzelne Stelle fixieren, sondern immer von neuem die Verstehens*bewegung* des Kritikers nachvollziehen. So fiele es ihm nach und nach leichter, die ironische ‹Wechselvernichtung› in der Kritik zu durchschauen. Schließlich würde er auch die Selbstironie des Kritikers bemerken, da er ja selbst eine größere Distanz zu seinen ursprünglichen Erwartungen gewonnen hätte. Schließlich könnte der Leser selbst ironisch über diejenigen schmunzeln, die immer noch erwarten – wie manche wirkungsgeschichtlich beeinflußten Leser Lessings –, daß der Kritiker eindeutig festzulegen sei. Wenn dieser Leser beim Durchlaufen der ‹Cyklen› wieder an dem vorletzten Fragment der ‹Eisenfeile› angelangt ist, hat er genug Abstand gewonnen, um auch über die Situationskomik, über die Stellenbewußtheit des Kritikers zu schmunzeln: «Es ist ein sehr gutes Zeichen, wenn die harmonisch Platten gar nicht wissen, wie sie diese stete Selbstparodie zu nehmen haben, immer wieder von neuem glauben und mißglauben, bis sie schwindlicht werden, den Scherz grade für Ernst und den Ernst für Scherz halten»[132]. Der seine früheren Arbeiten selbst aus der ironischen Distanz neu kombinierende Kritiker setzt dieses Fragment an den Schluß der ‹Eisenfeile›, weil er nahelegt, daß derjenige, der bis zu dieser Stelle gelesen hat, sich selbst zu den «Platten» rechnen müßte, wenn er noch keinen Überblick gewonnen hätte.

127. Ebd., 411.
128. Ebd., 369.
129. Ebd., 411.
130. Ebd., 161, Fr. 112.
131. Ebd., 149, Fr. 27.
132. Ebd., 409, Fr. 96.

Durch die Anordnung dieses Fragments steigert Schlegel also die situative Ironie, ohne auch nur ein einziges neues Wort zu schreiben. Er möchte das Ärgernis des einseitig festgelegten, in seinen Erwartungen nicht rollendistanzierten Lesers auf die Spitze treiben und ihn zwingen, weiterzulesen, um nicht zu den «Platten» gezählt zu werden. Schlegel erfüllt so die Vorstellung, daß etwas durch Übertreibung in sein Gegenteil umschlagen könne. In dem Aufsatz «Über die Unverständlichkeit» hat er diese Erwartung expliziert: «wenn das Ärgernis die größte Höhe erreicht hat, so reißt es und verschwindet, und kann das Verstehen dann sogleich seinen Anfang nehmen»[133]. Das Ziel dieses Umschlagens ist also eine Verstehensoffenheit. Überlegenheit zeigte sich nicht in einer praktischen Reaktion, sondern in einer hermeneutischen.

Aber Schlegel ist sich durchaus noch nicht sicher, ob dieser Leser nicht doch erst ein Rollenentwurf ist, der nur teilweise ausgefüllt werden kann, eine mitgestaltete Fiktion, die erst im Laufe der Zeit eingelöst werde. In dem Aufsatz «Über die Unverständlichkeit» hatte er mit den tatsächlichen Lesern «in ein Gespräch über diese Materie» eintreten wollen und dabei sprach er beinahe schon als Provokation aus, daß er nur erst mit einem fiktiven Leser rechnen könne: er wolle «gleichsam ihm [dem tatsächlichen Leser] ins Gesicht, einen andern neuen Leser . . . konstruieren»[134]. In den nachgelassenen «Ideen zu Gedichten» hat er zu dieser Zeit Gespräche über die Unverständlichkeit geplant, die in poetische Formen eingestaltet werden sollten. Damit wollte er nicht nur ein «Neues Organon der Unterhalt[un]g»[135] schaffen, sondern offensichtlich auch vieles von dem erklären und ausführen, was er zuvor in den Kritiken angelegt und angewandt hatte. So notiert er auch als Projektstichworte unmittelbar nacheinander: «Grundlagen d[er] Vernichtungskunst; Theorie d[er] Unverständlichkeit»[136]. Schlegel scheint sich darüber Klarheit zu verschaffen, daß der Vorwurf der ‹Unverständlichkeit› auf die Unfähigkeit der meisten Leser zurückgehe, die ‹Wechselvernichtung› der Kritiken nicht nur als unmittelbar ‹eingreifende›, sondern als historisch weitertreibende Verfahren zu verstehen.

Schlegel wendet seine Untersuchungsergebnisse zur Wirkungsgeschichte Lessings auf sich selbst an. Er scheint zu ahnen, daß seine Kritiken und seine Fragmente in der ‹exoterischen› Wirkungsgeschichte nur einseitig verstanden oder mißverstanden würden. So rechnet er mit Zeitverzögerungen im Verstehen und in der Erschließung seiner eigenen Werke. Er drückt die Hoffnung auf eine esoterische Wirkungsgeschichte selbstironisch als eine epochale Erwartung aus: «Dann nimmt das neunzehnte Jahrhundert in der Tat seinen Anfang, und dann wird auch jenes kleine Rätsel von der Unverständlichkeit des ATHENAEUMS gelöst sein. Welche Katstrophe! Dann wird es Leser geben die lesen können»[137]. Darin wiederholt er aber zugleich

133. Ebd., 367.
134. Ebd., 363.
135. KA XVI, 197, Fr. 38.
136. Ebd.
137. KA II, 371.

die Ironie gegenüber allen Revolutionserwartungen. Es gehe darum, erst einmal «in Masse» lesen und verstehen zu lernen[138]. Entsprechend dazu verspricht er sich eine ästhetische Entwicklung davon, daß «die Symphilosophie und Sympoesie so allgemein und so innig würde, daß es nichts Seltnes mehr wäre, wenn mehre sich gegenseitig ergänzende Naturen gemeinschaftliche Werke bildeten»[139].

Für den Fall aber, daß er ebenso einseitig ausgedeutet werde wie Lessing, hofft er darauf, seine Ironie werde auch noch nach seinem Tode fortwirken[140]. Aber er nimmt seine kühnsten Erwartungen, die lediglich auf eine hermeneutische Vervollkommnung gespannt zu sein scheinen, doch wieder in eine historische Skepsis zurück: «Noch viel verborgne Unverständlichkeit wird ausbrechen müssen»[141]. Diese aber ist nur ein schmerzhafter Ausdruck für die Ungleichzeitigkeit aller Bildungsweisen.

Schlegel rückt den Verstehenden in immer größere Distanz zu dem augenblicklichen Zustand. Auch der Gegenstand des Verstehens müsse in weiteren historischen Zusammenhängen gesehen werden. Es genügt ihm nicht mehr, daß nur die unmittelbaren Vorläufer jedes Künstlers und auch des universellen Kritikers ermittelt und mitverstanden würden. Vielmehr könne nur der den «Geist» des Autors erfassen, der auch diejenigen fände, «auf die er [der Künstler] sich, äußerlich vielleicht durch Nationen und Jahrhunderte getrennt, unsichtbar dennoch bezieht, mit denen er ein Ganzes bildet»[142]. Schlegel faßt so in esoterischer Weise die Idee Petrarcas, daß ein Gespräch zwischen den edelsten Geistern aller Nationen und aller Epochen möglich sei[143], als ein letztmögliches Postulat seiner historischen Hermeneutik. Zugleich möchte er sicherstellen, daß das historische Verstehen sich nicht in den ‹Vorurteilen› einer Epoche erschöpft oder sich in den Grenzen dieser Epoche totalisiert.

Von diesem weitesten historischen ‹Gesichtspunkt› aus wird die nunmehr stillschweigende Annihilation von Kunstwerken verständlich, die nur in den Grenzen einer solchen Epoche bedeutsam sind, die nur dem Geschmack einer ungleichzeitigen ‹Gemeinschaft› entsprechen. So fordert Schlegel von dem Kritiker und von den Lesern, die sich später in jenen Standort versetzen könnten, sie sollten «gar keine Notiz nehmen von Werken, die nichts beitragen zur Entwicklung der Kunst und der Wissenschaft»[144].

Der zurückblickende Kritiker ist jetzt auch fähig, aus diesem überlegenen universellen ‹Historismus› des Verstehens heraus seine eigene Polemik zu annihilieren. Die wertenden, schneidenden und verletzenden Teilaspekte der Kritik träten zurück, sobald man sie auf ihre wirkliche «Tendenz» hin beurteile: diese sei dahin gegangen, «alles *im ganzen* nicht sowohl beurteilend

138. Ebd., 365.
139. Ebd., 185, Fr. 125.
140. Ebd., 370.
141. Ebd., 371.
142. Ebd., 410.
143. Brogsitter, 1958; Apel, 1973, II, 42.
144. KA II, 411.

zu würdigen, als *zu verstehen und zu erklären*»[145]. Schlegel umschreibt damit den Sachverhalt, daß hermeneutisches Denken immer schon die Unterlage und zugleich das Implikat seiner Kritiken bildete; er bestätigt aber auch die Vermutung, daß diese «Tendenz» auf eine explizite Hermeneutik hinauslaufen, daß ‹Hermeneutik auf Kritik folgen› sollte. Aber er bringt diese Vorstellung nicht auf den Begriff. Vielmehr faßt er sie in die Erwartung, daß es einmal Leser geben müßte, die seine Versuche reflektierten, die sich bemühten, *«das Verstehen zu verstehen»*[146].

Damit hat er im Abschluß des Lessing-Aufsatzes den Gegenpunkt erreicht zu dem Projekt der Hefte «Zur Philologie». So wie es Aufgabe künftiger Leser sein soll, *«das Verstehen zu verstehen»,* soll es die Aufgabe künftiger kritischer Philologen sein, eine ‹Philosophie der Hermeneutik› zu entwerfen, die allen Erörterungen über Verfahren voranzustehen hätte.

7. Die Anwendung der Hermeneutik auf die Ganzheit eines vollendeten Werkes der Moderne

Schlegels Kritik «Über Goethes Meister» (1798)

In der Kritik des Goetheschen ‹Wilhelm Meister› erreicht Friedrich Schlegels hermeneutischer Reflexionsprozeß einen Höhepunkt. Der Kritiker scheint das epochemachende Werk gefunden zu haben, das er ganz und gar positiv beurteilen kann. Dieses Werk sollte als klassisches der Moderne auch philologisch genau interpretiert werden können. Schlegel scheint so die Erwartung erfüllt zu sehen, die er im ‹Studium› auch als geschichtsphilosophische ausgesprochen hatte: daß der Umschwung des «Interessanten, Charakteristischen und Manierierten» ins «Objektive» eines gelungenen Werkes eine *«ästhetische Revolution»* einleite[1]. Im Rahmenentwurf des ‹Studium› hatte er die Hoffnung schon ausgedrückt, daß Goethes Werkfolge zum ‹Objektiven› führe. Schlegel schwankt noch, wenn er Goethe einerseits in eine Zwischenposition einordnet – *«Er steht in der Mitte zwischen dem Interessanten und dem Schönen»*[2] –, andererseits aber meint, daß das «*Objektive* . . . hier wirklich schon erreicht» sei[3].

Aber Schlegels Urteil schwankt auch noch nach der Abfassung seiner positiven Kritik. Einerseits scheint die literarhistorische Feststellung zu gelten, daß der «*Meister* der erste ordent[liche] συστ [systematische] R[oman]»[4] sei, andererseits aber sieht Schlegel schon in den gleichzeitigen Notizheften Steigerungsmöglichkeiten vor, die die Vollkommenheit des

145. Ebd., 410.
146. Ebd., 412.
1. KA I, 269.
2. Ebd., 261.
3. Ebd., 262.
4. KA XVIII, 230, Fr. 433.

Romans wieder infrage stellen: «Ein vollk.[ommener] Roman müßte auch weit mehr romant.[isches] Kunstwerk sein als W.[ilhelm] M.[eister]; moderner und antiker, φσ [philosophisch]er und ηθ [ethisch]er und π [poetisch]er pol[itischer], liberaler univers.[eller] gesellschaftlicher»[5] Nachdem wir ein ähnlich ambivalentes Verhalten schon bei der Interpretation der ersten Lessing-Kritik feststellen konnten, dürfen wir auch hier eine Unterscheidung exoterischer und esoterischer Urteile vermuten. Nur scheinen sich die Ansätze zu verkehren. Schlegel möchte jetzt selbst die mögliche Wirkungsgeschichte des Werkes sehr früh beeinflussen. Andererseits aber behauptet er schon in einem Fragmentheft von 1797/98, daß «d[er] Meister nicht mehr wirkt»[6]. Letzteres meint er offenbar im Sinne einer exoterischen Wirkungsgeschichte.

Unabhängig von dieser ambivalenten Einschätzung aber zählt der Stellenwert der Kritik in der ‹Kette› der Schlegelschen Arbeiten. Schlegel wollte offenbar an einem vorgeblich gelungenen Werk die Vollendung seiner hermeneutischen Verfahren demonstrieren. Es geht ihm darum, eine in sich abgeschlossene Deutung vorzuführen, die sich scheinbar ganz im Rahmen eines Werkes bewegt. Insofern sollte der Wert des Deutungsprozesses mindestens ebenso aufgezeigt werden wie der Wert des gedeuteten Werkes.

Akzeptiert man zunächst die Behauptung, daß der ‹Wilhelm Meister› ein in sich vollendetes Werk sei, so ergibt sich die Notwendigkeit, die hermeneutischen Vorannahmen der vorausgegangenen Kritiken einzulösen. Insofern verdichten sich die hermeneutischen Überlegungen zur ‹Absicht des Werkes›, zur Werkfolge, zur Figurenkonstellation und schließlich zum Leseprozeß.

Es geht darum, ob der Roman von seinem Aufbau her hermeneutisch evokativ wirkt, ob er das Verständnis so genau leitet, daß seine aufeinanderfolgenden Bücher zugleich als immanente Werkfolge betrachtet werden können. Ebenso müßte bei vollendeter Immanentisierung des hermeneutischen Reflexionsprozesses und stringenter Applikation die Figurenkonstellation des Romans als vollendeter Ausdruck des ‹Pluralis von Genie› erscheinen. Dies müßte sowohl für den eingestalteten Erzähler-Autor wie für die innere Vielgestaltigkeit und Potenzierung einzelner Figuren gelten. An einem vollkommenen Werk ließe sich so zeigen, wie ein idealer Lese- und Verstehensprozeß ablaufen soll. In der Art, wie der neue Kritiker den hermeneutischen Zirkel vollzieht, könnte er sich endgültig absetzen von der zeitgenössischen Rezensionspraxis.

Die innere Verbindung der Kritiken läßt sich daran verdeutlichen, wie die in die Schiller-Rezension einbezogene ‹Kritik einer Kritik› des Romans abgeschlossen wird, die Kritik des ‹Woldemar› kontrastiert wird und schließlich esoterische und exoterische Aussagen zu dem Goetheschen Werk ‹im Geist› Lessings verwoben werden.

5. KA XVI, 108, Fr. 289.

6. KA XVIII, 39, Fr. 222.

Die entscheidende Bestätigung der These, daß es auf die ‹Absicht des Werkes› ankomme, daß bei einem gelungenen Werk die Frage nach der ursprünglichen ‹Absicht des Autors› zweitrangig sei und keineswegs mehr das Verstehen leiten dürfe, findet sich an einer zentralen Stelle der ‹Meister›-Kritik: «Der angeborne Trieb des durchaus organisierten und organisierenden Werks, sich zu einem Ganzen zu bilden, äußert sich in den größeren wie in den kleineren Massen»[7]. Schlegel beschreibt so eine ästhetische Entelechie, ein Werk, das sein Ziel in sich selbst hat. Das Werk scheint sich so gleichsam eigengesetzlich durchgebildet und durchgegliedert zu haben. Dabei lasse sich seine Ganzheit in allen Gliederungsverhältnissen erkennen. So scheint es eine ideale Vorlage für eine hermeneutische Erschließung zu bieten. Schlegel wendet diesen «Totaleindruck», wie er dieses erste umfassende Vorverständnis in einem Heft nennt (den Ausdruck hatten wir ja schon bei Forster vorgefunden)[8], sogleich an. Wenn das Verhältnis der Teile und des Ganzen von Anfang an in dieser Weise bestimmt erscheint, dann kann man auch einen Teil gesondert betrachten, ohne das Beziehungsgeflecht des Werkes zu verfehlen: «hier, wo alles zugleich Mittel und Zweck ist, wird es nicht unrichtig sein, den ersten Teil unbeschadet seiner Beziehung aufs Ganze als ein Werk für sich zu betrachten»[9]. Schlegel greift also die Zweck-Mittel-Relation, die wir ja schon bei der Betrachtung der Figurenkonstellation in der ‹Woldemar›-Kritik verfolgen konnten, wieder auf. Aber er sieht nicht nur die «Totalität» der Figuren, sondern alle Einzelteile des Werkes in dieser Relation. Die «Constr.[uktion]» des Werkes[10] erscheint als so vollkommen, daß nichts überflüssig genannt werden könnte, daß alles als ästhetisch notwendig vorgestellt werden müßte: «Keine Pause ist zufällig und unbedeutend»[11]. Schlegel führt diese Vorstellung in den «Ideen zu Gedichten» noch weiter aus, nachdem er dieses Werk literarhistorisch mit zahlreichen Romanen verglichen hat: «In fast allen Romanen viel Ballast und viel Armuth außer im M.[eister] und im D[on] Q[uixote]»[12].

Das Goethesche Werk scheint sich also zum ästhetischen ‹Elementarbuch› im Sinne Lessings zu eignen. Darüberhinaus konnte es vorübergehend auch die gattungsgeschichtlichen Idealvorstellungen erfüllen; es verkörpert offenbar als «Roman ein $\frac{\text{Buch}}{o}$ [absolutes Buch]»[13]. Schlegel nutzt die Gelegenheit einer solchen positiven Kritik, um das Unzulängliche aller herkömmlichen gattungstheoretischen Erörterungen zu betonen. Er preist den Roman beinahe so überschwenglich wie im Lessing-Zitat das ‹neue Evangelium›. Wenn es ein neues ästhetisches ‹Elementarbuch› sei, so darf man ergänzen, dann dürfte es auch nicht mit den hermeneutischen Maßstäben gemessen werden, die an die alten ‹Elementarbücher› angelegt wurden: «. . . dieses

7. KA II, 131.
8. KA XVIII, 26, Fr. 92.
9. KA II, 131.
10. KA XVIII, 315, Fr. 1479.
11. KA II, 131.
12. KA XVI, 207, Fr. 29.
13. Ebd., 269, Fr. 186.

schlechthin neue und einzige Buch, welches man nur aus sich selbst verstehen lernen kann, nach einem aus Gewohnheit und Glauben, aus zufälligen Erfahrungen und willkürlichen Foderungen zusammengesetzten und entstandnen Gattungsbegriff beurteilen; das ist, als wenn ein Kind Mond und Gestirne mit der Hand greifen und in sein Schächtelchen packen will»[14]. Der Kritiker müßte also gleichsam vorläufige gattungstheoretische Vorstellungen an dem Buch selbst entwickeln. Hermeneutisch aber brauchte er nur den Aufbau des Werkes nachzuzeichnen. Selbst ohne Kenntnis hermeneutischer Verfahren wäre es möglich, das Werk hermeneutisch zu erschließen.

Schlegel wendet an anderer Stelle die Idee des ‹Keim›-Verstehens, die wir ja in den verschiedenen Vorprägungen beobachtet haben, im Sinne einer hermeneutischen Immanenz an. Oberflächlich betrachtet verwendet er scheinbar nur ein einfaches organologisches Muster. Erst in der Reihenbildung der Kritiken läßt sich diese hermeneutische Bedeutung erschließen: «hier enthält jedes Buch die Keime des künftigen und verarbeitet den reinen Ertrag des vorigen mit lebendiger Kraft in sein eigentümliches Wesen»[15]. Schlegel visiert bereits die Vorstufe einer sich selbst setzenden und sich selbst erklärenden ‹Transzendentalpoesie› an.

Sowohl der «Zusammenhang» als auch die «Einfassung» der einzelnen Bücher des Romans seien leicht zu erkennen. So kann Schlegel zuletzt die literarhistorische Feststellung, daß der «*Meister* der erste ordent[liche] συστ [systematische] R[oman]» sei, auch auf die einzelnen Bücher anwenden: «so wird jeder notwendige Teil des einen und unteilbaren Romans ein System für sich»[16]. Schlegel betont aber auch die «Verschiedenheit der einzelnen Massen», so daß der Roman sich nicht in seinen einzelnen Teilen zu wiederholen oder nach dem Muster konzentrischer Kreise zu erweitern scheint.

Nun bleibt nur noch die Bestimmung der Verbindungsweisen zwischen diesen Teilen. Hier beobachtet Schlegel Gleichmaß und Übereinstimmung: «Die Mittel der Verknüpfung und der Fortschreitung sind ungefähr überall dieselben»[17]. So läßt sich also ein Wechsel zwischen der inhaltlichen und formalen Verschiedenartigkeit der Bücher und dem Gleichmaß der «Verknüpfung» feststellen.

Das Werk zeigt also einen derartigen organischen Aufbau, daß Schlegel die Frage der ‹Absicht des Werkes› und der ‹Absicht des Autors› auch für diejenigen aufwerfen kann, die meinen, der Autor habe darin ganz und gar seine vorbedachte Absicht verwirklicht. Die «innre absichtslose Gleichartigkeit und ursprüngliche Einheit» der einzelnen Teile des Werkes habe auch «der Dichter selbst durch das absichtliche Bestreben, sie durch sehr verschiedenartige doch immer poetische Mittel zu einem in sich vollendeten Ganzen zu runden, anerkannt»[18]. Schlegel erweckt den Anschein, als seien die einzelnen Bücher zunächst gleichsam unabhängig von einer ‹Absicht des

14. KA II, 133.
15. KA II, 135.
16. Ebd.
17. Ebd.
18. Ebd.

Autors› ‹gleichartig› geworden und als habe dieser das erst durchschaut, als er sie bewußt aufeinander zuordnen wollte. Schlegel präzisiert so die hermeneutische Fragestellung. Die ‹Absicht des Werkes› läßt sich natürlich auch nicht ausschließlich behaupten. Die Annahme wird als hermeneutische Fiktion durchsichtig gemacht. Schlegel bereitet so die Definition des Klassischen vor, die man in der kürzesten Fassung in den ‹Fragmenten zur Litteratur und Poesie› findet: «*Classisch* ist was zugl.[eich] Absicht und Instinct hat»[19].

Ist unsere Annahme richtig, daß Schlegel den inneren Aufbau der großen Charakteristiken auch in der ‹Meister›-Kritik nachstellt und verdichtet, so wäre noch eine Erläuterung zur ‹inneren Verfassung› der ‹Genialität› und eine Besprechung der Werkfolge zu erwarten. Beide Aspekte müßten aber ganz in den Rahmen dieses «vollendeten Ganzen» einbezogen werden.

Tatsächlich ersetzt Schlegel die Werkfolge durch die Folge der einzelnen Bücher des ‹Wilhelm Meister›. Die kritische Betrachtung wird gleichsam eingestülpt. Entsprechend der These, daß das Werk eine eigene ‹Absicht› zeige, daß es ‹sich selbst organisiere›, wird auch die Genialität nicht dem Autor, sondern dem Werk zugeschrieben: «Hat irgendein Buch einen Genius, so ist es dieses.» In der Fassung der Werkausgabe von 1825 sucht Schlegel die Formel etwas abzumildern, weil er offenbar nicht mehr annimmt, daß die Übertragung durchschaubar ist: «Hat irgendein Buch einen Geist und im Innern waltenden Genius . . .»[20]. Die ursprüngliche Fassung aber ist hermeneutisch plausibler, da Schlegel den Gedanken einer sich selbst deutenden ‹Transzendentalpoesie› vorbereitet: «Hätte sich dieser [Genius] auch im ganzen wie im einzelnen selbst charakterisieren können, so dürfte niemand weiter sagen, was eigentlich daran sei, und wie man es nehmen solle»[21]. Die Momente der Selbstbeurteilung, der Selbstkritik, der Selbstdeutung scheinen nur erst angelegt, noch nicht im ganzen realisiert zu sein. Zur «Transzendentalpoesie», wie Schlegel sie im ‹Athenäum› definierte, gehört ja ausdrücklich die Bestimmung, daß sie «kritisch» sein soll[22]. Der Kritiker bereitet so seine ‹Selbstannihilation› vor. Wenn das Werk sich selbst auch im ganzen immanent gedeutet hätte, wäre es auch im Sinne einer potenzierten Hermeneutik vollendet. Der Kritiker könnte nichts Entscheidendes mehr zur Erschließung beitragen. Zumindest verlöre er seine Überlegenheit über das Werk. Von dem eingestalteten ‹Gesichtspunkt› aus würde das Werk besser zu überschauen sein als von einem Außenpunkt der Beurteilung aus. Der Kritiker würde so überflüssig, da er nur noch nachvollziehen könnte, was im Beziehungsgeflecht des Werkes schon durchsichtig gemacht wäre.

Schlegel gibt also im ‹Über-Meister› auch schon esoterisch versteckt an, wie ein noch vollkommeneres Werk vorgestellt werden kann. Zugleich

19. KA XVI, 173, Fr. 1070.
20. KA II, 134 u. ebd., Anm. 11.
21. Ebd., 134.
22. Ebd., 204, Fr. 238.

deutet er das Ende einer dem Werk überlegenen Kritik an. Ein Werk, das sich selbst kritisierte und sich selbst deutete, würde sich auch selbst potenzieren. Diese Schlußfolgerung notiert Schlegel etwa zur Zeit der Abfassung der ‹Meister›-Kritik: «Die π [Poesie] soll ins $\frac{1}{0}$ [Unendliche] *thesirt* d. h. potenzirt werden (= Transc[endental] π [poesie])»[23].

Schlegel charakterisiert die nunmehr innere Werkfolge so, daß sich die bisherigen Angaben zur Gliederung in geschachtelter Form wiederholen. So behauptet er von dem ersten Buch, daß die «kleineren deutlich geschiednen Massen und Kapitel . . . jede für sich ein malerisches Ganzes» bilden[24]. Der Vergleich ist mit Bedacht gewählt. Schlegel stellt in der Charakteristik der Einzelbücher und der Übergänge Analogien zur Malerei und zur Musik her. Im ersten Buch werde gleichsam ein kontrastreiches Gemälde entworfen. Als «vorbereitender Teil des ganzen Werks» zeige das Buch eine Reihe von «malerischen Gegensätzen»[25]. Das Ende dieses ersten Teils gleiche einer «geistigen Musik»[26], die zu Beginn des zweiten wiederanklinge und ‹zusammengedrängt› werde[27]. Dieser zweite Teil ende dann in einer «Harmonie von Dissonanzen», die der Kritiker aber als «noch schöner» empfindet als die ‹geistige Musik› des ersten Buches[28]. Schlegel hält den Vergleich aber nicht durch, sondern deutet nur an, daß man bei einem vollendeten Werk die Kunstarten aufeinander beziehen kann, um dieses nach seinem ganzen Variationsreichtum zu deuten. Auf diese Weise bezieht er auch die Gattungen der Dichtung mit ein. So beobachtet er im zweiten Buch erst einen Tempowechsel und gewinnt dann aus der Überschau über die Kapitelgliederung den Eindruck einer dramatischen Zuspitzung: «Die Ereignisse und die Personen bewegen sich rascher und jedes Kapitel ist wie ein neuer Akt»[29]. Ebenso legt Schlegel den Vergleich mit retardierenden Momenten des Dramas nahe, wenn er beim vierten Band von einem «erst eilende[n] dann aber unerwartet zögernde[n] Schluß» spricht[30]. Vom Ende seiner Kritik her wird diese Beobachtung bedeutsam. Schlegel durchläuft nicht in genauer Einzelinterpretation alle Bücher und schließt so seine Kritik auch nicht mit dem letzten Buch, sondern hält den Höhepunkt des Werkes fest. Es ist der, von dem aus ein hermeneutischer ‹Gipfelblick› möglich ist: «Der vierte Band ist eigentlich das Werk selbst; die vorigen Teile sind nur Vorbereitung. Hier öffnet sich der Vorhang des Allerheiligsten, und wir befinden uns plötzlich auf einer Höhe, wo alles göttlich und gelassen und rein ist . . .»[31].

Selbst die Teile des Romans, denen der Kritiker inhaltlich fernsteht und denen er eine «scheinbare Beziehungslosigkeit auf das Ganze» nachsagt[32] – und dies gilt vor allem für die ‹Bekenntnisse der schönen Seele› –, vermag er

23. KA XVI, 144, Fr. 702.
24. KA II, 129.
25. Ebd., 128.
26. Ebd.
27. Ebd., 129.
28. Ebd., 130.
29. Ebd.
30. Ebd., 145.
31. Ebd., 146.
32. Ebd., 141.

aufgrund seiner vorherigen Annahme, daß alle Teile eine relative Selbständigkeit hätten, hermeneutisch und ästhetisch anzuerkennen.

Schlegel hat also die Struktur des ‹Wilhelm Meister› nicht genau und vollständig nachgezeichnet, sondern nur einige Muster exemplarisch kennzeichnen wollen. In den Notizheften beschäftigt er sich im Jahre 1799 mit der Möglichkeit, die «Constr.[uktion] jedes Werks» «μαϑ [mathematisch]» zu erfassen. Und er schließt die Möglichkeit, die er in der ‹Meister›-Kritik erproben wollte, an, das Werk auch im Vergleich mit anderen Kunstarten zu verstehen, es «μουσ [musikalisch] und sogar Plast.[isch]» aufzufassen[33]. Insbesondere möchte er diese Vorüberlegungen auf die synthesierungsfähigste Form anwenden: «Die innerste Form des R[omans] ist μαϑ [mathematisch], ϱ [rhetorisch], μουσ [musikalisch]». Dabei geht es ihm vor allem darum, das «Potenziren» in der Erzählstruktur und in der Beziehung der Einzelteile und das «Progr[essive]» im Fortgang der Begebenheiten genauer zu ermitteln[34]. Späterhin wollte er ebenso philosophische Werke auf ihre «symbolische Form» hin untersuchen. Dabei meint er in einigen Fällen «Ellipsen» festzustellen; bei andern wollte er das «Schema der Triplizität» beschreiben; wieder andere seien «kreisförmig» angelegt[35]. Dies alles waren Versuche, die ihm den inhaltlich-hermeneutischen Nachvollzug nicht ersetzen konnten. Vielmehr sollten die «prakt[ische] Mathematik» und die « $\frac{\alpha\nu\lambda}{o}$ [absolute Analyse]» in der Ausbildung «*kritische*[r] IDEEN» auf « $\frac{\text{Hermeneut.}}{o}$ [absolute Hermeneutik]» hinauslaufen[36]. Ohne hermeneutisches Vorverständnis eines ästhetischen Textes wäre keine ‹Analyse› und keine Berechnung der ‹Construktion› möglich. Aber auch wenn beides geleistet würde, käme es darauf an, welcher hermeneutische Erkenntniszuwachs erzielt werden könnte. Das Verstehen des ‹Ganzen› ist mehr als das Erfassen der ‹Construktion›.

Goethes ‹Wilhelm Meister› bot zwar noch keine Selbstdeutung im Sinne einer weiterentwickelten ‹Transcendentalpoesie›, aber Schlegel fand in diesem Roman doch die Erörterung eines anderen vorbildlichen Werkes der Literaturgeschichte. Er verwirklicht nun das in der Rezension von Schillers ‹Horen› im Sinne einer ‹Kritik der Kritik› angelegte Vorhaben selbst: *«Etwas über William Shakespeare bei Gelegenheit Wilhelm Meisters»* zu schreiben[37]. In dieser so überschriebenen Rezension hatte sein Bruder August Wilhelm sich ja insbesondere über die «vielen kritischen Pfuscher» ausgelassen, was von Friedrich wiederum zum Anlaß genommen wurde, eine neue ‹geniale› Kritik von der alten *«ästhetische[n] Auslegungskunst»* abzugrenzen[38]. Schlegel vermag nun die inzwischen gewonnene hermeneutische Erfahrung ganz anzuwenden.

33. KA XVIII, 315, Fr. 1479.
34. KA XVI, 261, Fr. 88.
35. KA II, 415.
36. KA XVI, 132, Fr. 568.
37. KA II, 13.
38. Ebd., 14.

Im Zentrum des Streites um Shakespeares ‹Hamlet›, den Schlegel im zweiten Buch des ‹Wilhelm Meister› verfolgt, stehe die Frage, «was die verborgne Absicht des Künstlers oder was zufälliger Mangel des Werks sein möchte»[39]. Schlegel erkennt also, daß dies noch die alte hermeneutische Fragestellung nach der ‹Absicht des Autors› ist. Und er betont auch, daß die Behandlung dieses hermeneutischen Problems in Goethes Roman keineswegs nebensächlich ist. Es geht ja nicht nur um «ein großes Vorbild», sondern um die Tatsache, daß die Frage, wie Shakespeares Hamlet aufgeführt werden soll, in das Romangeschehen selbst «eingreift»[40]. Die hermeneutische Frage wird also poetisch wirksam gestellt und soll im Roman durch die Erörterung verschiedener Aufführungsmöglichkeiten entschieden werden.

Schlegel spielt aber nur esoterisch auf die Behandlung dieses Problems an; er zitiert nicht ausführlich wie in den Rezensionen, sondern setzt eher die Interpretationsweise seines ersten Aufsatzes über Lessing fort. Der Leser muß sich also über die Ausgangslage in Goethes Text Gewißheit verschaffen. Die Exposition des Konfliktes zwischen Wilhelm und Serlo findet sich im vierten Kapitel des fünften Buches. Wilhelm besteht darauf, daß «‹Hamlet› ganz und unzerstückt aufgeführt werden sollte». Serlo hingegen vertritt die zeitübliche Auffassung beinahe aller Dramaturgen und Theaterleiter, daß ein Kunstwerk «nur ein mehr oder weniger unvollkommenes Ganze» sei[41]. Schlegel will den Leser auf die Vorstufen zu seiner Kritik am Publikum und an der herkömmlichen Kritik im Goetheschen Roman hinweisen oder durch ‹Fingerzeige› hinlenken. So bleiben die entscheidenden Stellen unerwähnt. Serlo rechtfertigt seine Auffassung über die Veränderung eines Stückes mit einem klaren Hinweis auf die Unfähigkeit des Publikums, das ‹Ganze› eines Stückes überhaupt zu würdigen: «Setzt uns das Publikum doch selbst in den Vorteil! Wenig Deutsche, und vielleicht nur wenige Menschen aller neuern Nationen, haben Gefühl für ein ästhetisches Ganze; sie loben und tadeln nur stellenweise; sie entzücken sich nur stellenweise . . .»[42]. Genau diese Mängel hatte Schlegel ja in zugespitzter Form der ‹Kritik›, dem ‹mittleren Durchschnitt des Publikums›, ja, auch den Vorurteilen der ‹alten öffentlichen Meinung› angelastet. Die gleichsam noch naive Frage Wilhelms – «aber *muß* es denn auch so bleiben, muß denn alles bleiben, was ist?»[43] – hatte der Kritiker umfassender gestellt und dabei hermeneutische Antworten gegeben, die über die Verfestigung der Wirkungsgeschichte und über die Auslegungspraxis hinausführen sollten.

Schlegel deutet die im ‹Wilhelm Meister› angebotene dramaturgische Lösung weit allgemeiner aus. Der Kritiker, der ja nicht unter dem Zwang steht, eine eindeutige Auffassung eines zuvor hermeneutisch erschlossenen Werkes auf die Bühne zu bringen, gehe «über die Grenzen des sichtbaren

39. Ebd., 139.
40. Ebd.
41. Goethe, WM, 294 f.
42. Ebd., 295.
43. Ebd.

Werkes mit Vermutungen und Behauptungen»[44] hinaus. Schlegel unterlegt aber dem Werk unausgesprochene ‹Absichten›, die erst in einer eigentlichen, nicht verfestigten Wirkungsgeschichte entdeckt würden: «Das muß alle Kritik, weil jedes vortreffliche Werk, . . .mehr weiß als es sagt, und mehr will als es weiß»[45]. Der Protagonist des Goetheschen Romans bekräftigt seine neue Auffassung des ‹Hamlet› durch Berufung auf das ‹Genie› des Autors, das gleichsam weiter sei als das Werk: «‹Ich müßte mich sehr irren›, rief er aus, ‹wenn ich nicht gefunden hätte, wie dem Ganzen zu helfen ist; ja, ich bin überzeugt, daß Shakespeare es selbst so würde gemacht haben, wenn sein Genie nicht auf die Hauptsache so sehr gerichtet und nicht vielleicht durch die Novellen, nach denen er arbeitete, verführt worden wäre›»[46]. Der Protagonist glaubt zwar auch im Geist des Autors zu handeln, aber er faßt dies Vorgehen doch noch nicht vollgültig hermeneutisch und historisch auf. Vielmehr stellt er sich eine ursprünglich mögliche Absicht des Autors vor, die dieser unter anderen Bedingungen zum Ausdruck gebracht haben würde. Den ‹Historismus› des Verstehens mußte Schlegel darin vermissen. Schlegel mochte auch an die offenbar ‹synkritisch› angelegte, aber dennoch hinter seiner Hermeneutik zurückbleibende Auffassung seines Freundes Novalis gedacht haben. Möglicherweise kannte Schlegel diese bereits aus Gesprächen über den Goetheschen Roman. Jedenfalls findet sich der präzise Anschluß an jene Stellen in einem von Novalis verfaßten ‹Athenäumsfragment›: «Nur dann zeig ich, daß ich einen Schriftsteller verstanden habe, wenn ich in seinem Geiste handeln kann, wenn ich ihn, ohne seine Individualitaet zu schmälern, übersetzen, und mannichfach verändern kann»[47]. Die Rücksichtnahme auf die «Individualität» hatte für Schlegel bereits keine Rolle mehr gespielt. Das Weiterverstehen und Deuten ‹im Geist› des Autors faßte Schlegel geschichtsbewußter auf als Novalis.

Die Frage, ob man an einer einmal gebildeten Auffassung über ein Stück festhalten sollte, oder – umgekehrt – wie man jemanden von einem bestimmten Verständnis abbringen könne, wird im dritten Buch des ‹Wilhelm Meister› gestellt. Insofern wird das Thema im fünften Buch nur fortgesetzt. Man muß diesen Zusammenhang kurz vergegenwärtigen, um zu erkennen, daß Schlegel durchaus auf eine Leitlinie des Romans aufmerksam macht. Wilhelm bereitet seinen Verstehenszugang zu bedeutenderen Werken dadurch vor, daß er auf niederer Ebene gegen die allzu eindeutigen ‹Absichten› im Verständnis dramatischer Werke ankämpft. Er unterlegt dabei schon ganz unmittelbar andere mögliche Absichten, um eine interpretatorische Freiheit zu gewinnen: «‹Es ist mir nicht wahrscheinlich›, versetzte Wilhelm, ‹daß es die Absicht des Herrn Grafen gewesen sei, gerade das Stück, so wie er es Melinan angegeben, fertigen zu lassen; wenn ich nicht irre, so wollte er uns bloß durch einen Fingerzeig auf den rechten Weg weisen›»[48]. Der Baron

44. KA II, 140.
45. Ebd.
46. Goethe, WM, 295.
47. Novalis, II, 424, Fr. 29.
48. Goethe, WM, 167.

als Gegenspieler Wilhelms vermag in dessen Interpretation nur «eine entfernte Ähnlichkeit» mit der «Idee» des Grafen zu erkennen[49]. In der Intrige, die daraufhin ins Werk gesetzt wird, um den Grafen allmählich auf die ganz andere Interpretation vorzubereiten, wird die falsche hermeneutische Vorgehensweise, das stellenbezogene Teilverstehen geradezu gegen den instrumentalisiert, dessen ‹Absicht› man umdeuten und verändern möchte: «Die Baronesse erzählte hierauf, wie sie bisher dem Grafen das ganze Stück, aber nur immer stellenweise und ohne Ordnung erzählt habe, daß er also auf jedes Einzelne vorbereitet sei, nur stehe er freilich in Gedanken, das Ganze werde mit seiner Idee zusammentreffen»[50]. Auch an solche Stellen, nicht nur an den Erzähler-Autor mag Schlegel gedacht haben, als er schon im Jahre 1797, während eines Besuchs bei Novalis in Weißenfels, eine Notiz anlegte, aus der hervorgeht, daß er den «Meister» als ein Vorbild für «ειρ [ironische] π [Poesie]» und für eine «ππ [Poesie der Poesie]» betrachtete[51].

Auch bei den Versuchen Schlegels, Formeln zu prägen, durch die das reine ‹Stellenverstehen› verändert werden könnte, darf man mit einigen esoterischen Anspielungen auf Goethes Roman rechnen. So hatte Schlegel ja konsequent das aufklärerische Textverstehen, jene ‹Mikrologie›, und das empfindsame oder irrationalistische Verstehen gegeneinander gesetzt. Dabei sucht er die Vorstellungsmuster beider Strömungen zugleich weiter zu entwickeln. Die empfindsame Art, einzelne schöne Stellen zu bewundern, wollte er auf die hermeneutische Ganzheit hinlenken: um den Wert poetischer Werke einschätzen zu können, «muß man freilich alle Schönheiten derselben mit Liebe ganz empfinden, ihren Geist gefaßt haben . . .»[52]. Schlegel scheint dabei auch das empfindsame Verstehen der «zarten Seele» vor Augen zu haben, das im Fünften Buch des ‹Wilhelm Meister› beschrieben wird: «‹Er wird›, versetzte Aurelie, ‹bei gewissen Stellen so gerührt, daß er heiße Tränen weint und einige Augenblicke ganz aus der Fassung kommt; und es sind eigentlich nicht die sogenannten rührenden Stellen, die ihn in diesen Zustand versetzen; es sind, wenn ich mich so ausdrücke, die *schönen* Stellen, aus welchen der reine Geist des Dichters gleichsam aus hellen, offenen Augen hervorsieht, Stellen, bei denen wir andern uns nur höchstens freuen, und worüber viele Tausende wegsehen›»[53]. Das Empfinden ‹schöner Stellen› wollte Schlegel in dem ‹cyklischen› Leseprozeß aufgehen lassen. Aber die Überlegung Goethes, daß derjenige, der einen Text neu vesteht, auf ganz andere Stellen aufmerksam wird als die Mehrheit der Leser, hat Schlegel im Sinne einer poetischen Überformung der Poesie aufgefaßt, ein Ergebnis, das sich einstellt, «wenn ein Dichter als solcher ein Werk der Dichtkunst anschaut und darstellt»[54]. Aber der neue Kritiker nutzt diese Vorstellung, um gleichsam die ‹Organisation› eines lebendigen Neuverstehens darzustellen. Die Einteilung des Werkes entspreche dann nicht mehr

49. Ebd.
50. Ebd., 173.
51. KA XVIII, 24, Fr. 75.
52. KA II, 14.
53. Goethe, WM, 303.
54. KA II, 140.

der ursprünglich vorgesehenen und analytisch zu ermittelnden. Wer wirkungsgeschichtlich weiterverstehen wolle, müsse sich wie jener Dichter, der ‹ein Werk der Dichtkunst anschaut›, eine neue Gliederung vorstellen: «Er wird das Ganze nur in Glieder und Massen und Stücke teilen, nie in seine ursprünglichen Bestandteile zerlegen, die in Beziehung auf das Werk tot sind . . .»[55]. Das Werk erscheint so als lebendiger Organismus. Die Weiterverstehenden müßten das berücksichtigen und dürften nicht ewig nach einem festgestellten Bauplan, nach einer toten ‹Construktion› deuten. Schon in einem Notizheft von 1797 hält Schlegel es für unmöglich, den «ganzen Geist einer Schrift zu fassen». Gerade deswegen aber gehört die esoterische Wirkungsgeschichte mit zur Vervollständigung des Werkverstehens. Dieser Prozeß läßt sich nicht auf einer Stufe des ‹Besserverstehens› abschließen. Wer nach dem ‹Geist› und nicht nur nach dem ‹Buchstaben› deute, könne nicht hoffen, ein Werk endgültig zu verstehen: «Ist welcher drin, so ist er unendlich»[56].

Die in den Goetheschen Roman eingestalteten Reflexionen über das Neuverstehen werden noch erweitert durch kunsttheoretische Erwägungen. Schlegel entdeckt eine «nicht unvollständige Kunstlehre» in dem Roman. Offenbar spielt er vor allem auf die literaturtheoretischen Erwägungen im siebten Kapitel des fünften Buches an. Aber es geht ihm nicht um eine Übereinstimmung mit Goethe in einzelnen Fragen, sondern darum, daß dieser kein «tote[s] Fachwerk eines Lehrgebäudes» errichtet habe, sondern eine «lebendige Stufenleiter»[57]. Die theoretischen Ansätze Goethes ließen sich nach dem gleichen hermeneutischen Modell des Weiterverstehens behandeln wie jedes gelungene poetische Werk. Zugleich liegt ja darin ein Moment der Relativierung, insofern der theoretische Geltungsanspruch nur in den Grenzen der Werkgeltung anerkannt wird. Dies Moment wirkt sich gerade da aus, wo Schlegel bei allen zeitgenössischen Autoren noch ein Defizit feststellt: bei der Erörterung, ob es schon eine «historische Philosophie der Kunst» gebe[58]. So kann Schlegel den Wert der kunsttheoretischen Aussagen Goethes schließlich um so leichter ‹annihilieren›, je mehr er das betrachtete poetische Werk anerkennt: zuletzt erweise sich doch, daß dies «alles Poesie, reine, hohe Poesie» sei[59]. Offenbar möchte Schlegel insbesondere die gattungstheoretischen Unterscheidungen Goethes nicht als endgültig anerkennen, da er seine Konzeption einer ‹romantischen Universalpoesie› vorbereitete.

Der ‹Pluralis von Genie› kann von diesen Voraussetzungen her nicht als der des Autors, sonden nur werkimmanent aufgefaßt werden, gleichsam als ‹innerer Plural› des Werks. Das bedeutet aber, daß die Figurenkonstellation

55. Ebd.
56. KA XVIII, 115, Fr. 1044.
57. KA II, 131 f.
58. Ebd., 132.
59. Ebd.

nicht einfach um eine Hauptfigur herum gruppiert sein darf, sondern selbst als immanente, hermeneutische Beziehungstotalität aufgefaßt werden müßte. Schlegel konnte so nicht nur das starre Verhältnis des Erzähler-Autors zum Erzählten, sondern auch die ebenso auf eine Person bezogene Anordnung der Figuren, die er im Jacobischen ‹Woldemar› beobachtet hatte, kontrastiv zu dem gelungenen Beispiel des ‹Wilhelm Meister› erinnern.

So müßte der Satz: «Genie ist geistiger Organismus. Individuen organisiren kann nur das Genie»[60] ganz auf das Werk als sich ‹selbst organisierendes› bezogen werden. Schlegel betrachtet die Figurenkonstellation im ‹Wilhelm Meister› also als geniale Totalität, als ideales Beziehungsgeflecht, das man ganz aus sich selbst verstehen könne. Es geht also darum, dieses immanente hermeneutische Modell für einen ‹inneren Plural› genauer zu beschreiben. Man könnte der esoterischen Anweisung Schlegels aus einem Notizheft Folge leisten, das er etwa zu der Zeit angelegt hat, da er mit ersten Vorarbeiten zum ‹Wilhelm Meister› beschäftigt war: «Die Personen im *Meister* muß man eigentl[ich] bei einer verständigen Fackelbeleuchtung sehn»[61].

Schlegel nimmt ‹Potenzierungen› an, durch die jeweils eine Figur oder eine Gruppe von Figuren ‹repräsentativ›[62] werden für den ganzen Roman. Das Werk scheint jeweils von einem einzigen Zugang dieser Art her verstehbar. Nun sind es nicht mehr die einzelnen Bücher, die bei aller Selbständigkeit ein ästhetisches System bilden, sondern es ist «das Element der Personen, in denen sich der Geist dieser Masse des ganzen Systems am klarsten offenbart»[63].

Dabei lassen sich *vier verschiedene Ebenen* unterscheiden, auf denen jeweils unterschiedliche figurale Zuordnungsmuster stellvertretend eine hermeneutische Totalitätsvorstellung ermöglichen:

1. Schlegel nimmt auf der ersten Ebene drei hermeneutische Orientierungsfiguren für das Verständnis des Werkes an: *den ‹Fremden›, Wilhelm und Mignon.* Die Reihenfolge scheint er mit Bedacht einzuhalten. Da es sich um einen Entwicklungsroman handelt, kann die eigentliche Hauptfigur nicht von Anfang an den ‹Maßstab› für die Beurteilung aller Figurenverhältnisse abgeben. Schlegel betrachtet den ‹Fremden› gleichsam nach der Zweck-Mittel-Relation als Orientierungsfigur, an der die Weite des poetischen Verstehenshorizontes abgeschätzt werden könne. So ist es auch nicht mehr verwunderlich, wenn er sein zentrales hermeneutisches Stichwort des ‹Gesichtspunktes› nun auf die immanenten poetischen Verhältnisse bezieht: «Damit aber nicht bloß das Gefühl in ein leeres Unendliches hinausstrebe, sondern auch das Auge nach einem großen Gesichtspunkt die Entfernung sinnlich berechnen, und die weite Aussicht einigermaßen umgrenzen könne,

60. KA XVIII, 252, Fr. 707.
61. KA XVI, 92, Fr. 81.
62. KA XVIII, 363, Fr. 508.
63. KA II, 130.

steht der Fremde da, der mit so vielem Rechte der Fremde heißt»[64]. Es geht also um eine mögliche Ausdehnung dessen, was Herder ‹Gesichtskreis› nannte, darum, daß der Leser von Anfang an aus einem «großen Gesichtspunkt» versteht, also weder in der Enge des gerade Dargestellten sich einrichtet, noch in irrationalistischer Weise Vermutungen anstellt, die ins Unendliche laufen. Schlegel hat allerdings in der Art und Weise, wie er die Funktion des ‹Fremden› kennzeichnet, noch andere esoterische Bezugsfelder im Sinn. Wenn er ihn «wie eine Erscheinung aus einer andern edleren Welt»[65] auffaßt, so spielt er ganz offensichtlich auf den «Künstler» in Schillers Briefen «Über die ästhetische Erziehung des Menschen» an, der als «fremde Gestalt, in sein Jahrhundert» zurückkehre[66]. Schiller wollte damit ausdrücken, daß der Künstler nur als zeitentfremdeter epochal wirken könne, sein Jahrhundert «reinigen» könne. Deshalb müsse er «die Form von einer edleren Zeit, ja jenseits aller Zeit»[67] nehmen. Für Schlegel hat die ‹Fremdheit› keine zeitentrückende Bedeutung, wie Schiller sie noch in der Rezeptionstheorie anschließt, wenn er ausführt, daß der Verstehende sich «wie aus der Zeit gerissen» fühle[68]. Vielmehr möchte Schlegel nur eine Ausdehnung des Verstehenshorizontes bewirken. ‹Fremdheit› faßt er durchaus zeitbewußt als sinnliche Vergegenwärtigung der Enge auf, aus der der Leser herausgeführt werden müsse. Die Abwehr des Fremden oder die irrationale Entrückung alles dessen, was nicht verglichen werden soll, ist dem Kritiker suspekt.

Zuletzt gibt er eine dreifache Funktion dieser Figur des ‹Fremden› für das Ganze des Romans an. Einerseits soll er eine Realität verbürgen, die sowohl verschieden ist von der unmittelbaren «Wirklichkeit», welche die Hauptfigur des Entwicklungsromans umgibt, als auch verschieden ist von der von Wilhelm erträumten «Möglichkeit»[69]. Es geht also um einen Realitätsmaßstab für den Leser, der sich weder in die Traumwelt der Hauptfigur versetzen soll, noch sich in der gezeichneten Umgebung des Helden einzirkeln soll. Die zweite Funktion bezeichnet Schlegel ebenfalls in hermeneutischer Absicht: der ‹Fremde› diene «zum Maßstab der Höhe, zu welcher das Werk noch steigen soll»[70]. Damit wird also der Erwartungshorizont des Lesers von Anfang an vorgezeichnet. Dieser darf weder zu eng noch zu weit gezogen werden. Zuletzt gibt Schlegel die werktranszendente ästhetische Hoffnungsperspektive an: «eine Höhe, auf der vielleicht die Kunst eine Wissenschaft und das Leben eine Kunst sein wird»[71]. Damit verweist er im Sinne eines eingestalteten Projektes auf romantische Zielvorstellungen. Er bezieht das Goethesche Werk in diese Perspektive mit ein. Wer diese dreifache Funktion des ‹Fremden› verstünde, hätte den Realitätsmaßstab,

64. Ebd., 128.
65. Ebd.
66. Schiller, ÄE, 593, 9. Brief.
67. Ebd.
68. Ebd., 637, 22. Brief.
69. KA II, 128.
70. Ebd.
71. Ebd.

den Erwartungshorizont im Werk und die ästhetische Hoffnungsperspektive über das Werk hinaus richtig aufgefaßt. Er könnte also das ‹Ganze› verstehen.

Wilhelm selbst, so setzt der Kritiker seine Entdeckung hermeneutischer Sehweisen in Goethes Dichtung fort, werde schon im ersten Buch in jenen bereits erwähnten «veränderten Stellungen» und in «malerischen Gegensätzen» vorgestellt; dabei könne man seinen «Charakter» jeweils «von einer andern merkwürdigen Seite» kennenlernen und verstehen[72]. Der hermeneutische Fortschritt deutet sich schon darin an, daß Wilhelm von Kapitel zu Kapitel im «neuen helleren Lichte» gesehen werden könne[73]. Schlegel wiederholt so in einfacher Fassung die hermeneutische Anweisung der Forster-Kritik, daß «Gegenstände absichtlich aus entgegengesetzten Standorten» betrachtet werden sollten, aber auch die daran angeschlossene Feststellung eines Verstehensfortschritts[74]. Der Held könne schon zu Beginn seiner Entwicklung den Leser für sich einnehmen, indem er diesem «die erhabensten Gesinnungen vorsagt»[75]. Damit hebt Schlegel nicht nur das Theatralische der lebensunmittelbar bekundeten Rollenentwürfe hervor, sondern er greift auch das gattungstheoretische Stichwort Goethes auf: «Im Roman sollen vorzüglich Gesinnungen und Begebenheiten vorgestellt werden ... Der Roman muß langsam gehen, und die Gesinnungen der Hauptfigur müssen, auf welche Weise es wolle, das Vordringen des Ganzen zur Entwicklung aufhalten»[76]. Dieser Anleitung gemäß beobachtet der Kritiker denn auch keine dynamischen Momente, sondern hebt zwei ideale Momente hervor, die auch als Bedingungen für jeden ausgreifenden Verstehensprozeß angesehen werden können: «vielseitige Empfänglichkeit» und die Fähigkeit, aus Anregungen und Hinweisen eine «Vorempfindung der ganzen Welt» zu entwickeln[77]. Es sind passive und aktive Einstellungen, oder die Fähigkeit, viele Eindrücke aufzufassen, und die Fähigkeit, über das Wahrgenommene hinaus Verstehensentwürfe auf immer umfassendere Totalitäten zu richten. Schlegel wählt die gleichzeitig in einem Notizheft getroffene Entsprechung – «zur Char.[akteristik] d[es] Individuums gehört Char.[akteristik] d[es] Universums»[78] – gleichsam zum hermeneutischen ‹Keim›-Ansatz. Er betrachtet die Hauptfigur des Entwicklungsromans so, als habe sie der Anlage nach die «ganze Menschheit die ganze Geschichte in sich»[79]. Damit aber veranlaßt er den idealen Leser, das Verstehen von der Betrachtung dieser *Anlagen* her zu universalisieren, das Verstehen nicht mit der nur partiellen Entwicklung abzubrechen.

Als dritte Figur, die einen Blick auf das Ganze eröffne, stellt Schlegel Mignon heraus. Er stilisiert nun auf romantische Weise einen angenehm

72. KA II, 128 f.
73. Ebd., 129.
74. Ebd., 89.
75. Ebd., 129.
76. Goethe, WM, 307.
77. KA II, 129.
78. KA XVIII, 229, Fr. 418.
79. Ebd., 361, Fr. 489.

‹befremdlichen› Eindruck, der in Kontrast steht zu der Realitätsvergewisserung an der Figur des ‹Fremden›: «Noch süßere Schauer und gleichsam ein schönes Grausen erregt das heilige Kind, mit dessen Erscheinung die innerste Springfeder des sonderbaren Werks plötzlich frei zu werden scheint»[80]. Die dialektische Metapher der ‹innersten Springfeder› soll darauf verweisen, daß der Leser jetzt über die figurale Realität hinaus verstehen müsse. Während er in der Deutung des ‹Fremden› den poetischen Verstehenshorizont realitätsgewiß ausdehnen sollte, und während er bei Wilhelm gleichsam organologisch Keimansätze wahrnehmen und vorweg entwickeln sollte, hätte er bei Mignon die figurale Anschauung zu transzendieren. In ihren «romantischen Gesängen» könne man die «Naturgeschichte des Schönen» ahnungsvoll nachvollziehen[81]. So variiert Schlegel von einer Figur zur anderen die zeitlich-historische Weite des Verstehens. Aber alle drei Figuren der ersten Ebene bieten Ansätze zur hermeneutischen Totalisierung.

2. Auf der zweiten Ebene stellt Schlegel Entsprechungen zwischen jeweils zwei Figuren her. In Querverbindungen, Folgeverbindungen und im Austausch jeweils einer Bezugsfigur entdeckt er ein Beziehungsgeflecht, das den idealen Leser eher dazu nötigt, im zeitlichen Verstehen ein «magische[s] Schweben zwischen Vorwärts und Rückwärts»[82] mitzuvollziehen. Schlegel entdeckt so im Sinne der Goetheschen Gattungstheorie des Romans die Momente, die «das Vordringen des Ganzen zur Entwicklung aufhalten»[83].

Die Perspektive auf die Ferne und auf die Fremde hin, die im ersten Buch durch den ‹Fremden› und ‹Mignon› eröffnet worden sei, werde im zweiten durch «Jarno und die Erscheinung der Amazone«[84] weiterskizziert. Im dritten Buch sieht Schlegel zwei Kontrastpaare: einerseits sei Jarnos «trockener Verstand» «Aureliens spitzfindiger Empfindsamkeit» entgegengesetzt; andererseits sieht er die «tiefe innige Mariane» und die «leichte allgemeine Philine» einander gegenübergestellt[85]. Aber auch diese betrachtet er nicht als Nebenfiguren, die nur als Mittel zur Profilierung anderer dienten, sondern, ganz seinem ersten Verstehensentwurf gemäß, als «Hauptfiguren, die jede in ihrer Masse gleichsam den Ton angeben»[86]. So führt er seine Überlegungen zur Zweck-Mittel-Relation, die wir in der Jacobi-Kritik kennenlernten, konsequent zu Ende.

Die Kontrastpaare werden zunächst für sich betrachtet und dann immer deutlicher in gesellschaftlicher Wirksamkeit beobachtet. So meint Schlegel, daß die gütige Nathalie «ihre wohltätigen Wirkungen durch ihr bloßes Dasein in der Gesellschaft» verbreite, wohingegen Therese eine eher ‹materiell› interessierte «Welt um sich her» aufbaue[87]. Das Gesellschaftliche dieser Kontraste spiegeln wiederum die ebenso kontrastreichen Gespräche, in die

80. KA II, 130.
81. Ebd., 132.
82. Ebd., 130.
83. Goethe, WM, 307.
84. KA II, 135.
85. Ebd., 138.
86. Ebd.
87. KA II, 144.

Wilhelm verwickelt wird. Schlegel hebt die «künstlerischen Gespräche» mit Serlo und die praktisch ausgerichteten Erziehungsgespräche mit Jarno hervor[88]. Schlegel geht es dabei um die vielfältige, die ‹plurale› Rollenbeziehung, die in solchen Konstellationen aufgebaut werde. Die «Gespräche» vermitteln einen Eindruck dieses gleichsam veräußerlichten «Pluralis von Genie»: sie seien «vielstimmig und ineinander greifend»[89]. Diese Vorstellung hat Schlegel später im «Gespräch über die Poesie» auf ‹lebensphilosophische› Weise substantiiert: «Darum geht der Mensch, sicher sich selbst immer wieder zu finden, immer von neuem aus sich heraus, um die Ergänzung seines innersten Wesens in der Tiefe eines fremden zu suchen und zu finden»[90]. Die Annahme eines auszubildenden Plurals von Verstehensrollen ist gleichsam das vorweggenommene Ergebnis dieses Ansatzes aus dem «Gespräch über die Poesie» und andererseits eine hermeneutische Entsprechung zum Bildungsroman. Schlegel hat ja seinen eigenen kritischen Fragmentarismus oftmals unter dem Stichwort «Lehrjahre» zusammengefaßt[91].

In jenen vielschichtigen Figurenkonstellationen ist die Möglichkeit angelegt, Figuren von mehreren Seiten zu sehen und zu verstehen. Zudem erweitert sich der ‹Pluralis› jeder einzelnen Figur dadurch, daß sie in jener Konstellation als Wiederholung und Potenzierung anderer zuvor aufgetretener Figuren erscheint. Die ‹Vielstimmigkeit› der Dialoge findet darin eine Erklärung. An dieser Stelle unserer Interpretation wird deutlich, daß Schlegel diese Feststellung sowohl vor dem Hintergrund seiner Kritik an Jacobis Roman ‹Woldemar› als auch vor dem Hintergrund seiner Auseinandersetzung mit Lessings Dichtungen trifft. Der Zusammenhang der drei Kritiken unter diesem Vergleichsgesichtspunkt wird klar. In einem Notizheft, das Schlegel im Übergang von 1797 auf 1798 geführt hat, stellt er den Vergleich und die Stufenfolge der Entwicklung zusammen: «Wir haben noch gar keinen recht dialogischen Dialog, außer im Meister. Lessings Charakt.[ere] sind nur aus d[em] Dialog construirt; Jacobi's Personen nur Seiten eines Charakters»[92]. Die Bezeichnung ‹dialogischer Dialog› verweist auf die figuralen Potenzierungsverhältnisse im Goetheschen Roman. Verständigung und Selbstverständnis der Figuren gehen ineinander über, da der Grundsatz *«Niemand versteht sich selbst, in so fern er nur er selbst und nicht zugleich auch ein andrer ist»*[93] ja in der potenzierenden Figurenfolge verwirklicht wird. Die Aufeinanderfolge der einzelnen selbständig scheinenden Bücher des Romans wird durch diese potenzierende Figurenfolge gesichert. Schlegel hält dies zuletzt in der Formel fest: «hier kommen die alten Gestalten verjüngt wieder«[94]. Damit spielt er auf der Ebene esoterischer Verweise und ‹Fingerzeige› aber wiederum auf die Weise an, wie Lessing die Metempsychose als

88. Ebd., 138 f.
89. Ebd., 139.
90. Ebd., 286.
91. KA XVIII, 118, Fr. 1067; 119, Fr. 1068.
92. Ebd., 127, Fr. 63.
93. Ebd., 84, Fr. 651.
94. KA II, 135.

eine geschichtsphilosophische Fiktion aufgefaßt hat, darauf, daß jeder «so oft wiederkommen» dürfte, als er «neue Kenntnisse, neue Fertigkeiten» erlangen könnte[95]. Die Figuren des Romans seien gleichsam nach dieser Lessingschen Fiktion zu verstehen. So legt Schlegel immer mehr Querverbindungen und hermeneutische Steigerungen zwischen seinen einzelnen Kritiken auf esoterischer Ebene frei.

Der Kritiker faßt dies aber keineswegs als geschichtslose Wiederkehr auf, als gleichförmigen Wechsel von Figurenkonstellationen. Vielmehr betont er gelegentlich auch einen dramatischen Tempowechsel in der Entwicklung vieler Figuren. So meint er zu beobachten, daß sich die «Personen ... rascher» bewegten und daß dann jedes Kapitel des Romans «wie ein neuer Akt» wirke[96]. Dies ist keineswegs nur ein Tempowechsel in der Darstellung. Vielmehr löst Schlegel in dieser Beobachtung seine alte Forderung ein, die er bereits 1797 notiert hatte und die wir auf die Jacobi-Kritik bezogen hatten, daß «*alle* Personen im Roman *fortschreitend* seyn» sollten[97].

Die Figurenkonstellation darf also als eine fortschreitende, durch Potenzierung immer vielstimmiger werdende Einheit aufgefaßt werden. Wer diese Entwicklung im Roman nachvollzieht, versteht nicht mehr nur eine plane Konstellation, sondern ein dynamisches Gefüge, oder, in der weitestmöglichen romantischen Fassung, die man in einer Notiz von 1798 findet, ein «Meer von Geistern, in deren jedem man eine Reihe von Weltspiegeln ⟨vervielfacht⟩ sieht»[98].

3. Auf der dritten Ebene der Figurenbetrachtung faßt Schlegel diesen Rollenplural in der Verinnerlichung zusammen. Er betrachtet die ‹Bekenntnisse einer schönen Seele› im sechsten Buch des Romans als Gegenstück zur äußeren Übernahme und Vervielfältigung der Rollen. So behauptet er, daß die Tante «im Grunde auch theatralisch» lebe, da sie «sämtliche Rollen vereinigt, die in dem gräflichen Schlosse, wo alle agierten und Komödie mit sich spielten, unter viele Figuren verteilt waren, und daß ihr Innres die Bühne bildet»[99]. Man sieht also deutlich, wie Schlegel die Rollenvorstellung immer weiter entwickelt, wie er dabei die Theatermetapher aber beibehält. Man darf diese Verinnerlichung der Rollenvorstellung aber nicht mit dem ‹inneren Plural› verwechseln, der sich jederzeit nach außen wenden könnte. Schlegel faßt diese äußerste Form der Verinnerlichung nämlich zugleich als «Gipfel der ausgebildeten Einseitigkeit» auf[100], was ja beim genialen Rollenplural nicht der Fall ist. Offenbar hat Schlegel, wenn er kurz zuvor vom «Spiegel des Gewissens» spricht, die Stellen in den ‹Bekenntnissen› vor Augen, in denen der Rollenplural in der Phantasie bis an die äußersten Grenzen überdehnt wird: «Mehr als ein Jahr mußte ich empfinden, daß, wenn mich eine unsichtbare Hand nicht umschränkt hätte, ich ein Girard,

95. Lessing, EdM, 82, § 98.
96. KA II, 130.
97. KA XVIII, 23, Fr. 58.
98. Ebd., 218, Fr. 293.
99. KA II, 142.
100. Ebd.

ein Cartouche, ein Damiens und welches Ungeheuer man nennen will, hätte werden können; die Anlage dazu fühlte ich deutlich in meinem Herzen»[101]. Diese empfindsame Gewissenserforschung aber wird ja im Roman auch als Folge der Erzählungen Philo's über gesellschaftliche Konstellationen dargestellt. Erst nachdem die ‹schöne Seele› Einblick in die «innersten Verhältnisse fast aller der vornehmen Personen» erhalten hat, deren «Äußeres . . . in der Gesellschaft» sie schon kennengelernt hatte[102], erforscht sie ihre eigenen äußersten Möglichkeiten.

Dem idealen Leser wird diese Verinnerlichung aber nur als ein transitorischer Zustand des Rollenplurals vorgeführt. Er soll das Buch der ‹Bekenntnisse› nur als eine Bündelung von Rollen deuten und in dieser Weise nach der formalen und inhaltlichen Ganzheit des Romans verstehen.

Schlegel stellt der ‹schönen Seele› als Kontrastfigur den ‹Onkel› gegenüber. So setzt er auf der dritten Ebene die Konstellationen der zweiten fort. Von diesem Onkel werde ein «Bild reifer Allgemeinheit eines großen Sinnes» gezeichnet[103]. Schlegel scheint bereits an den Stellen, wo er den realitätsverbürgenden Maßstab des ‹Fremden› hervorhebt, auch an die Kontrastfunktion des Oheims zu denken. Die ‹schöne Seele› selbst kennzeichnet ihn als gesellschaftlichen Mittelpunkt: «Die Fremden strömten herbei . . . und bei meinem Oheim waren alle Nationen anzutreffen»[104]. Das, was Schlegel zuvor bei Forster als ‹gesellschaftliche Vielseitigkeit›, als Vertrautsein mit dem Fremden, schließlich als ‹Geist freier Fortschreitung› charakterisiert hatte, konnte er nun im Keimansatz bei einer poetischen Figur wiederentdecken. So spricht er bei der Charakteristik des Oheims von der «Toleranz jener großen Männer, in denen sich der Weltgeist des Werks am unmittelbarsten offenbart»[105]. Das Lob des ‹Fortschreitens› konnte Schlegel in den Gesprächen des Oheims mit der ‹schönen Seele› finden[106] und somit den Kontrast einer entwicklungslosen reinen Verinnerlichung im ‹dialogischen Dialog› aufsuchen.

4. Der Oheim fungiert auch als Verbindungsfigur zur vierten Ebene. Hier erreicht die Figurenpotenzierung einen Höhepunkt. Die erzählten Personen sind schon von der Anlage her «von größerem Schlage»[107] als die der zweiten Ebene. Schlegel macht drei Figuren aus, die in der skizzierten Weise als plurale, als umfassende Existenzen aufzufassen sind: Lothario, den Abbé und den Oheim. Und um die nach innen geschlagene geniale ‹Verfassung› des Werkes als vollendet hinstellen zu können, behauptet der Kritiker

101. Goethe, WM, 392. 102. Ebd., 391. 103. KA II, 142.
104. Goethe, WM, 364. 105. KA II, 143.
106. Goethe, WM, 405; Der Oheim versteckt den Tadel gegen eine bloß auf der Stelle verharrende, ziellose Innerlichkeit in einem Lob für die ‹schöne Seele›: «‹Glauben Sie nicht›, sagte der Oheim zu mir, ‹daß ich Ihnen schmeichle, wenn ich Ihre Art zu denken und zu handeln lobe. Ich verehre den Menschen, der deutlich weiß, was er will, unablässig vorschreitet, die Mittel zu seinem Zwecke kennt und sie zu ergreifen und zu brauchen weiß›».
107. KA II, 145.

zuletzt, daß jeder dieser drei «auf seine Weise, der Genius des Buchs selbst» sei[108]. Damit hat er in kunstvoller Entsprechung den drei Hauptfiguren (der ‹Fremde›, Wilhelm, Mignon), die die Erwartung des Lesers schon am Anfang auf das Ganze hin spannen, drei geniale, vom Schluß her übergreifende Figuren gegenübergestellt.

Schlegel stuft diese übergreifende Funktion ebenso wie die vorausweisende ab. Der Oheim hat nur eine vorbereitende und eine vermittelnde Aufgabe. Neben seiner verbindenden Toleranz weise er vor allem einen «großen Sinn» auf[109]. Demgegenüber wird der Abbé in eine Position gerückt, die überlegener wirkt: er «schwebt über dem Ganzen wie der Geist Gottes»[110]. Tatsächlich gestaltet Schlegel so die Erzählerposition ein, die er in Jacobis ‹Woldemar› beobachtet hatte. Diese ‹geniale› Überlegenheit ist dadurch relativiert, daß sie nur auf der zweiten Stufe einer Figurenhierarchie angesiedelt wird. So wird die letzte Steigerung Lothario zugeschrieben. Der Kritiker faßt dessen Position zunächst in den ironisch einfachen Satz: «Lothario ist ein großer Mensch». Nun kann er die Reihe überblicken und die Vorgänger abwerten: «der Oheim hat noch etwas Schwerfälliges, Breites, der Abbé etwas Magres, aber Lothario ist vollendet»[111]. Noch ist der Grund dieser Vollendung für den Leser nicht einsehbar. Man erwartet eine neue Skizze eines genialen Rollenplurals. Aber der Kritiker sieht die Vollkommenheit dieser übergreifenden Figur in der unendlichen Progressionsfähigkeit, darin, daß er die Bedingung der Form, wonach ‹alle Personen im Roman fortschreitend seyn› sollen, in sich konzentriert, daß er erst recht den ‹Geist› eines Bildungsromans ausdrückt: «sein Geist ist immer im Fortschreiten»[112]. Zugleich drückt der Kritiker so sein eigenes, zuvor in der Reihe der kritischen Versuche vielfach bekundetes Bildungsideal aus. Jene «ununterbrochne Kette innerer Revolutionen», die er in den ‹Philosophischen Fragmentheften› selbst durchlaufen wollte, hat er im ‹Athenäum› auf das «Leben des universellen Geistes»[113] übertragen. Dabei bezeichnet er die Analogie zum ‹inneren Plural› des Genies: dieser ‹universelle Geist› sei ein «echter Polytheist», er trage den «ganzen Olymp» in sich. Diese Ausdrucksweise und diese Erklärung beruhen wiederum auf einer ähnlichen Fiktionsbildung wie die Lessings.

Schlegel hat die Lessingsche Fiktion einer Metempsychose noch dadurch überboten, daß er jene in der Poesie beobachtete Weise der Verbindung und Synthesierung einzelner Figuren zu einer geschichtsphilosophischen Erwartung verdichtet. Man darf diese romantische Vorstellung, die er ein Jahr nach Veröffentlichung der ‹Meister›-Kritik in Notizheften festhält, aber nur als Fortsetzung seiner ursprünglich neoaufklärerischen und dann poetisierten Idee eines «Pluralis» auffassen: Die ‹Meister›-Kritik markiert also eine Übergangsphase. Aber erst wenn man die großen Charakteristiken als Vor-

108. Ebd. 109. Ebd. 110. Ebd., 145 f.
111. Ebd., 146. 112. Ebd. 113. Ebd., 255, Fr. 451.

stufen analysiert hat, wird die durchgehaltene esoterische ‹Wirkungsgeschichte› Lessings deutlich. So läßt sich das romantische Fragment von 1799 als Verbindung und Fortsetzung dieser Vorstufen verstehen: «Mehre Menschen werden in d[er] nächsten Period[e] viell[eicht] Eins, Verschmelzung und Zersetzung von Geistern»[114]. Zuvor hatte er seine eigenen hermeneutischen Synthesierungsabsichten, die Tatsache, daß er die Eigenschaften und Fähigkeiten mehrerer vorbildlicher Personen verschmelzen wollte, daß er beispielsweise in der ‹Meister›-Kritik solche vorgestellten Synthesen in poetischen Figuren *wiederentdeckt,* in einem Fragment festgehalten: «Alle Menschen in *Einen* Menschen zusammen zu schmelzen ist sehr φσ [philosophisch]»[115].

Diese Verfahren entdeckt er in der ‹Meister›-Kritik als Aufbauprinzipien der Figurenkonstellation, als ‹Organisationsform› eines genialen Romans. So ist es zuletzt verständlich, daß er den Erzähler-Autor nicht mehr als despotisch herrschende und ordnende Figur ansieht, sondern als ironisch überlegene und sich zugleich selbst relativierende Größe. Aber er charakterisiert den Erzähler-Autor nicht am Schluß seiner Figurenanalyse, weil er dann die überlegenen Momente hätte herausstellen müssen, sondern im Sinne der Hinführung eines Lesers, der Romane noch gleichsam naiv zu rezipieren gewohnt ist: «Man lasse sich also dadurch, daß der Dichter selbst die Personen und die Begebenheiten so leicht und so launig zu nehmen, den Helden fast nie ohne Ironie zu erwähnen, und auf sein Meisterwerk selbst von der Höhe seines Geistes herabzulächeln scheint, nicht täuschen, als sei es ihm nicht der heiligste Ernst»[116]. Damit drückt er die Auslegung der Erzählerkommentare gleichsam auf eine didaktische Ebene herunter. Der Kritiker formuliert den äußersten Kontrast zu Jacobis Erzähler. Da er aber von der Vorstellung ausgegangen ist, daß man das Werk «aus sich selbst verstehen lernen» sollte[117], verwendet er alle hermeneutische Mühe auf die Figurenkonstellation, nicht auf den Erzähler. Ja, der Kritiker unterläuft geradezu dessen fiktionsbildende Kompetenz. Er spielt selbst auf ironische Weise das dahinter stehende Ironie-Konzept herunter, wenn er dem Leser bedeutet, daß der Erzähler die Personen «leicht» und «launig» behandle. Der Kritiker empfiehlt indirekt, daß der Leser einen neuen hermeneutischen Standort einnehmen müsse, um ein solches Werk zu verstehen. Aber auch dabei versteckt er seine eigentliche ‹Absicht› in einer ironischen Negation des gewöhnlichen Rezeptionsverhaltens: «Man darf es nur auf die höchsten Begriffe beziehn und es nicht bloß so nehmen, wie es gewöhnlich auf dem Standpunkt des gesellschaftlichen Lebens genommen wird: als einen Roman, wo Personen und Begebenheiten der letzte Endzweck sind»[118]. Der Kritiker selbst folgt dieser seiner hermeneutischen Anweisung nicht soweit,

114. KA XVIII, 150, Fr. 328.
115. Ebd., 75, Fr. 562.
116. KA II, 133.
117. Ebd.
118. Ebd.

daß er nach jenen ‹höchsten Begriffen› interpretierte. Vielmehr arbeitet er ein potenziertes ‹gesellschaftliches Leben› heraus. So bestätigt er allerdings nicht die ‹Gemeinschaft des Geschmacks›, sondern visiert in einer immer umfassenderen Rollenvielfalt das mögliche ‹Fortschreiten› jenes ‹gesellschaftlichen Lebens› an. Dabei spielt er esoterisch so vielfach auf die Vorläufer, Vorbilder und ‹symphilosophischen› Partner an, daß seine ‹Selbstkenntnis› als Kritiker gleichsam in rollenobjektivierter Form vorgestellt wird. Der Kritiker wirkt selbst wie eine jener übergreifenden Figuren. Er scheint jene Konstellation überhaupt nur verstanden zu haben, weil er einen «Pluralis von Genie» verkörpert. So urteilt er nicht von einem festen ‹Standort› aus, sondern er ‹schwebt› andererseits auch selbst wie der Erzähler ironisch über dem Werk. Insofern läßt er sich nicht auf ‹höchste Begriffe› fixieren. Seine Ironie potenziert noch die Erzählerironie. Er bleibt skeptisch gegenüber allen Literaturdeutungen, die auf ein ‹System› hinauswollen: «Das Wesen der Sk[epsis] besteht im *Schweben*»[119]. Im hermeneutischen Verschmelzen von Positionen und vorbildlichen Figuren will er bereits jene «Symmetrie d[es] Instincts . . . in hohem histor.[ischem] Sinne» beweisen, die er im Jahre 1798 als Hoffnung daraufhin formuliert, daß «die Menschheit eine Person» werde[120]. Eine ebenso romantische Zielvorstellung, die er aus dem Plural von Verstehensrollen entwickelte, ist die einer sich ausweitenden ‹Symphilosophie›. Er braucht diese Zielvorstellung, um sich einen Zustand ausmalen zu können, in dem ein nicht durch Vorurteile belastetes Verstehen möglich sei: «Eine συστ συμφ [systematische Symphilosophie] wäre eine vollständige φ [Philosophie] für d.[en] Menschen». Und gleich anschließend notiert er: «Wiederlegung aller Vorurtheile»[121]. Diese philosophische «Summe» ließe sich von den hermeneutischen Leitaspekten der Kritik her als ein «absoluter W[ilhelm] M[eister]»[122] vorstellen. Angesichts einer solchen Entwicklungsperspektive des Verstehens darf der gerade kritisch beleuchtete *«Meister»* als Vorstufe, als «das beste π [poetische] Natur φμ [philosophem]» gelten[123].

Schlegel markiert in seiner ‹Meister›-Kritik abschließend die wesentlichen Stationen des Lese- und Verstehensprozesses. Er stellt aber auch diesmal die zentralen Aussagen nicht zusammen, da er, wie bei den anderen Kritiken, den Eindruck vermeiden möchte, es handele sich um einen zu vervollständigenden Systemansatz. Dennoch läßt sich deutlich ein Aufbau erkennen, den man nach Aussagen 1. zu den Bedingungen der ‹Receptivität›, 2. zum Leseprozeß, 3. zur Identifikation des Lesers mit bestimmten Figuren, 4. zur Weite des Verstehens und 5. zum Ergebnis des Lese- und Verstehensprozesses gliedern kann.

119. KA XVIII, 287, Fr. 1081.
120. Ebd., 269, Fr. 890.
121. Ebd., 225, Fr. 368.
122. Ebd., 117, Fr. 1065.
123. Ebd., 83, Fr. 639.

1. Schlegel fordert als wichtigste Voraussetzung eines sinnvollen Lese- und Verstehensprozesses eine Entäußerung des Rezipienten an das Werk. Es sei notwendig, sich «dem Eindruck eines Gedichtes ganz hinzugeben»[124]. Der Leser darf also nicht mit einem bestimmten Interesse an das Werk herantreten. Er muß jede zielgerichtete Vorstellung und allzu bestimmte Erwartung aufgegeben und abgelegt haben, bevor er zu lesen beginnt. Für eine gesteigerte, ideale ‹Reception› müsse man sich einen «vollständigen ungeteilten Menschen» vorstellen[125]. Schlegel wiederholt so zunächst den Ansatz zur ‹Receptivität› aus den Heften «Von der Schönheit in der Dichtkunst». Aber er präzisiert dann die Rezeptionsbedingungen. Dieser ‹ganze Mensch› müsse «das Werk so lange als nötig ist, zum Mittelpunkt seiner Tätigkeit» machen[126]. Die idealen Rezeptionsbedingungen fallen mit der Tätigkeit eines Kritikers zusammen. Bei kursorischem Lesen oder bei unterbrochener und bei nur nebensächlicher Beschäftigung mit einem solchen Werk wie dem ‹Wilhelm Meister› sei kein umfassenderes Verstehen möglich.

2. Schlegel schlägt ein mehrmaliges Lesen vor; er spricht von einem «ersten» und einem «letzten Lesen»[127]. Offenbar möchte er ein ‹Cyklisieren› des Lesevorgangs nahelegen.

Nun rechnet er damit, daß auch der Leser, der jene Rezeptionsbedingungen erfüllt zu haben glaubt, wenigstens noch mit vorgeprägten Erwartungen zur formalen Geschlossenheit an das Werk herangeht. Ja, Schlegel scheint diese Erwartungen für einen zentralen Bestandteil seines hermeneutischen Konzeptes zu halten. Jede neue Form muß die vorgeprägten Erwartungen zunächst enttäuschen; sonst ist sie nicht neu. Aber ein Teil der Erwartungen muß eingelöst werden; sonst wird der Leser irritiert und der Verstehensvorgang frühzeitig abgebrochen. Schlegel hat ja bereits ausgeführt, daß die Einheit dieses Romans nicht von Anfang an gewiß sei. Der Leser neigt aber dazu, sich möglichst rasch auf eine solche Einheit beziehen zu wollen. Offenbar meint Schlegel aber, daß derjenige Leser, der nach einem einfachen Zusammenhang frage, auch nicht imstande sei, die Einzelheiten des Anfangs sinnvoll zu verbinden und dabei einen Spannungsbogen einzuhalten. Schlegel faßt dies vorerst so zusammen: «Die gewöhnlichen Erwartungen von Einheit und Zusammenhang täuscht dieser Roman ebenso oft als er sie erfüllt»[128].

Nun stellt er weitere Anforderungen, bei denen er wohl annimmt, daß sie nicht von allen Lesern erfüllt werden können. Dabei ordnet er folgende Stichworte offensichtlich in einer Steigerung an: der Leser müsse «echten systematischen Instinkt» besitzen, «Sinn für das Universum» haben und eine «Vorempfindung der ganzen Welt» aufbringen können[129]. Im ersten Punkt stellt er einen Gegensatz zu denen her, die bestimmte Ordnungsraster an das Werk herantragen. Jener «Instinkt» soll es offenbar ermöglichen, daß je-

124. KA II, 130.
125. Ebd., 140.
126. Ebd.
127. Ebd., 134.
128. Ebd.
129. Ebd.

mand auch eine neue, ungewohnte formale Einheit erfaßt. Die zweite Formel schließt alle diejenigen vom weiteren Verstehen aus, die sich allzu direkt in eine dargestellte Situation hineinversetzen und nur noch unmittelbar sinnfällige Ereignisfolgen oder Beziehungen zwischen konkreten Individuen auffassen wollen. Man kann zur Erläuterung ein Notizheft von 1798 heranziehen: «Die Char[akteristik] des Indiv.[iduums] steht im Verhältniß mit der Char[akteristik] des Universums»[130]. Wer keinen «Sinn» für dieses «Verhältniß» habe, verstehe auch die Potenzierung der Figuren und die Entwicklungsrichtung der dichter werdenden Verweise und Verbindungen in der Figurenkonstellation nicht. Die dritte Formel zeigt an, daß der Leser schon nach einigen Kapiteln eine «Vorempfindung» für die Ganzheit haben müsse. Damit meint Schlegel hier offenbar nicht die formale Einheit des Werks, sondern eher die atmosphärische Bestimmtheit der dargestellten «Welt». Diese «Vorempfindung» scheint ein wichtiges Anzeichen dafür zu sein, daß der ‹ganze Mensch› mit all seinem Vermögen beteiligt ist. Die drei Formeln lassen sich nicht eindeutig den Vermögen zuordnen. Aber der Leser soll wenigstens ‹praeponderierende› Elemente erkennen können.

Auf jeden Fall möchte Schlegel das begriffsorientierte Verstehen, das die Aufklärungshermeneutiken vorsahen, ausschließen. Der Leser soll auch nicht zu früh zu reflektieren beginnen. Vielmehr dürfe er «nur im einzelnen das Gefühl durch Reflexion zu bestätigen» suchen[131]. Dabei soll er aber auch nicht einzelne Stellen herausgreifen, für sich betrachten und Reflexionen daran anschließen. Jene Kennzeichnung «im einzelnen» meint eben nicht das damals beliebte Aufgreifen solch ‹schöner Stellen›.

Wenig später betont Schlegel, daß der Leser «von allem Einzelnen abstrahieren» müsse[132]. Im Anschluß daran bildet er wiederum drei Formeln, in denen der Weg zu einem hermeneutisch ganzheitlichen Verstehen vorgezeichnet wird: es müsse dem Leser immer besser gelingen «eine Masse zu überschauen», dann brauche er auch die Fähigkeit, «das Ganze festzuhalten» und schließlich soll er imstande sein, «das Entlegenste zu verbinden»[133]. So umschreibt Schlegel die *synthesierende, die kontinuierende und die kombinierende hermeneutische Tätigkeit*. Der Leser soll zwar nicht sogleich durchgliedern, aber die Stoffülle überschauen; noch soll er frühzeitig eine endgültige Ganzheit fixieren, aber die sich allmählich herausbildende Ganzheitsvorstellung auch nicht bei der geringsten Irritation fallenlassen; noch soll er alles schon bald in ein umfassendes Ordnungsgefüge einpassen, aber doch schon Verbindungen zwischen auseinandergezogenen Elementen herstellen.

Die alle drei Ansätze übergreifende Formel prägt Schlegel genau nach dem Ironie-Modell, das für den Erzähler ebenso wie für den Kritiker gilt: der Ausgleich zwischen diesem sowohl ausgreifenden als auch im einzelnen kombinierenden Verfahren scheint dadurch möglich zu werden, daß der

130. KA XVIII, 69, Fr. 488.
131. KA II, 130.
132. Ebd., 131.
133. Ebd.

Leser versucht, «das Allgemeine schwebend zu fassen»[134]. Dadurch gewinnt der Leser eine möglichst große Elastizität des Auffassens und des Verbindens. Er deutet nicht zu früh ein ‹Allgemeines› heraus, legt sich nicht so bald auf eine vermeintlich große Bedeutung fest, macht nicht sogleich ein Ziel seines Verstehens im Werk fest. Der Leser, der «das Allgemeine schwebend zu fassen» sucht, nähert sich dem oszillierenden ‹Gesichtspunkt› des Kritikers. Ja, er wird aufmerksam auf das Verfahren des Kritikers. Insofern gibt der Kritiker in der Darstellung des Leseprozesses zugleich Anweisungen, wie seine eigenen Werke zu verstehen seien. Er versetzt sich genauso in die Position eines idealen Lesers wie er umgekehrt diesem seine ‹Gesichtspunkte› nahebringt. So wird zuletzt verständlich, daß der Abstand zwischen einem gelungenen, kunstvoll durchgehaltenen Lesevorgang und der kritischen Darstellung geringer wird. Schlegel hält dieses Ergebnis in einer Notiz fest: «Die Charakt.[eristik] ist d[as] Produkt d[es] künstl[erischen] Lesens, ein Bericht davon»[135].

Sobald der Leser sich damit vertraut gemacht hat, daß er nun selbst ironisch über dem Werk ‹schweben› soll, kann der Kritiker ihm auch die ‹annihilatorische› Seite der Ironie nahebringen. Nachdem er davon abgebracht wurde, einzelne ‹schöne Stellen› herauszugreifen, soll er nun auch noch die Reste einer bloßen Bewunderungshaltung aufgeben: «Wir müssen uns über unsre eigne Liebe erheben, und was wir anbeten, in Gedanken vernichten können»[136]. Aber auch dies ist nur ein transitorischer Akt, durch den ein übergreifendes Verstehen ermöglicht werden soll.

Schlegel zeigt anschließend, wie sehr er sich dessen bewußt ist, daß er dem Leser mit jener Annihilation vielleicht zu viel zumutet. Deshalb wählt er jetzt, gleichsam in didaktischer Umbildung seines alten Verfahrens der ‹Wechselvernichtung›, zwei Beispiele aus, die die Verbindung des Schönheitsempfindens mit der genauen Betrachtung des Aufbaus verdeutlichen sollen. Es dürfe nicht als Gegensatz empfunden werden, daß man den «Duft einer Blume» genieße und dennoch das «unendliche Geäder eines einzelnen Blatts» genauer betrachte. Ebenso könne jemand genußvoll geographische Beobachtungen anstellen und dennoch geologisch untersuchen wollen, «wie die Schichten im Innern aufeinander liegen»[137]. Damit konnte Schlegel ebenso dem organologisch interessierten Leser entgegenkommen wie er andererseits wohl esoterisch auf die vielfach mit Novalis besprochenen und poetisch gewendeten Beispiele aus dem Bergbau anspielen wollte.

Schlegel gibt dem Leser auch Empfehlungen, wie er die Erzähler-Ironie noch deutlicher fassen und sich selbst in eine ähnliche Position versetzen könne. Um der Ironie jeden Zusatz des Artifiziellen zu nehmen, soll der Leser die schwierigen Stellen des Romans «vorlesen». Dann könne er die

134. Ebd.
135. KA XVIII, 307, Fr. 1359.
136. KA II, 131.
137. Ebd.

«Ironie, die über dem ganzen Werke schwebt», verständlicher machen[138]. Erst recht, wenn er anderen ‹vorliest›, vermag er zu erproben, ob er diese Ironie «ganz fühlbar» machen kann[139]. Schlegel sucht auf diese Weise den Leser in einem ganz ursprünglichen Sinn zu aktivieren. Erzählen und Vorlesen sollen als gesellige Tätigkeiten auch bei einem ganz eigenwilligen Kunstwerk nicht in Vergessenheit geraten.

Es geht jetzt nicht mehr um die «innre Geselligkeit», die auch entsteht, wenn der «Sinn» oder der «Geist» eines Werkes verstanden wird[140], sondern um jene ‹Friktion freier Geselligkeit›, die das Werk unmittelbar bewirken kann.

Schlegel setzt diesen Gedanken an einer anderen Stelle fort, indem er «Gespräche über die Charaktere im MEISTER» vorschlägt[141]. Er bildet so einerseits auf der Leserebene die Parallele zur Dialogebene der vielfach aufeinander bezogenen Einzelkonstellationen des Romans aus; die Leser sollen sich in Gesprächsrollen gleichsam in eine lebendige Fortsetzung des Romans mit einbeziehen. Andererseits aber muß dies als didaktische Vorübung zu der kritischen Methode angesehen werden, die ‹Gegenstände absichtlich aus verschiedenen Standorten› zu betrachten. Der Leser wird einerseits auf spielerische Weise rollenbewußt, denn er müßte zunächst lernen, seine Urteile von außen zu betrachten. Wenn jeder nur «aus dem Standpunkte seiner Eigentümlichkeit über jede dieser Personen räsonnierte»[142], würde das Gespräch unfruchtbar und wäre dem Gegenstand nicht angemessen. Schlegel scheint den Leser auf die Verbindung von Theaterrollen und persönlichen Wunschrollen aufmerksam machen zu wollen, wie sie vielfach im dritten Buch des «Wilhelm Meister» zu finden ist: «So glückliche Aussichten belebten die ganze Gesellschaft; jeder ließ nunmehr seinen Hoffnungen, Wünschen und Einbildungen freien Lauf, sprach von den Rollen, die er spielen . . . wollte»[143]. Der rollenbewußte Leser würde die Figurenkonstellation von vielen Seiten her verstehen. Er könnte aber auch die Verfahren des Kritikers, das Spiel mit vielfach entgegengesetzten Verstehensrollen, nicht länger für ‹unverständlich› erklären.

Aber auch dieses zunächst didaktisch, dann gesellschaftlich gemeinte Rollenspiel der Leser wäre nur als eine hermeneutische Teilfortsetzung anzusehen. Im Hinblick auf ein ganzheitliches Verstehen hätten solche Gespräche selbst nur eine ‹episodische› Funktion[144]. Der Kritiker scheint den Lese- und Verstehensprozeß zuletzt immer stärker dem formalen Aufbau des Romans selbst anzugleichen.

3. Solche rollenbewußten Gespräche über den Roman sind um so leichter zu führen, je natürlicher und ungezwungener die erste *Identifikation* des Lesers mit vielen Figuren abgelaufen ist: «Ohne sie ganz zu kennen, hält er

138. Ebd., 137.
139. Ebd., 137 f.
140. Ebd., 225, Fr. 339.
141. Ebd., 143.
142. Ebd.
143. Goethe, WM, 151 f.
144. KA II, 143.

diese Menschen dennoch schon für Bekannte, ehe er noch recht weiß, oder sich fragen kann, wie er mit ihnen bekannt geworden sei»[145]. Schlegel stellt so in der Kennzeichnung der Erstidentifikation die Weise nach, wie die Schauspielergesellschaft bei der Wasserfahrt den ‹Fremden› aufnimmt[146]. Der Leser soll aber nicht nur auf diese Szene aufmerksam werden, sondern über den Roman hinaus bedenken, daß er jene Figuren für Bekannte hält, weil er selbst ein «Mikrokosmus»[147] ist, weil er der Anlage nach einen ‹Pluralis von Genie› in sich trägt, von dem aus er viele Figuren zu verstehen vermag. Diese durchaus hermeneutisch angewandte romantische Vorstellung bildet Schlegel später selbst bis zu einer anderen unbedingten Verinnerlichung aus, als er sie an der ‹schönen Seele› beobachtet hatte: «das wahre Universum ist im Innern»[148].

Auf jener Ebene der Erklärung soll der Leser vor allem eine Übereinstimmung zwischen seiner Bereitschaft zum Rollenverstehen und der Figurenanlage im Roman erkennen. Es geht dem Kritiker darum, dem Leser diese Voraussetzung eines gleichsam poetisch organisierten ‹inneren Plurals› zu verdeutlichen. Aber er formuliert die Entsprechung noch nicht aus. In seinen Fragmentheften zeichnet er das genaue Ergebnis dieser Stelle auf: «Jeder progressive Mensch trägt einen *nothwendigen Roman a priori* in s.[einem] Innern, welcher nichts als der *vollständigste Ausdruck seines ganzen* WESENS [ist]. Also eine nothwendige Organisazion, nicht eine zufällige Crystallisazion»[149]. Je genauer der Leser die Figurenkonstellation versteht, um so klarer wird er sich dieser Voraussetzungen seines Verstehens bewußt, um so deutlicher erkennt er auch die ‹Organisation› seines ‹inneren Plurals›.

Bevor er aber zu dieser ‹Selbsterkenntnis› vordringt, fühlt er sich in die dargestellten Situationen des Romans hineingezogen. Er identifiziert sich selbst zunächst nur in Teilrollen. Um jene ‹universalen› Entsprechungen ahnen zu können, muß der Leser mit dem Fortgang des Romans auch die Aufhebung einzelner Figuren in anderen Figuren erkennen und im Verstehen dieser Potenzierungsverhältnisse unmerklich über seine unmittelbaren Identifikationswünsche hinausgelangen: «Das ist eben das Große, worin jeder Gebildete nur sich selbst wiederzufinden glaubt, während er weit über sich selbst erhoben wird»[150]. Der Leser versteht so immer weniger subjektiv; er könnte als Verstehender selbst «durch Potenzirung repräsentativ» werden[151].

Die ironische Überlegenheit, die auch der Leser erlangen soll, wird also vorbereitet durch die Veränderung seiner Identifikatiosgewohnheiten.

4. Schlegel hat über weite Strecken seiner Kritik einen idealen Leser vor Augen. An vielen Stellen geht er aber auch in didaktischer Absicht auf

145. Ebd., 126 f.
146. Ebd., 127.
147. KA XVIII, 229, Fr. 418.
148. KA XVIII, 293, Fr. 1170.
149. KA XVI, 133, Fr. 576.
150. KA II, 127.
151. KA XVIII, 363, Fr. 508.

Lesegewohnheiten ein. Bei der Frage der Weite des Verstehens müßte er ebenso beide Ebenen berücksichtigen. Er stellt sich ironisch zwei Extremmöglichkeiten vor. Einerseits wäre es möglich, daß demjenigen, der «den MEISTER ganz versteht», alles, was der Kritiker erläutert habe, «durchaus bekannt» vorkomme[152]. So wendet er jene These zur Identifikation jetzt auf seine Kritik an. Aber er unterstellt ja, daß er keineswegs alles «hell und klar machen» wollte[153]. Insofern müßte ein Leser, der den Roman und die Kritik ‹ganz› verstanden zu haben meinte, seine hermeneutische Kompetenz überschätzen. Der «Genius des Zeitalters» wäre dazu imstande[154], da der Roman selbst zu den wichtigsten ‹Tendenzen› der Epoche gehöre. Wer den «Wilhelm Meister» ‹ganz› verstanden hätte, könnte nicht nur das Beste in der Kritik leisten, sondern wäre auch fähig, die literaturgeschichtliche Situation genau zu bestimmen. Schlegel hatte dies ja bereits in einem ‹Lyceumsfragment› festgehalten: «Wer Goethes MEISTER gehörig charkterisierte, der hätte damit wohl eigentlich gesagt, was es jetzt an der Zeit ist in der Poesie. Er dürfte sich, was poetische Kritik betrifft, immer zur Ruhe setzen»[155].

Schlegel geht davon aus, daß sich kein Leser diese Fähigkeit zutraut. Andererseits nimmt er aber auch an, daß derjenige, der ‹cyklisch› lesend bis zu dieser Stelle seiner Kritik vorgedrungen ist, nicht gern zugibt, daß er «gar nicht versteht», daß ihm das, was da erläutert werde, «so gemein und leer» vorkomme[156]. Also stellt Schlegel sich ein Ergebnis in der Mitte vor: daß der Leser das Werk und die Kritik nur «halb versteht», ja, daß ihn vielleicht einige Erläuterungen «noch tiefer verwirrten» und daß er so «wenigstens seiner Halbheit, so viel das möglich ist, inne werde»[157]. Er wendet so den hermeneutischen Grundsatz des ‹Halbverstehens›, den wir aus einem Athenäumsfragment kennenlernten[158], bereits an. Um den Kritiker kritisieren zu können, müßte der Leser die Ursachen jener ‹Confusion› im Werk und in der Kritik durchschauen. Er müßte also selbst auf kritische Weise ‹besser verstehen› als der Autor und der Kritiker. Schlegel hat diese Kompetenz in einem Fragmentheft wiederum ironisch beschrieben: «Um jemand zu verstehn muß man erstl[ich] klüger seyn als er, dann eben so klug und dann auch eben so dumm. Es ist nicht genug daß man d[en] eigent[lichen] Sinn eines confusen Werks besser versteht, als d[er] Autor es verstanden hat. Man muß auch die Confusion selbst bis auf d[ie] Principien kennen, *charakterisiren* und selbst *construiren* können»[159]. Dies wäre eine Fortsetzung in immer potenziertere Formen der ‹Kritik der Kritik› hinein, wobei aber schon die später anvisierte Theorie der ‹Unverständlichkeit› vorausbedacht werden müßte.

152. KA II, 136. 153. Ebd., 135. 154. Ebd., 270, Fr. 139.
155. Ebd., 162, Fr. 120. 156. Ebd., 136. 157. Ebd.
158. Ebd., 241, Fr. 401; 402, Fr. 37: «Um jemand zu verstehn, der sich selbst nur halb versteht, muß man ihn erst ganz und besser als er selbst, dann aber auch nur halb und grade so gut wie er selbst verstehn».
159. KA XVIII, 63, Fr. 434.

Die nahegelegte ironische Einsicht des Lesers, daß er nur halb verstehe, weil er die ‹Totalität› seiner Möglichkeiten noch nicht entwickelt habe, soll nicht nur als hermeneutische Anwendung des Bildungsromans gelten, sondern auf längere Sicht eine Verbindung von Rezeptionstheorie und Geschichtsphilosophie vorbereiten helfen. Der ‹ganze Mensch› der ‹Receptivität› bleibe so lange eine hermeneutische Fiktion, wie die Verstehenden im «*partiellen* ⟨zerstückten⟩ Ich leben»[160].

5. Zuletzt muß der Kritiker alles das annihilieren, was der Leser immerhin noch an Ergebnissen seiner Lektüre und seiner Verstehensbemühungen festhalten zu können glaubt. Schlegel möchte ganz offenbar nicht nur utilitaristische Züge in bestimmten Lesegewohnheiten treffen – vielleicht denkt er sogar an die Philanthropinisten –, sondern auch an die fiktive Verwendung des Erziehungsgedankens in Lessings Geschichtsphilosophie erinnern. Auch in dieser Schrift ließ sich kein Ergebnis festmachen: «Wie mögen sich die Leser dieses Romans beim Schluß desselben getäuscht fühlen, da aus allen diesen Erziehungsanstalten nichts herauskommt, als bescheidne Liebenswürdigkeit, da hinter allen diesen wunderbaren Zufällen, weissagenden Winken und geheimnisvollen Erscheinungen nichts steckt als die erhabenste Poesie . . .»[161]. Die ‹weissagenden Winke› verweisen deutlich auf die ‹Fingerzeige› in den ‹Elementarbüchern›. Schlegel annihiliert also das Leseergebnis des Publikums ‹im Geist› Lessings. Der Roman Goethes sei wie ein ‹Elementarbuch› zu verstehen, das selbst irgendwann annihiliert werden könne.

Gerade von jener Annihilation des Ergebnisses im ‹Geiste› Lessings her erscheinen die gelegentlich scheinbar abwertenden Bemerkungen Schlegels über den ‹Wilhelm Meister› oder auch über Goethe selbst in einem anderen Lichte.

Die Möglichkeit einer Steigerung und eines Fortschreitens über dieses Werk hinaus hatte Schlegel ja schon in seinem Aufsatz selbst angelegt. Die Progression sollte auch in der Form des romantischen Romans stärker zum Ausdruck kommen. Schlegel mochte sich die Fortsetzbarkeit eines solchen Romans in alle Lebensbereiche hinein bereits im Jahre 1798 vorgestellt haben, als er jene Steigerung über den ‹Meister› hinaus formulierte. Insofern ist vieles, was als Kritik am ‹Meister› erscheint, zugleich romantische Projektierung. Die Notiz der «Fragmente zur Litteratur und Poesie» liest man nach diesem Ergebnis anders: «Ein vollk.[ommener] Roman müßte auch weit mehr romant.[isches] Kunstwerk sein als W.[ilhelm] M.[eister]; moderner und antiker, φσ [philosophisch]er und ηΘ [ethisch]er und π [poetisch]er pol[itischer], liberaler univers.[eller] gesellschaftlicher»[162]. Allerdings müßte der romantische Roman hermeneutisch anders erschlossen werden, da man ja aufgrund seiner Fortsetzbarkeit und seines Strebens nach ‹Unendlichkeit› eine andere ‹Ganzheit› anzunehmen hätte. Schlegel wußte, daß

160. Ebd., 550, Fr. 24. 161. KA II, 144. 162. KA XVI, 108, Fr. 289.

Goethe dann nicht mehr als Vorbild gelten konnte: «Von der romantisch[en] Ganzheit hatte Goethe keine Idee»[163].

Die in den ‹Wilhelm Meister› eingestreuten Bemerkungen zur Gattungstheorie mußten angesichts der Möglichkeit einer weiterentwickelten ‹Transcendentalpoesie› als sehr vorläufig angesehen werden. Sobald es möglich schien, eine «φσ [Philosophie] des Romans im Roman selbst»[164] mitzuteilen, mußte Goethes Methode, «bei Aufsuchung des Geistes der Dichtarten *empirisch* zu Werke» zu gehen, mißfallen[165]. Schlegel unterlegt ja, daß ein Theoretiker dann zu sehr auf die ungleichzeitige Entwicklung der Literatur angewiesen bleibe, und die Entwicklungsperspektiven des Romans nicht genügend berücksichtigen könne: «nun läßt sich aber d[er] Charakter grade dieser Dichtart empirisch nicht vollständig und richtig auffinden»[166].

Der ‹Meister› erscheint aber auch als der «erste μεχ [mechanische]» Roman[167]. Dennoch sieht Schlegel die exoterische Wirksamkeit des Werkes als begrenzt an. Wenn er schon vor der Veröffentlichung seiner Kritik meint, daß «d[er] Meister nicht mehr wirkt»[168], so scheint er dennoch eine esoterische Wirkungsgeschichte für wahrscheinlich zu halten. Die Fähigkeit, durch poetische Werke in zeitgenössische Entwicklungen einzugreifen, vermag Schlegel, entgegen seinem Fragment über die wichtigsten ‹Tendenzen› der Epoche, bei Goethe nicht zu erkennen: «Goethe's Werke sind nicht dynamisch, in die Zeit eingreifend genug»[169].

Die schon in der Interpretation des ersten Lessing-Aufsatzes getroffene Unterscheidung von exoterischer und esoterischer Wirkungsgeschichte findet man auch in dieser letzten Kritik bestätigt. Schlegel verfolgt die tatsächliche Wirkung Goethes in den Notizheften ebenso skeptisch wie die Lessings. Allerdings vermißt er in der ‹inneren Verfassung› der Goetheschen Genialität ein Element, das er in der Lessingschen so schätzte: die Kritikfähigkeit. Schlegel unterstellt aber, im Unterschied zur Einschränkung des genialen Rollenplurals bei Jacobi, Forster und Lessing, eine gewisse ‹Absicht›. Der Autor wolle nicht kritisch ‹eingreifend› wirken. Darin zeigt sich die enttäuschte Hoffnung, daß der bedeutendste Autor der Epoche nicht zu einer ‹Synkritik› zu bewegen wäre: «Nicht aus Goethescher (Heuchler)toleranz muß man der Kritik entsagen. Einer kann's nicht; eine Gesellschaft ist noch nicht vorhanden»[170].

Das ‹synkritische› Denken, von dem Novalis spricht[171], suchte Schlegel aber auch bei diesem ‹symphilosophierenden› Freund vergeblich. Die Vorstellung eines «inneren Plurals», die Novalis im Begriff festgehalten hat –

163. Ebd., 113, Fr. 342.
164. Ebd., 116, Fr. 378.
165. Ebd., 94, Fr. 115.
166. Ebd.
167. KA XVIII, 229, Fr. 429.
168. Ebd., 39, Fr. 222.
169. Ebd., 386, Fr. 781.
170. KA XVI, 95, Fr. 123.
171. Novalis, III, 347, Fr. 488; III, 345, Fr. 482.

«Genie ist vielleicht nichts, als Resultat eines solchen innern Plurals»[172] –, teilte er mit diesem. Bei der Projektierung seiner ‹Meister›-Kritik scheint Schlegel eine zeitlang mit ‹synkritischen› Arbeiten des Freundes gerechnet zu haben. Ja, er interessiert sich schon im Juni 1797 für die Vorarbeiten Hardenbergs. Es geht ihm darum, von dem «geschrieben[en] Du» des Freundes zu lernen: «in Betreff des *Meisters* halt' ich Dich beym Wort»[173]. Nur drei Monate später ist Schlegels Projekt schon weitergediehen. Er möchte Novalis' Arbeiten gleichsam in ‹synkritischer› Rollenzuschreibung mit einbeziehen: «Könntest Du mir nicht alles schicken, was Du über Meister geschrieben hast, und traust Du mir wohl Verstand und Bescheidenheit genug zu um Diaskeuastendienste dabey zu verrichten? Ich würde dann in Deinem Geist die Chamfortsche Form wählen . . .»[174]. Für seine eigene Kritik wollte er damals noch die Briefform wählen: «Meine Briefe über Meister werden ein Buch. Ich nenne *Dich,* weil es mir Freude macht, und um Dich zu gemeinschaftlicher wissenschaftl[icher] Untersuchung zu spornen; ungeachtet ich bey dem Ton, den ich für nothwendig finde, eigentlich Nichts ganz persönlich mit Dir reden werde»[175]. Schlegel stellt sich also Novalis in einer eingestalteten, gleichsam objektivierten Verstehensrolle vor. Diese Mitteilungen bilden die Vorlage und zugleich die Fortsetzungsmöglichkeit für den Abschnitt in der gedruckten ‹Meister›-Kritik, in dem Schlegel ‹Gespräche über den Meister› fordert. Eine ‹synkritische› Arbeit wäre noch über eine *dialogische Verständigung über das Verstehen* hinausgegangen. Es hätte die Anwendung der «epistolar[ischen] Symphilosophie»[176] auf eine Fortsetzung der Kritiken sein können. Schlegel hat statt dessen den Freund in zahlreichen esoterischen Anspielungen in seinen Verstehensprozeß einbezogen. Die ‹Synkritik› blieb projektierte Möglichkeit.

172. Ebd., III, 577, Fr. 172.
173. Ebd., IV, 488.
174. Ebd., 491.
175. Ebd., 490 f.
176. Ebd., 496.

V.

Die sekundäre Reihenbildung der historisch-politischen und der philosophisch-theologischen Rezensionen, Charakteristiken und Kritiken

1. Die historisch-politischen Arbeiten

Die historisch-politischen Arbeiten Friedrich Schlegels wirken auf den ersten Blick wie ein eigenartiger Torso. Bereits im Juli 1795 plante Schlegel, mehrere Arbeiten und Projekte zu einem Werk über «Alte Politik» zusammenzustellen[1]. Wir haben bereits gesehen, daß ein solches Sammelwerk der Auseinanderfolge seiner Arbeiten nach auf die literarhistorischen folgen sollte. Dabei scheint er zunächst in seinen historiographischen Vorstellungen das Vorbild der ‹Heldenleben› Plutarchs vor Augen zu haben. Neben seiner ‹Vergleichung› Caesars und Alexanders kündigte er in einem Brief vom Januar 1796 noch Biographien über «Tiberius Grakchus» und «Brutus» an[2]. Darüber hinaus wollte er eine Abhandlung über die «politischen Revolutionen der Griechen und Römer» miteinbeziehen[3]. Interessant ist nun, daß er einen ähnlichen Zusammenhang wie zwischen dem ‹Studium der antiken› und der ‹modernen Poesie› auch in den politischen Schriften zu erproben schien: «Ich werde zu gleicher Zeit etwas Populäres *über den Republikanismus* schreiben»[4]. Bereits 1795 erwähnt er in einem Brief Studien «Über antiken und modernen Republikanismus»[5]. Daß dann der «Versuch über den Begriff des Republikanismus» der Darstellungsweise nach alles andere als ‹populär› ausgefallen ist, läßt sich nur darauf zurückführen, daß Schlegel ihn mit Rücksicht auf das Gesamtkonzept seiner Kritiken entworfen hat. Der ‹Versuch› ist bewußt ‹essayistisch› als ‹Kritik› angeschlossen: «veranlaßt durch

1. Schlegel, BB, 225.
2. Ebd., 258.
3. Ebd., 277.
4. Ebd. f.
5. Ebd., 223; vgl. Behler, KA VII, S. XX.

die Kantische Schrift zum ewigen Frieden»[6]. Man darf also mit ästhetischen Verstehens- und Deutungsmustern auch in diesem Aufsatz rechnen, wenn sich der Zusammenhang mit dem Programm der ‹Kritik als einer ästhetischen und hermeneutischen Wissenschaftskunst› klar abzeichnet. So läßt sich beim Problem der ‹Repräsentation› schon die Vermutung äußern, daß Schlegel die politische Vorstellung nicht gänzlich von den ästhetischen Überlegungen zur ‹Repräsentativität› getrennt haben wird. Andererseits aber hat er wohl nicht einfach eine ästhetische Vorstellung seiner literarhistorischen Studien zur Antike unterlegt, etwa die, daß die «Repräsentation des Volkes als Zuschauer der Handlung» in Gestalt des Chors den «Republikanismus der Tragödie» ausmache[7].

Die Arbeit über Condorçet, «Esquisse d'un tableau historique des progrès de l'esprit humain», stellt die früheste Rezension (1795) in der Reihe der kritischen Arbeiten dar. Insofern ist sie der Darstellungsweise nach mit den Schiller-Rezensionen und der Herder-Kritik vergleichbar. Inhaltlich versucht sie einen ähnlich weiten Zugang geschichtshermeneutischer Art wie die Rezension der ‹Humanitätsbriefe›. Andererseits steht sie dem Rahmenentwurf des ‹Studium› näher, insofern die aufklärerische Idee der ‹Perfektibilität› schon dort unter dem hermeneutischen Gesichtspunkt der ‹Anwendbarkeit› kritisch gewürdigt wurde: «Nichts ist überhaupt so einleuchtend als die Theorie der Perfektibilität. Der reine Satz der Vernunft von der notwendigen unendlichen Vervollkommnung der Menschheit ist ohne alle Schwierigkeit. Nur die Anwendung auf die Geschichte kann die schlimmsten Mißverständnisse veranlassen . . .»[8]. Schlegel nutzte die Gelegenheit einer Rezension der Geschichtsphilosophie dieses bedeutenden Repräsentanten der französischen Aufklärung, der seit seiner Präsidentschaft in der Assemblée législative auch in Deutschland bekannt war und dessen Tod im Jahre 1794 Aufsehen erregt hatte, um seine geschichtshermeneutischen Vorstellungen ansatzweise zu erproben und vorzuführen. Schlegel sieht diese Rezension und die ausgebildete Kritik im ‹Versuch über den Republikanismus› durchaus in einem Entwicklungszusammenhang, wie man bereits aus einem Brief vom Januar 1796 ersehen kann[9].

Diese drei historisch-politischen Arbeiten lassen sich einerseits als Projektsplitter für umfassendere Werke auffassen, die Schlegel bereits vor Abfassung seiner großen Charakteristiken ins Auge faßte, wie man aus einem Brief vom März 1796 entnehmen kann: «Das System der Politik an dem ich arbeite kann erst in einigen Jahren vollendet sein. Doch scheinen mir diese provisorischen Gedanken der Mitteilung nicht unwert»[10]. Andererseits darf man diese Projektierung nicht aus dem Konzept ‹präponderie-

6. KA VII, 11.
7. KA XI, 208f.; vgl. Behler, KA VII, S. XXIV.
8. KA I, 263.
9. Schlegel, BB, 260.
10. Archiv für Literaturgeschichte XV, 1887, 425 f.: darin Schlegel an Niethammer, 16. 3. 1796.

render Bildungsarten› lösen. Diese drei historisch-politischen Arbeiten sind durchaus verzahnt mit den anderen ‹Rezensionen, Charakteristiken und Kritiken› und lassen sich ebenso auf die fragmentarischen Entwürfe wie auf den Rahmenentwurf des ‹Studium› beziehen. Insofern fügen sie sich in die Konzeption einer sich universalisierenden Kritik.

Verfolgt man die sich dann abzeichnenden Querverbindungen genauer, so zeichnet sich auch ein Aufbau hermeneutischer Fragestellungen ab, der sich in folgenden Stufen vorskizzieren läßt:

1. Die aufklärerische Vorstellung eines ‹steten Fortschreitens› ist nicht mit der beobachteten Ungleichzeitigkeit der Entwicklung in verschiedenen Bildungsbereichen zu vereinbaren. Der ‹dogmatisch› vorgeführten Geschichtstheorie mußte Schlegel eine entwurfsoffene Geschichtshermeneutik entgegensetzen. Die Arbeit über Condorçet wirft die grundlegende Frage nach den geschichtlichen Verstehensmöglichkeiten auf, die auf den ‹Historismus› hinführt.

2. Jene Ungleichzeitigkeit der modernen Bildung läßt es nicht mehr zu, eine Gemeinschaft unhistorisch nach einem noch bei der Antike möglichen Muster der *«Gleichartigkeit»* einzuschätzen[11]. Also muß der Kritiker mit ‹Fiktionen› und ‹Postulaten› arbeiten, um der Gleichheitsvorstellung hermeneutisch entsprechen zu können. Dabei steht die Frage der ‹Repräsentation› und der Notwendigkeit der ‹Mitteilung› zwischen allen Teilen dieser Gemeinschaft im Vordergrund. Dies führt auf die Kritik am Fehlen einer ‹öffentlichen Meinung› hin, die Schlegel im Forster-Aufsatz ausführt. Der ‹Versuch über den Republikanismus› scheint also eine Zwischenposition zwischen dem Rahmenentwurf des ‹Studium› und den großen ‹Charakteristiken› auszufüllen.

3. Schlegel konnte nach den Unterscheidungen zwischen Antike und Moderne, die er im ‹Studium› getroffen hatte, nicht länger von einer naiv darstellbaren Vorbildlichkeit von ‹Heldenleben› ausgehen. Er mußte die Frage nach dem ‹Maßstab› der Würdigung stellen und ebenso historische Vorüberlegungen zur ‹Wirkungsgeschichte› anstrengen. Insofern dient das überkommene Muster einer ‹Vergleichung› in dem Aufsatz über ‹Caesar und Alexander› nur noch als Anlaß für hermeneutische Fragestellungen.

1.1 Nomothetische und hermeneutische Geschichtsdeutung

Die Rezension von Condorçets «Esquisse d'un tableau historique des progrès de l'esprit humain» (1795)

Wenn Schlegel von «fruchtbaren Gedankenkeimen» in Condorçets Arbeit spricht, so deutet er an, daß er dessen Geschichtsverständnis nur für vorläufig hält[12]. Bereits im ersten Satz wendet er sein Stichwort des ‹Interessanten›

11. KA XI, 257.

12. KA VII, 3.

scheinbar unbeschwert an. Tatsächlich geht es ihm aber darum, das angesprochene Geschichtsverständnis im Sinne der Unterscheidungen des ‹Studium› als symptomatisch für die Übergangsphase auszugeben: «Ein interessanter Versuch, zu beweisen: die bisherige Geschichte der Menschheit sei ein stetes Fortschreiten gewesen, und der künftige Gang des menschlichen Geschlechts werde ein grenzenloses Vervollkommnen sein»[13]. Schlegel weist mit Zitaten nach, daß Condorçets Vorstellung aus den Naturwissenschaften übertragen wurde, daß insbesondere die nomothetische Geschichtsbetrachtung auf der naturwissenschaftlichen Annahme beruht, «‹die allgemeinen Gesetze der Erscheinungen›» seien «‹notwendig und beharrlich›»[14]. Ebenso stellt er im Zitat heraus, daß Condorçet die Entwicklung der menschlichen Fähigkeiten «‹ewigen Gesetzen unterworfen›» glaubt[15]. Diese Anschauung erscheint bereits in der Zusammenstellung der Zitate als unhistorisch. Schlegel hält zunächst den herkömmlichen zitatenreichen Rezensionsstil ein, aber die ‹Tendenz› seiner Kritik deutet sich bereits an.

In der Folge arbeitet er eine Diskrepanz zwischen Geltungsanspruch und Beweismöglichkeit heraus. Condorçet trage die These über die künftige grenzenlose Vervollkommnung «ganz dogmatisch» vor, ohne doch zuvor die «Erkennbarkeit der Gesetze der Geschichte» nachgewiesen zu haben[16]. Die Diskrepanz liegt nun darin, daß Condorçet trotz aller Übertragungen nur «gefühlt» habe, daß es solche Gesetze geben könne[17]. Er werde also seinem Anspruch nicht gerecht.

Schlegel scheint aber eine umfassende *«Wissenschaft»* von der Geschichte für möglich zu halten. Ja, er legt sogar die Vermutung nahe, daß die bislang entwickelten Geschichtsphilosophien auf eine solche *«Wissenschaft»* hinauslaufen könnten[18]. Zunächst ist nicht sicher, ob dies nur eine taktische Vorgabe ist, mit der er das aufklärerisch orientierte Publikum interessieren wollte. Im Kontext aller Schlegelschen Entwürfe aber ist die Annahme wahrscheinlicher, daß er, genauso wie er in den Heften «Von der Schönheit in der Dichtkunst» von der Möglichkeit einer wissenschaftlichen Ästhetik ausging, jetzt eine strenge *«Wissenschaft»* von der Geschichte anvisiert, um dann im Verlauf der Argumentation einen kritisch-hermeneutischen Ansatz zu entwickeln, der gerade von dieser Erstannahme wegführt. Jedenfalls wirft er Condorçet im Geschichtsverständnis ebenso einen ‹Dogmatismus› vor, wie er in dem von der Entstehungszeit her vergleichbaren Heft Schillers ‹Dogmatism› in der Ästhetik angeprangert hatte. Wenn es eine solche umfassende *«Wissenschaft»* geben soll, so wäre sie erst allmählich anzustreben: «die Philosophie der Geschichte ist noch so weit davon entfernt, eine *Wissenschaft* zu sein»[19]. Die eindeutige Antithese zu dieser unmißverständlichen Zielvorstellung formuliert Schlegel erst in einem Notizheft von 1797:

13. Ebd. 14. Ebd., 4. 15. Ebd.
16. Ebd. 17. Ebd., 3. 18. Ebd.
19. Ebd.

«Die moderne Geschichte kann nie ein *System* werden . . .»[20]. Zuvor aber destruiert er Punkt für Punkt die Vorstellung eines linearen Fortschritts. Dabei unterstellt er in seinen Notizheften, daß eine ganz und gar faktenorientierte, positive und zugleich umfassende Geschichtsbetrachtung immer wieder auf Rückfälle in der allgemeinen Entwicklung träfe: «Die chronolog.[ische], geograph.[ische] und genealog[ische] Ordnung und Classification in d[er] Geschichte ist nicht anwendbar weg[en] der steten Regreßion und Regreßionen . . .»[21]. Das bedeutet aber, daß diejenigen, die ein ‹stetes Fortschreiten› beweisen wollten, sich nicht bloß auf faktische Abläufe beziehen könnten: «Wenn Geschichte *Wissenschaft* seyn soll, muß die Ordnung *ideal* seyn . . .»[22]. Diese ‹Ordnung› aber stellt Schlegel sich in Analogie zu einem ästhetischen Muster vor: «Die *Historie* ein επ [epischer] Mimus»[23]. In diesem wohl auf 1797 zu datierenden Satz der «Fragmente zur Litteratur und Poesie» läßt sich das Ziel der Schlegelschen Bemühungen festmachen. Das Geschichtsverstehen läuft eher auf eine ‹Wissenschaftskunst› hinaus als auf eine nomothetische, eine Gesetzmäßigkeiten feststellende ‹Wissenschaft›.

Von diesen Fortsetzungsfragmenten her lassen sich die nächsten Schritte der Schlegelschen Rezension besser verstehen. Wenn der Geschichtsphilosoph aus dem Ergebnis einer Geschichtsbetrachtung Aussagen über künftige Entwicklungen ableitet, so meint Schlegel, daß dies eher auf eine *«Erwartung des Ähnlichen»* als auf eine *«Vorherbestimmung des Notwendigen»* hinauslaufe[24]. Diese *«Erwartung des Ähnlichen»* entspricht einem ästhetischen Verstehensentwurf, wie er bei jedem Leseprozeß ausgebracht werden muß.

Schlegel rechnet zwar mit der Möglichkeit, daß es einmal wissenschaftliche Voraussagen künftiger Entwicklungen geben werde, aber er bindet diese doch zurück an die Qualität eines kunstgemäßen Verstehens: «Unsre φυ [physikalische] Kunst bewirkt schon jetzt wahre *Wunder*. Giebt es erst eine wissenschaftl[iche] Geschichte, so giebt es auch eine K[unst], die Zukunft wissenschaftl[ich] vorauszusagen»[25]. Schlegel denkt dabei nicht nur an eine Art von hermeneutisch geleiteter Prognostik. Vielmehr stellt er sich diese Fähigkeit zu Voraussagen zugleich als eine Wiederkehr des zukunftsgerichteten Verstehens früherer Epochen vor («. . . so kommen diese Zeiten gewiß auch wieder»[26]). Sein Geschichtsverständnis ist also eher «cyklisirend», wie er es ausdrücklich bei einem Vergleich literaturgeschichtlicher und allgemein geschichtlicher Entwicklungen nennt[27]. Allerdings darf man diesen Begriff nicht von modernen Zyklentheorien her mißverstehen. Vielmehr bezeichnen die Ausdrücke ‹cyklisch› und ‹cyklisierend› ja ein im Leseprozeß intensiver werdendes und ausgreifendes Verstehen. Nach diesem Vorbild wird die historische Betrachtung als hermeneutisch ausgreifender Vorgang vorgestellt.

20. KA XVIII, 98, Fr. 834.
21. Ebd., 30, Fr. 125.
22. Ebd.
23. KA XVI, 90, Fr. 55.
24. KA VII, 4.
25. KA XVIII, 29, Fr. 117.
26. Ebd.
27. KA XVI, 130, Fr. 550.

Aber Schlegel argumentiert in der Rezension über weite Strecken noch so, als wäre eine rein wissenschaftliche Geschichtsbetrachtung und eine daran angeschlossene Vorhersage möglich. Auch bei der nächsten Antithese zu Condorçets Schrift führt er aus, daß dieser noch keinen «bestimmten und vollständigen Begriff vom Ganzen aller menschlichen Wissenschaften» habe[28]. Die Ironie gilt dem Autor, der sich den Enzyklopädisten angeschlossen hatte. Schlegel meint mit dem «Ganzen» aber eine geschichtlich je andere Konstellation von Bildungsarten. Kurz zuvor hatte er Condorçet vorgeworfen, daß dieser keine «vollständige Übersicht aller Bestandteile der Bildung» habe[29]. Die «Übersicht» bedeutet eine Kenntnis des Wechsels der «praeponderirende[n] Bildungsarten» und ist insofern selbst ein Bestandteil einer «progr[essiven] Bildung»[30].

Schlegel unterlegt diese Bedeutung von ‹Übersicht›, die sich nicht mit der enzyklopädistischen vereinbaren läßt. Die Diskrepanz wird erst zwei Seiten später offenbar, wenn Schlegel das Gegenbild zu jener ‹progressiven› Vorstellung rasch wechselnder Bildungsarten entwirft. Geschichtsphilosophen wie Condorçet hätten keine Einsicht darin gehabt, daß jede dieser Bildungsarten einem geschichtlichen Wandel unterliege, daß sie sich also nicht gleichzeitig und gleichauf entwickelten. Schlegel wendet so seinen Gedanken der Ungleichzeitigkeit an: «Das eigentliche *Problem* der Geschichte ist die Ungleichheit der Fortschritte in den verschiedenen Bestandteilen der gesamten menschlichen Bildung, besonders die große Divergenz in dem Grade der intellektuellen und der moralischen Bildung; die Rückfälle und Stillstände der Bildung, auch die kleineren partiellen . . .»[31]. Offenbar möchte Schlegel den französischen Aufklärern vorhalten, daß der Fortschritt auf einem Gebiet durch Rückfälle in anderen erkauft werde, und daß deshalb die Annahme eines ‹steten Fortschreitens› falsch sei. Er scheint auch in diesem Punkt einen Mangel an *hermeneutischer* Kompetenz zu unterstellen, wenn er die Kenntnis aller «Teile» und des «Ganzen» der Bildung als unzulänglich ansieht[32]. Wer umfassend zu verstehen sucht, müßte den Fortschritt in einem Bereich im Hinblick auf Veränderungen, Stagnationen oder Rückfälle in anderen Bereichen beurteilen. Andererseits brauchte er ja schon einen Vorbegriff und ein Vorverständnis des «Ganzen», der historischen Entwicklung, um das ‹Praeponderieren› eines Bildungsbereichs sinnvoll einschätzen zu können. Der hermeneutische Zirkel scheint also bereits an dieser Stelle angedeutet zu sein. Der Enzyklopädist, der «alle Züge einzeln nacheinander» aufzählt, verfehle den Zusammenhang von Ganzem und Teilen[33].

Schlegel beobachtet dieses additive Verfahren auch bei der historiographischen Epocheneinteilung. Er möchte nachweisen, daß Condorçet nicht

28. KA VII, 5.
29. Ebd.
30. KA XVIII, 29, Fr. 118.
31. KA VII, 7.
32. Ebd., 5.
33. Ebd.

die ganze geschichtliche Bewegug erfassen könne, daß er an der Oberfläche bleibe, ja, daß er, der sich durch einen «edeln Haß der Vorurteile»[34] ausgezeichnet habe, in der Epocheneinteilung nicht frei sei von Vorurteilen anderer Art. Schlegel spricht den Gedanken an dieser Stelle nicht aus, daß das Predigen gegen die Vorurteile selbst zu einem Vorurteil historischen Ausmaßes führen könne. Er schiebt vielmehr ein Zitat aus Condorçets Schrift vor, daß «‹auf jeder Stufe der Bildung gewisse Vorurteile entstehen›» müßten[35]. In dem vorangehenden Abschnitt aber hatte er die Epocheneinteilung nach «merkwürdigen äußern Revolutionen» in Zweifel gezogen[36]. Auf diese Weise überläßt er es dem Leser, diese Einteilung als Vorurteil einer bestimmten Bildungsstufe zu durchschauen. Schlegel setzt dieser historiographischen Gliederung, die sich als Rekonstruktion vom Standpunkt der französischen Revolution aus erweist, die Überlegung entgegen, daß man bei einem umfassenden Verstehensversuch nach den «Stufen der innern Entwicklung» vorgehen müsse[37]. Zuvor hatte er bereits eine geistesgeschichtliche («die Analyse des Ganges des menschlichen Geistes») und eine realgeschichtliche Betrachtung unterschieden[38]. Nun muß man diesen Gliederungsvorschlag aber in Beziehung setzen zu dem bald darauf in der Herder-Rezension ausgebrachten. Beide widersprechen sich nur, wenn man den jeweiligen annihilatorischen Zweck aus dem Auge verliert. In der Rezension der ‹Humanitätsbriefe› lehnt Schlegel es ab, nach Art Herders die «Geschichte der Dichtkunst als eine Geschichte menschlicher Einbildungen, Leidenschaften und Empfindungen» zu betrachten[39]. Er setzt einen sozialgeschichtlichen Gliederungsvorschlag dagegen. So ergibt sich zwischen beiden Rezensionen ein ironisches Wechselverhältnis: für die Literaturgeschichte schlägt Schlegel eine realgeschichtliche Einteilung vor, für die Realgeschichte aber sieht er eine eher geistes- und bildungsgeschichtliche Gliederung vor. Die ‹Überschau› aber behält er dem Hermeneutiker vor, der nicht nur Einseitigkeiten in der Entwicklung der Literaturgeschichte und der Realgeschichte vermeiden, sondern auch die nationalen Eigenheiten des Vestehens aufeinander beziehen könnte. Insofern betrachtet Schlegel Condorçet als Repräsentanten einer französischen und Herder als den Vertreter einer deutschen Historiographie. Der Ironiker tritt als Vermittler und Dolmetscher zwischen den beiden Nationen auf, als «κμ [kritischer Mimus]» der «Hist[orie]» selbst[40], der insgeheim davon ausgeht, daß «Jede Nazion in Europa . . . nur als eine Provinz der Modernheit zu betrachten» sei[41]. Aber diese Rolle des Hermeneutikers läßt sich nicht in der einzelnen Arbeit, sondern nur im Zusammenhang und nach Zuordnung aller Kritiken erkennen.

34. Ebd., 3.
35. Ebd., 5.
36. Ebd.
37. Ebd.
38. Ebd., 4.
39. KA II, 48.
40. KA XVI, 140, Fr. 650.
41. Ebd., 98, Fr. 167.

Schlegels Hoffnung auf eine ‹wissenschaftliche Geschichte› richtet sich gerade nicht auf eine, die nach naturwissenschaftlichen Vorbildern Gesetzmäßigkeiten feststellt, sondern auf eine, deren hermeneutische Vergewisserung immer umfassender wird und die dabei die epochalen und nationalen Vorurteile erkennt. Aber die Fiktion will er zunächst gelten lassen, daß einmal ein Genie der Geschichtswissenschaften auftreten könne, das mit Newton zu vergleichen sei: «Wenn die Geschichte der Menschheit einmal ihren *Newton* finden wird, der mit gleicher Sicherheit den verborgenen Geist des Einzelnen zu treffen, und sich in dem unübersehlichen Ganzen zu orientieren weiß; der bei unverrücktem Streben den allgemeinen Gesichtspunkt im Einzelnen zeigen und aus dem Einzelnen den allgemeinen Gesichtspunkt hervorgehen zu lassen, dennoch die Tatsachen nicht verfälscht und verstümmelt, sondern rein und vollständig faßt, sich die scheinbaren Widersprüche nicht verschweigt . . . dann wird man in der Vorherbestimmung des künftigen Ganges der menschlichen Bildung . . . sicherer und weiter gehen können, als alle bisherigen Philosophen und der Verf. selbst»[42]. Diese Stelle weist die Dichte eines eingestalteten, die Rezension überragenden und somit auf den Gang aller Kritiken weiterweisenden Fragments auf. Daß Schlegel nur noch exoterisch auf Condorçet eingeht, läßt sich schon vermuten. Esoterisch und verdeckt bezieht er sich bereits auf einen deutschen Autor. Der Wechsel dieser interpretatorischen Zielrichtung beruht aber schon auf jenem ironischen Übertragungsspiel zwischen den nationalen Philosophien. Unterschwellig bezieht Schlegel sich auf eine Formulierung Kants in der «Idee zu einer allgemeinen Geschichte in weltbürgerlicher Absicht». In der Einleitung dieser Schrift spricht Kant die Hoffnung aus, daß die natürliche Entwicklung dahin liefe, «den Mann hervorzubringen», der einen «Leitfaden zu einer solchen Geschichte» fände und wie *«Newton»*, der die «exzentrischen Bahnen der Planeten» berechnete, die «Gesetze» der Geschichte entdeckte[43]. Im Anschluß an diese Anspielung, die nur den wenigen ‹Verständigen› auffallen sollte, formuliert Schlegel aber ein hermeneutisches Programm, das diesem Anspruch einer gesetzmäßigen Geschichtserkenntnis völlig widerspricht. Schlegel bereitet offenbar in der Umkehrung schon jenen Satz vor, daß die ‹Hermeneutik› der Kantianer ‹antihistorisch› sei, insofern er Kants Geschichtsvorstellung als unhermeneutisch hinstellen möchte.

Dieses eingestaltete hermeneutische Programm ist fünfteilig aufgebaut, wobei die Stelle mit der Anspielung auf Kant als Einleitung vorangestellt wird, was auch der Tatsache entspricht, daß Kant Newton ebenfalls im letzten Satz der Einleitung seiner geschichtsphilosophischen Schrift erwähnt. Im Mittelteil wird der hermeneutische Zirkel umschrieben, wobei Schlegel schon sein zentrales Stichwort des ‹Gesichtspunktes› verwendet.

42. KA VII, 6 f.

43. Kant, IG, 34.

Wer die Einzelheiten eines historischen Gegenstandes beschreiben wolle, brauche bereits ein Vorverständnis des Ganzen. Dieses müsse aber noch, so darf man ergänzen, perspektivisch offen sein. Insofern dürfe der Hermeneutiker nur den «allgemeinen Gesichtspunkt im Einzelnen» zu erkennen geben. Andererseits aber gehe der möglicherweise sich verschiebende ‹Gesichtspunkt› erst aus der Verbindung der Einzelheiten hervor. Schlegel geht davon aus, daß das Vorverständnis des ‹Ganzen› nicht dazu benutzt werden dürfe, «Widersprüche» zuzudecken. Vielmehr nimmt er an, daß der Historiker gleichsam ‹cyklisch› liest, die «rohe Masse unermüdet» durcharbeitet[44] und so dafür sorgt, daß sich die «Tatsachen» unwillkürlich immer deutlicher aufeinander beziehen lassen. In diesem Anschluß des vierten Teiles zeigt Schlegel also die Anwendung jenes hermeneutischen Zirkels an. Im zweiten Teil, also vor der Formulierung des Zirkels, beschreibt er die nicht faktenorientierte, sondern auch bei der Einzelheit in die Tiefe eindringende hermeneutische Arbeit: es gelte «den verborgenen Geist des Einzelnen zu treffen». Bevor der Hermeneutiker also aus dem Vorverständnis des Ganzen heraus versteht, oder bevor er sich dessen bewußt wird, daß er den hermeneutischen Zirkel immer schon vollzieht, bemüht er sich sachgerecht um den «Geist des Einzelnen». Erst dann formuliert Schlegel die Hauptschwierigkeit des Historikers: «sich in dem unübersehlichen Ganzen zu orientieren». Der Historiker habe also, das unterlegt Schlegel, keinen festen Standpunkt, von dem aus er alle Gegenstände überschauen und ordnen könne. Weder in der Gegenwart noch in der betrachteten Vergangenheit lasse sich vorweg ein Standort beziehen, von dem aus der Gipfelblick möglich wäre. Die ‹Orientierung› scheint erst nach vielfachem Vollzug des hermeneutischen Zirkels und nach Übertragung des ‹cyklischen› Leseverfahrens auf die Zeitbetrachtung möglich zu werden.

Schlegel hat diesen hermeneutisch bedeutsamen Begriff der ‹Orientierung› genau für diese hier nur vermutete Weise einer ‹cyklischen› Zusammenschau von Zeitebenen verwandt. In einem Fragment der ‹Philosophischen Lehrjahre› beschäftigt er sich mit der Schwierigkeit, ein ‹Zeitalter› zu verstehen: «Nur das Vergangne ist Stoff d[er] Hist[orie], daher erhält man statt d[er] gesuchten Charakteristik d[es] Zeitalters stets nur *eine große συμφ [Symphilosophie] mit dem Zeitalter,* statt einer Charakteristik, ein sich Verständlich machen, Orientiren»[45]. Schlegel scheint es absichtlich offen zu lassen, welches Zeitalter wirklich ‹gesucht› wird. Zunächst scheint er das gegenwärtige zu meinen, das sich nicht so leicht charakterisieren lasse. Aber wer ‹symphilosophisch› die innersten ‹Tendenzen› desselben aufsucht, muß schon wegen der darin aufgebrochenen Ungleichzeitigkeit historisch verstehen. Selbst wenn ein Kritiker ganz und gar gegenwartsbezogen deuten und interpretieren wollte, müßte er sich wegen jener Ungleichheit und Ungleich-

44. KA VII, 7.

45. KA XVIII, 141, Fr. 222.

zeitigkeit auf andere Zeitalter beziehen. – Nun gilt aber auch die Umkehrung. Wer ein entlegenes Zeitalter charakterisieren will, kann sich nicht einfach in dieses hineinversetzen und dann eine Ganzheit erfassen wollen, also den hermeneutischen Zirkel ganz im Horizont dieses Zeitalters vollziehen. Vielmehr bemerkt ein solcher Historiker, der sein Tun hermeneutisch reflektiert, schon bald, daß er aus seiner Gegenwart heraus, ja sogar aus mehreren historisch sedimentierten Schichten einer vermeintlich geschlossenen Gegenwart heraus eine ‹Symphilosophie› mit der vergangenen Epoche betreibt. Dabei entdeckt er nicht nur wahlverwandte Züge, sondern knüpft auch an verlorengegangene oder abgeschnittene Stränge an. Die ‹Symphilosophie› setzt ja gerade voraus, daß man gegen den Strom einer breiten Wirkungsgeschichte schwimmt. Schlegel unterlegt also eine ‹symphilosophische› Verbindung mehrerer Zeitalter im Verstehen. Der Hermeneutiker könne nicht im Gesichtskreis eines Zeitalters allein deuten. «Man kann nicht Sinn für *Ein* Zeitalter allein haben», notiert Schlegel in einem nachgelassenen Fragmentheft[46]. Die hermeneutische ‹Symphilosophie› mit mehreren Zeitaltern ist aber nur möglich, wenn der Verstehende nicht in den Vorurteilen seiner Zeit aufgeht, wenn er als «Genie» sich über diese hinwegsetzt: «über d[ie] Vorurtheile d[er] Zeit sich ganz zu erheben, das vermag nur das Genie aber nicht der gesunde Verstand»[47]. Gehen wir davon aus, daß ein genialer Hermeneutiker durch ‹cyklische› Verbindung mehrerer geschichtlicher Horizonte eine ‹Orientierung› gefunden hat, so sähe er sich vor die Aufgabe gestellt, das Ergebnis seiner historischen Arbeiten auf die Zeitgenossen zu beziehen. Er müßte den «sensus communis» seiner Epoche an dem «sensus communis andrer Zeitalter» messen und «berichtigen»[48]. Aber auch die Umkehrung gilt: Der Hermeneutiker kann sich zunächst auf sein Zeitalter beziehen und dann sein Verstehen historisch ausweiten. Durch seine immer umfassender werdende, gleichsam «συστ συμφ [systematische Symphilosophie]» strebt er eine «Wiederlegung aller Vorurtheile» an[49].

Schlegel verdeutlicht in den Fragmentheften an vielen Stellen die Gefahr, daß sich der historisch Verstehende der Gegenwart zu entziehen suchen könnte. Eine solche Flucht hält er nicht nur für illusorisch, da kein Historiker von seinem Standort absehen könne, sondern auch für verwerflich, da der ‹sensus communis› der Zeitgenossen dann nicht ‹berichtigt› werden könne. Wer ‹symphilosophisch› mehrere Zeitalter versteht, könnte ja gerade die Ungleichzeitigkeit in der jeweils gegenwärtigen ‹Gemeinschaft des Geschmacks› immer genauer bestimmen. Insofern träfe er inmitten der Gegenwart auf mehrere Zeitstufen, wobei in seiner ‹Symphilosophie› die eigentliche Gegenwart anvisiert würde. Nur von diesen Voraussetzungen her, nicht im Sinne einer direkten Politisierung, wird ein zentrales Fragment der ‹Philosophischen Lehrjahre› verständlich: «Die wahre συμφ [Symphiloso-

46. KA XVI, 206, Fr. 17.
47. KA XVIII, 403, Fr. 988.
48. Ebd., 225, Fr. 364.
49. Ebd., 225, Fr. 368.

phie] hat viell.[eicht] gar keinen andern Gegenstand als d[ie] Zeitgeschichte und das Politische»[50]. Schlegel verwendet also bereits den Begriff der «Zeitgeschichte» nicht im Sinne einer in die Gegenwart hinein zu verlängernden Geschichtsbetrachtung, sondern im Sinne einer hermeneutischen Zielbestimmung. Selbst der Hermeneutiker, der sich mit anderen Zeitaltern beschäftigt, bezieht sich, sobald er ‹symphilosophisch› mehrere ‹Cyklen› durchlaufen hat, immer deutlicher auf die «Zeitgeschichte». Die «*Historie* als bloßes Stud.[ium]» hält Schlegel für «höchst langweilig»[51].

In den fünf Punkten jenes in die Condorçet-Rezension eingestalteten Fragments hat Schlegel bereits diese ganzen Entwicklungsstufen einer Hermeneutik angelegt. Nachdem er also in der Einleitung die Bedeutung eines künftigen Historikers bestimmt hat, im zweiten Punkt die sachkundig eindringende Arbeit und die hermeneutische ‹Orientierung› im Ganzen bezeichnet hat, im dritten Punkt den hermeneutischen Zirkel um das zentrale Stichwort des ‹Gesichtspunktes› formuliert hat, im vierten schließlich den Zirkel auf die Arbeit des Historikers genauer angewandt hat, eröffnet er im fünften Punkt die Möglichkeit einer «Vorherbestimmung des künftigen Ganges der menschlichen Bildung»[52]. Nachdem wir die Ausweitung und Historisierung des hermeneutischen Zirkels mit Hilfe etlicher Fragmente erläutert haben, ist dieser fünfte Punkt weder als ‹Prophetie› noch als wissenschaftlich exakte Prognostik mißzuverstehen. Vielmehr entspricht es ganz dem ‹cyklischen› Verfahren, das vom Leseprozeß her übertragen wurde, daß ständig Erwartungen und Entwürfe auf das Zukünftige hin ausgebracht werden. Der Hermeneutiker, der mehrere Zeiten einbegreift, muß auch über die Gegenwartsebene hinausgehen dürfen. Sonst könnte er sich kein ‹Ganzes› vorstellen. Die Zukunftsentwürfe gehören also zu einem hermeneutisch-historischen Sinnverstehen hinzu. In einer späteren Notiz der «Fragmente zur Poesie und Litteratur II.» bringt Schlegel dieses ausgreifende Verstehen auf eine einfache Formel und bezeichnet dies selbst als ‹Gesetz›. Er schließt so die Suche nach einer Gesetzmäßigkeit in der Geschichte ab: «Gesetz d[er] modernen *Historie* – Universalität und tiefer[e] Universalität». Dazu gehöre aber die Frage nach der «Beziehung auf d[ie] Zukunft»[53].

Geht man davon aus, daß die Historiographie auf solche hermeneutischen Zirkel angewiesen ist, so erweist sich die Zielvorstellung, möglichst vollständig und ‹mikrologisch› einen scheinbar objektiven Sachverhalt wiederzugeben, als unzureichend. Die Tatsache, daß auch der Enzyklopädist Condorçet «lückenhaft und isoliert . . . erzählen» müsse[54], verweist dann nur noch auf die falsche Voarannahme einer ‹wissenschaftlichen Geschichte›. Der

50. Ebd., 328, Fr. 40. 51. Ebd., 293, Fr. 1178. 52. KA VII, 7.

53. KA XVI, 323, Fr. 827; vgl. KA XVIII, 389, Fr. 828: «*Geschichte* ist d[er] Inbegriff d[er] vergangnen Menschheit; nicht zu trennen von d[er] Ahndung d[er] künftigen».

54. KA VII, 7.

Hermeneutiker hingegen weiß, daß er auf narrative Synthesierungen angewiesen bleibt. Während es für denjenigen, der nach Kausalerklärungen sucht, unbedingt falsch ist, eine «erdichtete Ursache»[55] anzugeben, ist sich der hermeneutisch reflektierende Kritiker dessen bewußt, daß er in jeder Hinsicht «Historische Kunsturtheile» fällt[56] und dennoch den «verborgenen Geist des Einzelnen zu treffen» imstande sei.

Schlegel übt also eine hermeneutische Kritik an der Geschichtsauffassung Condorçets, wie sie sich in dem vorläufigen Werk «Esquisse d'un tableau historique . . .» zeigt. Diese Kritik weist sich dabei selbst als vorläufig aus im Hinblick auf eine explizite Hermeneutik. So zeigt sich schon in dieser frühesten Rezension Schlegels die Zielvorstellung, daß ‹Hermeneutik auf Kritik› folgen solle.

Zuletzt versucht Schlegel aber noch eine ‹Rettung› des kritisierten Condorçet. Er bittet den Leser darum, doch an die *«Situation»* zu denken, in der Condorçet sich befunden habe, als er dies Werk schrieb[57]. Damit lenkt er auf unmittelbare Einflüsse zurück, auf die «Veranlassung»[58], nach der Condorçet selber stets geforscht habe. In einer *«Geschichte d[er] Historie»*, die Schlegel sich in den Fragmentheften als eine hermeneutische Potenzierung seiner Kritik an Historiographen vorstellt[59], fände Condorçet keinen Platz als Vorläufer. Der ‹Newton› der Geschichte wäre ein universeller Hermeneutiker.

1.2 ‹Surrogat› und ‹Fiktion› im politischen Verstehen

Schlegels «Versuch über den Begriff des Republikanismus» (1796)

SCHLEGEL geht in dieser Schrift im Sinne einer hermeneutisch gewendeten captatio benevolentiae davon aus, daß der «Geist» der Kantschen Schrift «Zum ewigen Frieden» noch eine lange Wirkungsgeschichte haben, daß «noch die späteste Nachwelt» sich darauf beziehen werde[60]. Aber er deutet zunächst nicht den ‹Buchstaben› dieses Werkes. Der weitere Aufbau des Schlegelschen Essays zeigt dann, wie weit er sich von der ‹Veranlassung› entfernt. Schlegel stellt sich eine Stufenfolge von Erklärungen zur ‹bürgerlichen Freiheit› vor, bei der er Kant auf die erste Stufe stellt: «Das *Minimum der bürgerlichen Freiheit* enthält die Kantische Erklärung»[61]. Damit eröffnet er ein breites Spektrum für weitergehende Überlegungen. Schlegel relativiert die Geltung der Kantschen Schrift, entgegen seiner zunächst bekundeten

55. Ebd., 6.
56. KA XVI, 213, Fr. 126.
57. KA VII, 9.
58. Ebd., 6.
59. KA XVIII, 115, Fr. 1032.
60. KA VII, 11.
61. Ebd., 12.

Ansicht, indem er zeigen möchte, wo man historisch schon darüber hinausgehen müsse. Schlegels Lob erweist sich so als ‹absolut mimisch›[62]. In seinen ‹philosophischen Fragmentheften› spricht er die Absicht seines Nachweises aus: daß Kant *«auf halbem Wege stehen geblieben»* sei. Dabei meint Schlegel, daß dies vor allem an dessen «Hist[orie]» festzustellen sei[63]. Schlegel scheint davon auszugehen, daß es noch ebensowenig historisch fundierte politische Abhandlungen gebe wie historisch fundierte literaturtheoretische Abhandlungen. Dies Ergebnis münzt er ein Jahr später in die Forderung um: «Die *Politik* muß eben so historisch seyn, als die Poetik»[64]. Im Hinblick auf die Anwendbarkeit scheint er noch skeptischer zu sein. Jedenfalls finden sich zahlreiche ironische Hinweise, die darauf schließen lassen, daß Schlegel die politische Verstehensperspektive offen halten möchte, daß er auch nicht in eine bestehende Konstellation eingeordnet werden möchte.So spielt er zuletzt seine Vorstellung von der Ungleichzeitigkeit auch in diesem Bereich aus: «Pol.[itik] giebts noch gar nicht»[65].

Liest man Schlegels Aufsatz über den Republikanismus, seiner ‹genetischen› Interpretationsanweisung folgend, im Anschluß an die Rezension Condorçets, so zeigt sich, daß politische Zielangaben, wonach die «höchste politische Freiheit . . . der moralischen adäquat sein» würde[66], von jener Feststellung einer ‹Ungleichheit der Fortschritte› her zu verstehen sind. Ebenso muß man die Kritik an Kant, derzufolge dieser nur die «äußere rechtliche Gleichheit» gefordert habe, vor dem Hintergrund des kritischen ‹Universalismus› sehen[67]. Die «Progression» zur «Idee *der politischen Gleichheit*» hin stellt Schlegel sich keineswegs linear vor, nachdem er dieses Fortschrittsdenken zuvor skeptisch beurteilt hatte. Vielmehr greift Schlegel diese Formeln auf und unterlegt ihnen seinen Gedanken der Ungleichzeitigkeit. Seine Hauptschwierigkeit besteht darin, daß er offenbar ‹politische Gleichheit› in einem ‹demokratischen› Sinne fordern möchte, daß er aber nicht von jener ‹Ungleichheit der Fortschritte› in den verschiedenen Bildungsbereichen absehen kann. Seine politischen Vorstellungen sind so nicht von seinem historischen Verstehen zu trennen. Dies zeigt sich darin, daß er seinen «politische[n] Imperativ» nicht allein für die gegenwärtige *«Totalität»* des Staatsvolkes formuliert, sondern für ein «koexistentes und sukzessives *Kontinuum* von Menschen»[68].

Die Skepsis gegenüber der politischen Reife der Zeitgenossen bleibt ebenso groß wie die gegenüber der ästhetischen Kompetenz des ‹Publikums›. Insofern gilt, daß auch das politische *«Publicum»,* wie alle zeitgenössischen ‹Gemeinschaften›, nur «problematisch» existiere[69]. Andererseits aber wußte er, daß politisch sich auswirkende ungleichzeitige Handlungsweisen

62. KA XVI, 131, Fr. 557.
63. KA XVIII, 59, Fr. 398.
64. Ebd., 273, Fr. 931.
65. Ebd., 257, Fr. 761.
66. KA VII, 12.
67. Ebd.
68. Ebd., 15.
69. KA XVI, 91, Fr. 73.

nicht sogleich hermeneutisch geläutert werden können. Dies gilt insbesondere für Vorurteile aller Art. Schlegel hält in einem späteren Fragment den Unterschied zwischen dem hermeneutischen Ziel einer weitgehenden Vorurteilslosigkeit und der politischen Anwendbarkeit fest: «Daß wir Vorurtheile haben müssen, folgt schon daraus, daß wir eher handeln als denken»[70].

Schlegel sieht nur eine Möglichkeit, die Diskrepanz zwischen Handeln und Verstehen allmählich auszugleichen: die ‹problematische› Gemeinschaft soll durch ein Höchstmaß wechselseitiger Mitteilung jene ‹Ungleichheit der Fortschritte› abbauen und so zu einer wirklichen Gemeinschaft werden. Schlegel formuliert dies aber in einer durch Kant ‹veranlaßten› Abhandlung als «praktische[n] Imperativ»: *«Gemeinschaft der Menschheit soll sein, oder das Ich soll mitgeteilt werden»*[71]. In der Kommunikationsgemeinschaft scheint Schlegel nicht nur die politische Gemeinschaft, sondern auch jene ebenso ‹problematisch› gewordene ‹Gemeinschaft des Geschmacks› ermöglichen zu wollen. Trotz aller Schwierigkeiten, die in der «Anwendbarkeit» und in der «Mittheilbarkeit» des Verstandenen liegen, erhebt Schlegel hier die ‹Mitteilung› zum Imperativ, ebenso wie er kurz darauf in einem Heft auch die «Anwendbarkeit» als «*politisches* Princip» formuliert[72]. Ja, er möchte, seiner Projektierungslust folgend, diese Fragen der Kommunikationsgemeinschaft sogleich zum «Fundament und Objekt einer neuen Wissenschaft» machen[73].

Diese Ansätze zur ‹Mitteilung› führen zum Begriff der ‹öffentlichen Meinung›, den Schlegel in der Charakteristik Forsters aufgegriffen und kritisch beleuchtet hat. In dieser Kritik aber bindet er die Mitteilungsfähigkeit wieder an die hermeneutischen Fähigkeiten zurück. Die «einer allgemeinen Ausbildung Fähige[n]» sollten erst einmal *«klassische Leser»* werden[74]. Insofern läßt sich eine engere Verweisung zwischen der zweiten großen Charkteristik und dieser zweiten Abhandlung der historisch-politischen Reihe feststellen.

Darüber hinaus aber bildet Schlegel partielle Antithesen zu diesem ‹Imperativ› in den Lyceumsfragmenten aus. Die Beziehung der «schriftstellerischen Mitteilung» auf das Publikum sei entschieden strenger, nicht allgemein politisch zu bewerten. Es geht dann nicht mehr darum, daß das ‹Ich› sich um jeden Preis mitteilt. So formuliert Schlegel drei Grundsätze: «1) Man muß etwas haben, was mitgeteilt werden soll; 2) man muß jemand haben, dem man's mitteilen wollen darf; 3) man muß es wirklich mitteilen, mit ihm teilen können, nicht bloß sich äußern, allein; sonst wäre es treffender, zu schweigen»[75]. Dadurch, daß Schlegel dieses Fragment in der Fortsetzung des Lessing-Aufsatzes unter den ersten ‹Eisenfeilen› wiederabdruckt[76],

70. KA XVIII, 408, Fr. 1051.
71. KA VII, 15.
72. KA XVIII, 15, Fr. 114.
73. KA VII, 14 f.
74. KA II, 79.
75. Ebd., 158, Fr. 98.
76. Ebd., 399, Fr. 8.

bringt er zum Ausdruck, daß die esoterische Kommunikationsgemeinschaft («mit ihm teilen können») zwischen Schriftstellern und Lesern anders vorgestellt werden muß als die politische.

In dem «Versuch über den Begriff des Republikanismus» stellt Schlegel schließlich einen Zusammenhang zwischen Mitteilung und *«politische[r] Gleichheit»* her, insofern er diese als «notwendige Bedingung» zu jener annimmt. Der Leser muß selbst die Schlußfolgerung ziehen, daß zwischen Ungleichen eine wechselseitig überzeugende und beeinflussende ‹Mitteilung› nicht möglich sei. So begründet Schlegel die Forderung nach «politische[r] Gleichheit» selbst nicht im engeren Sinne politisch.

Wenn Schlegel im Anschluß an diese Stelle und an die Erläuterung des ‹koexistenten und sukzessiven Kontinuums› den Begriff des ‹allgemeinen Willens› aufgreift, so möchte er offenbar nahelegen, daß dieser wegen der historischen Ungleichzeitigkeiten nicht in der Kommunikationsgemeinschaft zum Ausdruck kommen könne, sondern «a priori» vorgestellt werden müsse. Die geschichtsphilosophische Schwierigkeit drückt er nicht aus. Vielmehr versteckt er sie in einer Hilfskonstruktion, bei der es scheinbar um eine «fictio juris» geht: «Es bleibt hier nichts übrig, als durch eine *Fiktion* einen empirischen Willen als *Surrogat* des a priori gedachten absolut allgemeinen Willens gelten zu lassen»[77]. Tatsächlich versteht Schlegel die politischen Relationen aber ästhetisch, so wie er umgekehrt die ästhetische «Mischung» des Romans als «*politische* Totalität» auffaßt[78]. Die Begriffe *«Fiction»* und *«Surrogat»* verwendet er auch, um die innere Unendlichkeit der Selbstpotenzierung und der Selbstanalyse in der ‹Transzendentalpoesie› zu kennzeichnen[79]. Es läßt sich also eine hermeneutische Wechselanwendung politischer und ästhetischer Vorstellungen feststellen. Bezieht man in diesem Sinne die Erklärung zur ‹Transzendentalpoesie› auf das politische Konstrukt, so müßte der *«Wille der Mehrheit»*[80] «unendlich potenziert und unendlich analysirt» werden[81], um als Ersatz für den ‹allgemeinen Willen› gelten zu können. Die «Mehrheit» müßte gleichsam ihre eigenen historischen Voraussetzungen, ihre gegenwärtige Zerfallenheit und Ungleichzeitigkeit durchschauen und verstehen lernen, um auch die «Minorität» anerkennen zu können[82], um auch diese als Teil jenes ‹sukzessiven Kontinuums› gelten zu lassen. Eine sich selbst verstehende und durchschauende «Mehrheit» könnte so als ‹Surrogat› des ‹allgemeinen Willens› angesehen werden. Sie würde nicht zu einer «Ochlokratie» entarten, die Schlegel allerdings «bei den Modernen» immer noch für weniger gefährlich hält als eine «Oligarchie»[83]. Schlegel verwendet die Begriffe der klassischen Staatslehre, aber er kommt dabei doch zu neuen historischen Bewertungen und Einschätzungen. Der

77. KA VII, 16.
78. KA XVI, 87, Fr. 20.
79. Ebd., 154, Fr. 804.
80. KA VII, 17.
81. KA XVI, 154, Fr. 804.
82. KA VII, 19.
83. Ebd., 19, Anm. 1.

Bezug zur veranlassenden Schrift Kants wird dadurch hergestellt, daß Schlegel die Rangfolge der Staatsformen im Hinblick auf den Republikanismus genau entgegengesetzt festlegt. Die Monarchie grenzt er nur insoweit vom «Despotismus» ab, als diese bereit ist, das republikanische Denken zu fördern[84]. Er legt damit eine Entwicklung an, durch die diese Staatsform allmählich überwunden oder ausgehöhlt werden müßte. Demokratische Auffassungen aber erklärt er zum notwendigen Bestandteil, nicht nur zu einem möglichen Ziel des republikanischen Denkens: *«Der Republikanismus ist also notwendig demokratisch»*[85]. Damit hat er sich am weitesten von Kantschen Positionen entfernt. Die Formulierungen sollen den Leser, der die Kantsche Schrift kennt, auch ohne Zitation und direkte Anspielung auf die Stelle aufmerksam machen, in der Kant die Demokratie vom Begriff her als notwendig despotisch bestimmt: «Unter den drei Staatsformen ist die der *Demokratie,* im eigentlichen Verstande des Worts, notwendig ein *Despotism,* weil sie eine exekutive Gewalt gründet, da alle über und allenfalls auch wider Einen (der also nicht mit einstimmt), mithin alle, die doch nicht alle sind, beschließen; welches ein Widerspruch des allgemeinen Willens mit sich selbst und mit der Freiheit ist»[86]. Diesen Einwand Kants entkräftet Schlegel insofern, als die empirische Mehrheit sich selbst in einem historischen Kontinuum als jeweilige bloße Fiktion auf einen ‹allgemeinen Willen› hin verstehen soll. Schlegel hält es offenbar für schwieriger, eine «Approximation des Privatwillens des Monarchen zur absoluten Allgemeinheit des Willens» zu erreichen oder dessen Politik jeweils so zu deuten[87]. Schlegel argumentiert hermeneutisch, nicht vom «eigentlichen Verstande des Worts» her. So sehr er in der Rezension der geschichtsphilosophischen Skizze Condorçets darauf bestanden hat, eine ‹innere Geschichte› statt einer bloßen Revolutionsgeschichte zu betrachten, so sehr lehnt er jetzt die Annahme einer Teleologie ab: «Man erwartet eine Antwort auf die Frage: *Ob die innere Entwicklung der Menschheit* dahin führe? Die (gedachte) *Zweckmäßigkeit der Natur* (so schön, ja notwendig diese Ansicht in andrer Beziehung sein mag) ist hier völlig gleichgültig . . .»[88]. In der Aufeinanderfolge der Kritiken bezieht er also eine mittlere Position zwischen Condorçet und Kant. Ja, er versetzt sich stellenweise geradezu wieder in eine Verstehensrolle, die eher dem Denken Condorçets zu entsprechen scheint, so, wenn er hervorhebt, man müsse die *«Gesetze der politischen Geschichte»* herausfinden, um feststellen zu können, ob ein ‹ewiger Friede› möglich sei[89]. Tatsächlich vertritt er keine streng nomothetische Auffassung, da er die ‹politische Bildung›[90] für veränderbar hält. Beide Positionen lehnt er im Grunde als ‹antihistorisch› und unhermeneutisch ab. Aber er sucht sie dennoch in einer ‹alles zum Besten kehrenden› Weise in seine Verstehensversuche einzubeziehen. Insofern be-

84. Ebd., 20.
85. Ebd., 17.
86. Kant, EF, 207.
87. KA VII, 20.
88. Ebd., 23.
89. Ebd.
90. Ebd.

handelt er beide Schriften selbst historisch und hermeneutisch, als vorläufige Deutungsversuche, nicht als grundsätzliche Stellungnahmen. Trotz aller Ironie der ‹Wechselannihilationen› ist seine Darstellung doch ausgerichtet auf eine demokratische Entwicklung. Es ist tatsächlich die Darstellungsweise, in der sich eine «politische Formation» zeigt[91]. In den Fragmentheften überlegt er stellenweise sogar, ob er diese politische Ironie nicht geradezu institutionalisieren soll. Da jeder Kritiker «viel Rücksicht aufs Zeitalter» nehmen müsse, hält er es für erwägenswert, ob es nicht ein «Journal» geben könne, «das zugl[eich] monarchisch und republikan.[isch] wäre»[92]. In den frühen Notizen der ‹Fragmente zur Litteratur und Poesie› stellt er sich gelegentlich eine «kritisch[e] Gesellschaft» vor, gleichsam eine institutionelle Vereinigung ‹synkritsch› Verstehender. Angesichts der Positionenkämpfe in vielen Bereichen meint er, daß eine solche Gesellschaft «aus 〈lauter〉 politisch[en] Cynikern bestehn» müsse[93]. Allerdings bestimmt er die dann obwaltende Toleranz selbst gelegentlich auf zynische Weise, so wenn er fragt, ob man nicht «unpoetisch[e] und unphilos.[ophische]» Menschen ebenso dulden könne wie sogar «immoralisch[e]», und dann kategorisch feststellt: «Nur unpolitisch[e] oder antipolitisch[e] Mensch[en] dürfen nicht tolerirt werden»[94].

Über solche ironischen oder gelegentlich zynischen Äußerungen hinaus scheint er aber auch ernsthaft eine «republikan.[ische] Akademie der Wiss[enschaften]» für eine stets mitzubedenkende Gemeinschaft zu halten[95]. Er greift so das alte Muster der Gelehrtenrepublik wieder auf. Allerdings überlegt er dann auch wieder, ob den «Gelehrten» ein solchermaßen politisch herausgehobener Status zukomme. Dies hält er schließlich für berechtigt. Aber dieser Zustand sei erst gegeben, «wenn sie volle Preßfreiheit» hätten[96]. Er argumentiert so, als habe er Kants «freie Rechtslehrer» vor Augen, die als «Verkündiger und Ausleger» der Rechte auftreten sollten, und die nach Kant «unter dem Namen *Aufklärer,* als für den Staat gefährliche Leute verschrien» seien. Kant hatte diese Formulierungen in dem Aufsatz «Erneuerte Frage: Ob das menschliche Geschlecht im beständigen Fortschreiten zum Besseren sei» gebraucht[97]. Der Aufsatz war im Jahre 1797 als Beitrag für die Berliner Monatsschrift vorgesehen und zunächst von der Zensurbehörde abgelehnt worden.

Schlegel geht in den Fragmenten, die seinen Aufsatz über den Republikanismus fortsetzen, also der Frage nach, ob man die Freiheit der Gelehrten nicht als Gradmesser der tatsächlich erreichten Freiheit ansehen könne. Dabei nimmt er zuletzt sogar politische Zielbestimmungen im Sinne seiner Genielehre vor. Der Republikanismus müsse sich soweit entwickeln, daß es

91. KA XVIII, 13, Fr. 104.
92. Ebd., 72, Fr. 521.
93. KA XVI, 95, Fr. 126.
94. Ebd., 93, Fr. 104.
95. KA XVIII, 73, Fr. 535.
96. Ebd., 360, Fr. 475.
97. Kant, SF, 362 f.

immer mehr Möglichkeiten für «genialische Menschen», für «potenzirte» Menschen gebe: «sie frei zu machen, ist d[as] Ziel d[er] wahren Republik»[98]. Somit hat er in den Heften erst das genauer bestimmt, was er in dem Aufsatz neben dem «extensive[n]» als «intensive[s] Quantum» der Freiheit bezeichnet hatte[99]. Schlegel hält diese Argumentation offenbar noch zurück, um den Aufsatz nicht zu direkt auf seine esoterisch mitbedachte Genielehre hin zuzuspitzen. Tatsächlich wären jene ‹potenzirten› Menschen, im Sinne einer Übertragung der ästhetischen Hermeneutik auf den politischen Bereich, die eigentlichen ‹Repräsentanten› des jeweiligen Zustandes im ‹sukzessiven Kontinuum›. Die Frage der realen *«politische[n] Repräsentation»* und die konstitutionelle *«Form der Repräsentation»*[100] behandelt Schlegel durchaus nicht als vordringlich. Die ‹Tendenz› dieser Aussagen läuft auf eine historisch zu verwirklichende repräsentative Demokratie hinaus.

Um dieses Ziel zu erreichen, sei politische Kunst vonnöten. Aber gerade diese Auffassung bringt Schlegel zur Geltung, um sich von dem vermeintlich bei Kant unterlegten Politik-Begriff abzugrenzen. Kant meine «despotische Geschicklichkeit» und diese sei keine «wahre Kunst»[101]. In den Fortsetzungsfragmenten der Notizhefte distanziert Schlegel sich von jeder engen pragmatischen Politik. Es geht ihm um universelle, historisch begründete ‹Orientierungen›. Dabei lehnt er den ‹Dogmatismus› jedweder Prägung ab. Der Pragmatiker brauche eine hermeneutische Orientierung nach dem politischen Geist der historischen Entwicklung. So formuliert Schlegel schließlich eine mittlere Position zwischen jener bloßen pragmatischen ‹Geschicklichkeit› und dem ‹Dogmatismus›: «Pragmatisch ist was d[en] Geist d[er] großen Politik in sich hat»[102]. Nur wenn man Politik so auffaßt, läßt sich die Leitlinie über den Republikanismus-Aufsatz hinaus skizzieren. Dann läßt sich Politik zuletzt auch als «d[er] Gipfel d[er] Kunstlehre» begreifen und neben die Geschichtsbetrachtung stellen, da sie dann «ebenso allgemein ist wie Historie»[103].

Schlegel unterlegt im Republikanismus-Aufsatz diese späterhin explizierte Weite der politischen Orientierung. Erst in einem «*universellen* Republikanismus» werde der politische Imperativ vollendet[104]. Als Stufen zu diesem Ziel gelten der *«Republikanismus der kultivierten Nationen»*, der *«Föderalismus der republikanischen Staaten»* und schließlich die *«kosmopolitische Hospitalität der Föderierten»*[105]. Schlegel möchte auf diese Weise die gleiche Weite der politischen Betrachtung erreichen, die er in den Kritiken zu Herder, Forster und Lessing für die literaturhermeneutischen Vergleiche gefordert hatte. Insofern ergänzen sich diese Arbeiten. Sie zeigen nur verschiedene Seiten einer ‹universellen Kritik›, die selbst klassisch werden

98. KA XVIII, 315, Fr. 1473.
99. KA VII, 21.
100. Ebd., 17. u. 19.
101. Ebd., 24.
102. KA XVIII, 125, Fr. 35.
103. Ebd., 369, Fr. 580.
104. KA VII, 22.
105. Ebd.

sollte. So scheint Schlegel das Ergebnis seines Republikanismus-Aufsatzes und seiner Charakteristik Forsters als eines ‹Klassikers› zusammenzufassen, wenn er in den ‹Fragmenten zur Litteratur und Poesie› den Weg beschreibt, der aus der deutschen Situation herausführen soll: «Alles Provinzielle ist d[em] Classisch[en] entgegengesezt; Jede Nazion in Europa ist aber nur als eine Provinz der Modernheit zu betrachten. – ⟨Ein moderner Classiker muß zugl.[eich] *universell* sein. –⟩»[106].

1.3 Der hermeneutische ‹Maßstab› einer ‹Welthistorischen Vergleichung›

Schlegels Charakteristik «Caesar und Alexander» (1796)

Bei der Erörterung der Frage, wie die Staatsformen einander ablösen, hat Schlegel im Aufsatz über den Republikanismus schon die Aufmerksamkeit darauf gelenkt, daß man «bei den Modernen» nicht mit den gleichen Abläufen rechnen dürfe wie «bei den Alten»[107]. Er lehnt also eine historische Betrachtungsweise ab, die von der Möglichkeit einer Wiederholung im Sinne eines regelrechten Ablaufs ausgeht. Dies führt zu der geschichtshermeneutischen Frage des ‹Maßstabes›. Läßt sich eine ‹repräsentative› Figur der alten Geschichte mit einer der ‹Moderne› vergleichen? Unterlegt ist dabei schon die Annahme, daß man überhaupt nur das *«Repräsentative»* verstehen soll. Das *«Repräsentative»* kann also erst Gegenstand der politischen Betrachtung sein, weil es zuvor schon Gegenstand der historischen Anschauung ist. Zugleich wird aber deutlich, daß das literarische, historiographische und kritische Darstellungsproblem nicht ohne Annahme einer historischen Repräsentativität gelöst werden kann: «Nicht das Allegor.[ische] sondern d[as] *Repräsentative* (und Class.[ische]) ist Idee der Hist[orie]»[108].

Der hermeneutisch reflektierende Kritiker legt sich also Rechenschaft darüber ab, daß er eine historische Gestalt, die in seiner Darstellung zur Figur wird, zunächst nur als repräsentativ für das Ganze einer entlegenen Epoche auffassen darf. Nun wird er sich dessen bewußt, daß er die Maßstäbe der Beurteilung nicht einfach aus seiner Gegenwart auf *jede* Epoche übertragen darf, vor allem aber nicht auf die, die als sich selbst erklärendes Ganzes erscheint. Andererseits aber ist es ja auch das Ziel einer ‹historischen Kunstkritik›, eine Wertgeltung über das bloße historiographische Interesse hinaus zu behaupten. Schlegel löst diese Schwierigkeit einer geschichtshermeneutischen Kritik in folgender vorläufiger Unterscheidung: «Wahrer Wert ist überall ein und eben derselbe; aber der Maßstab der Würdigung für die

106. KA XVI, 98, Fr. 167.
107. KA VII, 19, Anm. 1.
108. KA XVIII, 350, Fr. 357.

Alten und für die Neuern ist dennoch durchaus verschieden»[109]. Schlegel stellt sich zunächst gegen die überkommene exemplarische Würdigung und Darstellungsweise. Andererseits aber weiß er, daß in der Form einer Charakteristik eine historiographische Darstellung nicht möglich ist, die auf quellenkritischen Einzeluntersuchungen beruhte und die Voraussetzungen zu dem böte, was er in einem Fragmentheft als «*ächte* histor.[ische] Casuistik» bezeichnet[110]. Insofern muß er seinen eigenen kritischen Darstellungsanspruch einschränken: «ich gebe nur ein Urteil mit Beispielen, keine Geschichte»[111]. Es geht tatsächlich aber mehr um die hermeneutische Frage des ‹Maßstabes› und die Möglichkeit einer ‹Vergleichung› als um den historischen Inhalt der ‹Beispiele›. Insofern markiert diese Arbeit eine Station auf dem Weg des Kritikers zu einer ‹absoluten Hermeneutik›.

Schlegel geht noch nicht auf neuzeitliche Darstellungen zu seinem Gegenstand ein, sondern bezieht sich auch im Sinne einer Kritik der Historiographie nur auf den Kontrast zweier herausragender ‹Figuren› der antiken Geschichtsschreibung: auf Plutarch und Appian[112]. Er deutet also an, daß sich der Gegenstand kritisch potenzieren ließe. In der hermeneutischen Fragerichtung der ‹Vergleichung› aber wollte er offenbar auch der weitergeltenden exemplarischen Geschichtsbetrachtung entgegenarbeiten. Jedenfalls ist die Projektnotiz von 1797 so zu verstehen: «Eine *Geschichte d[er] Historie* müßte eins d[er] interessantesten, lehrreichsten Werke sein können»[113]. Offenbar wollte Schlegel im Zusammenhang mit seiner Theorie des ‹Gesichtspunktes› die Standortbezogenheit und die zuvor eher unbewußte Perspektivierung historischer Darstellungen selbst geschichtlich untersuchen. Ein solches Projekt steht einerseits in Beziehung zu einer historisch angelegten ‹Kritik der Kritik›, die Schlegel ja schon vorbereitet, indem er eine Vorläuferreihe von Herder bis Lessing zurückverfolgt. Andererseits aber gibt es, im Sinne einer kritischen Hermeneutik, die ihre eigenen Vorausetzungen und Anknüpfungspunkte untersucht, auch eine Querverbindung zu dem Projekt einer «Geschichte der Wirkungen», das Schlegel beispielhaft zu Lessing durchführen wollte.

Schlegel scheint mit dem Projekt einer «Geschichte d[er] Historie» aber zunächst eine Kritik an der exemplarischen Geschichtsbetrachtung zu verfolgen. Insofern beispielsweise Chladenius als Hauptvertreter der Aufklärungshermeneutik mehrere «Exempel» vorführte, um die Verschiedenheit der ‹Sehe-Punckte› zu demonstrieren[114], stellt Schlegels Projekt eine notwendige Weiterentwicklung seiner Kritik an der Wirkungsgeschichte solcher Hermeneutiken dar. Schlegel geht es um historische Perspektivierungen von ‹Gesichtspunkten›, wohingegen Chladenius noch unhistorisch nar-

109. KA VII, 28.
110. KA XVIII, 231, Fr. 456.
111. KA VII, 28.
112. Ebd., 27.
113. KA XVIII, 115, Fr. 1032.
114. Chladenius, EA, 185, § 308; 189, § 310; 189 f., § 311.

rative Syntheseformen vergleicht, die von verschiedenen ‹Sehe-Punckten› aus vollzogen wurden: «Man wird ferner in der Erzehlung eines andern, der sich die Geschichte, oder überhaupt eine Sache, aus einem andern Sehe-Punckt, als wir, vorstellet, gemeiniglich etwas ungereimtes, widersprechendes, oder, wie man sagt, paradoxes anzutreffen vermeinen. Wir beurtheilen nemlich die Natur der Sache nach dem Begriff, den wir davon haben. Was also mit unsern Begriffen streitet, das soll, unserer Meinung nach, auch zugleich mit der Natur der Sache streiten»[115]. Verifizieren oder falsifizieren läßt sich für Chladenius die «Erzehlung» nach seiner Vorstellung «Von Auslegung historischer Nachrichten und Bücher»[116] nur, indem man «Anschauungs-Urtheile» und «Schluß-Urtheile» unterscheidet[117] und so die narrative Synthese aufbricht.

Schlegel ist sich der Tatsache wohl bewußt, daß er seinem eigenen historiographischen Anspruch in dieser ‹Vergleichung› noch nicht gerecht würde. Um so gewichtiger ist jener Schlußsatz seiner Einleitung, daß er «nur ein Urteil mit Beispielen» und noch «keine Geschichte» zu geben vermag. Dies ist als ironische ‹Selbstannihilation› des Kritikers in seiner Rolle als Historiograph gemeint.

Schlegel war sich offenbar auch darüber im klaren, daß er den Weg seiner Kritiken verließ, insofern er die ‹Vergleichung› nicht an Werken durchführen konnte, sondern immer noch auf historiographische Formen der Charakteristik großer Persönlichkeiten angewiesen blieb. In den ‹Fragmenten zur Litteratur und Poesie› gesteht er sich diese Schwierigkeit ein und sucht seinen Aufsatz dennoch zu rechtfertigen: «Eigentl[icher] Gegenstand ⟨d[er]⟩ κρ [Kritik] sind nur Werke und Systeme v[on] Werken, nicht Menschen. (Auch mein *Caesar* ein κρ [kritisches] Stud.[ium])»[118].

Tatsächlich hat Schlegel an die hermeneutische Anlage der anderen Kritiken anzuknüpfen versucht, indem er eine Entsprechung zwischen Werk und Realität feststellte: «Caesar schrieb seine Commentarien mit dem Geiste, mit welchem er siegte»[119]. So betrachtet er Caesar selbst als möglichen Historiographen, ja, er verlagert die ‹Vergleichung› zunächst auf diese andere Ebene: «Die erste Bedingung einer Geschichte des Pompejanischen Bürgerkrieges wäre wohl die gewesen, aus einem höhern sittlich geschichtlichen Standpunkte die Optimaten und Caesarianer mit jener erhabenen Gerechtigkeit eines Thukydides, welcher Athener und Spartaner gleich wahr und streng gerecht würdigt . . . gegen einander zu würdigen»[120]. Dieser ‹Standpunkt› ist gleichsam die ethische Entsprechung zu dem Ironie-Modell. Caesar sollte sowohl eingestaltete Figur als auch überlegener Historiograph sein. Aber gerade diese letzte Teilrolle habe er nicht ausgefüllt: Er sei doch kein «tiefer historischer Denker»[121]. Schlegel verfolgt also

115. Ebd., 191 f., § 313.
116. Ebd., 181 ff., §§ 306 ff.
117. Ebd., 183, § 307.
118. KA XVI, 141, Fr. 665.
119. KA VII, 34.
120. Ebd., 35.
121. Ebd.

bereits eine hermeneutische Nebenabsicht. Es geht ihm darum, dieses bloße «Parteiwerk» Caesars von dem Muster eines «vollkommnen historischen Kunstwerks» zu unterscheiden[122]. Dabei sollte das Ironie-Modell um jene ethisch-historische Komponente erweitert werden. Andererseits aber sei ein solches historiographisches ‹Kunstwerk› auch nicht ohne «poetisches Gefühl» zu vollenden[123]. Auch diese Fähigkeit habe Caesar gefehlt.

Schlegel verfolgt die hermeneutische Absicht seiner Betrachtung in weiteren Schachtelungen, wenn er bedenkt, daß die «Römischen Großen» sich gern mit «klassichen Staatsmännern der gebildeten politischen Vorzeit» verglichen und dabei deren «politischen Charakter völlig nach Art der Kunstkritiker» beurteilt hätten[124]. So wird die ästhetische Komponente der herkömmlichen exemplarischen Geschichtsbetrachtung ganz in den Grenzen jener Epoche verdeutlicht.

Trotz der Kritik an Caesars «Commentarien» sucht Schlegel deren geniale Vielseitigkeit nach dem Muster seiner anderen Charakteristiken aufzuzeigen. Dabei weist er insbesondere auf die «Urbanität» und die Art der «gesellschaftlichen Stimmung» hin[125].

Die Beurteilung der Genialität Caesars nutzt der Kritiker, um auf die Notwendigkeit einer jeweils neuen Ausrichtung vielseitiger Anlagen hinzuweisen. Das «glückliche Zusammenwirken, die vollständige Vereinigung mehrerer großen Kräfte» führe nicht nur zu einer Vielseitigkeit, bei der diese einzelnen Fähigkeiten jederzeit ausgespielt werden könnten. Vielmehr gingen aus einer solchen genialen Synthese «ganz neue Eigenschaften» hervor[126].

Dennoch schätzt der Kritiker das Genie Alexanders höher ein, zunächst nur deshalb, weil dieser «immer das Entgegengesetzte zusammenfassend» zu behandeln vermocht habe[127]. Schlegel wendet so bereits die ‹Maßstäbe› seiner Genielehre an, die wir in hermeneutischer Verwendung aus dem ‹Forster-Essay› kennen.

Der entscheidende hermeneutische Maßstab für die ‹Vergleichung› zweier historischer Persönlichkeiten aber wird erst auf den letzten Seiten des Aufsatzes angelegt: es ist der einer Fortsetzung des ‹Geistes› in der Wirkungsgeschichte. Schlegel betrachtet das Problem der Wirkungsgeschichte nun auf ganz unmittelbare Weise. Dabei untersucht er zunächst, welcher von beiden fähig war, «den eignen Schöpfergeist auf seine Anhänger fortzupflanzen»[128]. Darüber hinaus zielt die Frage, wie sich der «Geist» solcher Genies ‹allgemein verbreitet› habe, und schließlich geht es im weitesten geschichtsphilosophischen Sinne darum, wie ihr Wert «für die Entwicklung der Menschheit» einzuschätzen sei[129].

122. Ebd., 34.
123. Ebd., 35.
124. Ebd., 38, Anm. 1.
125. Ebd., 41.
126. Ebd., 44.
127. Ebd., 49.
128. Ebd., 51.
129. Ebd., 50.

Diese Stufen einer zugleich unmittelbaren und universellen Wirkungsgeschichte aber möchte Schlegel nun auch noch objektivieren, indem er fragt, ob es durch eine dieser Persönlichkeiten zu einer «neuen politischen Schöpfung» kam[130]. Diese wird also gleichsam in der hermeneutischen Funktion eines Werkes betrachtet. Es geht um die Wirkungsdauer und die Wirkungsreichweite eines solchen Werkes. Sobald er diesen hermeneutischen ‹Maßstab› anlegt, kommt er zu einer schärferen Kritik an Caesar. Schlegel lenkt dabei wiederum auf die Abfolge der Staatsformen zurück, die ja seit dem Republikanismus-Aufsatz im Zentrum seines Interesses standen: «Konnte die Republik damals auch nicht länger bestehen, so hätte doch die neue monarchische Verfassung durchaus fester, sittlicher und rechtlicher begründet werden müssen»[131]. Schlegel sieht die Aufeinanderfolge der Staatsformen in der Moderne ja genau umgekehrt. Aber in der Ähnlichkeit der Krise des Epochenüberganges scheint sich dennoch das aktuelle Interesse des historisch reflektierenden Kritikers einlösen zu lassen: «Es gibt Zeiten, welche einer zwiefachen Richtung gleich fähig sind, wo das Schicksal der Menschheit gleichsam an einem Haare hängt»[132]. Die tiefergehende geschichtshermeneutische Absicht der ‹Vergleichung› zielt darauf, daß «die jetzige Zeit . . . wieder eine Centralzeit» sei[133]. Diese im Aufsatz selbst nicht ausgesprochene Ansicht vertritt Schlegel in vielen Variationen bis in die eigentlich romantische Phase hinein. Es geht also doch auch um eine ‹Symphilosophie› mit seinem gegenwärtigen ‹Zeitalter›. Auch diese frühe Arbeit legt durch ihre Stellung in der Reihe der Kritiken die Deutung nahe, daß der unterschwellig betrachtete Gegenstand die ‹Zeitgeschichte› und das ‹Politische› ist. Insofern gehen die vorläufig historiographische ‹Absicht des Werkes› und die zeitlich ausgerichtete ‹Orientierungsabsicht› des Autors auseinander.

Nach der Einleitung des Aufsatzes war bereits zu vermuten, daß Schlegel die Charakteristik ‹welthistorischer Persönlichkeiten› für ein Problem hält, das er auch geschichtshermeneutisch noch nicht ganz durchdacht habe. Nur weil er die Verstehensmuster und die Stilisationsmittel der Kritik als einer ‹Kunstwissenschaft› einsetzen konnte, war es möglich, beide Figuren nach der Genielehre zu deuten. Die weiterreichende Frage, ob der Epochenübergang von den Entscheidungen einer ‹welthistorischen Persönlichkeit› abhängt, ob dies für die neuere Geschichte ähnlich beurteilt werden darf wie für die alte, stellt Schlegel selbst in ironisch zugespitzter Weise nach dem Muster einer naiv angewandten Wirkungsgeschichte: «Wenn es sich wahrscheinlich machen ließe, daß die Geschichte der Menschheit jetzt von einigen greuelvollen Jahrhunderten rein sein würde, wenn Caesar entweder nicht gesiegt, oder diesen Sieg weiser und größer benutzt hätte?»[134]. Bei aller

130. Ebd., 51.
131. Ebd., 54.
132. Ebd., 54 f.
133. KA XVIII, 395, Fr. 897.
134. KA VII, 55.

Ironie geht es doch um die Unterscheidung zwischen hermeneutisch aufgezeigter Wahrscheinlichkeit und nomothetisch behaupteter Notwendigkeit in der Historie. Die ironisch gespielte Naivität soll offenbar auf die Form der kunstkritischen Charakteristik zurückverweisen, in der jene Frage nicht beantwortet werden könne. Tatsächlich hat Schlegel den Unterschied einer kritischen und einer strengeren geschichtshermeneutischen Behandlung dieser Frage in den ‹Fragmenten zur Litteratur und Poesie› bedacht: «das Genie ist ein Act und eine Wirkung der Freiheit. In der Hist[orie] kann mans freil[ich] nicht so betrachten, aber wohl in der Lebenskunstlehre und in der Kritik»[135]. – «Die Hist[orie] muß zwar in jedem Moment κμ [kritischer Mimus] sein, aber nie auf ein Indiv.[iduum] absolut beschränkt; dieß wäre gegen ihre Würde»[136].

2. Die philosophisch-theologischen Arbeiten

Die drei philosophisch-theologischen Rezensionen sollen die ‹Tendenz› der neuen Kritik zur Universalisierung weiter verstärken. Dabei wird der hermeneutische Reflexionsprozeß fortgesetzt. Schlegel variiert insbesondere das hermeneutische Muster des ‹Besserverstehens›. Zugleich aber verstärkt er die Polemik so, daß die Kluft zwischen exoterischem Anlaß und esoterischer Absicht immer größer wird. Insbesondere in den Schlosser-Rezensionen und in der Stolberg-Kritik verläßt Schlegel den Rahmen dessen, was er mit Bezug auf seine Charakteristik des Jacobischen ‹Woldemar› als ‹ästhetische Polemik› bezeichnet hat. Statt dessen argumentiert er so, als ginge es beinahe schon um mehr als um eine «bloß litterärische Rechtssache»[1]. Dennoch sind auch diese polemischen Rezensionen ihrer esoterischen Absicht nach eng mit dem Verweisungsgeflecht der großen Charakteristiken und Kritiken verbunden. Auffallend ist aber vor allem die genaue Parallele zu den historisch-politischen Kritiken. Die Anschlüsse lassen sich folgendermaßen vorgliedern:

1. Schlegel gibt die erste seiner beiden Schlosser-Rezensionen unter dem Titel «Der deutsche Orpheus» als «Beitrag zur neuesten Kirchengeschichte» aus[2]. Nach dem französischen Aufklärer Condorçet scheint er so einen deutschen «Schwärmer» als Kontrastfigur kritisieren zu wollen[3]. Dem Geschichtstheoretiker stellt er einen vorgeblich unhistorisch denkenden Theologen gegenüber, der nur am «*Buchstaben* des Evangelii» festhalte[4]. Beide, Condorçet und Schlosser, behandelt er als Dogmatiker. Diese Parallelbil-

135. KA XVI, 99/100, Fr. 182.
136. Ebd., 140, Fr. 650.
1. KA XVI, 126, Fr. 497; vgl. 126, Fr. 498.
2. KA VIII, 3.
3. Ebd., 35.
4. Ebd.

dung erweist sich so als eine besondere Form der «Wechselvernichtung»[5]. Der Kritiker nimmt dabei die Position eines nach beiden Seiten ironisch verstehenden Historikers ein.

2. Bei der Rezension von Niethammers ‹Philosophischem Journal› steht die Idee einer Gelehrtenrepublik im Hintergrund. Die Fragen der ‹Mitteilbarkeit› und der Ausbildung philosophischer Theorien sowie des wechselseitigen Verstehens der Philosophen werden am Beispiel eines solchen Journals abgehandelt. Die Ergebnisse kontrastieren die Forderungen des Kritikers, die er im «Versuch über den Republikanismus» ausgesprochen hatte. Insofern er die Vorstellung eines historischen ‹Besserverstehens›, eines Verstehensfortschritts, weiterentwickelt, betrachtet er die Gelehrtenrepublik wie zuvor die reale Republik in einem ‹koexistenten und sukzessiven Kontinuum›.

3. Die Frage, welcher ‹Maßstab› beim Verstehen historischer Persönlichkeiten der Antike angelegt werden müsse, sowie das Problem einer gleichzeitigen ‹Symphilosophie› mit dem gegenwärtigen *und* einem vergangenen Zeitalter zeigt Schlegel in anderer Form in der Rezension der Plato-Übersetzung des Grafen Friedrich Leopold zu Stolberg auf.

2.1 ‹Dogmatisches› und hermeneutisches Denken

Schlegels Kritik «Der deutsche Orpheus. Ein Beitrag zur neuesten Kirchengeschichte» (1796) und die Rezension von J. G. Schlossers «Schreiben an einen jungen Mann, der die kritische Philosophie studieren wollte» (1797)

Schlosser wird ebenso als hermeneutischer Dogmatiker hingestellt wie Condorçet zuvor als dogmatischer Geschichtstheoretiker kritisiert wurde. Schlossers theologisches Verstehen sei von «freier Gottesverehrung» weit entfernt; es sei «knechtischer Buchstabendienst»[6]. Schlegel zitiert denn auch in ironischer Verkehrungsabsicht eine Stelle bei Schlosser, wo dieser scheinbar historisch argumentierte: «‹wer die christliche Religion von der *Geschichte* unabhängig machen will, sollte geradezu sagen, ich bin kein Christ›»[7]. Tatsächlich, so unterstellt Schlegel, vertrage sich eine solche hermeneutische Grundeinstellung nicht mit dem ‹Geist› geschichtlicher Betrachtungen. Das bloß buchstabengemäße Verstehen werde unwahr. In einem Notizheft von 1798 hält Schlegel den Zusammenhang von Wahrheit und hermeneutischer Totalität formelhaft fest: «Die Wahrheit beruht auf d[er] Totalität von Geist und Wort»[8]. Obwohl Schlegel in den Fragmenten

5. KA XVIII, 3, Fr. 1.
6. KA VIII, 35.
7. Ebd.
8. KA XVIII, 330, Fr. 79.

der ‹Philosophischen Lehrjahre› von der «Exegese» der Neologen behauptet, sie sei «durchaus irreligiösen Charakters»[9], scheint er diese in der Rezension gegen Schlosser in Schutz nehmen zu wollen. Allerdings geht Schlegel in dem Aufsatz nirgends auf exegetische Probleme detailliert ein. Er möchte lediglich eine Verstehenshaltung negativ kennzeichnen. Die Grundtendenz der Kritik läuft darauf hinaus, daß das theologische Denken selbst historisiert werden sollte. Dies ist ja die Konsequenz, die Schlegel aus der früh einsetzenden Beschäftigung mit Lessings ‹Erziehung des Menschengeschlechts›, insbesondere mit der Funktion der ‹Elementarbücher›, zog. Erst in den späten Heften der ‹Philosophischen Lehrjahre› nimmt Schlegel eine Einteilung der Theologie vor, die auf stärkere Ausbildung hermeneutischer Elemente hinausläuft und die wohl auch eine historische Entwicklung kennzeichnen soll: «Der erste Theil d[er] Theol.[ogie] sei *mystisch,* der zweite moralische *dogmatisch,* der dritte *interpretirend* – HERMENEUTISCH»[10].

Der Mangel an wirklicher hermeneutischer Kompetenz habe dazu geführt, daß Schlosser sich nicht mehr auf zeitgenössische Probleme einstellen konnte. Schlegel verwendet nun den Erziehungsgedanken im Sinne einer genauen Verkehrung der Lessingschen Programmschrift: Schlosser «hofmeisterte das ganze Zeitalter, wie einen Untergebenen»[11]. Schlegel unterlegt offenbar bereits den Gedanken, daß die Bereitschaft zur ‹Symphilosophie mit dem Zeitalter› nötig sei, wenn man hermeneutische Kompetenz erlangen wolle.

Da Schlegel davon ausgeht, daß diese ‹Symphilosophie mit dem Zeitalter› sich auch auf führende Vertreter der zeitgenössischen Philosophie erstrecken muß, untersucht er Schlossers Beschäftigung mit der «kritischen Schule»[12]. Schlosser habe gleichsam in der Rolle eines Erziehers der Erzieher «‹auf alle Weise von dem Studium solcher Dinge (wie die kritische Philosophie) abschrecken›» wollen[13]. Schlegel wirft sich nun zum Verteidiger der ‹kritischen Philosophie› auf. Er nimmt sich dieser ‹litterärischen Rechtssache› an, da Schlosser sich nicht darauf beschränkt habe, diejenigen nur zu warnen, die ein «Amt als Lehrer einer Offenbarung» anstrebten, sondern mit der Zensur gedroht habe. Schlegel drängt die «echten Orphiker» schließlich selbst in die Rolle von Zensoren[14]. Aus dieser Situation zieht er die Berechtigung zur scharfen Polemik. Er setzt dieser Rolle nun eine Fiktion entgegen: man müsse einen ‹öffentlichen Ankläger beim Publikum› beantragen. Damit behandelt er das Publikum schon als feste Größe, obwohl er andererseits den Mangel einer literarisch orientierten ‹öffentlichen Meinung› beklagt. Es ist also eine doppelte Fiktionalisierung, mit der er der durchaus als realistisch hingestellten Zensurdrohung begegnen möchte.

Schlegel treibt das ironische Rollenspiel in der zweiten Schlosser-Rezension von 1797 so weit, daß er sich zum hermeneutischen Sachwalter Kants

9. Ebd., 260, Fr. 800.
10. KA XIX, 114, Fr. 287.
11. KA VIII, 33.
12. Ebd., 5.
13. Ebd.
14. Ebd.

gegen Schlosser aufwirft. Schlosser sei voreingenommen, so daß er Kants Schriften nicht habe verstehen können. Zuletzt behauptet Schlegel sogar, man müsse hie und da mit einer «*absichtlichen* Verdrehung» rechnen[15]. Obwohl er in den Notizheften meint, Kant habe in der ‹Kritik der reinen Vernunft› die «Unverständlichkeit nicht bloß postulirt, sondern auch ordent[lich] sanctionirt»[16], vertritt er in der Rezension zunächst die genau entgegengesetzte Ansicht. Ebenso täuscht er in der zweiten Rezension die Skepsis vor, daß er sich «keine symbolischen Bücher in der Philosophie» vorstellen könne, während er in den philosophischen Fragmentheften «Symbol[ische] Bücher der φσ [Philosophie]»[17] geradezu fordert. Im Hintergrund steht wiederum der Gedanke an die Funktion der Lessingschen ‹Elementarbücher›, deren ‹negative Vollkommenheit› ja eine gewisse historische Spannweite der Ausdeutbarkeit ermöglicht. Schlegel tritt zuletzt doch wieder aus der Rolle eines Sachwalters der Kantschen ‹Absichten› im Sinne der alten Regelhermeneutiken heraus und fordert zu einer anderen Art von Kritik an diesem auf: «Es ist ein rechter Jammer, daß noch immer nichts Geistvolles, was Nachdruck und Geschick hätte, wider Kants Philosophie geschrieben werden will»[18]. Damit hat er Schlosser gleichsam unter das Niveau gedrückt, das bei einer solchen Kritik gefordert werden müsse.

Schlegel hält aber im Aufbau der Rezension den hermeneutischen Rahmen seiner anderen Kritiken ein, insofern er das Gegenbild eines genialen Autors entwirft. Schlosser habe «*auch* ein außerordentlicher Schriftsteller» werden wollen. Er, Schlegel, könne ihn aber nur als «schriftstellerische Nullität» ansehen[19]. Schlegel hält dies offenbar für eine zulässige Form der Auseinandersetzung, wohingegen er Schlosser gleich im Anschluß an diese Stelle sogar die Fähigkeit zu einer Polemik auf höherem Niveau abspricht. Das «Schreiben an einen jungen Mann, der die kritische Philosophie studieren wollte» sei dem Inhalt und der Form nach eine *«proletarische Schandschrift»*[20]. Nicht einmal die sonst zu beobachtende «*Unvernunft* der Schwärmer» habe Schlosser ganz übernehmen können. Vielmehr könne man auch in seiner ‹Schwärmerei› die «*Halbheit* seines Geistes» studieren[21]. In dieser Weise steigert Schlegel die Polemik. Die Parallele zur Jacobi-Kritik zeichnet sich allmählich ab. Während Schlegel Jacobi noch eine ‹Gemeinschaft mehrerer Talente› zugesprochen hatte, die nur nicht ‹echt republikanisch› sei, weil das ‹theologische Talent herrsche›, stellt er bei Schlosser sogar innere Unfähigkeit zur ‹Schwärmerei› fest. Jacobi konnte er noch im Sinne eines relativistischen Ausgleichs als Gegenfigur zur *«herrschenden Denkart des Zeitalters»*[22] hochstilisieren. Schlosser, so unterstellt er, habe nicht einmal einen wirklichen Verstehensbezug zu diesem Zeitalter. Während der ‹Despotis-

15. Ebd., 34.
16. KA XVIII, 63, Fr. 440.
17. Ebd., 291, Fr. 1139; vgl. 292, Fr. 1159.
18. KA VIII, 36.
19. Ebd., 33 u. 34.
20. Ebd., 34.
21. Ebd., 35.
22. KA II, 71.

mus› bei Jacobi sich ganz im ‹Pluralis von Genie› abspielte, verhalte sich Schlosser despotisch gegen andere. Jacobis Talente wollte der Kritiker noch in einer Werkfolge studieren; Schlosser betrachtet er nach zwei Rezensionen nur mehr als *«psychologisches Phänomen»*[23], womit er ausdrücken will, daß jeder objektive Verstehensversuch verfehlt sei. Während Jacobi «vorzüglich in polemischen Schriften . . . die letzten Resultate seiner Philosophie» enthüllt habe, und dabei auch den «Unzusammenhang» mancher philosophischer Systeme aufgezeigt habe[24], falle Schlosser hinter jede geistreiche Form der Polemik zurück. Den verschiedenen Schriften Jacobis hatte Schlegel durchaus eine Bedeutung in der zeitgenössischen intellektuellen Welt zugebilligt; Schlosser gesteht er selbst bei besten Bedingungen nur eine untergeordnete Funktion in einer vorgestellten Gelehrtenrepublik zu: er hätte «vielleicht ein nützlicher Arbeiter in den niedern Gegenden des gelehrten Gebiets werden können»[25]. Diese Steigerungen der Polemik haben also durchaus eine hermeneutische Funktion. Es geht darum, die Muster des Verstehens auch noch in der polemischen Verwendung zu bestätigen. Schlegel hat auch diese Rezension durchkonstruiert und keineswegs nur als Gelegenheitsschrift abgefaßt. Das ist daran zu erkennen, daß er jene polemische Annihilationsreihe im Schlußsatz doch noch auf eine scheinbar objektive Aufgabenstellung für bestimmte Kritiker hinauslaufen läßt. Zunächst spricht er, wie in den anderen Kritiken, den Leser an und dann den Liebhaber und Kenner «literarischer Mißgeburten». Dieser könne sich durchaus in mühevoller Arbeit eine *«Universalgeschichte des Schlosserschen Unverstandes»* vornehmen[26]. Damit löst Schlegel das ein, was er in einem Lyceumsfragment für den Fall vorgesehen hatte, daß eine «Polemik nicht *en gros*» getrieben werden könne. Da es kleinlich sei, «gegen Individuen zu polemisieren», müsse man in solchen wenigen Fällen diese «kraft der polemischen Fiktion» als negative «Repräsentanten» behandeln und sie so «unendlich interessant» machen[27]. Schlegel hat diese Anweisung zur Polemik auch in veränderter Fassung unter die ‹Eisenfeile› aufgenommen[28].

Mit jener Schlußformel hebt er die psychologische Verstehensanweisung wieder auf. Beide Anweisungen kontrastieren die in der ‹Woldemar-Kritik› gestellte Aufgabe, in Jacobis sämtlichen Schriften die «individuelle Geschichte seines Geistes» zu studieren[29]. Die kontrastiven Formeln zielen darauf ab, Jacobis «lebendige Philosophie» als Gegnerin eines Verstehens nach den «Buchstaben» hinzustellen. Schlegel führte ja zur Erläuterung noch ein Jacobi-Zitat an, wonach das Buchstabenverstehen mit «‹Gespenstern des ehemals Wirklichen›» umgehe[30]. In genauer Entsprechung dazu wirft der Kritiker ja Schlosser ‹knechtischen Buchstabendienst› vor. Bereits in der ersten Schlosser-Rezension hatte er die vergleichbare Erweiterung der For-

23. KA VIII, 36.
24. KA II, 69 u. 71.
25. KA VIII, 33.
26. Ebd., 37.
27. KA II, 157, Fr. 81.
28. Ebd., 400, Fr. 13.
29. Ebd., 69.
30. Ebd., 58.

mel angedeutet, indem er ein Virgil-Zitat auf Schlosser münzte: «Die exoterische Absicht dieses in Form und Geist echt prosaischen und antisirenischen Beschwörungsliedes ist also, die Toten zu erwecken, und die Lebendigen zu entzaubern.» Und Schlegel schließt noch im Sinne eines ironischen Mißbrauchs der Lessingschen Unterscheidung die Wendung an: «die esoterische war wohl: *Kanten* . . . durch die Tat zu widerlegen, und hier ein unübertreffliches Muster des gemeinen Tons aufzustellen»[31]. Mit diesem Hinweis auf die gerade erschienene Schrift «Von einem neuerdings erhobenen vornehmen Ton in der Philosophie» möchte Schlegel wiederum als aufmerksamer Leser Kants erscheinen.

Schlegel hat also durchaus eine «Dedukzion der polemischen Totalität» vorgeführt, die er in einem Notizheft von 1796 im Zusammenhang mit der «Annahme der Mittheilbarkeit» erwähnt[32]. Daß es in der ‹polemischen Totalität› auch der ersten Schlosser-Rezension letztlich um hermeneutische Fragen geht, zeigt sich wiederum in den Schlußsätzen. Schlegel setzt dem ‹deutschen Orpheus› die mythologische Ursprungsfigur der Hermeneutik entgegen: «So wie der aristophanische Pisthetärus den Vögeln sagt, daß sie vor alters über die Menschen geherrscht hätten; daß Hermes Flügel trage . . . so erzählt der Eutinische Pisthetärus seinen Orphikern, auch Christus und Sokrates seien Orphiker gewesen.» Die Verkehrung der hermeneutischen «Absicht» sei die gleiche: «die ganze Luft und alle ihre Bewohner zu einem großen Lehrgebäude (wie dort zu einem Staate) zu vereinigen; die Götter und Menschen hingegen zu trennen, und allen Verkehr zwischen der olympischen Höhe der wissenschaftlichen Aufklärung, und der irdischen Feste des tätigen Lebens, wo möglich, ganz zu hemmen»[33].

Schlegel hat diese «Idee des Hermes» bis in seine Studien «Über die Sprache und Weisheit der Indier» (1808) verfolgt und wollte dabei diese mythologische Ursprungsfigur der Hermeneutik auch in Übertragungen, die die Inder auf «große Erfinder» vorgenommen hätten, wiedererkennen[34].

Vollendet im Sinne seines historischen Verstehens hat Schlegel die «Dedukzion der polemischen Totalität» erst in einem gleichzeitig mit der zweiten Schlosser-Rezension abgefaßten Fragment. Während er es im Schlußsatz dieser zweiten Rezension in Grenzen noch für lohnend hält, eine «*Universalgeschichte des Schlosserschen Unverstandes* zu entwerfen» und damit auch eine negative Parallele zu seinen Lessing-Arbeiten andeutet, schließt er eine Beschäftigung mit diesem von einem anderen historischen Gesichtspunkt her aus. Diesen ‹Anlaß› nutzt Schlegel, um das hermeneutische Erfordernis einer antizipatorischen Würdigung, gleichsam von einem zeitlich vorverlegten Gesichtspunkt aus, ins Spiel zu bringen. Er greift zunächst den Vergleich mit Nicolai, den er in der Rezension angelegt hatte, wieder auf[35]: «Ein

31. KA VIII, 4. 32. KA XVIII, 515, Fr. 98. 33. KA VIII, 11.
34. Ebd., 224. 35. Ebd., 36.

φ [Philosoph] kann mit Schlosser oder Nikolai streiten; ein Hist[oriker] darf sie nicht erwähnen. – Nicht eben für die Nachwelt, aber für die Mitwelt im Geiste d[er] Nachwelt»[36].

2.2 Mitteilung und wechselseitiges (Miß-)Verstehen in einer ‹Gesellschaft teutscher Gelehrter›

Die Rezension von F. J. Niethammers ‹Philosophischem Journal› (1797)

Betrachtet man die unterlegte Vorstellung einer Gelehrtenrepublik nach der generellen Anweisung des Republikanismus-Aufsatzes, so muß man sie in einem ‹koexistenten und sukzessiven Kontinuum› verstehen. Sobald Schlegel von der Reihe der philosophisch-theologischen Kritiken aus diese Querverbindung zur Reihe der historisch-politischen Kritiken herstellt, muß er zu anderen Einschätzungen der Exegese kommen. Da die Rezension von F. J. Niethammers ‹Philosophischem Journal› und die zweite Schlosser-Rezension kurz nacheinander entstanden sind und 1797 veröffentlicht wurden, mußte die unterschiedliche Bezugnahme auf die Exegese auffallen.

Schlegel sucht nun zu einer gerechteren historischen Würdigung der «ächten Exegese und biblischen Kritik» zu gelangen[37]. Zunächst versetzt er sich in den Standpunkt eines Kulturhistorikers und stellt fest, daß «Religion und Theologie» den «ausgebreitetsten Einfluß auf die deutsche Kultur» gehabt hätten, daß bei keiner anderen Nation «so viele Philosophen ursprünglich Theologen waren»[38]. Er appelliert keineswegs ironisch an den Nationalstolz, an jene nunmehr geistesgeschichtlich berechtigt erscheinende ‹Deutschheit›, die er im Forster-Aufsatz zur gleichen Zeit (1797) kritisiert. So möchte er das historische Bewußtsein umorientieren. Die Deutschen sollten sich in jenem ‹koexistenten und sukzessiven Kontinuum› so betrachten, daß sie die wirkliche ‹innere Verfassung› ihrer ‹Gemeinschaft der Talente› verstünden. Schlegel möchte offenbar auch unterschwellig an die Ansätze bei Herder erinnern, der die Deutschen «‹zu gebornen Kunstrichtern›» erklärte[39]. Schlegel hatte diesen Gedanken zunächst ironisch aufgegriffen und in der Horen-Rezension, trotz aller Einwände gegen den Zustand der deutschen Kritik, die Deutschen ein «*kritisches Volk*» genannt[40]. Aus der Würdigung der historischen Leistungen auf dem Gebiet der «ächten Exegese und biblischen Kritik» heraus bildet er eine Hoffnungs- und Erwartungsperspektive. Jene Leistungen seien «Andeutungen, daß diese merkwürdige Seite der menschlichen Natur grade ... vorzüglich ausgebildet werden solle»[41]. Schlegel hält die Parallelbegriffe der ‹Universalkritik› und

36. KA XVIII, 57, Fr. 387.
37. KA VIII, 15.
38. Ebd.
39. KA II, 54.
40. Ebd., 16.
41. KA VIII, 15.

der ‹absoluten Hermeneutik›, durch die jene ‹ächte Exegese und biblische Kritik› fortgesetzt würden, in esoterischer Weise zurück. Es geht ihm nur um die Perspektive. Der Leser soll die Fortsetzung im Prozeß der Kritik und der hermeneutischen Reflexionen selbst herausfinden.

Nachdem er dieses ‹Kontinuum› vorgestellt hat, kann er auch um Verständnis für die «Neologen» bitten. Schlegel legt nahe, daß diese nur eine historische Zwischenstufe besetzten. Offenbar malt er sich einen großrahmigen Säkularisationsvorgang aus, in dem er auch die Übergänge würdigt, die «gewöhnlich bei beiden Parteien» Anstoß erregten[42]. Obwohl er selbst keine Vorliebe für die «Neologen» zu haben scheint, bewertet er ihre Arbeit als eine Art Transformationsleistung. Sie bewiesen «doch wenigstens das Streben des Ganzen, zum Bessern fortzuschreiten»[43]. So zieht Schlegel auch Querverbindungen zu seinem Forster-Aufsatz und zur Lessing-Kritik. Er wendet die hermeneutische Maxime, die er aus der Beschäftigung mit Forster gewonnen hatte, schon an: daß es gelte, in einer ‹alles zum Besten kehrenden und im großen und ganzen nehmenden Art› zu verstehen. Andererseits aber sieht er den hermeneutischen Fortschritt, an dem auch die ‹Neologen› Anteil hätten, in der Art Lessings an: auch die Umdeutung und neue Deutung alter ‹Elementarbücher› stelle eine wichtige hermeneutische und geschichtliche Leistung dar. – Auf diese Weise wird das Beziehungs- und Verweisungsgeflecht der Kritiken immer dichter. Gerade am Beispiel der Rezension des ‹Philosophischen Journals› läßt sich erkennen, daß Schlegel mehrere Verknüpfungsformen anwendet.

Der neue Kritiker, als der Schlegel sich versteht, bildet in der Rezension des ‹Philosophischen Journals› noch weitere Antithesen zu einer möglichen Deutung seiner Schlosser-Kritiken aus. Er möchte vor allem vermeiden, daß der Hinweis auf den mangelhaften Bezug zur ‹Zeitgeschichte›, den er Schlosser unterstellte, so verstanden würde, als sollte sich jedes Mitglied der Gelehrtenrepublik dem ‹Zeitgeist› anpassen. Die esoterisch mitbedachte ‹Symphilosophie mit dem Zeitalter› weist ja über beide Ansätze hinaus. Aber Schlegel möchte die einseitige Deutung des exoterisch Ausgedrückten verhindern. Bei der Besprechung von ‹Weißhuhns Beiträgen zur Synonymistik› geht er auf dessen Annäherung an die zeitgenössische Philosophie ein. Er sieht in dessen philosophischen Äußerungen zuletzt nur einen «Beweis mehr von der Gewalt, die der herrschende Ton des Zeitalters auch über bessere Köpfe ausübt»[44]. So wird zu der Vorstellung aus der Schlosser-Rezension, daß dieser ‹das ganze Zeitalter hofmeisterte wie einen Untergebenen›, ein Beispiel aus der genau entgegengesetzten Perspektive vorgeführt.

Die im ganzen wohlwollende Kritik an Weißhuhn läuft darauf hinaus, daß dieser seinen ‹Pluralis von Genie› überschätzt habe, daß er sich aus seiner «eigentlichen Sphäre» habe herausziehen lassen[45]. Schlegel führt so Beispiele

42. Ebd.

43. Ebd.

44. Ebd., 19.

45. Ebd.

für eine falschverstandene Tendenz zur ‹Universalisierung› an. Er beurteilt aber nicht nur die Weite der Genialität bei einzelnen Autoren, sondern begutachtet auch die zwischenfachliche Stellung ganzer Wissenschaften. So meint er beobachten zu können, daß insbesondere das Gebiet der «Rechtslehre» als «Tummelplatz der philosophierenden Vernunft» benutzt würde. Das abschließende Urteil soll zeigen, daß man von republikanischen Zuständen in der Gelehrtenrepublik noch weit entfernt sei, daß die «Uneinigkeit . . . gerade in dem Wissenschaftlichsten und Allgemeinsten» noch zu groß sei[46].

Die Frage der *«Mitteilbarkeit»*[47] und des wechselseitigen Verstehens stellt Schlegel so, daß die Gelehrtenrepublik in ihrem gegenwärtigen Zustand immer fragwürdiger wird. Als Anlaß für eine dahin zielende hermeneutische Kritik wählt er die ‹Schmidischen Bruchstücke über die Philosophie› im X. Heft des Journals und Fichtes «*Vergleichung* des darin aufgestellten Systems mit der WISSENSCHAFTSLEHRE» im XII. Heft[48]. Der Dreh- und Angelpunkt dieses Teils der Rezension aber liegt in der Frage, wie unterschiedlich Kant in mehreren derartigen Beiträgen des Journals verstanden worden sei. Die ‹Absicht› des Kritikers, was Fichtes Beitrag anbelangt, ist zunächst nicht ganz klar. Jedenfalls fordert er Fichte auf, sich doch zu dem Zusammenhang seiner ‹Wissenschaftslehre› mit der Kantschen Philosophie zu erklären. Dabei nimmt er bereits an, durch eine solche vergleichende Deutung und Selbstdeutung würde offenbar, «daß viele Kantianer Kanten wirklich nicht verstanden» hätten[49]. Damit spricht er das aus, worauf er in den Schiller-Rezensionen nur angespielt hatte. In einem bereits 1796 angelegten Notizheft forscht er nach denen, die die Kantsche Philosophie ausgelegt und verbreitet hatten, die «das Mißversten gestiftet» hätten[50]. Bei diesen Kantianern nimmt er in der Rezension des Journals eine «Auslegung nach dem Buchstaben» an[51]. Diese Feststellungen wären ja an dieser Stelle der Auseinanderfolge seiner Kritiken nicht neu, wenn er sie nicht mit einer anderen Absicht wiederholt hätte. Schlegel möchte vor einer Übertreibung nach der anderen Seite dieser hermeneutischen Formel warnen. Und dabei scheint er Fichte unterstellen zu wollen, in der Bezugnahme auf Kant zu sehr eine «Auslegung Kants nach dem Geist» angeregt zu haben[52]. Der Kritiker bemüht sich also wiederum um eine mittlere, eine vorgeblich ausgewogene hermeneutische Position. Dabei enthält er sich jeglicher inhaltlicher Stellungnahme. Ja, er scheint nun sogar Fichtes Selbstauslegung in einem Heft des Journals für verfehlt zu halten. Offenbar möchte er die ‹Wissenschaftslehre› einem kleinen Kreis esoterisch Verstehender und ‹symphilosophisch› Deutender vorbehalten. Für einen solchen Kreis aber wäre eine vereinfachende Darstellung nicht erforderlich, «denn für die, welche sie verstehen sollen und können, ist

46. Ebd., 21.
47. Ebd., 18.
48. Ebd., 25.
49. Ebd., 26.
50. KA XVIII, 19, Fr. 5.
51. KA VIII, 26.
52. Ebd.

sie wohl schon verständlich genug»[53]. Man muß schon die Fragmenthefte heranziehen, um die ‹Absicht› dieser Aussage zu verdeutlichen. Bereits in einer der frühesten Eintragungen (1796) der ‹philosophischen Hefte› findet man die Erklärung: «Das ist inconsequent an Fichte, daß er sich für d[ie] Verbreitung seiner φσ [Philosophie] interessirt»[54]. In demselben Fragment behandelt Schlegel die «Erlaubniß etwas Unbedingtes willkührl[ich] zu setzen». Die ‹veranlassenden› zeitgenössischen philosophischen Systeme sollen offenbar nicht mehr beachtet werden. In diesem Sinne annihiliert Schlegel im nachfolgenden Fragment aber nur Jacobi: «Er hat ausgedient. Sein φ [philosophisches] Verdienst war, Fichte'n veranlaßt zu haben»[55]. Schlegel deutet Fichte ganz offenbar nach seinen eigenen Vorstellungen von einer «Selbstkonstruktion» der Kritik und später nach denen des «Sichselbstsetzens» der ‹Transzendentalpoesie›[56].

Er fürchtet also, daß die «Auslegung Kants nach dem Geist», wie Fichte sie betrieben habe, mißverstanden würde und, ebenso wie die nach dem Buchstaben, Nachahmer fände. So fordert er Fichte zu einer Erklärung über diese hermeneutische Grundfrage auf. Dabei nimmt er, trotz aller Bewunderung für Fichte, vorübergehend wieder eine polemische Attitüde ein, um jene Vorstellung eines ‹symphilosophierenden› Verehrerkreises weiter verbergen zu können: «Möchte uns Hr. F. nur wenigstens seine *Theorie über Geist und Buchstaben,* die mit dem Innersten und Eigensten seiner Philosophie wesentlich zusammenhängen muß, bald mitteilen . . .»[57]. Schlegels Befürchtung geht dahin, daß viele Nachahmer und Verehrer meinen, sie müßten Fichtes ‹Wissenschaftslehre› «mit Kants Lehre in Harmonie bringen»[58]. Schlegel projektiert offenbar schon an dieser Stelle eine weitergehende Auslegung Fichtes, weil er befürchtet, daß dieser noch eher mißverstanden und einseitig ausgelegt werde als Kant. Aus solchen Vorüberlegungen leitet Schlegel schließlich eine hermeneutische Aussage ab, die sich auf die Verfälschungen in jedem Diffusionsprozeß bezieht: «Jede Philosophie, und wenn sie auch ganz Geist wäre, ist, sobald sie sich ausbreitet, der Gefahr ausgesetzt, durch die Formularphilosophen in Buchstaben verwandelt zu werden»[59]. Damit meldet Schlegel hermeneutische Bedenken gegen seine eigene Forderung aus der Schiller-Rezension an, daß es «Pflicht der Philosophen» sei, sich «unter den Haufen zu mischen»[60]. Es ist auch eine skeptische Einschränkung seines ‹Imperativs der Mitteilung› aus dem Republikanismus-Aufsatz. Darüber hinaus aber erscheint es fragwürdig, ob die ‹öffentliche Meinung›, die im Forster-Essay angestrebt wurde, jemals eine hermeneutisch sinnvolle und nicht verfälschende Diffusion leisten und bewirken könne. So wird also ganz plötzlich eine kontrastive Verbindung all dieser Kriterien notwendig, um Schlegels Ansicht nicht einseitig aufzufassen.

53. Ebd.
54. KA XVIII, 3, Fr. 2.
55. Ebd., 3, Fr. 3.
56. KA VIII, 28.
57. Ebd., 26.
58. Ebd., 27.
59. Ebd.
60. KA II, 23.

Schlegel muß noch einmal an seine Voraussagen zu den Gefahren einer breiten Rezeption und Auslegung der Fichteschen Philosophie zwei Jahre später (1799) anknüpfen. Anläßlich des Atheismusstreites plant er eine Verteidigungsschrift «Für Fichte. An die Deutschen». Aus den ausgeführten Teilen läßt sich ersehen, daß Schlegel sich als Hermeneutiker an die tatsächlich gegebene ‹öffentliche Meinung› wenden wollte. In der Einleitung knüpft er an die veröffentlichte Meinung an: «Ihr wißt aus den Zeitungen oder aus den Streitschriften . . . daß man den Philosophen Fichte des Atheismus beschuldigt»[61]. Die schwierige Lage der Urteilsfindung, in der sich das Publikum gegenüber einem Philosophen wie Fichte befinde, spricht Schlegel direkt und ohne rhetorische Beschönigung an: «Ihr wißt, daß Ihr seine Philosophie nicht versteht, wollt das auch nicht, aber ihr müßt doch urtheilen und haltet jene Beschuldigung ohne Weiteres für wahr»[62]. Erst im Verlauf der weiteren Argumentation wollte er einen Teil des Publikums davon überzeugen, daß es «im Geist» mit Fichte übereinstimmen könnte[63]. Es sei zuletzt sogar anzunehmen, daß es auch Eudämonisten gäbe, die «sich selbst mißverstehn, aber doch moralisch gesinnt seyn können»[64]. Damit hat er das Mißverstehen auf die Wohlgesinnten zurückgebogen. Er unterlegt offenbar, daß es gar nicht möglich sei, von solchen Voraussetzungen her Fichte zu verstehen. Das hermeneutische Problem verlagert er so zuletzt auf eine moralische Ebene.

Schlegel verfolgt dieses hermeneutische Schicksal der Fichteschen Philosophie in den Heften mit immer größerer Faszination. Offenbar dient es ihm als Beispiel für seine Annahme, daß manche Werke erst sehr viel später, wenn überhaupt, verstanden werden könnten. In einem späten Notizheft sagt er schließlich ironisch nur noch eine hochmütige Selbstbeziehung derjenigen voraus, die sich in eine Wirkungsgeschichte zu Fichte stellen wollten: «Kein einziger Mensch wird d[en] *Fichte* verstehn. In ihrem Hochmuth werden sie wohl bestärkt werden – aber die Stufe seines Hochmuths ahnden sie nicht, und haben auch nicht die Kraft dazu»[65]. Schlegel bildet also offenbar ganze Fortsetzungsreihen von Fragmenten aus, in denen die Ansätze der Kritiken weiterbedacht werden.

Allerdings gibt Schlegel in den späten Heften das Spiel mit Verstehensrollen auf, das er in der Rezension des Niethammerschen Journals noch einmal gesteigert hatte. Er ging offenbar davon aus, daß nicht nur das Publikum seine Äußerungen sehr unterschiedlich deuten würde, sondern auch die Beteiligten. Dabei meinte Schlegel, daß Fichte selbst die hermeneutische Ironie nicht richtig auffassen könnte. Offenbar wollte Schlegel verschiedene Verstehensmöglichkeiten im Sinne voraussehbarer Rezeptionen eingestalten. Dies geht aus einem Brief an Novalis vom 5. März 1797 hervor, in dem

61. KA XVIII, 522, Beilage III.
62. Ebd.
63. Ebd., 524, Beilage III.
64. Ebd., 525, Beilage III.
65. KA XIX, 185, Fr. 260.

Schlegel seine hermeneutische «Absicht» darlegt: «Das wollte ich eben: Nieth[ammer] sollte mich verstehn, Fichte aber nicht. H[err] Jedermann sollte es vollkommen verstehn, aber jeder anders. Ganz klar und doch unergründlich tief»[66]. So wollte er ganze Konstellationen von vorhersehbaren Reaktionen schaffen, in denen sogar die Rangordnung der Verständigen umgestülpt werden sollte. Offenbar ist es ihm mit der Rezension des Journals geglückt, denn er meint, daß er seine «innerste Absicht *vollkommen* dabey erreicht» habe. Auch der ‹symphilosophierende› Freund Novalis habe die hermeneutische Anlage der Ironie nicht durchschaut: «Es ist gewissermaßen der größte Triumph für mich, daß sogar *Du,* dem das Geheimniß doch gesagt war, durch meine Sokratische Verstellungskunst bist . . . *angeführt* worden»[67]. Das Rollenspiel sollte also nicht immer nur auf ein esoterisches Einverständnis und eine Verstehenseinlösung durch die ‹Symphilosophierenden› hinauslaufen. Nach diesem Erfolg seiner Ironie meinte Schlegel, daß er im philosophischen Bereich, wo er ja mit besonders festen Schulebildungen rechnete[68], noch einiges würde ausrichten können: «Ich sehe es mit Freude, daß ich meinen philosophischen *Mimus* wie ein Roscius spielen werde»[69]. Die über das bloße Spiel hinausgehende Absicht aber war, erstarrte Positionen, die hermeneutisch auf der einsinnigen Auslegung von Autoritäten beruhten, zu überwinden: «der Buchst.[abe] nur dadurch zu überwinden, daß er fließend gemacht wird»[70].

Schlegel ist sich darüber im klaren, daß er auf diese Weise keine strenge philosophische Prüfung im Sinne einer wissenschaftlichen Rezension durchführen kann. Es geht ihm letztlich um die Würdigung «einiger wenigen außerordentlichen Genies»; und die sei nur nach Art eines «philosophischen Kunsturteils» möglich[71]. Er bezweifelt sogar die Möglichkeit, «eigentlich so zu nennender Rezensionen im Gebiet der Philosophie»[72]. Hinter diesem Zweifel aber steht wiederum eine historische ‹Orientierung›. Tatsächlich wollte er mit einer solchen Aussage nur provozieren. Die tiefere Überzeugungsabsicht zielt darauf, daß die «Gesetze der historischen Kritik» auf den Bereich der Philosophie noch nicht angewandt worden seien, daß dies aber notwendig sei, wenn eine «philosophische Geschichte der Philosophie» geschrieben werden soll[73]. Allerdings geht es Schlegel nicht nur um diese Möglichkeit. Er möchte selbst in der Anmeldung dieses Desiderats noch den Charakter eines ‹Kunsturteils› wahren. Die Angabe, daß jene Philosophiegeschichte durch *Anwendung* der ‹historischen Kritik› vorbereitet werden könne, verkehrt nämlich die Ausgangslage seiner Kritik am ‹Philosophischen Journal›. In der Einleitung meinte er, die Philosophie sollte nicht dadurch «populär» gemacht werden, daß man vor der Zeit schon eine breite «Anwendung der Philosophie auf andre Wissenschaften» zu betreiben und

66. Novalis, IV, 481.
67. Ebd.
68. KA II, 32.
69. Novalis, IV, 481.
70. KA XVIII, 344, Fr. 274.
71. KA VIII, 31.
72. Ebd., 30.
73. Ebd., 27.

zu fördern suche[74]. Dahinter steht die Vorstellung des hermeneutisch reflektierenden ‹Historisten›, daß eine applicatio des Verstandenen nicht sofort und jederzeit möglich sei, daß gar eine applicatio auf ganze Wissenschaftsbereiche selbst nur als eine historische Entwicklung vorstellbar sei. Schlegel historisiert also auch die alte ars applicandi.

Die Hauptschwierigkeit für jene «philosophische Geschichte der Philosophie» sieht Schlegel offenbar darin, daß ‹Absicht› und ‹Selbstkenntnis› der Autoren und die weitergedeutete ‹Absicht der Werke› in der Philosophie nicht so leicht zu trennen sind wie in der Literatur. Schlegel hält es zwar für selbstverständlich, daß der Grundsatz des historischen ‹Besserverstehens›, den er selbst ja erst aufgestellt hatte, von allen anerkannt würde. Er variiert die Formulierung, die wir aus den ‹Fragmenten zur Litteratur und Poesie› kennen, nur leicht, wenn er meint, «daß wir auch den Spinoza und Leibniz jetzt besser verstehen können, als sie sich selbst verstanden»[75]. Aber wenn es um zeitgenössische Philosophen geht, lasse sich dieser Grundsatz ja wohl nicht so leicht anlegen. Da frage man, auch wenn man zuvor dem Hermeneutiker zustimmte, immer noch, ob «Kant sich auch selbst *gerade so* verstanden habe»[76]. Das Problem des ‹Keim›-Verstehens und des Besserverstehens bestehe aber bei einer historischen Würdigung eines zeitgenössischen Philosophen darin, nachzuweisen, daß er «auf den Weg gedeutet, wo die Antwort zu suchen sei, und daß er, wenn er auf demselben weiter gegangen wäre, dahin gekommen sein würde»[77]. Schlegel argumentiert so von einem fiktiven ‹Gesichtspunkt› aus, um jene historische ‹Harmonisierung› zwischen der Kantischen und der Fichteschen Philosophie zu verhindern. Darüber hinaus aber möchte er die hermeneutische Frage nach der ‹Absicht des Autors› im Bereich der Philosophie neu stellen.

Die unterlegte Möglichkeit, daß es innerhalb eines gegenwärtigen Verstehenshorizontes zwei bereits historisch getrennte ‹Gesichtspunkte› geben könne, faßt Schlegel nicht zum erstenmal ins Auge. Die Ähnlichkeit mit der literaturhermeneutischen Ausgangsbetrachtung der Schiller-Rezensionen wird jetzt erst deutlich. So wie Schlegel bereits eine unterschiedliche hermeneutische Orientierung auf Schiller und auf Hölderlin hin gefordert hatte, betrachtet er offenbar auch Kant und Fichte in hermeneutischer Sicht als ungleichzeitige Repräsentanten der zeitgenössischen Philosophie. Der Anlaß für diese Parallelisierung der hermeneutischen Frage ist darin zu finden, daß er beidemale Sammelwerke bespricht, die, als Almanach oder als Journal, die unterschiedlichsten Beiträge für ein zumeist doch klar abgegrenztes Publikum abdruckten. Dieses Publikum möchte Schlegel im Zeitbewußtsein ‹dynamisieren›. In diesem Sinne notiert er: «Ein *Journal* ist eine dynamische Schrift»[78]. Schlegel verwendet in der Rezension genau den Gegenbegriff, um die Hoffnung des Publikums auf einen leicht faßlichen Über-

74. Ebd., 13. 75. Ebd., 27. 76. Ebd.
77. Ebd. 78. KA XVIII, 337, Fr. 174.

blick zum Ausdruck zu bringen: es erwarte offenbar auch von einem Kritiker eine «Untersuchung über den *statum quo* der Philosophie»[79]. Schlegel umspielt ironisch das zurückgebliebene Zeitbewußtsein des Publikums, wenn er das fiktive Projekt nicht einer kurzen Kritik, sondern einer längeren Abhandlung vorschlägt: «Vielleicht wäre es gerade jetzt an der Zeit, der vollständigen Ausführung und Darstellung eine eigne Schrift zu widmen»[80].

Zuletzt hebt Schlegel deutlicher als zuvor die zeitliche Relativität dessen, was von unterschiedlichen ‹Gesichtspunkten› aus als Epocheneinheit aufgefaßt würde, hervor: «Solche historischen Andeutungen über Alles, was jeder in seinem Kreise *Geist des Zeitalters* nennt, sind es vorzüglich, was man, als Präliminarien einer künftigen Geschichte, in *Übersichten* erwartet»[81]. Schlegel nimmt so gegenüber der Erwartung des Publikums eine Umdeutung in der Funktion der ‹Übersichten› vor. Diese dürften selbst nicht aus einem «Kreise» heraus geschrieben werden, der von sich aus den Verstehenshorizont bestimmte. Schlegel scheint sich an den Herderschen Begriff des ‹Gesichtskreises› erinnert zu haben. Im Gegensatz zu Herder rechnet Schlegel mit inneren Ungleichzeitigkeiten zwischen den zeitgenössischen Verstehenszugängen.

Derjenige, der nicht nur diese zeitlich unterschiedlich orientierten ‹Gesichtskreise› und die jeweilige Vorstellung vom *«Geist des Zeitalters»* überblickte, sondern auch noch fähig wäre, andere Zeitalter ‹symphilosophisch› zu erinnern, dürfte jene ‹künftige Geschichte› schreiben. Schlegel setzt also zuletzt einen genialen Plural von Verstehensrollen im Sinne eines vollendeten ‹Historismus› voraus. So kann er seine Rezension des ‹Philosophischen Journals› mit der annihilatorischen Erwartung abschließen, daß ein solcher Hermeneutiker «*mehr als Philosoph* wäre»[82].

In seinen Notizheften von 1797 zieht er die Schlußfolgerung aus seiner Betrachtung des ‹Philosophischen Journals›: ein Philosoph verstehe den anderen nicht – «Nur der Historische ϰ [Kritiker] versteht beide»[83]. Aber auch die zeitgenössische Philosophie möchte er auf ihre Historizität aufmerksam machen: «Wird nicht alle φ [Philosophie] zuletzt und soll sie nicht Hist[orische] φ [Philosophie] werden . . .»[84].

2.3 Übersetzung und ‹Symphilosophie mit dem Zeitalter›

Die Rezension der ‹Auserlesenen Gespräche des Platon, übersetzt von F. L. Grafen zu Stolberg› (1797)

Die knappe Rezension der Plato-Übersetzung des Grafen Friedrich Leopold zu Stolberg behandelt das Problem des in der Übersetzung angewandten

79. KA VIII, 28. 80. Ebd. 81. Ebd., 32.
82. Ebd. 83. KA XVIII, 112, Fr. 997. 84. Ebd., 114, Fr. 1021.

historischen Verstehens. Insofern wird die geschichtshermeneutische Fragestellung des dritten Aufsatzes der historisch-politischen Reihe weitergetrieben. Zugleich bringt der neue Kritiker so eine Überlegung seines Entwurfs ‹Zur Philologie› zur Anwendung.

Das Interesse des Rezensenten gilt allerdings nicht der ‹Totalität von Geist und Wort›, sondern nur dem «Geist der Übersetzung»[85]. So geht er auf die philologischen Fragen im engeren Sinne nicht ein. Er behauptet lediglich, im Sinne des engeren Zusammenwirkens von Textkritik und hermeneutischer Einzelerläuterung, das wir als vorläufige philologische Verstehensstufe aus den Heften ‹Zur Philologie› kennen, daß Stolberg ‹unkritische und unhistorische Erläuterungen› angebracht habe[86]. Schlegel hebt auch hervor, daß Stolberg sich gegen die «Würdigung historischer Begebenheiten» stellte, wie Schlözer sie vorgenommen habe[87]. Leider erhalten wir keinen näheren Aufschluß über die Kenntnis, die Schlegel von diesem Vertreter der Göttinger Historiker-Schule hatte[88]. Offenbar möchte Schlegel Stolberg darauf hinweisen, daß diese älteren Verfahren der Historik zuverlässiger und genauer sind, auch wenn sie mit seinen neuen hermeneutischen Ansätzen nicht mehr ganz zu vereinbaren seien.

Der Haupteinwand Schlegels läßt sich am besten mit Hilfe jener Formel über die ‹Symphilosophie mit dem Zeitalter›, dem vergangenen wie dem gegenwärtigen, aufschlüsseln. Auf eine ‹Symphilosophie› mit dem vergangenen Zeitalter habe Stolberg sich nicht eingelassen, sonst hätte er nicht zu ‹unhistorischen Erläuterungen› Zuflucht suchen müssen, sondern historische Erklärungen eingesetzt, um den «Geist» und «Wert des Platonischen Sokrates» besser zu verstehen[89].

Schlegel geht aber weitaus intensiver auf die Mängel ein, die er im Gegenwartsverständnis Stolbergs entdeckt zu haben glaubt. Darin liegt ja die eigentliche hermeneutische Neuerung, daß auch bei jeder Übersetzung eine ‹Symphilosophie› mit dem ganzen gegenwärtigen Zeitalter notwendig sein soll. Schlegel hat in einer 1798 angefertigten Notiz das intensive historische Verstehen sogar am Maßstab einer ‹Übersetzung› messen wollen, weil in dieser die Beziehung des historisch Verstandenen zur Gegenwart des Verstehenden besonders deutlich hervortrete: «Je ähnlicher Hist[orische] Hist[orie] einer *Uebersetzung,* je vortreflicher»[90]. In demselben Heft wendet er sich auch in ‹lebensphilosophischer› Weise offenbar gegen die Vorstellung, daß eine Übersetzung eher klassizistisch sein müsse: «Jede wahre Ueb[ersetzung] muß eine Verjüngung sein»[91].

85. KA VIII, 38. 86. Ebd. 87. Ebd., 39.

88. Zum Zusammenhang dieser Göttinger Schule und dem Umfeld der Hermeneutik des Chladenius vgl. Wach, 1926, III, 32 ff.

89. KA VIII, 39. 90. KA XVIII, 211, Fr. 181. 91. Ebd., 204, Fr. 87.

Daß Stolberg keine ‹Symphilosophie› mit seinem Zeitalter treiben könne, lasse sich schon aus der Vorrede erschließen, die er dazu benutze, «eine Kontroverspredigt wider die Aufklärung» zu halten[92].

Schlegel unterlegt aber auch die Vorstellung, daß das Verstehen von einem regionalen Standort aus universalisiert werden müsse. Er geht ja davon aus, daß die ‹Ganzheit› der antiken Welt abgelöst wurde durch Nationalkulturen, die man wiederum verbinden müsse, um eine ‹Totalität› der ‹Moderne› als hermeneutisches Bezugsfeld zu erhalten. Insofern gilt der Satz – «Jede Nazion in Europa ist aber nur als eine Provinz der Modernheit zu betrachten»[93] – nicht nur in politischer, sondern auch in hermeneutischer Perspektive.

Geht man von diesen Vorerwägungen aus, so läßt sich Schlegels Polemik gegen Stolberg besser erklären. Es ist eben nicht nur eine politische Kontroverse, wenn Schlegel drei Bezugspunkte Stolbergs herausstellt: eine «Ehrenerklärung an die Gesellschaft des äußern Standes zu Bern», eine «Verfluchung der französischen Revolution» und Strafpredigten gegen die «gottlose teutsche Philosophie»[94]. Schlegel möchte auf der polemischen Ebene seiner Rezension natürlich Stolberg des Provinzialismus bezichtigen. Dazu findet er denn auch allerlei ironische Kombinationen heraus, so, wenn er zum Beispiel zwischen die Erwähnung eines ‹Beitrages zur Dämonologie› und einem Hinweis auf Stolbergs Shakespeare-Verständnis den Satz einschiebt, daß Stolberg «die tragische Muse nicht in die Täler Helvetiens einführen möchte»[95]. Aber dahinter steht doch die Vorstellung, daß ein intensiver Austausch zwischen den europäischen Nationen notwendig sei, um das Verhältnis der Ungleichzeitigkeit zu beheben, das sich auch in unterschiedlichen Dominanzbereichen zeige. Schlegel erwähnte bereits die zwei mißverstandenen der drei ‹Tendenzen› seines berühmt gewordenen Fragments. Nur diejenigen könnten als *«Uebersetzer»* anerkannt werden, schreibt Schlegel in den ‹Fragmenten zur Litteratur und Poesie›, die «das Ausländische in ihre Heimath verpflanzen»[96].

Daß der neue Kritiker seine Vorstellung von einer historischen und gegenwärtigen ‹Symphilosophie› ebenso wie – im engeren Sinne – einer ‹Symphilosophie› der wenigen, die ‹à la hauteur› verstehen, im Auge hat, geht auch daraus hervor, daß er nun diesen dritten mitbedachten Punkt anschließt. Stolberg meine, daß er für die «wenigen Auserwählten» schreibe und übersetze; so täusche er vor, «daß die ächte Wissenschaft ein Geheimnis» sei[97]. Tatsächlich, so muß man Schlegels polemische Argumentation mit einem hermeneutischen Fragment ergänzen, habe er keine wirklichen «Zeitgenossen», mit denen er ‹philosophieren› könne[98].

92. KA VIII, 38.
93. KA XVI, 98, Fr. 167.
94. KA VIII, 38.
95. Ebd., 39.
96. KA XVI, 170, Fr. 1021.
97. KA VIII, 39.
98. KA XVIII, 337, Fr. 172.

Schlegel möchte die Arbeit Stolbergs soweit abqualifizieren, daß man sie der «Zahl der schnellgeschriebnen und schnellvergessnen Bände» zurechnen müßte, die «von Messe zu Messe» zu registrieren seien[99]. Er nutzt so die Gelegenheit, um eine über Stolberg hinausweisende Kritik an Erscheinungen der tatsächlichen ‹literarischen Öffentlichkeit› zu üben. So unterstellt er, daß Stolberg dem Vorbild des «mittelmäßigen Schriftstellers» gefolgt sei. Schließlich kehrt er ein Stolberg-Zitat gegen die ‹Absicht› des Verfassers: «‹sein Machwerk ist . . . *buntschäckigt in seiner Mittelmäßigkeit*›»[100].

So wird erst zuletzt verständlich, daß Schlegel hermeneutische Überlegungen weitertreiben wollte, wenn er schon in der Einleitung der Rezension behauptet, Stolbergs wahre «Absicht» sei die, «für einige individuelle Lieblingsmeinungen, die einer Stütze gar sehr bedürfen mögen, eine große *Auktorität* zu erschleichen»[101]. Schlegel unterstellt damit, daß Stolberg mit dem praeiudicium auctoritatis beim Publikum gerechnet habe, ja, daß er es gleichsam instrumentalisiert habe, um seine ganz persönlichen, hermeneutisch nicht objektivierten Vorstellungen durchzudrücken. So sei schließlich offenbar, daß es Stolberg «gar nicht um den Plato zu tun ist»[102].

Daß Stolberg sich nicht an ein Werk entäußern könne, gehe zuletzt daraus hervor, daß er angesichts der «Sokratischen Ironie» in Verlegenheit gerate[103]. Schlegel nimmt ja an, daß Stolberg keinen Sinn für Kritik habe. Deshalb meint er wohl, daß es diesem noch schwerer falle als anderen, zu unterscheiden, «was im Plato Ernst und was Scherz sei»[104]. In einer frühen Notiz der ‹Fragmente zur Litteratur und Poesie› stellt Schlegel ergänzend die explizite Forderung auf: «Zum Sinn für die Griechen gehört $\frac{\kappa\rho}{0}$ [absolute Kritik]»[105].

Schlegel schließt seine Rezension nicht, ohne doch noch eine Rettung des ‹Keimansatzes› in der Entwicklung Stolbergs zu versuchen. Er möchte, in Entsprechung zum hermeneutischen Aufbau der großen Charakteristiken, bei «andern Werken des Verfassers» nach Spuren des «ursprünglichen Biedersinnes» forschen und stellt nicht ohne ironische Absicht einige Belegstellen zusammen, aus denen hervorgehe, daß Stolberg sich «gegen die Verteidigung des Sklavenhandels» gewandt habe und auch solche «Tyrannen» verdammt habe, die «gelind und mit Verstand» geherrscht hätten[106]. Stolberg sei trotz dieser Ansätze zuletzt *«illiberal»* geworden[107]. Schlegel vermißt beiStolberg, der doch in seinem Vorwort auch politisch argumentiert habe, gerade die Züge, die er an Forsters Beschäftigung mit der Antike bewundert hatte. Bei Stolberg entdeckt er nichts «vom Charakter des Weltbürgers und Politikers»[108]. Aber er wollte Stolberg ja auch nachweisen, daß ihm das

99. KA VIII, 39.
100. Ebd.
101. Ebd., 38.
102. Ebd., 39.
103. Ebd.
104. Ebd.
105. KA XVI, 124, Fr. 476.
106. KA VIII, 40.
107. Ebd.
108. KA XVI, 142, Fr. 678.

Verständnis für die poetische Gattung fehle, bei der der intensivste Verstehensbezug zur Antike notwendig sei: Stolberg wolle die «tragische Muse» fernhalten. Gerade bei der ‹alten Tragödie› richtet Schlegel aber das ganzheitliche Verstehen auf die Merkmale der ‹Universalität› und der ‹Liberalität› aus: «Die politische Ganzheit besteht in absoluter Universalität und Liberalität»[109]. Damit hat er das Politik-Verständnis aber wiederum am weitesten vom polemischen Zeitbezug entfernt.

109. Ebd., 103, Fr. 217.

VI.

Schlegels Selbstverständnis als Kritiker und die Berliner Zirkel

Zum Darstellungsgang über eine fragmentarische Hermeneutik gehört eine kurze Skizze der unmittelbaren applicatio, eine Darstellung, wie das Verstandene in einer bestimmten Situation angewandt wurde. Dies macht sicherlich nur eine Randzone auch einer neu verstandenen ars applicandi aus. Da Schlegels Publikumsvorstellung ja selbst einer Wandlung in Richtung auf eine gänzliche Fiktionalisierung hin unterliegt, darf man keine allgemeingültigen Schlüsse etwa aus den Angaben des Forster-Aufsatzes zum Publikum ziehen[1]. Andererseits stellte Schlegel sich in der Phase von 1795 bis 1801 eine so enge Verbindung von «Lebenskunstsinn» und «wissenschaftlichem Geist» vor[2], daß insbesondere sein ironisches Spiel mit Verstehensrollen, aber auch die Abstufung dessen, was einzelne Bezugspersonen esoterisch verstehen sollten oder andere mißverstehen mußten, nicht ohne konkreten Hintergrund aufgefaßt werden kann.

In hermeneutischer Sicht geht es nicht so sehr darum, ob und wie Schlegel «die Philosophie und das gesellschaftliche Leben *en rapport* setzen» möchte, was er selbst bei einem anderen Prosaisten untersuchen wollte[3]. Eher schon ließe sich der Hintergrund zur Vorstellung eines «kleinen Kreis[es]» untersuchen, den Schlegel als Keimzelle eines neuen Publikums ansah. Ja, die offenbar trotzig gegen Herder und viele andere aufrechterhaltene Behauptung, daß deutsche Autoren auch «nur für sich selbst untereinander» schreiben dürften, damit die Literatur «mehr Geist und Charakter» ausbilde[4], weist nicht nur auf das Programm einer ‹Sympoesie›, ‹Symphilosophie›, ‹Synkritik› und ‹Sympraxis› hin, sondern ist aus der ‹lebensphilosophischen› Anschauung erwachsen. Aber dies entspricht eher der romantischen Kreisbildung auf der Entwicklungsstufe des ‹Athenäum›. Zuvor stellt sich Schlegel schon in den Fragmenten, die er im «Lyceum der schönen Künste» (1797) bei

1. KA II, 78. 2. Ebd., 160, Fr. 108. 3. Ebd., 252, Fr. 436.
4. Ebd., 212, Fr. 275.

Johann Friedrich Unger in Berlin abdrucken ließ, als Wirkung seiner kritischen Fragmente eine «Fiktion freier Geselligkeit» vor[5]. Diese Wirkung sollte nach zwei Seiten hin erfolgen; für die eine seien es «leuchtende Strahlen», für die andere «schmetternde Schläge»[6].

Jene unmittelbare applicatio läßt sich festmachen in den Berliner Zirkeln, in die Schlegel im Jahre 1797 eingeführt wurde[7]. Hier galten die beiden Autoren, mit denen sich die wichtigsten Kritiken Schlegels beschäftigten, *Lessing und Goethe, damals als paradigmatische Bezugsfiguren.* Hier konnte Schlegel die Wirkungsgeschichte Lessings unmittelbar in allen Verästelungen studieren, hier war die Erinnerung an den frühen aufklärerischen Kreis des Jahres 1755, dem Lessing, Mendelssohn und Nicolai angehört hatten, noch wach. Aber auch Sulzer und Ramler waren als Mitglieder des ‹Montagsklubs› noch nicht vergessen. Zwischenzeitlich (1779) hatte auch Forster seine Kontakte nach Berlin besuchsweise intensiviert. Ein Jahr davor hielt Goethe sich in Berlin auf, allerdings fand er damals noch keine große Resonanz. Den Hintergrund für die neue Kreisbildung in den 1790er Jahren stellte die jüdische Kaufmannsschicht, aus der zahlreiche Gelehrte wie Maimon, Mendelssohn, Herz, Friedländer und Bendavid hervorgegangen waren. Aber erst durch den Generationenwechsel, der sich in den 1790er Jahren abzeichnete, kam es zu einer Umorientierung in der Geschmacksbildung der Lesegesellschaften. Diese Umorientierung wurde im wesentlichen veranlaßt durch die Töchter jener jüdischen Gelehrten und Kaufleute.

Friedrich Schlegel verkehrte ja schon bald in jenem anregenden Kreis jüdischer Damen, deren Väter allesamt eine bedeutende Rolle im spätaufklärerischen Gesellschaftsleben spielten oder gespielt hatten. Jedenfalls mußte er überall auf Spuren der Beziehung Moses Mendelssohns zu Lessing treffen. Diese Spuren interessierten ihn erst recht, nachdem er im Sommer 1797 der um acht Jahre älteren Dorothea Veit, der ältesten Tochter Mendelssohns, begegnet war.

Moses Mendelssohn galt ja als lebensunmittelbares Vorbild für Lessings ‹Nathan›. Mendelssohns Verteidigung des Judentums von der Deutungsebene des Vernunftgesetzes aus (vor allem gegen Lavater und Bonnet) gipfelte in der Schrift: «Jerusalem oder über religiöse Macht und Judentum» (1783). Lessings religionsphilosophische und geschichtsphilosophische Verstehensfiktionen, die ja vor allem in der ‹Erziehung des Menschengeschlechts› (1780) ihren Niederschlag gefunden hatten, waren noch gegenwärtig. Ebenso wirkte die Spinoza-Debatte lange nach, die sich 1785 durch Jacobis Schrift «Über die Lehre des Spinoza, in Briefen an den Herrn Moses Mendelssohn» von neuem entzündet hatte. Jacobi hatte Mendelssohn erst nach Lessings Tod über die Gespräche unterrichtet, die er mit diesem über

5. Ebd., 150, Fr. 34. 6. Ebd.

7. Zur Berliner Situation vgl.: Dilthey, XIII, 1, 208 ff.; Rilla, [2]1973, 76 ff. u. 378 ff.; Arendt, [2]1975, 35 ff.

Spinoza geführt hatte. Mendelssohn seinerseits plante eine Arbeit über Lessings ‹Charakter›[8], so daß die Berichte Jacobis von besonderem Gewicht waren. Dennoch war die Verstehensmöglichkeit Mendelssohns ja eingeschränkt, da er lieber Abstriche an seiner Lessing-Deutung gemacht hätte, als daß er dem Vorwurf des Spinozismus interpretatorisch genauer nachgegangen wäre.

Aber noch eine weitere Figur muß in die knappe Erinnerungsskizze eingeführt werden: Lessings Bruder Karl, der zusammen mit Nicolai und Mendelssohn in dem Kreis der Berliner Aufklärer figurierte und der ebenfalls dazu beigetragen hat, daß das Lessing-Bild sehr einseitig ausgefallen war. Karl Lessing hatte vor allem die Zielrichtung der Auseinandersetzungen seines Bruders mißverstanden[9].

Wenn Schlegel sich nach Auskunft seines ersten Lessing-Aufsatzes, den er schon längere Zeit vorbereitet, aber erst in Berlin für das zweite Heft des ‹Lyceum› vollendet hatte, vor allem auf jene ‹Geschichte der Wirkungen› beziehen wollte, so dachte er wohl nicht nur an die Abhandlung, die Karl Lessing 1793 unter dem Titel «Lessings Leben» veröffentlicht hatte. Vielmehr hatte er wohl zahlreiche Veröffentlichungen der 1780er Jahre vor Augen, die z. T. an die Spinoza-Debatte anschlossen. Auch frühere Vorlesungen, wie die von Chr. G. Schütz «Über Lessings Genie und Schriften» (1782), bildeten eine Materialgrundlage für das kritische Studium jener Wirkungsgeschichte[10]. Auch die Herausgabe der Bände V bis XXX einer Lessing-Ausgabe (1791–1794) durch K. Lessing, F. Nicolai und J. J. Eschenberg belebte die neuerliche Beschäftigung mit dem Vorbild der Berliner Aufklärer. Tatsächlich mündete diese Lessing-Forschung in die spätaufklärerische geistige Situation des Berlin der mittleren 1790er Jahre. Lessings Bruder Karl und Nicolai galten so immer noch als spätaufklärerische Gewährspersonen dieser Lessing-Deutung.

Aber nicht nur die Lessing-Verehrung und -Vereinseitigung in der Vatergeneration jenes Berliner Kreises war noch präsent, als Friedrich Schlegel mit seinem angefangenen Aufsatz nach Berlin übersiedelte, sondern auch das Lessing-Verständnis der wohlhabenden älteren Ehemänner, deren Frauen jene literarischen Zirkel begründet hatten. So charakterisiert Henriette Herz die verborgenen Diskrepanzen, die sich nicht nur in der literarischen Geschmacksbildung äußerten, am Beispiel des Lessing-Verständnisses ihres Mannes Marcus Herz: «Mich . . . zog alles zu der nun auftauchenden Sonne,

8. Vgl. die zusammenfassende Darstellung bei Rilla, ²1973, 380.

9. Vgl. einen bei Rilla, ebd., 378, abgedruckten Brief Lessings an seinen Bruder Karl vom April 1773: «So habe ich wirklich, meinst Du, mit meinen Gedanken über die ewigen Strafen den Orthodoxen die Cour machen wollen? . . . Was gehen mich die Orthodoxen an? Ich verachte sie eben so sehr, als Du; nur verachte ich unsere neumodischen Geistlichen noch mehr, die Theologen viel zu wenig, und Philosophen lange nicht genug sind».

10. Vgl. Eichner, KA II, S. XXIX, Anm. 5.

zu Goethe hin. Mein Mann, älter und mit Lessing persönlich befreundet, in diesem nicht nur den größten Kritiker der Deutschen, sondern in Widerspruch mit Lessings eigener Ansicht, einen großen Dichter achtend, wies alles zurück, was nicht mit Lessingscher Klarheit und Deutlichkeit geschrieben war. Er teilte diesen Sinn mit mehreren seiner Freunde . . .»[11]. Gerade dieser letzte Hinweis auf die Rückbestätigung und Verankerung jener Anschauungen in einem ganzen Kreis spätaufklärerisch gestimmter Altersgenossen, verstärkt unsere Vermutung, daß Friedrich Schlegels Lessing-Kritik auch im Sinne eines Generationenkonflikts zu verstehen ist. Bedenkt man insbesondere, daß jene Konstellation von Vätern und älteren Ehemännern ein spätaufklärerisches Verständnis Lessings auf der Ebene der gesellschaftlichen Konversation durchgesetzt hatte, so wird die Stimulation begreiflich, die den fünfundzwanzigjährigen Friedrich Schlegel dazu trieb, eine auf die eigenen Projekte bezogene Antithese zu dieser lebensunmittelbaren Wirkungsgeschichte zu verfassen, zumal er damit seinen Anspruch auf eine Führungsrolle als neuer ‹Kritiker› anmelden konnte. Gerade bei einer Betrachtung der lebensunmittelbaren Konstellationen ist es evident, daß die Formierung jenes Romantiker-Kreises in Berlin mit einer Absetzungsbewegung von den spätaufklärerischen Zirkeln begann. Friedrich Schlegel konnte sich um so leichter als kritischer Kopf durchsetzen, je programmatischer er diese Antithesen in den ersten beiden Nummern des ‹Lyceum› vortrug. Er brachte ja den Aufsatz über ‹Georg Forster› bereits für die erste Nummer mit, so daß sein schon länger begonnener Versuch ‹Über Lessing› unter dem Einfluß jener ‹Mittwochsgesellschaft› und zugleich als Entwurf seiner Kritiker-Rolle in dieser Gesellschaft vollendet werden konnte. Nicht die Vorlage eines fragmentarischen Programms einer neuen ‹Kunstkritik› hätte helfen können, diese Rolle zu inaugurieren; vielmehr mußte er interpretatorisch an den führenden Kopf der in der Erinnerung der Berliner Zirkel verklärten literarischen Aufklärung anknüpfen. Er wollte die paradigmatische Figur in eine andere Wirkungskontinuität hineinerinnern. Sein Ansatz war also durch und durch hermeneutisch bestimmt. Die Konzeption brachte er schon mit, aber die Anwendung in jener Gesellschaft wirkte wiederum verstärkend auf das hermeneutische Interesse zurück. Seine unmittelbare Wirkungsabsicht war antithetisch, aber seine Wiederanknüpfung an Lessing sollte ebenso als neue Verstehenssynthese erscheinen. Es ist genau die Anlage, die Schlegel in den Sommermonaten des Jahres 1797 in jenem zitierten Fragment als Vergewisserung seines Bildungsprozesses festhielt: «*Bildung* ist antithetische Synthesis, und Vollendung bis zur Ironie.»

Will man sich der Bedeutung dieser ‹antithetischen Synthesis› für die Bildung des romantischen Kreises vergewissern, so mutet jener hermeneutische Ansatz bei Lessing wie der Versuch an, zunächst einmal aufklärerisch

11. Hertz, LE, 109; vgl. Eichner, KA II, S. XXX, Anm. 2.

gegen die Spätaufklärung vorzugehen, literaturhermeneutisch an ausgefallene Möglichkeiten zu erinnern. Die Berliner Aufklärung sollte in ihren lebensunmittelbaren und literarischen Tradierungsweisen getroffen werden. Friedrich Schlegel wollte interpretatorisch vorgehen, indem er jener von Henriette Herz beschriebenen Lessing-Verehrung entgegentrat und statt der von Marcus Herz gerühmten «Lessingschen Klarheit und Deutlichkeit» die Vieldeutigkeit der programmatischen Werke Lessings hervorhob, den kritischen Vorläufer gegenüber dem angeblich überschätzten ‹Dichter› herausprofilierte. Den Kontrast jener bewußt ‹unverständlich› mitgeteilten Deutungen und Fragmente, die er später in dem Essay ‹Über die Unverständlichkeit› noch ironisch verteidigte, und jener ‹klaren› Deutung der Berliner Aufklärer, muß man sich ebenso in der lebensunmittelbaren Wirkung vorstellen. Könnte man die Umbildung und Veränderung jener ‹Mittwochsgesellschaft› genauer untersuchen, so träte sicherlich auch noch deutlicher ein unmittelbarer Gegensatz der Verstehensweisen zutage. Während sich gerade jene jüdischen Aufklärungskreise zunächst sowohl um Integration als auch um fortschrittliche religiöse Toleranz bemühten, mußten sie in der Phase der Spätaufklärung viele Vorleistungen in gewisser Weise umbilden. Einerseits waren ihre literarisch und philosophisch interessierten Zirkel noch am ehesten den französischen ‹Salons› vergleichbar, aber eine gegenläufige gesellschaftliche Integrations- und kritische Absetzbewegung ließ diese Kreise in den 1790er Jahren rasch auf eine enklavierte Stufe zurückfallen. Dem setzten die Frühromantiker ihr hochstilisiertes Minoritätsbewußtsein entgegen. Enklaviertes und säkularisiertes jüdisches Aufklärungsdenken und dieses ästhetisch geprägte, aber viele Bereiche einbeziehende Minoritätsbewußtsein der Frühromantiker trafen in der ‹Mittwochsgesellschaft› aufeinander.

Kritische Vorstellungen, die sich auf die verschiedensten Bereiche bezogen, wurden in ästhetischen Verstehensmustern ausgedrückt. Dies entspricht auch der Entwicklung der Zeitschriften, in denen Schlegel seine ersten Beiträge abdrucken ließ. So schuf Reichardt im «Lyceum der schönen Künste» ein ästhetisches Forum, nachdem das Journal «Deutschland» in wachsende Zensurschwierigkeiten geraten war. Reichardt hat Friedrich Schlegel von Anfang an zur Mitarbeit herangezogen und in den Berliner Kreis eingeführt. Die beiden ersten Nummern des ‹Lyceum› weisen denn auch mit dem Essay über Forster und dem Aufsatz über Lessing diesen aufklärungskritischen, ästhetischen Grundzug auf.

Aber Friedrich Schlegel war der einzige der Frühromantiker in jenem Kreis, der die ‹antithetische Synthesis› auf dem Wege einer neuen Lessing-Rezeption zu leisten vermochte, der aufklärerisch und frühromantisch zugleich argumentieren konnte. Schleiermacher durchschaute gerade diesen Grundzug des hermeneutischen Verstehens nicht. Ebensosehr verkannte er den Entwurfscharakter in Friedrich Schlegels Versuch, Lessing zu verstehen und neu zu deuten. In einem Rückblick, der im Zusammenhang mit dem

Abschluß des Lessing-Aufsatzes zu sehen ist, beklagt sich Friedrich Schlegel über diese Mißverständnisse Schleiermachers (Brief vom April 1801): «Worüber ich Dir noch Lust hätte ganz heftig den Krieg zu machen ist, daß Du meinen Lessing für formlos hälst ... Du scheinst das für Notbehelf zu halten, was ich für den Triumph der Beredsamkeit, wie ich sie in solcher Sphäre geben kann, ansehe .. Die Form des Ganzen ist wie die des alten Bruchstückes, nur in größerem Maßstabe und, alles Individuelle beiseite gesetzt, dieselbe wie die Grundlinien von Lessings Form»[12]. Diese unterschwellige Kontinuität, die Schlegel in seinem Aufsatz hergestellt und herausgestellt hatte, bezog sich gerade auch auf die Form. Schleiermacher verkannte den ästhetisch-hermeneutischen Anschluß Friedrich Schlegels bei Lessing. Er sah den symphilosophisch denkenden Freund von 1797 gelegentlich durch die Brille derer, die die essayistischen und fragmentarischen Entwürfe Friedrich Schlegels für eigenwillig, romantisch, gerade nicht hermeneutisch objektiv, sondern ‹willkürlich› und subjektivistisch hielten. Man darf es beinahe als eine lebensunmittelbare Erfüllung des Ironie-Modells ansehen, daß der spätere Hermeneutiker Schleiermacher, dessen erste aphoristische Entwürfe erst im Jahre 1805 anzusetzen sind, der aber nachhaltig die Hermeneutik-Geschichte des 19. und 20. Jahrhunderts beeinflußt hat, die hermeneutische Vorgehensweise Friedrich Schlegels in dessen ersten ‹Kritiken› nicht durchschaut hat. Dies erklärt sich allerdings z. T. daraus, daß Schleiermacher sich nicht in jene aufklärerisch-romantische Neudeutung Lessings verstehend ‹hineinversetzen› konnte. Er spielte in jener ‹Mittwochsgesellschaft›, in der er Friedrich Schlegel kennenlernte, einen einseitigeren Part.

Genauer erinnerte sich Ludwig Tieck an die intellektuellen Auseinandersetzungen im Berlin des Jahres 1797. Er hatte schon früher Zugang zu jenen Kreisen gefunden: «In Berlin schieden sich diejenigen, die sich ein Urteil zutrauten, offenbar in zwei Parteien. Die, die sich für die Besseren hielten, und denen ich mich jugendlich zuversichtlich von 1794 an ebenfalls anschloß, verkündigten, erläuterten und priesen diesen großen Geist [Goethe] und fühlten sich mehr oder minder von ihm begeistert. Man kannte sich an diesem Vereinigungspunkt wieder, und Freundschaft und Wohlwollen verband rasch die ähnlich Denkenden. Doch war diese neue und schwärmende Kirche die unterdrückte. Fast alle ältern Männer strebten ihr entgegen. Die namhaften, oder berühmten Gelehrten Berlins bekämpften und verspotteten diesen Schwindel der unerfahrnen Jugend, wie sie diese Liebe zur Poesie nannten»[13]. Tieck kennzeichnet also eindeutig den Generationenkonflikt, aber er verdeutlicht hier die Konfliktlinie zunächst ähnlich wie Henriette Herz in dem zitierten Brief am Beispiel der Goethe-Rezeption. Aber wiederum in genauer Parallele – Marcus Herz als Lessing-Verehrer – schließt er den Rückzug der Spätaufklärer auf Lessing an: «Nicolai berief sich auf seine

12. Schleiermacher, SchL, III, 269 f.

13. Tieck, DüD, I, 126.

deutsche Bibliothek und Lessing»[14]. Auch im Nachlaß Tiecks finden sich zahlreiche Stellen, die die Bedeutung Lessings in diesem Generationenkonflikt belegen. Er hebt insbesondere die hermeneutische Aufgabe hervor: «die Hauptsache möchte aber wol bleiben, Lessing zu verstehen»[15]. Gerade die Art, wie jene Spätaufklärer ihn zitierten und seine vermeintlich genau zu ermittelnden ‹Absichten› deuteten, störte Tieck: «Aber sie nennen ihn unaufhörlich und kennen ihn nicht. Irgend ein Ausspruch von ihm, aus dem Zusammenhange gerissen, soll ihnen wie ein Medusenhaupt gegen ihre Feinde dienen, und das ist noch das Beste, wozu sie ihn anwenden»[16]. Tieck vollzieht auf einer einfacheren Ebene den Gedanken Friedrich Schlegels nach, daß man sich esoterisch nur an die wenden könne, die *«à la hauteur»*[17] sind, d. h. die auf der Höhe der Zeit zu verstehen vermögen: «die blindeste Anarchie herscht, da jetzt Künstler und gebildete Menschen im schneidendsten Contraste mit der Menge stehen . . ., der Schriftsteller wendet sich in Gedanken an Diejenigen, die er mit sich auf einer Stufe der Bildung glaubt». Gerade bei dieser esoterischen Ansprache der wenigen wirklich Verstehenden beruft er sich auf Lessing als Vorläufer: «Und in diesem Tone sind alle polemischen Blätter eines Mannes geschrieben, dessen Name jetzt von jedem Unwissenden gemisbraucht wird, ich meine Lessing's»[18].

Tieck war sich dessen bewußt, daß man den Kreis der Frühromantiker von Anfang an zu isolieren trachtete, daß man den Gedanken der ‹Symphilosophie›, der ‹Sympoesie› und der ‹Sympraxis› zu einem Versuch eines Literatenzirkels herabwürdigen wollte, in dem sich die Mitglieder wechselseitig unter kunstkritischem Vorwand hochlobten. Darüber hinaus sollte dem Kreis aber auch jeder breite Traditionsanschluß abgestritten werden; ein isoliertes Gebilde mit ‹willkürlich› aufgegriffenen Vorläuferschaften und historischen Bezugspersonen sollte übrigbleiben. Tieck erkennt diese Taktik genau: «Nun sagt man, wir loben uns um die Wette, wir bilden ein Complot, eine Clique, wie sich Andere ausdrücken, blos Das zu erheben, was wir hervorbringen, oder etwa noch einige Meister, oder etwa noch Diejenigen, die vielleicht mit der Zeit in unsern Bund treten möchten, oder etwa ein paar Verstorbene, oder auch noch die Alten, oder auch noch Den und Jenen . . ., weil dann doch so viel wenigstens ausgemacht ist, daß wir eine Partei bilden . . .»[19]. Die Verbitterung wirkte bei einem Mann wie Tieck lange nach, der die Auseinandersetzungen der Salons und der Zirkel nicht, wie Friedrich Schlegel, auch als ‹Inzitament› für kritische Versuche auffassen konnte. Noch in der Vorrede zur zweiten Auflage des «William Lovell» von 1813 zieht er gegen die «seichte Aufklärungssucht» zu Felde und geißelt die angebliche Konversationsphilosophie der Berliner Kreise und die vorgeblich ebenso zerstörerische Popularpsychologie: «Ein seichtes populäres Gespräch sollte die Stelle der Philosophie vertreten, und ein krankhaftes

14. Ebd.
15. Tieck, NS, II, 57.
16. Ebd., 56.
17. KA II, 210, Fr. 264.
18. Tieck, NS, II, 37.
19. Ebd., 40 f.

Beobachten kränklicher Zustände, welches allen Zusammenhalt im Menschen vernichten wollte, pries man unter dem vornehmen Titel der Psychologie»[20]. Dabei war Tieck sich darüber im klaren, welche führende Rolle Berlin in der Phase der Spätaufklärung zukam, so daß eine durchgreifende Veränderung nur möglich war, wenn es gelang, hier mit neuen Ideen durchzudringen[21]. Er erklärt noch im Jahre 1813 seinem Publikum, inwiefern Berlin «den Ton in Philosophie, Theologie und Kritik angab», so daß alles, was nicht von daher «gestempelt» wurde, als «kleinstädtisch» angesehen worden sei[22]. Interessant ist dabei die Aufzählung der Autoren, die vorübergehend durch die Spätaufklärer im Publikumsgeschmack und in der ‹öffentlichen Meinung› zurückgedrängt worden seien. Tieck stellt im Rückblick die Art, wie sich kleine Zirkel mit diesen Autoren beschäftigten, schon beinahe als heimliche und verborgene Verehrung einer unterdrückten Minderheit dar. Er gibt dabei eher den Eindruck der Enklavierung wieder als den der aggressiven Schlegelschen Kritiken: «Winkelmann, Hamann, das Edelste im Lessing, Jacobi, ja selbst Goethes frischer Morgen (nach kurzer, lärmender Begeisterung) waren wie in einem betäubenden Taumel von Zerstreuung vernachlässigt. Nicht, daß es nicht hie und da Gesellschaften gegeben, die sich wach zu erhalten gesucht und dem Bessern im Stillen angehangen, aber auch nur im Stillen, weil sie den Stimmführern gegenüber sich verbergen und zurück ziehen mußten»[23]. Die Aufzählung läßt sich nur teilweise auf Schlegel beziehen und übertragen. Mit Winkelmann beschäftigte sich Schlegel in dem damals angelegten Heft «Zur Philologie» intensiver. Ihn betrachtete Schlegel als einzigen Vorläufer im historischen Verstehen der Antike. Hamann sah er offenbar als reinen Antipoden zu den Aufklärern, nicht als Vorläufer für ein Programm der ‹antithetischen Synthesis› an: «Eine eigne Classe der deutschen Autoren die *tollen,* ⟨– Aufklärer – Opponenten⟩ darunter *Hamann*»[24]. Die Umdeutung Lessings und die veränderte Rangfolge der Werke gibt Tieck wieder. Jacobi aber hat Schlegel keineswegs als heimlich gelesenen, verehrungswürdigen Schriftsteller behandelt, sondern selbst neoaufklärerisch kritisiert. An die überschwengliche Goethe-Verehrung in Berlin erinnert Schlegel nicht. Er sucht, im Gegenteil, mit Hilfe seiner hermeneutischen Verfahren den ‹Wilhelm Meister› unabhängig von aller bisherigen Goethe-Verehrung als klassisches Werk vorzustellen. Daß Schlegel aber auch mit dieser Kritik im ganzen, nicht in der Interpretation selber, antithetisch vorgehen wollte, ja, daß diese Absicht lange vor der Abfassung in den Diskussionen der ‹Mittwochsgesellschaft› eine Rolle gespielt haben mag, läßt sich noch aus dem veröffentlichten Brief «Über die Philosophie. An Dorothea» (1799) erschließen. Schlegel erinnert gerade an die Figur im ‹Wilhelm Meister›, der er ja eine andere Figuren übergreifende Bedeutung zugeschrieben hatte: «Du siehst, ich halte es mit

20. Tieck, DüD, I, 58.
21. Ebd., 59.
22. Ebd.
23. Ebd., 58 f.
24. KA XVIII, 198, Fr. 16.

dem antiken Onkel im WILHELM MEISTER, der da glaubt, das Gleichgewicht im menschlichen Leben könne nur durch Gegensätze erhalten werden»[25]. Schlegel sucht in diesem ironischen Vergleich auch noch eine andere Altersrolle zu spielen, die eines über den Konflikten ‹schwebenden› ‹Lebensphilosophen›.

Die kurze Erinnerungsskizze verdeutlicht aber auch die Notwendigkeit, über mehrere interpretatorische Versuche einzugreifen. Die Stationen waren vorgezeichnet. Friedrich Schlegel konnte zum führenden Kopf des frühromantischen Kreises werden, wenn es ihm gelang, jenen Berliner Aufklärern den Spiegel vorzuhalten, ihre früheren Möglichkeiten zu beleuchten, ihre Traditionsanschlüsse aufzudecken, schließlich ihre Inkompetenz in Fragen der Gegenwartsliteratur nachzuweisen. Zugleich mußte er seine hermeneutische Kompetenz unter Beweis stellen. Sein kritisches Verfahren sollte zeigen, daß er die besten, angeblich von den anderen preisgegebenen Aufklärungsideen nach vorwärts erinnern konnte, daß er diese Ansätze in größere Zusammenhänge zu stellen vermochte, und daß er sie schließlich in eigene Projekte einformen konnte. So war die Stationenfolge seiner drei großen Kritiken vorgezeichnet: Georg Forster, Lessing und Goethes ‹Meister›. Der Essay über Forster ist noch ganz von außen herangetragen. Es ist die Charakteristik eines Intellektuellentyps, den es in Deutschland nur selten gab, eines Kosmopoliten, Weltreisenden, Schriftstellers, Naturwissenschaftlers, Politikers. Nachdem Forster von der älteren Generation der Aufklärer wie ein Ausgestoßener behandelt wurde, nahm sich Schlegel durchaus ‹literaturkritisch› dieser ‹Figur› an.

Der Aufsatz über Lessing sollte den weiterreichenden geistesgeschichtlichen, literaturgeschichtlichen, geschichtsphilosophischen und kritikgeschichtlichen Anschluß leisten. Zugleich aber wollte Schlegel der interessierten Generation der Spätaufklärer ihre paradigmatische Bezugsfigur entziehen. Dies war aber nur möglich, wenn er eine größere hermeneutische Kompetenz entwickelte, als es jene Aufklärer vermochten. Schließlich ist es nach den zitierten Briefstellen klar, daß jene Berliner ‹Mittwochsgesellschaft› sich mehr und mehr mit Goethe beschäftigte, ja, daß bis in die Beziehung etwa zwischen Marcus und Henriette Herz hinein die interpretatorische Konfrontation zwischen Lessing und Goethe eine wichtige Rolle spielte. Lessing mußte um so eher als Kritiker und Geschichtsphilosoph gerettet werden, je mehr man Goethes literarischem Genie huldigen wollte. Der verehrten Figur des ‹klaren› Lessing sollte der hintergründige Esoteriker Lessing entgegengesetzt werden. Friedrich Schlegel mußte zum führenden kritischen Kopf avancieren, wenn es ihm gelang, einen neuen Lessing, ‹seinen› Lessing vorzustellen. Danach aber mußte er die Rolle des Literaturkritikers ausgestalten, der allein in der Lage war, die neue paradigmatische Figur zu deuten. So schrieb er seinen ‹Über-Meister›.

25. KA VIII, 44.

Friedrich Schlegel konnte nur in dem Maße die Rolle eines neuen Literaturkritikers aufbauen, wie er in jener Stationenfolge von Arbeiten auch eine weitreichende hermeneutische Kompetenz nachwies.

Vergewissert man sich der Anwendungssituation jener impliziten Hermeneutik, so wird deutlich, daß sie gegen die hermeneutischen Praktiken jener spätaufklärerischen Kritiker und Philosophen gerichtet sein mußte. Schlegel mußte aber auch die Ansätze zu einer impliziten Hermeneutik bei Lessing aufgreifen, um gegen jene übermächtige Aufklärung angehen zu können.

Er hat sich jener paradigmatischen Figuren eines ‹Forster› und eines ‹Lessing› in ‹antithetischer› und zugleich neu ‹synthesierender› Absicht angenommen, um schließlich seine hermeneutische Kompetenz als ‹universaler› Kritiker nachzuweisen. Dabei hat Schlegel selbst in den Jahren zwischen 1796 und 1798 aufklärerisch gegen die Aufklärung gewirkt.

Unter den Frühromantikern war er ohnehin der einzige, der aneignend und assimilierend eine solche hermeneutische Dialektik eröffnen und durchführen konnte. Die ‹antithetische Synthesis› hat er in jenen Jahren literaturkritisch und lebensunmittelbar realisiert.

Vergleicht man etwa den Versuch Friedrich Schlegels, noch 1801 einen Abschluß des Lessing-Aufsatzes zu schreiben, mit dem Rückblick, den der ohnehin fernstehende Bruder August Wilhelm im Spätherbst 1801 in Form einer Vorlesung in Berlin anstrengte, so fällt dessen unironische Distanz gegenüber Lessing auf. Der Vergleich ist um so interessanter, als August Wilhelm Schlegel in diesen von den Zeitschriften der Aufklärungskreise totgeschwiegenen, von Fichte und Schelling hingegen stark beachteten Vorlesungen, tatsächlich eine Summe der frühromantischen Anfänge geben wollte, oder, wie Josef Körner urteilte: «die Bilanz der geistigen Errungenschaften des ganzen romantischen Kreises» ziehen und zugleich eine «Systematische und historische Enzyklopädie der gesamten Geisteswissenschaft» bieten wollte[26]. In der «Dritte[n] Stunde» urteilt August Wilhelm bereits unter den Stichworten «Empfänglichkeit», «Kennerschaft» und «Enthusiasmus»: «Lessing hingegen war eigentlich ein kalter Kritiker, es fehlte ihm an Sinn und Empfänglichkeit für Poesie, er wollte alles mit seinem scharfen Verstande ausmachen, daher war er sehr glücklich in seiner Polemik gegen Kunstwerke, die bloß mit dem Verstande mangelhaft, unbefriedigend zusammengesetzt sind; aber gar nicht, wo er das Wesen echt genialischer Hervorbringungen zu entwickeln versuchte»[27]. Dabei wiederholt und vereinfacht August Wilhelm später in seiner «allgemeinen Übersicht des gegenwärtigen Zustandes der deutschen Literatur» (abgedruckt in der Zeitschrift «Europa», Frankfurt 1803) nur die historisch relativierende Einschränkung Friedrichs, daß es Lessing noch «an historischem Sinn und an historischer

26. Zit. nach E. Lohner, in: A. W. Schlegel, KSB, II, Vorwort.
27. A. W. Schlegel, KSB II, 31

Kenntnis der Poesie» habe fehlen müssen[28]: «für einen Kunstrichter hielt er sich eher, aber auch hierzu fehlte es ihm an Empfänglichkeit für viele Seiten der Poesie, und an vollständiger historischer Kenntnis. Er ist vielmehr ein auffallendes Beispiel geworden, daß der bloß berechnende Verstand weder die Poesie auszuüben noch sie zu ergründen hinreicht»[29]. August Wilhelm Schlegel verfügte nicht über die hermeneutische Kompetenz, um Lessing neu zu verstehen und nach vorwärts zu erinnern. Außerdem durchschaute er nicht voll die Ausrichtung jener Lessing-Kritik seines Bruders wenige Jahre zuvor in Berlin. Friedrich war seinem Bruder nicht nur als frühromantischer Literaturkritiker und -theoretiker überlegen, sondern auch als hermeneutisch erinnernder geschichtsphilosophischer Kritiker *und* als ironischer Taktiker. Er war tatsächlich der einzige in jenem Kreis, der aufklärerischer als die Aufklärer zu argumentieren vermochte, aber ebenso derjenige, der romantischer ins Unendliche projektieren konnte als alle anderen Frühromantiker. Diese ganze Spannweite aber konnte er nach jener Bildungsidee einer ‹antithetischen Synthesis› dialektisch und hermeneutisch zugleich zusammenhalten. Die Fortsetzung jenes Fragmentes von 1797 trifft genau auf die Wandlung zu, die Friedrich Schlegel in jenem Jahr in Berlin selbst vollzogen hat: «Bei einem Menschen, der eine gewisse Höhe und Universalität d[er] Bildung erreicht hat, ist sein Innres eine fortgehende Kette der ungeheuersten Revoluzionen»[30].

Auch der engste symphilosophierende Freund jener Jahre, Friedrich von Hardenberg, vermochte diese eruptiven Wandlungen nicht nachzuvollziehen; auch er vermochte die Ideen eines Vorläufers wie Lessing nicht zu assimilieren. Aber Novalis urteilt ebenso ‹projektbezogen› wie Friedrich Schlegel über Lessing: «Lessings Prosa fehlts oft an hieroglyphischen Zusatz»[31]. Allerdings vermag er keine Ansätze Lessings mehr in seinen ‹magischen Idealismus› einzubeziehen. Novalis' Lessing-Kritik fällt denn auch immer anti-aufklärerischer aus: «Lessing sah zu scharf und verlor darüber das Gefühl des undeutlichen Ganzen, die magische Anschauung der Gegenstände zusammen in mannichfacher Erleuchtung und Verduncklung»[32].

Friedrich Schlegel wußte wohl, daß auch Novalis in jenem Berliner Kreis nur eine Teilrolle hätte spielen können, gewiß aber nicht die eines Aufklärers gegen die Spätaufklärer. Schlegel stilisiert den Freund bei den brieflichen Einladungen nach Berlin in diese Teilrolle hinein: «Es darf Dich nicht gereuen, Deine Heiligthümer ausgestellt und öffentlich gemacht zu haben. Wenn ich nach meinem kleinen Kreis urtheilen darf, so sind Dir alle gewiß, die viel Sinn haben; die andern wirst Du *ganz* abstoßen. Du wirst beynah so viel Versteher als Leser haben»[33]. Als ‹verstehende› Bezugspersonen nennt

28. KA II, 398.
29. A. W. Schlegel, III, 82 f.
30. KA XVIII, 82 f., Fr. 637.
31. Novalis, II, 537, Fr. 52.
32. Ebd., II, 537, Fr. 53.
33. Ebd., IV, 494.

er Tieck und ein «sehr interessantes und religieuses Mädchen» – gemeint war Rahel Levin. Es blieb während dieser Zeit, da Friedrich Schlegel seine ‹antithetische Synthesis› zur Aufklärung hin betrieb, bei einer «epistolar[ischen] Symphilosophie»[34] mit Novalis. Auch wenn er in einem Brief vom September 1797 seinen Lessing-Aufsatz ankündigte[35], in dieser Hinsicht konnte Schlegel nicht mit Novalis als einem gänzlich rollenidentischen «Versteher» und «Leser» rechnen. Schlegel spielte ja zu dieser Zeit viele verschiedene Verstehensrollen nebeneinander. Die *«kritische Chamfortade»*, die er in demselben Brief erwähnt, bezieht sich ja auf die Experimente mit der Form des Fragments, in denen er wiederum enger mit Novalis ‹symphilosophieren› konnte. Schlegel war nicht nur der ‹Rollenverteiler› in jenem Kreis der Frühromantiker, sondern zugleich auch derjenige, der sowohl die ‹idealistischen› wie die ‹realistischen› Verstehensrollen historisch erinnernd und projektbildend einnehmen konnte. Sein Selbstbewußtsein erreicht gerade in diesem Berliner Herbst einen Höhepunkt. Schlegel begreift und erfährt zugleich in unmittelbaren Rückbestätigungen, daß er mit der hermeneutischen Kompetenz, die er erworben hat, genau die Widersprüche erfassen und ausdrücken kann, die an der Zeit sind. Die Interpretation des ‹Wilhelm Meister› sollte ja diese Fähigkeiten nur für den Bereich der Poesie beweisen: «Wer Goethes MEISTER gehörig charakterisierte, der hätte damit wohl eigentlich gesagt, was es jetzt an der Zeit ist in der Poesie»[36]. So fühlt er sich auch bereits der zentralen Verehrungsfigur des Kreises überlegen. Dem außenstehenden Novalis teilt er dieses Selbstgefühl mit: «Du kannst denken, da Du mich kennst, daß Projekte die Menge gewachsen sind, beynah so viel wie in der Philosophie . . . Alle sind so, daß kein Mensch der Jezigen sie machen kann, auch Goethe nicht, und doch kann ich aus Urschriften und Philosophie beweisen, daß sie kommen *müssen* . . .»[37]. Damit schreibt sich der Verfasser des ‹Über-Meister› bereits eine überlegene und universale Kritiker-Rolle zu.

Friedrich Schlegel hat in der lebensunmittelbaren Konfrontation mit jenen unterschiedlichen Strömungen erfahren, was er später im «Gespräch über die Poesie» ausdrückte: daß der ‹Idealismus› aus sich herausgehen müsse, «um in sich zurückkehren zu können» und daß «aus seinem Schoß ein neuer ebenso grenzenloser Realismus» erwachsen könne[38]. Allerdings hat er selbst beide Erkenntnisweisen widerspruchsvoll gleichzeitig eingenommen. Die Verstehenshaltung einer ‹antithetischen Synthesis› der Aufklärung gegenüber blieb Episode. Aber sie hat bis in spätere Fragmenthefte hinein Spuren hinterlassen.

34. Ebd., IV, 496.

35. Ebd., IV, 491: «Ich habe so eben auch eine *kritische Chamfortade* von einigen Bogen in die Welt d. h. in die Druckerey geschickt. In einigen Wochen wirst Du sie also im IIten Stück des Lyceums nebst Lessing lesen können».

36. KA II, 162, Fr. 120. 37. Novalis, IV, 490. 38. KA II, 315.

VII.

Ergebnisse

1. Zusammenhang und Verklammerung der Kritiken

Friedrich Schlegel hat als neuer Kritiker eine durchaus ‹systematisch› wirkende ‹Symphilosophie› mit den wichtigsten Strömungen und ‹Tendenzen› des späten 18. Jahrhunderts geleistet. Insofern seine Arbeiten sich auf einzelne Autoren als Repräsentanten dieser Strömungen beziehen, verdichtet sich der Gesamtprozeß seiner Kritik zu dem, was er hermeneutisch als ‹Symphilosophie mit dem Zeitalter› bezeichnet hat.

Die hermeneutische Aufgabe einer ‹systematischen Symphilosophie› sollte es ja sein, zur ‹Widerlegung aller Vorurteile› beizutragen. Dadurch, daß Schlegel den Leser in ein ganzes Geflecht von ‹Wechselannihilationen› hineinzieht, meint er, daß dieser alle Einseitigkeit und Voreingenommenheit aufgeben und damit zu einem umfassenden Verstehen fähig würde. Der ideale Leser könnte sich gleichsam in die Rollen eines ironisch über dem Ganzen schwebenden und sich dennoch im einzelnen einmischenden Erzähler-Autors versetzen. So wäre ihm nicht nur ein Überblick möglich, sondern auch ein ästhetisches Verstehen der ‹kritischen Totalität›. Die Reihe der Kritiken erschiene als eine ästhetische Konstellation, als eine Konfiguration von Vorläufern, Gegenspielern, umfassenden Figuren, Nebenfiguren, ‹symphilosophierenden› Bezugspersonen etc. Schlegel hat durchaus vorgesehen, daß das, was manchem als bloßer ‹Eklektizismus› erscheinen könnte, als ‹ästhetische Einheit› aufzufassen sei. Als ‹kritischer Mimus› hat er viele Verstehensrollen vorgespielt und dabei in ‹lebensphilosophischer› Weise die Theatermetapher der Rolle angewandt. Zugleich aber erscheint er als Rollenverteiler, als ironisch über dem Ganzen schwebender Erzähler-Autor der Kritik, der die kritisierten Rollenträger einteilt und zuordnet, der aber auch als ‹analytischer Schriftsteller› Reaktionen vorausberechnet, vorwegnimmt und eingestaltet und der zugleich als ‹synthetischer Schriftsteller› sich einen ‹entgegenwirkenden Leser› vorstellt.

Der Zusammenhang der Kritiken darf als ‹genetisch› ‹konstruiert› angesehen werden. Dieser ‹werdenden› ‹Totalität› liegt die Vorstellung zugrunde, daß es ‹Sache des Kritikers› sei, alle Arten von ‹Synthesen› zu bilden, ja, daß dieser als ‹universaler› ‹historischer Kritiker› kompetenter sei als diejenigen, die nur die Geschichte eines Faches überblickten.

Unabhängig von dieser Selbstdeutung Schlegels läßt sich tatsächlich durch genauen interpretatorischen Nachvollzug eine Fülle von Verknüpfungsformen zwischen den Kritiken ausmachen, die wir zusammenstellen, bevor wir abschließend die zunächst nur angenommene hermeneutische Ganzheit feststellen.

Folgende Beziehungen zwischen den einzelnen Rezensionen, Charakteristiken und Kritiken treten in Erscheinung:

1. die Vorausweisung auf wichtige Bezugspersonen, paradigmatische Figuren oder Vorläufer, die in späteren Kritiken besprochen werden
   (z. B. in der Herder-Rezension auf Forster und Lessing)
2. die Vorprojektierung einer Kritik durch eine vorausgehende ‹Kritik der Kritik›
   (z. B. die Besprechung der Körnerschen Rezension des ‹Wilhelm Meister› in Schlegels Schiller-Rezensionen; ebenso die Hinweise auf A. W. Schlegels ‹Kritik der Kritik› mit Bezug auf die Shakespeare-Rezeption im ‹Wilhelm Meister›)
3. die Ausbildung von poetologischen Vorstellungen am negativen Beispiel und die dabei anvisierte positive Einlösungsmöglichkeit
   (z. B. die Beziehung zwischen der Kritik des ‹Woldemar› und des ‹Meister›)
4. Parallelen im *Aufbau* aufeinanderfolgender ‹Charakteristiken›
   (z. B. die Besprechung der ‹inneren Verfassung› der Genialität in den Aufsätzen über Jacobi, Forster und Lessing)
   und Entsprechungen im *Ergebnis* dieser Kritiken
   (z. B. die ‹despotische› Einseitigkeit Jacobis, die mangelhafte Konzentration auf ein Talent bei Forster, das Fehlen eines ‹historischen Sinnes› bei Lessing)
5. die Steigerung der hermeneutischen Bezugnahme und der Identifikation des Kritikers in der Besprechung von Werkfolgen
   (Bei Jacobi wird z. B. die Werkfolge nur angedeutet, um einen Rückschluß auf die ‹Tendenz› *eines* Werkes zu ermöglichen; im Forster-Aufsatz wird ein scheinbar paradoxer Bezug in der Folge der besprochenen Werke hergestellt, um eine Neubewertung der Rangfolge dieser Werke anzubahnen; im Lessing-Aufsatz werden die Dichtungen exoterisch besprochen, aber der Kritiker deutet bereits im Geist der geschichtsphilosophischen Werke, auf die er im Text nur esoterisch anspielt)
6. die Entwicklung in der Stellenauswahl und der Esoterik der Anspielungen

(z. B. die Zitat-Auswahl in der Herder-Rezension und in den Schlosser-Rezensionen im Vergleich zu den esoterischen Anspielungen auf einzelne Stellen bei Lessing und Goethe)

7. die Steigerung in der Explikation von ‹Wechselvernichtungen›
(z. B. wird in den Schiller-Rezensionen die ‹Wechselvernichtung› aufklärerischer und genieästhetischer Positionen in einzelnen Wendungen und Begriffen durchgeführt. Der Kritiker stellt auf diese Weise zugleich unterschwellig die Synthesen im Bildungsgang Schillers nach. In der Jacobi-Kritik wird die ‹Wechselvernichtung› dann im Sinne eines notwendigen epochalen Ausgleichs verdeutlicht und erklärt)

8. die Wiederholung einer Polemik aus derselben fiktiven Gegenposition
(z. B. die Polemik gegen Stolberg und Schlosser aus einer vorgespielten aufklärerischen Attitüde heraus)

9. die konstellative Ironie *zwischen* zwei verschiedenen Kritiken
(Schlegel nimmt z. B. ironisch eine mittlere Orientierung im Sinne eines ‹Schwebens› zwischen Condorçet und Kant (‹Republikanismus›) ein; ebenso bekämpft er nach zwei Seiten ‹dogmatische› Auffassungen in der Condorçet-Rezension und in den Schlosser-Rezensionen)

10. das antithetische Verhältnis in den Aussagen zweier Kritiken
(Schlegel stellt im Aufsatz über den ‹Republikanismus› einen ‹Imperativ der Mitteilung› auf und fordert in den Schiller-Rezensionen, daß Philosophen ‹sich unter den Haufen› mischen, wohingegen er in der Besprechung des Niethammerschen Journals vor den Gefahren einer Diffusion philosophischer Ideen warnt)

11. ein Chiasmus der Ironie zwischen zwei Kritiken
(Während Schlegel z. B. gegen Herders literaturgeschichtliche Betrachtungsweise, die nur die ‹Einbildungen, Leidenschaften und Empfindungen› berücksichtige, ein sozialgeschichtliches Gliederungsraster vorschlägt, kritisiert er Condorçets Einteilung der Epochen nach revolutionären Ereignissen und setzt eine Gliederung nach ‹Stufen der innern Entwicklung› dagegen)

12. eine Verdichtung und Immanentisierung von hermeneutischen Gliederungen
(z. B.: das Verstehen der Werkfolge und des ‹Pluralis von Genie› bei Forster und Lessing wird in der Goethe-Kritik allein auf die Betrachtung des ‹Wilhelm Meister› übertragen: die Werkfolge verdichtet sich zur Folge der einzelnen Bücher des Romans und der ‹innere Plural› wird allein in den Potenzierungsverhältnissen der Romanfiguren und des Erzählers aufgesucht)

13. die Übertragung der rhetorischen Figur des ‹Hyperbaton› auf die Folge zweier Kritiken
(Schlegel legt die Fortsetzung der Lessing-Kritik als Weiterverstehen im Geiste Lessings an, auch wenn er thematisch scheinbar den Rahmen des ersten Aufsatzes verläßt. Die Figur des ‹Hyperbaton› wird in einer

Schachtelung wiederholt, in jenem Gedicht über Lessing, das tatsächlich einen esoterischen Bezug zu Novalis herstellt)

Zu diesen Verknüpfungsformen tritt noch die bereits besprochene Parallelität der Reihenbildung zwischen den historisch-politischen und den philosophisch-theologischen Kritiken hinzu, die sich in unserer Interpretation verdeutlichte. Ebenso bestätigten sich die in der Einleitung zu dieser Arbeit vermuteten Formen der Querverbindung: zwischen einzelnen Kritiken der Reihen, der Beziehung von einzelnen Kritiken einer Reihe auf mehrere der nächsten, der Steigerung und historischen Vertiefung hermeneutischer Frageweisen innerhalb jeder Reihe. Insbesondere auf der jeweils dritten Stufe der großen ‹Charakteristiken›, der politisch-historischen und der philosophisch-theologischen Kritiken (‹Lessing›, ‹Caesar und Alexander›, ‹Stolbergs Plato-Übersetzung›) wurde der hermeneutische Ansatz historisch ausgeweitet auf die Frage der Wirkungsgeschichte und der ‹Symphilosophie› mit dem verstehenden bzw. der Trennung von dem betrachteten Zeitalter. Diese Ausweitung weist im Ergebnis aber wiederum auf den hermeneutischen Rahmenentwurf des ‹Studium› zurück.

Insgesamt wird die Entwicklung der Moderne, die im ‹Studium› nur global betrachtet wurde, in den Kritiken immer differenzierter bis zu dem Punkt nachgezeichnet, da ein gelungenes Werk als klassisches verstanden werden darf.

Aufgrund dieser vielfältigen Verknüpfungen und Verklammerungen zwischen den Kritiken darf nunmehr von außen die hermeneutische Frage gestellt werden, ob man auch nur eine einzige Kritik ‹ganz› verstehen könnte, wenn man gemäß dem von Schlegel bekämpften Verstehensmuster nach der ‹Absicht des Autors› forschte? Gerade die konstellative Ironie zwischen zwei Kritiken würde dann mißachtet, der ‹elastische Drehpunkt› nicht getroffen, die ‹Absicht› des Kritikers vereinseitigt. Selbst wenn man nur einige Kritiken, die scheinbar thematisch zusammengehören, linear als Werkfolge betrachtete, könnte man nur allzu leicht eine ‹Tendenz› vermuten und unterlegen, die in anderen Kritiken wieder ironisch annihiliert oder zurechtgerückt würde. Nun darf man Schlegel aber auch nicht leichtfertig und aus späteren Verstehensweisen heraus einen extremen Wertrelativismus des kritischen Urteilens unterstellen. Wer dies versuchte, würde gerade die hermeneutisch letzte ‹Absicht› einer umfassenden ‹Symphilosophie mit dem Zeitalter› mißachten.

Die Rezensionen, Charakteristiken und Kritiken Friedrich Schlegels bilden eine ‹genetisch konstruierte› Totalität, auf die man sich hermeneutisch beziehen muß, wenn man die einzelne Abhandlung ‹ganz› verstehen will. Dies gilt auch für die oftmals als mustergültiges Beispiel, ja als Höhepunkt in der Geschichte der deutschen Literaturkritik betrachtete Deutung des Goetheschen ‹Wilhelm Meister›. Gerade die Tatsache, daß Schlegel hier scheinbar ganz ‹immanent› interpretiert, läßt sich erst ‹ganz› verstehen, wenn man diese Arbeit als Abschluß des kritisch-hermeneutischen Prozesses betrachtet.

2. Schlegels Entwurf einer Hermeneutik

Skizze eines Vergleichs mit Schleiermacher

Die entscheidende Neuerung Friedrich Schlegels für die Geschichte der Hermeneutik, *die Historisierung des Verstehens auf allen Ebenen,* läßt sich nach Abschluß dieser Interpretationen genauer einschätzen.

Friedrich Schlegel stellte sich sowohl eine aus der ‹Philologie› herausgetriebene ‹Philosophie der Hermeneutik› vor, die jeder künftigen Erörterung philologischer Methodenfragen voranzustehen hätte, als auch eine Hermeneutik, die auf die entwickelte Kritik folgen sollte. Beide Angaben widersprechen sich nicht. Vielmehr ergab die Interpretation der drei Entwürfe in den Heften ‹Von der Schönheit in der Dichtkunst›, ‹Zur Philologie› und in den ‹Fragmenten zur Litteratur und Poesie›, daß eine künftige ‹moderne› Philologie den Zugang zu ihrem Gegenstand hermeneutisch reflektieren müßte und daß sie ebenso die Ergebnisse der Literaturkritik, der Kunstkritik und der universalisierten Kritik hermeneutisch einbeziehen und weiterentwickeln müßte. Ebenso deutete Schlegel einen erst noch geschichtlich herauszuarbeitenden Zusammenhang zwischen einer neueren Philologie und exegetischen Traditionssträngen der Hermeneutik an. Diese Kontinuität sollte offenbar erst einer ‹historischen Kritik› bewußt werden. Den großrahmigen Säkularisationsvorgang hat Schlegel nur einige Male in Hinweisen auf die Funktion der ‹Elementarbücher› in Lessings ‹Erziehung des Menschengeschlechts› und in einigen Fragmenten angedeutet.

Schlegel hat aber im Prozeß der Kritik eine implizite Hermeneutik angelegt, die eine wichtige Zwischenstufe in der Geschichte der Hermeneutik markiert. Er überwindet die in der Kritik breitenwirksame ‹ästhetische Auslegungskunst› und deren regelhermeneutische Verfahren. Somit löst er wenigstens im Bereich der ästhetischen Kritik die Regelhermeneutiken der Aufklärung ab. Der ‹Universalismus› der Schlegelschen Kritik weist aber über diesen Zusammenhang hinaus.

Die Historisierung des Verstehens wurde erst in der Historischen Schule des 19. Jahrhunderts in anderer Weise durchgeführt. Friedrich Schlegels Kritik blieb eine durchgängige wirkungsgeschichtliche Fortführung versagt. Statt dessen erlebte die Hermeneutik seines engen ‹symphilosophierenden› Freundes aus der Berliner Zeit, Fr. D. E. Schleiermacher, eine lange und intensive Wirkungsgeschichte. Schleiermacher galt und gilt immer noch als der eigentliche Begründer einer ‹modernen› Hermeneutik, durch die die Regelhermeneutiken der Aufklärung abgelöst worden seien. Durch Dilthey wurde diese Rangfolge festgeschrieben und an die Hermeneutik des 20. Jahrhunderts weitervermittelt.

Der interpretatorische Nachvollzug der Schlegelschen Kritiken und die breitere Aufarbeitung und Einbeziehung der Fragmenthefte zeigt, daß Schlegel nicht nur in zentralen Punkten der Schleiermacherschen Hermeneutik vorgearbeitet hat, ja, diese möglicherweise entscheidend beeinflußt hat, sondern auch, daß die Schlegelschen Ansätze zum mindesten im Bereich der Ästhetik, möglicherweise aber auch darüber hinaus, weiter weisen, ‹moderner› (im Sinne einer literaturgeschichtlichen Vorstellung von der Moderne) und entwicklungsfähiger erscheinen.

Schlegels Ansätze lassen sich in folgenden zentralen Punkten mit den verschiedenen Entwicklungsstufen der Schleiermacherschen Hermeneutik vergleichen.

1. In der Kritik, wie Friedrich Schlegel sie anlegte, sind die ars intelligendi, die eigentliche Kunst des Verstehens, die ars explicandi, die Kunst des Auslegens, und die ars applicandi, die Kunst der Anwendung des Verstandenen, vereint. Schlegel reflektiert den Verstehensprozeß, legt dabei einzelne Werke der kritisch betrachteten Autoren immer genauer aus und wendet, je dichter das Geflecht seiner kritischen Verweisungen wird, um so genauer das zuvor Verstandene an. Letzteres läßt sich insbesondere in Bezug auf Lessingsche Schriften, aber auch bei der ‹Meister›-Interpretation nachweisen. Ebenso wendet er aber auch das an, was er bei der Auslegung Forsterscher Schriften ausgeführt hat. Die Folge der drei artes hält Schlegel im Prozeß der Kritik ein. Die Historisierung des hermeneutischen Zirkels findet sich bereits in der ersten Rezension (Condorçet); auf diese Weise wird die ars intelligendi bereits zu Beginn des Prozesses der Kritik geübt. Die ars explicandi wird in der Charakteristik des Jacobischen ‹Woldemar› und dann in der Forster-, in der Lessing- und in der Goethe-Kritik immer genauer und gegen die Verfahren der bisherigen ‹bloßen ästhetischen Auslegungskunst› praktiziert. Die ars applicandi erstreckt sich auch auf die Weisen der ‹Wechselvernichtung› in den späteren Rezensionen. Schlegel wendet das Verstandene auch immer situationsbewußter an.

Schleiermacher gibt bereits in einer Notiz von 1805 zu erkennen, daß er vor allem die «subtilitas intelligendi» weiterentwickeln möchte: «Denn die [subtilitas] explicandi sobald sie mehr ist als die äußere Seite des Verstehens ist wiederum ein Object der Hermeneutik und gehört zur Kunst des Darstellens»[1]. Auch im Entwurf von 1809/10 äußert er sich ähnlich[2]. In der ‹kompendienartigen Darstellung von 1819› stellt er fest: «Das Auslegen ist Kunst»[3]. Und erst in den Akademiereden geht er vollends auf den engen Zusammenhang der ars intelligendi und der ars explicandi zurück: «Das Auslegen unterscheidet sich von dem Verstehen durchaus nur wie das laute Reden von dem innern Reden»[4]. Schleiermacher wendet sich, wie Schlegel bereits in dem parallel zu den Kritiken entstandenen Heft ‹Zur Philologie›, gegen die enge hermeneutische Auffassung der zeitgenössischen Philologie:

1. Schleiermacher, HKi, 31.

2. Ebd., 55: «Das Darlegen des Verstehens für Andere ist wiederum ein Darstellen, also Reden, also nicht Hermeneutik sondern Object der Hermeneutik».

3. Ebd., 78.

4. Ebd., 154.

«Auch weiß Wolf hievon nichts sondern erklärt die Hermeneutik nur als die Kunst den Sinn aufzufinden»[5] – Schleiermacher wendet sich wie Schlegel gegen die regelhermeneutischen Verfahren und begründet dies in romantischen Wendungen zur Individualität: «jede Anschauung eines Individuellen ist unendlich» – «Eine solche Construction kann nicht durch Regeln gegeben werden welche die Sicherheit ihrer Anwendung in sich trügen»[6].

2. Schlegel greift auf das ursprüngliche Zusammenwirken von Hermeneutik und Kritik in der Philologie zurück. In den Heften ‹Zur Philologie› zeigt er auf, daß zur ‹restitutio› des Textes bereits ein zirkelhaftes Verstehen des Ganzen und der Teile gehört. Darüber hinaus erklärt er den Beitrag der Hermeneutik zum historischen Vorverständnis und zur Einordnung der Quellen. In Umkehrung dazu ist die Hermeneutik angewiesen auf sicher datierte und restituierte Einzeldokumente. Schlegel verfolgt diese Wechselergänzung von philologischer Hermeneutik und philologischer Kritik bis zu dem Punkt, da der Zugang zu diesen Quellen hermeneutisch reflektiert werden muß, und bis zu dem Punkt, da auch der klassische Philologe sich an der neueren Literaturentwicklung orientieren soll, um seine ästhetische und hermeneutische Kompetenz zu universalisieren. Aber auch in den Grenzen der jeweils betrachteten Epoche soll das Verstehen universalisiert werden, d. h. es soll sich auf mehrere Bereiche und Bildungsarten erstrecken.

Schleiermacher ist sich offenbar darüber im klaren, daß die philologischen Verfahren noch nicht zu einer umfassenderen Hermeneutik hin weitergebildet wurden, aber er ist weit davon entfernt, einen «Historismus» des Verstehens und des Verstehenszugangs zu formulieren: «Die Philologie ist auch etwas positives durch unsere Geschichte geworden. Daher ihre Behandlungsweise der Hermeneutik auch nur Aggregat von Observationen ist»[7]. Schleiermacher beobachtet denn auch, daß Wolf «wol geflissentlich die systematische Form» meide, wohingegen Ast, der ja bei Schlegel in Jena studiert hatte[8], als «philosophisch combinirender Philologe zu verfahren» suche[9]. Schleiermacher stellt den Unterschied heraus, daß Wolf Hermeneutik und Kritik zu den «vorbereitende[n] Studien» zählt, die den «Eintritt in den Kreis der eigentlich philologischen Disciplinen» ermöglichen sollten, wohingegen Ast die Hermeneutik «als Anhang» behandelt[10]. Schleiermacher geht zu dieser Zeit nicht mehr auf Schlegels weiter gediehenes, aber unveröffentlichtes Konzept ein. Körners Vermutung läßt sich aber nicht direkt belegen: «Unzweifelhaft sind auch Schleiermacher diese Studienblätter bekannt gewesen. Fällt doch mitten in ihre Abfassung sein inniger Freundschaftsbund mit Friedrich Schlegel (Oktober 1797)»[11]. – Schleierma-

5. Ebd.
6. Schleiermacher, HLü, I, 7, 15.
7. Schleiermacher, HKi, 76.
8. Zu Ast vgl. hier Schlegel, NPhS, 39.
9. Schleiermacher, HKi, 125.
10. Ebd., 125 f.
11. Körner, in: Schlegel, PhdPh, 5 f.: «Ende Dezember ziehen die beiden gar zusammen und leben ein Jahr lang in so vertrauter Gemeinschaft, daß die Berliner Bekannten über ihre ‹Ehe›

cher bezieht sich auf Ast, wenn er die Ausdehnung der Hermeneutik auf das Gebiet der gesamten, also auch der modernen Philologien, bespricht: «sie treibt ihr Werk überall wo es Schriftsteller giebt, und also müssen auch ihre Principien diesem ganzen Gebiete genügen, und nicht etwa nur auf die Natur der klassischen Werke zurückgehen»[12]. Schlegels Begründungen zur (philologischen) Universalisierung der Hermeneutik waren genauer und sollten noch in mehreren ‹Cyklen› weitergetrieben werden. Schlegel hatte schon eine ‹absolute Hermeneutik› vorbereitet und in wesentlichen Punkten in den Kritiken und Fragmenten vorformuliert. Schleiermacher stellt hingegen fest, daß es noch keine solche übergreifende Hermeneutik gebe: «Die Hermeneutik als *Kunst des Verstehens* existirt noch nicht *allgemein,* sondern nur mehrere *spezielle Hermeneutiken*»[13].

3. Schlegel entwickelt in der Reihe seiner Kritiken die Vorstufen zu einer Theorie des ‹cyklischen› Lesens. Der Verstehende müsse mit ‹absichtslosem Lesen› anfangen. Das Lesen werde von selbst ‹notwendig cyklisch›, wenn der Leser sich an das Werk entäußere. Die ‹Cyklisation› solle man sich als eine ‹Totalisation von unten herauf› vorstellen. Durch Wiederholung des Lesevorganges könnten die Konturen des Werkes schärfer hervortreten. Die zufälligen Wirkungselemente würden zurückgedrängt. Der Leser dürfe nicht die ‹schönen Stellen› isoliert empfinden. Ja, er müsse auf neue Stellen aufmerksam werden, um allmählich die Organisation des Werkes aufzuspüren. Schlegel gibt genaue Anweisungen, wie die vorgeprägten Verstehensmuster korrigiert werden sollten. Am Beispiel seiner Leseerfahrungen, die er an Lessings Werken gewinnen konnte, zeigt er auf, daß der Leser sich durchaus auch der Belegstellen erinnern sollte, die in durchgesetzten und kanonisierten Deutungen dieser Werke herausgestellt worden seien. Der Leser soll sich also die Vorprägungen des Verstehens bewußt machen. Insbesondere Autoren, die eine lange Wirkungsgeschichte hätten, seien also schwieriger zu lesen. Schlegel zeigt auf, daß man schließlich ebenso zufallsbestimmt wie absichtsvoll lesen müsse, um einen neuen Verstehenszugang zu solchen Werken zu finden. Im Extremfall müsse man ‹ganz› in einem Werk ‹leben›, um einen hermeneutischen Neuansatz zu finden. – Schlegel beschreibt nicht einfach den hermeneutischen Zirkel, sondern sieht sogar einen Tempowechsel im Leseprozeß vor. Man müsse erst äußerst langsam und ‹mit steter Zergliederung des Einzelnen› lesen und dann ‹schneller und in einem Zug zur Übersicht des Ganzen›. Dabei dürfe man nicht auf rasche Ergebnisse aus sein. Vielmehr gelte es, entwurfsoffen zu lesen, obwohl man immer wieder Vorempfindungen ausbilden dürfe. Schlegel leitet den Leser auch zu philologischen Weisen der Erschließung von Parallelstellen an.

witzeln. Hat aber Schleiermacher Schlegels Entwurf einer Philosophie der Philologie gekannt (und er kannte allem Vermuten nach mehr als uns heute vorliegt), so erhebt sich die Frage: was verdankt er diesen Blättern?»

12. Schleiermacher, HKi, 128.

13. Schleiermacher, HLü, I, 7, 7.

Aber er lenkt die philologische Exaktheit immer wieder aufs Ganze; der Leser solle zuletzt wieder ‹im ganzen philologisch, im einzelnen aber lax› vorgehen. So überschaue er immer besser ganze ‹Massen› des Werkes. Dies aber wird als eine Voraussetzung dafür hingestellt, daß das ‹Entlegenste› verbunden werden könne. Wenn der Leser auf diese Weise ‹cyklisch› verfährt, verliere er sich nicht in ‹mikrologischen› Betrachtungen. So dürfe er auch ‹im einzelnen das Gefühl durch Reflexionen bestätigen›, weil das offenbar dazu beiträgt, daß er seine unmittelbaren Identifikationswünsche überwindet. Der Leser soll sich ebensowenig in die Traumwelt des Helden versetzen, sondern den in der Figurenkonstellation aufgestellten Realitätsmaßstab erkennen.

Die natürliche Fortsetzung des Leseprozesses sei darin zu sehen, daß man anderen vorlese, um beispielsweise die Erzählerironie noch plastischer hervortreten zu lassen. Eine weitere Fortsetzung wären Gespräche über den Gegenstand. Schließlich sollte man das ‹Lesen anderer› zu verstehen suchen. Der rollenbewußte Leser wäre auch eher in der Lage, die ‹Charakteristik› des Kritikers als ein ‹Produkt des künstlerischen Lesens› aufzufassen. Schließlich könnte er die Universalität fachspezifischer Leserollen einschätzen; er wäre imstande, die ‹verschiedene Art zu Lesen› eines Historikers, Philologen, Philosophen etc. zu unterscheiden. Schlegel stellt als Ziel den ‹klassischen Leser› hin, ja, er spricht sogar die geschichtsphilosophische Erwartung aus, daß es im 19. Jahrhundert eine größere Anzahl Gebildeter geben werde, ‹die lesen können›.

Schleiermacher bildet keine vergleichbar vollständige Vorstellung zur Organisation des Leseprozesses aus. Offenbar beachtet er die Lesegewohnheiten nicht, die sich auf das bloße Empfinden ‹schöner Stellen› beziehen. Auch den ‹mikrologischen› Grundzug der deutschen Kritik des späten 18. Jahrhunderts greift er nicht an. Vielmehr findet sich in den frühesten Aufzeichnungen nur die ergänzende Feststellung zum hermeneutischen Zirkel, daß diejenigen die höheren Ebenen des Verstehens nicht erreichten, die sich mit einem ungefähren Vorverständnis des Ganzen begnügten: «Gewöhnliche flüchtige Art sich mit einem dunkeln Eindruck des Einzelnen zu begnügen wenn man nur glaubt im Zusammenhange zu sein»[14]. Schleiermacher verwendet zwar in anderem Zusammenhang auch den Begriff des «Cyclus»[15], aber er zeichnet nicht alle Übergänge vom Leseprozeß zum Verstehensprozeß nach. Immerhin schlägt er «cursorische Lection» vor, damit der «Zusammenhang» besser wahrgenommen werde[16]. Auch in der ‹kompendienartigen Darstellung von 1819› formuliert Schleiermacher nur den einfachen hermeneutischen Zirkel; er bezeichnet keine Cyklen, keinen Tempowechsel, keine Reflexionsansätze: «Auch innerhalb einer einzelnen Schrift kann das Einzelne nur aus dem Ganzen verstanden werden, und es

14. Schleiermacher, HKi, 33. 15. Ebd., 48. 16. Ebd., 56.

muß deshalb eine cursorische Lesung um einen Ueberblick des Ganzen zu erhalten der genaueren Auslegung vorangehen»[17]. Schleiermacher überlegt allerdings, in Entsprechung zu Schlegels ‹entgegenwirkendem Leser›, ob «das Combiniren eine Passivität ist oder eine Activität»[18]. Auch in den Akademiereden von 1829 bildet er die Cyklen nicht aus, sondern bezeichnet den Verstehensvorgang als «allmählig fortschreitend», so daß nach und nach das, was ‹provisorisch› aufgefaßt wurde, ‹beleuchtet› werde[19]. Schleiermacher warnt vor einer zu frühen «Ahndung des Ganzen»[20] und meint, daß man, wenn eine «Gliederung des Ganzen» nicht zu erkennen sei, erst einmal «vom einzelnen aus auf die Spur zu kommen» habe[21]. In einer Abhandlung von 1826/27 schlägt er vor, die «accentuirten Stellen» zu suchen, wenn «Anfang und Ende nichts oder nicht genug für die Einheit geben»[22]. Auch die Untersuchung von *«Parallelstellen»*[23] entspricht eher älteren hermeneutischen Verfahren als dem ästhetisch cyklisierten Verfahren Schlegels. Schleiermacher sucht nicht ein Werk als Objektivation zu verstehen, sondern hält die «Gliederung des Ganzen» für die «Basis der techn[ischen] Interpr[etation] für das Einzelne», solange die «Individualität» noch nicht erkannt werde[24].

4. Diese Einschätzung Schleiermachers führt zu einem bedeutsameren Unterschied in beiden hermeneutischen Ansätzen. Schlegel sucht nicht mehr vorrangig die ‹Absicht des Autors› zu verstehen, sondern die ‹Absicht des Werkes›. Allerdings ist dies erst das Ergebnis seines Prozesses der Kritik. In dem frühen Entwurf ‹Von der Schönheit in der Dichtkunst› forschte er noch nach der ‹psychologischen Genesis› eines Werkes; er strebte eine ‹Erklärung aus der Veranlassung› an. Erst in den ‹Fragmenten zur Litteratur und Poesie› erkennt er die fiktiven und konstruierten Momente in einer solchen Erklärung. So spricht er von einer ‹erdichteten Geschichte des Eindrucks›, davon, daß die ‹Genese des Eindrucks› die des Werkes wiederhole. Schlegel verdeutlicht am Beispiel der Auseinandersetzung um Lessing, daß es falsch sei, aus der Absicht der Werke auf eine bloß individuelle des Autors rückzuschließen. Nicht derjenige habe ‹Lessing ganz verstanden›, der eine eindeutige und klare Absicht aus Briefen, Gesprächen oder einzelnen Stellen in den Werken erschlossen zu haben glaube. Schlegel möchte allerdings zugleich eine objektive Werkfolge als letzte hermeneutische Bezugsebene annehmen und dennoch so weit als möglich den individuellen Bildungsgang des Autors in Entsprechung verstehen. So forscht er nach dem ‹Urkeim› in Forsters Bildungsgang. Aber dessen Reiseerlebnis rekonstruiert er dennoch nicht als psychologisches Phänomen. Vielmehr versteht er die Universalität Forsters auch als exemplarisches historisches Phänomen. Er erklärt nicht den Wechsel individueller Absichten, wenn er die Werkfolge Forsters stu-

17. Ebd., 85.
18. Ebd., 44.
19. Ebd., 144.
20. Ebd.
21. Ebd., 146.
22. Ebd., 118.
23. Ebd., 66.
24. Ebd., 45.

diert. Auch Jacobi erscheint, trotz aller Polemik, doch als Repräsentant einer historischen Strömung. Schlegel möchte aus der nur angedeuteten Werkfolge auf die ‹Tendenz› des ‹Woldemar› zurückschließen. Die ‹innere Verfassung› der Genialität Jacobis wird zwar in Übereinstimmung mit der Erzählweise des Romans gebracht, aber Schlegel meint zunächst nicht im Prozeß des Charakterisierens eine ‹psychologische Veranlassung› aufzudecken. Am weitesten entfernt er sich in der Interpretation des ‹Wilhelm Meister› von jeder Deutung nach der ‹Absicht des Autors›. Statt dessen bildet er hier die volle hermeneutische Fiktion aus, nur die Absicht eines sich selbst ‹organisierenden Werkes› nachzuvollziehen. Das Keimverstehen wird ganz und gar immanentisiert, insofern jedes Buch die Keime des folgenden enthalte und so eine scheinbar in sich begründete Totalität hermeneutisch erschlossen werden könne. Auf das Problem der weiterzudeutenden ‹Absicht des Künstlers› wird am Beispiel der Aufführung des Hamlet nur noch angespielt.

Die Frage nach der ‹Selbstkenntnis› des Autors wird in mehreren Zusammenhängen gestellt, aber die ‹Unergründlichkeit› des bedeutenden Werkes gibt dem genialen Kritiker, der stellvertretend für jeden Verstehenden deutet, einen größeren Spielraum. Ein klassisch vollendetes Werk der Moderne darf von einer literaturgeschichtlichen Ganzheit her verstanden werden. Diese bildet gleichsam den umfassenderen hermeneutischen Bezugsrahmen zur Werkfolge. Beide gelten als genetische Totalitäten.

In diese Rahmen sind zahlreiche realhistorische Kenntnisse einzubeziehen, die im Sinne einer weiterentwickelten philologischen Hermeneutik notwendig sind. Der Hermeneutiker weiß, daß er die ‹Welt kennen› muß, um das ‹Werk verstehen› zu können. Insofern ist die rein immanente Deutung eines Werkes eine notwendige hermeneutische Fiktion.

Die ‹Absicht des Autors› läßt sich auch nicht ebenso wirkungsgeschichtlich prolongieren wie die des Werkes. So gilt für eben diese ‹Geschichte der Wirkungen›: «Die Frage was d[er] Verfasser will, läßt s.[ich] beendigen, die was das Werk sei, nicht»[25].

Schleiermacher merkt schon in den frühen Notizen an, daß er «aus dem Mittelpunkt eines Künstlers» zu verstehen suche[26]. Aber in diesen frühen Aphorismen zur Hermeneutik nimmt Schleiermacher noch etwas «Objectives» an, das als die «materielle Seite der Schriftsteller-Gesinnung» anzusehen sei[27]. Noch deutlicher scheinen in einer anderen Notiz objektive und psychologische Deutungsansätze auseinandergehalten zu werden. Schleiermacher sieht das Erforschen «der combinat[orischen] Einheit» als das «Allgemeine» an. So werde die «Individualität» eines Werkes erfaßt. Demgegenüber beziehe sich die Erforschung der «combinat[orischen] Vielheit» auf die «psycholog[ischen] und persönlichen» Momente und stelle so «das Besondere» des Interpretationsganges dar[28]. Demnach erschöpfte sich die Deutung der

25. KA XVIII, 318, Fr. 1515.
26. Schleiermacher, HKi, 38.
27. Ebd., 49.
28. Ebd., 34.

Werkindividualität nicht in psychologischen Erklärungen. Auch noch in der ‹kompendienartigen Darstellung der Hermeneutik von 1819› sieht Schleiermacher Beispiele vor, in denen einer psychologischen Deutung nur wenig Raum gegeben werden dürfe: «Das minimum von psychol[ogischer] Interpret[ation] wird angewendet bei vorherrschender Objectiv[ität] des Gegenstandes»[29].

Schleiermacher stellt sich keine dynamische Wechselanwendung von Einzelinterpretaten bei der Betrachtung einer Werkfolge vor. Vielmehr sucht er nach ‹Regeln›, die anzuwenden seien, wenn man über den «unmittelbar fortlaufenden Zusammenhang hinausgeht»; diese ‹Regeln› aber sollen lediglich für einen «Parallelismus» gelten[30]. Schleiermacher scheint aber den Werkcharakter betonen zu wollen, wenn er eine «Eintheilung in Werke, Studien und Gelegenheitsschriften» für «hermeneutisch wichtig» erklärt[31]. Offenbar möchte er verschiedene Grade von Geschlossenheit, von Ganzheit annehmen, die ja für die Weite des hermeneutischen Bezugsrahmens bedeutsam sind.

In den späteren Schriften nähert sich Schleiermacher immer mehr einem psychologischen Verstehen, das allerdings lebensphilosophisch ausgeweitet und erklärt wird. Es geht ihm um die Rekonstruktion des Schaffensprozesses im Verstehensprozeß. Gerade in dieser Phase greift Schleiermacher auf Beispiele aus dem ästhetischen Bereich zurück: «was ist wol die schönste Frucht von aller ästhetischen Kritik über Kunstwerke der Rede, wenn nicht ein erhöhtes Verständniß von dem inneren Verfahren der Dichter und anderer Künstler der Rede von dem ganzen Hergang der Composition vom ersten Entwurf an bis zur letzten Ausführung»[32]. Schleiermacher drückt diese hermeneutische Aufgabe auch in der Formel aus, daß es gelte, «den Proceß des Autors nachzubilden»[33]. Schlegels ‹genetisches› Verstehen wird hier in einer eingeschränkten Weise nachgebildet. Schlegel hätte diese Rekonstruktion des Schaffensprozesses wohl unter die ‹erdichtete Geschichte des Eindrucks› gestellt. Den ‹Prozeß des Autors› sah Schlegel zugleich als einen ästhetisch und historisch repräsentativen Prozeß an, dessen psychologische Elemente kaum zu isolieren seien. Die ‹lebensphilosophischen› Weiterungen aber kannte Schleiermacher wohl aus den Schlegelschen Fragmentheften von 1797 und 1798. Wenn Schleiermacher dem Hermeneutiker empfiehlt, «jeden gegebenen Gedankencomplexus als Lebensmoment eines bestimmten Menschen aufzufassen» und dies als «Aufgabe der psychologischen Auslegung» ausgibt[34], so läßt er die ästhetische und historische Repräsentativität, die in der Schlegelschen ‹Lebensphilosophie› vorgesehen war, außer acht. Schlegel suchte die ‹innere Verfassung› einer Genialität als eine rollenplurale Konstellation zu erklären und in Übereinstimmung mit Kon-

29. Ebd., 79.
30. Ebd., 67.
31. Ebd., 33.
32. Ebd., 138.
33. Schleiermacher, HLü, I, 7, 39.
34. Ebd., 148.

stellationen in Werken zu sehen, wohingegen Schleiermacher einen direkten psychologischen Zusammenhang herstellt, wenn er ein «Werk in seiner Genesis als Thatsache des Gemüths seines Verf. zu verstehen» sucht[35]. Allerdings scheint Schleiermacher gelegentlich an die Verfahren des ‹symphilosophierenden› Freundes gedacht zu haben, so, wenn er ein ‹qualitatives› «Mißverstehen» in den Fällen annimmt, wo «Ironie für Ernst genommen wird»[36]. In diesen Fällen wird einseitig und direkt, aber erfolglos nach der ‹Absicht des Autors› gefragt.

Schleiermacher sucht nach dem «Keimentschluß» des Autors[37], gibt aber zu, daß dieser nicht so leicht aus einem «Stückwerk» herauszufinden sei wie aus einem ‹eigentlichen Lebenswerk›[38]. Damit hat er die eher psychologisch gerichtete Wendung des ‹Entschlusses› wieder lebensphilosophisch zur ‹Ganzheit› gedehnt.

So wie Schlegel die Unendlichkeitsvorstellung auf das Werkverstehen bezieht, dehnt Schleiermacher die ‹psychologisch›-lebensphilosophische Betrachtung aus: «jede Anschauung eines Individuellen ist unendlich»[39].

Die Entwicklung beider Hermeneutiken scheint genau umgekehrt zu verlaufen. Schlegel geht von der Möglichkeit einer psychologischen Deutung der ‹Genesis› eines Werkes aus und sucht das Verstehen dann immer ‹objektiver› auszurichten. Schleiermacher nimmt zunächst noch objektive Momente an und verlegt sich dann immer mehr auf eine lebensphilosophisch geweitete ‹psychologische› Deutung.

5. Schlegel geht davon aus, daß der Hermeneutiker eine Vielzahl von Verstehensrollen auszubilden hat. Der ‹kritische Mimus› spielt stellvertretend für den Hermeneutiker eine ganze Konstellation solcher Verstehensrollen durch. Zugleich aber wird deutlich, daß damit kein bloßes theatralisches Vorspielen gemeint ist, sondern daß es auch der Ausdruck eines Bildungsprozesses ist. Auch wenn der hermeneutisch reflektierende Kritiker auf spielerische Weise oftmals die Dominanten der ‹Bildungsarten› wechselt, vereinbart er diese doch in einem ‹Pluralis von Genie›. Ja, in diesem ‹Pluralis› komme es sogar zu einer hermeneutischen Wechselanwendung, insofern der kritische Hermeneutiker seine ‹Philologie durch seine Philosophie› verstehe und umgekehrt. Der Vielfalt des ‹inneren Plurals› entspricht die vielseitige Auswahl der betrachteten Figuren. Der Kritiker sucht ‹jetzt in diesem, jetzt in jenem Individuum sein eins und alles zu finden›, das heißt aber, er entäußert sich vorübergehend an jedes dieser Individuen. Je mehr Werke und Autoren er versteht und sich auf diese Weise zueignet, um so größer wird der innere Figurenreichtum, um so größer wird aber auch seine hermeneutische Kompetenz. Der Kritiker ist bei jedem Verstehensversuch ‹derselbe und doch ein anderer›. Jeder Verstehensversuch aber soll nur als ein Ausdrucksmoment der ‹ewigen Agilität› angesehen werden. Dennoch

35. Ebd., 151.
36. Ebd., 39.
37. Ebd., 160.
38. Ebd.
39. Ebd., 15.

soll der ‹Pluralis von Genie› als eine historisch gerichtete Konstellation aufgefaßt werden. Man muß also historisch geltende Dominanzverhältnisse von den willkürlich bei einer Einzelanwendung des Verstehens notwendigen unterscheiden. Die Zielvorstellung des Kritikers ist, daß sich ein ‹freier Mensch› beliebig ‹philosophisch, philologisch, kritisch, poetisch, historisch, rhetorisch› sollte ‹stimmen› können. Die Mehrseitigkeit des Verstehens aber soll im Ganzen antidogmatisch wirken. Aber auch diese antidogmatische Ausrichtung zielt auf die unterschiedlichsten Auffassungen. Trotz einer polemischen Attitüde soll der hermeneutisch reflektierende Kritiker möglichst viele Leser mit unterschiedlichsten Interessen und Vormeinungen in seinen Verstehensprozeß hineinziehen. So könnte seine ‹innere Geselligkeit› als Vorstufe zur Wiederherstellung einer ‹Gemeinschaft des Geschmacks› angesehen werden.

Schleiermacher hält zunächst nur fest, daß der Verstehende aus sich herausgehen soll: «Eine Hauptsache beim Interpretiren ist daß man im Stande sein muß aus seiner eignen Gesinnung herauszugehen in die des Schriftstellers»[40]. Die Unfähigkeit zur Entäußerung erklärt er nach dem aufklärerischen Muster der «Befangenheit»: «Es ist die einseitige Vorliebe für das was dem einzelnen Ideenkreise nahe liegt und das Abstoßen dessen was außer demselben liegt. So erklärt man hinein oder heraus was nicht im Schriftsteller liegt»[41]. Schleiermacher gibt dagegen als Ziel einer ‹divinatorischen Methode› an, daß «man sich selbst gleichsam in den andern verwandelt, das individuelle unmittelbar aufzufassen sucht»[42]. Das gleichsam objektivierend wirkende Zwischenfeld einer Rollenauffassung fehlt. Schlegel war sich darüber im klaren, daß er das Individuelle ‹nicht unmittelbar› verstehen könnte, daß es immer ästhetische Beimengungen gebe.

Schleiermacher scheint aber wenig später doch noch die Vorstellung eines ‹inneren Plurals› aufzugreifen, um die «Empfänglichkeit» des Verstehenden zu erklären: «Allein dieses selbst scheint nur darauf zu beruhen, daß jeder von jedem ein Minimum in sich trägt, und die Divination wird sonach aufgeregt durch Vergleichung mit sich selbst»[43]. Aufgrund einer breiteren Übereinstimmung im ‹inneren Plural› erscheint es als möglich, daß gelegentlich ein «persönliches Verhältniß der inneren Verwandtschaft zwischen Leser und Schriftsteller» empfunden werde[44]. Schleiermacher erklärt so die Verschiedenheit der ‹Verfahren› im ‹divinatorischen› Verstehen. Allerdings geht er davon aus, daß hermeneutische Kompetenz durch vielfältige Beobachtung erworben werden könne: «Im Allgemeinen gilt, je mehr jemand in Beziehung auf die vorstellende Thätigkeit sich und andere beobachtet hat, desto mehr hat er auch hermeneutisches Talent . . .»[45]. Auch die Verstehensgemeinschaft, die Gemeinschaft hermeneutisch und ‹symphilosophisch›

40. Schleiermacher, HKi, 32.
41. Schleiermacher, HLü, I, 7, 31.
42. Ebd., 146.
43. Ebd., 147.
44. Ebd., 217.
45. Ebd., 194.

Denkender ist bei Schleiermacher in einfacheren Wendungen vorgesehen: «Je schwieriger die hermeneutische Aufgabe ist, desto mehr fordert ihre Lösung gemeinsame Arbeit; je mehr die nothwendigen Bedingungen fehlen, desto mehr individuelle Richtungen müssen sich vereinigen, um die Aufgabe zu lösen»[46].

Übereinstimmung und Unterschied zwischen Schleiermacher und Schlegel lassen sich in der Art feststellen, wie beide einen intensiven und langdauernden Verstehensversuch beschreiben. Beide benutzen ganz ähnliche *‹lebensphilosophische› Wendungen.* Schleiermacher: «Denkt man sich einen Schriftsteller mit einer großen Menge von Produkten, hat man einen Teil derselben recht durchstudiert und sich angeeignet, so gewinnt man eine solche Kenntnis seiner Eigentümlichkeit, als lebte man mit ihm»[47]. – Schlegel beschreibt seinen Lese- und Verstehensprozeß zu Lessings Schriften scheinbar ähnlich, aber dennoch mit dem bedeutsamen Unterschied, daß er die Fiktion einer Zeitgenossenschaft im Sinne eines ‹Sich-Hineinversetzens› ablehnt und statt dessen das erinnert, was ihn wirkungsgeschichtlich von Lessing trennt: «wenn ich eine Zeitlang ganz in Lessings Schriften gelebt hatte, und nun absichtlich oder zufällig wieder auf irgend etwas geriet, wobei ich mich alles dessen erinnerte, was ich etwa schon über die Art, wie man Lessing gewöhnlich bewundert und nachahmt, oder zu bewundern und nachzuahmen unterläßt, gesammelt und beobachtet hatte»[48]. Die Überlegenheit der Schlegelschen Konzeption besteht darin, daß er auch das Verstehen derer, die in einer bestimmten Deutungstradition zu dem Autor stehen, mitzuverstehen sucht. Schlegels Konzept der Verstehensrollen und sein ‹Historismus› halten ihn davon ab, sich unmittelbar in den Autor versetzen zu wollen oder sich auf die Ebene einer fiktiven Zeitgenossenschaft zu begeben.

6. Schlegel geht davon aus, daß es keinen geschlossenen ‹Gesichtskreis› des Verstehens mehr gebe, wie ihn Herder noch annimmt. Also weist er in der Folge seiner Kritiken immer öfter auf den ‹Gesichtspunkt› hin, von dem aus er versteht. Gerade die Erfahrung einer raschen Folge ästhetischer Neuerungen macht es ihm unmöglich, aus einem ‹Gesichtskreis›, einer ‹Gemeinschaft des Geschmacks› heraus die unterschiedlichsten Werke zu deuten. Zwischen Hölderlin und Schiller nimmt er beinahe schon eine generationelle Kluft an. Schlegel verzeitlicht aber auch das Verstehen verschiedener ‹Kenner›, die sich auf dieselben Werke beziehen. Obwohl diese beispielsweise nach Herders Vorstellung derselben ‹Generation› angehören, kämen sie aufgrund der inneren Historizität ihres Verstehens zu völlig verschiedenen Urteilen. Der ‹Gesichtspunkt› Schlegels darf also nicht mit der bloßen individuellen Standortgebundenheit des Urteilens verwechselt werden. Der Zeitfaktor ist entscheidend. Die Empfehlung, man solle sich in fremde ‹Gesichtspunkte› versetzen, schließt immer auch ein Zeitverstehen mit ein.

46. Ebd. 47. Ebd., 215. 48. KA II, 102.

Schlegel stellt sich vor, daß jede der möglichen ‹praeponderierenden Bildungsarten› einen ‹progressiven Gesichtspunkt› biete, von dem aus man also jeweils einen anderen Blick auf die Epoche werfen könne. Wer den richtigen Gesichtspunkt einer solchen ‹praeponderierenden Bildungsart› finde, das zeigt Schlegel am Beispiel der Forsterschen Schriften, der könne ‹historischer› urteilen als mancher Historiker, der mehrere Bände zum gleichen Thema und zur gleichen Epoche geschrieben habe. Schlegel stellt sich keinen ‹Gipfelblick› vor, wenn er die ‹Beobachtung der Weltbegebenheiten im großen und ganzen› fordert. Vielmehr meint er den scheinbar oszillierenden ‹Gesichtspunkt› eines hermeneutischen Übersetzers zwischen den europäischen Nationen. Es geht nicht um die Überschau eines aus dem Zeitenabstand urteilenden Historikers, sondern um eine möglichst vielseitige, mehrere Zeitstufen umfassende *Orientierung* in einem scheinbar ‹unübersehlichen Ganzen›.

Schlegel nimmt gelegentlich auch einen ‹Gesichtspunkt› zwischen zwei Strömungen ein und relativiert sein Urteil im Hinblick auf die Breite dieser Strömungen (beispielsweise in der Charakteristik Jacobis). Auch in seine Darstellungsweise bezieht er mehrere mögliche ‹Gesichtspunkte› der Leser mit ein, so daß auch dabei der Eindruck des ‹Oszillierens› entsteht.

Schlegel löst mit seiner Konzeption des ‹Gesichtspunktes› die aufklärerische Theorie des ‹Sehe-Punktes› ab.

Schleiermacher übernimmt diese Konzeption nicht. Er geht davon aus, daß es eine «hermeneutische Aufgabe» gebe, «die einer Generation vorliegt»[49]. Er rechnet offenbar nicht mit verschiedenen generationellen und fachlichen ‹Gesichtspunkten›, mit einer Ungleichzeitigkeit des zeitgenössischen Verstehens. Vielmehr glaubt er, daß die «Beschäftigung mit der Auslegung . . . zur geistigen Entwicklung nach allen Seiten hin» beitrage[50]. Schlegel meint, daß es ausreiche, wenn einige wenige immer besser verstünden, immer mehr hermeneutische Kompetenz erlangten, aber die Diffusionschance eines solchen Verstehens beurteilt er skeptischer als Schleiermacher.

7. Friedrich Schlegel strebte eine ‹Theorie der historischen Kritik› an, in der die Fragen des hermeneutischen Zugangs zu unterschiedlich weit entfernten Epochen offensichtlich ebenso behandelt werden sollten wie die des Gegenwartsbezuges im historischen Verstehen. Als Begleitprojekt darf man die in einem Fragment angegebene ‹Geschichte der Historie› ansehen. Hier hätte Schlegel vergleichende Untersuchungen zur Perspektivierung oder zur Standortbezogenheit des historischen Verstehens in verschiedenen Epochen anstellen können. Die ‹Theorie der historischen Kritik› wollte er dem Leser nach Durchlaufen mehrerer ‹Cyklen› seiner Ansätze zu einer ‹Philosophie der Philologie› in Aussicht stellen. Das Problem des Zugangs zu einer abgelegenen Epoche behandelte er zu der Zeit auch im Vorwort zu seinem

49. Schleiermacher, HLü, I, 7, 260. 50. Ebd.

‹Studium der griechischen Poesie›. Schlegel betont nachdrücklich, daß es berechtigt sei, von der ‹modernen Poesie› auszugehen und wieder zu dieser zurückzukehren. Offenbar überträgt er den Prozeß des ‹cyklischen› Lesens auf die Historie. Diese Vermutung wird in den Fragmentheften bestätigt. Er stellt nicht nur den hermeneutischen Grundsatz auf, daß man ein ‹Zeitalter› allein nicht verstehen könne, sondern auch die Forderung, daß man, um sich ‹orientieren› zu können und sich ‹verständlich› zu machen, mit seinem gegenwärtigen Zeitalter ‹symphilosophieren› müsse. Der wahre Gegenstand jeder ‹Symphilosophie› sei die ‹Zeitgeschichte›. Tatsächlich entsteht aber in jeder hermeneutisch reflektierten historischen Untersuchung eine ‹symphilosophische› Verbindung mehrerer Zeitalter. Das geschichtliche Verstehen läuft so notwendigerweise ‹cyklisch› ab. So läßt sich auch Schlegels Vorstellung, daß die ‹Entfernung› nicht das ‹Wesen des historischen Gesichtspunktes› ausmache, als Einwand gegen ein objektivistisches Geschichtsverständnis begreifen. Die Möglichkeit einer Überschau, eines Gipfelblickes hält derjenige Hermeneutiker für illusorisch, der die Notwendigkeit einer andauernden ‹Orientierung› betont. Der Hermeneutiker, der eine ‹Symphilosophie› mit seinem Zeitalter betreibt, muß alle Strömungen aufeinander beziehen. Da er zugleich kritisch vorgeht, durchschaut er die innere Ungleichzeitigkeit, die innere Historizität der verschiedenen gegenwärtigen Strömungen. Dabei geht er von der Beobachtung aus, daß es ‹im Geist gleichzeitiger Werke keine gemeinsamen Verhältnisse› mehr gebe. Der Hermeneutiker muß sich, erst recht wenn er als Kritiker tätig werden will, in dieser Ungleichzeitigkeit zurechtfinden. Er braucht Maßstäbe, um entscheiden zu können, welche Werke wirklich ‹à la hauteur› sind. Darüber hinaus sucht er das Fortwirken einzelner Autoren vorauszuberechnen. So bezieht er in ‹cyklisierender› Weise auch zukünftige Möglichkeiten mit ein. Sein Verstehen wird ‹divinatorisch›. Er entwirft in jedem historisch fundierten Urteil zur Gegenwartsliteratur zukünftige Entwicklungsmöglichkeiten. So umfaßt sein Verstehen alle drei Zeitebenen. Obwohl er die verschiedenen Vergangenheiten in derselben Gegenwart skeptisch beurteilt, sucht er in einer ‹alles zum besten kehrenden Art› zu verstehen. Dabei lehnt er allerdings das aufklärerische Progressionsschema ab.

Das Ziel des zeitverstehenden Hermeneutikers und Kritikers ist es, den ‹Punkt› zu ‹treffen›, von dem aus Ungleichzeitigkeiten erkannt und Entwicklungsmöglichkeiten eingeschätzt werden können. Von diesen Voraussetzungen her hält es der kritische Hermeneutiker nicht für möglich, sich ganz und gar in eine andere Zeit zu versetzen. Gerade am Beispiel der Lessing-Interpretation wurde deutlich, daß Schlegel es für illusorisch halten muß, die Rolle des vermeintlich unmittelbaren Lesers ganz und durchgängig einzunehmen.

Schleiermachers zentrale Forderung an den Hermeneutiker beinhaltet aber gerade dieses ‹Sich-Hineinversetzen›. Bereits in den frühen Aphorismen zur Hermeneutik schreibt er: «Man muß suchen der unmittelbare Leser zu werden . . .»[51]. In der ‹kompendienartigen Darstellung von 1819› unterstreicht er den vorgängigen Akt des Sich-Versetzens: «Vor der Anwendung der Kunst muß hergehen daß man sich auf der objectiven und subjectiven Seite dem Urheber gleichstellt»[52].

Schleiermacher hält an dem Rückschlußverfahren auf die Verstehensbedingungen der unmittelbaren Leser und Hörer fest: «Es kann nichts so gemeint sein wie es die Hörer unmöglich haben verstehen können»[53]. Damit scheint er die Möglichkeit auszuschließen, daß es Werke geben könne, die erst später verstanden und eingelöst würden. Schlegel hatte beispielsweise beim Streit um Lessing sich nur auf die unmittelbaren Leser und Hörer bezogen, um deren Mißverstehen im Bezug auf das ‹Ganze› nachzuweisen. Schleiermacher erinnert sich in einer hermeneutischen Darstellung von 1826/27 an Lessing als einen «Gelegenheitsschriftsteller». Zuvor hat er «Werke» und «Gelegenheitsschriften» unterschieden im Hinblick darauf, «in wie fern der Gegenstand Veranlassung giebt oder nicht an ein bestimmtes Publicum zu denken»[54]. Schleiermacher verkennt offenbar den von Schlegel betonten Charakter von Werken, die zwar unmittelbar dadurch wirken, daß sie Anhänger der verschiedensten Schulen und Richtungen anziehen, aber ‹im Ganzen› dennoch erst später verstanden werden.

Mögliche Spuren der Schlegelschen Vorstellung von Ungleichzeitigkeit findet man in Notizen Schleiermachers aus dem Jahre 1810/11. Dort möchte Schleiermacher zunächst «gleichartige Schriftsteller» vergleichen. Dann wirft er das Zeitproblem auf und schreibt die Mahnung nieder: «Große Vorsicht wegen der Zeit»[55]. Schleiermacher geht es ja in erster Linie darum, das «Sprachgebiet des Schriftstellers» abzugrenzen. Das Problem der inneren Ungleichzeitigkeit von zeitgleich entstandenen Werken weist aber über die Sprachvergleichung hinaus. Schleiermacher scheint die Schwierigkeit, in die er als sprachorientierter Hermeneutiker gerät, deutlich zu erkennen. Nachdem er den Hermeneutiker aufgefordert hat, den «Charakter der Rede hist[orisch], philolog[isch]» zu bestimmen, gibt er einen einschränkenden Hinweis: «Manche gehören der Gegenwart und der Zukunft in größerem Maaß als sie durch die Sprache zeigen können»[56]. An späterer Stelle notiert Schleiermacher nach dem Stichwort: «Beziehung aufs künftige»: «Frage wie pflegt dieser Schriftsteller vorzu‹denken› »[57].

Schleiermacher hat aber noch keine weiterreichenden Konsequenzen daraus gezogen, sondern hält daran fest, den «Schriftsteller . . . nur aus s[eine]m Zeitalter zu verstehen». Die «Total[ität]» finde der Hermeneutiker «durch Vergleichung des Gleichzeit[igen] und Gleichart[ige]n»[58]. In der Beziehung zwischen Verstehendem und Autor hält Schleiermacher die hermeneutische Fiktion einer gleichsam nachträglich herzustellenden Gleichzeitigkeit, im

51. Schleiermacher, HKi, 32.
52. Ebd., 84.
53. Ebd., 45.
54. Ebd., 120.
55. Ebd., 70.
56. Ebd.
57. Ebd., 71.
58. Ebd., 119.

Sinne eines ‹Sich-Versetzens› in den ursprünglichen Leser, aufrecht: «Dann muß man zwischen sich und dem Autor dasselbe Verhältniß herstellen wie zwischen ihm und seiner ursprünglichen Addresse»[59].

8. Schlegel hat bereits eine klare Vorstellung von der Bedeutung der Wirkungsgeschichte für das Verstehen. Er nimmt sich sogar als Projekt vor, die ‹Geschichte der Wirkungen› Lessings genauer zu verfolgen. Es geht ihm darum, nachzuweisen, daß auch die positive Voreingenommenheit für einen Autor das Weiterverstehen ungünstig beeinflußt. Die Verfestigung einer Wirkungsgeschichte zeigt sich in der ‹öffentlichen und alten Meinung› über einen Autor und die Rangfolge seiner Werke. Schlegel betrachtet die Wirkungsgeschichte Lessings als eine Tradierung des Mißverstehens und der Fehldeutungen: ‹der Irrtum› werde ‹fest durch die Zeit›.

Aus der Interpretation der Reihen der Kritik und der Fragmenthefte ergibt sich, daß Schlegel tatsächlich eine exoterische von einer esoterischen Wirkungsgeschichte unterscheidet. Die exoterische umfaßt die Rezeptionsgeschichte, beginnend mit der Aufnahme der Werke durch ein ungleichzeitig empfindendes Publikum, durch eine in sich zerfallene ‹Gemeinschaft des Geschmacks›. Aber auch die Fortsetzung eines Autors durch Epigonen darf man mit zur (primären) exoterischen Wirkungsgeschichte rechnen. Ebenso ist das ‹Noch-Fortwirken der Autoren› aus den kritischen Überlegungen zum Publikumsgeschmack zu erklären. Die esoterische Wirkungsgeschichte setze oft erst sehr viel später ein. Manche Autoren würden ‹erst durch späte Nachfolger klar›. Das bedeutet, daß diese Nachfolger eine (primäre) esoterische Wirkungsgeschichte eröffneten und dadurch zugleich einen neuen Verstehenszugang des Publikums zu dem verstellten Werk des Vorläufers ermöglichten.

Schlegel stellt sich aber offenbar auch vor, daß die Kritik in der historischen Aufeinanderfolge von Beiträgen Anteil an der Wirkungsgeschichte hat. Er zählt ‹alles Kritische› mit zu der ‹Historie› eines Werkes. Gerade bei Lessing, an den sich viele Kritiker anschlossen, muß man also auch mit einer sekundären Wirkungsgeschichte rechnen. Schlegel stellt sich darüber hinaus offenbar auch schon die forschungsgeschichtliche Situation vor, wenn er das Vollständigwerden der ‹Akten› ins Feld führt.

Mit seiner Konzeption einer mitzuverstehenden ‹Geschichte der Wirkungen› löst Schlegel die Aufklärungshermeneutiken ab, in denen die ‹Wirkungen› noch nicht im Sinne eines solchen ‹Historismus› ‹zum Verstand der Stellen› gerechnet wurden. Schlegel möchte in seiner Kritik also eine vielfach ‹potenzierte Historie› vorbereiten.

Insgesamt gesehen rechnet Schlegel bei ‹modernen› Werken mit einer auseinandergezogenen Wirkungsgeschichte, mit einer großen Diskrepanz zwischen exoterischer und esoterischer Wirkungsgeschichte, wohingegen er

59. Schleiermacher, HLü, I, 7, 38.

bei Autoren der Antike eine gleichmäßige und über eine ‹lange Reihe› von Künstlern durchgehaltene Wirkungsgeschichte beobachtet.

Der Verstehende einer späteren Zeit muß sich also erst über die Beeinflussung durch die ‹Geschichte der Wirkungen› Klarheit verschaffen, bevor er einen neuen Zugang zu einem Werk finden kann. Von dieser Einsicht her muß man es als hermeneutische Fiktion ansehen, wenn ein Verstehender sich sofort in den ‹unmittelbaren Leser› versetzen will.

Schleiermacher bildet keine vergleichbare Vorstellung zur Wirkungsgeschichte aus. Lediglich eine «Indirecte Analyse des Mißverstehens» sieht er vor[60]. Die Beobachtung, daß einmal ‹zu wenig› und einmal ‹zu viel› verstanden würde, löst er nicht historisch ein[61]. Die Feststellung – «Jeder Irrthum ist productiv» – bestätigt zwar im Ergebnis die Tatsache der Wirkungsgeschichte, aber für eine Unterscheidung einer exoterischen und einer esoterischen Wirkungsgeschichte, die ja gerade im Hinblick auf diesen Satz notwendig würde, gibt es keine Ansätze bei Schleiermacher.

9. Schlegel hat die These, daß man einen Autor ‹besser verstehen› könne als er sich selbst verstanden hat, in mehreren Variationen durchgespielt. Man darf diese Vorstellung einerseits als Höhepunkt seines hermeneutischen ‹Historismus› betrachten und andererseits auch als Höhepunkt seines ironischen Rollenspiels ansehen.

Einerseits geht diese Formel auf die Überlegung zurück, daß ein wirkliches Werk eine andere zeitliche Reichweite habe als die ‹Absicht› und das ‹Selbstverständnis› des Autors. Insofern bewegt sich jeder spätere Interpret in Wirkungsmöglichkeiten des Werkes, an die der Autor gar nicht gedacht haben kann. Der Interpret soll dabei aber die hermeneutische Wechselbestimmung von ‹Geist› und ‹Buchstaben› einhalten. Diese beiden Momente, die fortdauernde Wirkungsmöglichkeit des Werkes und die hermeneutische Zurückführung auf die Formel von ‹Geist› und ‹Buchstaben›, stellt Schlegel in den ‹Fragmenten zur Litteratur und Poesie› der These vom ‹Besserverstehen› voran: «ϰ [Kritik] ist eigentl[ich] nichts als Vergleichung des Geistes und d.[es] Buchstabens eines Werks, welches als $\frac{1}{0}$ [Unendliches] als Absolutum und Individuum behandelt wird. – *Kritisiren* heißt einen Autor besser verstehn als er s.[ich] selbst verstanden hat. –»[62]. Nicht der Autor, sondern das Werk wird als «Individuum» behandelt. Zugleich aber gilt es, angesichts seiner unendlichen Wirkungsmöglichkeiten, als «Absolutum», an das der Autor nicht mehr heranreiche. Der Kritiker versteckt sich ironisch hinter der alten hermeneutischen Formel. Tatsächlich ist er sich darüber im klaren, daß der Deutungsfortschritt nicht durch das Werk bewirkt wird, sondern darin besteht, daß es unter einem neuen ‹Gesichtspunkt› betrachtet wird: «So lange wir noch an Bildung wachsen, besteht ja ein Teil, und gewiß nicht der unwesentlichste, unsers Fortschreitens eben darin, daß wir immer wie-

60. Schleiermacher, HKi, 56. 61. Ebd. 62. KA XVI, 168, Fr. 992.

der zu den alten Gegenständen, die es wert sind, zurückkehren, und alles Neue, was wir mehr sind oder mehr wissen, auf sie anwenden, die vorigen Gesichtspunkte und Resultate berichtigen, und uns neue Aussichten eröffnen»[63]. Schlegel hat diese Vorstellung eines Verstehens- und Deutungsfortschritts in der Auseinandersetzung mit Lessings geschichtsphilosophischer Schrift ‹Die Erziehung des Menschengeschlechts› entwickelt.

Die Formel zum Verstehens- und Deutungsfortschritt umfaßt alle drei Zeitstufen, insofern sie die Notwendigkeit einer Korrektur der Wirkungsgeschichte betont, die innovatorischen Momente im Verstehensprozeß hervorhebt und den Entwurfscharakter des Verstehens auf künftige Entwicklungen hin verdeutlicht. Das ‹Besserverstehen› bezieht sich also auf mehrere Vergleichsebenen; die ‹Selbstkenntnis› und die ‹Absicht› des Autors stellt nur eine solche Ebene dar.

Andererseits schränkt Schlegel die ursprünglich historisch gemeinte These auf einer ironisch vorgestellten lebensunmittelbaren Ebene wieder ein: «Um jemand zu verstehn, der sich selbst nur halb versteht, muß man ihn erst ganz und besser als er selbst, dann aber auch nur halb und grade so gut wie er selbst verstehn»[64]. Wir haben gezeigt, daß diese Einschränkung genau dem Ironie-Modell entspricht und daß die Relativität des lebensunmittelbaren Verstehens und die Überlegenheit eines Verstehens von neuen historisch-hermeneutischen ‹Gesichtspunkten› aus durchaus vereinbar sind. Sobald Schlegel den Autor lebensunmittelbar betrachtet, hält er ein völliges ‹Besserverstehen› für ausgeschlossen. Die psychologische Seite des ‹Besserverstehens› hält er nicht für relevant. Schlegel sucht die Vorstellung der Leser, die sich aufgrund eines Verstehensfortschritts, an dem sie nur wenig Anteil haben, überlegen dünken, ironisch einzuschränken. Einerseits scheint er so die Fiktion zu umspielen, daß man sich auf eine Ebene mit einem Autor stellen könne und sich dennoch überlegen fühle, indem er dann auch die negativen Vergleichsmomente in die hermeneutische Gleichung einbezieht. Andererseits aber überdehnt er den Anspruch an den vermeintlich besser Verstehenden, was die ‹Construktion› des zu verstehenden Werkes anbelangt: «Um jemand zu verstehn muß man erstl[ich] klüger seyn als er, dann eben so klug und dann auch eben so dumm. Es ist nicht genug daß man d[en] eigent[lichen] Sinn eines confusen Werks besser versteht, als d[er] Autor es verstanden hat. Man muß auch die Confusion selbst bis auf d[ie] Principien kennen, *charakterisiren* und selbst *construiren* können»[65]. Auf diese Weise schaltet Schlegel jede bloß vage Form des ‹Besserverstehens› aus. Wer die historische Überlegenheit ausspielen möchte, muß seine hermeneutische Kompetenz am Werk beweisen. Schlegel geht davon aus, daß es in jedem Fall nur «einige» kompetente Hermeneutiker geben wird, die die «Geisteswerke bis auf die feinsten Züge durchforschen und verstehen lernen»[66].

63. KA II, 100 f.
64. Ebd., 241, Fr. 401.
65. KA XVIII, 63, Fr. 434.
66. KA II, 79.

Schleiermacher bezieht sich auf diese These in den frühen Aphorismen wie auf eine bekannte Stelle: «Vom den Schriftsteller besser verstehen als er selbst a) erhöhendes b) berichtigendes»[67]. Schleiermacher scheint an dieser Stelle zuletzt eine im einzelnen größere Sacheinsicht des Verstehenden zu meinen, die ja bereits die Aufklärungshermeneutiken vorgesehen hatten. Im ersten Moment weist er scheinbar nur auf eine positive Profilierung des Verstandenen durch den Verstehenden hin. Im ‹ersten Entwurf von 1809/10› teilt er die Formel dann in der Schlegelschen Weise auf: «Man muß so gut verstehen und besser verstehen als der Schriftsteller»[68]. In der ‹kompendienartigen Darstellung von 1819› gibt er die Formel als nicht ausgewiesenes Zitat wieder: «Die Aufgabe ist auch so auszudrücken ‹die Rede zuerst eben so gut und dann besser zu verstehen als ihr Urheber[›]»[69].

Schleiermacher unterlegt dabei, daß der Autor, dem vieles «unbewußt bleiben» könne, dadurch, daß er «selbst reflectirend sein eigener Leser» werde, den Vorteil des Besserverstehenden zum Teil ausgleichen könnte[70]. Offenbar stellt Schleiermacher sich den Verstehens- und Deutungsfortschritt nicht in ähnlicher Weise wie Schlegel vor, da diese Gegenprobe dann nicht möglich wäre. Allerdings scheint Schleiermacher sich in den Akademiereden von 1829 wieder an die Entstehung der Schlegelschen Formel aus der «ästhetischen Kritik» zu erinnern. Aber er erwähnt Schlegel nicht namentlich, sondern meint nur, daß es «in unserer Literatur eine nicht unbedeutende Anzahl kritischer Arbeiten» gebe, «welche mit gutem Erfolg hierauf gearbeitet haben»[71].

Die ironische und die historische Bedeutungsebene der Schlegelschen These erreicht Schleiermacher nicht. Er verwendet die Formel aber so, daß man noch in der Einschränkung die ursprünglichen Wendungen Schlegels von 1797/98 erkennen kann und nicht, wie Bollnow annehmen muß, daß sich die «Formel . . . im mündlichen Umgang der Philologen herausgebildet» habe[72]. Zu der «mit dem Schein der Respektlosigkeit spielenden Ausdrucksweise», die Bollnow feststellte[73], findet man die Unterlage am ehesten bei Friedrich Schlegel.

Die partielle Vorläuferschaft und die Überlegenheit der Schlegelschen Hermeneutik gegenüber der Schleiermacherschen läßt sich in diesen Punkten aufzeigen. Schlegel gebührt das Verdienst, das Verstehen auf allen Ebenen historisiert zu haben. Da er das Verstehen aber vom Bereich einer ästhetischen Kritik aus universalisieren wollte und auch in anderen ‹Bildungsarten› ästhetische Anschauungsformen beibehalten hat, darf man seine Hermeneutik zuvorderst als eine ‹ästhetische› bezeichnen.

67. Schleiermacher, HKi, 50.
68. Ebd., 56.
69. Ebd., 83.
70. Ebd., 84.
71. Ebd., 138.
72. Bollnow, 1949, 11.
73. Ebd.

Das ‹lebensphilosophische› und historische Verstehen hat Schlegel in seinem Spätwerk fortgesetzt. Schleiermacher hat diese Kontinuität nicht mehr erkennen können. Er fordert Schlegel, ganz im Sinne von dessen Frühwerk, zu einer historischen Selbstdeutung auf: «so wünschte ich nichts sehnlicher, als daß Du uns andern die Brücken bautest von Deinen ehemaligen Ansichten zu den gegenwärtigen . . . indem Du Dich historisch darstellst»[74].

Schlegel hat die Weite und die Historizität des Verstehens auch in seinen späten Notizheften immer wieder betont. Zu der Zeit, da Hegel sich in Berlin, dem Ort der frühromantischen ‹Symphilosophie›, anschickt, die höchste Form einer systematisch-idealistischen Begriffs-Philosophie zu entwickeln, notiert Schlegel in ein Heft «Zur Philosophie und Theologie» (1818): «Das *Verstehen* hat einen viel weiteren Umfang als das *Begreifen*»[75].

Die Schlegelsche Ironie, die Hegel in den ‹Vorlesungen über die Ästhetik› einer scharfen und nachwirkenden Kritik unterzogen hat[76], dürfte es mitverursacht haben, daß die Ansätze zur Hermeneutik keine direkte Wirkungsgeschichte hatten. Allerdings hat Schlegel, der als erster Hermeneutiker die ‹Geschichte der Wirkungen› eines Autors kritisch untersuchen wollte, auch mit einer besonderen Art von Wirkungsdauer bei der Ironie gerechnet: «Einige der absichtlichsten Künstler der vorigen Zeit habe ich in Verdacht, daß sie noch Jahrhunderte nach ihrem Tode mit ihren gläubigsten Verehrern und Anhängern Ironie treiben»[77]. Der Satz steht in der ironischen Selbstdeutung «Über die Unverständlichkeit».

3. Perspektiven einer möglichen Transformation

Friedrich Schlegels implizite, in den Formprozeß und das Verweisungsgeflecht der Kritiken und Fragmente eingebundene Hermeneutik kann selbst als hermeneutisch-ästhetischer Idealfall betrachtet werden, da sie weder im Geltungsrahmen des historischen Kontextes aufgeht, noch retrospektiv von dem Rahmen eines aktuellen Theorie-Vergleichs aus eingespannt werden könnte. Insofern gilt das, was Gerhard Kaiser gegen die «Reduktion auf Bedeutungen» als «Progression zu Bedeutungen» bezeichnet und erläutert hat: daß die Interpretation eines gelungenen ästhetischen «Verweisungsspiels» beide «Bezugsrahmen» sprengt[1]. Angesichts der zum Teil verdeckten, zum Teil ausgefallenen Wirkungsgeschichte lassen sich von Schlegels fragmentarischer Werkfolge her nur Fragen entwickeln, die durch

74. Schlegel, BFSch, 24 f.
75. KA XIX, 331, Fr. 220.
76. Hegel, VÄ, I, 93 ff.
77. KA II, 370.
1. Kaiser, 1973, 60 u. 62; Ricœur, ^{2}1974 b, 184.

die aktuellen Hermeneutik-Debatten nicht befriedigend beantwortet werden. Sie müßte in einen umfassenden Transformationsprozeß einbezogen werden. Hier kann es nur darum gehen, einige wenige Frageansätze zu skizzieren.

1. Ästhetische Hermeneutik hat sich bei Schlegel soweit entwickeln können, weil sie nicht vorab als Spezialhermeneutik einer allgemeinen Hermeneutik untergeordnet wurde, sondern aus der freien Beobachtung der Kunstentwicklung und aus einem stets weiter problematisierten Geschichtsverständnis erwuchs. Gerade das Bemühen, klassische Werke *in* der Moderne aufzusuchen, hat Schlegel davor bewahrt, *einen* Typus des Verstehenszugangs und einen Typus der Geltungsreichweite von Werken zu verallgemeinern und geschichtshermeneutisch zu unterlegen. Insofern eine ästhetische Hermeneutik der Moderne angesichts der Notwendigkeit, völlig verschiedene Apperzeptions-, Lese-, Verstehens-, Identifikations-, Deutungs- und Applikationsweisen an neueren Texten zu entwickeln, kaum Anleihen bei der allgemeinen Hermeneutik der Gegenwart machen kann, die vorab und wohl mit eingegrenztem Recht einen ‹Universalitätsanspruch› erhoben hat, ist sie auf eine ähnliche dialektische Entwicklungsstrategie angewiesen wie die frühromantische. Allerdings hat sich das Verhältnis einerseits zwischen Literaturkritik, Literaturgeschichtsschreibung, interpretierender Literaturwissenschaft, formalen Analyseverfahren und andererseits zwischen hermeneutisch einbeziehbaren Erkenntnisweisen der Geschichtswissenschaften, der Sozialwissenschaften, der Psychologie, der Kunstwissenschaften u. a. soweit kompliziert, daß die Entwicklung einer solchen ästhetischen Hermeneutik nicht ohne integrierende wissenschaftstheoretische Erörterungen möglich wäre. Im Sinne historischer und genetischer Kongruenz läßt sich behaupten, daß die gegenwärtige Ästhetik nicht in der gegenwärtigen Hermeneutik aufgehen kann, wenn überhaupt eine moderne ästhetische Hermeneutik entstehen soll. Vielmehr wären, in der Umkehrung jener Absicht, die ästhetischen Implikate in den gegenwärtigen Hermeneutiken freizulegen und der Gegenstands- und Anschauungsbereich unterlegter ästhetischer Denkfiguren abzugrenzen[2].

2. Der ‹Historismus› im Verstehen Schlegels weist entschieden über die unter diesem Begriff subsumierten historiographischen und geschichtshermeneutischen Ansätze im späten 19. und frühen 20. Jahrhundert, aber auch über manche aktuellen Überlegungen zur ‹Horizontverschmelzung› hinaus. Alle drei Zeitstufen werden auf methodisch unterschiedlich abgesicherten Ebenen in den Verstehens- und Deutungsprozeß einbezogen, von der Umdeutung einer paradigmatischen, epochenrepräsentativen Figur der vorausgegangenen Periode, über ein entwurfsoffenes Orientierungswissen durch

2. Vgl. Gadamer, ^{2}1965, insbes. 121, 157, auch 78, 81, 82, 109, 272/73 u. ö.; dazu Bormann, 1971, 84, 103, 104; Ricœur, ^{2}1974 b, 526; vgl. Koselleck, 1976 b, 21; vgl. ähnlich für die Rollentheorie Dahrendorf, ^{6}1967, 41, 58, 19.

dialektisch aufeinander bezogene ‹gegenwärtige› Gegensätze hindurch, bis hin zur Voreinschätzung künftiger Wirkungsmöglichkeiten. Die ‹Symphilosophie› mit dem eigenen Zeitalter wäre also im Sinne einer hermeneutischen Dialektik insoweit neu zu bestimmen, als es gilt, polarisierte Verstehensmuster von ihren realhistorischen und ‹geistesgeschichtlichen› Voraussetzungen her aufeinander zu beziehen[3]. Dabei könnte die Analyse der inneren Ungleichzeitigkeit dieser Verstehensmuster, der Sistierung von Transformationsprozessen, der Überhöhung ursprünglich eingegrenzter Anschauungsbereiche, der möglichen Applikationsspektren etc. zu der Einsicht führen, daß die Vorstellungen des ‹Verstehenshorizontes› und der ‹hermeneutischen Situation› durch neue heuristisch-hermeneutische Konstruktionen ersetzt werden müßten[4]. Daraus ließen sich u. a. konfliktanamnetische Aufgaben einer modernen Hermeneutik ableiten. Die innere Ungleichzeitigkeit jeweils zeitgenössischer Verstehensmuster wäre in einer ästhetischen Hermeneutik auch auf allen Ebenen des Publikumsgeschmacks, der jeweils vorgeprägten, eingelösten, rückverstärkten Erwartungen, Dispositionen, Einstellungen, Selektionen zu untersuchen[5]. Schlegel rechnet mit solchen Ungleichzeitigkeiten auch auf der Ebene der ‹Kenner› und Kritiker. Insofern er aber auch die realgeschichtlichen Bedingungen, ja sogar die makrohistorischen Konstanten bedenkt, strebt er mehr an als nur eine historisch verfahrende Soziologie der Geschmacksbildung. Darüber hinaus aber wäre die dialektische Spannung einerseits zwischen literatur- und realgeschichtlichen, andererseits zwischen real- und rezeptionsgeschichtlichen Bedingungen heute nur in der Zuordnung vieler Spezialgeschichten zu einer ebenso komplex gefaßten Psychohistorie neu zu bestimmen[6]. Daß die Ungleichzeitigkeit des Verstehens das reflexive Verstehen und die Begründungen von Hermeneutik selbst betrifft, kann Schlegel nur in Formeln historisch-transzendentaler Ausrichtung auszudrücken versuchen. Die Kriterien für eine ‹transzendentale Historik› und eine ‹transzendentale Ästhetik›[7] wären aber erst nach einem erneut durchlaufenen Prozeß geschichtshermeneutischer und kunsthermeneutischer Kritik zu entwickeln.

3. Vgl. dagegen Bubner, 1971 a, 192, 1971 b, 221, 228, 234/35, 236, 225; Kaiser, 1973, 57.

4. Dies gilt auch für Apel, 1973, II, 200, 215, 115; Gadamer, ²1965, 121, 289/90, 285; Koselleck, 1976 b, 21, 31, 33; dazu Lepsius, 1976, 124; Foucault, ²1981, 23; Kaiser, 1973, 55; Jauß, 1975 a, 386, 389, 391, 393; Iser, 1975 c, 301, 302; Baumgartner, 1976, 281, 286 f., 289; Pannenberg, 1978, 284; Faber, 1978, 354; Riffaterre, 1975, 171; Hirsch, 1972, 61; Japp, 1977, 134 f.

5. Jauß, 1975 b, 131, 133, 135, 145, 146, 149; Luhmann, 1976, 337, 339; Ricœur, 1978, 97; Habermas, ³1973 a, 229; Hirsch, 1972, 107; Gadamer, ²1965, 283; Iser, 1975 a, 234; 1975 b, 264.

6. Kilian, 1971, 56, 63 f., 72 f., 183, 292; Erikson, 1975, 129 ff.; ders., ²1973, 22 ff.; Apel, 1971, 39 f.; Mead, 1978, 153; Ricœur, ²1974 b, 47, 452 f., 505, 508; Foucault, ²1981, 160 ff., 15.

7. Baumgartner, 1976, 274, 281, 289; Foucault, ²1981, 60.

3. Schlegels Einsicht, daß die ‹Geschichte der Wirkungen› nicht nur partiell, sondern auch an Stellen eines durchgesetzten öffentlichen Geschmacks unterbrochen und aufgebrochen werden sollte, ruht nicht auf dem altaufklärerischen Vorurteil auf, daß es dann keine unterschwellig tragenden Wirkungskontinuitäten mehr gäbe. Vielmehr plädiert Schlegel für eingreifende Transformationsleistungen, für Umdeutungen und Neudeutungen im vollen historischen Bewußtsein. Darüber hinaus sieht er, gleichsam gegenläufig, ebenso verfallsgeschichtliche, epigonale, unproduktive Weisen der Nachwirkung vor wie intermittierende Formen produktiver Wiederanknüpfung. Die Verbindung primärer und sekundärer Wirkungsgeschichten zeigt sich u. a. in der Art, wie antizipatorische ästhetische Erkenntnisse erst von späteren ästhetischen Objektivationen her erschlossen werden sollen. Die Unterschiede und Spannungen zwischen esoterischen und exoterischen wirkungsgeschichtlichen Anschlüssen laufen auf eine Rhetorik und auf entsprechende Interpretationsentwürfe hinaus, die Rücksicht nehmen auf die geschichteten Rezeptionspotentiale einer ungleichzeitigen ‹Gemeinschaft des Geschmacks› und der in sich ebenso ungleichzeitigen ‹Interpretationsgemeinschaft› von ‹Kennern›[8]. In der esoterisch ausgerichteten Deutung würde die in der realen Rezeptionsgeschichte ausgefallene *mögliche* Wirkungsgeschichte erkennbar. Diese bliebe keineswegs objektivistisch auf ein Werk bezogen, da der Interpret ja seine Denkfiguren wiederanknüpfend ‹im Geist› einer Werkfolge ausrichtete. Zu bedenken wäre, wie sich das Wirkungspotential eines Werkes oder einer Werkfolge sowohl auf eine produktive und einlösende Rezeptionsgeschichte wie auf eine verengende, verfallsgeschichtlich gerichtete Rezeptionsgeschichte beziehen ließe. Die mögliche Konstruktion eines Fortschritts im Verstehen wäre jeweils nicht standortbezogen, sondern entwurfsoffen auf ganze Reihen des historisch mitbedingten Mißverstehens zu beziehen[9]. Das Verhältnis zwischen Wirkpotential des Werkes und realer Rezeptionsgeschichte wäre nicht nur als eines zwischen Möglichkeit und Wirklichkeit (Unbestimmtheit und Konkretion), sondern ebenso im Sinne einer modalen Umkehrung zu betrachten[10]. Die einzelne Rezeption hätte schließlich in einem diffusionsgeschichtlichen Rahmen nur insoweit Realitätsstatus, als dieses Verstehen wiederum einsinnig von anderen verstanden würde und als sekundäre Objektivation anzusehen wäre, so daß es symptomatisch und repräsentativ zugleich wäre für eine historische Entwicklungs-

8. Vgl. Apel, 1973, II, 200; ders., 1971, 30; Luhmann, ²1972, 302 f.; Vodička, 1975 a, 72, 74, 78, 1975 b, 93, 108; Fish, 1975, 216; Iser, 1975 c, 278; Jauß, 1975 b, 135; ders., 1977, 99; Betti, 1967, 188; Gadamer, ²1965, 18 ff., 31, 33; Hirsch, 1972, 216.

9. Grimm, 1977, 28 ff., 24 f.; 60 ff.; Kaiser, 1973, 57.

10. Kaiser, 1973, 55; Lämmert, 1973, 164 ff.; Grimm, 1977, 137, 13, 23; Ricœur, 1978, 98 f., 113; Foucault, ²1981, 38; Jauß, 1977, 63; ders., 1975 b, 127 ff., 138 f.; Vodička, 1975 a, 81, 1975 b, 99, 103, 107; Habermas, ²1972, 157; Ingarden, 1975, 65.

stufe von Verstehenskompetenzen. Im Sinne einer ‹historistischen› Kritik wären weitere Unterscheidungen und Verbindungen zwischen möglichen Wirkungsgeschichten und realen Rezeptionsgeschichten zu bedenken, bevor neue Aussagen über den Fortschritt im Verstehen möglich wären und die paradigmatische Formel vom ‹Besserverstehen› aktualisiert werden könnte. Schließlich wären Erwägungen anzustellen, welche Weisen der aktiven Beeinflussung von Wirkungs- und Rezeptionsgeschichten künftig für möglich gehalten werden. Auch die ‹Paradigmenwechsel› im Bereich der Forschungsgeschichte wären ‹historistisch› und metakritisch zu überprüfen.

4. Wenn eine transzendentale ‹Gemeinschaft des Geschmacks› nicht mehr ebenso vorgestellt werden kann wie eine ‹transzendentale Kommunikationsgemeinschaft›[11], so hätte dies Konsequenzen für alle quasiästhetischen Implikate in tatsächlichen Kommunikationsprozessen. Die Problematisierung der Ungleichzeitigkeit des (ästhetischen) Verstehens wirkte sich auch auf Neufassungen ästhetischer Consensus-Theorien aus. Darüber hinaus wäre zu bedenken, welche qualitativ neuen generationellen Diskrepanzen jene Vorstellung einer ‹Gemeinschaft des Geschmacks› selbst als ‹regulative Idee› infrage stellen.

Vom Ergebnis solcher geschmacks- und generationssoziologischen Untersuchungen hängt es ab, wie die historische Diskrepanz zwischen literarischen und politischen Öffentlichkeitsmodellen neu zu fassen wäre[12]. Schlegels ‹Imperativ der Mitteilung› müßte hinsichtlich der Konsequenzen für alle modernen Formen der Rhetorik bedacht werden. Diffusionsfaktoren und Wirkungschancen müßten vorab historisch, im Rahmen jenes Ungleichzeitigkeitsmodells, und dann erst wissenssoziologisch eingeschätzt werden. Literarische Rollenmuster wären in ihren gattungsgeschichtlichen Transformationsweisen auf die makrohistorische Umbildung schichtenspezifischer Rollenrepertoires zu beziehen[13]. Einstellungsänderungen durch Formen ästhetischer Kommunikation ließen sich nur in einem solchen Rahmen realistisch einschätzen und anstreben.

Schließlich könnte man, Schlegels Leitlinie der Universalisierung folgend, auch die (Zeit-)Verwerfungen in der interkulturellen Kommunikation über ästhetische Fragen aufzeigen und hermeneutische Ansätze zu wechselbeeinflußten nationalkulturellen Wirkungsgeschichten und ihren aktuellen Bezugsrahmen skizzieren. Auch hier wären komplexe Parameter zu entwerfen, um die jeweiligen real- und geistesgeschichtlichen Diskrepanzen in ein übergreifendes Modell der Ungleichzeitigkeiten einzubeziehen. Die ge-

11. Habermas, ³1973 a, 225, 221; ders., 1971 b, 158; ders., ²1972, 124, 136; Apel, 1973, I, 60, 66, II, 229.

12. Habermas, ⁵1971 a, 69 ff., zur Rolle des Kunstkritikers 57; ders., ³1973 a, 225; ders., 1971 b, 48, 52; vgl. dazu Betti, 1967, 228, 230.

13. Gerhardt, 1971, 76, 115, 150, 219; Grimm, 1977, 21, 48 f.; Jauß, 1977, 192 ff.; Strauss, ²1974, 103 ff.

schichtshermeneutische Begründung einer vergleichenden Literaturwissenschaft hat diesen Punkt noch nicht erreicht und erst recht noch nicht die Applikationslinien zur ‹interkulturellen Kommunikation› hin durchgezogen.

5. Im Rahmen einer ästhetischen Hermeneutik ließe sich ein Konzept entwerfen, das zur Überwindung unfruchtbarer Konfliktformen in den Grenzen des sogenannten ‹Methodenpluralismus› führen könnte. Im ästhetischen Geltungs-, Wertungs- und Erkenntnisbereich wäre es sinnvoller, von der Übernahme mehrerer *Verstehensrollen* auszugehen. Der ‹Rollenplural› des Verstehens vereinbarte die von der Bedeutungsvielfalt des Textes gesteuerte und modifizierte, aber zugleich auf die heterogenen Verstehensmuster, Erkenntnisweisen und Methoden verschiedener Wissenschaften bezogenen möglichen Verstehenszugänge[14]. Zu untersuchen wäre, wie die probeweise an den Text herangetragenen Kategorien und Muster im Deutungsprozeß verändert werden. Einerseits muß erkennbar bleiben, aus welchem Theorie-Kontext diese Muster stammen, andererseits aber müssen sie im ästhetischen Geltungsrahmen modifiziert werden. Zwischen den einzelnen Verstehensrollen ließen sich andere Interdependenzen herstellen als zwischen den heterogenen Mustern der wissenschaftlichen Ausgangsbereiche. Schließlich bleibt selbst bei enger applikativer Ausrichtung des jeweiligen Deutungsentwurfs (z. B. in der Literaturdidaktik) der ästhetische Spielcharakter und der Charakter einer kommunikativen Probehandlung gewahrt. Gerade solche Verstehensmuster der Sozialwissenschaften, die ursprünglich aus ästhetischen Anschauungsweisen entstanden sind, wie etwa das der ‹Rollendistanz›, ließen sich in einer Theorie der Verstehensrollen weiterentwickeln[15]. Eine ästhetische Hermeneutik müßte schließlich aufzeigen, wie sich in der Folge eines solchen Rollenkonzeptes auch die Applikationsweisen im Vergleich zu anderen Teilhermeneutiken ändern. Ein Konzept des Verstehensrollenplurals würde es ermöglichen, ebenso inadäquate Weisen der identifikatorischen Interpretation[16] wie heteronome, theoriebezogene Weisen der ‹Textverarbeitung› kritisch einzustufen.

6. Eine solche ästhetische Hermeneutik müßte die Ebenen philologisch-hermeneutischer, literaturgeschichtlich-hermeneutischer und ästhetisch-hermeneutischer Operationen genauer abgrenzen. So wäre es zuletzt auch möglich, den engeren Bereich der Einzelinterpretation hermeneutisch neu

14. Betti, 1967, 64, vgl. 199 (Rollenauffassung nach Theatermetapher); Apel, 1971, 32 f.; ders., 1973, II, 216; Ricœur, 1978, 103; ders., ²1974 b, 68, 69; Mead, 1978, 152 ff; Iser, 1975 c, 298; Grimm, 1977, 126 ff.; Dahrendorf, ⁶1967, 65, 88 ff.; Michel, 1978 a, 9 ff.

15. Dreitzel, ²1972, 301 ff., 311; Goffman, 1973, 118 ff., 125 ff., 149 ff.; Jauß, 1977, 27, 32, 191; Luckmann, 1979, 301 ff.; Michel, 1981 a, 71 ff.

16. Kaiser, 1973, 68; Jauß, 1977, 32, 42, 227 ff., 250 ff.; Apel, 1973, I, 51; Strauss, ²1974, 62 ff.; Habermas, ³1973 a, 231, 210; Hirsch, 1972, 33; Iser, 1975 b, 271 f.

zu bestimmen. Der Interpret, der sich rollenbewußt im ästhetischen Verweisungsgeflecht eines Textes bewegt, entäußert sich zugleich in anderer Weise an die Leitfunktionen und Evokationen der Form-Inhalt-Dialektik[17]. Verstehens-, Deutungs- und Applikationskompetenzen sind bei der Einzelinterpretation in anderer Weise aufeinander bezogen als bei den weiteren hermeneutischen Operationen des Literaturwissenschaftlers. Insofern Fragen der Erschließung des historischen Kontextes, der Werkfolge, der Vergleichslinien zu zeitgleichen, vorausgehenden und nachfolgenden Werken, auch Fragen der interpretatorischen Aktualisierbarkeit der Einzelinterpretation vorausgehen, ohne ausdrücklich thematisiert zu werden, läßt sich Schlegels Plazierung der Meister-Kritik im hermeneutischen Reflexionsprozeß tatsächlich als Vorstufe zu einer noch zu entwerfenden Theorie hermeneutischer Operationen betrachten. Diese könnte erst klären, inwiefern die ‹Kunst der Interpretation› tatsächlich bis in die Zuordnung der ausgewählten Zitate hinein eine zweite Unmittelbarkeit des Textbezuges herstellt.

Der hermeneutische Zeitbezug der Einzelinterpretation, sowohl in den historisch-rekonstruierenden Teilen als auch in den aktualisierenden Entwurfsaspekten, ist offenbar verschieden etwa vom Zeitbezug einer literaturgeschichtlichen oder einer literatursoziologischen Darstellung, Untersuchung oder Abhandlung.

7. Leseprozesse an modernen Texten lassen sich zweifellos nicht mehr allein mit den Schlegelschen Vorstellungen von ‹Cyclisierung› und Tempowechsel lenken und beeinflussen. Allerdings wäre eine Verbindung lebensunmittelbarer, gleichsam vortheoretisch entwickelter und angeregter Verstehensrollen mit rezeptionsästhetisch-didaktischen Ansätzen vorstellbar. Wollte man die überkommene spekulative Denkfigur der Ästhetik, daß sich in der gelungenen Rezeption der ‹ganze Mensch› in den ‹Menschen ganz› verwandle[18], durch neuere Erklärungen ersetzen, so wäre wiederum eine Verbindung von Rollenästhetik, soziologischer und sozialpsychologischer Rollentheorie mit Teilaspekten einer noch zu entwickelnden Rollenhermeneutik herzustellen[19]. Fragen der Reichweiten ästhetischer Beeinflussung, der Lesedidaktik etc. ließen sich erst auf der Grundlage solcher interdisziplinärer Verbindungen beantworten. Eine ästhetische Hermeneutik der Moderne aber stieße darüber hinaus auf eine grundlegend verschobene Beziehung von Erwartungseinlösung und Erwartungsnegierung in Lese-

17. Kaiser, 1973, 60–62; Ricœur, 1978, 103; Hirsch, 1972, 174/175, zur Absicht bzw. «Perspektive» des Autors: 182; Apel, 1973, I, 101; zum ‹Objektivationscharakter› vgl. Betti, 1967, 50, 56, 93; Riffaterre, 1975, 180, 187; Iser, 1975 b, 258, 260.

18. Lukács, 1963 b, 1, 640 ff.; vgl. Dahrendorf, [6]1967, 41.

19. Gerhardt, 1971, 42: «Der Zugang zu einer hermeneutisch interpretierten Fragestellung in der Rollendiskussion muß erst langsam wieder freigeräumt werden»; Dahrendorf, [6]1967, 65, 88 ff.; Luhmann, [2]1972, 23 f.; Habermas 1971 b, 53; Iser, 1975 c, 283; Michel, 1978 a, 115 ff.; Grimm, 1977, 27.

prozessen, etwa bei Romanen des 20. Jahrhunderts[20]. Die weiterentwickelte Leseerwartung entfernt sich durch Verarbeitung und Einbeziehung von Negationselementen aber wiederum von Erwartungen gegenüber rhetorisch und narrativ anders gerichteten Textsorten. Dies führte wiederum zur dialektischen Flexibilität der Verstehensrollen zurück. Zusätzlich hat sich das Verhältnis von Lese- und Sehprozessen soweit verschoben, daß eine moderne Lesedidaktik sich mit apperzeptiven Wechselbeeinflussungen als Voraussetzung ästhetischer Verstehensprozesse beschäftigen müßte.

8. Die Art, wie sich die Absicht des Erzähler-Autors in der Objektivation des Werkes, insbesondere des Romans, bricht, hat ebenso mehrere rollenästhetische Komplizierungen durchlaufen. Dennoch ist der Streit um Formen der Rollenspaltung, erst recht der Identitätsdiffusion des modernen Erzählers, noch nicht soweit gediehen[21], daß der Vergleich von Schlegels Woldemar- und Meister-Kritik im hermeneutischen Argumentationsprozeß unergiebig wäre. Das Verhältnis des rollenverteilenden Erzähler-Autors zu den Figuren, Entsprechungsverhältnisse in den Figurenkonstellationen und schließlich in dem ‹inneren Plural› der Lesenden lassen sich wiederum bis zu jenem Kongruenzverhältnis umfassender Verstehensrollen steigern. Allerdings müßten hier viele Fragen hermeneutisch neu angesetzt werden, wie etwa die nach den unmittelbaren Identifikationsmöglichkeiten bei Formen der Identitätsdiffusion des Erzählers[22]. Für eine rollenhermeneutische Verbindung von Romanpoetologie und Rezeptionsästhetik, Sozialpsychologie und Psychohistorie fehlen noch viele Voraussetzungen.

Eine ästhetische Hermeneutik der Moderne müßte wie die Schlegelsche «à la hauteur» sein, das heißt auf der Höhe sowohl der ästhetischen Objektivationen der Zeit als auch auf der Höhe der Verstehensmuster verschiedener zugeordneter und hermeneutisch vereinbarter Wissenschaften.

20. Kaiser, 1973, 55; Jauß, 1977, 39 ff., 56; Grimm, 1977, 104, 27, 266 Anm. 59; Iser, 1975 a, 243 ff., 1975 b, 257, 270, 1975 c, 296; Japp, 1977, 119 ff.; Michel, 1978 a, 162 ff.

21. Adorno, 1974, 42; Michel, 1978 a, 142 ff.; Batt, 1974, 9, 11, 18, 21.

22. Vgl. Jauß, 1977, 250, 257; Grimm, 1977, 266 Anm. 61, 62, 63; Ricœur, ²1974 b, 486; Iser, 1975 b, 273; vgl. Dahrendorf, ⁶1967, 62; Michel, 1978 a, 150 ff.; Erikson, 1975, 121 ff.

VIII.

Literaturverzeichnis

Ausgaben

Ast, F., Grundriß der Philologie, Landshut 1808.
–, Grundlinien der Grammatik, Hermeneutik und Kritik, Landshut 1808 [zit. als: Ast, GH].
Baumgarten, A. G., Aesthetica, 2 Bde., Frankfurt a. d. O. 1750–1758 [zit. als: Baumgarten, Ae].
Caroline, Briefe aus der Frühromantik, nach G. Waitz vermehrt, hg. von E. Schmidt, Leipzig 1913.
Chladenius, J. M., Einleitung zur richtigen Auslegung vernünfftiger Reden und Schrifften, Leipzig 1742, (Nachdruck Düsseldorf 1969) [zit. als: Chladenius, EA].
–, Vernünftige Gedancken vom Wahrscheinlichen, Leipzig 1748 [zit. als: Chladenius, VG].
–, Allgemeine Geschichtswissenschaft, worinn der Grund zu einer neuen Einsicht in alle Arten der Gelahrtheit gelegt wird, Leipzig 1751 [zit. als: Chladenius, AG].
Dilthey, W., Gesammelte Schriften, 18 Bde., Leipzig/Berlin 1914 ff., später: Göttingen/Stuttgart/Zürich.
Darin:
–, Einleitung in die Geisteswissenschaften. Versuch einer Grundlegung für das Studium der Gesellschaft und der Geschichte, Bd. I, hg. von B. Groethuysen, Göttingen ^{6}1966.
–, Der Aufbau der geschichtlichen Welt in den Geisteswissenschaften, Bd. VII, hg. von B. Groethuysen, Göttingen ^{5}1968.
–, Leben Schleiermachers, Bd. XIII/1, hg. von M. Redeker, Göttingen ^{3}1970.
–, Die Wissenschaften vom Menschen, der Gesellschaft und der Geschichte. Vorarbeiten zur Einleitung in die Geisteswissenschaften (1865–1880), Bd. XVIII, hg. von H. Johach/F. Rodi, Göttingen 1977.
Ernesti, J. A., Institutio Interpretis Novi Testamenti, Lipsiae ^{4}1792 [zit. als: Ernesti INT].
Fichte, J. G., Werke, hg. von I. H. Fichte, photomechanischer Nachdruck von: J. G. Fichtes sämtliche Werke, 8 Bde., Berlin 1845/46 und J. G. Fichtes nachgelassene Werke, 3 Bde., Bonn 1834/35.
Forster, G., Werke in 4 Bänden, hg. von G. Steiner, Leipzig o. J.
Darin:
–, Briefe, Bd. IV.
–, Die Kunst und das Zeitalter, Bd. III, S. 121–134, [zit. als: Forster, KuZ].
–, Ansichten vom Niederrhein, von Brabant, Flandern, Holland, England und Frankreich im April, Mai und Junius 1790, Bd. II, S. 369–869, [zit. als: Forster, AN].
–, Über Proselytenmacherei, Bd. III, S. 91–120 [zit. als: Forster, ÜP].
–, Parisische Umrisse, Bd. III, S. 727–776 [zit. als: Forster, PU].
–, Geschichte der Englischen Litteratur, Bd. III, S. 195–365 [zit. als: Forster, EL].

–, Über die Beziehung der Staatskunst auf das Glück der Menschheit, Bd. III, S. 695–725 [zit. als: Forster, BS].
Goethe, J. W. von, Briefe. Hamburger Ausgabe, 4 Bde., hg. von E. Trunz, Hamburg 1962 ff.
–, Werke. Hamburger Ausgabe, 14 Bde., hg. von E. Trunz, Hamburg 1948–1960.
Darin:
–, Wilhelm Meisters Lehrjahre, Bd. VII [zit. als: Goethe, WM].
Hamann, J. G., Briefwechsel, hg. von A. Henkel, Frankfurt a. M. 1965.
Hegel, G. W. F., Werke in zwanzig Bänden, hg. auf der Grundlage der Werke von 1832–1845 von E. Moldenhauer/K. M. Michel, Frankfurt a. M. 1970.
Darin:
–, Vorlesungen über die Ästhetik, Bde. XIII–XV [zit. als: Hegel,VÄ].
Herder, J. G., Sämtliche Werke, 33 Bde., hg. von B. Suphan, Berlin 1877–1913.
Darin:
–, Briefe zu Beförderung der Humanität, Bd. XVII, 1.–80. Brief (1793–1795), Berlin 1881 und Bd. XVIII, 81.–124. Brief (1796–1797), Berlin 1883 [zit. als: Herder, BH].
Hertz, H., Ihr Leben und ihre Erinnerung, hg. von J. Fürst, Berlin 1850 [zit. als: Hertz, LE].
Hölderlin, F., Sämtliche Werke, 7 Bde., hg. von F. Beißner, Stuttgart 1943–1972.
Jacobi, F. H., Werke in sechs Bänden, hg. von F. Roth/F. Köppen, Leipzig 1812–1825, (Nachdruck Darmstadt 1968).
Darin:
–, Wider Mendelssohns Beschuldigungen in dessen Schreiben an die Freunde Lessings, Bd. IV, 2. Abteilung [zit. als: Jacobi, MB].
Kant, I., Werke in zwölf Bänden, hg. von W. Weischedel, Frankfurt a. M. ^{2}1978.
Darin:
–, Der Streit der Fakultäten. Zweiter Abschnitt. Erneuerte Frage: Ob das menschliche Geschlecht im beständigen Fortschreiten zum Besseren sei, Bd. XI, S. 351–368 [zit. als: Kant, SF].
–, Zum ewigen Frieden, Bd. XI, S. 193–251 [zit. als: Kant, EF].
–, Idee zu einer allgemeinen Geschichte in weltbürgerlicher Absicht, Bd. XI, S. 31–50 [zit. als: Kant, IG].
–, Beantwortung der Frage: Was ist Aufklärung?, Bd. XI, S. 51–61 [zit. als: Kant, BA].
–, Kritik der Urteilskraft Bd. X, S. 7-456 [zit. als: Kant, KdU].
Lessing, G. F., Werke. Vollständige Ausgabe in fünfundzwanzig Teilen, hg., mit Einleitungen und Anmerkungen sowie einem Gesamtregister versehen von J. Petersen/W. von Olshausen, Berlin/Leipzig/Wien/Stuttgart 1925, (Nachdruck Hildesheim 1970).
Darin:
–, Die Erziehung des Menschengeschlechts, Teil VI, hg. von W. von Olshausen, S. 62–83 [zit. als: Lessing, EdM].
–, Hamburgische Dramaturgie, Teil V, hg. von J. Petersen [zit. als: Lessing, HD].
–, Nathan der Weise, Teil II, hg. von E. Stemplinger, S. 167–313 [zit. als: Lessing, NW].
Meier, G. F., Versuch einer allgemeinen Auslegungskunst, Halle im Magdeburgischen 1757, (Nachdruck Düsseldorf 1965) [zit. als: Meier, AA].
–, Anfangsgründe aller schönen Wissenschaften, 3 Theile, Halle im Magdeburgischen 1748–1750, ^{2}1754 [zit. als: Meier, AKW].
–, Metaphysik, 4 Theile, Halle 1755–1759.
–, Vernunftlehre, Halle 1752, ^{2}1762.
Novalis, Schriften. Die Werke Friedrich von Hardenbergs, 4 Bde., hg. von P. Kluckhohn/R. Samuel/H.-J. Mähl/G. Schulz, Stuttgart 1960 ff.
Darin:
–, Das dichterische Werk, Bd. I, ^{3}1977.
–, Das philosophische Werk I, Bd. II, ^{2}1965.
–, Das philosophische Werk II, Bd. III, ^{2}1968.
–, Tagebücher. Briefwechsel. Zeitgenössische Zeugnisse, Bd. IV, ^{2}1975.

Schelling, F. W. J., Sämmtliche Werke, Stuttgart/Augsburg 1856–1861, (Nachdruck Darmstadt 1974 ff.).
Darin:
–, Schriften von 1799–1801, Stuttgart/Augsburg 1858/59, (Nachdruck Darmstadt 1975).
Schiller, F., Sämtliche Werke in fünf Bänden, hg. von G. Fricke/H. G. Göpfert/H. Stubenrauch, München 1958/59.
Darin:
–, Über naive und sentimentalische Dichtung, Bd. V, S. 694–780 [zit. als: Schiller, NsD].
–, Über die ästhetische Erziehung des Menschen in einer Reihe von Briefen, Bd. V, S. 570–669 [zit. als: Schiller, ÄE].
–, Was kann eine gute stehende Schaubühne eigentlich wirken? (Die Schaubühne als eine moralische Anstalt betrachtet), Bd. V, S. 818–831 [zit. als: Schiller, Sch].
–, Die Räuber, Bd. I.
Schlegel, A. W., Werke, 7 Bde., hg. von E. Lohner, Stuttgart 1962 ff.
Darin:
–, Kritische Schriften und Briefe, Bd. II (Die Kunstlehre) und Bd. III (Geschichte der klassischen Literatur) [zit. als: Schlegel, KSB].
Briefe von Dorothea Schlegel an Friedrich Schleiermacher, hg. von H. Meisner/E. Schmidt, Berlin 1913.
Dorothea Schlegel und deren Söhne. Briefwechsel, 2 Bde., hg. von J. M. Raich, Mainz 1881.
Schlegel, F., Kritische Friedrich-Schlegel-Ausgabe, 35 Bde. (geplant), hg. von E. Behler unter Mitwirkung von J.-J. Anstett und H. Eichner, München/Paderborn/Wien 1958 ff.
Darin:
1. Abteilung: Kritische Neuausgabe:
–, Studien des klassischen Altertums, Bd. I, hg. und eingeleitet von E. Behler, 1979 [zit. als: KA I].
–, Charakteristiken und Kritiken I (1796–1801), Bd. II, hg. und eingeleitet von H. Eichner, 1967 [zit. als: KA II].
–, Charakteristiken und Kritiken II (1802–1829), Bd. III, hg. und eingeleitet von H. Eichner, 1975 [zit. als: KA III].
–, Ansichten und Ideen von der christlichen Kunst, Bd. IV, hg. und eingeleitet von H. Eichner, 1959 [zit. als: KA IV].
–, Dichtungen, Bd. V, hg. und eingeleitet von H. Eichner, 1962 [zit. als: KA V].
–, Geschichte der alten und neuen Literatur, Bd. VI, hg. und eingeleitet von H. Eichner, 1961 [zit. als: KA VI].
–, Studien zur Geschichte und Politik, Bd. VII, hg. und eingeleitet von E. Behler, 1966 [zit. als KA VII].
–, Studien zur Philosophie und Theologie (1796–1824), Bd. VIII, hg. und eingeleitet von E. Behler, 1976 [zit. als: KA VIII].
–, Philosophie der Geschichte. In achtzehn Vorlesungen gehalten zu Wien im Jahre 1828, Bd. IX, hg. und eingeleitet von J.-J. Anstett, 1971 [zit. als: KA IX].
–, Philosophie des Lebens. In fünfzehn Vorlesungen gehalten zu Wien im Jahre 1827, und Philosophische Vorlesungen insbesondere über Philosophie der Sprache und des Wortes. Geschrieben und vorgetragen zu Dresden im Dezember 1828 und in den ersten Tagen des Januar 1829, Bd. X, hg. und eingeleitet von E. Behler, 1969 [zit. als: KA X].
2. Abteilung: Schriften aus dem Nachlaß:
–, Wissenschaft der europäischen Literatur, Bd. XI, mit Einleitung und Kommentar hg. von E. Behler, 1958 [zit. als: KA XI].
–, Philosophische Vorlesungen (1800–1807), Erster Teil, Bd. XII, mit Einleitung und Kommentar hg. von J.-J. Anstett, 1964 [zit. als: KA XII].
–, Philosophische Vorlesungen (1800–1807), Zweiter Teil, Bd. XIII, mit Einleitung und Kommentar hg. von J.-J. Anstett, 1964 [zit. als: KA XIII].
–, Vorlesungen über Universalgeschichte (1805–1806), Bd. XIV, mit Einleitung und Kom-

mentar hg. von J.-J. Anstett, 1960 [zit. als: KA XIV].
–, Fragmente zur Poesie und Literatur, Erster Teil, Bd. XVI, mit Einleitung und Kommentar hg. von H. Eichner, 1981 [zit. als: KA XVI].
Darin:
Von der Schönheit in der Dichtkunst III.
Von der Schönheit in der Dichtkunst.
Zur Philologie I.
Zur Philologie II.
Fragmente zur Litteratur und Poesie.
Ideen zu Gedichten.
Fragmente zur Poesie und Litteratur II und Ideen zu Gedichten.
Zur Poesie I. Paris. 1802 Jul.
Zur Poesie II. Paris. 1802 December.
Zur Poesie. Anno 1803. I.
Zur Poesie. 1803. II. Julius.
Theorie des Schönen und der Poesie.
–, Philosophische Lehrjahre (1796–1806) nebst philosophischen Manuskripten aus den Jahren 1796–1828, Erster Teil, Bd. XVIII, mit Einleitung und Kommentar hg. von E. Behler, 1963 [zit. als: KA XVIII].
–, Philosophische Lehrjahre (1796–1806) nebst philosophischen Manuskripten aus den Jahren 1796–1828, Zweiter Teil, Bd. XIX, mit Einleitung und Kommentar hg. von E. Behler, 1971 [zit. als: KA XIX].
–, Fragmente zur Geschichte und Politik III (1820–1828), Bd. XXII, mit Einleitung und Kommentar hg. von U. Behler, 1979 [zit. als: KA XXII].
4. Abteilung: Editionen, Übersetzungen, Berichte:
–, Tagebuch (über die magnetische Behandlung der Gräfin Lesniowska) (1820–1826). Aufzeichnungen über Cäcilie P. (1824–1828). Mitteilung von Ludwig Schnorr von Carolsfeld, Bd. XXXV, mit Einleitung und Kommentar hg. von U. Behler, 1979 [zit. als: KA XXXV].
Schlegel, F., Literary Notebooks, edited with introduction and commentary by H. Eichner, London 1957.
–, F. Schlegels ‹Philosophie der Philologie›, hg. und eingeleitet von J. Körner, in: Logos. Internationale Zeitschrift für Philosophie der Kultur XVII, 1928, Heft 1 [zit. als: Schlegel, PhdPh].
–, Neue philosophische Schriften, hg. von J. Körner, Frankfurt a. M. 1935 [zit. als: Schlegel NPhS].
–, Friedrich Schlegels Briefe an seinen Bruder August Wilhelm, hg. von O. Walzel, Berlin 1890 [zit. als: Schlegel, BB].
–, Friedrich Schlegel und Novalis. Biographie einer Romantikerfreundschaft in ihren Briefen, hg. von M. Preitz, Darmstadt 1957.
–, Der Briefwechsel Friedrich und Dorothea Schlegels 1818–1820, hg. von H. Finke, München 1923.
–, Briefe an Friedrich Schlegel, hg. von H. Finke, Köln 1917 [zit. als: Schlegel, BFSch].
–, Briefe von und an Friedrich und Dorothea Schlegel, gesammelt und erläutert von J. Körner, Berlin 1926 [zit. als: Schlegel, FDS].
–, Friedrich Schlegel. Briefe an Frau Christine von Stransky, 2 Bde., hg. von M. Rottmanner, Wien 1907 ff.
–, Briefe, in: Archiv für Literaturgeschichte XV, 1887.
–, Briefe von Dorothea und Friedrich Schlegel an die Familie Paulus, hg. von R. Unger, Berlin 1913.
–, Seine prosaischen Jugendschriften, 2 Bde., hg. von J. Minor, Wien ²1906 (¹1882) [zit. als: Schlegel, PJ].
Schlegel, J. E., Ästhetische und dramaturgische Schriften, Heilbronn 1887.

Schleiermacher, F. D. E., Sämtliche Werke, Drei Abtheilungen, Berlin 1835–1864.
Darin:
–, Hermeneutik und Kritik mit besonderer Beziehung auf das Neue Testament, Abtlg. I, Bd. 7, hg. von F. Lücke, [zit. als: Schleiermacher HLü].
Schleiermacher, F. D. E., Hermeneutik. Nach den Handschriften neu hg. und eingeleitet von H. Kimmerle, Heidelberg ²1974 [zit. als: Schleiermacher, HKi].
–, Vertraute Briefe über Friedrich Schlegels Lucinde, (anonym), Lübeck/Leipzig 1800.
–, Aus Schleiermachers Leben. In Briefen, 4 Bde., hg. von L. Jonas und W. Dilthey, Berlin 1858–1863 [zit. als: Schleiermacher, SchL].
Tieck, L., Kritische Schriften, hg. von R. Köpke, Leipzig 1848–1852.
–, Nachgelassene Schriften. Auswahl und Nachlese, 2 Bde., hg. von R. Köpke, Leipzig 1855 [zit. als: Tieck, NS].
–, [Sammlung] Ludwig Tieck, 3 Bde., hg. von U. Schweikert, München 1971 (Dichter über ihre Dichtungen, Bd. 9) [zit. als: Tieck, DüD].
Varnhagen van Ense, K.-A., Galerie von Bildnissen aus Rahels Umgang und Briefwechsel, Leipzig 1836.

Allgemeine Literatur

Adorno, Th. W., Gesammelte Schriften, 22 Bde., hg. von R. Tiedemann, Frankfurt a. M. 1970 ff.
Darin:
–, Ästhetische Theorie, Bd. VII, hg. von G. Adorno/R. Tiedemann, Frankfurt a. M. 1970.
–, Noten zur Literatur, Bd. XI, hg. von R. Tiedemann, Frankfurt a. M. 1974.
Albert, H., Plädoyer für kritischen Rationalismus, München 1971.
–, Traktat über die kritische Vernunft, Tübingen ³1975.
–, Transzendentale Träumereien. Karl-Otto Apels Sprachspiele und sein hermeneutischer Gott, Hamburg 1975.
Apel, K.-O., Transformation der Philosophie, Bd. I: Sprachanalytik, Semiotik, Hermeneutik; Bd. II: Das Apriori der Kommunikationsgemeinschaft, Frankfurt a. M. 1973.
– /Bormann, C. v./Bubner, R./Gadamer, H.-G./Giegel, H. J./Habermas, J. (Hg.), Hermeneutik und Ideologiekritik, Frankfurt a. M. 1971.
– /Manninen, J./Tuomela, R. (Hg.), Neue Versuche über Erklären und Verstehen, Frankfurt a. M. 1978.
Arnold, H. L./Buck, Th. (Hg.), Positionen des Erzählens, München 1976.
Batt, K., Die Exekution des Erzählers, Frankfurt a. M. 1974.
Baumgart, R., Aussichten des Romans oder: Hat Literatur Zukunft, Neuwied und Berlin 1968.
Baumgartner, H. M., Kontinuität und Geschichte. Zur Kritik und Metakritik der historischen Vernunft, Frankfurt a. M. 1972.
–, Thesen zur Grundlegung einer transzendentalen Historik, in: H. M. Baumgartner/J. Rüsen (Hg.), Seminar: Geschichte und Theorie. Umrisse einer Historik, Frankfurt a. M. 1976.
Betti, E., Teoria generale della interpretazione, Mailand 1955; dt: Allgemeine Auslegungslehre als Methodik der Geisteswissenschaften, Tübingen 1967.
–, Die Hermeneutik als allgemeine Methodik der Geisteswissenschaften, Tübingen 1962.
Bloch, E., Das antizipierende Bewußtsein, Frankfurt a. M. 1972.
–, Tübinger Einleitung in die Philosophie I, Frankfurt a. M. 1963.
–, Verfremdungen I, Frankfurt a. M. 1963.
–, Verfremdungen II, Frankfurt a. M. 1965.
–, Vorlesungen zur Philosophie der Renaissance, Frankfurt a. M. 1972.
–, Zwischenwelten in der Philosophiegeschichte, Frankfurt a. M. 1977.

Blumenberg, H., Der Prozeß der theoretischen Neugierde, Frankfurt a. M. ³1973.
Bollnow, O. F., Das Verstehen. Drei Aufsätze zur Theorie der Geisteswissenschaften, Mainz 1949.
Bolz, N. W., Geschichtsphilosophie des Ästhetischen. Hermeneutische Rekonstruktion der ‹Noten zur Literatur› Th. W. Adornos, Hildesheim 1979 a.
Bormann, C. v., Die Zweideutigkeit der ästhetischen Erfahrung, in: K.-O. Apel/C. v. Bormann/R. Bubner/H.-G. Gadamer/H. J. Giegel/J. Habermas (Hg.), Hermeneutik und Ideologiekritik, Frankfurt a. M. 1971.
Brogsitter, K. O., Das hohe Geistergespräch, Bonn 1958.
Bubner, R., Dialektik und Wissenschaft, Frankfurt a. M. 1973.
–, ‹Philosophie ist ihre Zeit, in Gedanken erfaßt›, in: K.-O. Apel/C. v. Bormann/R. Bubner/H.-G. Gadamer/H. J. Giegel/J. Habermas (Hg.), Hermeneutik und Ideologiekritik, Frankfurt a. M. 1971 b.
–, Was ist kritische Theorie?, in: K.-O. Apel/C. v. Bormann/R. Bubner/H.-G. Gadamer/H. J. Giegel/J. Habermas (Hg.), Hermeneutik und Ideologiekritik, Frankfurt a. M. 1971 a.
–, Über einige Bedingungen gegenwärtiger Ästhetik, in: Neue Hefte für Philosophie 5, 1973.
– /Cramer, K./Wiehl, R. (Hg.), Hermeneutik und Dialektik, H.-G. Gadamer zum 70. Geburtstag, Tübingen 1970.
Buck, Th./Arnold, H. L., Positionen des Erzählens, München 1976.
Bürger, P., Theorie der Avantgarde, Frankfurt a. M. 1974.
Claessens, D., Rolle und Macht, München 1968.
Curtius, M. (Hg.), Seminar: Theorien der künstlerischen Produktivität, Frankfurt a. M. 1976.
Dahrendorf, R., Homo Sociologicus, Ein Versuch zur Geschichte, Bedeutung und Kritik der Kategorie der sozialen Rolle, Köln/Opladen ⁶1967.
–, Pfade aus Utopia. Arbeiten zur Theorie und Methode der Soziologie, München ³1974.
Dreitzel, H. P., Die gesellschaftlichen Leiden und das Leiden an der Gesellschaft, Stuttgart ²1972.
Emrich, W., Protest und Verheißung, Bonn/Frankfurt a. M. 1960.
Erikson, E. H., Identität und Lebenszyklus, Frankfurt a. M. ²1973.
–, Dimensionen einer neuen Identität, Frankfurt a. M. 1975.
Faber, K. G., Grundzüge einer historischen Hermeneutik, in: H.-G. Gadamer/G. Boehm (Hg.), Seminar: Die Hermeneutik und die Wissenschaften, Frankfurt a. M. 1978.
Fish, S., Literatur im Leser: Affektive Stilistik, in: R. Warning (Hg.), Rezeptionsästhetik, München 1975.
Flashar, H., Die methodisch-hermeneutischen Ansätze von Friedrich August Wolf und Friedrich Ast – Traditionelle und neue Begründungen, in: H. Flashar/K. Gründer/A. Horstmann (Hg.), Philologie und Hermeneutik im 19. Jahrhundert. Zur Geschichte und Methodologie der Geisteswissenschaften, Göttingen 1979.
Foucault, M., Archäologie des Wissens, Frankfurt a. M. 1981.
Friedemann, K., Die Rolle des Erzählers in der Epik, Leipzig 1910.
Gadamer, H.-G., Artikel: Hermeneutik, in: J. Ritter (Hg.), Historisches Wörterbuch der Philosophie, Basel/Stuttgart 1974 ff.
–, Kleine Schriften, 4 Bde., Tübingen 1967 ff.
–, Wahrheit und Methode, Tübingen ²1965.
–, Rhetorik, Hermeneutik und Ideologiekritik. Metakritische Erörterungen zu ‹Wahrheit und Methode›, in: K.-O. Apel/C. v. Bormann/R. Bubner/H.-G. Gadamer/H. J. Giegel/J. Habermas (Hg.), Hermeneutik und Ideologiekritik, Frankfurt a. M. 1971.
– /Boehm, G. (Hg.), Seminar: Die Hermeneutik und die Wissenschaften, Frankfurt a. M. 1978.
– /Boehm, G. (Hg.), Seminar: Philosophische Hermeneutik, Frankfurt a. M. 1976.
Gerhardt, U., Rollenanalyse als kritische Soziologie, Neuwied/Berlin 1971.
Goffman, E., Interaktion: Spaß am Spiel. Rollendistanz, München 1973.
–, Stigma. Über Techniken der Bewältigung beschädigter Identität, Frankfurt a. M. 1975.
Goldmann, L., Dialektische Untersuchungen, Neuwied/Berlin 1966.

–, Lukács und Heidegger, Neuwied/Berlin 1975.
Grimm, G., Rezeptionsgeschichte, Grundlegung einer Theorie, München 1977.
Habermas, J., Strukturwandel der Öffentlichkeit, Neuwied/Berlin ^{5}1971 a.
–, Erkenntnis und Interesse, Frankfurt a. M. ^{3}1973 a.
–, Zu Gadamers ‹Wahrheit und Methode›, in: K.-O. Apel/C. v. Bormann/R. Bubner/H.-G. Gadamer/H. J. Giegel/J. Habermas (Hg.), Hermeneutik und Ideologiekritik, Frankfurt a. M. 1971 b.
–, Philosophisch-politische Profile, Frankfurt a. M. ^{2}1973 b.
–, Theorie und Praxis, Frankfurt a. M. ^{4}1971 c.
–, Zur Logik der Sozialwissenschaften. Materialien, Frankfurt a. M. ^{3}1973 c.
– /Luhmann, N., Theorie der Gesellschaft oder Sozialtechnologie, Frankfurt a. M. ^{2}1972.
Hamburger, K., Die Logik der Dichtung, Stuttgart ^{2}1968.
Heidegger, M., Sein und Zeit, Tübingen ^{8}1957.
Hempfer, K. W., Gattungstheorie. Information und Synthese, München 1973.
Hirsch, E. D., Prinzipien der Interpretation, München 1972.
Hörmann, H., Meinen und Verstehen. Grundzüge einer psychologischen Semantik, Frankfurt a. M. 1978.
Horkheimer, M., Traditionelle und kritische Theorie, Frankfurt a. M. ^{4}1973.
Horst, K. A., Das Spektrum des modernen Romans, München ^{2}1964.
Hufnagel, F., Einführung in die Hermeneutik, Stuttgart 1976.
Ingarden, R., Konkretisation und Rekonstruktion, in: R. Warning (Hg.), Rezeptionsästhetik, München 1975.
Iser, W., Der implizite Leser, München 1972.
–, Die Appellstruktur der Texte, in: R. Warning (Hg.), Rezeptionsästhetik, München 1975 a.
–, Der Lesevorgang, in: R. Warning (Hg.), Rezeptionsästhetik, München 1975 b.
–, Die Wirklichkeit der Fiktion – Elemente eines funktionsgeschichtlichen Textmodells, in: R. Warning (Hg.), Rezeptionsästhetik, München 1975 c.
Israel, J., Der Begriff Entfremdung, Hamburg 1972.
Japp, U., Hermeneutik, Der theoretische Diskurs, die Literatur und die Konstruktion ihres Zusammenhanges in den philologischen Wissenschaften, München 1977.
Jauß, H.-R., Ästhetische Erfahrung und literarische Hermeneutik I, München 1977.
–, Racines und Goethes Iphigenie – Mit einem Nachwort über die Partialität der rezeptionsästhetischen Methode, in: R. Warning (Hg.), Rezeptionsästhetik, München 1975 a.
–, Literaturgeschichte als Provokation der Literaturwissenschaft, in: R. Warning (Hg.), Rezeptionsästhetik, München 1975 b.
Kaiser, G., Pietismus und Patriotismus im literarischen Deutschland, Wiesbaden 1961.
–, Antithesen. Zwischenbilanz eines Germanisten 1970–1972, Frankfurt a. M. 1973.
–, Neue Antithesen eines Germanisten 1974–1975, Kronberg i. Ts. 1976.
Kayser, W., Die Anfänge des modernen Romans im 18. Jahrhundert und seine heutige Krise, in: Deutsche Vierteljahresschrift für Literaturwissenschaft und Geistesgeschichte 28 (1954).
Kanzog, K., Erzählstrategie, Heidelberg 1976.
Kilian, H., Das enteignete Bewußtsein, Neuwied/Berlin 1971.
Kimmerle, H., Hermeneutische Theorie oder ontologische Hermeneutik, in: Zeitschrift für Theologie und Kirche 59 (1962).
Klotz, V., Geschlossene und offene Form im Drama, München ^{8}1976.
Kolbe, J. (Hg.), Neue Ansichten einer künftigen Germanistik, München 1973.
Koselleck, R., Kritik und Krise. Eine Studie zur Pathogenese der bürgerlichen Welt, Frankfurt a. M. ^{2}1976 a.
–, Wozu noch Historie?, in: H. M. Baumgartner/J. Rüsen (Hg.), Seminar: Geschichte und Theorie. Umrisse einer Historik, Frankfurt a. M. 1976 b.
Koskimies, R., Theorie des Romans, Helsinki 1935.
Lämmert, E., Bauformen des Erzählens, Stuttgart ^{6}1975.

–, Rezeptions- und Wirkungsgeschichte der Literatur als Lehrgegenstand, in: J. Kolbe (Hg.), Neue Ansichten einer künftigen Germanistik, München 1973.
– (Hg.), Romantheorie. Dokumentation ihrer Geschichte in Deutschland 1620–1880, Köln/Berlin 1971.
Laing, R. D./Phillipson, H./Lee, A. R., Interpersonelle Wahrnehmung, Frankfurt a. M. 1971.
Lang, P. Ch., Hermeneutik – Ideologiekritik – Ästhetik, Über Gadamer und Adorno sowie Fragen einer aktuellen Ästhetik, Königstein i. Ts. 1981.
Lepsius, R. M., Zum Verhältnis von Geschichtswissenschaft und Soziologie, in: H. M. Baumgartner/J. Rüsen (Hg.), Seminar: Geschichte und Theorie. Umrisse einer Historik, Frankfurt a. M. 1976.
Lieber, H.-J. (Hg.), Ideologienlehre und Wissenssoziologie, Darmstadt 1974.
Luckmann, Th., Persönliche Identität, soziale Rolle und Rollendistanz, in: O. Marquard/K. Stierle (Hg.), Identität, München 1979 (Poetik und Hermeneutik, Bd. 8).
Lüdke, W. M. (Hg.), Theorie der Avantgarde. Antworten auf Peter Bürgers Bestimmung von Kunst und bürgerlicher Gesellschaft, Frankfurt a. M. 1976.
Lugowski, C., Die Form der Individualität im Roman, Berlin 1932.
Luhmann, N., Funktionen und Folgen formaler Organisation, Berlin 1964.
–, Soziologie als Theorie sozialer Systeme, in: Kölner Zeitschrift für Soziologie und Sozialpsychologie 19 (1967).
–, Weltzeit und Systemgeschichte. Über Beziehungen zwischen Zeithorizonten und sozialen Strukturen gesellschaftlicher Systeme, in: H. M. Baumgartner/J. Rüsen (Hg.), Seminar: Geschichte und Theorie. Umrisse einer Historik, Frankfurt a. M. 1976.
– /Habermas, J., Theorie der Gesellschaft oder Sozialtechnologie, Frankfurt a. M. [2]1972.
Lukács, G., Theorie des Romans. Ein geschichtsphilosophischer Versuch über die Formen der großen Epik, Neuwied/Berlin [2]1963 a.
–, Die Eigenart des Ästhetischen, 2 Bde., Neuwied/Berlin 1963 b.
Mason, E. C., Deutsche und Englische Romantik. Eine Gegenüberstellung, Göttingen [3]1970.
Mead, G. H., Geist, Identität und Gesellschaft aus der Sicht des Sozialbehaviorismus, Frankfurt a. M. 1968.
–, Die objektive Realität der Perspektiven, in: H.-G. Gadamer/G. Boehm (Hg.), Seminar: Die Hermeneutik und die Wissenschaften, Frankfurt a. M. 1978.
Michel, W., Die Aktualität des Interpretierens. Hermeneutische Zugänge zu Lessing, Lenz, F. Schlegel, Fontane, Kafka, Frisch, Bachmann, Handke, Weiss, Härtling und ein Gespräch mit Peter Härtling, Heidelberg 1978 a.
–, Marxistische Ästhetik – Ästhetischer Marxismus. Georg Lukács' Realismus, 2 Bde., Frankfurt a. M. 1971/72.
–, Poetische Transformationen Kierkegaardscher Denkfiguren im neueren deutschen Roman.
– Eine wirkungsgeschichtliche Betrachtung zu Max Frisch, «Stiller» und «Mein Name sei Gantenbein», Peter Härtling, «Niembsch oder Der Stillstand», Gabriele Wohmann, «Ernste Absicht» und Martin Walser, «Das Einhorn» –, in: G. Michels (Hg.), Festschrift für Friedrich Kienecker, Heidelberg 1980.
–, Vom Engagement des Autors zur Rollendistanz des Erzählers: Alfred Andersch, in: I. Schneider (Hg.), Die Rolle des Autors, Analysen und Gespräche, Stuttgart 1981 a.
–, Interpersonelle Wahrnehmungen als immanenter Verstehensprozeß in Goethes ‹Wahlverwandtschaften›, mit einer Einleitung zu Goethes hermeneutischen Anschauungen, in: N. W. Bolz (Hg.), Goethes ‹Wahlverwandtschaften›, Hildesheim 1981 b.
–, Krise und dialektischer Werdegang des Magister Ludi Josef Knecht, Das Glasperlenspiel im Glasperlenspiel oder Hesses Bezug auf Nikolaus von Kues, Goethe, Hegel und Nietzsche, in: Festschrift für J. Dyck, Waterloo (Canada) 1982.
–, Überlegungen zur Begründung einer Medienhermeneutik für Auslandsgermanisten, in: Jahrbuch Deutsch als Fremdsprache 4, 1978 b.
–, Exotische und regionale Fremde, I. Georg Forsters ‹Reise um die Welt› und die ‹Ansichten

vom Niederrhein›, II. Entwicklungsgefälle und industrielle Fremde, in: Jahrbuch Deutsch als Fremdsprache 8, 1982.
– /Grieswelle, D., Soziale Innovationen als Prozeßfaktoren der Industrialisierung – Dargestellt an einem Landkreis, in: O. Neuloh (Hg.), Soziale Innovation und sozialer Konflikt, Göttingen 1977.
Michels, G., Leseprozesse, Düsseldorf 1973.
–, Textanalyse und Textverstehen, Heidelberg 1981.
Migner, K., Theorie des modernen Romans, Stuttgart 1970.
Mittelstraß, J. (Hg.), Methodenprobleme der Wissenschaften vom gesellschaftlichen Handeln, Frankfurt a. M. 1979.
Muhlack, U., Zum Verhältnis von Klassischer Philologie und Geschichtswissenschaft im 19. Jahrhundert, in: H. Flashar/K. Gründer/A. Horstmann (Hg.), Philologie und Hermeneutik im 19. Jahrhundert. Zur Geschichte und Methodologie der Geisteswissenschaften, Göttingen 1979.
Nassen, U. (Hg.), Texthermeneutik. Aktualität, Geschichte, Kritik, Paderborn/München/Wien/Zürich 1979.
Oehler, K., Dilthey und die Klassische Philologie, in: H. Flashar/K. Gründer/A. Horstmann (Hg.), Philologie und Hermeneutik im 19. Jahrhundert. Zur Geschichte und Methodologie der Geisteswissenschaften, Göttingen 1979.
Oelmüller, W., Die unbefriedigte Aufklärung, Beiträge zu einer Theorie der Moderne von Lessing, Kant und Hegel, Frankfurt a. M. 1979.
Pannenberg, W., Hermeneutik und Universalgeschichte, in: H.-G. Gadamer/G. Boehm (Hg.), Seminar: Die Hermeneutik und die Wissenschaften, Frankfurt a. M. 1978.
Plessner, H., Diesseits der Utopie, Frankfurt a. M. 1974.
–, Soziale Rolle und menschliche Natur, in: Erkenntnis und Verantwortung. Festschrift für Theodor Litt, Düsseldorf 1960.
Plett, H. F., Textwissenschaft und Textanalyse. Semiotik, Linguistik, Rhetorik, Heidelberg ²1979.
Popitz, H., Der Begriff der sozialen Rolle als Element der soziologischen Theorie, Tübingen 1967.
Poser, M. v., Der abschweifende Erzähler, Bad Homburg 1969.
Reck, S., Identität, Rationalität und Verantwortung, Grundbegriffe und Grundzüge einer soziologischen Identitätstheorie, Frankfurt a. M. 1981.
Ricœur, P., Hermeneutik und Strukturalismus. Der Konflikt der Interpretationen I, München 1973.
–, Hermeneutik und Psychoanalyse. Der Konflikt der Interpretationen II, München 1974 a.
–, Die Interpretation. Ein Versuch über Freud, Frankfurt a. M. 1974 b.
–, Der Text als Modell: hermeneutisches Verstehen, in: H.-G. Gadamer/G. Boehm (Hg.), Seminar: Die Hermeneutik und die Wissenschaften, Frankfurt a. M. 1978.
Riffaterre, M., Kriterien für die Stilanalyse, in: R. Warning (Hg.), Rezeptionsästhetik, München 1975.
Ritsert, J., Inhaltsanalyse und Ideologiekritik. Ein Versuch über kritische Sozialforschung, Frankfurt a. M. 1972.
– /Rolshausen, C., Der Konservativismus der kritischen Theorie, Frankfurt a. M. 1971.
Rodi, F., «Erkenntnis des Erkannten» – August Boeckhs Grundformel der hermeneutischen Wissenschaften, in: H. Flashar/K. Gründer/A. Horstmann (Hg.), Philologie und Hermeneutik im 19. Jahrhundert. Zur Geschichte und Methodologie der Geisteswissenschaften, Göttingen 1979.
Rohrmoser, G., Herrschaft und Versöhnung. Ästhetik und die Kulturrevolution des Westens, Freiburg 1972.
Rollwage, J., Das Modalproblem und die historische Handlung. Ein Vergleich zwischen Aristoteles und Hegel, München/Salzburg 1969.
Sauder, G., Empfindsamkeit, Bd. I: Voraussetzungen und Elemente, Stuttgart 1974.

Shaftel, F. R./Shaftel, G./Weinmann, W., Rollenspiel als soziales Entscheidungstraining, München ^{3}1976.

Specht, R., Innovation und Folgelast, Beispiele aus der neueren Philosophie- und Wissenschaftsgeschichte, Stuttgart 1972.

Stackmann, K., Die Klassische Philologie und die Anfänge der Germanistik. in: H. Flashar/K. Gründer/A. Horstmann (Hg.), Philologie und Hermeneutik im 19. Jahrhundert. Zur Geschichte und Methodologie der Geisteswissenschaften, Göttingen 1979.

Staiger, E., Grundbegriffe der Poetik, München 1971.

Stanzel, F. K., Typische Formen des Romans, Göttingen ^{2}1965.

Stierle, K., Altertumswissenschaftliche Hermeneutik und die Entstehung der Neuphilologie, in: H. Flashar/K. Gründer/A. Horstmann (Hg.), Philologie und Hermeneutik im 19. Jahrhundert. Zur Geschichte und Methodologie der Geisteswissenschaften, Göttingen 1979.

Strauss, A., Spiegel und Masken, Die Suche nach Identität, Frankfurt a. M. 1974.

Strohschneider-Kohrs, I., Textauslegung und hermeneutischer Zirkel – Zur Innovation des Interpretationsbegriffes von August Boeckh, in: H. Flashar/K. Gründer/A. Horstmann (Hg.), Philologie und Hermeneutik im 19. Jahrhundert. Zur Geschichte und Methodologie der Geisteswissenschaften, Göttingen 1979.

Szondi, P., Einführung in die literarische Hermeneutik, Frankfurt a. M. 1975.

–, Poetik und Geschichtsphilosophie I, Frankfurt a. M. 1974.

–, Poetik und Geschichtsphilosophie II, Frankfurt a. M. 1974.

–, Satz und Gegensatz, Frankfurt a. M. 1964.

–, Theorie des modernen Dramas, Frankfurt a. M. 1956.

Tugendhat, E., Selbstbewußtsein und Selbstbestimmung, Sprachanalytische Interpretationen, Frankfurt a. M. 1979.

Turk, H., Wirkungsästhetik, München 1976.

Vodička, F. V., Die Rezeptionsgeschichte literarischer Werke, in: R. Warning (Hg.), Rezeptionsästhetik, München 1975 a.

–, Die Konkretisation des literarischen Werks – Zur Problematik der Rezeption von Nerudas Werk, in: R. Warning (Hg.), Rezeptionsästhetik, München 1975 b.

Wach, J., Das Verstehen. Grundzüge einer Geschichte der hermeneutischen Theorie im 19. Jahrhundert, 3 Bde., Tübingen 1926 ff.

Warning, R. (Hg.), Rezeptionsästhetik, München 1975.

Watt, I., Der bürgerliche Roman, Frankfurt a. M. 1974.

Weimar, K., Versuch über Voraussetzung und Entstehung der Romantik, Tübingen 1968.

–, Historische Einleitung zur literaturwissenschaftlichen Hermeneutik, Tübingen 1975.

Wiehl, R., Schleiermachers Hermeneutik – Ihre Bedeutung für die Philologie in Theorie und Praxis, in: H. Flashar/K. Gründer/A. Horstmann (Hg.), Philologie und Hermeneutik im 19. Jahrhundert. Zur Geschichte und Methodologie der Geisteswissenschaften, Göttingen 1979.

Zapf, W. (Hg.), Theorien des sozialen Wandels, Köln/Berlin ^{3}1971.

Sekundärliteratur

Abrams, M. H., The Mirror and the Lamp: Romantic Theory and the Critical Tradition, New York 1953.

Allemann, B., Ironie und Dichtung, Pfullingen 1956.

–, Der frühromantische Begriff einer modernen Literaturwissenschaft, in: ders., Über das Dichterische. Pfullingen 1957.

Anstett, J.-J., La pensée religieuse de Friedrich Schlegel, Paris 1941.

–, Lucinde: Eine Reflexion. Essai d'interpretation, in: Etudes Germaniques 3, 1948.

Arendt, H., Rahel Varnhagen. Lebensgeschichte einer deutschen Jüdin aus der Romantik, München 1959.
Auerbach, E., Die Entdeckung Dantes in der Romantik, in: Deutsche Vierteljahresschrift für Literaturwissenschaft und Geistesgeschichte 7, 1929.
–, Mimesis. Dargestellte Wirklichkeit in der abendländischen Literatur, Bern 1946.
Bänsch, D. (Hg.), Zur Modernität der Romantik, Stuttgart 1977 (Literaturwissenschaften und Sozialwissenschaften 8).
Baeumer, M. L., Das Dionysische in den Werken Wilhelm Heinses. Studie zum dionysischen Phänomen in der deutschen Literatur, Bonn 1964.
–, Die romantische Epiphanie des Dionysos, in: Monatshefte 57, 1965.
Baeumler, A., Kants Kritik der Urteilskraft. Ihre Geschichte und Systematik. Bd. 1, Halle 1923.
Bauke, J. P., Christian Gottfried Körner und Friedrich Schlegel. Ein unbekannter Kommentar Körners zu Schlegels Frühschriften, in: Jahrbuch der Deutschen Schillergesellschaft 7, 1963.
Baumecker, G., Winckelmann in seinen Dresdner Schriften. Die Entstehung von Winckelmanns Kunstanschauung und ihr Verhältnis zur vorhergehenden Kunsttheoretik, Berlin 1933.
Bausch, W., Theorien des epischen Erzählens in der deutschen Frühromantik, Bonn 1964.
Begenau, S. H., Grundzüge der Ästhetik Herders, Weimar 1956.
–, Zur Theorie des Schönen in der klassischen deutschen Ästhetik, Berlin 1956.
Behler, D., Lessing's Legacy to the Romantic Concept of the Poet Priest, in: Lessing Yearbook 4, 1972.
Behler, E., Der Wendepunkt Friedrich Schlegels. Ein Bericht über unveröffentlichte Schriften Friedrich Schlegels in Köln und Trier, in: Philosophisches Jahrbuch 64, 1956.
–, Der Stand der Friedrich-Schlegel-Forschung, in: Jahrbuch der Deutschen Schiller-Gesellschaft 1, 1957 a.
–, Friedrich Schlegels Theorie der Universalpoesie, in: Jahrbuch der Deutschen Schiller-Gesellschaft 1, 1957 b.
–, Neue Ergebnisse der Friedrich-Schlegel-Forschung, in: Germanisch-romanische Monatsschrift, N. F. 8, 1958.
–, Die Kulturphilosophie Friedrich Schlegels, in: Zeitschrift für Philosophische Forschung 14, 1960.
–, Friedrich Schlegel und Hegel, in: Hegel-Studien 2, 1963.
–, Friedrich Schlegel in Selbstzeugnissen und Bilddokumenten, Reinbek bei Hamburg 1966.
–, Die Theorie der romantischen Ironie im Lichte der handschriftlichen Fragmente Friedrich Schlegels, in: Zeitschrift für Deutsche Philologie 88, Sonderheft, 1969.
–, Das Indienbild der deutschen Romantik, in: Germanisch-romanische Monatsschrift, N. S. 18, 1968.
–, Klassische Ironie, romantische Ironie, tragische Ironie. Zum Ursprung dieser Begriffe, Darmstadt 1972 a.
–, Die Geschichte des Bewußtseins. Zur Vorgeschichte eines Hegelschen Themas, in: Hegel-Studien 7, 1972 b.
–, Die Kunst der Reflexion. Das frühromantische Denken im Hinblick auf Nietzsche, in: Günther, V. J., u. a. (Hg.), Untersuchungen zur Literatur als Geschichte. Festschrift für B. von Wiese, Berlin 1973.
Behrens, I., Die Lehre von der Einteilung der Dichtkunst vornehmlich vom 16. bis 19. Jahrhundert. Studien zur Geschichte der poetischen Gattungen, Halle 1940.
Beißner, F., Geschichte der deutschen Elegie, Berlin [2]1961.
Belgardt, R., ‹Romantische Poesie› in Friedrich Schlegels Aufsatz ‹Über das Studium der griechischen Poesie›, in: The German Quarterly, 2, 1967.
–, Romantische Poesie. Begriff und Bedeutung bei Friedrich Schlegel, Den Haag/Paris 1969.
Benjamin, W., Der Begriff der Kunstkritik in der deutschen Romantik, Bern 1920, wiederabgedruckt in: ders., Schriften, Bd. 2, Frankfurt a. M. 1955.

Berend, E., Jean Pauls Ästhetik, Berlin 1909 (Forschungen zur neueren Literaturgeschichte 35).
–, Jean Paul und die Schlegel, in: Euphorion 20, 1913.
–, Wie Jean Paul zu seinen Gleichnissen kam, in: Neue Schweizerische Rundschau 20, 1952/1953.
Bergmann, E., Die Begründung der deutschen Ästhetik durch A. G. Baumgarten und G. Fr. Meier, Leipzig 1911.
Besenbeck, A., Kunstanschauung und Kunstlehre August Wilhelm Schlegels, Berlin 1930.
Biedermann, K., Deutschland im 18. Jahrhundert, Bd. I u. II, Leipzig 1854-1880.
Biemel, W., Die Bedeutung von Kants Begründung der Ästhetik für die Philosophie der Kunst, Köln 1959.
Binder, W., Die Begriffe ‹naiv› und ‹sentimentalisch› und Schillers Drama, in: Jahrbuch der Deutschen Schillergesellschaft 4, 1960.
Bing, S., Die Naturnachahmungstheorie bei Gottsched und den Schweizern und ihre Beziehung zu der Dichtungstheorie der Zeit, Diss. Würzburg 1934.
Blumenberg, H., Wirklichkeitsbegriff und Möglichkeit des Romans, in: Jauß, H.-R. (Hg.), Nachahmung und Illusion, München 1964 (Poetik und Hermeneutik 1).
Blumenthal, H., Karl Phillip Moritz und Goethes ‹Werther›, in: Zeitschrift für Aesthetik und allgemeine Kunstwissenschaft 30, 1936.
Böckmann, P., Die romantische Poesie Brentanos und ihre Grundlagen bei Friedrich Schlegel und Tieck, in: Jahrbuch des Freien Deutschen Hochstifts 1934/35.
–, Formgeschichte der deutschen Dichtung, Bd. 1: Von der Sinnbildsprache zur Ausdruckssprache, Hamburg 1949.
Bohnen, K., Geist und Buchstabe. Zum Prinzip des kritischen Verfahrens in Lessings literarästhetischen und theologischen Schriften, Köln und Wien 1974.
Bollnow, O. F., Die Lebensphilosophie F. H. Jacobis, Stuttgart 1933.
Bolz, N. W., Der Geist und die Buchstaben. Friedrich Schlegels hermeneutische Postulate, in: U. Nassen (Hg.), Texthermeneutik. Aktualität, Geschichte, Kritik, Paderborn/München/Wien/Zürich 1979 b.
Borcherdt, H. H., Schiller und die Romantiker. Briefe und Dokumente, Stuttgart 1948.
Borchmeyer, D., Tragödie und Öffentlichkeit. Schillers Dramaturgie im Zusammenhang seiner ästhetisch-politischen Theorie und die rhetorische Tradition, München 1973.
Borinski, K., Die Antike in Poetik und Kunsttheorie vom Ausgang des klassischen Altertums bis auf Goethe und Wilhelm v. Humboldt, Bd. 1, Leipzig 1914, Bd. 2, Leipzig 1924.
Bormann, C. von, Der praktische Ursprung der Kritik, Stuttgart 1974.
Bossert, T., Friedrich Heinrich Jacobi und die Frühromantik, Diss. Gießen 1926.
Bosshard, W., Winckelmann. Ästhetik der Mitte, Zürich/Stuttgart 1960.
Braeker, M., Christian G. Körners ästhetische Anschauungen, Hagen 1928.
Braitmaier, F., Geschichte der poetischen Theorie und Kritik von den Diskursen der Maler bis auf Lessing, 2 Bde., Frauenfeld 1888/89.
Brieglеb, K., Ästhetische Sittlichkeit. Versuch über Friedrich Schlegels Systementwurf zur Begründung der Dichtungskritik, Tübingen 1962.
Brinkmann, R., Romantische Dichtungstheorie in Friedrich Schlegels Frühschriften und Schillers Begriffe des Naiven und Sentimentalischen. Vorzeichen einer Emanzipation des Historischen, in: Deutsche Vierteljahresschrift für Literaturwissenschaft und Geistesgeschichte 32, 1958.
Brogsitter, K. O., Das hohe Geistergespräch, Bonn 1958.
Brüggemann, F., Die Ironie als entwicklungsgeschichtliches Moment, Jena 1909.
Brüggemann, W., Cervantes und die Figur des Don Quijote in Kunstanschauung und Dichtung der deutschen Romantik, Münster 1958.
Bubner, R. (Hg.), Das älteste Systemprogramm. Studien zur Frühgeschichte des deutschen Idealismus, Hegel-Tage Villigst 1969, Bonn 1973.
Carlsson, A., Die deutsche Buchkritik, Bd. 1: Von den Anfängen bis 1850, Stuttgart 1963.
Cassirer, E., Freiheit und Form. Studien zur deutschen Geistesgeschichte, Berlin 1917.

–, Das Erkenntnisproblem in der Philosophie und Wissenschaft der neueren Zeit, Bd. 3: Die nachkantianischen Systeme, Berlin ²1923.
–, Die Philosophie der Aufklärung, Tübingen 1932.
Catholy, E., Karl Phillip Moritz und die Ursprünge der deutschen Theaterleidenschaft, Tübingen 1962.
Cohen, H., Kants Begründung der Aesthetik, Berlin 1889.
Curtius, E. R., Friedrich Schlegel und Frankreich, in: ders., Kritische Essays zur Europäischen Literatur, Bern 1950.
–, Europäische Literatur und lateinisches Mittelalter, Bern/München ⁶1967.
David, F., Friedrich Heinrich Jacobis ‹Woldemar› in seinen verschiedenen Fassungen, Leipzig 1913.
Dempf, A., Der frühe und der späte Friedrich Schlegel, in: ders., Weltordnung und Heilsgeschichte, Einsiedeln 1958.
Denckmann, G., Kants Philosophie des Ästhetischen. Versuch über die philosophischen Grundgedanken von Kants Kritik der ästhetischen Urteilskraft, Heidelberg 1947.
Deniselle, A., Friedrich Schlegel als romantischer Theoretiker und die Antike, Diss. Jena 1930.
Denk, F., Das Kunstschöne und das Charakteristische von Winckelmann bis Friedrich Schlegel, München 1925.
–, Ein Streit um Gehalt und Gestalt des Kunstwerks in der deutschen Klassik, in: Germanisch-romanische Monatsschrift 18, 1930.
Deubel, V., Die Friedrich-Schlegel-Forschung 1945–1972, in: Deutsche Vierteljahresschrift für Literaturwissenschaft und Geistesgeschichte, Sonderheft Forschungsreferate, 1973.
Dick, M., Die Entwicklung des Gedankens der Poesie in den Fragmenten des Novalis, Bonn 1967.
Dieckmann, L., The Metaphor of Hieroglyphics in German Romanticism, in: Comparative Literature 7, 1955.
Dierkes, H., Literaturgeschichte als Kritik, Untersuchungen zu Theorie und Praxis von Friedrich Schlegels frühromantischer Literaturgeschichtsschreibung, Tübingen 1980.
Dietzel, E., Die Entstehung der literarhistorischen Anschauung Friedrich Schlegels, (mschr.) Diss., Halle 1922.
Dockhorn, K., Die Rhetorik als Quelle des vorromantischen Irrationalismus in der Literatur- und Geistesgeschichte, Göttingen 1949 (Nachrichten der Akademie der Wissenschaften in Göttingen, Philosophisch-historische Klasse, Jahrgang 1948, Nr. 5).
Doppler, A., Schiller und die Frühromantiker, in: Jahrbuch des Wiener Goethe-Vereins 64, 1960.
Dresdner, A., Die Entstehung der Kunstkritik im Zusammenhang der Geschichte des europäischen Kunstlebens, München ²1968.
Eichner, H., The Supposed Influence of Schiller's ‹Über naive und sentimentalische Dichtung› on F. Schlegel's ‹Über das Studium der griechischen Poesie›, in: The Germanic Review 30, 1955.
–, Friedrich Schlegel's Theory of Romantic Poetry, in: Publications of the Modern Language Association of America 71, 1956.
–, Friedrich Schlegel und wir, in: Deutsche Rundschau 84, 1958.
–, Neues aus Friedrich Schlegels Nachlaß, in: Jahrbuch der Deutschen Schiller-Gesellschaft 3, 1959.
–, Friedrich Ast und die Wiener Allgemeine Literatur-Zeitung. Ein Prolegomenon zur Kritischen Friedrich-Schlegel-Ausgabe, in: Jahrbuch der Deutschen Schiller-Gesellschaft 4, 1960.
–, Literaturkritik, was sie soll und was sie können muß. Eine Besinnung auf Friedrich Schlegel, Rundfunkvortrag, gehalten im NDR am 29. 10. 1963.
–, Friedrich Schlegels Theorie der Literaturkritik, in: Zeitschrift für deutsche Philologie 88, Sonderheft 1969.
–, Friedrich Schlegel, New York 1970.

–, Friedrich Schlegels Werdegang als Literaturhistoriker, in: Kritische Friedrich-Schlegel-Ausgabe VI, Einleitung, S. XIII-XX.
–, Friedrich Schlegels Stellung in der Geschichte der Literaturwissenschaft, in: Kritische Friedrich-Schlegel-Ausgabe VI, Einleitung, S. XXXI–XLVII.
Elkuss, S., Zur Beurteilung der Romantik und zur Kritik ihrer Erforschung, München/Berlin 1918.
Emmersleben, A., Die Antike in der romantischen Theorie. Die Gebrüder Schlegel und die Antike, Berlin 1937.
Emrich, W., Die Struktur der modernen Dichtung, in: Wirkendes Wort 4, 1952/1953.
–, Der Universalismus der deutschen Romantik, Mainz/Wiesbaden 1964 (Akademie der Wissenschaften und der Literatur. Abhandlungen. Klasse der Literatur, Jg. 1964, Nr. 1).
Enders, C., Friedrich Schlegel. Die Quellen seines Wesens und Werdens, Leipzig 1913.
Fahrner, R., Karl Phillip Moritz' Götterlehre. Dokument des Goetheschen Klassizismus, Marburg 1932.
Fiesel, F., Die Sprachphilosophie der deutschen Romantik, Tübingen 1927.
Fink, A. H., Maxime und Fragment. Grenzmöglichkeiten einer Kunstform. – Zur Morphologie des Aphorismus, München 1934.
Finke, F., Die Brüder Schlegel als Literaturhistoriker, Diss. Kiel 1961.
Fontius, M., Winckelmann und die Französische Aufklärung, Berlin 1968 (Sitzungsbericht der Deutschen Akademie der Wissenschaften zu Berlin, Klasse für Sprachen, Literatur und Kunst, Jg. 1968, Nr. 1).
Frank, M., Die Philosophie des sogenannten ‹Magischen Idealismus›, in: Euphorion 63, 1969.
–, Das Problem ‹Zeit› in der deutschen Romantik. Zeitbewußtsein und Bewußtsein von Zeitlichkeit in der frühromantischen Philosophie und in Tiecks Dichtung, München 1972.
–, Das individuelle Allgemeine. Textstrukturierung und -interpretation nach Schleiermacher, Frankfurt a. M. 1977.
Franke, U., Kunst als Erkenntnis. Die Rolle der Sinnlichkeit in der Ästhetik des A. G. Baumgarten, Wiesbaden 1972.
Freudenberg, G., Die Rolle von Schönheit und Kunst im System der Transzendentalphilosophie, Meisenheim am Glan 1960.
Frye, N., Analyse der Literaturkritik, Stuttgart 1964.
Galaboff, K., Die Stellung Friedrich Schlegels und der anderen deutschen Romantiker zu Goethes ‹Wilhelm Meister› im Licht des Ur-Meister, Diss. Kiel 1917.
Gerhard, M., Goethes ‹geprägte Form› im romantischen Spiegel, in: Merkel, G. F. (Hg.), On Romanticism and the Art of Translation, Princeton 1956.
Gerth, H. H., Bürgerliche Intelligenz um 1800. Zur Soziologie des deutschen Frühliberalismus, Göttingen 1976 (Kritische Studien zur Geschichtswissenschaft 19).
Gerth, K., Studien zu Gerstenbergs Poetik. Ein Beitrag zur Umschichtung der ästhetischen und poetischen Grundbegriffe im 18. Jahrhundert, Göttingen 1960.
Gößmann, W., Der Weg Friedrich Schlegels zu einer nachromantischen Ästhetik, Hochland 54, 1961.
Gößmann, W./Gößmann, E., Das christliche Geschichtsbewußtsein Friedrich Schlegels, in: Auer, J./Volk, H. (Hg.), Theologie in Geschichte und Gegenwart. Festschrift M. Schmaus, München 1957.
Goetz, J., Friedrich Schlegels Theorie von der romantischen Objektivität, Diss. München 1924.
Groben, M., Zum Thema: Friedrich Schlegels Entwicklung als Literarhistoriker und Kritiker. Ein Beitrag zu einer künftigen Biographie, Diss. Köln/Essen 1934.
Gundolf, F., Shakespeare und der deutsche Geist, Berlin 1914.
–, Friedrich Schlegels romantische Schriften, in: Jahrbuch des Freien Deutschen Hochstifts, 1927.
–, Goethe, Berlin 1916.
–, Romantiker, Berlin 1930.

Haering, Th., Novalis als Philosoph, Stuttgart 1954.
Hammacher, K. (Hg.), F. H. Jacobi. Philosoph und Literat der Goethezeit. Beiträge einer Tagung in Düsseldorf aus Anlaß seines 150. Todestages, Frankfurt a. M. 1971.
Hankamer, P., Einleitung, in: ders. (Hg.), Friedrich Schlegel, Über das Studium der griechischen Poesie, Bad Godesberg 1947.
Hartmann, N., Die Philosophie des deutschen Idealismus, 1. Teil: Fichte, Schelling und die Romantik, Berlin/Leipzig 1923.
Hass, H. E., Goethe. Wilhelm Meisters Lehrjahre, in: Wiese, B. von (Hg.), Der deutsche Roman, Bd. I, Düsseldorf 1963.
Hatfield, H., Wilhelm Meisters Lehrjahre and ‹Progressive Universalpoesie›, in: The Germanic Review 36, 1961.
Haym, R., Die romantische Schule. Ein Beitrag zur Geschichte des deutschen Geistes, hg. von O. Walzel, Berlin ³1914.
–, Herder nach seinem Leben und seinen Werken dargestellt, Bd. 1, Berlin 1877, Bd. 2, Berlin 1885.
Hazard, P., La pensée européenne au XVIIIe siècle de Montesquieu à Lessing, 2 Bde., Paris 1946.
Hegener, J., Die Poetisierung der Wissenschaften bei Novalis, dargestellt am Prozeß der Entwicklung von Welt und Menschheit, Bonn 1975.
Heimrich, B., Fiktion und Fiktionsironie in Theorie und Dichtung der deutschen Romantik, Tübingen 1968.
Heine, R., Transzendentalpoesie. Studien zu F. Schlegel, Novalis und E. T. A. Hoffmann, Bonn 1974.
Heiner, H.-J., Das Ganzheitsdenken Friedrich Schlegels. Wissenssoziologische Deutung einer Denkform, Stuttgart 1971.
Hendrix, G. P., Das politische Weltbild Friedrich Schlegels, Bonn 1962.
Henel, H., Friedrich Schlegel und die Grundlagen der modernen literarischen Kritik, in: The Germanic Review 20, 1945.
Henrich, D., Der Begriff der Schönheit in Schillers Ästhetik, in: Zeitschrift für philosophische Forschung 11, 1957.
–, Selbstbewußtsein. Kritische Einleitung in eine Theorie, in: Bubner, R., u. a. (Hg.), Hermeneutik und Dialektik. Festschrift für H.-G. Gadamer, Tübingen 1970.
Hering, G. F. (Hg.), Meister der deutschen Kritik, Bd. 1: Von Gottsched zu Hegel 1730–1830, München 1961.
Hermand, J., Schillers Abhandlung ‹Über naive und sentimentalische Dichtung› im Lichte der deutschen Popularphilosophie des 18. Jahrhunderts, in: Publications of the Modern Language Association of America 79, 1964.
Heselhaus, C., Die Wilhelm-Meister-Kritik der Romantiker und die romantische Romantheorie, in: Jauß, H.-R. (Hg.), Nachahmung und Illusion, München 1964 (Poetik und Hermeneutik 1).
–, Die Metaphorik der Krankheit, in: Jauß, H.-R. (Hg.), Die nicht mehr schönen Künste. Grenzphänomene des Ästhetischen, München 1968 (Poetik und Hermeneutik 3).
Hettner, H., Die romantische Schule in ihrem inneren Zusammenhange mit Göthe und Schiller, Braunschweig 1850.
Hirsch, E., Die Beisetzung der Romantiker in Hegels Phänomenologie, in: Deutsche Vierteljahresschrift für Literaturwissenschaft und Geistesgeschichte 3, 1924.
Hocks, P./Schmidt, P., Literarische und politische Zeitschriften 1789–1805, Stuttgart 1975.
Höfler, O., Goethes Urteil über die Romantiker, in: Anzeiger der Österreichischen Akademie der Wissenschaften, Wien, Philosophisch-historische Klasse 108, 1971 Wien/Köln/Graz [1972].
Hörisch, J., Selbstbeziehung und ästhetische Autonomie. Versuch über ein Thema der frühromantischen Poetologie und Musils ‹Mann ohne Eigenschaften›, in: Euphorion 69, 1975.
–, Die fröhliche Wissenschaft der Poesie. Der Universalitätsanspruch von Dichtung in der frühromantischen Poetologie, Frankfurt a. M. 1976.

–, Herrscherwort, Geld und geltende Sätze. Adornos Aktualisierung der Frühromantik und ihre Affinität zur poststrukturalistischen Kritik des Subjekts, in: Lindner, B./Lüdke, W. M. (Hg.), Materialien zur ästhetischen Theorie Th. W. Adornos. Konstruktion der Moderne, Frankfurt a. M. 1980.

Hohendahl, P. U., Literaturkritik und Öffentlichkeit, München 1974.

Hohoff, C., Lucinde und die Theorie der Liebe, in: ders., Schnittpunkte, Stuttgart 1963.

Hommes, J., Die romantische Methode der Philosophie – Anliegen und Gefahr, in: Philosophisches Jahrbuch 68, 1960.

Horst, K. A., Der zyklische Kritizismus Friedrich Schlegels, in: Merkur XII, 7. Heft, 1958.

Huge, E., Poesie und Reflexion in der Ästhetik des frühen Friedrich Schlegel, Stuttgart 1971.

Hubert, U., Karl Phillip Moritz und die Anfänge der Romantik. Tieck, Wackenroder, Jean Paul, Friedrich und August Wilhelm Schlegel, Frankfurt a. M. 1971.

Imle, F., Friedrich von Schlegels Entwicklung von Kant zum Katholizismus, Paderborn 1927.

Immerwahr, R., The Subjectivity or Objectivity of Friedrich Schlegel's Poetic Irony, in: The Germanic Review 26, 1951.

–, Friedrich Schlegel's Essay ‹On Goethe's Meister›, in: Monatshefte 49, 1957.

–, Die symbolische Form des ‹Briefes über den Roman›, in: Zeitschrift für Deutsche Philologie 88, Sonderheft 1969.

Jähnig, D., Schelling. Die Kunst in der Philosophie, Bd. 1: Schellings Begründung von Natur und Geschichte, Pfullingen 1966.

Janke, W., Die Zeit in der Zeit aufheben. Der transzendentale Weg in Schillers Philosophie der Schönheit, in: Kant-Studien 58, 1967.

Janssen, J., Friedrich Leopold Graf zu Stolberg, 2 Bde., Freiburg 1877.

Jauß, H.-R., Zur Frage der ‹Struktureinheit› älterer und moderner Lyrik, in: Germanisch-romanische Monatsschrift 10, 1960.

–, Ursprung und Bedeutung der Fortschrittsidee in der ‹Querelle des Anciens et des Modernes›, in: Kuhn, H./Wiedemann, F. (Hg.), Die Philosophie und die Frage nach dem Fortschritt. Verhandlungen des Siebten Deutschen Kongresses für Philosophie, München 1964.

–, Literarische Tradition und gegenwärtiges Bewußtsein der Modernität, in: Steffen, H. (Hg.), Aspekte der Modernität, Göttingen 1965.

–, Friedrich Schlegels und Friedrich Schillers Replik auf die ‹Querelle des Anciens et des Modernes›, in: Friedrich, H./Schalk, F. (Hg.), Europäische Aufklärung. Festschrift für H. Dieckmann, München 1967.

– (Hg.), Nachahmung und Illusion, München 1964, (Poetik und Hermeneutik 1).

– (Hg.), Die nicht mehr schönen Künste. Grenzphänomene des Ästhetischen, München 1968, (Poetik und Hermeneutik 3).

Kainz, F., Die Sprachästhetik der deutschen Frühromantiker, in: Aurora. Jahresgabe der deutschen Eichendorff-Stiftung 1937.

–, Friedrich Schlegels Sprachphilosophie, in: Zeitschrift für Deutsche Geisteswissenschaft 3, 1941.

Kaiser, G., Aufklärung, Empfindsamkeit, Sturm und Drang, München [2]1976 (Geschichte der deutschen Literatur 3).

–, Vergötterung und Tod. Die thematische Einheit von Schillers Werk, Stuttgart 1967; wiederabgedruckt in: ders., Von Arkadien nach Elysium. Schiller-Studien, Göttingen 1978.

Kantzenbach, F. W., F. D. E. Schleiermacher in Selbstzeugnissen und Bilddokumenten, Reinbek bei Hamburg 1967.

Kayser, W., Das Groteske. Seine Gestaltung in Malerei und Dichtung, Oldenburg/Hamburg 1957.

Kimmerle, H., Die Hermeneutik Schleiermachers im Zusammenhang seines spekulativen Denkens, Diss. Heidelberg 1957.

–, Hermeneutische Theorie oder ontologische Hermeneutik, in: Zeitschrift für Theologie und Kirche 59, 1962.

– (Hg.), F. Schleiermacher. Hermeneutik, Heidelberg ²1974.
Kircher, E., Philosophie der Romantik, aus dem Nachlaß hg., Jena 1906.
Klinge, R., Die Allegorienlehre in Winckelmanns Kunstanschauung. Ihre Stärke und Gefahr, Masch. Diss. Kiel 1953.
Kluckhohn, P., Das Ideengut der deutschen Romantik, Tübingen ³1953.
–, Die Auffassung der Liebe in der Literatur des 18. Jahrhunderts und in der deutschen Romantik, Halle 1922.
Kluge, G., Spiel und Witz im romantischen Lustspiel. Zur Struktur der Komödiendichtung der deutschen Romantik, Diss. Köln 1963.
Knittermeyer, H., Schelling und die romantische Schule, München 1929.
Koch, H., Der philosophische Stil des Novalis, Diss. Münster 1971.
Körner, J., Neues vom Dichter der ‹Lucinde›, in: Preussische Jahrbücher 183 und 184, 1921.
–, Romantiker und Klassiker. Die Brüder Schlegel in ihren Beziehungen zu Schiller und Goethe, Berlin 1924.
–, Friedrich Schlegels ‹Philosophie der Philologie›, in: Logos 17, 1928.
– (Hg.), Friedrich Schlegel. Neue philosophische Schriften. Erstmals in Druck gelegt, erläutert und mit einer Einleitung in Friedrich Schlegels philosophischen Entwicklungsgang versehen, Frankfurt a. M. 1935 [zit. als: Schlegel, NPhS].
Korff, H. A., Geist der Goethezeit. Versuch einer ideellen Entwicklung der klassisch-romantischen Literaturgeschichte, Bd. 1: Sturm und Drang, Leipzig 1923; Bd. 2: Klassik, Leipzig 1930; Bd. 3: Frühromantik, Leipzig 1940; Bd. 4: Hochromantik, Leipzig 1953.
Krüger, H., Studien über den Aphorismus als philosophische Form, Diss. Frankfurt a. M. 1957.
Krüger, J., Friedrich Schlegels Bekehrung zu Lessing, Weimar 1913.
Kuhn, H., Poetische Synthesis oder ein kritischer Versuch über romantische Philosophie und Poesie aus Novalis' Fragmenten, in: Zeitschrift für philosophische Forschung 5, 1950/1951; wieder abgedruckt in: Schulz, G. (Hg.), Novalis, Darmstadt 1970.
Kulenkampff, J., Kants Logik des ästhetischen Urteils, Frankfurt a. M. 1978.
Lange, V., Friedrich Schlegel's Literary Criticism, in: Comparative Literature 7, 1955.
Langen, A., Zum Problem der sprachlichen Säkularisation in der deutschen Dichtung des 18. und 19. Jahrhunderts, in: Zeitschrift für Deutsche Philologie 83, Sonderheft 1964.
Leander, F., Lessing als ästhetischer Denker, Göteborg 1942.
Lederbogen, F., Friedrich Schlegels Geschichtsphilosophie. Ein Beitrag zur Genesis der historischen Weltanschauung, Leipzig 1908.
Lewalter, E., Friedrich Schlegel und sein romantischer Witz, Diss. München 1917.
Lovejoy, A. O., On the Meaning of ‹Romantic› in Early German Romanticism, in: Modern Language Notes 32, 1917.
Lypp, B., Ästhetischer Absolutismus und politische Vernunft. Zum Widerstreit von Reflexion und Sittlichkeit im deutschen Idealismus, Frankfurt a. M. 1972.
Mac Mahon, J. F., Friedrich Schlegel and Winckelmann. A Study of the Evolution of Schlegel's Literary Theories, New York 1962.
Mähl, H. J., Die Idee des goldenen Zeitalters im Werk des Novalis. Studien zur Wesensbestimmung der frühromantischen Utopie und zu ihren ideengeschichtlichen Voraussetzungen, Heidelberg 1965.
Margolin, F., Die Theorie des Romans in der Frühromantik, in: Zeitschrift für Ästhetik und allgemeine Kunstwissenschaft 4, 1909.
Markwardt, B., Geschichte der deutschen Poetik, Bd. 1: Barock und Frühaufklärung, Berlin/Leipzig 1937; Bd. 2: Aufklärung, Rokoko, Sturm und Drang, Berlin 1956; Bd. 3: Klassik und Romantik, Berlin 1958.
Mattenklott, G., Der Sehnsucht eine Form. Zum Ursprung des modernen Romans bei Friedrich Schlegel, erläutert an der ‹Lucinde›, in: Bänsch, D. (Hg.), Zur Modernität der Romantik (Literaturwissenschaft und Sozialwissenschaften Bd. 8), Stuttgart 1977.
Mautner, F. H., Der Aphorismus als literarische Gattung, in: Zeitschrift für Ästhetik und allgemeine Kunstwissenschaft 27, 1953.

Mayer, H., Lessing. Mitwelt und Nachwelt, in: ders., Von Lessing bis Thomas Mann, Pfullingen 1959.
Meinhardt, W., Die Romantheorie der älteren Romantik. Unter besonderer Berücksichtigung Friedrich Schlegels, Diss. Göttingen 1955.
Meixner, H., Romantischer Figuralismus, Kritische Studien zu Romanen von Arnim, Eichendorff und Hoffmann, Frankfurt a. M. 1971.
Menges, K., Totalität und Geschichte. Über das Verhältnis Goethes zum poetologischen Programm der Frühromantik, in: Pelters, W./Schimmelpfennig, P. (Hg.), Wahrheit und Sprache, Festschrift für B. Nagel, Göppingen 1972.
Mennemeier, N., Fragment und Ironie beim jungen Friedrich Schlegel. Versuch der Konstruktion einer nicht geschriebenen Theorie, in: Poetica 2, 1968.
–, Freier Rhythmus im Ausgang von der Romantik, in: Poetica 4, 1971 a.
–, Friedrich Schlegels Poesiebegriff. Dargestellt anhand der literaturkritischen Schriften. Die romantische Konzeption einer objektiven Poesie, München 1971 b.
Menze, K., Der Bildungsbegriff des jungen Friedrich Schlegel, Ratingen 1964.
Mettler, W., Der junge Friedrich Schlegel und die griechische Literatur. Ein Beitrag zum Problem der Historie, Zürich 1955.
Michel, W., ‹Besserverstehen›, ‹innerer Plural› und die Ungleichzeitigkeit des Verstehens. Friedrich Schlegels hermeneutische Fragmente, in: ders., Die Aktualität des Interpretierens, Heidelberg 1978 a.
–, Friedrich Schlegel, in: Turk, H. (Hg.), Klassiker der Literaturtheorie von Boileau bis Barthes, München 1979.
–, Selbständigkeit und Publikumsvorstellung des Autors, Friedrich Schlegels neoaufklärerische und frühromantische Unterscheidungen, in: I. Schneider (Hg.), Die Rolle des Autors, Stuttgart 1981 c.
Minor, J., Die innere Form, in: Euphorion 4, 1897.
Müller, G., Kleine Goethebiographie, Bonn 1947.
–, Friedrich Schlegel. Von der Seele, Augsburg/Köln 1927.
Müller, J., Das Goethebild in Friedrich Schlegels Literaturtheorie, in: Institut für Musikwissenschaft der Karl-Marx-Universität, Festschrift H. Besseler zum 60. Geburtstag, Leipzig 1962.
Neumann, G., Ideenparadiese. Untersuchungen zur Aphoristik von Lichtenberg, Novalis, Friedrich Schlegel und Goethe, München 1976.
Nivelle, A., Kunst- und Dichtungstheorien zwischen Aufklärung und Klassik, Berlin 1960.
–, Frühromantische Dichtungstheorie, Berlin 1970.
Nüsse, H., Die Sprachtheorie Friedrich Schlegels, Heidelberg 1962.
Patsch, H., Friedrich Schlegels ‹Philosophie der Philologie› und Schleiermachers frühe Entwürfe zur Hermeneutik. Zur Frühgeschichte der romantischen Hermeneutik, in: Zeitschrift für Theologie und Kirche 63, 1966.
Peter, K., Friedrich Schlegels ästhetischer Intellektualismus. Studien über die paradoxe Einheit von Philosophie und Kunst in den Jahren vor 1800, Diss. Frankfurt a. M. 1966.
–, Idealismus als Kritik. Friedrich Schlegels Philosophie der unvollendeten Welt, Stuttgart 1973.
Petersen, J., Die Wesensbestimmung der deutschen Romantik, Leipzig 1926.
Pöggeler, O., Hegels Kritik der Romantik, Bonn 1956.
–, Hegel, der Verfasser des ältesten Systemprogramms des deutschen Idealismus, in: Hegel-Studien, Beiheft 4, Bonn 1969.
Polheim, K. K., Studien zu Friedrich Schlegels poetischen Begriffen, in: Deutsche Vierteljahresschrift für Literaturwissenschaft und Geistesgeschichte 35, 1961.
–, Die Arabeske. Ansichten und Ideen aus Friedrich Schlegels Poetik, München/Paderborn/Wien 1966.
–, Friedrich Schlegels ‹Lucinde›, in: Zeitschrift für Deutsche Philologie 88, 1969.
Prang, H. (Hg.), Begriffsbestimmung der Romantik, Darmstadt ²1972.

–, Humor als dichterische Einbildungskraft. Studien zur Erzählkunst des poetischen Realismus, München 1963.
–, Die Auseinandersetzung mit dem Nachahmungsprinzip in Deutschland und die besondere Rolle der Romane Wielands, in: Jauß, H.-R. (Hg.), Nachahmung und Illusion, München 1964 (Poetik und Hermeneutik 1).
–, Zur Poetik der deutschen Romantik I: Die Abkehr vom Grundsatz der Naturnachahmung, in: Steffen, H. (Hg.), Die deutsche Romantik. Poetik, Formen und Motive, Göttingen 1967.
Reboul, P., F. Schlegel à Paris. Projet d'y constituer une Académie Allemande, in: Revue des sciences humaines, 1952.
Rehm, W., Kierkegaard und der Verführer, München 1949.
Rilla, P., Lessing und sein Zeitalter, Berlin 1960, München ²1973.
Rosenthal, B., Der Geniebegriff des Aufklärungszeitalters, Berlin 1933.
Rossmann, K., Deutsche Geschichtsphilosophie von Lessing bis Jaspers, Bremen 1959.
Rothermel, O., Friedrich Schlegel und Fichte, Diss. Gießen 1934.
Ruprecht, E., Der Aufbruch der romantischen Bewegung, München 1948.
Santoli, V., Philologie, Geschichte und Philosophie im Denken Friedrich Schlegels, in: ders., Philologie und Kritik, Bern/München 1971.
Schanze, H., Romantik und Aufklärung. Untersuchungen zu Friedrich Schlegel und Novalis, Nürnberg 1966 a.
–, ‹Dualismus unsrer Symphilosophie›. Zum Verhältnis Novalis – Friedrich Schlegel, in: Jahrbuch des Freien Deutschen Hochstifts, N. F. 1966.
–, Friedrich Schlegels Theorie des Romans, in: Grimm, R. (Hg.), Deutsche Romantheorien, Frankfurt a. M./Bonn 1968.
Schlaffer, H., Friedrich Schlegel über Georg Forster. Zur gesellschaftlichen Problematik des Schriftstellers im nachrevolutionären Bürgertum, in: J. Bark (Hg.), Literatursoziologie, Stuttgart/Berlin/Köln/Mainz 1974.
Schlagdenhauffen, A., Frédéric Schlegel et son groupe. La doctrine de l'Athenaeum, Paris 1934.
–, Die Grundzüge des Athenäums, in: Zeitschrift für Deutsche Philologie 88, Sonderheft 1969.
Schmidt, E., Lessing, Berlin 1909.
Schmidt, W. A. von, Die Widerspiegelung Herderscher Gedanken im Werk Friedrich Schlegels, Diss. University of Washington (Seattle) 1968.
–, Berührungspunkte der Romantheorien Herders und Friedrich Schlegels, in: German Quarterly 47, 1973.
–, Der Literaturbegriff bei J. G. Herder und F. Schlegel, in: Archiv für Kulturgeschichte 55, 1973.
Schultz, F., Klassik und Romantik der Deutschen, 2 Bde., Stuttgart ²1952.
Schulz, G., Die Poetik des Romans bei Novalis, in: Jahrbuch des Freien Deutschen Hochstifts 1964.
–, Die Berufslaufbahn Friedrich von Hardenbergs, in: Jahrbuch der Deutschen Schiller-Gesellschaft 7, 1963.
– (Hg.), Novalis. Beiträge zu Werk und Persönlichkeit Friedrich von Hardenbergs, Darmstadt 1970.
Seeba, H. C., Wirkungsgeschichte der Wirkungsgeschichte. Zu den romantischen Quellen einer neuen Disziplin, in: Jahrbuch für Internationale Germanistik 3, 1971.
Stadelmann, R., Der historische Sinn bei Herder, Halle 1928.
Starr, D., Über den Begriff des Symbols in der deutschen Klassik und Romantik unter besonderer Berücksichtigung Friedrich Schlegels, Reutlingen 1964.
Steffen, H. (Hg.), Die deutsche Romantik. Poetik, Formen und Motive, Göttingen 1967.
Stephan, I., Literarischer Jakobinismus in Deutschland (1789–1806), Stuttgart 1976.
Strich, F., Deutsche Klassik und Romantik oder Vollendung und Unendlichkeit, Bern ⁵1962.
Striedter, J., Die Fragmente des Novalis als Präfigurationen seiner Dichtung, Diss. Heidelberg 1954.

Strohschneider-Kohrs, I., Die romantische Ironie in Theorie und Gestaltung, Tübingen 1960.
–, Zur Poetik der deutschen Romantik, in: Steffen, H. (Hg.), Die deutsche Romantik. Poetik, Formen und Motive, Göttingen 1967.
Summerer, S., Wirkliche Sittlichkeit und ästhetische Illusion. Die Fichterezeption in den Fragmenten und Aufzeichnungen Friedrich Schlegels und Hardenbergs, Bonn 1974.
Szondi, P., Friedrich Schlegel und die romantische Ironie, in: Euphorion 48, 1954.
–, Friedrich Schlegels Theorie der Dichtarten. Versuch einer Rekonstruktion auf Grund der Fragmente aus dem Nachlaß, in: Euphorion 64, 1970.
Teichmann, M., Über Schillers und Friedrich Schlegels Stellung zur griechischen Poesie in den Abhandlungen ‹Über naive und sentimentalische Dichtung› und ‹Über das Studium der griechischen Poesie›, Diss. Marburg 1919.
Timm, H., Die heilige Revolution. Das religiöse Totalitätskonzept der Frühromantik. Schleiermacher – Novalis – Friedrich Schlegel, Frankfurt a. M. 1978.
Unger, R., Hamann und die Aufklärung. Studien zur Vorgeschichte des romantischen Geistes im 18. Jahrhundert, 2 Bde., Halle ^{2}1925.
Walzel, O., Deutsche Romantik, Leipzig/Berlin ^{4}1918.
–, Frühe Kunstschau Friedrich Schlegels, in: ders., Romantisches, Bonn 1934 (Mnemosyne 18).
–, Methode? Ironie bei Friedrich Schlegel und K. W. F. Solger, in: Helicon 1, 1938.
Weber, H.-D., Über eine Theorie der Literaturkritik. Die falsche und die berechtigte Aktualität der Frühromantik, München 1971.
–, Friedrich Schlegels Transzendentalpoesie. Untersuchungen zum Funktionswandel der Literaturkritik im 18. Jahrhundert, München 1973.
Weiland, W., Der junge Friedrich Schlegel oder Die Revolution in der Frühromantik, Stuttgart 1968.
Wellek, R., A History of Modern Criticism, New Haven 1955; dt; Geschichte der Literaturkritik, Darmstadt 1959.
–, Concepts of Criticism, New Haven 1963.
Wienbruch, U., Das universelle Experiment. Eine Untersuchung zum Verständnis der Liebe bei Friedrich Schlegel, Diss. Köln 1964.
Wierlacher, A., Das bürgerliche Drama. Seine theoretische Begründung im 18. Jahrhundert, München 1968.
Wiese, B. von, Friedrich Schlegel. Ein Beitrag zur Geschichte der romantischen Konversionen, Berlin 1927.
–, Friedrich Schiller, Stuttgart 1959.
Wuthenow, R. R., Vernunft und Republik. Studien zu Georg Forsters Schriften, Bad Homburg 1970.
Zastrow, H., Die Unverständlichkeit der Aphorismen Friedrich Schlegels im ‹Athenäum› und im ‹Lyceum der schönen Künste›, Diss. München 1917.